정쌤's

소방학
개론

합격의 토대를 만드는 기본서

KB158748

머리말 ✏️
Preface

소방공무원은 화재를 예방·진압하고 재난·재해 등의 위급한 상황에서의 구급·구조 활동 등을 통해 국민의 생명과 신체 및 재산을 보호함으로써 공공의 안녕과 질서 유지, 복리증진에 이바지함을 목적으로 한다. 또한 화재예방 및 구조와 구급 업무 이외에 지령실 업무 및 각 시설물들에 대한 소방점검을 비롯해 각종 긴급재난 예방활동도 하며, 해마다 각종 화재사고가 증가하고 있어 소방공무원의 선발인원은 매년 증가하고 있는 추세이다.

시험의 출제수준은 소방업무수행에 필요한 기본적인 능력·지식을 검정할 수 있는 정도로 각 과목별로 변경된 출제분야에 대해 유의하여 학습전략을 세워야 한다.

본서는 그동안 시행된 기출문제 분석을 토대로 소방학개론의 핵심 내용을 체계적으로 정리하여 효율적인 학습이 이루어지도록 하였다. 또한, 풍성한 출제예상문제를 풀어봄으로써 자신의 실력을 점검하여 실전에 대비할 수 있도록 구성하였다. 본서가 수험생 여러분을 합격의 길로 안내하기를 희망한다.

01 연소이론

section 1 연소개요

1. 연소의 개념정의

연소는 가연물이 공기 중의 산소(O_2)등과 반응하여 열과 빛을 발생하면서 산화하는 현상을 말하며, 발열반응을 동반한다. 즉 산소와 화합하여 열과 화염을 동반하는 급격한 산화반응을 의미한다. 산소분자가 다른 물질의 분자와 결합하여 새로운 물질을 만들어내는 과정을 산화반응(산화작용)이라 한다.

① 연소의 화학반응은 가연물질이 공기 중의 산소나 산소를 함유하고 있는 산화제에서도 일어난다.

② 연소 반응을 일으키기 위해서는 활성화 에너지(최소 점화에너지)가 필요한데 이 에너지를 점화에너지, 점화원, 발화원 또는 최소점화(착화)에너지라고 한다.

③ 가연물의 활성화를 위해 필요한 에너지의 충격, 마찰, 자연발화, 전기불꽃, 정전기, 고온표면, 단열

○ 핵심이론정리

방대한 양의 소방학개론 이론을 체계적으로 정리하여 효율적인 학습의 완성을 도모하였습니다.

Let's
check it
out ── 04 출제예상문제

1 화재의 구분에 따른 표시색상을 연결한 것으로 바른 것은?

① A급 – 황색 – 일반화재
② B급 – 무색 – 금속화재
③ C급 – 청색 – 전기화재
④ D급 – 백색 – 유류화재

TIPS!
① A급 – 백색 – 일반화재
② B급 – 황색 – 유류화재
④ D급 – 무색 – 금속화재

○ 출제예상문제

그동안 시행된 기출문제를 분석하여 시험에 출제가 예상되는 문제를 다수 수록하였습니다.

---

30 다음 중 이세아이살렌(2.5 ~ 81)의 위험도로 바른 것은?

① 81.4
② 98.4
③ 35.4
④ 35.7

TIPS!
위험도: 구체는 계산 방식
$U = Upper\ limit$(상한계)/$L = Lower\ limit$(하한계)
이세아이살렌 $= \dfrac{U(상한) - L(하한)}{L(하한)}$ 의 식 치환법공식

약: 상한계, L: 하한계
※ 주요 가연성가스의 완소범위는 아래 표와 같다.

기체 증기	연소범위(vol%)	기체 증기	연소범위(vol%)
아황화탄소	1.2 ~ 44(초5층)	메탄	5.0 ~ 15초
벤젠	1.4 ~ 7.1(6.7)	수소	4.1 ~ 75(75)초
휘발유	1.4 ~ 7.6(6.5)초	일산화탄소	12.5 ~ 75(62.5)
에틸/에테르	1.7 ~ 48(36.9)	시안화수소	12.5 ~ 37(14.2)
이세톤	2 ~ 13초	암모니아	15.7 ~ 27.4(11.7)
산화프로필렌	2 ~ 99(22)	메틸알코올	7 ~ 37(30)
이세일렌	2.5 ~ 81(78.5)	이세트알데하이드	4.0 ~ 57(53)
에틸렌	2.9 ~ 39.5(30.6)	황화수소	4.5 ~ 46.0(?)
부탄	1.8 ~ 8.4(6.6)	디에틸에테르	1.9 ~ 48(39.5)
프로판	2.1 ~ 9.5(7.4)	에탄	3.0 ~ 12.5(9.5)

주 연소범위(하한 ~ 상한)은 상한계·하한계의 폭을 의미하며, 숫자가 높수록 위험성이 크다.

○ 상세한 해설

매 문제마다 상세한 해설을 달아 문제풀이와 동시에 이론을 반복 학습할 수 있도록 하였습니다.

차례

Contents

연소 · 화재 이론

연소이론

1. 연소의 개념정의

연소는 가연물이 공기 중의 산소(O_2)등과 반응하여 열과 빛을 발생하면서 산화하는 현상을 말하며, 발열반응을 동반한다. 즉 산소와 화합하여 열과 화염을 동반하는 급격한 산화반응을 의미한다. 산소분자가 다른 물질의 분자와 결합하여 새로운 물질을 만들어내는 과정을 산화반응(산화작용)이라 한다.

① 연소의 화학반응은 가연물질이 공기 중의 산소나 산소를 함유하고 있는 산화제에서도 일어난다.

② 연소 반응을 일으키기 위해서는 활성화 에너지(최소 점화에너지)가 필요한데 이 에너지를 점화에너지, 점화원, 발화원 또는 최소점화(착화)에너지라고 한다.

③ 가연물의 활성화를 위해 필요한 에너지는 충격, 마찰, 자연발화, 전기불꽃, 정전기, 고온표면, 단열압축, 자외선, 충격파, 낙뢰, 나화, 화학열 등에 의해 공급되고 있다.

④ 물질이 발열반응을 지속하면 고열이 발생될 뿐만 아니라 연쇄반응으로 이어지면서 연소는 계속된다.

⑤ 완전연소는 공기 중에 산소(O_2)의 공급이 충분할 때 일어나며, 불완전연소는 공기 중의 산소(O_2)가 충분하게 공급되지 않을 때 일어난다. 특히 불완전연소를 하면 일산화탄소(CO), 완전연소를 하면 이산화탄소(CO_2)가 발생한다. 금속(Fe)에서 붉은색으로 녹이 발생하는 것도 산화반응에 해당하나 열이 발생하지 않기 때문에 연소는 아니다.

2. 연소의 요소

가연물이 공기 중의 산소(O_2)와 결합하여 열과 빛을 발생하는 연소반응을 지속하기 위해서 사용되는 ① 가연물, ② 산소(O_2, 산소공급원), ③ 점화원(열)을 연소의 3요소라 하며, 화학적 ④ 연쇄반응을 포함하여 연소의 4요소로 총칭된다. 연소의 요소 중 어느 한 요소라도 제거된다면 연소반응은 더 이상 일어나지 않는다. 즉 발화가 진행된 상황에서 어느 한 요소가 연소반응으로부터 제거되면 연소반응은 더 이상 일어나지 않는다. 즉 발화가 진행된 상황에서 어느 한 요소가 연소반응으로부터 제거되면 화재는 더 이상 진행되지 못한다.

(연소의 3요소)

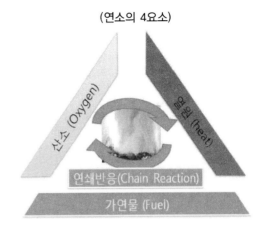
(연소의 4요소)

1) 가연물

① 가연물이라 함은 쉽게 불에 탈 수 있는 산화하기 쉬운 물질이며 산소와 발열반응을 일으키는 물질을 말한다. 즉, 연소과정을 통하여 산화되거나 연소하는 재료 또는 물질이다. 종이, 목재, 가죽, 플라스틱, Na·Mg과 같은 금속·비금속, 가연성가스인 LPG·LNG 등이 가연물에 해당된다.

② 일반적인 가연물은 수소(H)와 산소(O_2)의 결합에 의해 생성된 탄소(C)를 함유하고 있다. 가연물은 물질의 3가지(고체, 액체 및 기체)상태 중에 어느 한 상태로 존재한다. 그러나 가연물이 연소하기 위해서는 정상적으로 기체 상태로 존재해야 하며, 특히 고체·액체를 기체 상태로 변형시키기 위해서는 반드시 에너지가 필요하다.

③ 가연성가스는 고체의 열분해에 의해 발생되며, 열분해는 열작용을 통한 물질의 화학적 분해이다. 예를 들면 고체 가연물이 가열되면 고체 물질에서 가연성물질이 산출되고, 충분한 양의 가연물과 열이 있다면, 열분해과정은 연소하기에 충분한 양의 연소성 가스를 발생시키고 화재 4요소의 다른 요소(산소와 화학적 연쇄반응)들이 존재할 경우 발화하게 된다.

④ 가연물이 갖추어야 할 구비조건
    ㉠ 화학반응을 일으킬 때 필요한 최소의 에너지(활성화에너지) 값이 작아야 한다.
    ㉡ 일반적으로 산화되기 쉬운 물질로서 산소와 결합할 때 발열량이 커야 한다.
    ㉢ 열의 축적이 용이하도록 열전도의 값이 적어야 한다.
    ※ 열전도율은 기체 < 액체 < 고체 순으로 커지며 연소순서는 열전도율 순서와 반대임
    ㉣ 지연성(조연성) 가스인 산소·염소와의 친화력이 강해야 한다.
    ㉤ 산소와 접촉할 수 있는 표면적이 큰 물질이어야 한다. (기체 > 액체 > 고체)
    ㉥ 연쇄반응을 일으킬 수 있는 물질이어야 한다.

⑤ 가연물이 될 수 없는 조건

    ㉠ 불활성기체(산소와 결합 불가) : 헬륨(He), 네온(Ne), 아르곤(Ar), 크립톤(Kr) 등

    ㉡ 더 이상 산소와 화학반응을 일으킬 수 없는 물질 : 물(H_2O), 이산화탄소(CO_2), 산화알루미늄(Al_2O_3), 산화규소(SiO_2), 오산화인(P_2O_5), 삼산화황(SO_3), 삼산화크롬(CrO_3), 산화안티몬(Sb_2O_3) 등

    ㉢ 흡열 반응하는 물질 : 질소 또는 질소 산화물(N_2, NO) 등

    ㉣ 돌과 흙 등 자체가 연소하지 못하는 물질

2) 점화원

(1) 점화원(열)이라 함은 가연물과 산소(O_2)의 조화로 연소범위를 만들었을 때 연소를 시작하는데 필요한 최소의 활성화 에너지를 말한다. 대표적 점화원으로는 라이터불, 성냥불, 촛불, 전기불꽃, 충격 및 마찰열, 단열압축, 나화 및 고온표면, 정전기 불꽃, 자연발화 등이 있다. 특히 열은 에너지요소로써 가연물과 접촉하면 에너지는 다음과 같이 연소반응을 돕는다.

① 고체와 액체에 대해 열분해 또는 증발을 일으키고 가연성 증기 또는 기체(gas)를 생성한다.

② 발화를 위해 필요한 에너지를 제공한다.

③ 계속적인 가연성 증기(가스)의 생성 및 발화로 연소반응이 지속되게 한다.

주요 점화원의 개념

㉠ **전기불꽃** : 전기설비회로, 전기기구 등에서 접점 스파크나 고전압에 의한 방전, 자동제어기의 경우 릴레이의 접점 등 작은 불꽃에서도 가연성 가스를 착화시킬 수 있다.

㉡ **단열압축** : 단열팽창과 반대개념이며, 기체를 높은 압력으로 압축하면 온도상승으로 오일이나 윤활유가 열분해 되면서 저온 발화물을 생성하여 발화물질이 발화하여 폭발을 하게 된다.

㉢ **나화** : 항상 화염을 가지고 있는 열 또는 화기

㉣ **고온표면** : 작업장의 화기, 가열로, 건조장치, 굴뚝, 전기 · 기계설비 등

㉤ **정전기 불꽃** : 물체가 접촉하거나 결합한 후 떨어질 때 양(+)전하와 음(−)전하로 전하의 분리가 일어나 발생한 과잉 전하가 물체(물질)에 축적되는 현상

㉥ **충격 · 마찰열** : 두 개 이상의 물체가 상호간 충격 · 마찰에 발생되는 작은 불꽃

㉦ **자연발화** : 가연성의 물질 또는 혼합물이 외부가열이 없어도 내부의 반응열 축적만으로 발화점에 도달하여 연소를 일으키는 현상

---

(2) 정전기에 의한 발화를 방지하기 위한 예방대책은 다음과 같다.

① 정전기는 습도가 낮거나 압력이 높을 때 많이 발생하므로 상대습도를 70% 이상으로 유지

② 정전기 발생이 예상되는 장소에 접지시설 설치

③ 실내공기 이온화로 정전기 발생예방

④ 전기의 저항이 큰 물질은 대전이 용이하므로 전도체 물질사용

(3) **자연발화 원인과 예방대책은 다음과 같다.**

자연발화를 일으키는 주요원인으로는 분해열에 의한 발열(셀룰로이드, 니트로셀룰로오스), 산화열에 의한 발열(석탄, 건성유), 발효열에 의한 발열(퇴비 등), 흡착열에 의한 발열(목탄, 활성탄 등)이 있다.

자연발화를 방지하기 위한 예방대책으로는 습도의 상승 억제, 바람이 잘 통하는 구조로 하여 공기의 유통을 잘 시킴, 열이 축적되지 않도록 분산시키고 저장실 주위온도를 낮추는 방법이 있다.

3) 산소(산소공급원/산화제)

(1) 산소(O_2, 산소공급원/산화제)이라 함은 대기 중에 포함된 공기와 조연성 가스가 있으며 또한 산소를 포함하고 있는 산화성 고체(제1류 위험물), 자기반응성물질(제5류 위험물), 산화성액체(제6류 위험물)에도 있다. 대기 중에 산소는 약 21%의 포함되어 있어서 산소공급원 역할을 하고 있다.

(2) 일반적인 산소수준에서 연소하는 물질들은 풍부한 산소의 대기상태에서 더욱 빠르게 연소하고 쉽게 발화한다.

(3) 가연물이 연소하기 위해서는 산소와 결합하여 불이 붙을 수 있는 조건을 만들어야 하는데, 이를 연소 범위라 한다. 연소는 산소농도가 높을수록 잘 일어나고 산소농도 15%~16%이하에서는 연소는 일어나지 않는다.

(4) 산화제는 일련의 화학반응 과정을 통해 산소나 산화가스를 생성하는 물질을 말하는 것으로 그 자체가 가연성은 아니지만 가연물과 결합할 때 연소를 돕는다. 공기 중에 있는 산소를 기본산화제로 간주되므로 가장 일반적인 산화제로 산소가 대표적이다.

(5) **산화제 중 제1류위험물(산화성 고체)과 6류위험물(산화성 액체)**

① 가열·충격·마찰 등에 의해 산소를 발생시킨다.

② 제1류위험물은 산소를 함유하고 있는 강산화제로 염소산염류, 과염소산염류, 과산화물, 질산염류, 과망간산염류, 무기과산물류 등이 해당한다.

③ 제6류 위험물인 과염소산, 질산 등이 해당한다.

(6) **산화제 중 제5류위험물인 니트로글리세린(NG), 셀룰로이드, 트리니트로톨루엔(TNT)**

① 자기반응성물질이면서 분자 내에 산소를 충분히 함유하고 있다.

② 연소 속도가 빠르고 폭발을 일으킬 수 있는 물질이다.

(7) 산화제 중 조연성(지연성)가스인 산소(O_2), 불소(F), 오존(O_3), 염소(Cl_2)와 할로겐원소 등은 가연물이 탈 수 있도록 보조하고 지원해주는 기체이다.

┌─ 가연성 기체 연소과정에서 산소농도 증가 시 발생현상 ─────────────

① 급격하게 화염온도가 상승하고 연소속도는 빨라진다.
② 연소물의 점화에너지가 작아진다.
③ 발화온도는 낮아지고 넓은 폭발한계를 가진다.

4) 화학적 연쇄반응

연소는 가스 또는 증기상태에 있는 가연물과 산화제 · 열에너지 등이 상호 간 결합해야 하는 복잡한 반응이다. 화재나 불꽃연소는 충분한 열에너지가 가연성 증기 · 가스를 지속적으로 생성시킬 수 있도록 공급될 때에 비로소 연소는 지속된다. 이와 같은 형태의 작용을 화학적 연쇄반응이라 하며, 연쇄반응은 개별반응이 다른 반응들과 결합함으로서 연속적으로 일어나게 된다.

3. 연소의 형태

연소의 형태는 다양하게 분류하고 있다.

① 가연물을 구성하는 분자의 구조, 원소성분, 물성 등에 따라 기체연소 · 액체연소 · 고체연소

② 연소상태에 따라 정상적으로 연소하는 정상연소와 폭발적으로 연소하는 비정상연소

③ 불꽃을 내는 유염연소와 불꽃을 내지 않는 무염연소

1) 기체연소 · 액체연소 · 고체연소

(1) 기체연소

기체연소는 가연성 기체가 공기와 결합하여 연소범위에 들어가면서 연소가 시작되는 연소형태이다, 기체연소의 가장 큰 특징은 연소 시 폭굉이나 폭발을 수반하며, 폭발연소, 확산연소, 예혼합연소로 구분한다.

① **폭발연소**(비정상연소) ⋯ 가연성 기체와 공기의 혼합가스가 밀폐용기 안에 있을 때 점화되면 연소가 폭발적으로 일어나는 연소로 비정상연소이다.

② **확산연소**(발염연소) ⋯ 가연성 기체가 확산되면서 연소하는 것으로 기체의 일반적인 연소형태이다. 즉 가연성 가스를 가스버너 주변으로 확산시켜서 산소와 접촉하도록하면 연소범위의 혼합가스를 생성하면서 연소하는 형태를 말하며 발염연소라고도 한다.

③ **예혼합연소** ⋯ 연소시키기 전에 이미 연소 가능한 혼합가스를 만들어 연소시키는 것을 말한다. 즉 가연성기체와 공기 중의 산소와 혼합한 것이 분출하여 연소하는 것이다. 발생되는 화염은 짧고 고온이며 연소반응이 빠르지만 혼합기로의 역화를 일으킬 위험성이 크다.

(2) 액체연소

액체연소는 액체 자체가 연소하는 것이 아니라 "증발"이라는 변화 과정을 거쳐 발생된 기체가 타는 것을 말하며, 증발연소 · 분해연소 · 분무연소로 구분한다.

① **증발연소**(액면연소) … 가장 일반적인 연소형태로 액체 가연물질이 액체 표면에 발생한 가연성 증기와 공기가 혼합된 상태에서 연소가 되는 형태를 말한다. 화염에서 복사나 대류에 의해 액체표면에 열이 전파되면서 증발이 일어나 액면의 상부에서 발생된 증기가 공기와 접촉에 의해 연소되는 것이 원리이다. 에테르, 이황화탄소, 알코올류, 아세톤, 석유류 등이 예이다.

② **분해연소** … 점도가 높고 비휘발성이거나 비중이 큰 액체 가연물이 열분해로 증기를 발생함으로서 연소되는 형태를 말한다.

③ **분무연소**(액적연소) … 점도가 높고 비휘발성인 액체의 점도를 낮추어 버너를 이용하여 액체의 입자를 안개상태로 분출하여 표면적을 넓게 함으로서 공기와의 접촉면을 많게 하여 연소시키는 형태를 말하며, 액적연소라고도 한다.

(3) 고체연소

상온에서 고체 상태로 존재하는 고체 가연물질의 연소형태는 증발연소, 표면연소, 분해연소, 자기연소로 구분한다.

① **증발연소** … 고체 가연물이 열분해 없이 증발하여 증기가 연소되거나 또는 융해된 액체가 기화하여 증기가 되어 연소하는 형태를 말한다. 이는 액체 가연물질의 증발연소 형태와 같으며 파라핀(양초), 나프탈렌($C_{10}H_8$), 황(S)등이 예이다.

② **표면연소**(직접연소, 무염연소) … 고체 가연물이 열분해나 증발 없이 표면에서 가연성가스를 발생하지 않고 산소와 급격히 산화 반응하여 그 물질 자체가 불꽃이 없이 연소하는 형태를 말한다. 목탄, 코우크스, 금속분, 마그네슘 등의 연소가 예이다.

③ **분해연소** … 고체 가연물질을 가열하면 열분해를 일으키고 이때 생성된 분해가스 등이 연소하는 형태를 말한다. 수소(H_2), 메탄(CH_4), 일산화탄소(CO), 이산화탄소(CO_2)등이 열분해에 의해 생성된 물질이다. 목재 · 석탄 · 종이 · 섬유 · 프라스틱 · 합성수지 등이 분해연소 물질이다. 특히 이들 물질은 연소가 한번 일어나면 연소열에 의해 고체의 열분해는 계속 일어나므로 가연물이 없어질 때까지 계속된다.

④ **자기연소**(내부연소) … 가연물의 분자 내에 산소를 함유하고 있어 열분해에 의해 가연성 가스와 산소를 동시에 발생시키므로 산소 없이 연소하는 행태를 말한다. 내부연소라고도하며, 폭발성 물질인 제5류 위험물인 트리니트로톨루엔(TNT), 니트로글리세린(NG), 트리니트로페놀(TNP), 니트로셀룰로오스(NC)등이 예이다.

2) 정상연소와 비정상연소

액체나 고체의 경우에는 공기의 공급에 따라서 주어진 산소의 양만큼만 연소하게 되므로 비정상연소는 일어나지 않지만 기체의 연소에 있어서는 산소가 공급되는 방법에 따라 정상연소 또는 비정상연소를 하게 된다.

① **정상연소** … 공기와 가연성 기체가 결합하여 유염(有炎)연소하는 형태를 말한다. 즉 가연물질의 연소 시 충분한 공기의 공급이 이루어지고 연소시의 기상조건이 양호할 때에는 정상적인 연소형태를 나타낸다. 정상연소 시 화재의 위험성이 적으며, 연소장치 · 기계설비에서의 열효율도 높다.

② **비정상연소** … 가연물질의 연소 시 공기의 공급이 불충분하거나 기상조건이 좋지 않아 정상적으로 연소가 이루어지지 않고 이상 현상이 발생되는 연소형태를 말한다. 즉 밀폐된 공간에서 공기와 가연성기체가 결합하여 점화되면 가스의 생성과 팽창에 의한 압력의 증가로 급격하게 연소속도가 빨라지면서 폭발적으로 연소되는 형태이다. 비정상연소 시 화재 위험성이 높고 연소장치 · 기계설비에서의 열효율도 낮다.

3) 유염연소와 무염연소

① **유염연소** … 가연물이 연소할 때 불꽃이 보이는 연소형태로 불꽃연소, 화염연소, 발염연소라고도 한다. 가스가 연소되지 않으면 유염연소가 일어나지 않으며, 불꽃은 빛과 열을 발하는 가스의 반응이 시각적으로 보이는 현상이다. 연소속도가 빠르고 시간당 방출열량이 많으며, 연쇄반응을 일으키는 특징이 있다. 부탄이나 프로판 등 기체와 휘발유와 등유 등 액체가 연소하는 형태가 그 예이다.

② **무염연소** … 가연물이 연소할 때 불꽃의 생성 없이 연소하는 형태로 작열연소, 표면연소, 백열연소라고도 한다. 무염연소가 유염연소와 차이점은 산소와 가연성 가스가 혼합하여 연소하지 않고 산소가 고체표면을 통과하면서 반응하는 것이다. 연소속도가 느리고 시간당 방출열량이 적으며, 연쇄반응이 일어나지 않는 특징이 있다. 활성탄, 목탄(숯), 담뱃불, 향 등의 연소형태가 그 예이다. 산소의 공급이 부족한 경우 무염연소가 일어나는 경우가 있다.

※ 훈소 : 톱밥 등이 산소부족으로 불꽃을 발생시키지 않고 연기만 나는 연소

4. 가스 이상연소 현상

불완전연소, 역화(Back fire), 선화(Lifting), 블로우 오프(blow-off)현상, 연소소음 등이 대표적인 이상연소현상에 해당한다.

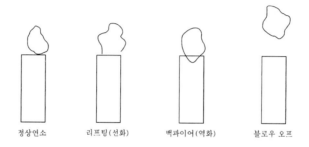

| 정상연소 | 리프팅(선화) | 백파이어(역화) | 블로우 오프 |

1) 불완전연소

연소 시 가스와 공기의 혼합이 불충분하거나 연소온도가 낮을 경우 노즐의 선단에 적황색 부분이 늘어나거나, 그을음이 발생하는 연소현상을 말한다.

2) 역화(Back fire)

기체연료를 연소시킬 때 발생되는 이상연소 현상으로서 연료의 분출속도가 연소속도보다 느릴 때 불꽃이 연소기의 내부로 빨려 들어가 혼합관 속에서 연소하는 현상을 말한다.

┌─ 역화의 주요 원인 ─────────────────────────────────┐

① 버너의 과열
② 연소속도보다 혼합가스의 분출속도가 느릴 때
③ 혼합 가스량이 너무 적을 때
④ 노즐의 부식으로 분출구멍이 커진 경우
⑤ 내부압력이 낮고 연소속도 압력이 클 경우

└──┘

3) 선화(Lifting)

기체연료를 연소시킬 때 연료가스의 분출속도가 연소속도보다 빠를 때 불꽃이 버너의 노즐에서 떨어져서 연소하는 현상을 말한다. 완전한 연소가 이루어지지 않으며, 역화의 반대 현상이다. 노즐 분출구멍이 막히면서 내부압력의 증가로 갑자기 가스분출 속도가 커지는 경우가 대표적 예이다.

4) 블로우 오프(blow-off)

선화 상태에서 연료가스의 분출속도가 증가하거나 주위 공기의 유동이 심하면 화염이 노즐에 정착하지 못하고 떨어져 화염이 꺼지는 현상을 말한다. 유발원인은 가연성 기체의 유출속도가 연소속도보다 클 경우 발생하며, 버너의 경우가 대표적 예이다.

5) 연소 소음

연소에 수반되어 발생되는 소음을 말하며, 폭발음·연소음·가스 분출음·공기 흡입음 등이 그 예이다. 연소속도나 분출속도가 대단히 클경우 또는 연소장치의 설계가 잘못되어 연소 시 진동이 발생하는 경우가 연소소음을 유발하는 대표적 원인이다.

5. 연소속도

연소속도는 가연물질에 공기가 공급되어 연소가 되면서 반응하여 연소생성물을 생성할 때의 반응속도를 의미한다. 즉 화재에 있어서 연소해가는 속도를 말하며 단위시간을 분으로 하여 해당시간에 연소한 거리를 m로 나타낸다. 일반적으로 온도가 100℃ 상승하면 연소속도는 2~3배 정도 빨라진다.

(※ 화염속도 : 불꽃이 주변으로 확대될 때의 이동속도)

① 연소생성물 중에서 불연성 물질인 질소(N_2), 물(H_2O), 이산화탄소(CO_2) 등의 농도가 높아져서 가연물에 산소가 공급되는 것을 방해 · 억제시키면 연소속도는 느려진다.

② 반응속도는 온도가 높아질수록 상승하며, 압력을 증가시키면 단위부피 중의 입자수가 증가하여 기체농도가 증가하므로 반응속도는 상승한다.

③ 정촉매는 반응속도를 빠르게 하고 부촉매는 반응속도를 느리게 한다.

연소속도에 영향을 주는 인자

ㄱ 가연물의 온도

ㄴ 산화반응을 일으키는 속도

ㄷ 산소의 농도에 따라 가연물질과 접촉하는 속도

ㄹ 촉매

ㅁ 압력

---

6. 연소공기와 연소불꽃

1) 연소공기

가연물질을 연소시킬 때 사용되는 공기의 양은 실제공기량, 이론공기량, 과잉 공기량, 이론산소량, 공기비 등이 있다.

① 실제공기량 ··· 가연물질을 실제로 연소시키기 위해서 사용되는 공기량으로서 이론공기량 보다 크다.

② 이론공기량 ··· 가연물질을 연소시키기 위해서 이론적으로 계산하여 산출한 공기량이다.

③ 과잉공기량 ··· 실제공기량에서 이론공기량을 차감하여 얻은 공기량이다.

④ 이론산소량 ··· 가연물질을 연소시키기 위해서 필요한 최소의 산소량이다.

$$이론산소량 = 이론공기량 \times \frac{21}{100}$$

⑤ 공기비(m) ··· 실제공기량에서 이론공기량을 나눈 값

ㄱ 과잉공기량 = 실제공기량 − 이론공기량

ㄴ 공기비 $= \dfrac{실제공기량}{이론공기량} = \dfrac{실제공기량}{실제공기량 - 과잉공기량}$

⑥ 일반적으로 삼체(三體)의 공기비

ㄱ 기체가연물질 : 1.1~1.3

ㄴ 액체가연물질 : 1.2~1.4

ㄷ 고체가연물질 : 1.4~2.0

⑦ 가연성가스의 이론공기량 및 연소열

가연물질	분자식	분자량	이론공기량		연소열 (kcal/kg)
			Nm^3/kg	Nm^3/kg	
메탄	CH_4	16.043	9.524	13.304	212.80
에탄	C_2H_6	30.070	16.667	12.421	372.82
프로판	C_3H_8	44.097	23.810	12.100	530.60
n-부탄	C_4H_{10}	58.124	30.953	11.934	687.64

⑧ 가연성 가스를 공기 중에서 연소시킬 때 산소농도를 증가시키면

    ㉠ 연소속도는 빨라지고, 화염의 온도는 높아진다

    ㉡ 발화온도는 낮아지고, 폭발한계는 넓어진다.

    ㉢ 점화에너지는 작아진다.

⑨ 불완전 연소의 원인

    ㉠ 공기 공급량이 부족할 때

    ㉡ 가스의 조성이 균일하지 못할 때

    ㉢ 환기 또는 배기가 잘 되지 않을 때

    ㉣ 주위의 온도가 너무 낮을 때

2) 연소불꽃

① 공기의 공급량이 충분하게 공급되면 가연물질은 완전 연소가 되면서 연소불꽃은 휘백색으로 나타난다. 일반적으로 불꽃온도는 1500℃에 이르게 되며 금속이 탈 때는 3000℃~3500℃에 이른다.

② 공기 중에 산소의 공급이 부족하면 연소불꽃은 담암적색에 가까운 색상이 나타난다. 이때 생성된 일산화탄소는 사람혈액 속에 들어있는 헤모글로빈과 결합하여 질식사를 일으킨다.

③ 스팩트럼 시험에 의한 온도와 연소 빛의 색깔 변화는 아래 표와 같다.

불꽃의 온도(℃)	불꽃의 색깔	불꽃의 온도(℃)	불꽃의 색깔
500℃	담암적색	1,000℃	주황색
700℃	암적색	1,050℃	황색
750℃	진홍색	1,100℃	황적색
850℃	적색	1,300℃	백적색
950℃	휘적색	1,500℃	휘백색

7. 연소방정식

가연성가스인CmHn(탄화수소계화합물)은 완전연소 시키면 이산화탄소(CO_2)와 물(H_2O)이 발생되나 공기의 양이 부족하면 불완전 연소하여 일산화탄소(CO)가 발생된다.

이와 같이 탄소(C)와 수소(H)로 구성된 탄화수소계 가연성가스에 대한 연소방정식은 아래와 같이 나타낼 수 있다.

$$\text{탄화수소계 가연성가스 연소방정식} : CmHn + (m + \frac{n}{4})O_2 \rightarrow mCO_2 + \frac{n}{2}H_2O$$

① 탄화수소계 가연성가스의 완전연소식은 아래와 같다.

   ㉠ 메탄(CH_4) : $CH_4 + 2O_2 \rightarrow CO_2 + 2H_2O + 212.80kcal$

   ㉡ 에탄(C_2H_6) : $C_2H_6 + 3.5O_2 \rightarrow 2CO_2 + 3H_2O + 372.82kcal$

   ㉢ 프로판(C_3H_8) : $C_3H_8 + 5O_2 \rightarrow 3CO_2 + 4H_2O + 530.60kcal$

   ㉣ 부탄(C_4H_{10}) : $C_4 \ H_{10} + 6.5O_2 \rightarrow 4CO_2 + 5H_2O + 687.64kcal$

② ①에서 탄화수소계 가연성가스의 완전연소식에서 메탄이 연소할 때 2몰, 에탄은 3.5몰, 프로판은 5몰, 부탄은 6.5몰의 산소가 필요하다.

   ※ 프로판 · 부탄이 연소하려면 메탄보다 2~3배의 산소가 더 필요하다.

③ 이론 공기량을 구해보면 이론산소량 = 이론공기량 × 21/100 = 0.21

   이론공기량 = 이론산소량 ÷ 0.21이다

   ※ 부탄 31배, 프로판 24배, 에탄 16.7배, 메탄 9.5배의 공기가 필요하다.

④ 최소산소 농도 = 완전연소를 위한 mol × 연소범위의 하한계 값

   예 프로판의 완전연소를 위한 몰수 = 5mol

      프로판의 연소범위 = 2.1 ~ 9.5(vol/%)

   따라서, 5 × 2.1 = 10.5%

⑤ 이산화탄소의 농도 구하는 공식

$$\frac{21 - O_2}{21} \times 100 \quad *O_2는 변화된 현재 산소농도$$

---

checkpoint

예제 이산화탄소를 방사해서 산소농도가 17%가 되었다면 이때 사용한 이산화탄소 농도는 얼마인가?

① 약 19%   ② 약 21%

③ 약 23%   ④ 약 25%

     ✓ ① $\frac{21 - 17}{21} \times 100 = 19.05$

답 ①

---

8. 연소용어

1) 인화점(Flash Point)

① 인화점은 연소범위에서 외부의 직접적인 점화원에 의하여 인화(불이 붙을 수 있는)될 수 있는 최저 온도를 말한다. 즉 어떤 물질이 점화원에 의해 연소할 수 있는 최저온도이다. 주요 액체가연물질의 인화점은 다음과 같다.

액체가연물질	인화점($℃$)	액체가연물질	인화점($℃$)
아세트알데히드	-40	메틸 알콜	11
디에틸에테르	-40	에틸 알콜	13
휘발유	-20 ~ -43	등유	30 ~ 60
이황화탄소	-30	중유	60 ~ 150
시안화수소	-18	클레오소트유	74
아세톤	-18	니트로벤젠	87.8
초산 에틸	-4	글리세린	160
톨루엔	4.5	방청유	200

② 인화현상은 액체와 고체에서 볼 수 있는데 상반된 차이점이 있다. 가연성가스 공급측면에서 보면 액체는 증발과정으로 고체는 열분해과정으로 이해하면 되며, 인화에 필요한 에너지측면에서 보면 액체는 적고 고체는 크다

2) 발화점

발화점은 직접적인 점화원 없이 가열된 열의 축적에 의하여 발화가 되고 연소가 시작되는 최저온도, 즉 점화원 없이 스스로 불이 붙을 수 있는 최저온도를 말한다.

① 산소와의 친화력이 큰 물질일수록 발화점이 낮고, 발화하기 쉬운 경향이 있으며, 고체 가연물의 발화점은 가열공기의 유량, 가열속도, 가연물 크기, 모양에 따라 다르다.

② 일반적으로 인화점보다 수 백도가 높은 온도다. 화재 진압 후 잔화 정리를 할 때 계속 물을 뿌려주는 이유는 발화점(착화점) 이상으로 가열된 건축물이 열로 인하여 다시 연소되는 것을 방지하기 위함이다.

③ 발화점이 낮아지는 경우
　㉠ 분자의 구조가 복잡할수록
　㉡ 발열량이 높을수록
　㉢ 압력, 화학적 활성도가 클수록
　㉣ 산소와 친화력이 클수록
　㉤ 금속의 열전도율과 습도가 낮을수록

④ 발화점에 영향을 미치는 요인

    ㉠ 가연성가스와 공기의 조성비

    ㉡ 가열속도와 가열시간

    ㉢ 발화를 일으키는 공간의 형태와 크기

    ㉣ 발화원의 재질과 가열방식

⑤ 주요가연물의 발화점을 비교 표

물질	발화점(℃)	물질	발화점(℃)
황린	34℃	부탄	365℃
이황화탄소	100℃	목탄	320 ~ 400℃
셀룰로이드	180℃	목재	400 ~ 450℃
아세트알데이드	185℃	프로판	423℃
헥산	223℃	고무	400 ~ 450℃
휘발유	257℃	산화에틸렌	429℃
적린	260℃	산화프로필렌	450℃
암모니아	351℃	경유	255℃
에틸알코올	363℃	중유	410℃
등유	245℃	톨루엔	480℃

3) 연소점

연소점이란 점화원을 제거해도 연소상태가 지속될 수 있는 온도를 말한다. 즉 한번 발화하면 연소를 계속할 수 있는 충분한 증기를 발생시킬 수 있는 최저온도다.

① 연소점은 인화점보다 보통 10℃ 정도 높은 온도로 연소상태가 5초 이상 유지될 수 있는 온도이다.

② 액체가연물의 연소점

    ㉠ 등유 40℃

    ㉡ 에틸알콜 23℃

    ㉢ 메틸알코올 21℃

    ㉣ 에테르 -35℃

    ㉤ 가솔린 -10℃

    ㉥ 아세톤 -8℃이다.

    ※ 인화점 · 연소점 · 발화점 온도 비교
      인화점 < 연소점 < 발화점

4) 비점(끓는점)

액체가 끓으면서 증발이 일어날 때의 온도를 말한다.

① 비점이 낮으면 액체가 쉽게 기화되어 비점이 높을 때보다 쉽게 연소

② 비점이 낮으면 인화점이 낮은 경향

　휘발유와 등유의 비교
　　㉠ 휘발유 : 인화점(-20℃ ~ -40℃), 비점(30℃ ~ 210℃)
　　㉡ 등유 : 인화점(40℃ ~ 70℃), 비점(150℃ ~ 300℃)

5) 융점

대기압(1atm)에서 고체가 녹아 액체가 되는 온도를 말한다. 특히 융점이 낮으면 액체로의 변화가 쉬울 뿐만 아니라 화재상황에서는 연소 구역의 확산이 용이하여 높은 위험성이 있다.

6) 점도

점착과 응집력의 효과로 인한 흐름에 대한 저항의 측정 수단이다.

7) 연소범위(폭발범위 vol/%)

연소범위란 공기 중 산소와 가연성증기가 혼합 상태에서의 증기부피를 말하며, 공기 중 연소에 필요한 혼합가스 농도범위를 의미하는 것이다. 연소범위는 하한계와 상한계로 구분되며, 전자는 최소한도를 후자는 최고 한도를 나타낸다. 즉, 연소범위란 공기 중 연소에 필요한 혼합가스의 농도를 말한다. 일반적으로 가스압력이 높아 질때는 범위의 하한계는 크게 변하지 않으나 상한 값이 커지며 연소범위는 압력의 변화에 따라 차이가 있다. 압력을 대기압(상압, 1기압) 이상으로 증가시키면 연소범위가 일반적으로 넓어진다.

단, CO와 H_2는 예외이다.

※ CO의 연소범위는 압력이 증가하면 반대로 좁아진다.

※ H_2의 연소범위는 압력이 낮거나 높을 때 일시적으로 좁아진다.

① 보통 가스압력이 높아지면 하한계 값은 큰 변화가 없으나 상한계 값은 커진다.

② 연소 범위는 온도와 압력이 상승하면 범위가 넓어져 위험성은 증가한다.

③ 압력이 낮아지면 연소범위는 좁아진다.

④ 위험성은 연소범위의 상한계 값이 높을수록 커진다.

⑤ 위험성은 연소범위의 하한계 값이 작을수록 커진다.

⑥ 주변의 온도는 가연성증기의 연소범위에 영향을 미친다.

⑦ 연소범위는 대기압(1기압)이상으로 압력을 증가시키면 넓어진다.

⑧ 주요 가연성증기의 연소범위는 아래 표와 같다.

기체(증기)	연소범위(폭발범위 vol/%)	기체(증기)	연소범위(폭발범위 vol/%)
이황화탄소	1.2 ~ 44(42.8)	메탄	5.0 ~ 15(10)
벤젠	1.4 ~ 7.1(5.7)	수소	4.1 ~ 75(70.9)
휘발유	1.4 ~ 7.6(6.2)	일산화탄소	12.5 ~ 75(62.5)
에틸에테르	1.7 ~ 48(46.3)	시안화수소	12.8 ~ 27(14.2)
아세톤	2 ~ 13(11)	암모니아	15.7 ~ 27.4(11.7)
산화프로필렌	2 ~ 22(20)	메틸알코올	7 ~ 37(30)
아세틸렌	2.5 ~ 81(78.5)	아세트알데히드	4.0 ~ 57(53)
에틸렌	3.0 ~ 33.5(30.5)	황화수소	4.3 ~ 45(40.7)
부탄	1.8 ~ 8.4(6.6)	디에틸에테르	1.9 ~ 48(46.1)
프로판	2.1 ~ 9.5(7.4)	에탄	3.0 ~ 12.5(9.5)

주) 연소범위의 ( )숫자는 상한계 · 하한계의 폭을 의미하며, 숫자가 클수록 위험성이 크다.

(1) 연소범위의 상한계와 하한계

연소범위는 가연성가스가 화재를 일으키는 위험성을 나타내는 기준이 되며, 연소범위의 한 예로 아세틸렌이 2.5 ~ 81%이면 아세틸렌가스는 공기 중에서 일반적으로 2.5%이상 ~ 81% 이하로 유지되어야만 연소와 폭발을 일으킬 위험이 있다.(범위 안에 있어야 연소가 가능하며, 2.5% 미만이면 폭발하지 않는다)

예 아세틸렌 : $\dfrac{\text{연소범위}(U-L)}{\text{하한계}} = \dfrac{U(81)-L(2.5)}{L(2.5)} = 31.4(\text{위험도})$

※ U : 상한계, L : 하한계

(2) 연소범위(Flammable Range)의 특성

① 연소범위 상한계값이 높을수록 위험성은 증가한다

② 연소범위 하한계값이 낮을수록 위험성은 증가한다

③ 연소범위가 넓을수록 위험성은 증가한다

④ 불활성가스를 첨가할수록 연소범위는 좁아진다(위험성이 감소된다)

※ 불활성가스 : 아르곤, 헬륨, 질소, 이산화탄소, 사염화탄소 등 다른 물질과 화합하지 않는 비활성 기체

⑶ 공기 중 가연물의 연소범위 순서

가연성기체의 연소범위는 주위 온도 등에 영향을 받지만 그 특성은 아세틸렌 > 산화에틸렌 > 수소 > 일산화탄소 > 아세트알데히드 > 에틸에테르 > 이황화탄소 > 탄소 등의 순선이며 벤젠이 가장 낮다.

가연물	연소범위(%) *연소범위 안에 있어야 불이 붙는다	상·하한폭
아세틸렌	2.5~81	78.5
산화에틸렌	3~80	77
수소	4~75	71
일산화탄소	12.5~75	61.5
아세트알데히드	4~57	53
에틸에테르	1.7~48	46.3
이황화탄소	1.2~44	42.8
황화수소	4.3~45	40.7
시안화수소(청산가스)	6~41	35
에틸렌	2.7~36	33.3
메탈알코올	7~37	30
산화프로필렌	2~22	20
에틸알코올	3.5~20	16.5
암모니아	15~28	13
아세톤	2.6~12.8	10.2
메탄	5~15	10
에탄	3~12.4	9.4
프로판	2.1~9.5	7.4
부탄	1.8~8.4	6.6
노말·헥산	1.2~7.5	6.3
가솔린(휘발유)	1.4~7.6	6.2
벤젠	1.4~7.1	5.7

9. 가연성 물질의 위험도 기준

(1) **가연성 기체** : 연소범위를 기준

(2) **가연성 액체** : 인화점을 기준

(3) **가연성 고체** : 착화점을 기준

10. 위험도

위험도는 일반적으로 연소범위를 가지고 그 하한계를 이용하여 위험성을 나타내는 척도이다

(1) **위험도를 구하는 공식**

$$위험도 = \frac{상한계 - 하한계}{하한계} = \frac{U - L}{L}$$

※ U = 연소범위 상한계, L = 연소범위 하한계

주요 기체의 위험

① 이황화탄소 $= \dfrac{44 - 1.2}{1.2} = 35.7$

② 아세틸렌 $= \dfrac{81 - 2.5}{2.5} = 31.4$

③ 산화에틸렌 $= \dfrac{80 - 3}{3} = 25.6$

---

(2) 공기 중 가연물의 위험도 순

이황화탄소 > 아세틸렌 > 산화에틸렌 > 에테르 > 수소 > 에틸렌 등의 순서이며, 암모니아가 가장 낮다.

가연물	연소범위(%)	위험도
이황화탄소	1.2~44	35.7
아세틸렌	2.5~81	31.4
산화에틸렌	3~80	25.6
에테르	1.9~48	24.3
수소	4~75	17.6
에틸렌	2.7~36	12.3
산화프로필렌	2~22	10
시안화수소(청산가스)	6~41	5.83
일산화탄소	12.5~75	4.9
휘발유	1.4~7.6	4.4
벤젠	1.4~7.1	4.07
부탄	1.8~8.4	3.7
프로판	2.1~9.5	3.5
에탄	3~12.4	3.1
메탄	5~15	2
암모니아	15~28	0.87

11. 기체의 법칙

① 보일의 법칙 … 온도가 일정할 때 기체의 압력은 부피에 반비례한다.

② 샤를의 법칙 … 압력이 일정할 때 일정한 양의 기체가 차지하는 부피는 절대온도에 비례한다.

③ 보일·샤를의 법칙 … 기체의 부피는 절대온도에 비례하고 압력에 반비례한다.

④ 이상기체 상태방정식 … 상온에서 산소, 질소, 수소, 이산화탄소 등 다양한 기체가 존재한다. 이들 기체의 분자는 질량과 크기가 다르다. 이러한 기체의 온도, 압력, 부피 사이의 관계는 기체의 종류에 따라 미세한 차이가 난다. 실제 기체도 압력이 낮고 온도가 높아서 기체의 밀도가 작으면 이상 기체에 가까워진다. 즉, 밀도가 작은 기체는 전체 부피에 비해 분자의 크기가 매우 작고, 분자 사이의 힘도 무시할 수 있을 정도로 작기 때문에 이상 기체로 볼 수 있다.

12. 열의 전달

열의 전달 형태는 크게 3가지로 분류된다. 화재 시에는 단독 혹은 복합적으로 나타난다.

(1) 전도

물체끼리 직접 열이 접촉하여 전달되는 분자(물질)충돌 현상이다. 그러나 진공(CF 보온병)에서는 열이 전달되지 못하며, 고체가 기체보다 열전도율이 좋다.

① **고체의 열전도율** ··· 찻잔에 티스푼을 넣고 저을 때 티스푼을 잠깐 잡아도 뜨겁다

② **기체의 열전도율** ··· 라이터 불을 손으로 잠깐 잡아도 뜨겁지 않다

③ **열전도도의 대소 = 열전도율의 대소** ··· 기체 < 액체 < 고체

④ **열의 전도** ··· 열의 전도와 관계되는 것은 열전도율, 밀도, 비열, 온도 등이며, 또한 금속과 비금속을 비교했을 때 예외적으로 금속이 비금속에 비하여 열전도율이 큰 것은 자유전자의 흐름이라고 하며, 금속의 도체 안에서 자유로이 움직이며 전기나 열의 전도역할을 하는 자유전자의 흐름이라 할 수 있다. 또한 연소의 확대는 전도, 대류, 복사, 접염, 비화에 의해서 이루어진다.

(2) 대류

공기의 운동이나 유체의 흐름으로 열이 이동하는 현상이다. 기체나 액체의 온도가 다를 때 그 물질 순환 운동에 따라 유체열이 이동하는 현상으로 열에 의한 공기 등이 더워지면 가벼운 공기(밀도값이 작은 공기)는 상부로 올라가고 천장 등에 체류하는 무거운 공기(밀도값이 큰 공기)는 아래부분에 존재하는 열교환현상으로 고층건물 대형화재 시 상층으로 화염이 확산되는 원인이 되기도 하며, 옥외 화재 시에는 화재폭풍을 형성하기도 한다.

CF 실내에서 난로를 피우면 따뜻한 공기는 상승하고 찬 공기는 밀려 내려와 순환되는 현상

(3) 복사

복사는 떨어져 있는 두 물체 사이에 열에너지가 물질을 매개치 않고 전자파형태로 복사되며 이것이 다른 물질에 전파되어 흡수되면 열로 변하는 현상이다. 이 열이 가연물에 직선으로 흡수되어 그 표면온도가 발화점에 도달하면 연소가 시작된다. 열복사는 그 물체의 온도 때문에 열에너지를 파장의 형태로 계속적으로 방사하는 열을 말하며, 복사는 전도나 대류현상에 비하여 화염의 전파에 가장 크게 작용한다. 그러나 단원분자(N_2, O_2, H_2)는 복사열을 흡수하지 않는다.

CF 다원분자 : NO_2 , H_2O 등

※ 태양열이 물체를 따뜻하게 해주는 현상이나 인접건물이나 유류탱크 화재 시 연소의 확산 등이 대표적인 예이다

※ 복사열에 관한 법칙

스테판–볼츠만의 법칙 : 복사에너지는 열전달면적에 비례하고 절대 온도는 4승에 비례한다.

*열역학의 표준온도로 켈빈온도라고도 한다. 단위는 K이다. 절대영도를 온도의 기준점인 0K로 하고, 섭씨온도와 같은 온도눈금으로 잰 온도가 절대온도이다. 즉, 두 온도의 차이가 절대온도로 1K라면, 섭씨온도로도 1℃이다. 절대영도는 자연에서 존재할 수 있는 가장 낮은 온도이다. 절대온도와 섭씨온도 C의 관계는 T+C+273.15로 주어진다. 즉, 절대영도는 −273.15℃이다.

*소방학개론에서는 섭씨 1℃의 절대 온도는 273+1=274K가 된다.

예제 물체의 표면온도가 10도였는 데, 표면온도가 293도가 되었다면, 이때 발생하는 복사에너지는 몇 배 증가하는가? (단 온도 이외의 조건은 모두 같다)

① 8배

② 16배

③ 81배

④ 256배

  ✓ 복사열 : 스테판 볼츠만 법칙에 의거 절대 온도 상승값 비율의 4제곱이다

$$\left(\frac{절대값 K(273) + 상승값(293)}{절대값 K(273) + 기존온도(10)}\right)^4 = \left(\frac{566}{283}\right)^4 = 16$$

답 ②

※ 절대온도 K의 활용

온도에 따른 압력을 구하는 경우

절대온도에 현재 온도를 더한 값을 절대 온도로 나누면 된다. (단 조건은 0도 1atm 밀폐구조)

$$\frac{절대온도 K + 현재온도}{절대온도 K}$$

예제 0도 1atm인 완전 밀폐된 지하공간에서 화재가 발생하였다. 외부에서 관측된 화재 현장 온도는 400도이다. 화재 시 공기와 연기의 분자량은 동일하다. 화재 전보다 후의 압력은? (소수점 둘째자리에서 반올림한다)

① 2.1

② 2.3

③ 2.5

④ 2.7

  ✓ $\frac{273 + 400}{273}$ = 약2.5

    Pv = nrt, 압력온도변화 = (단, 1atm t1 = 273, t2 = 273+400)

답 ③

※ 증기밀도 구하는 공식

–증기밀도(기체의 무게) 계산법

$$\text{증기밀도(비중)} = \frac{\text{분자량}}{29} = \frac{\text{증기(기체)분자량}}{\text{공기분자량}}$$

※ 증기–공기밀도 계산 방식

$$\text{비중(공기–증기밀도)} = \frac{Pv X d}{P} + \frac{P - Pv}{P} = \frac{\text{증기압} X \text{증기밀도}}{\text{전압(대기압)}} + \frac{\text{전압} - \text{증기압}}{\text{전압(대기압)}}$$

예제 25℃(상온)에서 증기압이 76mmHg이고 증기밀도가 2인 인화성 액체가 있다. 증기–공기밀도는 얼마인가? (단, 대기압은 760mmHg이다)

① 0.5   ② 1

③ 1.1   ④ 1.2

✔ 증기–공기밀도 계산 방식

$$\text{비중(공기–증기밀도)} = \frac{Pv X d}{P} + \frac{P - Pv}{P} = \frac{\text{증기압} X \text{증기밀도}}{\text{전압(대기압)}} + \frac{\text{전압} - \text{증기압}}{\text{전압(대기압)}}$$

따라서, $\frac{76 X 2}{760} + \frac{760 - 76}{760} = 1.1$

답 ③

---

1. 연기의 개념정의

연기란 가연물이 연소할 때 발생하는 생성가스, 액체미립자 및 그을음 등 고체입자가 공기 중에 부유 · 확산하고 있는 상태를 말하며, 다량의 유독성가스를 함유하고 있다. 즉 완전연소가 되지 않은 기체가연물이 고체미립자가 되어 떠돌아다니는 현상으로 가연물이 연소되면서 타르나 탄소입자와 같은 고체입자와 농축습기로 구성되어 있다. 특히 액체 및 고체입자를 연기입자라고 말하며 입자의 크기는 0.01(um) ~10(um)으로 미립이며, 연기입자는 표면에 각종 가스를 흡착하기도 하고 반응하여 간단한 물질이 되기도 한다. 가연물이 열분해를 일으켜서 방출시키는 열분해 생성물 및 미반응 분해물을 말한다. 일종의 불완전한 연소생성물로 산소공급이 불충분하게 되면 탄소분이 생성된 것이다.

2. 연기의 색상 변화와 이동속도

가연물이 연소하면서 생성된 연기는 초기에 백색, 중기에 흑색, 말기에 다시 백색으로 색상이 수시로 변한다. 즉 이러한 색상의 변화는 탄소가 많으면 연기는 백색으로 변화하고 수소가 많으면 흑색으로 변화한다. 공기의 온도가 높으면 부력에 의해 공기가 유동하고 연기도 확산되며, 연기는 다량의 유독가스를 함유하며, 화재로 인한 연기는 고열이며 유동 확산이 빠르다. 연기는 광선을 흡수하며, 연기의 축적은 천장부근 상층에서부터 하층으로 이루어진다.

(1) 연기의 정의

① 기체 가운데 완전연소되지 않는 가연물이 고체 미립자가 되어 떠돌아다니는 상태이다.

② 눈에 보이는 연소생성물로서 고체입자(탄소 및 타르입자)와 농축습기로 구성되어 있다.

③ 탄소함유량이 많은 가연물이 연소할 경우 산소부족으로 많은 탄소입자가 생성되는 것이다.

(2) 연기의 유동속도

① 수평방향은 0.5m/sec ~ 1m/sec

② 수직방향은 2m/sec ~ 3m/sec

③ 계단실은 3m/sec ~ 5m/sec

(3) 연기농도 표시법

중량농도법, 입자농도법, 투과율법(감광계수법=광학적) 등이 있다.

(4) 연기의 입자와 색깔

① 연기의 입자는 보통 0.01 ~ 10[um] 정도로 아주 작다.

② 화재 시 연기는 처음엔 백색연기지만 나중에는 흑색 연기로 변한다.

④ 수소가 많으면 백색연기로 변하고, 탄소가 많으면 흑색연기로 변한다.

⑤ 화재 초기 발연양은 화재 숙성기의 발연양보다 많다고 할 수 있다.

(5) 굴뚝효과(연돌효과) = stack effect = chimney effect *wind effect는 동의어기는 하나 오답

건축물의 내부와 외부 온도차이로 공기가 유동하는 것을 말한다. 건축물 상·하층의 내부와 외부 온도·기압차로 인해 찬 공기가 하부에서 유입되고 건물 내부 더운 공기가 굴뚝과 같은 긴 통로로 따라 올라가는 강한 통풍 현상으로 이는 폭에 비해 높이가 높은 고층빌딩의 비상 계단이나 엘리베이터 등이 긴 수직통로 역할을 하기 때문이다. 굴뚝효과와 관계되는 것은 건축물의 ① 층의 높이, ② 화재실의 온도, ③ 건축물 내·외의 온도차, ④ 외벽의 기밀도(각 층간의 공기누설) 등이다.
※ 기밀도 : 공기의 빽빽한 정도

(6) 중성대(Neutral Zone=Neutral Plane) : 실내·외의 압력이 같아지는 지점

① 중성대의 개념
실내 화재 시 온도가 상승하면서 공기의 부피가 커지고, 무게가 감소되고, 밀도도 감소된다. 이렇게 되면 밀도가 감소되면서 부력이 발생하는데 이런 부력에 의해 공기가 상승하면서 상부에 공기에 의한 압력층이 형성하게 된다. 이때 공기, 연소가스 등 실내의 기체는 바깥 공기보다 가벼워 위

로 뜨면서 실외로 빠져나간다. 이런 현상으로 실내 상부의 압력이 높아지고 하부의 압력이 낮게 되어 상·하부의 압력의 차이가 다르게 나타나면 실내의 어느 중간지점에 실내와 실외의 압력이 같아지는 면인 중성대가 존재한다.

② 중성대의 성질

압력은 항상 높은 곳에서 낮은 곳으로 평형을 이루려다 보니 중성대 위쪽은 실내의 압력이 실외의 압력보다 높아 실내에서 기체가 외부로 유출(배기현상)되지만, 중성대 아래쪽에는 실내의 압력이 실외보다 낮아 새로운 공기가 빨려 들어온다. (실외에서 나가는 배기와 역방향)

또한 중성대 아래로 신선한 공기가 유입되면 화세가 강하고, 실내 온도가 더 높아지고, 상부 압력이 더 높아 지며, 중성대 위치는 곧 상부 압력에 밀려 낮아진다.

③ 중성대의 위치 변화

중성대 위치는 계속 달라진다.

중성대 위치가 낮아지면 ㉠ 실 하부 공간이 작아져서 외부로부터 공기 유입이 적어지며, ㉡ 연소는 활발하지 못하고, ㉢ 실 전체 온도가 다시 낮아져 실내 상부 압력이 작아지면서, ㉣ 밀려 내려왔던 중성대는 다시 높아지는 과정이 반복될 수 있다. 따라서 만약 소방관이 배연을 한다면 중성대 위쪽을 뜯어서 배연시켜야 한다.

3. 연기가 인체에 미치는 영향

각종 가연물이 연소하면서 발생되는 연기에는 일산화탄소 및 맹독성 가스인 포스겐 또는 시안화수소 등 인간이 흡입 시 인체에 치명적인 다량의 유독성 가스가 함유되어 있다. 따라서 인간이 화재현장에서 호흡기관(코, 입)을 통해 연기를 흡입했거나 그대로 노출이 되었을 경우 인간에게 시각적인 영향, 생리적인 영향, 심리적인 영향을 주며, 다음과 같은 증상이 나타난다.

① 시각과 청각을 잃을 수 있다.

② 구토와 두통, 현기증과 호흡곤란 증상이 있다.

③ 팔과 다리 등 사지 마비될 수 있다.

④ 수평감각 상실에 의한 직립보행장애가 나타날 수 있다.

⑤ 호흡기 점막 손상이 올수 있다.

⑥ 패닉현상(공황상태) 발생 및 판단력 상실이 올 수 있다.

⑦ 시야를 감퇴시켜 피난행동 및 소화활동을 저해한다.

⑧ 정신적으로 긴장 또는 패닉 현상에 빠지게 되는 2차적 피해가 발생할 수 있다.

> ┌─ 감광계수와 가시거리의 관계 ─
> ㉠ 감광계수는 연기의 농도의 척도로 빛이 감소되는 계수를 말한다.
> ㉡ 감광계수가 커지면 빛이 감소되어 가시거리가 짧아져 시야확보가 어렵다.
> ㉢ 감광계수와 가시거리는 반비례관계에 있다.

[감광계수와 가시거리]

감광계수 (연기농도)	가시거리(m)	상황
0.1	20~30	연기감지기가 작동할 정도
0.3	5	건물 내부에 익숙한 사람이 피난시 약간의 지장을 느낄 정도
0.5	3	어두침침한 것을 느낄 정도의 농도
1.0	1~2	거의 앞이 보이지 않을 정도
10	0.2~0.5	화재 최성기 때의 농도로 유도등이 보이지 않는 경우
30	–	출화실에서 연기가 분출될 때의 농도

4. 연기의 유동과 중성대(NPL)

실내에서 연기가 어떻게 확산되는가에 관해서는 연기를 포함한 공기의 온도에 따라 달라진다. 즉 연기의 비중은 공기와 차이가 별로 없지만, 연기를 함유한 공기는 따뜻하기 때문에 열에 의해 공기가 유동하면서 연기도 확산되는 것이다. 실내에서 연기의 농도는 구획된 천장을 중심으로 상층부에서 하층부(바닥)로 이동하며, 특히 연기의 유동 및 확산은 건물의 내·외부 공기의 온도차에 의해 발생한다.

연기유동의 원인은 굴뚝효과, 부력, 팽창, 바람, 공조기기(HVAC : heating, ventilating and air conditioning) 시스템, 엘리베이터의 피스톤 효과가 포함된다. 화재 시 연기 유동은 이러한 이동력의 결합에 의해 발생되고 지배를 받는다.

1) 연기의 유동

(1) 굴뚝(stack effect)효과와 역 굴뚝 효과

① 굴뚝(stack effect)효과 ··· 건축물에서 일명 연돌효과라고 불리는 굴뚝효과(stack effect)는 건물 내부와 외부 공기밀도 차이로 인해 발생한 압력 차이에 의해 공기가 이동하는 현상을 말한다. 즉 겨울철 화재와 같이 건물 내부가 따뜻하고 건물 외부가 찬 경우 기압은 건물내부가 낮아, 건축물로 들어온 공기는 건물 내부의 상부로 이동하게 되고, 이러한 압력 차이에 의해 야기된 공기의 흐름은 굴뚝에서의 연기 흐름과 유사하다. 특히 건축물의 계단실과 엘리베이터 등의 공간에서 발생된다.

② 역 굴뚝 효과 ··· 여름철과 같이 건축물 외부가 내부보다 따뜻할 경우 들어온 공기는 하향으로 이동하게 되는 데 이런 흐름을 역굴뚝효과라 한다.

③ 굴뚝(stack effect)효과에 영향을 주는 인자
  ㉠ 화재구획실의 온도
  ㉡ 화재발생 건축물의 높이
  ㉢ 건축물 외벽의 기밀도
  ㉣ 건축물 내부와 외부의 온도차이

(2) HVAC시스템(공조기기)과 엘리베이터 피스톤효과

① 화재 시 HVAC시스템(공조기기)은 화재확산을 가속하고 연기를 멀리 보내거나, 화재발생 구역으로 신선한 공기를 제공하여 연소를 돕는 역할을 한다. 따라서 화재 또는 연기가 감지기에 의해 감지되면 제연작동 모드로 전환시키거나 송풍기작동을 일시 정지시키도록 시스템을 설계해야 한다.

② 화재 시 엘리베이터가 작동하는 경우, 피스톤효과(상하로 이동)에 의해 흡입압력이 발생하게 되는데 이 흡입압력은 엘리베이터 연기제어에 영향을 줄 뿐만 아니라 로비나 샤프트로 연기를 유입시킨다.

(3) 팽창과 부력

① 가연물이 연소하면서 방출되는 에너지는 연소가스를 팽창시켜 연기유동의 원인이 된다. 즉 건축물에 하나의 개구부만 있는 화재구획실에서 공기는 화재구획실로 이동하여 고온의 연기는 밖으로 빠져나간다는 것이다.

② 가연물이 연소하면서 생성된 고온의 연기는 자체의 감소된 밀도에 의해 부력을 가진다. 즉 화재구획실과 그 주변 사이의 압력차에 의한 부력으로 인해 연기가 상층으로 이동하게 된다.

(4) 바람

바람에 의한 풍압은 건축물 내부의 공기누출과 공기이동을 지배한다. 따라서 건축물에 개구부나 틈새가 많을수록 바람의 영향은 많을 수밖에 없다.

2) 중성대(NPL : Neutral Pressure Level)

중성대는 건축물 내부의 압력이 외부의 압력과 일치하는 수직적인 위치를 말한다. 건축물에 개구부가 수직적으로 동일하게 분포되어 있다면 중성대는 정확하게 건물의 중간 높이에 형성될 것이다. 즉 중성대는 건축물의 상부에 큰 개구부가 있다면 올라갈 것이고 하부에 큰 개구부가 있다면 내려올 것이다.

(1) 중성대 형성이론

① 건축물 화재 시 연소열에 의해 온도가 상승함으로서 부력에 의해 화재실의 상층부(천정)에 고온기체가 축적되고 온도가 높아지면, 기체가 팽창하여 실내와 실외의 압력이 달라지는데 실의 상부는 실외보다 압력이 높고 하부는 압력이 낮다.

② 어느 한 지점에서 실내와 실외의 정압이 같아지는 경계면이 형성되는데 그 위치를 중성대(neutral plane)라 한다.

③ 중성대의 위쪽은 실내 정압이 실외보다 높아 실내에서 기체가 외부로 유출되고 중성대 아래쪽에는 실외에서 기체가 유입된다.

④ 중성대의 상부는 열과 연기로, 중성대의 하층부는 신선한 공기가 존재하게 된다.

⑤ 두 반대방향의 압력의 경계 즉 중성대는 개구부의 크기와 위치 등에 따라 달라질 수 있다.

⑥ 중성대가 개구부의 최 하단에 형성된다면 외부에서 공기가 유입될 여지가 없기 때문에 연소는 정지한다.

⑦ 중성대를 위로 올린다면 공기는 개구부로부터 왕성하게 내부로 유입되고 열 기류는 상층부에 뚫린 구멍을 통해 위로 전부 빨려나가게 되므로 연소는 더 강렬하게 진행된다.

⑧ 중성대 형성이론을 종합하면 결국 아래층으로부터 유입되는 공기의 압력이 연소를 계속 이어가는 원동력이 된다.

(2) 중성대의 활용

① 화재현장에서 배연을 할 경우에는 중성대 위쪽에서 배연을 해야 효과적이다.

② 화재가 발생했을 경우 신선한 공기의 유입이 없으므로 빠른 연소의 확대는 없지만 하층개구부로 신선한 공기가 유입된다면 연소확대와 동시에 연기량이 증가한다. 따라서 연기층이 급속히 아래로 확대되면서 중성대의 경계면은 하층으로 내려오게 되고, 생존 가능성은 어렵게 된다.

③ 화재가 발생했을 경우 상층개구부를 개방한다면 연소는 확대되지만 발생한 연기는 빠른 속도로 상승하여 외부로 배출되므로 중성대의 경계선은 위로 축소되고 중성대 하층의 면적이 커지므로 대원과 대피자들의 활동공간과 시야가 확보되어 신속히 대피할 수 있다.

③ 현장 도착 시 하층 출입문으로 짙은 연기가 배출되고 있다면 상층개구부 개방을 강구하고, 하층 개구부에서 연기가 배출되고 있지 않다면 상층개구부가 개방되어 있다고 판단하고 신선한 공기가 유입되는 출입문쪽을 급기측으로 판단한다.

④ 중성대를 상층으로 올리기 위해서는 배연 개구부 위치는 지붕중앙부분의 파괴가 가장 효과적이며, 지붕의 가장자리 파괴, 상층부 개구부의 파괴 순서가 효과적이다.

3) 역 굴뚝효과

고층건물 화재 시에는 내부온도가 높아지기 때문에 건물 내부가 거의 굴뚝과 같아 굴뚝효과에 의해 연기는 상승한다. 그러나 외기가 건축물 내부의 공기보다 따뜻할 때는 건축물 내부에서 하향으로 공기가 이동하며 이러한 하향 공기의 흐름을 역굴뚝효과라고 한다. (예, 옆방에서 불이 난 경우)

① 건물 내부온도 × 건물 외부온도 ⋯ 연기는 위쪽으로 이동

② 건물 내부온도 < 건물 외부온도 ⋯ 연기는 아래쪽으로 이동(역굴뚝효과)

5. 연기의 제연(외부로 배출)

제연이란 건축물 등 내부에서 연소되면서 생성된 연기를 외부로 배출시키는 것을 말한다. 공기를 급기댐퍼로 외부에서 내부로 불어 넣어주고, 실내 연기를 배기펌프를 이용하여 외부로 배출하는 것을 말한다. 제연을 위해 설치되는 설비가 소화활동설비인 제연설비로 연소 시 생성된 연기를 외부로 배출하거나 제연구역으로의 침투를 차단시키는 설비를 말한다.

1) 제연의 목적

화재실에서 연기와 열기를 직접배출하고, 배출시킨 만큼 외기를 유입(급기)하여 피난안전성 및 소화활동의 안전성을 확보하는 것이다.

① 연기로 인한 시각장애, 유독가스로 인한 생리적 장애 등에 의한 신체의 부자유와 연기 및 유독가스 흡입에 의한 호흡기 보호

② 소활활동중인 소방대원 보호

③ 화재현장에서 대피하는 사람이 쉽고 안전하게 대피하는데 도움

④ 화재는 열에 의한 인명피해보다 연기에 의한 질식사고가 많다

2) 제연방식

연소현장에서 연기를 제연(제어)하는 방식에는 기계제연방식, 밀폐제연방식, 스모크타워제연방식, 자연제연방식이 쓰이고 있다.

① **기계식제연방식** … 송풍기와 배풍기를 이용하여 실내의 연기를 강제로 옥외로 배출시키는 방식을 말하며, 가장 많이 활용되는 제연방식으로 시스템이 복잡하고 유지 및 관리가 많이 드는 단점도 있다. 기계식 제연방식은 제1종 · 제2종 · 제3종 기계제연 방식이 있으며 기계제연은 각 제연구역까지 풍도를 설치하고 송풍기와 배연기 등을 사용하여, 기계적으로 강제 제연하는 방식으로 옥내의 필요한 특정부분을 가압 또는 감압하는 방법 등이 있다. 참고로, 아파트는 옥상에 송풍해주는 기계설비를 갖추고 있지만, 배연하는 방법은 자연제연방식을 택하고 있다.

※ 기계급식 : 송풍기를 말한다. / 기계배급 : 배연기, 배풍기, 제연기를 말한다. / 배연기 : 연기를 배출하는 방식의 기계로서 배풍기, 제연기라고도 한다.

㉠ 제1종 제연방식 : 기계급기, 기계배기로서 급배기 균형에 주의하여 대형건물, 복합건축물 등에 주로 사용한다

㉡ 제2종 제연방식 : 기계급식, 자연배기로서 불의 확대로 복도로의 역류에 주의하며, 피난계단 등 아파트, 특별피난계난 등에 주로 사용한다

㉢ 제3종 제연방식 : 자연급기, 기계배기로서 작은 공장 등에서 주로 사용되는 제연방식으로 흔한 방식이다.

② **밀폐제연방식** … 밀폐도가 많은 벽 또는 개구부를 밀폐하여 외부의 공기유입을 차단시키면서 실내의 연기를 배출시키는 방식으로 공동주택, 호텔 등 밀폐구역을 작게 할 수 있는 건축물에 적합하다.

③ 스모크타워제연방식 … 제연 전용의 샤프트를 설치하고, 난방 등에 의한 건물 내·외의 온도차나 화재에 의한 온도상승으로 건물외부에 설치한 루프모니터 등의 외풍에 의한 흡인력을 통기력으로 하여 제연하는 방식으로서, 고층빌딩에 적합하다.

④ 자연제연방식 … 연소 시 생성한 열기류의 부력이나 외부바람의 흡출효과에 의해 구획된 실의 상부에 설치된 창 또는 배연구로부터 연기를 외부로 배출시키는 방식이다.

6. 연소생성물(독성가스)과 인체에 미치는 영향

가연물이 공기 중에서 연소하면서 생성되는 연소물은 열, 연기, 화염, 연소가스가 대표적이며, 그 중 독성인 연소가스는 인체에 치명적인 영향을 준다. 일반적으로 산소공급이 충분하여 완전연소를 하면 이산화탄소가 발생하고, 산소공급이 부족하면 불완전연소를 하여 일산화탄소를 생성한다. 연소 과정에서 생성되는 독성가스와 그 특징은 다음과 같다.

1) 일산화탄소(CO)

가연물이 불완전 연소 시 많이 발생하며 인명에 피해를 주는 공기보다 가벼운 무색, 무취, 무미의 유독성 기체이며 연소가 가능한 가연성 물질이다. 화재 시 흡입된 일산화탄소는 인체 내 피 속의 헤모글로빈(Hb)과 결합하여 산소운반을 저지하여 질식 사망하게 한다. 또한 산소와의 결합력이 극히 강하여 인체의 질식 작용을 일으킨다. 특히 상온에서 염소와 작용하여 유독성 가스인 포스겐($COCl_2$)을 생성하기도 하며, 주로 고온에서 산소가 부족할 때 발생한다. 일산화탄소의 공기 중의 농도와 중독증상은 다음과 같다.

[일산화탄소와 인체의 반응]

공기 중 농도	인체의 반응
20ppm(0.02%)	가벼운 구토증상(0.07%로 1시간 경과 시 중독 현상)
1,000ppm(0.1%)	심한 구토, 현기증, 경련 등(1시간 후 신체기능이 급격히 저하)
1,600ppm(0.16%)	20분 정도 두통, 현기증, 2시간 이상이면 사망
2,000ppm(0.2%)	1시간 호흡으로 위험한 상태
4,000ppm(0.4%)	1시간 이내 호흡으로 사망할 수 있는 상태
10,000ppm(1%)	1분 정도 호흡으로 사망할 수 있는 상태

2) 이산화탄소(CO_2)

가연물의 완전 연소 시 발생하는 무색, 무취의 기체로서, 산소공급이 충분하여 완전연소 시에 생성되는 가스이다. 무색·무미의 기체로서 공기보다 약 1.5배 무거우며 가스 자체는 독성이 거의 없다. 그러나 다량의 이산화탄소를 흡입하면 호흡이 빨라지면서 다른 유독가스를 흡입하므로 질식에 의한 사망으로 이어질 수 있다.

공기 중 농도	인체의 반응
1%	공중위생 상한선
2%	호흡심도가 1.5배 증가 (불쾌감)
3%	호흡심도가 2배 증가, 무의식 중 (현기증)
4%	두부의 압박감이 느껴진다. 국소적 지각현상 (두통)
5%	30분만에 두통과 귀 울림, 혈압상승, 구토증상 등
6%	호흡수 현저히 증가를 자각함 (약8%이면 호흡이 곤란하다)
9%	10분 이내에 의식상실 (질식성 의식상실)
10%	2~3분 이내에 의식상실, 시력장애, 사망
20%	중추신경 마비로 사망

※ 1%는 10,000ppm이다.

※ CO_2의 허용 농도가 5,000ppm이란 0.5%로서 이 수치 미만은 인체에 무해해 허용할 수 있는 수치이다.

3) 시안화수소(HCN)

일명 청산가스라고도 불리어지는 맹독성 가스로, 나일론 · 합성수지 · 동물의 털 · 인조견 · 플라스틱 등이 연소하면서 생성되며 사람이 흡입하면 질식사 한다. 즉 흡입 시 신체의 에너지 대사를 저해하는 질식제로 작용하며, 0.3%의 농도에서 즉시 사망할 수 있다. 또한 피 속의 헤모글로빈과 결합하지 않고도 인체의 산소 이동을 막는다

4) 포스겐($COCl_2$)

맹독성가스로 수지류 · 폴리염화비닐(PVC) 등이 연소할 때 발생되며, 허용농도는 0.1ppm(mg/m^3)이다. 특히 포스겐은 제2차 세계대전 당시 독일군이 유태인을 학살하는데 사용한 가스로 극소량으로도 인체에 치명적이다.

5) 이산화황(SO_2)

일명 아황산가스라고도 불리고 있으며, 털, 고무, 나무, 가죽소파 등 황(S)이 함유된 물질의 완전연소 시 발생하는 무색가스로서 미량이 발생되며, 무색의 자극성 · 유독성 가스이다. 눈 및 호흡기 등에 점막을 상하게 하고 질식사 할 우려가 있고, 특히 유황을 저장 · 취급하는 사업장 화재 시 주의를 해야 하며, 산성비의 원인이 된다.

6) 염화수소(HCL)

염소가 함유된 수지류 · 폴리염화비닐(PVC)등이 연소하거나 열분해할 때 생성되는 공기보다 무거운 무색의 기체다. 사람이 흡입하면 폐수종을 일으키기도 하며, 허용농도는 5ppm(mg/m^3)이다. 부식성이 강해금속을 녹슬게 한다.

7) 황화수소(H_2S)

일명 유화수소라고도 불리어지며, 털, 고무, 나무, 가죽소파 등 황(S)이 함유된 물질이 불완전연소 시 발생하는 무색가스로서 달걀 썩은 냄새가 난다. 0.2%이상 농도에서 냄새 감각이 마비되고 0.4~0.7%에서는 1시간 이상 노출 시 호흡기 통증이나 현기증이 일어난다.

8) 불화수소(HF)

합성수지인 불소계 수지의 연소 시 생성되는 무색의 자극성 기체로 유독성이 강하며, 허용농도는 3ppm(mg/m^3)이다. 물에 녹으면 불산이 된다. 유리 등의 세정제로 이용되며, 부식성이 강하여 유리나 모래를 부식시킨다.

9) 암모니아(NH_3)

질소함유물질인 수지류, 나무, 실크 · 나일론 · 아크릴, 플라스틱 등이 탈 때 악취가 나는 무색기체로 서 눈, 코, 폐의 자극이 크다. 물에 잘 용해되며 냉동고 등에서 온도 낮추는 가스 즉, 냉동시설의 냉매로 많이 사용되고 있어 냉동창고 화재 시 주의를 요한다. 이 외에 독성가스로는 염소(CL_2), 취화수소, 알데이드, 일산화질소, 벤젠 등이 있다

※ 염소(CL_2) : 강산 산성으로 부식성이 강해서 제1차 세계대전 때 독가스로 사용

10) 이산화질소(NO_2)

폴리우레탄이나 질산셀룰오스 등이 불완전 연소 또는 분해될 때 생성되는 적갈색의 유독성가스로 200~700ppm정도의 농도에 잠시 노출되어도 치명적이다.

11) 아크로레인(CH_2CHCHO)

기름성분 등의 유지류와 석유제품이 연소할 때 생성되는 휘발성의 자극성을 가진 유독성 가스이며, 10ppm정도면 사람은 사망에 이르게 된다. 일반적인 화재에서 발생되는 경우는 극히 드물다.

> **◆POINT 인체에 영향을 미치는 체내 산소농도**
> 산소농도는 인체에 중요한 영향을 미치는데 체내산소농도와 인체에 미치는 영향의 인과관계를 살펴보면 다음과 같다.
> ① 산소농도가 10%~6%이면 의식을 잃지만 신선한 공기 중에서 소생할 수 있다.
> ② 산소농도가 14%~10%로 떨어지면 피로가 빨리 오고 판단력을 상실한다.
> ③ 산소농도가 보통 15%로 떨어지면 근육이 말을 듣지 않는다.
> ④ 기진한 상태에서는 산소요구량이 많아지므로 상기 농도보다 높아도 증세가 나타날 수 있다.

7. 연소열

화재 시 생성되는 열은 연소물의 하나이다. 연소열은 화재의 확산에 큰 영향을 미칠 뿐만 아니라 연소현상, 탈수, 열사병을 유발시키고, 인간의 호흡기관 특히 내분비계통에 심각한 손상을 일으킨다.

8. 화재확대 주요원인

도시 건물의 화재확대의 주요원인

(1) 접촉

화염의 접촉, 접염이라고 하며 불꽃의 직접 접촉을 말한다

(2) 복사열

열이 중간에 매질을 통하지 않고 전자파 형태의 공간이동 복사현상을 말한다

(3) 비화

불티가 되어 날아가 인접건물 등에 발화하는 것을 말한다

9. 화염의 전파속도

가연성 혼합기체의 발화로 화재가 주위로 넓게 퍼지는 폭연 속도로 약 0.1~10m/sec이다. 화염의 높이는 화재의 부력에 의한 연료와 공기와 공급과 관련이 있고, 화염의 속도는 연소속도+미연소가스의 전방이동 속도이다. (화염의 속도＝연소속도+미연소가스의 이동속도)

※ 폭연 : 음속(340m/sec)보다 느린 폭발(아음속)

※ 폭굉 : 음속보다 빠른 폭발(초음속)

---

section 3 열 이론

1. 열의 구분

연소 시 발생된 뜨거운 열은 물체의 온도가 서로 다를 경우 한 물체로부터 다른 물체로 전달되는 에너지이며, 단위는 "Joule(줄)"이다. 이때 온도는 열을 표시하는 지표가 된다. 온도를 나타내는 기준(표준)은 물의 빙점(섭씨 0도 또는 화씨 32도) 과 끓는점(섭씨 100도 또는 화씨 212도)에 근거하고 있으며, 섭씨($℃$)와 화씨($℉$) 단위를 사용하여 측정하고 열의 구분은 다음과 같다.

1) 화씨온도($℉$)

① 미국과 영국에서 사용하는 온도

② 1기압 아래에서 물이 어는점을32도, 끓는점을 212도로하고 그 사이를 180등분하여 온도를 측정

2) 섭씨온도

① 물의 어는점인 0℃와 끓는점인 100℃를 기준으로 한 온도 척도

② 두 기준(0℃, 100℃) 온도 사이에 100개의 눈금이 있기 때문에 일명 백분도 척도

3) 절대온도(K)

물의 비점을 373.15로 하는 섭씨온도

4) 1칼로리(Cal)

물 1 그램의 온도를 섭씨단위로 1도 올리는데 필요한 열량

5) 1(BTU)

물 1파운드의 온도를 화씨단위로 1도 올리는데 필요한 열량

6) 잠열

물질 상태가 기체와 액체, 액체와 고체 사이에서 변화할 때 흡수 또는 방출하는 열을 말하며, 열의 출입이 있더라도 온도는 변하지 않기 때문에 숨은 열이라고도 부른다. 특히 소화수로 물을 사용하는 이유는 잠열이 크기 때문이다.

7) 현열

열이 물질에 가해졌을 때 상(기체·액체·고체)의 변화는 없으며 온도만을 가지는 열

8) 비열

어떤 물질 1g을 섭씨 1도℃ 올리는 데 필요한 열량(cal)

> **POINT** 열의 용어 정의
> (1) 1cal : 1g의 물의 온도를 섭씨 1℃까지 높이는데 필요한 열의 양
> ① 물 1g을 1℃ 높이는데 1cal가 소요되며, 기화하여 수증기로 되는 데는 539cal가 필요하다.
> ② 얼음의 융해열 : 얼음 0℃에서 물 0℃로 변화하는데 필요한 잠열 (80cal)
> ③ 물의 증발열 : 물 100℃에서 수증기 100℃로 변화하는데 필요한 잠열 (539cal)
> −0℃의 얼음 1g이 0℃의 물이 되려면 80cal
> −0℃의 물 1g이 100℃의 물이 되려면 100cal
> −100℃의 물 1g이 100℃의 수증기가 되려면 539cal
> (2) 1Btu : 1Lb(파운드)의 물을 1°F 높이는데 필요한 열량
> *1Btu=252cal 📶 50Btu=12,600cal
> *1cal=0.004Btu
> (3) 비열 : 물 1g의 온도를 1℃ 올리는데 드는 열량과 비교하여 다른 질량의 물체 1g을 1℃ 올리는 데 필요한 열량과의 비율이다. 즉, 비열은 물과 비교한 열량이다.
> (4) 화씨온도(°F) : 표준대기압 상태에서 물의 빙점을 32°F, 비등점을 212°F정하고 그 사이를 180분등 하여 한 눈금을 1°F로 한 온도의 단위를 말한다.

(5) **절대온도(K)** : 절대온도를 −273.15로 하고 물의 삼중점을 273.16K, 비등점을 373.15fh로 하는 섭씨온도 체계이다. (영국 캘빈 이론)

(6) **현열(감열)** : 물질에 가해진 열이 상의 변화가 없는 경우 보유하고 있는 열량을 말한다.

(7) **잠열** : 열의 출입이나 기화나 액화처럼 상의 변화로 온도를 수반하지 않고 흡수(액체→기체) 또는 방출(기체→액체)하는 열이며 숨은 열이라고도 한다.
*현열 : 온도만을 가지는 열(현열은 온도만 따진다)
*잠열 : 상태만을 가지는 숨은 열(잠열은 상태변화만 따진다)

2. 열의 전달

연소 시 발생된 열의 전달방식에는 대류, 전도, 복사, 비화가 대표적이다. 발생된 열은 다양한 형태로 이동되어 연소 확대요인으로 작용한다.

1) 대류

공기의 운동이나 유체의 흐름에 의해 열이 이동되는 것으로 기체나 액체 간에 유체가 직접 이동하면서 열을 전달하는 현상이다. 즉, 화염에서 발생된 뜨거운 기체 생성물과 화염부근에서 뜨거워진 공기가 열에 의해 부피가 팽창하면서 가벼워져 천장(상부)로 이동하는 것을 대류라 한다. 기체나 액체에 온도를 가하면 비중이 작아져 분자운동이 활발해지고 팽창하면서 고온의 열 기류는 상승하게 되고, 천장의 차가운 공기는 아래로 내려와 상하의 열이 교환하게 된다. 모든 열의 전달은 따뜻한 곳에서 차가운 곳으로 열이 이동한다.

┌─ 대류현상의 예 ───┐

① 화재현장에서 연소화면서 생성된 연기가 위로 향하는 것
② 난로에 의해 사무실의 공기가 따뜻해지는 것

└───┘

2) 전도

열이 물체의 직접적인 접촉을 통해 고온(뜨거운) 쪽에서 저온(차가운) 쪽으로 이동하는 현상을 말한다. 열 전도율은 금속이 높고 공기는 아주 낮으며, 특히 공기는 압력이 낮으면 열전도는 느리게 되고 진공 상태에서는 열의 전도가 이루어지지 않는다. 열 전도율이 높은 것 일수록 열의 전달은 빠르다. 고체는 기체보다 전도가 잘되고 고온 측과 저온 측의 온도차 길이 및 두께에 따라 달라진다.

┌─ 전도현상의 예 ───┐

① 금속인 철 등으로 제조된 가늘고 긴 봉의 끝을 화로나 가스불 속에 넣으면 금속 봉을 통하여 전체가 뜨거워지고 달구어지는 현상
② 건축물화재 시 구획된 벽을 통해 인접된 실로 연소가 확대되는 현상

└───┘

3) 복사

서로 떨어져 있는 두 물체 사이에 열에너지가 전자파 형태로 물체에 복사되어 다른 물체에 전파 흡수되면 온도가 상승하여 열로 변하는 현상으로 물질을 매개체로 하지 않는 것이 전도와 다르다. 즉 복사는 물체를 가열하면 열에너지를 전자파로 방출하게 되고 전자파에 의해 열이 이동하는 현상이다. 화재현장에서 인접건축물을 연소시키는 것은 복사가 주된 원인으로 작용한다.

복사현상의 예

① 동절기에 난로주변에 있으면 온몸이 따뜻하게 느껴지는 현상
② 봄에 양지바른 곳에서 햇볕을 쬐면 몸이 따뜻해지는 현상

---

4) 비화

연소 시 불티나 불꽃이 기류를 타고 직접 관련이 없는 다른 가연물로 날아가 착화되는 현상을 말한다.

비화의 조건

① 불티가 발생할 것
② 바람이 있을 것
③ 가연물이 있을 것

---

3. 열과 에너지법칙

1) 열량보존법칙

온도가 다른 두 물체가 만나 서로 열을 주고받을 경우 열량이 높은 물체가 빼앗긴 열량과 열량이 낮은 물체가 받은 열량은 서로 같다는 법칙

2) 에너지보존법칙

에너지의 형태가 바뀌거나 다른 물체로 에너지가 이동할 때에도 전체의 에너지총량은 변화하지 않는다는 법칙

3) 질량-에너지보존법칙

질량 및 에너지는 한 상태에서 다른 상태로 변화될 수는 있으나, 그 총량에 있어서 어떠한 손실도 발생하지 않는다는 법칙

02 폭발이론

section 1 폭발 개론

폭발은 순간적으로 진행되어 많은 인적·물적 피해를 유발시킬 뿐만 아니라 폭발 후 화재가 수반되기 때문에 피해는 확대될 수밖에 없다. 최근 화재폭발사고 빈도가 높고 피해규모가 대형화되는 것은 취급하는 고압가스나 위험물질의 종류가 증가하고, 저장량과 수송량이 많아지고 있는데 기인한다고 할 수 있다. 이러한 폭발을 일으킨 물질은 대부분 기체류인 가연성인 가스가 가장 많고 그 다음으로 가연성 액체가 높은 사고빈도를 점유한다. 특히 수송과 생산의 속도가 빠르게 진행되고 생산 공정의 다양화로 고압, 고온 등의 극한 조건에 의해 사고 개연성은 상대적으로 높아졌으나 프로세스별 위험성을 인지하고 관리하는 데 소홀하기 때문이다.

1. 폭발의 개념정의

1) 폭발의 개념

폭발은 밀폐공간에서 물리적·화학적 변화의 결과로 발생하는 데, 급격한 압력 상승에 의한 에너지가 외계로 전환되는 과정에서 파열, 후폭풍, 폭음 등을 동반하는 현상이다. 즉 폭발이란 압력파의 전달로 폭음을 동반한 충격파를 가진 이상 팽창을 말한다.

① 에너지의 부피가 급격히 증가하면서 방출하는 현상

② 압력의 급격한 발생 또는 개방(해방)의 결과로서 폭음(굉음)을 발생하며 파괴·팽창하는 현상

③ 분해·연소 등 화학반응에 의한 압력의 급격한 상승으로 파괴작용 동반하는 현상

2) 폭발의 분류

폭발은 공정 별 분류에서 ① 핵폭발, ② 물리적 폭발, ③ 화학적 폭발, ④ 물리적·화학적 병렬에 의한 폭발로 나누기도 한다.

연소와 폭발의 비교

- 연소는 지속적인 연쇄반응을 일으키는 것을 말한다.
- 폭발은 물리적·화학적 변화의 결과로 발생한 급격한 압력 상승에 의한 에너지가 파열, 후폭풍, 폭음 등을 동반하는 현상이다

---

2. 폭발조건 및 원인

1) 폭발의 성립조건

물리적 · 화학적 에너지나 기계적 에너지가 열이나 압력파 등으로 변화하는 과정에서 나타나는 폭발은 ① 밀폐된 공간, ② 점화원(점화에너지), ③ 폭발범위(연소범위=공기 중 필요한 혼합가스의 농도조건)의 폭발의 3대 조건을 갖춘 경우에 발생한다. 또한 가스의 폭발조건은 일반적으로 밀폐된 공간의 배관이나 병 혹은 통 속에서 발화원이 존재하는 ① 에너지조건 즉 점화원 충족하고 조성조건인 ② 농도조건으로 이루어진다.
※ 폭발은 화염을 동반하지 않는다.

폭발의 성립 조건

• 폭발의 3대 조건 : ① 밀폐된 공간, ② 점화원, ③ 폭발범위
• 가스의 폭발조건 : ① 에너지조건(점화원), ② 폭발범위 (가스는 밀폐된 공간이 일반적이다)

---

2) 폭발의 원인

폭발 반응이란 폭발이 따르는 급격한 발열반응이며, 순간적인 화학변화(빛 · 소리 · 압력동반)를 말한다.

① 응축상태에서 기상으로 변화 상변화 시

② 발열화학 반응 시

③ 강력한 에너지에 의한 급속가열

3. 우리나라 대표적 가스폭발사고

① 서울 아현동 도시가스 폭발사고(1994. 12. 7, 사망 12명/부상 101명)

② 대구 상인동 가스폭발사고(1995. 4. 28, 사망 101명/부상 202명)

③ 경기 부천 대성에너지 폭발사고(1998. 9. 11, 사망 1명/부상 96명)

4. 폭발의 분류와 영향

물리적과 화학적폭발로 나누어진다.

① 물리적 폭발(원인계와 생성계가 동일하다) ··· 화염 등을 접촉하지 않고, 물질의 성질(분자구조)이 변하지 않고 그 상태(고체 · 액체 · 기체)가 변하거나 온도, 압력 등의 조건이 변한다.

② 화학적 폭발(원인계와 생성계가 다르다) ··· 화염 등을 접촉하여 물질의 성질이 변하는 폭발이다.

5. 폭발한계와 폭발범위(단위 : vol/%)

가연성 가스와 공기(또는 O_2)의 혼합물에서 가연성 가스의 농도가 낮을 때나 높을 때 화염의 전파가 일어나지 않는 농도가 있다. 이때 농도가 낮을 경우를 폭발 하한계라 하고, 높을 경우를 폭발 상한계라 하며, 폭발 하한계와 폭발 상한계 사이를 폭발범위라 한다.

폭발한계에 영향을 주는 핵심요인(대부분의 물체에 적용되다.)

① 압력이 높을수록 폭발범위는 증가한다.
② 온도가 높을수록 폭발범위는 증가한다.
③ 산소 공급량이 많을수록 폭발범위는 증가한다.
④ 산화제의 공급량이 많을수록 폭발범위는 증가한다.

---

6. 폭발의 영향과 제어방법

폭발의 영향은 비산, 압력, 열, 지진이 대표적이다. 또한 효과적인 폭발의 제어방법으로는 배출, 차단, 억제, 봉쇄, 불꽃방지기설치, 방화벽 설치, 안전거리를 확보하는 것이 핵심이다.

section 2 폭발의 분류(유형)

폭발은 물리적 폭발과 화학적 폭발로 크게 구분하며, 폭발원인 물질의 물리적 상태에 따라 기상폭발과 응상폭발로 구분한다.

1. 물리적 폭발

물질의 상변화에 의에 의해 발생하는 폭발로 화학적 변화는 없으며, 화염을 동반하지 않는 경우가 많다(화재로 보지 않음). 물리적 폭발의 주요 원인은 진공용기 내 내압상승, 액체의 비등에 의한 증기폭발, 용기 내 급격한 압력개방 시 발생한다

※ 액체내부로부터 기화현상이 일어나는 것을 비등이라 한다.

물리적 폭발의 예

㉠ 고압용기 파열에 의한 폭발(과압, 과충전)
㉡ 탱크의 감압장치 파손에 의한 폭발
㉢ 압력밥솥 폭발

---

2. 화학적 폭발

급격한 화학적 변화에 의해 발생하는 폭발로 격렬한 연소현상에 의해 화염을 동반하며, 급격한 화학적 변화는 분자구조의 변화를 의미한다.

화학적 폭발은 분해폭발 · 산화폭발 · 촉매폭발 · 중합폭발로 분류한다.

1) 분해폭발

분해성가스와 자기분해성 고체류가 산소와는 무관하게 단독으로 분해하면서 폭발하는 현상이다.

① 산화에틸렌(C_2H_4O) · 아세틸렌(C_2H_2) · 히드라진(N_2H_4)은 분해성 가스이다.

② 디아조화합물은 자기분해성 고체류 이다.

2) 산화폭발

가연성 가스가 공기 중에 누설되거나 인화성 액체 저장탱크에 공기가 혼합되어 폭발성 혼합가스를 형성함으로서 점화원에 의해 착화되어 폭발하는 현상으로 연소의 한 형태이다. 연소가 비정상상태로 되어서 폭발이 일어나는 형태로 연소폭발이라고도 한다. 산화폭발은 가스, 분진, 분무폭발로 구분하고 있는데 이는 폭발주체가 되는 물질에 따른 것이다.

3) 촉매폭발

촉매에 의해서 폭발하는 현상이다. 수소(H_2) + 염소(Cl_2), 수소(H_2) + 산소(O_2)에 빛을 쪼이면 폭발이 일어나는데 이것이 바로 촉매폭발의 예이다.

4) 중합폭발

중합해서 발생하는 반응열에 의해 폭발하는 현상이다. 즉 모노머(초산비닐 등의 원료)가 폭발적으로 중합되면 격렬한 발열과 함께 압력이 급상승되면서 용기가 파괴되는 폭발현상을 일으킨다.

> ── 중합 폭발 방지 및 가스 ──────────
> ㉠ 중합폭발 방지 : 반응장치에 냉각설비 설치로 이상반응 방지하고 반응중지제 준비
> ㉡ 중합폭발 가스 : 시안화수소(HCN), 산화에틸렌(C_2H_4O), 염화비닐(C_2H_3Cl)

3. 기상폭발과 응상폭발

기상폭발과 응상폭발은 폭발물질의 물리적 상태에 따라 분류한 것이며, 응상이란 고상 및 액상을 말한다.

1) 기상폭발

메탄(CH_4), 프로판(C_3H_8)등 가연성 가스가 조연성 가스와의 혼합으로 발생하는 가스폭발이 기상폭발이다. 가스폭발, 분해폭발, 분무폭발, 분진폭발이 기상폭발에 해당한다.

㉠ 가연성가스 : 물질이 연소하기 쉬운 성질, 예)수소 · 프로판 · 메탄 · 아세틸렌

㉡ 조연성가스 : 물질이 연소하는데 도움을 주는 성질(연소를 돕는 가스), 예)산소 · 불소 · 염소

(1) 가스폭발

일정비율(가연성가스 + 조연성가스)로 혼합된 가연성혼합기는 발화원에 의해 착화되면 가스폭발을 일으키며, 이것을 폭발성 혼합기 또는 폭발성 혼합가스라고 부른다.

(2) 분해폭발

아세틸렌(C_2H_2), 산화에틸렌(C_2H_4O), 에틸렌(C_2H_4), 메틸아세틸렌(C_3H_4), 히드라진(N_2H_4)등은 산소 없이도 폭발하는데 이를 분해폭발성 가스라 한다. 이와 같이 분해폭발성가스는 기체 분자가 분해할 때 발열하는 단일성분의 가스일지라도 발화원에 의해 착화되면 혼합가스와 같은 가스 폭발을 일으킨다.

(3) 분무폭발

공기 중에 분출된 가연성 액체(기계유 등)가 미세한 액적(미스트 : 대기 속에 떠다니는 미립자 가운데 액체로 된 것)이 공기 중에 부유하고 있을 때 점화에너지가 주어지면 폭발하게 되는데 이를 분무폭발이라 한다.

(4) 분진폭발

가연성고체의 미분이 공기 중에 부유하고 있을 때 발화원에 의하여 착화됨으로서 연소 · 폭발하는 현상을 말한다.

① 분진폭발에 영향을 주는 요인

ㄱ 수분 : 수분이 적을수록 폭발 촉진(분진 부유성 억제, 대전성을 감소시켜 폭발성을 둔감하게 한다)

ㄴ 입도와 입도분포 : 입자와 밀도가 적을수록, 분진의 표면적이 입자체적에 비하여 커질수록 폭발 촉진

ㄷ 화학적 성질과 조성 : 발열량이 클수록, 휘발성분의 함유량이 많을수록 폭발 촉진

ㄹ 입자의 형성 : 구상, 침상, 편상입자 순으로 폭발성 증가

ㅁ 표면상태 : 공기(O_2)에 대하여 활성이 있는 경우 폭로시간이 길어질수록 폭발성은 낮다

ㅂ 폭발압력 : 최대폭발압력 상승속도는 입자의 크기가 작을수록 증가(폭발촉진)

② 폭발성분진의 종류

ㄱ 아연, 마그네슘, 알루미늄, 철 등 금속류

ㄴ 코크스, 목탄, 석탄, 활성탄 등 탄소제품

ㄷ 후춧가루, 담배가루 등 농산가공품과 설탕, 전분, 밀가루, 분유 등 식료품

ㄹ 목분, 종이가루 등 목질류와 합성세제 등의 합성약품류

③ 분진폭발의 특징

     ⊙ 폭발의 입자가 연소되면서 비산하여 접촉되는 가연물은 국부적으로 심한 탄화 유발(인체 화상)

     ⓛ 연소시간이 길고 에너지가 커 파괴력과 타는 정도가 크다. 이는 최소발화에너지가 가스폭발보다 크기 때문이다. (폭발압력과 연소속도는 가스폭발보다 작다)

     ⓒ 가스에 비해 불완전한 연소를 일으키기 쉬우므로 연소 후에 일산화탄소가 다량 존재(가스에 의한 중독의 위험성 상존)

     ⓔ 최초폭발에 의해 폭풍이 주위의 분진을 날리게 하고 2~3차 폭발로 이어져 피해 확산

④ 분진폭발 예방법

     ⊙ 분진이 많이 발생하는 장소에서는 불꽃과 정전기 주의

     ⓛ 분진이 많이 쌓이는 공간에서는 주기적인 환기조치

     ⓒ 물을 수시로 뿌려 분진제거(부유방지)

(5) 분진 폭발과 가스폭발의 비교

① 가스폭발보다 분진폭발은 최소발화에너지(MIE)가 크다.

② 가스폭발에 비해 분진폭발은 불완전연소가 심하므로 일산화탄소(CO)가 발생한다.

③ 1차 분진폭발의 영향으로 주위의 분진을 날리게 하여 2・3차 폭발이 발생할 수 있다.
    ※ 분진 폭발은 특이하게 2・3차 폭발이 발생할 수 있다.

④ 가스폭발보다 분진폭발은 연소속도, 폭발압력은 작으나 연소시간이 길고 발생에너지가 크기 때문에 그 파괴력과 그을음이 크다.

⑤ 입자가 비산하므로 접촉하는 가연물은 국부적으로 심한 탄화 또는 화상도 유발한다.

[분진폭발과 가스폭발 대소의 요약]

	가스폭발=기체폭발	분진폭발=고체폭발
발화(발생)에너지	작다	크다
파괴력		
CO(일산화탄소) 발생물		
2차, 3차 연쇄폭발현상	없다	있다
최초폭발	크다	작다
연소속도		
폭발압력		

⑹ 가스폭발 등급과 안전간격

등급분류	가스(기체)	안전간격
1등급	프로판, 암모니아, 아세톤, 메탄, 일산화탄소, 에탄, 초산, 초산에틸, 벤젠, 메탄올, 톨루엔	0.6mm 초과
2등급	에틸렌, 석탄가스	0.4mm 초과 0.6mm이상
3등급	수소, 수성가스, 아세틸렌, 이황탄소	0.4mm 이하

2) 응상폭발(액상폭발과 응상폭발)

용융 금속과 같은 고온물질을 물속에 투입되었을 때 고온의 열이 저온의 물에 짧은 시간에 전달되면 일시적으로 물은 과열상태로 되고 급격하게 비등하여 폭발이 일어나는 현상을 말한다. 수증기폭발이 대표적이고 그 외에 증기폭발, 전선폭발이 있다.

3) 폭발의 원인에 따른 분류

급격한 압력발생이 폭발의 선행조건이므로 압력이 발생하게 된 원인에 따라 물리적 폭발과 화학적 폭발로 분류할 수 있다.

⑴ 물리적 폭발(기계적 폭발)

물리적 폭발은 화학적 변화 없이 상변화 등에 의한 폭발이다. (화염을 동반하지 않음)

화학적 변화는 물질의 성질인 분자구조가 변하는 것이지만 물리적 변화는 물질의 상태(기체ㆍ액체ㆍ고체)가 변하거나 온도, 압력 등의 조건이 변하는 단순한 내압상승이라 할 수 있다.

※ 주의: 증기폭발(물리적 폭발) ≠ 증기운폭발(화학적 폭발)

• 증기폭발이란 높은 열에너지를 갖는 용융금속 등이 저온의 물과 접촉하면 급격히 증기를 발생시켜 이것에 의한 압력파가 발생하여 기계적 파괴를 동반하는 현상을 말한다. 예컨대 물이 끓을 면 기체가 되어 물을 담고 있는 용기가 기체의 압력이 높아져 폭발하는 것이다.

• 증기운 폭발(Vapor Cloud Exposion)이란 화학공정 산업에서 가장 위험하고 파괴적인 폭발로 다량의 가연성 증기가 급격히 방출(압축된 액체의 용기가 과열로 파열될 때 발생)되는 증기가 분산되어 공기와 혼합하고 증기운이 점화되는 현상이다.

① **증기폭발** … 밀폐된 공간 속의 액체물질이 급속히 기화되면서 많은 양의 증기가 발생함으로써 증기압이 높아져 용기나 구조물의 내압을 초과하여 파열되는 증기폭발 현상이다. 즉 증기폭발이란 액화가스(LPG, LNG) 등이 분출되었을 때 급격한 기화에 동반하는 비등현상을 나타낸다.

② **수증기폭발** … 밀폐된 공간에 용융금속 등 고온 물질이 물속에 투입되었을 때 물은 순간적으로 급격하게 비등하고 이러한 상태변화에 따른 폭발현상을 말한다. 예컨대 주전자의 구멍을 막고 끓일 때

③ **물리적 폭발의 종류** … 일반적으로 화염을 동반하지 않는 가스탱크폭발이 일종으로 진공용기의 (수)증기폭발을 비롯하여 고압용기의 파열, 탱크의 감압파열, 보일러 폭발, 기체물질의 열팽창에 의한 폭발, 폭발적 증발, 폭발성 화합물의 폭발, 혼합위험성 물질에 의한 폭발 등이 있다

(2) 화학적 폭발의 분류

– 화학적 폭발은 급격한 화학적 변화에 의한 폭발이다. (화염을 동반한다)

– 분해, 중합폭발 등 분자구조가 변하는 폭발, 산화(가스, 분무, 분진 등)

  ※ 폭발은 분해, 중합폭발, 산화, 미생물열, 흡착열에 의한 폭발로 나누어 진다. 그 중 화학적 폭발은 자연발화의 종류 중 그 성질이 약한 미생물열과 흡착열을 제외한 것이다.

① 분해 폭발 … 산소와 관계없이 단독으로 발열분해 반응을 하는 물질에 의해서 발생하는 폭발이다. 대표적인 물질은 아세틸렌, 산화에틸렌, 에틸렌, 다이너마이트, 제5류 위험물의 과산화물 등

② 중합폭발 … 모노머(단량체)의 중축합반응에 따른 발열량에 의한 폭발이다. 산화에틸렌, 시안화수소 (청산가스), 염화비닐 등은 중합반응에 의하여 폭발함으로 한 장소에 장시간 저장하지 않는다.

③ 산화 폭발 … 가연성 기체, 액체, 고체가 공기 중 산소와 화합하여 비정상연소에 의한 연소폭발이다.
  ㉠ 가스폭발(기체) : 가연성가스가 폭발범위 내의 농도로 공기나 조연성 가스 중에 존재할 때 점화 원에 의해 폭발하는 현상으로 가장 일반적인 폭발이다
  ㉡ 분무폭발(액체) : 무상으로 분류한 가연성 액적(윤활유 등)이 주체가 되는 폭발이다.
  ㉢ 분진폭발(고체) : 공기 중에 부유하고 있는 가연성 티끌이 주체가 되는 폭발이다.
  ㉣ 촉매폭발 : 수소와 산소, 수소와 염소 등에 빛이 쪼일 때 반응하는 폭발
  ㉤ 반응폭주 : 화학반응기 내에서 반응속도가 증대함으로서 반응이 과격화되는 현상

4) 폭발원인 물질의 물리적 상태에 따른 분류

학설은 폭발원인 물질의 물리적 상태에 따라 기상폭발과 응상폭발로 분류하기도 한다. 여기서 분진 혹은 분무폭발은 물질 자체는 고체 및 액체이나 연소반응이 기체 상태에서 일어나므로 기상폭발로 분류하고 있다.

(1) 기상폭발(화학적 폭발의 종류)

① 가스폭발 … 가연성 기체와 공기와 혼합기의 폭발

② 분무폭발 … 공기 중에 분출된 미세한 기름방울 등 액적이 무상으로 되어 착화 에너지가 주어지면 폭발하는 가연성 액체의 폭발

③ 분진폭발 … 가연성 고체 미분의 폭발

④ 분해폭발 … 분해연소성 기체 폭발

(2) 응상폭발(물리적 폭발의 종류)

① 증기폭발 … 액상폭발과 고상폭발에 해당하며 액체 및 고체의 불안정한 물질의 연쇄폭발현상으로 극 저온 액화가스의 수면 유출에 의한 폭발이다

② 수증기폭발 … 액체의 급속가열에 의한 폭발

5) 분진폭발(띠끌폭발)

분진폭발은 화학적 폭발로서 가연성 고체의 미분이 공기 중에 부유하고 있을 때에는 어떠한 착화원에 의해 에너지가 주어지며 폭발하는 현상이다

> **POINT 폭발의 진행과정**
> ① 분진입자표면에 열 전달
> ↓
> ② 열분해로 입자 주위에 가연성 가스 발생
> ↓
> ③ 공기(산소)와 혼합
> ↓
> ④ 폭발성 혼합기체 생성
> ↓
> ⑤ 발화
> ↓
> ⑥ 열분해로 건류 작용 촉진
> ↓
> ⑦ 폭발

※ 분진 입자의 크기는 보통 10um(1~100um) 이하이지만 분자의 발화폭발 조건으로 가는 가연성 물질로서 200mesh(76um) 이하가 적합하여 휘발성분이 커야 한다.

(1) 분진입자와 밀도가 작을수록 표면적이 커서(산소와 접촉이 크다) 폭발성이 강하다.

(2) 분진 내 수분은 불활성가스의 역할을 하게 되어 점화온도를 높여주며 산소와 반응성이 큰 분진은 공기 중의 노출시간이 클수록 산화피막을 형성하여 폭발성이 약해진다.

(3) 분진이 발화·폭발하기 위한 조건은 가연성, 미분상태, 점화원의 존재, 공기 중에서 교반과 운동, 폭발범위 이내 등이 있다

(4) 분진폭발 영향인자는 산소농도, 수분, 화학적 성질과 조성, 가연성 가스, 입도와 입도분포 입자의 표면상태와 형상 등이다.

(5) 분진폭발의 종류는 금속분(알루미늄, 마그네슘, 아연 등), 솜, 담배, 황, 석탄, 쌀·보리, 비누, 경질고무 등 100종 이상에 달한다.

(6) 분진폭발이 잘 이루어 지지 않는 종류

① 석회종류, ② 가성소다, ③ 탄산칼슘, ④ 생석회, ⑤ 시멘트가루, ⑥ 대리석가루, ⑦ 유리 등이 있다.

※ 탄산칼슘 ≠ 탄화칼슘
- 탄산칼슘은 산에서 캔 석회석으로 분진폭발이 일어날 수 없다.
- 탄화칼슘은 제3류 위험물로서 물과 혼합 시 아세틸렌가스를 생성 한다.
- 탄산칼륨은 동결방지제로서 물과 혼합하여 강화액 소화약제를 만든다.

(7) 분진(띠끌) 폭발의 특성

① 분진폭발이 불가능한 물질 … 석회종류, 가성소다, 탄산칼슘, 생석회, 시멘트가루, 대리석가루, 유리

② 분진폭발의 조건 … 가연성, 미분상태, 점화원의 존재, 공기 중에서 교반과 운동, 폭발범위 이내

③ 분진폭발에 미치는 영향 … 산소농도, 수분, 화학적 성질과 조성, 가연성 가스, 입도와 입도분포 입자의 표면상태와 형상

(8) 입자의 속도 숫자의 비교

① 연기입자의 크기 … 0.01 ~ 10um

② 화염 전파속도(폭연 속도) … 0.1 ~ 10m/s

③ 분진입자의 크기 … 1 ~ 100um

6) 분진 폭발과 가스폭발의 비교

(1) 가스폭발보다 분진폭발은 최소발화에너지(MIE)가 크다

(2) 가스폭발에 비해 분진폭발은 불완전연소가 심하므로 일산화탄소(CO)가 발생한다.

(3) 1차 분진폭발의 영향으로 주위의 분진을 날리게 하여 2 · 3차 폭발이 발생할 수 있다.
 ※ 분진 폭발은 특이하게 2 · 3차 폭발이 발생할 수 있다.

(4) 가스폭발보다 분진폭발은 연소속도, 폭발압력은 작으나 연소시간이 길고 발생에너지가 크기 때문에 그 파괴력과 그을음이 크다

(5) 입자가 비산하므로 접촉하는 가연물은 국부적으로 심한 탄화 또는 화상도 유발한다.

[분진폭발과 가스폭발 대소의 요약]

	가스폭발=기체폭발	분진폭발=고체폭발
발화(발생)에너지	작다	크다
파괴력		
CO(일산화탄소) 발생물		
2차, 3차 연쇄폭발현상	없다	있다
최초폭발	크다	작다
연소속도		
폭발압력		

4. 전기설비 안전 방폭구조

(1) 방폭구조의 개념

방폭 구조는 전기회로가 동작할 때 접점등에서 발생하게 되는 아크나 기타 열 등으로 인해 화재나 폭발할 수 있는 장소에서 폭발 가능성 있는 화학 물질 등으로부터 발화원을 분리시키기 위한 구조를 방폭 구조라 한다. 이는 폭발이 되려면 폭발 3요소인 산소, 연료, 발화원이 있어야 하는데 그 중 발화원을 제거해 폭발을 방지하는 것이 방폭의 목적이다.

(2) 안전 방폭 구조의 종류

① **내압 방폭 구조** ⋯ 용기 내부에서 폭발성 가스 또는 증기가 폭발하였을 때 용기가 그 압력에 견디며 또한 접합면 개구부등을 통해서 외부의 폭발성 가스증기에 인화되지 않도록 한 구조

② **압력 방폭 구조** ⋯ 용기 내부의 압력을 외부 압력보다 높게 유지하여 내부에 가연성 가스 또는 증기가 유입되지 못하도록 보호하는 방폭 구조로 용기 내부에는 불활성가스를 압입하여 외부 폭발성 가스의 침입을 방지하고 점화원과 폭발성 가스를 격리하는 구조

③ **안전증가 방폭 구조** ⋯ 정상운전 중에 폭발성 가스 또는 증기에 점화원이 될 전기불꽃 아크 또는 고온 부분 등의 발생을 방지하기 위하여 기계적, 전기적 구조상 또는 온도상승에 대해서 특히 안전도를 증가시킨 구조

④ **비점화 방폭 구조** ⋯ 정상 동작상태에서 주변의 폭발성 가스 또는 증기에 점화시키지 않고, 점화시킬 수 있는 고장이 유발되지 않도록 한 구조

⑤ **본질 안전 방폭 구조** ⋯ 정상 또는 이상 상태(폭발 분위기에 노출되어진)에 있는 기계 기구내의 전기에너지 권선 상호접속에 의한 전기불꽃 또는 열영향을 점화에너지 이하의 수준까지 제한하는 것을 기반으로 하는 방폭 구조

⑥ **분진 방폭 구조** ⋯ 전폐 구조로서 틈새 깊이를 일정치 이상으로 하거나 또는 접합면에 패킹을 사용하여 분진이 용기 내부로 침입하기 어렵게 한 구조

⑦ **유입방폭구조** ⋯ 가스 · 증기에 대한 전기기기 방폭구조의 한 형식으로 용기내의 전기 불꽃을 발생하는 부분을 유(油)중에 내장시켜 유면상 및 용기의 외부에 존재하는 폭발성 분위기에 점화할 염려가 없게 한 방폭 구조를 말한다.

1. 폭연과 폭굉

화염의 전파속도에 따라 구분하고 있다. 폭연(Deflagration)은 음속보다 느리게 아음속으로 이동하는 것이고, 폭굉(Detonation)은 음속보다 빠르게 이동하는 것을 말한다. 폭연은 가스폭발에서 가장 일반적인 화염의 전파형태이며, 폭굉은 가스폭발 중 가장파괴적인 형태이다.

1) 폭연과 폭굉의 차이 비교

구분	폭연(Deflagration)	폭굉((Detonation)
충격파전파속도	• 음속보다 느리다(아음속) • 약 0.1이상 ~ 10m/sec 이하	• 음속보다 빠르다(초음속) • 약 1,000 이상 ~ 3,500m/sec 이하
전파에너지	전도, 대류, 복사	충격에너지
충격파 압력	초기압력의 10배 이하	10배 이상(충격파발생)
화재파급효과	크다	작다
충격파발생	발생하지 않음	발생함
완전연소시간	1/300초	1/1000초
전파메커니즘	반응면이 열의 분자확산 이동과 반응물과 연소생성물의 난류혼합에 의한 전파	반응면이 혼합물을 자연발화 온도이상으로 압축시키는 강한 충격파에 의해 전파
발생가능성	대부분의 폭발 형태	반응성이 큰 아세틸렌 등 연료에서 가능
특 성	① 충격파의 압력은 수 기압(atm)(정압) ② 폭굉으로 전이될 수 있음 ③ 에너지 방출속도가 물질전달속도에 영향을 받음	① 온도의 상승은 열에 의한 전파보다 충격파의 압력에 기인 ② 파면에서 온도, 압력, 밀도가 불연속적으로 나타남 ③ 초기압력 또는 충격파 형성을 위해 짧은 시간 내에 에너지가 방출이 필요

2) 폭굉(초음속)

(1) 폭연에서 폭굉 전이가 일어나기 쉬운 정도는 ① 정상연소속도가 큰 가스일수록, ② 압력이 클수록, ③ 관경이 가늘수록, ④ 관경이 거칠수록, ⑤ 돌출물이 있을수록 폭굉이 되기 쉽다.

(2) 폭굉파는 음파와 달리 폭굉파가 통과한 곳은 화학적 조성이 변하므로 가역적인 탄성파로 취급되지 않으며 비가역적인 탄성파로 취급한다.

3) 폭굉유도 거리(DID,

폭발성 혼합가스가 있는 관(pipe)에서 한 쪽 끝에 점화하면 처음에는 비교적 천천히 연소반응이 진행되지만 점차 가속되어 어느 지점에 이를 때 갑자기 폭굉으로 전이하게 된다. 이렇게 최초의 완만한 연소에서 격렬한 폭굉으로 발전할 때까지의 거리를 폭굉유도거리라 한다.

폭굉(초음속)의 유도거리가 짧아질 수 있는 요인

① 압력이 높을수록 폭굉 유도거리가 짧아진다.
② 점화에너지가 강할수록 유도거리가 짧아진다.
③ 연소속도가 큰 가스일수록 유도거리가 짧아진다.
④ 관경이 좁을수록 유도거리가 짧아진다.
⑤ 관속에 이물질이 있을수록 유도거리가 짧아진다.

---

section 4 · 증기운 폭발과 BLEVE 현상

1. 증기운폭발(UVCE, Unconfined Vapor Cloud Explosion) 또는 자유공간 증기운 폭발

증기운이란 저온액화가스의 저장탱크 또는 고압의 가연성액체용기가 파괴되면서 대기중에 방출되어 다량의 가연성증기가 공기중에 확산되어 구름과 같이 부유하고 있는 상태를 말한다. 즉 대량의 가연성 가스 또는 기화하기 쉬운 가연성 액체가 지표로 유출되면서 형성된 가연성 혼합기체는 발화원에 의해 폭발하게 되는데 이 현상을 증기운폭발이라 하며, 개방된 대기 중에서 발생한다. 즉, 화학 폭발로서 화재 시 복사열 등으로 인하여 인근 저장탱크에서 발생할 수 있으며 유출된 가스가 구름을 형성하며 떠다니다가 점화원과 접촉하는 동시에 일어나는 폭발현상이다. 즉, 개방된 대기 중에 대량의 가연성 가스나 가연성 액체가 유출되어 그로부터 발생하는 증기가 공기와 혼합하여 가연성 혼합기체를 형성하고 발화원에 의해 발생하는 현상이다.

1) 증기운 폭발 형성조건

① 연소범위내 존재(주변공기와 대기 중에 방출되면서 확산된 가연성 증기 혼합 시)

② 압축된 액체의 저장용기 파괴

③ 높은 연소속도

④ 적절한 온도와 압력 형성

2) 발생과정(메커니즘)

증기운폭발의 발생과정은 ① 용기파괴 등의 원인으로 가연성 증기방출 ② 가연성 증기 대기중 부유 ③ 점화에너지 접촉 ④ 대기중에서 폭발

3) 예방대책

증기운폭발을 예방하기 위해서는 ① 누설감지장치 설치 ② 가연성가스 또는 인화성물질 소량저장취급 ③ 자동블록밸브 설치 ④ 대기 중 가스 또는 증기 누출방지

2. 블래비(BLEVE) 현상

블레비현상은 끓는 액체팽창증기폭발(Boiling Liquid Expanding Vapor Explosion)이라 하며 탱크 속으로는 화염을 동반하지 않고 외부 탱크벽으로부터 화재 시 뜨거운 열이 가해졌을 때 과열상태의 탱크에서 내부의 액화가스가 분출되어 착화되었을 때 폭발하는 현상이다.

① 화재 시 탱크 내부의 액화가스가 열로 인하여 급격한 팽창과 비등으로 내부압력이 증가되어 탱크의 안전장치 압력 완화율을 넘어서 용기벽면 등이 균열·파괴되고 분해 되었을 때 물리적 폭발이 화염에 착화되어 순간적으로 화학적 폭발로 이어지는 폭발현상으로서 일반적으로 옥외탱크폭발현상이다.

② 그 위력은 수 km까지 미친다. 이후 불기둥이 버섯구름과 같이 상부로 화구를 형성하여 화염의 덩어리가 만들어 지는데 이를 곧 화이어 볼(Fire Ball, 약 1,500℃)이라고 한다.

③ BLEVE(블레비)현상은 폭발의 원인은 물리적 폭발로 분하며, 순간적으로 화학적 폭발로 이어지지만 그 결과가 화염을 동반하는 순간부터 화학적 폭발로 분류하고 있다. 즉, 물리적 폭발과 화학적 폭발이 병립하며, 일반적으로는 원인이 기준이기 때문에 물리적 폭발로 본다.

> **POINT** BLEVE(Boiling Liquid Vapor Explosion)의 개념
> ㉠ 옥외의 가스 저장탱크의 지역의 화재발생 시 저장탱크가 가열되어 탱크 내부의 액체부분은 급격히 증발하고 가스부분은 온도 상승과 비례하여 탱크 내 압력의 급격한 상승을 초래하게 된다. 이때 탱크 속에는 아직 화염을 동반하지 않는다.
> ㉡ 탱크가 계속 가열되면 용기 강도가 저하되고 내부압력은 상승하여 어느 시점이 되면 저장탱크의 설계압력을 초과하게 되고 탱크가 파괴되어 급격한 폭발(물리적→화학적)현상을 일으킨다. 이때 폭발하면서 화염을 동반한다.
> ※ 원인에 의한 분류는 물리적 폭발이며, 화염이 동반되는 순간부터 화학적 폭발이다. 따라서 일반적으로 물리적 폭발로 분류한다.

1) 블래비 형성과정

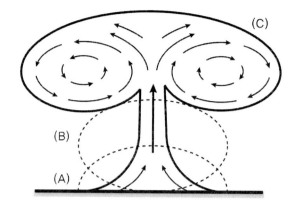

(그림 출처 : 중앙소방학교)

① 주변화재로 액화가스의 탱크가 가열되어 탱크 내 증기압이 발생하면서 탱크가 파열하면 순간증발을 일으켜 가연성 가스의 혼합물이 외부로 대량 방출 후 착화

② 지면에서 반구상(A)의 화염을 만들어 부력에 의해 상승

③ 화염은 공모양(B)을 형성 부력에 의해 상승하여 버섯모양(C)의 화염형성

④ 블래비현상의 세부 형성과정의 예시

　㉠ 프로판(C_3H_8) 등 액화저장탱크 외부에서 화재발생

　㉡ 가열된 저장탱크 내부의 액체에 높은 증기압발생

　㉢ 저장탱크의 내압 초과

　㉣ 탱크파열(균열, 파손)

　㉤ 탱크 내 액화가스 급격히 기화화하여 파열지점 통해 외부확산

　㉥ 외부 확산가스는 대기 중 공기(산소)와 혼합하여 폭발성혼합기 형성

　㉦ 착화에너지에 의해 폭발

　㉧ 화염은 초기에 지표면부근에서 생성되어 성장

　㉨ 화염은 부력에 의해 상승 버섯모양의 파이어볼(Fire Ball) 형성

⑤ BLEVE(블래비)현상은 물리적 폭발이 순간적으로 화학적 폭발로 이어지는 현상을 보이며 물적 폭발과 화학적 폭발이 병립한다.

2) 블래비에 영향을 주는 핵심 요인

① 압력상태와 주위 온도

② 저장용기(탱크)의 재질

③ 저장된 물질의 종류와 형태

④ 저장물의 물질적 역학상태

⑤ 저장물의 인화성 여부

> **POINT** 블레비현상 발생 메커니즘
> ① **액온상승** : 열이 가해졌을 때 약화가스의 온도 상승으로 인하여 안전밸브가 작동하여 증기가 조금씩 방출하므로 액면이 낮아지면 탱크 내 공간이 커진다
> ② **연성파괴** : 탱크 벽이 가열되어 강도가 떨어지고 내부압력이 상승하며 그 결과 탱크 내 증기가 방출되고 내부압력은 급격히 낮아진다
> ③ **액격현상** : 액화가스의 비점이 낮아지고 과열상태가 된 액화가스는 격렬하게 위력을 발하여 액체를 비산시키고 증기폭발로 인하여 탱크 내 벽에 강한 충격을 준다
> ④ **취성파괴** : 액격현상에 의하여 탱크 용기가 파열되며 화이어 볼로 발전된다.

3) 파이어볼(Fire Ball)

대량의 증발한 가연성 액체가 갑자기 연소할 때 형성되는 공 모양의 둥근 불꽃을 말하며, 약 1,500℃의 고온으로 복사열에 의한 피해가 심각하고, 수백 미터 이내의 가연물을 연소시킬 수 있는 위력이다.

가스충전소 대폭발 1998년 부천시 LP가스 충전소 폭발사고(KBS TV 촬영)

4) 블래비(BLEVE) 현상 예방법

실재 화재 시 블래비현상 방지를 위한 최상의 방법은 저장탱크에 살수설비 또는 소방차를 이용하여 물을 뿌려 탱크를 냉각시키는 것이 최상의 방법이다.

① 고정식 살수설비(물분무 등으로 탱크 상층부 냉각) 설치 → 현재 가장 많이 사용됨

② 입열 억제 → 용기 외부 단열 시공조치 및 탱크를 지하에 설치

③ 화염이 탱크에 접하지 않도록 한다. → 내부바닥 기초를 경사지게 하여 액체를 흘림

④ 용기 내압강도 유지 → 경년 부식을 고려하여 여유 있는 탱크의 두께가 필요

⑤ 폭발 방지장치 → 탱크 내벽에 열전도도가 좋고 큰 알루미늄 합금박판 등 설치

⑥ 감압시스템으로 탱크 압력을 낮추며 탱크 용기의 수 및 크기의 최소화

⑦ 가스감지기 설치, 화재 시 탱크내용물 긴급이송조치, 가연물 누출 시 유도구 설치 등

POINT 위험물의 분류(위험물안전관리법 기준)

(1) **제1류 위험물**(위험물의 위험도 : 3 · 5류 > 4류 > 2류 > 1 · 6류)

　－제1류 위험물(산화성 고체)

　　㉠ 아염소산염류, 염소산염류, 과염소산염류, 무기과산화물 : 50kg(지정수량)

　　㉡ 질산염류, 요오드산염류, 브롬산염류 : 300kg(지정수량)

　　㉢ 과망간산염류, 중크롬산염류 : 1,000kg(지정수량)

1) 일반적 성질

　① 산소를 함유한 강한 산화제이며 가열, 충격, 마찰 등에 의해 분해하여 산소를 방출한다.
　　 : 산소함유 + 불연성

　② 자신은 불연성이나 산소를 방출하여 다른 가연물의 연소를 돕는 조연성 물질이다.

　③ 대부분 무색 결정이거나 백색 분말이다.

　④ 비중은 1보다 크다 (물보다 무겁다)

2) 예방대책

　① 가열(화기), 충격, 마찰, 타격 등에 주의하고 연쇄적인 분해를 방지한다.

　② 위험물 게시판표지에 무기과산화물 중 알칼리금속의 과산화물은 "물기엄금"을 표시

　③ 제2류~제5류 위험물과 접촉 및 혼합을 금한다.

　④ 강산류(제6류 위험물)과 절대 접촉(혼촉)을 금한다. 다만, 혼재는 가능하다.

　⑤ 질산염류 중 조해성 물질은 방습하고 용기를 밀전하여 통풍이 잘되는 냉암소에 저장

3) 소화대책

　① 무기과산화물류를 제외하고는 다량의 물을 사용하는 것이 유효하다.

　② 무기과산화물류는 건조사 등을 이용하여 질식소화가 유효하다.

(2) **제2류 위험물**(위험물의 위험도 : 3 · 5류 > 4류 > 2류 > 1 · 6류)

　－제2류 위험물(가연성 고체)

　　㉠ 황화린, 적린, 유황 : 100kg (지정수량)

　　㉡ 철분, 마그네슘, 금속분 : 500kg(지정수량)

　　㉢ 인화성고체 : 1,000kg(지정수량)

1) 일반적 성질

　① 가연성 고체(이연성속연성) 물질이다.

　② 평소에 산소를 멀리하고(산소를 함유하지 않음), 수소를 가까이하는 강력한 환원성 물질이다.

　③ 금속분은 물이나 혹은 산과 접촉하여 발열하게 된다.

2) 예방대책

　① 산화제(제1 · 6류)와의 혼합, 혼촉을 피하며, 통풍이 잘되는 냉암소에 보관 · 저장한다.

　② 위험물 게시판은 "화기주의"(인화성고체는 "화기엄금")이다.

　　*인화성 고체는 불에 빨리는 붙지만 지정수량 때문에 그렇게 위험하지 않다. 예)휴대용 고체연료

　　*제4류 위험물은 인화성 액체이다

3) 소화대책

　① 황화린, 철분, 금속분, 마그네슘은 건조사, 건조분말 등으로 질식소화 한다.

　② 적린과 인화성고체 등은 물에 의한 냉각소화가 적당하다.

　③ 유황은 물분무가 적당하다

　[비고]

　－유황 : 순도 60% 이상

　－알코올류 : 농도 60% 이상

　－철분 : 53um의 표준체를 통과하는 것(50wt% 미만은 제외)

　－금속분 : 150um의 표준체를 통과하는 것(50wt% 미만은 제외)

　－마그네슘 : 2mm의 체를 통과하는 것으로서 직경 2mm 이상의 막대 모양의 것은 제외

(3) **제3류 위험물**(위험물의 위험도 : 3 · 5류 > 4류 > 2류 > 1 · 6류)
　-제3류 위험물(자연발화성 물질 및 금수성 물질)
　　㉠ 칼륨, 나트륨, 알킬알루미늄, 알킬리튬 : 10kg (지정수량)
　　㉡ 황린 : 20kg(지정수량)
　　㉢ 알칼리금속(칼륨 및 나트륨 제외) 및 알칼리토금속, 유기금속화합물(알킬알루미늄 및 알킬리튬을
　　　제외) : 50kg(지정수량)
　　㉣ 금속의 수소화물, 금속의 인화물, 칼슘 또는 알루미늄의 탄화물 : 300kg(지정수량)
　1) 일반적 성질
　　① 알킬알루미늄, 알킬리튬, 유기금속화합물류는 유기화합물이다
　　② 물에 대해 위험한 반응을 초래하는 고체 및 액체물질이다. 단, 황린은 제외
　2) 예방대책
　　① 저장용기는 밀전하여 공기와의 접촉을 방지하고 물과 수분의 침투 및 접촉을 금지하여야 한다.
　　　　예컨대 "물기엄금" 위험물 게시판
　　② 칼륨, 나트륨, 알칼리금속은 석유류(등유, 경유 등)에 저장한다.
　　③ 황린(인, 백린, 노란인)은 공기 중에 발화한다. 따라서 황린은 물속에 저장한다.
　　　(황린은 30℃에서 자연발화됨)
　　④ 칼륨, 나트륨은 물과 접촉하여 발화하며 알킬알루미늄은 물과 공기 중 발화할 수 있다.
　3) 소화대책
　　① 금수성이므로 절대 물의 주수를 금한다. (단 황린은 제외)
　　② 포 · 이산화탄소 · 할로겐 소화약제도 적용이 어렵다. 따라서 상황에 따라 건조분말, 건조사, 팽창
　　　질석, 건조석회를 사용한다.
(4) **제4류 위험물**(위험물의 위험 : 3 · 5류 > 4류 > 2류 > 1 · 6류)
　-제4류 위험물(인화성액체)
　　㉠ 특수인화물 : 이황화탄소, 디에틸에테르 등 : 50리터(지정수량)
　　㉡ 제1석유류(아세톤, 휘발유, 초산메테르)
　　　비수용성액체 200리터(지정수량) / 수용성액체　400리터(지정수량)
　　㉢ 알코올류(60wt% 이상) : 메탄올, 에탄올, 프로판올 등 400리터(지정수량)
　　㉣ 제2석유류(등유, 경유, 크로크벤젠 등)
　　　비수용성액체 1,000리터(지정수량) / 수용성액체2,000리터(지정수량)
　　㉤ 제3석유류(중유, 클레오소트유, 아닐린 등)
　　　비수용성액체 2,000리터(지정수량) / 수용성액체 4,000리터(지정수량)
　　㉥ 제4석유류(기어유, 실린더유 등) : 6,000리터(지정수량)
　　㉦ 동식물유류(건성유, 아마인류) : 10,000리터(지정수량)
　　*석유를 제외한 4류는 모두 비수용성이다. 즉, 석유만 수용성이다
　1) 일반적 성질
　　① 인화되기 쉬우며, 자연 발화점이 낮다.("화기엄금" 위험물 게시판)
　　② 주로 비수용성이며, 전기 부도체이다 (즉, 유류는 전기가 안 통한다)
　　③ 주로 물보다 가벼운 유류가 더 많다
　　④ 연소 시 증기 비중은 공기보다 무겁다
　　⑤ 인화성은 가연성보다 불이 빨리 붙는 물질이므로, 가연성보다 대부분 더 위험할 수 있다
　2) 예방대책
　　① 누출방지 : 밀폐용기의 사용, 배관의 이용, 바위 속 시원한 냉암소에 저장
　　② 폭발혼합기의 형성방지(환기 철저), 정전기나 스파크에 주의
　3) 소화대책
　　① 유류화재는 포에 의한 질식소화가 좋다
　　② 물에 혼합되는 수용성 위험물에는 알코올포(내알콜올포)를 사용하여 질식소화 하거나 다량의 물로
　　　희석시켜 희석소화 한다

(5) **제5류 위험물**(위험물의 위험도 : 3 · 5류 > 4류 > 2류 > 1 · 6류)

　-제5류 위험물(자기반응성 물질)

　　㉠ 유기과산화물, 질산에스테르류 : 10kg(지정수량)

　　㉡ 히도록실아민, 히드록실아민염류 : 100kg(지정수량)

　　㉢ 아조화합물, 디아조화합물, 니트로화합물, 니트로소화합물, 히드라진 유도체 : 200kg(지정수량)

1) 일반적 성질

　　① 자체산소가 있어 공기 중 산소의 공급 없이 충격 등으로 연소폭발이 가능한 물질이다. (불연성이 아니다)

　　② 모든 가연성의 고체 혹은 액체의 산화제 물질이고, 연소 시 다량의 가스가 발생한다.

2) 예방대책

　　① 화염, 불꽃 등 점화원의 엄금("화기엄금"), 가열, 충격, 마찰, 타격을 피한다.

　　② 자신이 산소를 내어 자기연소(내부연소)한다.

3) 소화대책

　　① 물질자체 내부에 산소를 함유하여 질식소화가 어렵다.

　　② 물에 반응하는 물질이 없기 때문에 화재 초기 시에만 다량의 냉각 소화하는 것이 적당하다.

(6) **제6류 위험물**(위험물의 위험도 : 3 · 5류 > 4류 > 2류 > 1 · 6류)

　-제6류 위험물(산화성 액체)

　　㉠ 과염소산, ㉡ 과산화수소, ㉢ 질산 : 300kg(지정수량)

1) 일반적 성질

　　① 무기화합물로 비중이 1보다 크다. (물보다 무겁다)

　　② 불연성 물질이며 접촉 시 산소를 발생하여 다른 물질을 산화시킨다. (조연성)

　　③ 증기는 유독하며 피부와 접촉 시 점막을 부식시킨다.

2) 예방대책

　　① 직사광선을 차단하고 강환원제 · 유기물질 · 가연성 위험물과 접촉을 피한다.

　　② 염기 및 물 또는 제1류 위험물과 접촉을 피한다.

3) 소화대책

　　① 화재 시에는 가연물과 격리하도록 하며 유출사고에는 마른 모래 및 중화제를 사용한다.

　　② 원칙적으로 주수는 금지한다. 단, 초기화재 시 상황에 따라 다량의 물로 세척한다.

03 화재이론

화재 일반 이론

1. 화재의 개념 정의

현대사회에서 화재에 대하여 다양하게 설명되고 있다. 과학적으로는 가연물이 공기 중의 산소(O_2) 등과 반응하여 열과 빛을 발생하면서 산화하는 현상으로, 형법에서는 불을 놓아 매개물에 독립하여 연소되는 것으로, 발화원인에 따라 실화·방화로 정의하고 있다. 소방에서는 화재조사 및 보고규정에서 "화재"란 사람의 의도에 반하거나 고의에 의해 발생하는 연소 현상으로서 소화시설 등을 사용하여 소화할 필요가 있거나 또는 화학적인 폭발현상으로 정의하고 있다.

1) 소방학에서의 화재개념

① 사람의 의도에 반(反)할 것

② 인간의 통제를 벗어난 원하지 않는 연소현상

③ 소화시설을 이용 소화할 필요가 있거나 화학적 폭발현상

2) 다른 분야에서의 화재의 개념

① 형법상 … 불을 놓아 매개물에 독립하여 연소되는 것(방화의 개념)

② 민법상 … 고의 또는 과실로 인하여 타인에게 손실을 입히는 화재

③ 과학적 … 빛과 열을 발생하는 급격한 산화현상(연소현상의 개념)

2. 화재와 불의 개념 정리

1) 화재의 개념

① 과실이 원인이 되거나, 가연성의 물질이 의도에 반하여 연소함으로써 손실을 발생시키는 것

② 소화활동이 필요하다.

2) 불의 개념

① 가연성 물질과 공기중의 산소가 산화반응을 하여 열과 빛을 발생하는 연소현상

② 화재의 정의

    ㉠ 자연 또는 인위적인 원인에 의하여 불이 물체를 연소시키고 인명과 재산의 손해를 주는 현상

    ㉡ 불이 그 사용 목적을 넘어 다른 곳으로 연소하여 사람들의 예상치 않은 경제상의 손해를 발생하는 현상

    ㉢ 사람의 의도에 반하여 출화 또는 방화에 의하여 불이 발생하고 확대되는 현상

    ㉣ 불을 사용하는 사람의 부주의와 불안정한 상태에서 발생되는 것

    ㉤ 실화, 방화로 발생하는 연소현상

③ 화재의 일반적 특성

    ㉠ 확대성

    ㉡ 불안정성

    ㉢ 우발성

3. 화재발생 원인별 발생수 및 피해

화재 발생원인에서 "전기"로 인한 화재발생이 가장 큰 비중을 차지하며, 화재 원인별 인명피해는 유류에 의한 화재가 가장 많다.

4. 화재의 분류

현대사회에서는 여러 형태의 다양한 화재가 발생하고 있는데, 특정대상물에 따른 분류와 급수(소화적응성과 연소특성)에 따른 분류, 발화원인에 따른 분류, 소실정도에 따른 분류로 대별된다. 우리나라에서 특정대상물에 따른 화재분류는 화재조사 및 보고규정 제28조(화재의 유형)에서 다음과 같이 분류하고 있다.

1) 특정대상물에 따른 분류

① 건축 · 구조물 화재 ··· 건축물, 구조물 또는 그 수용물이 소손된 것

② 자동차 · 철도차량 화재 ··· 자동차, 철도차량 및 피견인 차량 또는 그 적재물이 소손된 것

③ 위험물 · 가스제조소 등 화재 ··· 위험물제조소 등, 가스제조 · 저장 · 취급시설 등이 소손된 것

④ 선박 · 항공기화재 ··· 선박, 항공기 또는 그 적재물이 소손된 것

⑤ 임야화재 ··· 산림, 야산, 들판의 수목, 잡초, 경작물 등이 소손된 것

⑥ 기타화재(① ~ ⑤에 해당하지 않는 화재)

2) 급수(소화적응성 · 연소특성)에 따른 분류

화재의 소화적응성 및 연소특성에 대한 분류로 미국방화학회(NEPA)의 규정에 따른 것으로서 우리나라에서도 분류하고 있다.

① 일반(A급/백색)화재

    ㉠ 일반화재를 A급 화재로 분류하고 색상은 백색으로 표기한다.

    ㉡ 종이, 목재, 플라스틱, 가죽, 합성수지 등의 화재로 대부분의 화재가 일반화재다.

    ㉢ 연소 후 반드시 타고남은 재가 남는다.

    ㉣ 물로서 화재를 진화할 수 있다.

② 유류(B급/황색)화재

    ㉠ 인화성액체인 등유 등의 위험물화재를 말한다.

    ㉡ B급 화재로 분류하고 색상은 황색으로 표기한다.

    ㉢ 연소 후 재가 남지 않는다.

    ㉣ 물로서 화재를 소화할 수 없다.

③ 전기(C급/청색)화재

    ㉠ 전기가 통전되는 기계설비(변압기 변전실)화재를 말한다.

    ㉡ C급 화재로 분류하고 색상은 청색으로 표기한다.

    ㉢ 물로서 불을 소화할 수 없다(물을 주수하면 감전의 위험이 있다).

④ 금속(D급/무색)화재

    ㉠ 가연성 금속인 칼륨, 나트륨, 마그네슘 등의 금속화재를 말한다.

    ㉡ D급 화재로 분류하고 색상은 무색이다.

    ㉢ 물로서 불을 소화할 수 없다(물을 주수하면 폭발의 위험이 있다).

⑤ 가스(E급/황색)화재

    ㉠ LPG(액화석유가스) · LNG(액화천연가스)등의 가스화재를 말한다.

    ㉡ E급 화재로 분류하고 색상은 황색이다.

    ㉢ 연소 후 재가 남지 않는다.

    ※ 우리나라의 경우 E급 화재를 따로 분류하지 않고 E급 화재는 B급 화재로 본다.

3) ABC 분말소화기의 적응성

① 소화기용기 외부 라벨에 A글씨 원형은 백색으로 표기(일반)

② 소화기용기 외부 라벨에 B글씨 원형은 황색으로 표기(유류)

③ 소화기용기 외부 라벨에 C글씨 원형은 청색으로 표기(전기)

④ 따라서 ABC분말소화기는 일반화재, 유류화재, 전기화재 모두에 소화적응성이 있음

5. 화재의 종류별 발생 원인

1) 일반화재(A급 화재)

(1) 일반화재의 정의

① 산소와 친화력이 강한 물질에 의한 화재이며, 연기가 백색이며, 연소 후 재를 남길 수 있는 대상물 화재.

② 일반화재는 발생빈도 및 피해액이 가장 많으며, 물 또는 물을 포함하는 액체(포소화약제)의 냉각작용에 의한 소화방법이 일반적이다.

③ 일반화재 가연물의 종류

특수가연물	지정 수량 이상의 면화류 · 나무껍질 · 대팻밥 · 넝마 · 종이부스러기 · 사류 · 볏짚류 · 가연성고체류 · 석탄 · 목탄류 · 가연성액체류 · 목재가공품 · 나무부스러기 · 합성수지류
합성섬유	폴리에스테르, 폴리아크릴, 폴리아미드계
합성수지	페놀, 멜라민, 규소, 폴리에틸렌, 폴리우레탄 등

[특수가연물의 지정수량]

품명		수량
면화류		200킬로그램 이상
나무껍질 및 대팻밥		400킬로그램 이상
넝마 및 종이부스러기		1,000킬로그램 이상
사류(絲類)		1,000킬로그램 이상
볏짚류		1,000킬로그램 이상
가연성고체류		3,000킬로그램 이상
석탄 · 목탄류		10,000킬로그램 이상
가연성액체류		2세제곱미터 이상
목재가공품 및 나무부스러기		10세제곱미터 이상
합성수지류	발포시킨 것	20세제곱미터 이상
	그 밖의 것	3,000킬로그램 이상

(2) 일반화재의 발생원인

① 불을 사용 · 취급하는 시설의 취급 부주의로 인한 화재

② 타다 남은 불티에 의한 화재

③ 어린이들의 불장난에 의한 화재

④ 개인의 감정에 의한 방화

2) 유류화재(B급 화재)

(1) 유류화재의 정의

화재 성장속도가 일반화재보다 빠르며 유류의 종류는 다음과 같다.

특수 인화물류	-이황화탄소, 디에틸에테르, 1기압에서 발화점이 100℃ 이하인 것. -인화점이 -20℃이하이고 비점이 40℃이하인 것
제1석유류	-아세톤, 휘발유1기압에서 인화점이 21℃미만인 것
제2석유류	-등유, 경유1기압에서 인화점이 21℃ 이상 70℃ 미만인 것 -가연성 액체량이 40중량퍼센트 이하이면서 인화점 40℃, 연소점이 60℃ 이상인 것은 제외
제3석유류	-중유, 클레오소트유1기압에서 인화점이 70℃ 이상 200℃ 미만
제4석유류	-기어유, 실린더유1기압에서 인화점이 200℃ 이상 250℃ 미만
알콜류	-포화알콜 가운데, 탄소의 원자수가 1개에서 3개까지의 것을 말한다. -메틸 알코올, 에틸 알코올, 이소프로필 알콜, n-프로필 알코올 등
동식물유류	-동물의 지육 등 또는 식물의 종자나 과육으로부터 추출한 것으로 인화점이 250℃ 미만인 것.

(2) 가연성 액체 화재의 특징

가연성(기체)가 연소하는 것이므로 가연성 액체에서 증발한 가연성 기체는 가연성 가스의 연소범위(폭발범위)를 갖는다.

(3) 가연성 액체 화재의 예방방법

① 가연성 기체의 축적을 방지하기 위하여 환기를 시킨다.

② 저장용기를 밀폐시켜 공기와의 접촉을 차단한다.

③ 불씨와 같은 점화원을 제거한다.

④ 저장용기에 불연성 가스(질소 등)를 봉입하거나 공기를 배출하여 진공상태로 만든다.

3) 전기화재(C급 화재)

(1) 전기화재의 발생원인

① 누전에 의한 발화

② 과전류(과부하)에 의한 발화

③ 합선 혹은 단락에 의한 발화 - 70%이상

④ 불꽃방전(스파크)에 의한 발화

⑤ 도체 접속부 과열 및 용접 불꽃에 의한 발화 등

(2) 정전기

① **정전기 불꽃** … 물체의 마찰 등에 의해 전하의 분리가 일어나 과잉전하가 물체에 축적되는 현상

② **정전기의 종류**
- ㉠ 액체유동에 의한 대전
- ㉡ 인체의 대전
- ㉢ 분출가스의 대전
- ㉣ 마찰, 박리, 유동, 충돌대전 등

③ **정전기의 발생원인**(석유류제품 취급시 정전기 발생원인)
- ㉠ 유속이 높을 때
- ㉡ 필터 등을 통과할 때
- ㉢ 물이 침전할 때
- ㉣ 비전도성 부유물질이 많을 때
- ㉤ 낙차가 일어날 때
- ㉥ 와류가 생성될 때
- ㉦ 습도가 낮을 때
- ㉧ 배관 내의 유체 점도가 클 때

④ **정전기 발생과정** … 전하의 발생 → 전하의 축적 → 정전기 방전 → 착화성 방전 → 발화

⑤ **정전기 완화대책**
- ㉠ 접지와 본딩을 한다.
  접지시설 → 접지 저항 – 산업시설의 접지저항의 총합 100Ω 이하
  　　　　　　　　　　– 피뢰설비의 접지저항의 총합 10Ω 이하
- ㉡ 공기중의 상대습도를 70% 이상으로 높인다.
- ㉢ 공기는 이온화 한다.
- ㉣ 전기의 도체를 사용

⑥ **정전기 억제대책**
- ㉠ 유속을 제한한다 (1m/s)
- ㉡ 이물질을 제거한다.
- ㉢ 유체류의 분출을 방지한다.

4) 금속화재(D급 화재)

(1) 금속화재의 정의

① 금속화재는 제3류위험물(금수성물질 및 자연발화성물질), 황린, 황화린, 금속분류 등의 제2류위험물(가연성고체)과 제1류위험물(강산화성고체물질)의 무기과산화물류등의 화재를 말한다.

② 금수성물질이므로 소화시 물 및 물을 포함한 소화약제 사용금지

③ 가장 적응성 좋은 소화제로는 건조사(마른모래)이며, 특히 알킬기(CnH_2 n+1)와 알루미늄(AL)의 유기 금속화합물(R_3 AL)인 알킬알루미늄 화재시 가장 적합한 소화제는 팽창질석이나 팽창진주암이다.

　※ 30~80 ㎎/ℓ 분진의 양으로 금속화재를 일으킬 수 있다.

(2) 금속화재의 발생원인/방지

　금속 가공시 발생되는 금속분을 억제하고 열축적을 방지하며, 작업장에 환기 시설을 하고 적당한 습도를 유지시켜 금속화재의 발생을 방지할 수 있다.

5) 가스화재(E급 화재)

(1) 가스화재의 정의

① 연소성에 따른 분류

　㉠ 가연성 가스 : 폭발한계(＝연소한계, 연소범위 : 공기와 혼합된 경우에 있어서의 한계)의 하한이 10% 이하의 것과 폭발한계의 상한과 하한의 차가 20% 이상의 것을 말한다.

　㉡ 불연성 가스

　㉢ 지연성 가스(＝조연성 가스)

② 취급하는 상태에 따른 분류

　㉠ 압축가스

　　ⓐ 상온에서 압력을 가하여도 액화하기 어려운 가스로서 가스를 상태변화 없이 압축한 것.

　　ⓑ 충진 압력은 약 120㎏/㎠ 이상이다.

　㉡ 액화가스 : 가압냉각에 의하여 용이하게 액체상태로 되는 것.

　　ⓐ LPG(액화석유가스)와 LNG(액화천연가스)

　　　• LPG : 프로판, 부탄

　　　• LNG : 천연가스를 −162℃로 냉각 액화시킨 가스로 주성분은 메탄이며 Clean Energy

　　ⓑ LPG(액화석유가스)의 성질

　　　• 무색, 무취이며 물에는 용해되지 않고, 유기용매에는 용해

　　　• 석유류, 동식물유류, 천연고무는 잘 녹인다.

　　　• 액체에서 기체로 될 때 체적은 약 250배로 된다

　　　• 액체상태에서는 물보다 가볍고 기체상태에서는 공기보다 무겁다.

　　　• 공기중에서 쉽게 연소, 폭발한다.

　㉢ 용해가스 : 고압가스 용기 속에 다공물질(목탄, 활성탄, 규조토)을 충진한 후 용제(아세톤 또는 DMF : 디메틸 포름아미드)를 넣고 그 안에 가스(아세틸렌)를 고압으로 용해시켜 저장한 것

③ 기타 기체의 성질

　㉠ 산소의 성질

　　ⓐ 공기중에 약 21% 정도 존재하며, 화학적으로 대단히 활발함.

　　ⓑ 산소를 조연성 가스라고 한다.

　　ⓒ 수소와 반응하여 폭발을 하고 물을 생성한다.

　㉡ 수소의 성질

　　ⓐ 최소 점화에너지가 낮기 때문에 약한 점화원에도 폭발 가능성이 있다.

　　ⓑ 수소는 산소와 연소하면 고열(2800℃)이 발생한다.

　　ⓒ 수소화재시는 불꽃이 잘 보이지 않는다.

　㉢ 염소의 성질

　　ⓐ 조연성 가스이다

　　ⓑ 용기에 주수하면 부식이 빨라지고 기화속도가 빨라지기 때문에 주수하면 안된다.

　　ⓒ 염소가스가 누출되면 "다량의 소석회"로 확산을 방지한다.

　㉣ 아세틸렌의 성질

　　ⓐ 가스로 압축시키면 폭발 가능성이 높다

　　ⓑ 용제인 아세톤에 용해한 뒤 목탄이나 석면 등과 같은 다공질 물질에 충전하여 보관 · 운반한다.

　　ⓒ 연소시에는 모래 등으로 덮거나 이산화탄소, 분말소화기를 이용하여 소화한다.

(2) 가연성 가스의 폭발범위

① 폭발한계는 가스의 온도가 높아지면 폭발범위가 넓어진다.

② 압력이 높아지면 일반적으로 폭발범위는 넓게 된다. 일산화탄소와 공기의 혼합기는 압력이 높아질수록 폭발범위가 좁아진다.

③ 공기중에서의 폭발범위(상온 1atm)

가스	한하계(vol/%)	상한계(vol/%)
아세틸렌	2.5	81.0
벤젠	1.4	7.1
톨루엔	1.4	6.7
에테르	1.9	48.0
아세톤	3.0	13.0
산화에틸렌	3.0	80.0
메탄	5.0	15.0
수소	4.0	75.0
프로판	2.1	9.5

(3) 가연성가스의 특징

① 가연성가스의 착화온도

ㄱ 가스가 화학적으로 발열량이 크거나 활성도가 높을수록 착화온도가 낮아진다.

ㄴ 분자구조가 복잡할수록 착화온도가 낮아진다.

ㄷ 산소농도 및 압력이 클수록 착화온도가 낮아진다.

ㄹ 가스압력이 상압(1atm)보다 낮을수록 착화온도가 낮아진다.

ㅁ 습도가 낮을수록 착화온도가 낮아진다.

② 연소(폭발)범위의 특징

ㄱ 가연성 가스는 공기보다 산소와 혼합될 때 연소범위가 넓어진다.

ㄴ 가연성 가스의 압력이 높을수록 연소범위는 넓어진다.

ㄷ 수소는 10atm까지는 연소범위가 좁아지지만, 그 이상의 압력에서는 연소범위가 더 넓어진다.

ㄹ 가연성 가스의 연소(폭발)범위가 넓으면 넓을수록 위험하다.

③ **최소발화에너지(AIE)** ⋯ 가연성 혼합가스와 공기중에 분산된 폭발성 분진을 발화시키는데 필요한 최소한의 에너지를 최소 발화에너지라 한다. 온도, 압력 및 농도가 높아지면 작아진다.

$$AIE = CV^2(J)$$
$$C : 콘덴서 용량(F), \ V : 전압(Vol)$$

(4) 가스의 기초이론

① 섭씨($\degree C$), 화씨($\degree F$), 절대(K), 랭킨(R)의 관계

② **압력** ⋯ 단위면적당 수직으로 작용하는 힘의 세기

③ **열량** ⋯ 1cal는 물 1g의 온도를 $1\degree C$ 올리는데 필요한 열량

④ **비열** ⋯ 단위질량의 물질의 온도를 $1\degree C$ 올리는데 필요한 열량 (단위는 kcal/kg·$\degree C$)

⑤ 가스의 법칙

ㄱ **보일의 법칙** : 일정한 온도에서 기체의 부피는 압력에 반비례

ㄴ **샤를의 법칙** : 일정한 압력에서 기체의 부피는 절대온도에 직접 비례

ㄷ **보일-샤를의 법칙** : 일정량의 기체의 체적은 압력에 반비례하고, 절대온도에 비례한다.

6. 손실 정도에 의한 화재분류

(1) 전소 ··· 70% 이상, 재사용할 수 없는 것

(2) 반소 ··· 30% 이상 70% 미만

(3) 부분소 ··· 30% 미만, 전소 및 반소에 해당하지 않을 때

7. 화재와 기상의 관계

1) 기온

연소는 고온시에 활발하고, 저온시에는 활발하지 않다. 그러나 출화는 저온일 때일수록 많아진다. 이 것은 추울 때는 불의 사용이 많아지며, 또 저온시에는 습도가 낮아져 건조한 것도 그 원인의 하나이다.

2) 풍속(바람)

연소와 풍속은 밀접한 관계가 있는데, 바람이 강한 날에는 출화건수는 오히려 적어지고 있다. 누구 나 다 불조심하기 때문이라 할 수 있는데, 그러나 일단 출화하면 바람에 의해서 연소(延燒)나 비화(飛 火)가 일어나서 큰 화재에 이르는 원인이 된다.

3) 습도

자연발화의 경우 습도가 높은 곳에서 일어난다. 그런데 정전기의 경우 상대습도가 70% 이상인 경우 정전기가 발생하지 않는다.

4) 기압배치

기압배치에 따라서 강한 계절풍이나 푄[風炎]현상 등이 발생하며, 이것들은 특히 대형화재의 원인이 된다.

8. 화재로 인한 인명 및 재산 피해

화재의 주요 원인은 전기이며, 화재로 인한 피해를 감소시키기 위한 측면으로는 ① 화재의 예방, ② 화재의 발견, ③ 화재의 진압

9. 연기의 농도와 가시거리

연기의 농도와 가시거리는 반비례의 관계를 가지며, 연기의 간접적 영향에는 심리적으로 연기를 봄 으로서 공포에 떨거나 광란상태(패닉상태)로 되거나 비정상적인 행동을 하는 경우도 있다.

POINT 연기농도

① 연기농도 측정 기준
   ㉠ **절대농도** : 중량농도법, 입자농도법
   ㉡ **상대농도** : 감광계수법(투과율법)
② 연기농도 측정 방법
   ㉠ **중량농도법**(mg/m³) : 단위면적당 입자의 중량을 의미하며, 단순히 연기입자의 중량만으로 평가되며 형상이나 크기, 색깔과은 고려 하지 않는다.
   ㉡ **입자농도법**(개/m³) : 단위면적당 입자의 개수를 의미하며, 단순히 연기입자의 개수만으로 평가되며 형상이나 크기, 색깔과은 고려 하지 않는다.
   ㉢ **감광계수법**(투과율) : 연기 속을 투과하는 빛의 양을 재는 광학적 방법을 말한다.

10. 건물내의 연기 유동

(1) 저층 건물과 고층 건물에서의 연기유동

① 저층건물 … 열, 대류이동, 화재압력이 유동 원인

② 고층건물 … 굴뚝효과, 건물내부와 외부공기 사이의 온도·밀도차이가 유동 원인으로 작용한다.

(2) 고층 건물에서 연기유동을 일으키는 요인

① 온도에 의한 가스의 팽창 … 화재로 인한 대류현상(부력현상)

② 굴뚝효과

③ 외부 풍압의 영향

④ 건물 내에서의 강제적인 공기유동 등 → 공기조화설비, 환기설비

⑤ 중성대

⑥ 건물구조

(3) 연기층의 형성

① 굴뚝 효과시의 연기의 이동 … 아래 → 위

② 역굴뚝 효과시의 연기층의 이동 … 위 → 아래

(4) 연기층 두께의 증가속도는 연소속도에 좌우된다.

(5) 연기의 유동속도

① 속도 … 수평방향 (0.5~1m/s) < 수직방향 (2 ~ 3m/s) < 계단 (3 ~ 5m/s)

② 굴뚝효과(연돌효과)에 영향을 주는 요소

　　㉠ 건물의 높이

　　㉡ 건물 내·외의 온도차

　　㉢ 화재실의 온도

　　㉣ 외벽의 기밀도

　　㉤ 각 층간의 공기 누설

③ 건물내 연기 유동의 원인 요소

　　㉠ 화재에 의한 부력 : 화재시 발생된 열에 의한 부력

　　㉡ 바람에 의한 부력 : 건물 외부의 바람의 세기에 의한 압력차로 인한 부력

　　㉢ 공기조화 설비에 의한 영향 : 설비가 작동 중일 때 화재가 발생하면 연기확산이 더 빨라 진다.

　　㉣ 중성대 : 실내·외의 정압이 같게 되는 면이 있는데 그 면을 중성대라고 한다

④ 굴뚝효과에 의한 연기의 흐름

　　㉠ 건물 내부온도 > 건물 외부온도 : 위쪽으로 이동

　　㉡ 건물 내부온도 < 건물 외부온도 : 아래로 이동

⑤ 중성대의 위치 … 건물구조, 화재가 발생한 층, 공기 유입구의 위치

11. 연기의 유해성

1) 연기의 영향

(1) 시계의 저하 … 연기의 농에 따른 시야 저하

(2) 연기에 의한 공포 … 패닉(Panic)현상으로 인한 지각 능력 저하

(3) 연기에 의한 연소 … 연기 중 가연성 가스로 인한 연소

2) 연기의 위험성

(1) 자극성 독성가스

① 독성가스 … 일산화탄소(CO). 시안화수소(HCN), 염소(CL_2), 염화수소(HCL), 포스겐($COCL_2$), 이산화탄소(CO_2) 등

② 불화수소(HF)는 할론 1301에서 발생하며, 유리를 부식시킬 정도로 독성이 강하므로 사람의 시력을 상실케 한다.

(2) 최면 · 마취성 가스

(3) 감지할 수 없는 독성가스

3) 일산화탄소(CO)에 의한 중독

공기중의 CO(%)	흡입시간과 중독증상
0.02	2~3시 내에 가벼운 두통
0.04	1~2시간 정도 두통, 토함, 2.5~3.5시간 정도 심한 두통
0.08	45분 정도로 두통, 현기증, 경련, 2시간 이상이면 실신
0.16	20분 정도로 두통, 현기증, 메스꺼움, 2시간이면 사망
0.32	5~10분 정도로 두통, 현기증, 30분 이상이면 사망
0.64	1~2분 정도로 두통, 현기증, 30~15분 이상이면 사망
1.28	1~3분 정도로 사망

4) 이산화탄소(CO_2)에 의한 중독

공기중의 CO_2(%)	중독현상
2.5	수식간 호흡해도 일반 장해는 없음
3.0	무의식 중에 호흡수 및 호흡량이 증가
4.0	국소적으로 지각증상이 생김. 머리의 압박감, 두통, 귀울림, 두통 등
6.0	스스로 호흡량이 증가하는 것을 느낌
8.0	고도의 호흡곤란 증상이 생김
10.0	급격히 의식불명이 되고 호흡이 정지됨. 심장박동은 계속됨.
20.0	10~20분 사이에 사망

12. 연기의 제어 방법

(1) 희석(Dilution)

건물내의 연기를 계속적으로 외부로 배출하거나 다량의 신선한 공기를 유입시키는 방법

(2) 배기(Exhaust)

① 유동력은 압력차를 이용하여 배기한다.

② 스모크 샤프트(Smoke Shaft, 스모크 타워(tower)를 통해 옥외로 배출한다.

(3) 차단(Confinement)

① 일정한 장소 내로 연기가 들어오지 않도록 차단하는 것

② 출입문, 벽 또는 댐퍼와 같은 차단물을 설치하는 것

③ 방화장소와 연기가 있는 장소 사이의 압력차를 이용하는 방법

section 2 건물화재 진행 단계별 특성

1. 화재의 진행에 영향을 미치는 주요 요인

화재가 발화해서 쇠퇴하기까지, 몇 가지 요인들이 구획실화재의 성상과 진행단계에 영향을 미치는 주요 요인은 다음과 같다.

① 배연구(환기구)의 크기, 수 및 위치

② 구획실의 크기

③ 구획실을 둘러싸고 있는 물질들의 열 특성

④ 구획실의 천장 높이

⑤ 최초 발화되는 가연물의 크기, 합성물 및 위치

⑥ 추가적 가연물의 이용가능성 및 위치

2. 화재의 진행단계

일반적으로 최초로 화재가 난 물질에서 더 크게 성장(진행)되기 위해서는 처음 화재가 난 물질에서 다른 가연물로 열이 전달되어야 한다. 초기단계에서 형성된 열은 상층부로 상승하고 뜨거운 가스덩어리를 형성하게 된다. 만일 화재가 개방된 공간에서 발생하면 그 화염은 자유로이 상승하고 공기는 이 속으로 흡수된다. 이때 공기는 비교적 차갑기 때문에 화염 위의 가스층을 냉각시키는 작용을 한다. 개방된 지역에서의 연소 확대를 바람이나 지형의 기울기에 따라 증가될 수 있는데 이는 노출된 가연물들이 미리 뜨거운 가스에 의해 가열될 수 있도록 하기 때문이다.

1) 구획실(실내화재)의 성장(진행)단계

구획실은 폐쇄된 공간을 의미하며, 개방된 공간에서의 화재성장(진행) 양상과는 복잡하다. 구획실화재의 발화와 진행은 매우 복잡하여 많은 변수에 영향을 받으며, 개별화재는 여기서 설명되는 화재의 각 단계를 걸쳐서 진행되지 않을 수도 있다. 구획실화재의 성장(진행)은 산소이용가능성과 가연물에 의해 통제된다. 구획실에서 최초 발화하여 시간의 경과와 온도의 상승에 따라 화재가 성장(진행)하는 단계는 ① 발화기 ② 성장기 ③ 플래시오버 ④ 최성기 ⑤ 쇠퇴기 순으로 성장하며, 성장(진행)단계는 그림 A 및 B와 같다.

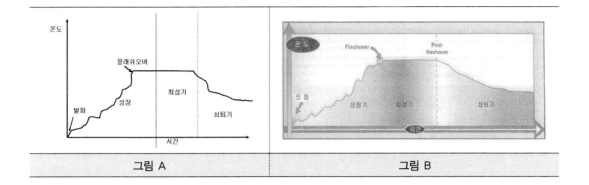

| 그림 A | 그림 B |

(1) 발화기

① 화재발생 3요소(4요소)가 결합하여 연소가 시작될 때의 시기로 빛과 열을 내는 단계이다.

② 발화시점에서 화재는 규모가 작고 일반적인 상황에서는 최초에 발화된 가연물에 한정하여 연소가 시작된다.

③ 개방된 지역 또는 구획실 등의 모든 화재는 발화의 한 형태로서 발생한다.

(2) 성장기

발화가 일어난 직후 연소하는 가연물 위로 화염이 형성되기 시작하고, 화염이 커짐에 따라 주위 공간으로부터 화염이 상승하는 공간으로 공기를 끌어들이기 시작한다.

① 최성기 직전의 상태이다.

② 개방된 곳에서의 화재와는 달리 구획실의 화염은 공간내의 벽과 천장에 의해 급속히 영향을 받는다.

③ 공기는 화재에 의해 생성된 뜨거운 가스보다 차갑기 때문에 화염이 갖고 있는 온도에 대해 냉각효과를 가진다.

④ 구획실의 벽과 관련하여 가연물들의 위치는 흡입되는 공기의 양을 결정하고 냉각효과의 크기를 결정한다.

⑤ 벽 근처에 있는 가연물들은 비교적 적은 공기를 흡수하고 보다 높은 화염온도를 지닌다.

⑥ 구석에 있는 가연물들은 더욱 더 적은 공기를 흡수하고 가장 높은 화염온도를 지닌다.

⑦ 뜨거운 가스가 상승하면서 천장에 부딪치게 되면 가스는 외부로 퍼지기 시작한다.

⑧ 가스는 구획실의 벽에 도달할 때까지 계속 퍼지고, 벽에 도달한 후 가스층의 두께는 증가하기 시작한다.

⑨ 성장기에 있는 구획실 화재는 일반적으로 통제된 가연물 상황이다.

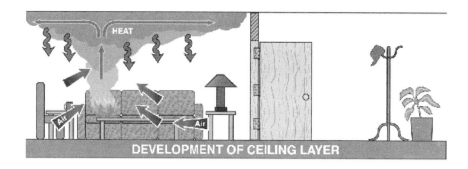

(3) 플래시오버

① 성장기와 최성기간의 과도기적 시기이다.

② 구획실 내부의 상태는 매우 급속하게 변화하는데 이때 화재는 처음 발화된 물질의 연소가 지배적인
   상태로부터 구획실 내의 모든 노출된 가연성 물체의 표면이 관련되는 상태로 변한다.

③ 뜨거운 가스층으로부터 발산하는 복사에너지는 일반적으로 20kw/㎡를 초과한다.

④ 생성되는 가스는 천장부분의 가스층으로부터 발산하는 복사에너지에 의해 발화온도까지 가열된다.

⑤ 플래시오버가 발생하면 화재의 상변화가 격렬하다.

(4) 최성기

① 화염의 분출이 강해지고, 온도가 최고조에 도달하여 화재진행단계에서 가장 격렬한 시기이다.

② 최성기는 구획실 내의 모든 가연성 물질들이 화재에 관련될 때에 일어난다.

③ 구획실 내에서 연소하는 가연물은 최대의 열량 발산과 많은 양의 연소생성가스를 생성한다.

④ 연소생성가스의 양과 발산되는 열은 구획실의 배연(환기)구의 수와 크기에 의존한다.

(5) 쇠퇴기

① 쇠퇴기는 일명 감퇴기라고도 한다.

② 화세가 약화되고 부분적으로 소멸되는 시기이다.

③ 화재가 구획실 내에 있는 이용 가능한 가연물을 연소시킴에 따라 열 발산율은 감소하기 시작한다.

④ 구획실 내의 가연물이 통제되면, 화재의 크기는 약화되어 온도는 내려가기 시작한다.

3. 백드래프트(역화, back burn, Back Draft)

1) 백드래프트의 개념

백드래프트는 역화 현상으로서 공기(산소)공급이 원활하지 않는 불완전 연소상태인 훈소상태에서 화재로 인하여 실내 상부쪽으로 고온의 기체가 축적되고 온도가 높아져서 기체가 팽창하고 산소가 부족한 건물 내에서 갑자기 산소가 새로 유입될 때 화염이 폭풍을 동반하여 실외로 분출되는 고열가스의 폭발 또는 급속한 연소가 발생하는 현상이다.

(1) 백드래프트 현상은 불완전 연소된 가연성가스와 열의 집적과 적절하게 배연되지 않은 상태에 문의 손잡이가 뜨겁고 화재 가스들과 연기가 번갈아 가며 건물 내부에서 밖으로 향했다가 안으로 빨아들이면서 휘파람 소리를 내기도 하며, 산소가 결핍된 실내에 소방관이 소화활동이나 구조활동 중 문을 갑자기 개방하면 산소가 급격히 유입되면서 폭발하게 된다.

(2) 백드래프트 현상은 연기폭발 또는 열기폭발에 해당하며 주로 화재말기에 가까울수록 더 클 수 있으며 가스가 차있는 실내에 CO의 폭발범위(12.5~74.2%), 온도는 600℃ 이상 일 때 발생된다.

(3) 미국에서 이 현상을 소방관 살인 현상이라고도 하며, 그 방지 대책으로 실내 상부쪽 압력이 큰 천장 등을 개방, 폭발력의 억제, 격리, 소화, 환기 등이 있다.

2) 백드래프트의 잠재적인 징후

(1) 과도한 열의 축적

(2) 연기로 얼룩진 창문 등의 징후

(3) 화염이 조금 보이거나, 보이지 않을 수 있다.

(4) 짙은 황회색으로 변하는 검은 연기(단 연기의 색상은 꼭 황회색은 아니다 검은 색일 수도 있다)

(5) 작은 틈새로 나오는 압축된 연기, 건물 내에서 일정한 간격을 두고 뻐끔대며 나오는 연기

(6) 산소가 원활하지 못하여 불꽃이 노란색으로 보일 때도 있으며 훈소상태의 고열이다.

3) 백드래프트의 소화전술

(1) 폭발력의 억제

실내온도 상승이 높고 출입문이 조금만 여는 것이 가능할 때에는 출입문을 닫아 둔 채로 두거나 조금만 열어 다량의 신선한 공기 유입을 막는다.

(2) 가연성 가스의 배기

출입문을 개방하기 전 천장의 환기구 개방 또는 상단의 유리창 파손을 통하여 폭발력을 억제할 수 있다.

(3) 소화

출입문 개방과 동시에 방수하여 폭발적 연소를 방지할 수 있다. 이 경우 정면법과 측면법을 사용할 수 있다.

(4) 격리

소방대가 방호구역을 설정하고 문이나 창 등을 개방 또는 파괴하여 폭발과 연소를 일으키며 화점으로 주수하면 전진하는 방법으로 소방대의 안전을 도모할 수 있다.

4. 실내화재의 형태

일반적으로는 ①초기 → ②플래임오버 → ③훈소 → ④롤오버 → ⑤자유연소 → ⑥플래시오버 → ⑦최성기→⑧말기의 순으로 나타내며, 밀폐된 공간에서의 과도한 열의 축적 현상으로 인한 화재의 경우 ①초기→②훈소→③백드래프트→④말기의 순으로 진행된다

(1) 초기

(2) 플래임오버(Flame Over)

구획실 내의 다른 가연물들의 표면에는 관련되지 않고 단지 연소생성가스와 관련된다는 면에서 플래시오버와 구분된다. 이러한 상태는 뜨거운 가스층이 구획실의 천장부분에 형성되는 성장기에서 발생할 수 있다. 또한 플래임오버는 화재의 진행단계상 성장기 및 최성기 중에 연소하지 않은 연소생성가스가 구획실로부터 나올 때에 관찰될 수 있다.

(3) 훈소

불씨연소로서 불완전연소 상태(초기의 밀폐된 공간에 산소 부족)

(4) 롤오버

화염의 가스가 천장을 구름처럼 되는 현상

(5) 자유연소

불꽃을 가지고, 산소가 원활하며, 플래시오버 직전연소

(6) 플래시오버(Flash Over)

ⓐ 전실화재
ⓑ 순간적인 착화현상
ⓒ 중기(최전성기 직전)의 비정상 연소
ⓓ 복사열이 주원인 (약 500℃)
ⓔ 진한연기가 밑으로 깔림
ⓕ 가연→난연→준불연재료 순으로 확대
ⓖ 화원의 크기에 영향을 받음
ⓗ 개구부에 영향을 받음

(7) 최성기

(8) 백드래프트(Back Draft)

공기 부족으로 훈소상태에 있을 때 신선한 공기가 유입되어 실내에 축적되었던 가연성가스가 단시간에 폭발적으로 연소하는 현상으로 백드래프는 플래임오버 다음 단계에 나타날 수도 있으며, 공기의 공급 여부에 따라 화재 형태에서 나타나지 않을 수도 있다.

(9) 말기

POINT 시간에 따른 화재의 형태 변화

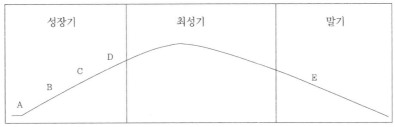

A : 플래임오버, B : 백드래프트, C : 롤오버, D : 플래시오버, E : 백드래프트

5. 플래시오버

출화 직후의 상태를 말한다. 갑자기 불꽃이 폭발적으로 확산되어 창문이나 방문으로부터 연기와 불꽃이 뿜어 나오는 상태이다.

(1) 플래시오버현상의 영향을 미치는 조건

① **화원의 크기** … 화원의 위치와 크기를 말하며, 화원이 크면 발생 · 진행 시각이 **빠르다**

② **내장재의 종류** … 실 내부에 수납된 가연물의 양과 성질을 말하며, 벽 재료보다는 천장재가 발생시각에 큰 영향을 미친다

③ **개구부의 조건** … 실 내부에 설치된 창의 높이, 면적 개구부 위치 및 크기를 말하며, 일정 면적에서 밀폐된 공간보다는 개구부(창문 등)가 클수록 발생시각이 **빠르다**

※ 온도 : 연기층 가스온도는 대략 500~650℃ (목조화재 800~900℃)가 된다.

(2) 플래시오버 방지대책

① 개구부가 너무 작거나 클 때 적당히 개구부를 제한한다.
   개구부의 크기가 큰 경우는 정상 연소를 하며, 개구부의 크기가 작은 경우 플래시오버가 아닌 백드래프트 현상이 발생한다.

② 가연물의 양을 제한한다.

③ 화원을 억제한다.

④ 내장재(천장 등) 불연화 등이 있다.

(3) 플래시 오버 지연 소방전술

① 공기차단 지연방식

② 배연배열 지연방식

③ 냉각 지연방식

6. 연료지배형 화재 및 환기지배형 화재

구획된 건물 화재현상에 따라 연료지배형 화재 및 환기지배형 화재로 나눈다.

플래시오버 이전의 화재는 연료지배 화재이고, 플래시오버 이후의 화재는 환기지배 화재이다.

(1) 연료지배형 화재(환기 원활)

연소속도는 분해, 증발율에 비례한다. 화세가 약한 초기에는 산소량이 원활하므로 화재는 공기량보다 실내의 가연물에 의해 지배되는 연료지배형의 연소형태를 갖는다.

(2) 환기지배형 화재(환기 비정상)

연소속도는 환기요소에 비례한다. 플래시오버에 이르러서 실내온도가 급격히 상승하여 가연물의 열분해가 진행되고 화세가 강하게 되면 산소량이 급격히 소진되어 환기가 잘 되지 않으며 연소현상은 연료지배형에서 환기량에 지배되는 환기지배형으로 전환된다.

7. 연료지배형과 환기지배형의 비교

구분	• 연료지배형(환기정상) → 연료부족 한정된 공간에서 연료보다 산소가 많음	• 환기지배형(환기불량) → 환기부족 • 한정된 공간에서 연료보다 산소가 적음
① 지배요인	• 연료지배(연료〈환기) • 통기가 많고, 가연물이 제한 (연료량에 비해 환기량은 충분하다)	• 환기지배(연료〉환기) • 가연물이 많고, 통기가 적다 (환기량에 비해 연료량이 충분하다)
② 발생장소	목조건물, 개방된 건물, 큰 창문 등	내화구조, 지하, 무창층, 콘크리트 등
③ 산소량	상대적으로 산소공급이 원활	화세가 강하고 산소가 소진되어 상대적으로 산소가 부족
④ 발생시기	플랫오버 이전(성장기로 온도가 낮다)	플래시오버 이후(최성기로 온도가 높다)
⑤ 연소속도 연소시간	환기요소에 영향을 받지 않아 연소속도가 빠르고, 연소시간이 짧다.	환기요소에 영향을 받아 연소속도는 느리고, 연소시간은 길다.
⑥ 화재가혹도	작다(외부에서 신선한 찬공기 유입)	크다(다량의 가스가 존재)
⑦ 위험성	피난의 안정성확보가 필요	백드래프트 영향에 주의
⑧ 환기요소 $A\sqrt{H}$	환기요소에 영향을 받지 않으므로 환기요소인 A에 지배를 받지 않는다.	환기요소에 영향을 받음으로 환기요소인 A에 지배를 받는다.
⑨ 환기소요식 $A\sqrt{H}$	• A −A는 개구부 또는 창문의 면적 −H는 개구부 또는 창문의 높이 • 개구부가 작으면 온도가 낮고, 지속시간이 같다. • 개구부가 크면 온도가 높고, 지속시간이 짧다. • 개구부가 아래에 있는 것보다 위에 있는 것이 좀 더 환기가 잘된다.	• 온도인자 : $\dfrac{A\sqrt{H}}{Ar}$ Ar은 실내의 전표면저 • 실내면적이 좁으면 온도가 높아진다.(반비례) • 실내면적이 넓으면 온도는 낮아진다.(반비례) • 지속시간인자(F) : $\dfrac{A_F}{A\sqrt{H}}$ AF는 바닥면적 • 바닥면적이 커지면 지속시간은 길어진다.(비례) • 바닥면적이 작으면 지속시간은 짧아진다.(비례) • 온도가 높으면 빨리 탄다 (비례) • 온도가 낮으면 늦게 탄다 (비례)
⑩ 환기관계	$A\sqrt{H}$는 개구부 면적에 비례하고, 개구부는 높이의 루트(제곱근, 평방근)에 비례한다	
⑪ 환기요소	$A\sqrt{H}$는 환기가 잘 되면 온도에 비례하고, 지속시간에 반비례하여 불은 빨리 탄다.	

※ 환기요소인 A는 개구부 면적(A)과 개구부 높이(H)에 같이 비례하지만, H보다는 A에 더 큰 영향을 받는다. 즉 개구부의 높이 보다는 개구부의 면적이 더 영향이 크다

8. 백드래프트와 플래시오버의 비교

기본적으로 백드래프트(Backdraft)보다 플래시오버(Flashover)가 발생빈도가 높다. 또한 백드래프트(Backdraft)는 폭발이고, 플래시오버(Flashover)는 폭발이 아니라는 점이다.

	플래시오버(Flash Over)	백드래프트(Back Draft)
개념	구획 내 가연성 재료의 전 표면이 불로 덮이는 전이 현상으로 화재가 발생하는 과정에 있어서 화원 근처에 한정되어 있던 연소영역이 조금씩 확대된다. 이 단계에서 발생한 가연성가스는 천장 근처에 체류한다. 이 가스 농도가 증가하여 연소범위 내의 농도에 도달하면 착화하여 화염에 놓이게 된다. 그 이후에는 천장면으로부터의 복사열에 의하여 바닥면 위의 가연물이 급속히 가열 · 착화하여 바닥면의 가연성 물질 등 전체가 순간적으로 연소확대형상으로 화염으로 덮이게 되는 현상을 말한다	화재 중기 말기의 불완전한 화재로서 가스가 차 있는 상태에서 소화활동 등을 위하여 실내 문을 개방할 때 신선한 산소가 유입되어 실내에 축적되었던 일산화탄소 등의 가연성가스가 순식간에 폭발적으로 연소함으로써 화재가 폭풍을 동반하여 실외로 분출하는 현상을 말한다
조건	• 평균온도 : 500~600℃ 전후 • 산소농도 : 10%	• 실내 가열 • 가연성 가스 축적
기타	확산연소 형태	예혼합연소 형태
발생시기	화재성장기 (주로 화재 1단계)	최성기 전 단계 또는 감쇠기 (주로 화재 3단계)
공급원	복사열이 주된 요인이다	산소가 주된 요인이다
영향	폭풍 혹은 충격파가 없다	폭풍 혹은 충격파를 수반한다.
전단계 연소	• 자유연소상태 • 실 개방	• 불완전 연소상태(훈소상태) • 실 밀폐
산소량	상대적으로 산소가 원활하다	산소부족(급작스러운 산소 유입)
방지대책	• 개구부의 제한 • 가연물 양의 제한 • 화원의 억제 • 내장재(천장 등) 불연화	• 폭발력 억제 : 문을 적게 열어 공기공급을 적개 • 격리 : 개구부 파괴 후 일단 후퇴한 후 재진입 • 소화 : 불씨를 없게 하여 가연성가스 생성을 차단 • 환기 : 개구부 개방 전 환기대책 강구, 천장 개방

※ 훈소 : 밀폐된 공간에 산소가 부족하여 불꽃연소를 가지지 못하며 불씨연소만 가지는 상태의 연소

※ 롤오버 : 화재 초기 화염의 가연성 가스가 실내의 천장을 빠른 속도로 산발적으로 구르는 현상

※ 플래시오버 : 화재중기 상태에서 카메라 섬광의 플래시처럼 갑작스러운 연소 착화현상으로 비정상 연소이다

※ 백드래프트 : 산소가 부족한 밀폐된 공간에 불씨연소로 인한 가스가 가득 차 있는 상태에서 갑자기 개구부 개방으로 새로운 산소가 유입될 때 불씨가 화염으로 변하면서 폭풍을 동반하여 실외로 분출되는 가스폭발이다

9. 화재의 분류(일반 · 유류 · 전기 · 금속 · 가스 화재)

(1) 화재의 분류방법은 ① 화재의 분류(급수에 의한 분류), ② 4류 위험물 석유(1 · 2 · 3 · 4 석유류), ③ 폭굉 · 폭연으로 분류한다.

① 화재의 분류(급수에 의한 분류) … 물질의 종류와 성상(성질 · 상태)에 의해 분류

② 4류 위험물 석유(1 · 2 · 3 · 4 석유류) … 인화점에 의한 분류

③ 폭굉 · 폭연 … 화염의 전파속도에 의한 분류

(2) 화재의 분류는 물질의 종류와 성상에 따라 화재의 종류별 급수를 정하고 있다. 급수는 나라별로 구분하는 방법이 차이가 있으나 한국에서는 통상 B급을 E급과 같이 취급한다.

[급수에 따른 화재의 분류]

급수	종류	색상	내용
A급	일반화재	백색	목재, 섬유, 고무류, 합성수지 등
B급	유류화재	황색	인화성 액체 등 기름 성분인 것 (국내 : 가스화재 포함)
C급	전기화재	청색	변전실, 변압기, 통전 중인 전기 설비 및 기기의 화재
D급	금속화재	무색	알루미늄분, 마그네슘 등의 금속가루의 화재
E급	가스화재	황색	LNG, LPG, 도시가스 등의 화재

예컨대, 전기다리미 적재 창고의 화재는 A급 화재이고, 전기다리미 질을 하다가 불이 나면 C급 화재이다.

10. 소화기 적응성에 대한 색상

(1) 일반화재용은 백색의 원형 안에 흑색문자로 "A(일반)"

(2) 유류화재용은 황색의 원형 안에 흑색문자로 "B(유류)"

(3) 전기화재용은 청색의 원형 안에 백색문자로 "C(전기)"

11. 화재의 구분 및 표시색상과 소화 방법

구분	A급	B급	C급	D급	E급
화재종류	일반화재	유류화재	전기화재	금속화재	가스화재
소화방법	냉각소화	질식소화	질식 · 제거	건조사	제거소화

12. 목조건축물의 화재진행 과정

화재의 출화를 기준으로 한 목조건축물의 진행과정

화재의 원인 → 무염착화(300℃ 이상) → 발염착화(410℃ 이상) → 화재출화 → 최성기(맹화) → 연소낙화 → 진화

13. 목재의 흔

(1) 훈소흔

목재표면에 발열체가 밀착되었을 때 그 밀착부위의 목재표면에 생기는 연소 흔적이다. 훈소흔은 시간이 경과하면 직경과 깊이가 변하면서 탄화한다.

(2) 균열흔(연소흔)

목재표면이 고온의 화염을 받아 연소될 때 표면으로 분출되는 흔적이 되는 흔으로 ① 완소흔 → ② 강소흔 → ③ 열소흔 순으로 변한다.

① 완소흔 ··· 700~800℃로 3 · 4각 형태를 띤다 예 ㅁ, △

② 강소흔 ··· 900℃로 요철형태를 띤다 예 Ω

③ 열소흔 ··· 1,100℃로 환형형태를 띤다 예 ◉

(3) 목재구조와 내화구조의 비교

	목재구조	내화구조
최고온도	1,100~1,300℃	900~1,100℃
진행시간	30~40분	2~3시간
특징	고온 단기형(대체적으로 1시간 안됨)	저온 장기형

14. 내화구조 건축물의 화재 진행

(1) 초기

다량의 연기가 발생하고, 연소가 완만하다

(2) 성장기

흑색 연기 및 화염 등이 분출, 실내 전체가 한 순간에 화염으로 휩싸임

(3) 최성기

천장 등의 구조물 재료(콘크리트, 회반죽 등)가 붕괴된다 이는 콘크리트 폭발형상이라 한다

(4) 감쇠기

흑색 연기가 차츰 백색으로 변하면서 화세가 점점 약해지는 시기

15. 유류저장탱크의 화재

1) 보일오버현상

(1) 개념

유류저장탱크의 화재 시 위쪽(액면)에 형성된 고열의 열파가 바닥에 있는 찌꺼기 등의 물에 전달되어 탱크바닥의 물이 끓어오르면서 유류가 비등하여 저장탱크 액면에 발생된 열의 공급과 함께 저부에서 상부 표면을 포함하여 기포상태로 분출시키는 것을 말한다.

① 중질류 탱크에서 장시간 조용히 연소하다 탱크 내 유류가 갑자기 분출하는 현상

② 탱크바닥에 물과 기름의 에멀션으로 존재할 때 물의 비등으로 급격히 분출하는 현상

③ 유류저장 탱크의 화재 중 열유층을 형성하여 화재진행과 더불어 열유층이 점차 탱크바닥으로 도달해 탱크 저부에 물 또는 물과 기름이 에멀션이 수증기의 부피팽창을 하면서 탱크 내의 유류가 갑작스럽게 탱크 밖으로 분출되어 화재를 확대시키는 현상
 *에멀션 : 물과 기름이 섞이지 않고 함께 하는 현상으로 유화라고도 한다

(2) 원인

탱크에 화재가 발생하여 장시간 되면 가벼운 유류성분은 먼저 표층에서 증발하여 연소되고 무거운 유류성분은 아래로 축적·가열되어 열은 그 탱크 상부에서부터 층을 이루게 되는데 이를 열이 있는 열유층(고온층)이라 한다.

① 장시간 진행 화재로 뚜껑이나 지붕이 없는 열린 탱크 상태여야 한다.

② 여러 종류의 비점을 가진 불균일한 유류이고 또한 거품을 형성하는 고점도 성질의 유류이다.

③ 수분이 외부로부터 침투되었거나 탱크 밑 부분에 습도를 함유한 찌꺼기 등이 있을 것

(3) 열유층과 보일오버

열유층은 화재의 진행과 더불어 점차 탱크 바닥에 도달하게 되는데, 이때 수분이 외부로부터 침투되었거나 탱크 밑 부분에 물 또는 습도를 함유한 찌꺼기 등이 있으면 열유층의 온도에 의하여 수증기로 변하면서 급격한 부피팽창(약 1,700배)에 의해 내부에 저장된 원유와 함께 탱크 외부로 비산 분출하게 된다. 이것이 보일 오버 현상이다.

(4) 보일오버 방지대책

① 바닥의 물을 배출하여 수층의 형성을 방지한다.

② 모래 등을 탱크 내부로 던져서 물이 끓기 전에 비등석이 기포를 막아 갑작스런 물의 비등을 억제한다.

※ 보일오버현상은 비점이 불균일한 중질유 등의 탱크 바닥에 찌꺼기와 함께 있는 물이 끓어 수분의 급격한 부피팽창에 의하여 기름을 탱크 외부로 넘치게 하는 현상이다.

※ 핵심키워드 : 중질유, 장시간, 바닥

2) 슬롭오버(Slop Over)현상

(1) 개념

증류와 같은 중질유 탱크에 화재가 발생하면 액표면 온도가 약 200~400℃로서 물의 비점 이상으로 올라가게 되는데, 이때 소화하기 위하여 수분이 있는 물 또는 폼(Foam)소화제를 방사하였을 때 증발된 수증기와 함께 연소하는 유류가 급격한 부피팽창으로 기름이 탱크외부로 분출하는 현상이다.

① 물이 연소유의 뜨거운 표면에 들어갈 때 발생하는 over floe 현상

② 연소유 표면 온도가 100℃를 넘을 때 연소유 표면에 주수되는 소화용수가 비등하면서 수증기로 변하거나 부피팽창에 의해 연소유를 비산시켜 탱크 밖까지 확산시키는 현상

(2) 특성

화재 시 점성이 큰 석유나 식용류가 물이 접촉될 때 이러한 유류의 표면온도에 의해 물이 수증기가 되어 팽창 비등함에 따라 주위에 있는 뜨거운 일부의 석유류, 식용유류를 외부로 비산시키는 현상으로 유류의 표면에 한정되며 보일오버에 비하여 격렬하지 않다.

※ 슬롭오버 현상이란 유류 액표면에 불이 붙었을 때 기름이 끓고 있는 상태에서 물이 주성분인 물분무나 포를 방사하면 물과 기름이 섞이지 않는데, 이때 끓는 기름온도에 의하여 물이 표면에서 튀면서(Slop) 수증기화 되고 갑작스러운 부피 팽창으로 유류가 탱크 외부로 비산 · 분출(over)되는 현상이다.

※ 핵심 키워드 : 식용유, 표면, 소화용수

3) 프로스오버(Froth Over)

(1) 개념

고온에서 끈끈한 점성을 유지하고 있는 유류(고점도 유류)가 저장탱크 속의 물과 섞여 들어가 있을 때 기름과 섞여 있는 물이 갑자기 수증기화 되면 탱크 내의 일부 내용물을 넘치게 하는 현상이다.

(2) 원인

① 물이 고점도 기름 표면 아래에서 끓을 때 화재를 수반하지 않고 넘치는 현상

② 고점도의 유류표면 아래에서 비등한 물에 의해 탱크 내 유류가 넘치는 현상

(3) 특성

프로스오버 현상은 화재를 수반하지 않고, 기름이 넘쳐흐르는(over flow) 단순한 물리적 작용으로 대부분 뜨겁고 점성이 큰 아스팔트를 물이 들어 있는 탱크에 넣었을 때 발생한다.

4) 링파이어(Ring fire)

대형 유류저장 탱크 화재에 불꽃이 치솟는 유류표면에 포를 방출할 때 탱크 윗면의 중앙부분은 불이 꺼졌어도 바깥쪽 벽을 따라 환상으로 불길이 남아 지속되는 현상이다. 즉, 유류표면에 물분무나 포를 방사하였을 때 포 등이 탱크 양쪽 벽면에 부딪치면서 탱크 벽면측은 산소차단이 되지 못하여 귀고리(Ring)처럼 양쪽으로 불길(Fire)이 남아 있는 상태를 말한다.
※ 윤화＝링파이어

탱크의 벽면에 가열된 상태에서 포를 방출하는 경우 가열된 벽면부분에서 포가 열화되어 안정성이 저하(포가 깨지는 현상)되는데, 이때 증발된 유류가스가 발포되어 있는 거품층을 뚫고 상승하면서 유류가스에 불이 붙는 현상이다. 링파이어는 일반적으로 특형의 부상식지붕(Floating roof)방식의 화재 시 탱크의 측판과 부판(데트의 실)사이에 연소하는 화재이다.

> **POINT** 풀 파이어(Pool Fire)
> 가연성 또는 인화성 액체가 저장탱크 또는 웅덩이에서 일정한 액면이 대기 중에 노출되어 화염의 열에 의해 불이 붙는 액면화재를 말한다.
> ※ 오일오버(Oil Over) : 탱크 내의 유류가 50% 미만 저장된 경우 화재로 인한 내부 압력상승으로 인한 탱크 폭발현상으로 가장 격렬하다.

16. A급 · B급 화재 각종(오버) 이상 현상의 비교

화재의 종류	대상물	화재동반	발생점	원리
플래시오버	일반화재	유	가연물의 열 축적	순간적인 연소의 현상
롤오버(가스)	일반화재	무	실내 가연물(천장)	가스가 천장을 구르는 현상 (플래시오버 전 단계)
보일오버	유류화재	유	탱크 내 유류(바닥)	수증기에 의해 기름이 비산하는 현상
슬롭오버	유류화재	유 · 무	탱크 내 유류(표면)	수증기에 의해 기름이 비산하는 현상
프로스오버	유류화재	무	탱크 내 유류(표면 아래)	물의 증발로 기름의 거품을 밀어 냄
오일오버	유류화재	무	탱크 내(50%미만)의 공간	열의 가열로 물리적 폭발형상

17. 정전기

(1) 정전기 발화과정

전하 발생 → 전하 축적 → 방전 → 발화

(2) 정전기 발생방지법

① 접지시설(도체를 사용)을 하는 방법

② 공기를 이온화 하는 방법

③ 상대 습도를 70% 이상으로 높이는 방법이 사용된다.
   ※ 가습기를 틀면 정전기가 발생하지 않는다.
   ※ 정전기는 지구에도, 공기 중에도, 사람 몸에도 존재하며, 주로 부도체의 마찰로 생긴다.

(3) 정전기와 자연발화, 분진폭발 비교

	자연발화	분진폭발	정전기
발생	습기가 있어야 한다	습기가 있어야 한다	습기가 없어야 한다
방지	습기가 높은 것은 피함	옥외로 배출	상대습도 70% 이상
개념	고온 다습	가연성 미분	부도체(유류 등) 마찰 시

18. 금속화재

1) 개념

일반적으로 금속은 연소열이 크고, 가연물이 될 수 있는 성질을 충분히 가지고 있으며, 금속화재는 공기와 접촉하여 발생되는 자연발화와 물에 반응하여 폭발적으로 반응하는 것 등이 있다.

(1) 금속화재 물질

① 제2류 위험물인 철분, 금속분류(아연, 알루미늄 등), 마그네슘

② 제3류 위험물인 칼륨, 나트륨, 알킬알루미늄, 아킬리튬, 알칼리금속류(세슘, 이튬 등)

(2) 금속화재를 일으키는 물질의 특성

금속화재를 일으키는 물질은 대부분 물과 반응하여 수소, 아세틸렌, 에탄 등 가연성가스를 발생시키거나 다른 화학물질과 잘 반응하여 체적, 표면적, 부유성이 증가하는 활성금속이다

(3) 금소화재를 일으키는 물질과 수분과의 접촉

금속화재 시 수분과 접촉은 일반적으로 가연성가스(수소, 아세틸렌, 에탄 등)를 발생하므로 절대 피하여야 한다. 물이 주체로 된 소화약제의 물분무소화, 포(포말)소화 등은 절대 사용될 수 없다.

2) 금속화재의 원인

제3류 위험물인 칼륨, 나트륨, 리튬 등이 물과 접촉하면 위험한데, 그 이유는 물과 격렬히 반응하여 수소가스를 발생하기 때문이다

3) 금속화재 소화

알루미늄 등과 같이 공기와 접촉하여 자연발화 되는 것도 있고 칼륨, 나트륨 등과 같이 물과 반응하면 폭발적인 반응을 하는 것도 있는데, 이러한 금속화재에 사용할 수 있는 소화약제로는 화재초기에 팽창질석, 팽창진주암 또는 마른모래, 금속화재용분말소화기 등을 사용하고 본격시기에는 주변연소를 방지하고 자연 진화하도록 내버려 둔다

19. 고압가스의 분류

고압가스의 분류는 연소성에 따라 가연성가스, 조연성가스, 불연성가스로 나누며, 저장성에 따른 분류는 압축가스, 액화가스, 용해가스로 나누며 독성에 따른 분류는 독성가스와 비독성가스로 분류한다.

(1) 연소성에 따른 분류

① 가연성가스 … 프로판, 아세틸렌, 수소 등이 조연성가스인 산소와 화합 시 연소하는 가스

② 조연성가스 … 산소, 염소, 불소, 공기 등 가연성 가스의 연소를 돕는 가스

③ 불연성가스 … 질소, 탄산가스, 아르곤, 네온 등과 같이 연소하지 않는 가스

(2) 저장성에 따른 분류

① 압축가스 … 수소, 산소, 질소 등 기체 상태로 압축한 가스

② 액화가스 … 암모니아, 염소, 탄산가스, 프로판 등 압축하여 공기용기에 저장된 가스

③ 용해가스 … 아세틸렌(다공질의 고체입자에 아세톤을 침윤시킨 후 저장하는 가스)

(3) 독성에 따른 분류

① 독성가스 … 염소, 암모니아, 아크로레인, 포스겐, 일산화탄소와 같아 유해한 가스

② 비독성가스 … 산소, 수소, 질소 등 인체에 유해하지 않은 가스

  ※ 독성가스란 고압가스 안전관리법에서 아크로레인, 포스겐, 염화수소, 황화수소, 암모니아, CO 등 흰쥐를 대상으로
    실험하여 허용농도가 5,000ppm 이하인 가스를 말한다.

20. LNG(액화천연가스)

LNG(액화천연가스)는 도시가스라고도 불리우며 공기보다 가벼운 물질이 주성분(메탄, CH_4)이기 때문에 누설 시 공기보다 비중이 가벼워 천장으로 올라간다. 무색, 무취이며 LNG는 누출 시 가벼워서 뜨고 착화온도(하한계)가 높아 LPG에 비해 폭발성이 적고 안전하다.

21. LPG(액화 석유가스)

(1) 개념

LPG(액화 석유가스)는 무색, 무취로서 물에는 녹지 않으나 휘발유 등 유기용매에 용해되고, 천연고무를 잘 녹인다. 또한 공기 중에서 쉽게 연소, 폭발하는 위험한 성질을 가지고 있다. LPG는 프로판(C_3H_8), 부탄(C_4H_{10}) 성분의 액화가 가능한 물질로 액화 시 체적의 250배로 압축되며 액체상태는 비중이 물보다 2배 가볍고, 기체상태는 공기보다 1.5 ~ 2배 무거워 누설 시 바닥으로 체류한다.

(2) 액화석유가스의 일반적 성질

① 주성분은 프로판(C_3 H_8), 부탄(C_4 H_{10}) → 폭발성을 가진다.

② 무취, 무미, 무독성 이다

③ 액화 시 250배로 축소되며, 물보다 2배 가볍다.

④ 기화 시 공기보다 1.5~2배 무겁다

⑤ 쉽게 연소 · 폭발 한다

⑥ 천연고무, 휘발유 등 유기용매에 잘 녹는다. 그러나 물에는 녹지 않는다.

22. 화재의 급수별 특징

(1) 일반(A급/백색)화재

① 일반화재를 A급 화재로 분류하고 색상은 백색으로 표기한다.

② 종이, 목재, 플라스틱, 가죽, 합성수지 등의 화재로 대부분의 화재가 일반화재다.

③ 연소 후 반드시 타고남은 재가 남는다.

④ 물로서 화재를 진화할 수 있다.

　　※ 주되 소화 효과 : 물을 포함한 액체 냉각 작용인 냉각소화

(2) 유류(B급/황색)화재

① 인화성액체인 등유 등의 위험물화재를 말한다.

② B급 화재로 분류하고 색상은 황색으로 표기한다.

③ 연소 후 재가 남지 않는다.

④ 물로서 화재를 소화할 수 없다.

　　※ 주된 소화 효과 : 공기차단 효과인 질식효과

(3) 전기(C급/청색)화재

① 전기가 통전되는 기계설비(변압기 변전실)화재를 말한다.

② C급 화재로 분류하고 색상은 청색으로 표기한다.

③ 물로서 불을 소화할 수 없다(물을 주수하면 감전의 위험이 있다)

　　※ 주된 소화 효과 : 공기차단 효과인 질식효과

(4) 금속(D급/무색)화재

① 가연성 금속인 칼륨, 나트륨, 마그네슘 등의 금속화재를 말한다.

② D급 화재로 분류하고 색상은 무색이다.

③ 물로서 불을 소화할 수 없다(물을 주수하면 폭발의 위험이 있다)

　　※ 주되 소화효과 : 건조사, 건조분말, 등의 질식 · 피복효과

(5) 가스(E급/황색)화재

① LPG(액화석유가스) · LNG(액화천연가스)등의 가스화재를 말한다.

② E급 화재로 분류하고 색상은 황색이다.

③ 연소 후 재가 남지 않는다.

　　※ 주된 소화효과 : 밸브 등을 잠그는 가스의 공급을 차단하는 제거효과로 본다.

section **3** 기타 화재와 제반 사항

1) 식용유 화재

일반적으로 B급으로 분류하고 있으나 별도로 식용유 화재로 분류하기도 한다.

(1) 식용유 화재의 특징

① 발화점과 인화점의 차이가 적다

② 발화점(288℃ ~ 385℃)이 비점 이하이어서 화재가 발생하면 발화점 이상이 된다

③ 소화하여도 재발화되는 특수한 형태로 화염을 제거해도 식용유의 온도가 발화점으로 내려가지 않으면 즉시 재발화할 수 있다

(2) 소화 방법 및 주의 사항

흔히 튀김기에 불이 붙으면 물을 붓게 되는데 이는 오히려 불길을 번지게 한다. 이는 물은 비점이 100℃이고 고온의 식용유에 들어가면서 한 순간에 기화되기 때문이다.

① 식용유 화재 시에는 분말소화기를 사용한다.

② 야채, 소금, 얼음, 상온의 식용유 등을 넣어서 냉각소화 한다.

③ 뚜껑, 담요(모포), 마요네즈를 기름위로 뿌리는 질식소화를 한다.
   ※ 식용유 화재는 국제표준기구 ISO는 F급 화재로, 미국연방방화협회는 K급 화재로 분류

2) 훈소화재(표면연소, 작열연소, 무염연소, 심부화재)

가연물이 불꽃 없이 불기운이나 열기만으로 타 들어가는 연소현상이라 정의할 수 있다.

(1) 훈소화재는 거의 밀폐된 구조의 공간을 가진 실내화재 시 많이 발생한다. 이는 공기 중 연소에 필요한 산소공급이 불충분하여 연소가 거의 정지 또는 매우 느리게 진행되어 가연물이 열로 인해 응축의 액체 미립자인 분해 생성물만 발생시키는 것을 말한다.

(2) 훈소화재는 불완전한 연소상태로서 화재초기에 고체 가연물에 많이 발생하는데 훈소 중에도 열축적이 계속되어 외부 공기(산소)가 갑자기 유입될 때는 급격한 연소가 일어날 수 있는 상태를 말하며, 실내화재 시 플래시오버로 진행될 수도 있으며, 백드래프트 전 단계 연소를 나타내기도 한다.

(3) 훈소는 그을음연소라고도 하며 소방학에서는 훈소, 표면연소, 작열연소, 무염연소 또는 심부화재, 불씨연소 등을 동일한 개념으로 본다.

① 불꽃연소＝유염연소＝표면화재＝발염연소
② 불씨연소＝무염연소＝표면연소＝직접연소＝백열연소＝작열연소＝응축연소＝심부화재＝훈소화재

3) 화재강도

(1) 단위시간당 축적되는 열의 값을 화재강도라 한다. 이는 가연물의 비표면적이 클수록 연소가 용이하며 가연물의 연소값이 클수록 화재강도는 크게 된다.

(2) 화재강도는 화재 시 산소공급, 화재실의 벽, 천장, 바닥 등의 단열성, 가연물의 배열상태, 화재실의 구조, 가연물의 발열량, 가연물의 비표면적 등에 따라 화재강도는 달라진다.

4) 화재가혹도(화재심도)

화재심도라고도 하며 화재발생으로 건물 내 수용재산 및 건물자체에 손상을 입히는 정도를 말한다. (최고온도 X 연소시간)

화재가혹도에 영향을 주는 요인으로는 연소하는 물질의 연소속도, 연소열량 및 개구부의 위치 및 크기 가연물의 배열상태, 화재하중 등이 있다.

5) 화재하중

화재하중(Q) $= \dfrac{\sum(GtHt)}{HA}\,[\mathrm{kg/m^2}]$

($\sum$ = 합, $\triangle$ = 차)

Gt = 가연물의 양[kg]

Ht = 단위발열량[kcal/kg]

H = 목재단위발열량[kcal/kg]

A = 화재실 바닥면적[m²]

(1) 화재하중의 개념

화재하중은 건축물에서 가연성 건축 구조재와 수용물의 양으로서 화재 시 예상 최대 가연물질의 양을 뜻하며, 건물화재 시 단위면적당 등가 가연물량의 가열온도(발열량) 및 화재의 위험성을 나타낸다. 즉 그 내용은 화재구획의 실내 표면적에 대한 실내장식물의 화재 위험도를 나타내고 있으며 발열량이 클수록 화재하중이 크며 내장재의 불연화가 화재하중을 감소시킨다.

(2) 화재하중의 활용범위

① 건물의 내화 설계 시 고려해야 할 사항 및 가열온도 정도를 나타내는 척도로 활용

② 화재 시 발열량 및 위험의 정도를 추정할 수 있는 자료로 활용

③ 가연물 등의 연소 시 건축물의 붕괴 등을 고려하여 설계하는 하중

> **POINT** 각 화재현상의 개념
> ① 화재강도 : $\dfrac{\text{열의 값}}{\text{단위시간}}$ (화재의 강도는 표면적에 따라, 열량에 따라 달라진다)
> ② 화재가혹도 : 연소시간 X 연소(최고)온도 (최성기가 지속되는 시간의 개념)
> ③ 화재하중 : $\dfrac{\text{실내장식물의 발열량}(Kg)}{\text{목재면적에 대한 단위 발열량}(m^2)}$
> ④ 화재하중의 크기 비교 : 창고 > 도서관 · 독서실 > 호텔 > 공동주택 > 사무실
> ⑤ 재료의 단위 발열량 : 염화비닐 < 목재 < 고무 < 폴리에틸렌

6) 임야화재

화재의 분류는 크게 급수에 의한 화재와 대상물에 의한 화재로 분류한다. 급수에 의한 화재는 A · B · C · D급 화재의 분류이고 대상물에 의한 화재는 임야 · 선박 · 건축 · 항공기 · 가스제조소 · 위험물 · 구조물 · 자동차 · 철도차량 등을 말한다. 그 중 산림화재는 일반적으로 ① 수간화, ② 수관화, ③ 지표화로 나누어지며 학설에 따라 ④ 지중화까지 나누며, 플래어 업(Flare up)을 발생시킬 수 있다

※ 플래어 업(Flare up) : 강풍이나 풍향의 변화에 의해 발생하는 임야화재의 급격한 연소 현상

① **수간화** … 수산화는 수목이 타는 것이다. 수목의 간부가 연소하는 것으로 고목 혹은 간부에 크게 구멍이 뚫려 있는 오래된 큰 나무에서 일어나기 쉽다

② **수관화** … 수관화는 나무의 가지나 잎의 무성한 부분만을 태우는 것이다. 일반적으로 나무의 지엽이 타는 것으로 일단 타기 시작하면 소화가 곤란하다. 습도가 50%이하 일 때 소나무, 삼나무, 편백나무 등에서 잘 일어난다.

③ **지표화** … 산림의 지표면을 덮고 있는 낙엽, 가지, 관목 등이 연소하는 것을 말한다.

④ **지중화** … 땅속에 썩은 나무의 유기질층, 니탄층, 갈탄층, 아탄층 등이 타는 것으로 주로 북아프리카에서 볼 수 있으며 진화가 어려우며 적설 하에서도 연소는 진행된다.

> **POINT** 임야화재
> • 나무가 타면 수간화
> • 가지가 타면 수관화
> • 땅에서 낙엽이 타면 지표화
> • 지중에서 타면 지중화

7) 천장제트흐름(Ceiling Jet Flow, 제트플로어)

실내에서 화재가 발생한 경우 연기와 열기류는 부력과 열의 팽창로 수직방향으로 2 ~ 3m/s 속도로 상승한다. 이때 상승한 연기와 열기류가 천정에 이르면 더 이상 상승할 수가 없으므로 천정을 따라서 옆으로 약 0.3 ~ 1m/s의 속도로 퍼져 나가게 되는데 이를 Ceiling Jet Flow라고 한다.

① 화재 플럼의 부력에 의하여 발생되며 천장면을 따라 빠르게 흐르는 기류이다.

② 화원의 크기와 위치 그리고 화원에서 천장까지의 높이에 영향을 받는다.

③ 흐름의 두께는 천장에서 화염까지 높이의 5~12% 내의 정도 범위이다.

> ※ 화재 플럼(fire plume)이란 상승력이 커진 부력에 의해 연소가스와 유입공기가 상승하면서 화염이 섞인 연기기둥 형태를 나타내는 현상이다.

1 화재의 구분에 따른 표시색상을 연결한 것으로 바른 것은?

① A급 – 황색 – 일반화재

② B급 – 무색 – 금속화재

③ C급 – 청색 – 전기화재

④ D급 – 백색 – 유류화재

TIPS!

㉠ A급 – 백색 – 일반화재

㉡ B급 – 황색 – 유류화재

㉢ D급 – 무색 – 금속화재

2 다음 중 화재의 급수에 따라 가연물의 연결이 바르지 않은 것은?

① A급 – 종이 및 일반제품

② B급 – 휘발유 등 인화성물질

③ C급 – 분말 및 고무제품

④ D급 – 가연성금속

TIPS!

전기(C급/청색)화재

㉠ 전기가 통전되는 기계설비(변압기 변전실)화재를 말한다.

㉡ C급 화재로 분류하고 색상은 청색으로 표기한다.

㉢ 물로서 불을 소화할 수 없다(물을 주수하면 감전의 위험이 있다).

Answer 1.③ 2.③

3 다음은 플래시오버에 대한 설명이다 바르지 않은 것은?

① 플래시오버는 화염이 실내전체에 확대되는 현상이다.

② 플래시오버는 실내장식물의 영향을 많이 받는다.

③ 밀폐된 실내에서 출화한 전실화재로서 실내가 고온이다.

④ 건축물의 개구부가 작을수록 실내의 온도가 높고 화력이 강하다.

> **TIPS!**
>
> 건축물의 개구부가 클수록 실내의 온도가 높고 화력이 강하다.
>
> ※ **플래시오버** … 화재가 서서히 진행되다가 시간이 경과함에 따라 복사와 대류현상에 의해 발화장소 공간 내에 있는 가연물이 발화점까지 가열되어 순간적으로 동시에 발화하는 현상을 의미하는 것으로, 즉 순간적인 연소확대현상을 말한다.
> ⓐ 성장기와 최성기간의 과도기적 시기이다.
> ⓑ 구획실 내부의 상태는 매우 급속하게 변화하는데 이때 화재는 처음 발화된 물질의 연소가 지배적인 상태로부터 구획실 내의 모든 노출된 가연성 물체의 표면이 관련되는 상태로 변한다.
> ⓒ 뜨거운 가스층으로부터 발산하는 복사에너지는 일반적으로 20kw/㎡를 초과한다.
> ⓓ 생성되는 가스는 천장부분의 가스층으로부터 발산하는 복사에너지에 의해 발화온도까지 가열된다.
> ⓔ 플래시오버가 발생하면 화재의 상변화가 격렬하다.

4 화재구역 내 가연성재료의 전표면이 불로 뒤덮이는 전이현상으로서 천장면부터 시작된 복사열이 바닥면 전체를 화염으로 덮이게 하는 현상을 무엇이라 하는가?

① Flash over
② Roll over
③ Boil Over
④ Slop over

> **TIPS!**
>
> 화재가 서서히 진행되다가 시간이 경과함에 따라 복사와 대류현상에 의해 발화장소 공간 내에 있는 가연물이 발화점까지 가열되어 순간적으로 동시에 발화하는 현상을 의미하는 것으로 화재구역 내 가연성재료의 전표면이 불로 뒤덮이는 전이현상으로서 천장면부터 시작된 복사열이 바닥면 전체를 화염으로 덮이게 하는 현상을 플래시 오버라 한다

Answer 3.④ 4.①

5 유류화재 발생 중에서 오일(유류)탱크에서 일어나는 성상으로 바르지 않은 것은?

① 보일오버 ② 프로스오버

③ 슬롭오버 ④ 플래시오버

> **TIPS!**
>
> 플래시 오버는 일반화재에서 화재가 확대되는 현상이다
>
> ㉠ **보일오버**(boilover) : 연소중인 탱크로부터 원유(또는 기타 특정 액체)가 방출되는 것을 말함. 원유의 작은 입자들이 연소되면서 방출하는 열기가 수분과 접촉하게 될 경우, 탱크 내용물 가운데 일부는 거품의 형태로 격렬하게 방출된다.
>
> ㉡ **프로스오버**(frothover) : 화재와 무관하게, 고온의 점성유체를 수용하고 있는 탱크에 물이 존재하거나 스며들면 유체가 증발, 팽창하면서 뜨거운 기름을 탱크 밖으로 흘러 넘치게 하는데, 이러한 현상을 프로스오버라 한다.
>
> ㉢ **슬롭오버**(slopover) : 연소중인 유류 탱크에 유류 표면의 온도보다 낮은 비등점의 액체(물 또는 포소화약제)를 방사했을 때 물 또는 포수용액이 급격히 증발하면서 유류가 팽창되어 넘쳐흐르는 것.

6 다음 중 정전기의 발생을 방지하는 방법이 아닌 것은?

① 피뢰설비를 한다.

② 공기를 이온화한다.

③ 상대습도를 70% 이상으로 높인다.

④ 접지시설을 한다.

> **TIPS!**
>
> 피뢰설비는 낙뢰의 방지이다
>
> ※ **정전기에 의한 발화를 방지하기 위한 예방대책**
>
> ㉠ 정전기는 습도가 낮거나 압력이 높을 때 많이 발생하므로 상대습도를 70% 이상으로 유지
>
> ㉡ 정전기 발생이 예상되는 장소에 접지시설 설치
>
> ㉢ 실내공기 이온화로 정전기 발생예방
>
> ㉣ 전기의 저항이 큰 물질은 대전이 용이하므로 전도체 물질사용

Answer 5.④ 6.①

7 다음의 설명 중 바른 것은?

① 원유를 분별증류하면 끓는 점이 높은 휘발유 성분이 먼저 분리되고 하부쪽으로 갈수록 끓는 점이 낮은 등유, 경유, 중유 순으로 분리된다.

② 슬롭오버는 탱크의 벽면이 가열된 상태에서 포를 방출하는 경우 가열된 벽면부분에서 포가 열화되어 안정성이 저하된 상태에서 증발된 유류가스가 발포되어 있는 거품층을 뚫고 상승되어 유류가스에 불이 붙는 현상이다.

③ 보일오버는 서로다른 원유가 섞여있거나 중질유 탱크에서 오랜시간 연소하다가 탱크바닥 내 잔존기름이 물의 비등으로 탱크 밖으로 분출되는 현상이다.

④ 프로스오버는 유류 액표면이 온도가 물의 비점 이상으로 상승되고 소화용수 등이 뜨거운 액표면에 유입되게 되며 물이 수증기화 되면서 갑작스러운 부피 팽창에 의해 유류가 탱크 외부로 분출되는 현상이다.

> **TIPS!**
>
> 보일오버는 연소중인 탱크로부터 원유(또는 기타 특정 액체)가 방출되는 것을 말한다. 즉, 중질유 탱크에서 장시간 조용히 연소하다가 탱크 내 잔존기름이 갑자기 분출하는 현상이다
> ① 원유를 분별증류하면 끓는 점이 낮은 휘발유 성분이 먼저 분리되고 하부쪽으로 갈수록 끓는 점이 낮은 등유, 경유, 중유 순으로 분리된다
> ② 링파이어는 탱크의 벽면이 가열된 상태에서 포를 방출하는 경우 가열된 벽면부분에서 포가 열화되어 안정성이 저하된 상태에서 증발된 유류가스가 발포되어 있는 거품층을 뚫고 상승 되어 유류가스에 불이 붙는 현상이다
> ④ 슬롭오버는 유류 액표면이 온도가 물의 비점 이상으로 상승되고 소화용수 등이 뜨거운 액표면에 유입되게 되며 물이 수증기화 되면서 갑작스러운 부피 팽창에 의해 유류가 탱크 외부로 분출되는 현상이다

8 위험물의 성질과 상태를 구분(제1류~제6류)한 연결이 바르지 않은 것은? [기출]

① 2류 위험물 – 가연성 액체
② 3류 위험물 – 자연발화성 및 금수성 물질
③ 5류 위험물 – 자기반응성 물질
④ 6류 위험물 – 산화성 액체

> **TIPS!**
>
> 위험물 및 지정수량(제2조 및 제3조 관련 세부 기준)
> ㉠ 제1류 위험물 : 산화성고체
> ㉡ 제2류 위험물 : 가연성고체
> ㉢ 제3류 위험물 : 자연발화성 물질 및 금수성 물질
> ㉣ 제4류 위험물 : 인화성액체
> ㉤ 제5류 위험물 : 자기반응성 물질
> ㉥ 제6류 위험물 : 산화성액체

Answer 7.③ 8.①

9 연소란 가연성 물질이 공기 중에 있는 산소공급원과 급격한 반응을 일으켜 열과 빛을 내는 발열 산화반응에 의해 발생하는 열에너지의 도움으로 자발적인 연소반응이 지속되는 현상이다. 다음 중 연소의 3요소가 아닌 것은?

① 고체
② 조연성물질(공기)
③ 촉매
④ 활성화에너지

 TIPS!

가연물, 산소(O₂, 산소공급원), 점화원(열)을 연소의 3요소라 하며, 화학적 연쇄반응을 포함하여 연소의 4요소로 총칭된다.

10 다음의 보기의 빈 칸에 들어가기 적당한 말은?

> 연소란 열과 빛을 발생하는 급격한 (   )을 말한다. 일반적으로 연소가 지속되기 위해 연소의 4요소를 적용 하지만 (   )는 연소의 3요소만으로 연소가 진행된다.

① 연소현상 – 유염연소
② 산화반응현상 – 자기연소
③ 분해연소현상 – 표면연소
④ 산화반응현상 – 무염연소

TIPS!

연소는 가연물이 공기 중의 산소(O₂)등과 반응하여 열과 빛을 발생하면서 산화하는 현상을 말하며, 발열반응을 동반한다. 일반적인 연소는 연소의 4요소를 적용하지만 무염연소는 순조로운 연쇄반응을 일으키지 않아 연소의 3요소만으로 연소가 진행 된다

Answer 9.③ 10.④

11 연소를 촉진시키는 가연물의 구비조건에 대한 설명으로 바르지 않은 것은?

① 발생하는 열량이 클 것

② 비표면적이 작을 것

③ 활성화 에너지가 작을 것

④ 열전도율이 작을 것

> **TIPS!**
>
> 가연물의 구비조건
> ㉠ 화학반응을 일으킬 때 필요한 최소의 에너지(활성화에너지) 값이 작아야 한다.
> ㉡ 일반적으로 산화되기 쉬운 물질로서 산소와 결합할 때 발열량이 커야 한다.
> ㉢ 열의 축적이 용이하도록 열전도의 값이 적어야 한다.
> ※ 열전도율은 기체<액체<고체 순으로 커지며 연소순서는 열전도율 순서와 반대임
> ㉣ 지연성(조연성) 가스인 산소·염소와의 친화력이 강해야 한다.
> ㉤ 산소와 접촉할 수 있는 표면적이 큰 물질이어야 한다. (기체>액체>고체)
> ㉥ 연쇄반응을 일으킬 수 있는 물질이어야 한다.

12 자연발화를 방지하는 방법에 대한 설명으로 바르지 않은 것은?

① 저장실의 온도를 낮게 유지한다.

② 발열 반응을 일으키는 정촉매 물질을 피한다.

③ 습도가 높은 곳에 물질을 저장해야 한다.

④ 열이 있는 실내에 공기유통을 잘 되게 해서 열을 분산시킨다.

> **TIPS!**
>
> 자연발화를 방지하기 위한 예방대책으로는 ㉠ 습도의 상승 억제, ㉡ 바람이 잘 통하는 구조로 하여 공기의 유통을 잘 시킴, ㉢ 발열 반응을 일으키는 촉매 물질을 피하고, ㉣ 열이 축적되지 않도록 분산시키고 저장실 주위온도를 낮추는 방법이 있다.

Answer 11.② 12.③

13 기체연소의 분류에 포함되지 않는 것은?

① 확산연소
② 폭발연소
③ 예혼합연소
④ 자기연소

> **TIPS!**
>
> 기체연소는 가연성 기체가 공기와 결합하여 연소범위에 들어가면서 연소가 시작되는 연소형태이다. 기체연소의 가장 큰 특징은 연소 시 폭굉이나 폭발을 수반하며, ㉠ 폭발연소 · ㉡ 확산연소 · ㉢ 예혼합연소로 구분한다.

14 고체물질이 연소할 때 특징으로 바르게 되지 않은 것은?

① 분해연소 – 종이, 석탄
② 자기연소 – 마그네슘
③ 증발연소 – 파라핀
④ 표면연소 – 목탄, 코크스

> **TIPS!**
>
> **고체연소** … 상온에서 고체 상태로 존재하는 고체 가연물질의 연소형태는 ㉠ 증발연소, ㉡ 표면연소, ㉢ 분해연소, ㉣ 자기연소로 구분한다.
> ㉠ **증발연소** : 파라핀(양초), 나프탈렌($C_{10}H_8$), 황(S) 등
> ㉡ **표면연소**(직접연소, 무염연소) : 목탄, 코우크스, 금속 등
> ㉢ **분해연소** : 목재 · 석탄 · 종이 · 섬유 · 프라스틱 · 합성수지 등
> ㉣ **자기연소**(내부연소) : 내부연소라고도하며, 폭발성 물질인 제5류 위험물인 트리니트로톨루엔(TNT), 니트로글리세린(NG), 트리니트로페놀(TNP), 니트로셀룰로오스(NC) 등

15 중유 등 중질유가 미립화(분무)함으로써 증발표면적을 증가시켜 연소하는 현상은 어디에 해당하는가?

① 분해연소
② 분무연소
③ 확산연소
④ 예합연소

> **TIPS!**
>
> ㉠ **분무연소**(액적연소) : 점도가 높고 비휘발성인 액체의 점도를 낮추어 버너를 이용하여 액체의 입자를 안개상태로 분출하여 표면적을 넓게 함으로서 공기와의 접촉면을 많게 하여 연소시키는 형태를 말하며, 액적연소라고도 한다.
> ㉡ **증발연소**(액면연소) : 가장 일반적인 연소형태로 액체 가연물질이 액체 표면에 발생한 가연성 증기와 공기가 혼합된 상태에서 연소가 되는 형태를 말한다. 화염에서 복사나 대류에 의해 액체표면에 열이 전파되면서 증발이 일어나 액면의 상부에서 발생된 증기가 공기와 접촉에 의해 연소되는 것이 원리이다. 에테르, 이황화탄소, 알코올류, 아세톤, 석유류 등이 예다.

Answer   13.④   14.②   15.②

16 다음 중 점화에너지와 접촉할 때 연소를 시작할 수 있은 최저온도는?

① 인화점

③ 발화점

③ 연소점

④ 착화점

> **TIPS!**
> 인화점은 연소범위에서 외부의 직접적인 점화원에 의하여 인화(불이 붙을 수 있는)될 수 있는 최저 온도를 말한다.

17 점화원에너지에 따른 연소의 분류 중 발화점의 설명으로 바른 것은?

① 물질이 외부의 점화원이 접촉이 없어도 연소를 시작할 수 있는 최저온도이다.

② 물질이 외부 점화원과 접촉하면 연소를 시작할 수 있는 최저온도이다.

③ 인화점 이후 점화원을 제거해도 지속적인 연소작용을 일으키는 최저온도이다.

④ 물질이 내부의 점화원 접촉 없이 연소를 시작할 수 있는 최저온도이다.

> **TIPS!**
> 발화점은 직접적인 점화원이 없이 가열된 열의 축적에 의하여 발화가 되고 연소가 시작되는 최저온도, 즉 점화원이 없이 스스로 불이 붙을 수 있는 최저온도를 말한다.

18 다음 중 가연물이 연소할 때 낮은 온도에서 높은 온도의 순서로 바른 것은?

① 연소점 – 발화점 – 인화점

② 발화점 – 연소점 – 인화점

③ 인화점 – 발화점 – 연소점

④ 인화점 – 연소점 – 발화점

> **TIPS!**
> 인화점 < 연소점 < 발화점 순으로 연소온도가 높아진다.

Answer 16.① 17.① 18.④

19 다음 중 가연성 가스의 발화점에 영향을 주는 요인이 아닌 것은?

① 가연성가스의 비중
② 가열시간
③ 발화원의 종류
④ 가연성가스와 공기의 혼합비

> **TIPS!**
>
> 발화점에 영향을 미치는 요인
> ㉠ 가연성가스와 공기의 조성비
> ㉡ 가열속도와 가열시간
> ㉢ 발화를 일으키는 공간의 형태와 크기
> ㉣ 발화원의 재질과 가열방식
> *가연성 가스는 무겁기도 하고 가볍기도 하다. 따라서 가연성가스의 비중은 발화점에 영향을 주지 않는다

20 최소발화에너지에 영향을 주는 인자에 대한 설명으로 바르지 않은 것은?

① 온도가 높으면 분자운동이 활발해져서 연소할 때 필요한 발화에너지가 적어진다.
② 압력이 높아지면 분자간 거리가 가까워져서 발화에너지가 적어진다.
③ 물질 내 열전도율이 적으면 열 축적이 용이하여 발화에너지가 적어진다.
④ 가연성 가스의 농도가 연소범위보다 낮아지면 발화에너지가 적어진다.

> **TIPS!**
>
> **최소발화에너지** … 가연성 혼합가스와 공기중에 분산된 폭발성 분진을 발화시키는데 필요한 최소한의 에너지를 최소 발화에너지라 한다. 온도, 압력 및 농도가 높아지면 작아진다.

21 다음 중 물질이 연소할 때 온도에 따른 색깔로 바르지 않은 것은?

① 암적색 : 700℃
② 적색 : 850℃
③ 황적색 : 1,100℃
④ 휘백색 : 1,300℃

> **TIPS!**
>
> | 불꽃의 온도(℃) | 불꽃의 색깔 | 불꽃의 온도(℃) | 불꽃의 색깔 |
> |---|---|---|---|
> | 500℃ | 담암적색 | 1,000℃ | 주황색 |
> | 700℃ | 암적색 | 1,050℃ | 황색 |
> | 750℃ | 진홍색 | 1,100℃ | 황적색 |
> | 850℃ | 적색 | 1,300℃ | 백적색 |
> | 950℃ | 휘적색 | 1,500℃ | 휘백색 |

Answer 19.① 20.④ 21.④

22 고체, 액체, 기체의 물질 중에서 가연성 액체의 위험도 기준은 무엇인가?

① 연소점
② 연소범위
③ 인화점
④ 발화점

> **TIPS!**
> 가연성액체의 기준 : 인화점

23 프로판가스가 완전 연소할 때 화학식이 변화하는 과정으로 $C_2H_8 + XO_2 \rightarrow 3CO_2 + 4H_2O$이다. 여기서 X 의 값은 얼마인가?

① 1
② 2
③ 4
④ 5

> **TIPS!**
> 탄화수소계 가연성가스의 완전연소식
>
> * 탄화수소계 가연성가스 연소방정식 : $CmHn + (m + \frac{n}{4})O_2 \rightarrow mCO_2 + \frac{n}{2}H_2O$
>
> 프로판(C_3H_8) : $C_3H_8 + 5O_2 \rightarrow 3CO_2 + 4H_2O + 530.60kcal$

24 프로판 1몰이 완전연소하기 위하여 필요한 최소산소농도(MOC)는 몇 %인가?

① 4.5%
② 10.5%
③ 12.5%
④ 46.5%

> **TIPS!**
> $2.1 \times 5 = 10.5\%$
> ㉠ 프로판(C_3H_8) 완전 연소식 : $C_3H_8 + 5O_2 \rightarrow 3CO_2 + 4H_2O + 530.60kcal$
> ㉡ 프로판의 연소범위 : $2.1 \sim 9.5$

Answer 22.③ 23.④ 24.②

25 물질이 연소할 때 발생하는 산화반응과 환원반응을 바르게 설명한 것은?

① 전자를 얻는 것을 산화, 전자를 잃은 것을 환원이라 한다.

② 산화점수가 감소하는 변화를 산화라고 한다.

③ 산화제는 자신은 산화되고 다른 물질을 환원시킨다.

④ 수소를 잃는 변화도 산화반응이다.

> **TIPS!**
>
> ㉠ 산화반응 : 원자의 산화수가 달라지는 화학 반응으로 화학 반응에서 어떤 반응물에 의해 전자를 잃는 반응. 대부분의 생물학적 산화 반응은 수소 원자 한 쌍이 떨어져 나가거나 산소와 결합할 때 일어난다. 즉, '산화(Oxidation)'는 분자, 원자 또는 이온이 산소를 얻거나 수소 또는 전자를'잃는' 것을 말한다.
>
> ㉡ 환원반응 : 원자의 산화수가 달라지는 화학 반응으로 산화환원반응은 산소 원자, 수소 원자 또는 전자의 이동과 관련된 모든 반응을 말한다. 즉, '환원(Reduction)'은 분자, 원자 또는 이온이 산소를 잃거나 수소 또는 전자를 '얻는' 것을 말한다.

26 다음 보기의 내용에 있는 괄호 안에 들어갈 단어를 바르게 나열한 것은?

제1석유류인 가솔린은 인하점이 섭씨 −43° ~ −20°로써 전기 (　　)이며 (　)결합으로 인해서 500ml 비커에 20ml의 가솔린을 넣은 후 담뱃불을 던져도 (　　　　　)

---

① 도체, 공유, 연소한다.

② 도체, 이온, 연소한다.

③ 부도체, 공유, 연소하지 않는다.

④ 부도체, 이온, 연소하지 않는다.

> **TIPS!**
>
> 제1석유류인 가솔린은 인하점이 섭씨 −43° ~ −20°로서 전기 부도체이며 공유결합으로 인해서 500ml 비커에 20ml의 가솔린을 넣은 후 담뱃불을 던져도 연소하지 않는다.
>
> *담뱃불은 프로판가스에도 연소되지 않는다. 이는 담뱃불의 불씨가 붙어있는 면적이 작기 때문이다.
>
> *이온결합 : 양이온과 음이온 사이의 정전기적 인력에 의한 화학 결합을 이온 결합이라고 하고, 이온 결합으로 이루어진 화합물을 이온 결합 화합물이라고 한다.

Answer 25.④ 26.③

27 질소가 함유된 물질이 연소할 때 발생되는 물질로서 피 속의 헤모글로빈과 결합하지 않고도 인체의 산소 이동을 막을 수 있는 연소생성물은 무엇인가?

① 시안화수소

② 염화수소

③ 암모니아

④ 일산화탄소

TIPS!

시안화수소(HCN) … 제4위험물 1석유류에 해당되며, 일명 청산가스라고도 불리어지는 맹독성 가스로, 나일론·합성수지·동물의 털·인조견·플라스틱 등이 연소하면서 생성되며 사람이 흡입하면 질식사 한다. 즉 흡입 시 신체의 에너지 대사를 저해하는 질식제로 작용하며, 0.3%의 농도에서 즉시 사망할 수 있다. 피 속의 헤모글로빈과 결합하지 않고도 인체의 산소 이동을 막는다.

28 질소가 함유된 물질이 연소하면 독성이 강한 가스가 생성되는데 이 가연성 가스는 인체와 접촉하면 자극이 심하다. 냉동시설의 냉매로도 쓰이는 이 물질은 무엇인가?

① 이산화탄소

② 포스겐

③ 아크롤레린

④ 암모니아

TIPS!

암모니아(NH_3) … 실크·나이론·아크릴 플라스틱·나무 등 질소함유물이 연소할 때 생성되는 강한 자극성(악취)을 가진 유독성의 무색의 기체다. 눈과 코 등에 노출되면 자극이 크며, 냉동시설의 냉매로 많이 사용되고 있어 냉동창고 화재 시 주의를 요한다.

Answer 27.① 28.④

29 다음 중 독성 연소가스에 대한 설명이다. 바르지 않은 것은?

① 이황산가스 : 털, 고무, 일부 나무가 탈 때 발생하는 무색의 가스로서 눈, 코, 호흡기 계통에 접촉할 경우 심한 자극을 준다

② 암모니아 : 질소함유물인 수지류, 나무 등이 탈 때 악취가 나는 무색기체로서 발생시 눈, 코, 폐에 자극이 크다

③ 황화수소 : 건축물내의 전선절연재 및 배관재료 등이 탈 때 악취가 나는 무색기체이다

④ 시안화수소 : 대량 흡입하면 전신경련, 호흡정지, 심박동정지를 일으키며 사망할 수 있고 동물 털의 불완전연소 시 또는 인조견 등의 직물류, 목재, 종이 특히 폴리우레탄 등이 탈 때 발생된다.

> **TIPS!**
> ㉠ 황화수소(H_2S) : 일명 유화수소라고도 불리어지며, 고무제품이나 원유 등이 불완전 연소할 때 생성되는 무색의 유독성가스로 계란 썩은 냄새가 난다.
> ㉡ 염화수소 : 건축물내의 전선절연재 및 배관재료 등이 탈 때 악취가 나는 공기보다 무거운 무색의 기체이다

30 다음 중 아세아틸렌(2.5 ~ 81)의 위험도로 바른 것은?

① 31.4

② 32.4

③ 35.4

④ 35.7

> **TIPS!**
> 위험도 구하는 계산 방식
> U = Upper limit(상한계) / L = Lower limit(하한계)
> 아세틸렌 : $\dfrac{상한계}{하한계} = \dfrac{U(81) - L(2.5)}{L(2.5)} = 31.4$(위험도)
> *U : 상한계, L : 하한계
> ※ 주요 가연성증기의 연소범위는 아래 표와 같다.

기체(증기)	연소범위(vol%)	기체(증기)	연소범위((vol%)
이황화탄소	1.2 ~ 44(42.8)	메탄	5.0 ~ 15(10)
벤젠	1.4 ~ 7.1(5.7)	수소	4.1 ~ 75(70.9)
휘발유	1.4 ~ 7.6(6.2)	일산화탄소	12.5 ~ 75(62.5)
에틸에테르	1.7 ~ 48(46.3)	시안화수소	12.8 ~ 27(14.2)
아세톤	2 ~ 13(11)	암모니아	15.7 ~ 27.4(11.7)
산화프로필렌	2 ~ 22(20)	메틸알코올	7 ~ 37(30)
아세틸렌	2.5 ~ 81(78.5)	아세트알데히드	4.0 ~ 57(53)
에틸렌	3.0 ~ 33.5(30.5)	황화수소	4.3 ~ 45(40.7)
부탄	1.8 ~ 8.4(6.6)	디에틸에테르	1.9 ~ 48(46.1)
프로판	2.1 ~ 9.5(7.4)	에탄	3.0 ~ 12.5(9.5)

주) 연소범위의 ( )숫자는 상한계·하한계의 폭을 의미하며, 숫자가 클수록 위험성이 크다

Answer 29.③ 30.①

31 이산화탄소의 분자량은 44이다. 다음 중 이산화탄소의 비중은 얼마인가?

① 1

② 1.5

③ 2

④ 2.5

> **TIPS!**
>
> 증기밀도(기체의 무게) 계산법
>
> $$증기밀도(비중) = \frac{분자량}{29} = \frac{증기(기체)분자량}{공기분자량}$$
>
> 이산화탄소의 분자량 $= 1.52$
>
> *이산화탄소는 공기보다 1.5배 무겁다(공기의 분자량=1)

32 25℃(상온)에서 증기압이 76mmHg이고 증기밀도가 2인 인화성 액체가 있다. 증기-공기밀도는 얼마인가? (단, 대기압은 760mmHg이다)

① 0.5

② 1

③ 1.1

④ 1.2

> **TIPS!**
>
> 증기-공기밀도 계산 방식
>
> $$비중(공기-증기밀도) = \frac{Pv X d}{P} + \frac{P - Pv}{P} = \frac{증기압 X 증기밀도}{전압(대기압)} + \frac{전압 - 증기압}{전압(대기압)}$$
>
> 따라서, $\frac{76 X 2}{760} + \frac{760 - 76}{760} = 1.1$

33 굴뚝효과 발생에 영향을 주는 요소로 바르지 않은 것은?

① 층의 높이

② 층의 면적

③ 화재실의 온도

④ 건축물 내·외의 온도 차

> **TIPS!**
>
> 굴뚝(stack effect)효과에 영향을 주는 인자
>
> ㉠ 화재구획실의 온도
>
> ㉡ 화재발생 건축물의 높이
>
> ㉢ 건축물 외벽의 기밀도
>
> ㉣ 건축물 내부와 외부의 온도차이

Answer 31.② 32.③ 33.②

34 연기에 의한 감광계수 0.3, 가시거리 5m일 때 설명으로 바른 것은?

① 어두침침한 것을 느낄 수 있는 정도
② 건물내부에 익숙한 사람이 피난시 약간의 지장을 느낄 정도
③ 최성기 때의 농도
④ 앞이 거의 보이지 않는 단계

> **TIPS!**

감광계수(연기농도)	가시거리(m)	상황
0.1	20 ~ 30	연기감지기가 작동할 정도
0.3	5	건물 내부에 익숙한 사람이 피난시 약간의 지장을 느낄 정도
0.5	3	어두침침한 것을 느낄 정도의 농도
1.0	1 ~ 2	거의 앞이 보이지 않을 정도
10	0.2 ~ 0.5	화재 최성기 때의 농도로 유도등이 보이지 않는 경우
30	–	출화실에서 연기가 분출될 때의 농도

35 공기 중 가연불의 상한계와 하한계 범위가 큰 순서로 바른 것은? [기출]

① 아세틸렌 > 수소 > 이황화탄소 > 에틸렌
② 아세틸렌 > 이황화탄소 > 수소 > 에틸렌
③ 아세틸렌 > 이황화탄소 > 에틸렌 > 수소
④ 아세틸렌 > 에틸렌 > 이황화탄소 > 수소

> **TIPS!**

기체(증기)	연소범위(vol%)	기체(증기)	연소범위((vol%)
이황화탄소	1.2 ~ 44(42.8)	메탄	5.0 ~ 15(10)
벤젠	1.4 ~ 7.1(5.7)	수소	4.1 ~ 75(70.9)
휘발유	1.4 ~ 7.6(6.2)	일산화탄소	12.5 ~ 75(62.5)
에틸에테르	1.7 ~ 48(46.3)	시안화수소	12.8 ~ 27(14.2)
아세톤	2 ~ 13(11)	암모니아	15.7 ~ 27.4(11.7)
산화프로필렌	2 ~ 22(20)	메틸알코올	7 ~ 37(30)
아세틸렌	2.5 ~ 81(79.5)	아세트알데히드	4.0 ~ 57(53)
에틸렌	3.0 ~ 33.5(30.5)	황화수소	4.3 ~ 45(40.7)
부탄	1.8 ~ 8.4(6.6)	디에틸에테르	1.9 ~ 48(46.1)
프로판	2.1 ~ 9.5(7.4)	에탄	3.0 ~ 12.5(9.5)

Answer 34.② 35.①

36 다음 중 가스의 연소범위에 대한 설명으로 바르지 않은 것은?

① 가연성 기체의 혼합비율의 범위이다.

② 공기 중 연소할 때 필요한 혼합가스의 농도이다.

③ 기체는 항상 압력이 높을 때 연소의 범위가 넓어진다.

④ 연소범위는 압력의 변화에 따라 차이가 있는 연소가스도 있다.

> **TIPS!**
>
> 연소범위란 공기 중 산소와 가연성증기가 혼합 상태에서의 증기부피를 말한다.
> *CO의 연소범위는 압력이 증가하면 연소의 범위가 좁아진다.

37 다음 중 가스의 연소범위에 따른 위험성을 설명한 것으로 바르지 않은 것은?

① 연소범위의 상한계 값이 높을수록 위험성은 증가한다.

② 연소범위의 하한계 값이 높을수록 위험성은 증가한다.

③ 연소의 범위가 넓을수록 화재 위험성은 증가한다.

④ 연소의 범위에 따른 위험도가 높아지면 화재의 위험성은 낮아진다.

> **TIPS!**
>
> 연소의 범위에 따른 위험도가 높아지면 화재의 위험성은 높아진다.
>
> ※ **연소범위**
> ㉠ 보통 가스압력이 높아지면 하한계 값은 큰 변화가 없으나 상한계 값은 커진다.
> ㉡ 연소 범위는 온도와 압력이 상승하면 범위가 넓어져 위험성은 증가한다.
> ㉢ 압력이 낮아지면 연소범위는 좁아진다.
> ㉣ 위험성은 연소범위의 상한계 값이 높을수록 커진다.
> ㉤ 위험성은 연소범위의 하한계 값이 작을수록 커진다.
> ㉥ 주변의 온도는 가연성증기의 연소범위에 영향을 미친다.
> ㉦ 연소범위는 대기압(1기압)이상으로 압력을 증가시키면 넓어진다.

Answer 36.③ 37.④

38 다음 중 가스의 종류에 따라 연소범위에 대한 설명으로 바르지 않은 것은?

① 일산화탄소(CO) : 12.5 ~ 75

② 프로판(C_3H_8) : 2.1 ~ 9.5

③ 메탄(CH_4) : 5 ~ 15

④ 에틸에테르(C_2H_5) : 3.0 ~ 12.5

> **TIPS!** ⋯⋯⋯⋯⋯⋯⋯⋯⋯⋯⋯⋯⋯⋯⋯⋯⋯⋯⋯⋯⋯⋯⋯⋯⋯⋯⋯⋯⋯⋯⋯⋯⋯⋯⋯⋯⋯⋯⋯
> 에틸에테르(C_2H_5) : 1.7 ~ 48(46.3)

39 건물화재 시 실내와 실외 정압이 같아지는 경계면이 형성되는 면은?

① 중심대

② 중성대

③ 삼중점

④ 안전대

> **TIPS!** ⋯⋯⋯⋯⋯⋯⋯⋯⋯⋯⋯⋯⋯⋯⋯⋯⋯⋯⋯⋯⋯⋯⋯⋯⋯⋯⋯⋯⋯⋯⋯⋯⋯⋯⋯⋯⋯⋯⋯
> 중성대는 건축물 내부의 압력이 외부의 압력과 일치하는 수직적인 위치를 말한다.

40 일반적으로 수직향으로 이동하는 연기의 유동 및 확산속도로 바른 것은?

① 0.5 ~ 1m/sec

② 1 ~ 2m/sec

③ 2 ~ 3m/sec

④ 3 ~ 4m/sec

> **TIPS!** ⋯⋯⋯⋯⋯⋯⋯⋯⋯⋯⋯⋯⋯⋯⋯⋯⋯⋯⋯⋯⋯⋯⋯⋯⋯⋯⋯⋯⋯⋯⋯⋯⋯⋯⋯⋯⋯⋯⋯
> 연기의 유동 속도
> ㉠ **수평방향** : 0.5 ~ 1m/sec
> ㉡ **수직방향** : 2 ~ 3m/sec
> ㉢ **실내계단** : 3 ~ 5m/sec

> **Answer**   38.④   39.②   40.③

41 다음 중 연기의 이동에 대한 설명으로 바르지 않은 것은?

① 연기는 공기보다 고온이기 때문에 보통은 천장면의 하면을 따라 순방향으로 이동한다.

② 외기가 건축물 내부의 공기보다 따뜻할 때는 건축물 내부에서 하향으로 공기가 이동하면 이러한 하향 공기의 흐름을 역굴뚝효과라 한다.

③ 저층건물에서는 굴뚝효과에 의하여 연기는 상승하고 고층건물에서는 열, 대류이동, 화재압력과 같은 영향 및 바람의 영향으로 통로 등에 따라 연기 이동을 일으키는 원인이 된다.

④ 연기의 유동속도는 수평일 때 0.5 ~ 1m/sec이다.

> **◆ TIPS!** ··
>
> 연기의 유동 속도 : 수평방향 : 0.5 ~ 1m/sec
> ※ **건물내의 연기 유동**
>   ⑦ 저층 건물과 고층 건물에서의 연기유동
>   ⊙ **저층건물** : 열, 대류이동, 화재압력이 유동 원인
>   ⊙ **고층건물** : 굴뚝효과, 건물내부와 외부공기 사이의 온도·밀도차이가 유동 원인으로 작용
>   ④ 고층 건물에서 연기유동을 일으키는 요인
>   ⊙ **온도에 의한 가스의 팽창** : 화재로 인한 대류현상(부력현상)
>   ⊙ 굴뚝효과
>   ⊙ 외부 풍압의 영향
>   ⊙ 건물 내에서의 강제적인 공기유동 등→공기조화설비, 환기설비
>   ⊙ 중성대
>   ⊙ 건물구조

42 체육관과 같이 천장이 높은 건물은 화재초기에 연기가 천정까지 상승하지 못하여 천장에 연기감지기를 설치하여도 화재감지가 어렵다. 이처럼 연기가 잘 상승하지 않는 현상의 이유와 관련이 있는 현상은?

① 열전도

② 열대류

③ 열복사

④ 열비화

> **◆ TIPS!** ··
>
> 화재 초기시 연기가 상승하지 못하는 이유는 열대류가 활발하지 못해서이다. 초기화재시 화재감지기가 잘 작동하지 못하는 이유이다.

Answer   41.③   42.②

43 용기 내부에 불활성가스를 압입하여 외부 폭발성 가스의 침입을 방지하고 점화원과 폭발성 가스를 격리하는 전기설비의 구조로 바른 것은?

① 안전증가 방폭구조
② 압력 방폭구조
③ 내압 방폭구조
④ 유입 방폭구조

> **TIPS!**
>
> ○ **내압 방폭 구조**: 용기 내부에서 폭발성 가스 또는 증기가 폭발하였을 때 용기가 그 압력에 견디며 또한 접합면 개구부등을 통해서 외부의 폭발성 가스증기에 인화되지 않도록 한 구조
>
> ○ **압력 방폭 구조**: 용기 내부의 압력을 외부 압력보다 높게 유지하여 내부에 가연성 가스 또는 증기가 유입되지 못하도록 보호하는 방폭 구조로 용기 내부에는 불활성가스를 압입하여 외부 폭발성 가스의 침입을 방지하고 점화원과 폭발성 가스를 격리하는 구조
>
> ○ **안전증가 방폭 구조**: 정상운전 중에 폭발성 가스 또는 증기에 점화원이 될 전기불꽃 아크 또는 고온 부분 등의 발생을 방지하기 위하여 기계적, 전기적 구조상 또는 온도상승에 대해서 특히 안전도를 증가시킨 구조
>
> ○ **비점화 방폭 구조**: 정상 동작상태에서 주변의 폭발성 가스 또는 증기에 점화시키지 않고, 점화시킬 수 있는 고장이 유발되지 않도록 한 구조
>
> ○ **본질 안전 방폭 구조**: 폭발 분위기에 노출되어 있는 기계 기구내의 전기에너지 권선 상호접속에 의한 전기불꽃 또는 열영향을 점화에너지 이하의 수준까지 제한하는 것을 기반으로 하는 방폭 구조
>
> ○ **분진 방폭 구조**: 전폐 구조로서 틈새 깊이를 일정치 이상으로 하거나 또는 접합면에 패킹을 사용하여 분진이 용기 내부로 침입하기 어렵게 한 구조
>
> ○ **유입방폭구조**: 가스·증기에 대한 전기기기 방폭구조의 한 형식으로 용기내의 전기 불꽃을 발생하는 부분을 유(油)중에 내장시켜 유면상 및 용기의 외부에 존재하는 폭발성 분위기에 점화할 염려가 없게 한 방폭 구조를 말한다.

44 다음 중 화학적 폭발과 물리적 폭발로 분류하였을 때 분류가 다른 하나는?

① 가스폭발
② 분무폭발
③ 분진폭발
④ 수증기폭발

> **TIPS!**
>
> 수증기 폭발은 물이 수증기로 급격히 상이 전이함으로써 일어나는 폭발이다. 해저 화산이 분화할 때 일어나는 수중폭발, 배가 침몰할 때 보일러가 바닷물에 닿아 일어나는 폭발이 이런 원리로 일어난다.
>
> ※ 화학적 폭발 중 산화폭발
> ○ 가스폭발
> ○ 분무폭발
> ○ 분진폭발

45 다음 중 응상폭발 하는 가연성 물질을 분류한 것으로 바르지 않은 것은?

① 증기폭발
② 혼합가스폭발
③ 폭발성 화합물의 폭발
④ 혼합위험성 물질에 의한 폭발

TIPS!

폭발물질의 물리 상태에 따라 기상폭발과 응상폭발로 나눈다.
기상폭발의 대표적 예는 가스 폭발이고 응상폭발의 대표적 예는 수증기 폭발이 있다
㉠ **기상폭발**[gas explosion] : 폭발을 일으키기 이전의 물질 상태가 기상(氣相)인 경우의 폭발을 말한다. 이러한 종류로는 혼합가스폭발, 가스분해 또는 분진폭발이 있다.
㉡ **응상폭발**(액상폭발과 응상폭발) : 용융 금속과 같은 고온물질을 물속에 투입되었을 때 고온의 열이 저온의 물에 짧은 시간에 전달되면 일시적으로 물은 과열상태로 되고 급격하게 비등하여 폭발이 일어나는 현상을 말한다. 수증기폭발이 대표적이고 그 외에 증기폭발, 전선폭발이 있다.

46 과열상태 탱크내부의 액화가스가 분출 착화되었을 때 폭발하는 현상은?

① 블래비현상
② 플래시오버
③ 백드래프트
④ 슬롭오버

TIPS!

블래비(BLEVE) **현상** … 과열된 탱크에서 내부의 액체가스가 기화하여 팽창하면서 폭발하는 현상으로, 일명 끓는 액체 팽창증기 폭발(Boiling Liquid Expanding Vapor Explosion)이라 불리 운다.

Answer 45.② 46.①

47 다음 중 BLEVE 현상이 발생하기 전으로 바르지 않은 것은?

① 가스 저장탱크 화재 발생 시 저장탱크가 가열되어 탱크 내 액체부분은 급격히 증발하고 가스부분은 온도상승과 비례하여 탱크 내 압력의 급격한 상승을 초래하게 된다

② 탱크가 계속 가열되면 용기 강도는 저하되고 내부 압력은 상승하여 어느 시점이 되면 저장탱크의 설계압력을 초과하게 되고 탱크가 파괴되어 급격한 폭발현상을 일으킨다

③ 저장탱크 내에서 유출된 가연성 가스가 대기 중에 공기와 혼합하여 구름을 형성하는데 거기에 점화원이 다가가면 폭발하는 현상이다

④ 인화성 액체탱크가 가열되어 폭발하기 전에 또한 10분 경과하기 전에 냉각조치를 하지 않으면 폭발이 발생할 수 있다

 TIPS!

증기운 폭발 … 저장탱크 내에서 유출된 가연성 가스가 대기중에 공기와 혼합하여 구름을 형성하는데 거기에 점화원이 다가가면 폭발하는 현상이다

48 다음 중 블래비 현상에 대한 설명으로 바른 것은?

① 가열된 용기의 증기가 떠돌아 다니면서 점화원과 접촉하여 폭발하는 현상

② 유류저장탱크 화재시 물분무나 포를 방사했을 때 표면에서 유류가 소화용수와 함께 튀어 오르는 현상

③ 화재시 탱크의 내부 액화가스가 탱크의 안전장치 압력 완화율을 초과되어 물리적 폭발이 일어나고 그 폭발물이 화염에 착화되어 순간적으로 화학적 폭발로 이어지는 현상

④ 유류탱크의 화재시 액면에 열유층이 생성되어 이 열이 서서히 탱크바닥으로 도달했을 때 물과 기름의 에멀션이 부피팽창을 하면서 기화되고 탱크의 유류가 갑자기 밖으로 분출하여 화재를 확대 시키는 현상

⑤ 고점도 유류저장탱크 속에 물이 함께 들어가 있으면 화재발생시 고열에 의하여 물이 갑자기 수증기화 되면서 탱크 내 일부 내용물을 넘치게 하는 현상

TIPS!

㉠ **증기운폭발** : 가열 탱크 내 일된 용기의 증기가 떠돌아 다니면서 점화원과 접촉하여 폭발하는 현상

㉡ **슬롭오버** : 유류저장탱크 화재시 물분무나 포를 방사했을 때 표면에서 유류가 소화용수와 함께 튀어 오르는 현상

㉢ **보일오버** : 유류탱크의 화재시 액면에 열유층이 생성되어 이 열이 서서히 탱크바닥으로 도달했을 때 물과 기름의 에멀션이 부피팽창을 하면서 기화되고 탱크의 유류가 갑자기 밖으로 분출하여 화재를 확대 시키는 현상

㉣ **프로스오버** : 고점도 유류저장탱크 속에 물이 함께 들어가 있으면 화재발생시 고열에 의하여 물이 갑자기 수증기화 되면서부 내용물을 넘치게 하는 현상

Answer 47.③ 48.③

49 다음 중 백드래프트의 정의와 징후에 관한 설명으로 바르지 않은 것은?

① 연기는 문틈으로 내부에서 밖으로 향했다가 안으로 빨아 들어가기도 한다.

② 실내 상부쪽으로 고온의 기체가 축적되고 온도가 높아져 기체가 팽창한다.

③ 산소가 부족한 건물 내에 산소가 새로 유입될 때 고열가스의 폭발현상이다.

④ 불완전한 연소상태인 화재 중기에만 일어나는 연소확대현상이다.

TIPS! ···○

불완전한 연소상태인 화재 중기에만 일어나는 연소확대 현상은 플래시오버에 해당한다. 백트래프트는 중기 이후 주로 말기에서 일어나는 현상이며 역화 현상이라고도 한다.

50 다음 중 백드래프트 발생에 대한 설명으로 바르지 않은 것은?

① 화재로 인하여 실내 상부쪽으로 고온의 가체가 축적되고 온도가 높아짐에 따라 기체가 팽창하고 연소에 필요한 산소가 불충분한 상태이어야 한다.

② 열의 집적과 적절하게 배연되지 않는 상태에서 불완전 연소된 가연성 가스가 인화점 미만의 상태이어야 한다.

③ 갑자기 산소가 새로 유입될 때 화염이 폭풍을 동반하며 충격파의 생성으로 구조물을 파괴할 수 있다.

④ 산소가 결핍된 실내에 소방관이 소화활동이나 구조활동 중에 문을 갑자기 개방함으로써 외부의 신선한 공기 유입으로 발생한다.

TIPS! ···○

백드래프트(Backdraft) 현상
밀폐된 건축물 내에서 화재가 발생하였을 경우 화재의 성장(진행)과정은 내부에 잔존하던 산소(O_2)가 연소과정에서 소진되어 화재는 훈소상태 또는 잠복기를 거치게 된다. 이때 개구부를 개방하는 경우 외부에서 다량의 산소(O_2)가 유입될 때 순간적으로 폭발적인 발화현상이 발생하는 현상을 말한다. 산소가 공급된 역방향으로 화염이 분출한다하여 역화 또는 역류성 폭발이라고도 한다.

51 다음 중 백트래프트가 발생하기 전 잠재적 징후로 바르지 않은 것은?

① 짙은 황회색으로 변하는 검은 연기   ② 연기로 얼룩진 창문

③ 과도한 열의 축적   ④ 개구부를 통해 분출되는 화염

> **TIPS!**
>
> 백드래프트 현상의 징후(전조현상)
> ㉠ 닫힌 문 주위에서 나오는 무거운 검은 연기 관찰
> ㉡ 개구부(출입문, 창문 등) 틈새로 연기가 건물 내로 되돌아오거나 맴도는 현상 관찰
> ㉢ 창문에 농연 응축물(검은색 액체)이 흘러내리거나 얼룩이 진 자국이 관찰
> ㉣ 휘파람 소리 또는 진동이 발생되는 현상
> ㉤ 짙은 황회색으로 변하는 검은 연기

52 다음 중 백드래프트 현상이라 보기 어려운 것은?

① 연소현상은 훈소상태   ② 연소확대 요인은 축적된 복사열

③ 폭발 현상으로 충격파 발생   ④ 산소가 부족한 상태에서 발생

> **TIPS!**
>
> 축적된 복사열은 플래시오버 현상이다.

53 다음 중 분진폭발 일으키는 물질이라 보기 어려운 것은?

① 알루미늄   ② 시멘트분

③ 유황분   ④ 석탄분

> **TIPS!**
>
> 분진폭발 … 가연성고체의 미분이 공기 중에 부유하고 있을 때 발화원에 의하여 착화됨으로서 연소·폭발하는 현상을 말한다.
> ※ 폭발성분진의 종류
>   ㉠ 아연, 마그네슘, 알루미늄, 철 등 금속류
>   ㉡ 코크스, 목탄, 석탄, 활성탄 등 탄소제품
>   ㉢ 후춧가루, 담배가루 등 농산가공품과 설탕, 전분, 밀가루, 분유 등 식료품
>   ㉣ 목분, 리그닌분, 종이가루 등 목질류와 합성세제 등의 합성약품류

Answer   51.④   52.②   53.②

54 다음 중 분진 폭발에 대한 설명으로 바르지 않은 것은?

① 가스폭발에 비해 발생에너지는 크며, 2차 폭발을 하지 않는다.

② 개방되어 있을 때는 폭발력이 감소된다.

③ 분진폭발은 가스폭발에 비해 초기폭발력은 적다.

④ 분진 입자가 미세할수록 폭발력이 작다.

⑤ 일반적으로 수분이 있을 때 폭발력은 감소한다.

> 💡 **TIPS!**
>
> **분진폭발의 특징**
> ㉠ 폭발의 입자가 연소되면서 비산하여 접촉되는 가연물은 국부적으로 심한 탄화 유발(인체 화상)
> ㉡ 연소시간이 길고 에너지가 커 파괴력과 타는 정도가 크다. 따라서 최소발화에너지가 가스폭발보다 크다.
> (폭발압력과 연소속도는 가스폭발보다 작다)
> ㉢ 가스에 비해 불완전한 연소를 일으키기 쉬우므로 연소 후에 일산화탄소가 다량 존재
> (가스에 의한 중독의 위험성 상존)
> ㉣ 최초폭발에 의해 폭풍이 주위의 분진을 날리게 하고 2~3차 폭발로 이어져 피해 확산

55 안전간격에 따라 가스폭발 등급 중 1등급에 해당하는 것은?

① 아세틸렌

② 수소

③ 이황화탄소

④ 일산화탄소

> 💡 **TIPS!**
>
> | 등급분류 | 가스(기체) | 안전간격 |
> |---|---|---|
> | 1등급 | 프로판, 암모니아, 아세톤, 메탄, 일산화탄소, 에탄, 초산, 초산에틸, 벤젠, 메탄올, 톨루엔 | 0.6mm 초과 |
> | 2등급 | 에틸렌, 석탄가스 | 0.4mm 초과 0.6mm 이상 |
> | 3등급 | 수소, 수성가스, 아세틸렌, 이황화탄소 | 0.4mm 이하 |

Answer 54.① 55.④

56 다음 중 백드래프트에 해당되는 폭발은?

① 화학적 폭발

② 물리적 폭발

③ 증기운 폭발

④ 분해 폭발

백드래프트는 원인 기준 물적적 폭발이며, 화염이 동반되는 순간부터 화학적 폭발로 분류한다. 물리와 화학 폭발이 병립하나 기본적으로는 원인 기준이기 때문에 물리적 폭발이다. 만약 지문에 화염을 동반한 폭발 결과를 물어 본다면 화학적 폭발 분류도 가능하다.

57 다음 중 연소에 관한 정의로 바르지 않은 것은?

① 증기밀도 : 같은 온도, 같은 압력에서 같은 부피의 공기의 무게와 비교한 밀도

② 잠열 : 기화하거나 액화처럼 상의 변화로 온도를 수반하지 않고 흡수 또는 방출하는 열

③ 발화점 : 외부의 직접적인 점화원 없이 열의 축적에 의하여 연소가 되는 최저의 온도

④ 인화점 : 연소범위 내에서 물질의 직접적인 점화원 없이 인화될 수 있는 최저 온도

인화점 : 연소범위에서 외부의 직접적인 점화원에 의하여 인화될 수 있는 최저 온도

58 다음은 연소에 관한 설명이다 바르지 않은 것은?

① 연소란 빛과 발열반응을 수반하는 산화반응이다.

② 연소의 3요소란 가연물, 산소공급원, 점화원을 말한다.

③ 가연물, 산소공급원, 점화원, 연쇄반응까지를 연소의 4연소라 한다.

④ 산소는 가연물질로서 그 양이 많을수록 연소를 활성화 시킨다.

TIPS!

산소는 조연성 물질이다.

Answer 56.② 57.④ 58.④

59 다음은 물질과 열의 정의에 관한 설명이다. 바르지 않은 것은?

① 현열은 온도의 변화를 수반하지 않고 상의 변화로 생성되는 에너지이며 잠열은 상의 변화를 수반하지 않고 온도를 1℃ 올릴 때 필요한 에너지를 말한다.

② 비열은 단위질량의 물체 1g을 1℃ 올리는데 필요한 열량과 물 1g의 온도를 1℃ 올리는데 필요한 열량과의 비율을 말한다.

③ 1Btu는 1Lb의 물을 1°F 높이는 데 필요한 열량을 말한다.

④ 융점은 대기압 하에서 고체가 용융하여 액체가 되는 온도를 말한다.

> **TIPS!**
> ㉠ 현열은 물질에 가해진 열이 상의 변화가 없는 경우 보유하고 있는 열량이다. 즉, 온도이다.
> ㉡ 잠열은 열의 출입이 기화나 액화처럼 상의 변화로 온도를 수반하지 않고 흡수(액체→기체) 또는 방출(기체→액체)하는 열이다. 일명 숨은 열이라고도 한다.

60 다음 중 가스의 연소범위에 관한 설명으로 바르지 않은 갓은?

① 압력의 변화에 따라 연소범위는 차이가 난다.

② 공기 중 연소에 필요한 혼합가스의 농도이다.

③ 가연성 기체의 혼합비율의 범위이다.

④ 기체는 항상 압력이 높으면 연소범위가 넓어진다.

> **TIPS!**
> 연소범위는 온도 및 압력이 높아 질수록 넓어진다. 그러나 일산화탄소는 압력이 상승시 연소범위가 좁아진다 또한 불활성기체를 첨가하면 연소범위는 좁아진다. 따라서 항상은 아니다

Answer 59.① 60.④

61 연소속도에 영향을 미치지 않는 것은?

① 가연물의 종류와 온도
② 산소 농도에 따라 가연물과 접촉하는 속도
③ 산화반응을 일으키는 속도 및 가연성과 산화성 물질의 혼합비율
④ 촉매 및 생성된 가연성 물질

> **TIPS!**
>
> 연소속도에 영향을 미치는 요인
> ㉠ 가연물의 종류와 온도
> ㉡ 산소 농도에 따라 가연물과 접촉하는 속도
> ㉢ 산화반응을 일으키는 속도 및 가연성과 산화성 물질의 혼합비율
> ㉣ 촉매 및 생성된 불가연성 물질
> ㉤ 압력, 화염의 온도 및 미연소 가연성 기체의 밀도, 비열, 열전도 등

62 다음 물질 중 인화점이 낮은 순서대로 나열한 것은?

① 휘발유 < 벤젠 < 톨루엔 < 등유 < 클레오소트유
② 톨루엔 < 휘발유 < 벤젠 < 클레오소트유 < 등유
③ 톨루엔 < 벤젠 < 톨루엔 < 클레오소트유 < 휘발유
④ 휘발유 < 벤젠 < 톨루엔 < 클레오소트유 < 등유
④ 휘발유 < 클레오소트유 < 톨루엔 < 벤젠 < 등유

> **TIPS!**
>
> ㉠ 휘발유 : $-43 \sim -20℃$
> ㉡ 벤젠 : $-11℃$
> ㉢ 톨루엔 : $4℃$
> ㉣ 등유 : $30 \sim 60℃$
> ㉤ 클레오소트유 : $74℃$

Answer   61.④ 62.①

63 연소의 조건으로서 온도가 낮은 것에서 높은 순서대로 바른 것은?

① 연소점 – 인화점 – 발화점
② 인화점 – 연소점 – 발화점
③ 발화점 – 연소점 – 인화점
④ 인화점 – 발화점 – 연소점

> 💡 **TIPS!** --○
> 인화점 – 연소점 – 발화점의 순으로 온도가 높다.

64 가연물의 구비 조건으로 바르지 않은 것은?

① 산소와 결합할 때 발열량이 커야 한다.
② 초기 점화원으로 활성화 에너지가 커야 한다.
③ 산소와의 결합력이 강한 물질이어야 한다.
④ 축적이 용이하도록 열전도율이 작아야 한다.

> 💡 **TIPS!** --○
> **가연물 구비조건**
> ㉠ 화학반응을 일으킬 때 필요한 최소의 에너지(활성화에너지) 값이 작아야 한다.
> ㉡ 일반적으로 산화되기 쉬운 물질로서 산소와 결합할 때 발열량이 커야 한다.
> ㉢ 열의 축적이 용이하도록 열전도의 값이 적어야 한다.
> ※ 열전도율은 기체 < 액체 < 고체 순으로 커지며 연소순서는 열전도율 순서와 반대임
> ㉣ 지연성(조연성) 가스인 산소·염소와의 친화력이 강해야 한다.
> ㉤ 산소와 접촉할 수 있는 표면적이 큰 물질이어야 한다. (기체 > 액체 > 고체)
> ㉥ 연쇄반응을 일으킬 수 있는 물질이어야 한다.

Answer 63.② 64.②

65 다음 중 폭연과 폭굉에 대한 설명으로 바른 것은?

① 폭굉은 화염면에서 상대적으로 완만한 에너지 변화에 의해서 온도, 압력 밀도가 연속적이다.

② 폭연은 열에 의한 전파보다 충격파에 의한 압력에 영향을 받는다.

③ 폭굉은 반응 또는 화염면의 전파가 물질의 분자량이나 공기의 난류확산에 영향을 받는다.

④ 폭연은 물질의 전달속도에 영향을 받는다.

> **TIPS!**
> ① 폭연은 화염면에서 상대적으로 완만한 에너지 변화에 의해서 온도, 압력 밀도가 연속적이다.
> ② 폭굉은 열에 의한 전파보다 충격파에 의한 압력에 영향을 받는다.
> ③ 폭연은 반응 또는 화염면의 전파가 물질의 분자량이나 공기의 난류확산에 영향을 받는다.

66 다음 중 실내 화재시 플래시오버 진행단계 순서로 맞는 것은?

① 성장기 → 발화기 → 최성기 → 플래시오버 → 감쇠기

② 발화기 → 성장기 → 최성기 → 플래시오버 → 감쇠기

③ 발화기 → 성장기 → 플래시오버 → 최성기 → 감쇠기

④ 성장기 → 최성기 → 플래시오버 → 발화기 → 감쇠기

> **TIPS!**
> 플래시오버 진행단계
> 발화기 → 성장기 → 플래시오버 → 최성기 → 감쇠기

67 다음의 천장제트흐름(Ceiling Jet Flow)에 대한 설명으로 틀린 것은?

① 화재 플럼의 부력에 의하여 발생되며 천장면을 따라 빠르게 흐르는 기류이다

② 화원의 크기와 위치 그리고 화원에서 천장까지의 높이에 영향을 받는다

③ 스프링클러 헤드나 화재 감지기는 이 현상 영향 범위를 피하여 설치한다.

④ 흐름의 두께는 천장에서 화염까지 높이의 5~12% 내의 정도 범위이다.

> **TIPS!**
>
> **천장제트흐름**(Ceiling Jet Flow, 제트플로어)
> 실내에서 화재가 발생한 경우 연기와 열기류는 부력과 팽창로 수직방향으로 2~3m/s 속도로 상승한다. 이때 상승한 연기와 열기류가 천정에 이르면 더 이상 상승할 수가 없으므로 천정을 따라서 옆으로 약 0.3~1m/s 의 속도로 퍼져 나가게 되는데 이를 Ceiling Jet Flow라고 한다.
> ㉠ 화재 플럼의 부력에 의하여 발생되며 천장면을 따라 빠르게 흐르는 기류이다.
> ㉡ 화원의 크기와 위치 그리고 화원에서 천장까지의 높이에 영향을 받는다.
> ㉢ 흐름의 두께는 천장에서 화염까지 높이의 5~12% 내의 정도 범위이다.

Answer 67.③

소화이론

화재대응

section 1 소화이론

1. 소화원리

연소란 가연물질이 산화반응에 의해 열과 빛을 내는 현상이다. 연소의 4요소는 가연물, 공기(산소), 점화원, 연쇄반응이다. 이 중 하나만 제거되어도 연소는 그치게 되었다. 즉, 연소의 4요소 중 하나 이상을 제거하는 것이 소화의 기본원리며, 이를 4대 소화 효과라고 한다.

-4대 소화 방법 … 냉각소화, 제거소화, 질식소화, 부촉매소화

-기타 소화 방법 … 유화소화(Emulsion Effect), 희석소화, 피복소화, 방진소화, 탈수소화 등

1) 냉각소화

① 기화열을 이용하여 인화점 및 발화점이하로 낮추어 소화하는 방법

② 물이 좋은 이유는 비열과 잠열이 크며 손쉽게 얻을 수 있기 때문이다.

2) 질식소화

① 산소 제거에 의한 소화로서 가연물이 연소하는데 필요한 산소량을 조절하여 소화하는 방법

② 공기 중의 산소농도는 15%이하, 고체는 6% 이하, 아세틸렌은 4% 이하가 되면 소화가 가능하다. 탄화수소의 기체는 산소 15% 이하에서는 연소하기 어렵다.

3) 제거소화

① 가장 원시적인 방법

② 산불 화재 시에는 진행방향의 나무를 잘라 제거한다.

③ 도심의 대화재인 경우는 일정 범위의 건물을 제거하여 불의 진행을 중단시킨다.

4) 부촉매소화

① 연소의 연쇄반응을 차단·억제하여 소화하는 방법으로 억제소화, 화학소화작용이라 하며, 할로겐화합물 소화약제가 대표적이다.

② 일반적인 연쇄반응을 억제·차단시키는 화학소화제는 동시에 냉각에 의한 소화 및 산소의 희석에 의한 소화 등의 작용을 한다.

5) 기타의 소화원리

유화소화 (Emulsion Effect)	유화소화 효과가 있는 소화약제 및 적응화재 • 물 소화약제(무상) : 중유화재 • 포 소화약제 : 모든 유류화재 • 강화액 소화약제(무상) : 모든 유류화재 • 내알콜포 소화약제 : 수용성 가연물질 (알코올류, 에테르류, 케톤류 등)
희석소화	농도를 묽게 하여 연소농도 이하가 되어 소화
피복소화	산소의 공급을 차단시키는 소화작용
방진소화	제3종 분말소화약제에서 볼 수 있는 소화작용 메타인산(HPO_3)이 숯불모양으로 연소하는 가연물질(일반가연물 : 숯 코크스 등)을 덮어 소화하는 작용
탈수소화	가연물질로부터 수분을 빼앗아 계속적이 연소반응이 일어나지 않게 하는 소화작용

2. 소화약제의 종류 및 소화원리

1) 물 소화약제에 의한 소화물

① 물에 계면활성제를 첨가하면 침투력을 증진되어, 인산염이나 알카리금속의 탄산염 등을 첨가하면 방염효과를 얻을 수 있다.

② 봉상 및 적상주수하게 되면 냉각효과를 유지하므로 큰 일반 고체 가연물의 대규모 화재에 대한 효과적인 소화방법이다.

③ 무상주수하게 되면 질식효과를 기대할 수 있어 유류화재에도 적합하다.

④ 물 소화약제의 첨가제

　㉠ 동결방지제(부동액) : 자동차 동결방지제는 금속에 대한 부식성이 거의 없는 제3석유류인 에틸렌클로콜(녹색)을 많이 사용하고 있다. 스프링클러설비의 경우는 글리세린이나 프로필렌글리콜이 쓰이며 소화기의 경우에는 알칼리토금속염수용액이 사용된다. 그 외 동결방지제로는 염화나트륨(소금), 염화칼슘 등이 있다.

　㉡ Viscous Agent(증점제, 점도보강제) : 주로 산림화재 진압용으로 사용되는 점성의 약제이다. 물은 유동성이 커서 소화대상물에 장기간 부착되지 못하므로 화재에 방사되는 물 소화약제의 접착성질을 강화시키기 위하여 첨가하는 약제이다. 증점제를 첨가한 물은 물의 사용량을 줄일 수 있고 높은 장소(공중소화)에서 사용 시 물이 분산되지 않으므로 목표물에 정확히 도달할 수 있는 장점이 있다. 산림화재용으로 사용되는 대표적인 증점제로는 CMC(Sodium Carboxy Methyl Cellulose) 등이 있다.

ⓒ Wetting Agent(침투제, 계면활성제, 세제, 침윤제, 습윤제, *증점제의 반대개념)

침투성을 높여주기 위해 사용한다. 물은 표면장력이 커서 가연물에 침투가 비교적 느리지만 침투제를 사용하여 물의 표면장력을 작게 하면 가연물에 침투가 더 빨라지게 된다. (첨가하는 침투제의 양은 약1% 이하이다) 이때 계면활성제(세제)의 총칭을 침투제라 한다. 이러한 침투제가 첨가된 물을 Wet Water라 부르며 이것은 가연물 내부로 침투하기 어려운 상황의 목재, 고무, 플라스틱, 원면, 짚, 산림 등 심부화재에 사용되고 있다.

ⓐ **침투제의 종류** : 글리세린, 프로필렌글리, 소르비톨 등

ⓑ 침투제를 계면활성제(세제), 침윤제, 습윤제라고도 한다.

ⓔ **유화제(Emulsifier)** : 가연물과 에멀션을 형성하여 유화층 형성을 돕는 약제로서 인화점이 높은 유류인 중유, 원유, 윤활유, 아스팔트유에 사용하며 약제로는 계면활성제(세제), 친수성 콜로이드 등이 있다

ⓜ **유동성보강제(배관 마찰저항 저감제)** : 배관 내의 물 입자 간의 마찰손실을 줄이는 기능을 한다. 고분자 중에서 폴리에틸렌옥사이드가 가장 효과가 좋다. 유동성 약 40%가량 향상시키는 우수한 첨가제라고 할 수 있다.

ⓗ **Rapid water(유동화제)** : 소방펌프 등의 물이 유속속도를 증대시키기 위한 소화펌프용 액체를 말한다. 일반적으로 Rapid water는 물의 점성을 70% 정도 감소시킨다.

> **POINT** 물 소화약제 첨가제
> ① **부동제 = 부동액 = 강화액** : 동결방지를 위한 첨가제(강화액으로 탄산칼륨 등을 사용)
> ② **증점제 = Viscous Agent** : 물의 점도(점성, 끈끈함)를 높여 주기 위한 첨가제
> ③ **침투제** : 표면장력을 낮추어 침투효과를 높이기 위한 첨가제(증점제의 반대 개념)
> ④ **유화제** : 고비점 유류에 유화층 형성을 돕기 위하여 사용하는 약제
> ⑤ **배관 마찰저항 저감계** : 배관 내의 물입자 간의 마찰손실을 줄이는 기능을 한다.

⑤ **물 소화약제의 방사방법**

봉상 주수	• 화재시 화세가 강하여 빠른 시간에 소화가 필요한 경우에 사용 • 냉각소화효과가 있으며, 전기전도성이 있으므로 전기화재(C급화재)에 부적합 • 소방용 방수 노즐을 이용하여 굵은 물줄기 형태로 방출하는 것. 즉, 막대모양의 물줄기로 주수
적상 주수	• 스프링클러소화설비, 연결살수설비 등에 적용 • 봉상주수와 마찬가지의 효과 • 물방울 형태로 물을 주수
무상 주수	• 봉상 및 적상주수에 비해 냉각소화가 좋으며, 제4류 위험물의 제3석유류인 중유화재시 무상주수하면 유류 표면에 얇은 수막층이 형성되어 공기중의 산소공급을 차단하는 유화효과도 있다. • 물분무소화설비 등에 적용 • 무상의 입자형태는 전기전도성이 없어(물의 입자가 서로 이격되어 있어 방전의 효과가 있다) 전기화재에 적합 • 질식소화효과가 있어 유류화재에도 적합하다. • 안개처럼 분무상태로 방사하여 소화하는 것

2) 포 소화약제에 의한 소화

① 물에 의해 소화효과가 적든지 오히려 화재면(연소면)을 확대할 우려가 있는 경우에는 포 소화약제가 많이 사용된다. 포소화약제의 주 소화효과는 질식효과이며, 그 다음이 냉각효과이다.

    ㉠ 소화효과 : 질식 · 냉각효과

    ㉡ 적응화재 : 유류화재, 일반화재(4 · 5 · 6류 위험물, 인화성고체 등)

    ※ 포는 유류화재에 최고의 효과를 가진다.

② 포 소화약제의 종류 유류화재에 이용

    ㉠ 화학포 소화약제 : 탄산수소나트륨과 황산알루미늄으로 구성

    ㉡ 기계포(공기포) 소화약제

단백포 소화약제	• 동 · 식물성의 단백질 가수분해물질에 포 안정제를 첨가한 것으로 3%형 및 6%형이 있다. (친환경적) • 포안정제로 제일철염(FeCl₂)을 사용 • 안정성이 커서 화재나 연기를 제어하기가 쉽다.
합성계면 활성제포 소화약제	• 2%, 6% 저발포형 / 1%, 1.5%, 2% 고발포형 • 저발포형이면서 고발포형 소화약제이다. • 차고, 주차장 및 일반 유류화재에 적합 • 사용범위가 넓고 유동성이 좋다
수성막포 소화약제 (소화성능 가장 뛰어남)	• 화재 액표면 위에 수성의 막을 형성함으로서 포의 전파속도를 증가시키고 액체의 증발을 억제하여 소화효과가 우수하며, 일명 Light Water라 한다. • 단백포 소화약제의 소화능력보다 3~5배 정도 높으며 드라이케미컬(Dry chemical)과 함께 사용했을 경우는 700~800% 정도 소화성능이 증가한다. • 1000℃ 이상의 가열된 탱크 벽에서는 벽 주변의 피막이 파괴되어 소화가 곤란한 점이 있다. • 유류화재 진압용으로 가장 성능이 뛰어난 포 약제 • 흑갈색의 원액이며 유류저장 탱크, 비행기 격납고, 옥내 주차장의 홈헤드용 등이 있다.
불화단백포 소화약제	• 소화효과가 포 소화약제 중 우수하나 가격이 비싸 잘 유통되지 않고 있다.
내알코올포 소화약제	• 포 소화약제를 수용성 액체 가연물 등에 사용했을 경우, 물이 수용성 가연물에 용해되기 때문에 포가 소멸되어 소화기능을 발휘할 수가 없다. • 포의 소멸(소포성)을 방지하기 위하여 단백질의 가수분해물, 계면활성제에 금속비누 등을 첨가하여 유화분산시킨 것을 원제로 한것. → 비누화 현상 • 내알코올포에는 6%형이 있으며, 알콜류, 케톤류, 에스테르류등과 같은 수용성 액체물질에 적합하다.

ⓒ 기계포(공기포) 소화약제의 장단점

포의 종류	주성분과 사용농도	장점	단점
수성막포	불소계 계면활성제 + 안정제를 첨가 *초내한용 사용 (−20 ~ 30℃ 사용가능) (농도 : 3 ~ 6%형)	• 소화력이 가장 우수함 • 화학적으로 안정하다 • 분말, CO_2 등과 함께 사용 시 7 ~ 8배 소화효과가 증대되며 반영구적이다 • 내유성과 유동성이 좋다 • 표면하주입방식에 적당 • 친매성(친수성 및 친유성)	• 얇은 막으로 내열성이 약해 소포성이 큼, 부식성 • 표면장력이 낮아 수명이 짧고 탱크내부에 링파이어 현상 생김 • 비싸며, 지표수 오염 • 단 찬매성(친수성) 있음
알코올포	단백포+기포안정제 (지방산 복염 등) (농도 : 주로 6%형)	• 수용성 위험물에 적합하다 (단, 부탄올, 알데히드류는 그 특성상 소화가 곤란 하다) • 포 외측에 염의 피막을 형성한다	• 유동성이 적다 • 침전우려로 바로 사용함 • 특성저하로 다른 포와 병행이 불가능 하다
단백포	동·식물 가구분해물 단백질+기포안정제 (제1철염 첨가) *일반용으로 사용 (3%, 6%형)	• 내열성과 점착성이 우수 • 안정성이 높아 분해성이 우수 • 재연소방지 효과와 분해성이 우수 • 친매성(친수성 및 친유성)	• 유동성과 내유성이 작아 소화속도가 늦다 • 흑갈색의 독한 냄새가 나고 변질이 잘됨 • 금속을 부식시킨다
불화 단백포	단백포 + 불소계 계면활성제를 소량 첨가 (3%, 6% 형)	• 단백질의 결점인 유동성, 내유성, 유염성을 보완함 • 수성막포 결점인 내열성 보완 • 표면하주입방식에 적합 • 경년기간이 길다(8~12년)	• 수성막포와 단백질포의 단점을 보완하여 개발된 포로서 고가이다 • 단 친매성(친수성) 있음
합성계면 활성제포	탄화수소계 계면활성제 + 기포안정제 *내한용으로 사용됨 (1%, 1.5%, 2%와 3%, 6% 형)	• 저팽창 ~ 고팽창까지 범위가 넓어 고체 및 기체에 사용이 가능하다 • 반영구적이다 • 점착성이 커서 입체면화재에 적용 • 친매성(친수성 및 친유성)	• 양 친매성으로 점착성이 크지만 내유성이 작다 • 소포성이 있다 • 분해성이 없다 • 구리, 아연 등을 부식 시킴 • 고팽창의 경우 사정거리가 짧다

ⓓ 포의 팽창비

ⓐ 포의 팽창비 = $\dfrac{발포후 포 수액의 체적}{발포전 포 수액의 체적}$

ⓑ **저발포**(3%, 6%) : 6배 이상 ~ 20배 이하

ⓒ **고발포**(1%, 1.5%, 2%)

  • 제1종 기계포 80배 이상 ~ 250배 이하

- 제2종 기계포 250배 이상 ~ 500배 미만
- 제3종 기계포 500배 이상 ~ 1,000배 미만

③ 기계포의 종류

   ⊙ 수성막포(AFFF) = 라이트워터(유류표면에 뜨는 가벼운 수성막) : 무독성의 불소계 계면활성제를 주성분으로 안정제를 첨가한 약제로서 피막(코팅)의 포로 연소물을 덮어서 소화하는 갈색의 약제이다.

     ⓐ 포 소화약제 중 가장 우수하다. 그 이유는 표면장력이 약해 유류표면에 쉽게 막을 형성할 수 있기 때문이다. 단백포보다 약 3~5배 효과가 높다는 장점이 있지만, 비싸다는 단점도 있다.

     ⓑ 유류표면 위에 뜨는 가벼운 수성막이라는 뜻으로 라이트워터라고도 불리우며 분말소화약제 성분인 드라이케미컬(Dry Chemical)과 함께 사용 시 탁월한 소화능력을 발휘한다.

     ⓒ 탱크하부에서 발포하는 표면하주입방식(SIS 방식)에 사용되며 단점으로는 1,000℃ 이상의 탱크벽에 약하다. 발포형은 3%(물 97%)와 6%(물 94%)형이 사용된다.

     ⊙ POINT **수성막포 소화약제(Aqueous Film forming Foam)**
       ⊙ 불소계 계면활성제를 주성분으로 하여 라이트워터라고도 불린다.
       ⓛ 표면하주입방식을 사용하여 흑갈색 원액으로 유류탱크, 비행기 격납고, 주차장에 사용한다.
       ⓒ 소화효과가 가장 우수하며 드라이케미칼과 함께 사용시 성능이 7~8배 상승한다.
       ⓒ **특징** : 비내열성(수막성포는 내열성이 약하다), 안정성, 내유성, 소포성, 부식성, 유동성, 보존성, 내유염성, 내약품성

   ⓛ 내 알코올포(AR, 알코올포) : 알코올 등 수용성 액체에 사용하는 특수포이다.

     ⓐ 수용성 위험물에는 일반포를 사용하면 90% 이상이 물이므로 포가 섞여 없어지게 된다. 그래서 수용성 유류화재에 적합하도록 단백질의 가수분해물에 금속비누를 첨가하여 유화시킨 것으로서 공기를 차단하여 질식소화가 된다(물과 혼합하면 첨가물이 녹지 않는 지방산 염의 피막을 생성한다) 다만 장시간 저장 중에 침전현상의 단점이 있다

     ⓑ 주로 6%형(물 94%)으로 사용된다.
     - 금속비누형 : 단백질 분해물에 지방산 금속비누를 첨가한 알칼리성(내화성, 저렴한 비용)
     - 고분자겔형 : 탄화수소계 계면활성제에 고분자겔 생성물 첨가(소화범위가 넓다)
     - 불화단백형 : 단백질의 분해물에 불소계 계면활성제를 첨가(기간이 짧고 고비용)

     ⊙ POINT **내알코올포 소화제**
       ⊙ 알코올이 원료가 아니며, 수용성 유류화재에 사용하는 특수포이다.
       ⓛ 금속(아연)비누를 첨가하여 유화 분산시킨 비누화현상을 나타냄. 주로 6%형으로 사용
       ⓒ **수용성** : 알코올류(퓨젤유 등), 케톤류, 에테르류, 에스테르류, 알데히드류, 아민류, 니트릴류, 유기산 등(그 외 파라딘, 의산(포름산), 아세톤, 아세트산(초산), 카르복실산 등)

④ 포소화약제의 구비조건

   ⊙ 포의 안정성이 좋아야 한다.

   ⓛ 독성이 적어야 한다.

   ⓒ 유류와 접착성이 좋아야 한다.

   ⓒ 포 유동성이 좋아야 한다.

   ⓜ 유류의 표면에 잘 분산되어야 한다.

⑤ **기계포(공기포) 원액의 저장 온도(10~35℃가 적당)** ··· 저장온도가 저온이면 원액의 점성이 상승하여 제대로 효과를 발휘하지 못하며, 또한 자외선을 받게되면 침전물이 생기게 되므로 원액저장탱크는 직사광선을 피하여 저장하여야 한다.

⑥ **포소화약제의 소화효과 및 한계**

    ㉠ 포소화약제는 물보다 비중이 낮은 유류 표면에 거품을 형성하여 유류의 연소진행을 억제하는 효과가 있기 때문에 질식 및 냉각효과가 커서 유류화재 및 일반화재에도 사용된다.

    ㉡ 포소화약제는 소화작업 후 거품에 의한 현장 주변의 오염을 제거하기 어려운 단점이 있고, 물이 주성분이어서 전기화재의 소화작업에는 사용하기 어렵다.

⑦ **포소화약제 혼합방식**

    ㉠ **프레져 프로포셔너** : 펌프와 발포기의 중간에 설치된 벤투리관의 작용과 펌프 가압수의 포소화약제 저장탱크에 대한 압력에 의하여 포소화약제를 흡입, 혼합하는 방식

격막이 있는 방식

펌프와 발포기의 중간에 설치된 벤츄리관의 벤츄리작용과 펌프 가압수의 포소화약제 저장탱크에 대한 압력에 따라 포소화약제를 흡입 혼합하는 방식

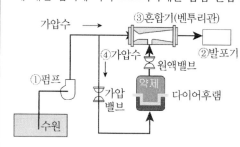

① 혼합기 압력 손실이 적다.
② 용량제한(800리터 이하)
③ 대유향 방호에 부적합
④ 약제의 반영구적
⑤ 격막 부식우려

격막이 없는 방식

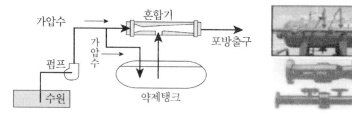

□ 탱크에 물이 유입되므로 약제 재 사용 불가
□ 약제 비중이 차이가 날 경우 혼합의 문제점
□ 약제 사용 후 반드시 탱크 청소 후 보충

*이미지 출처 : 소방청 배포자료

ⓛ **라인프로포셔너** : 펌프와 발포기의 중간에 설치된 벤투리관의 벤투리 작용에 의하여 포소화약제를 흡입, 혼합하는 방식

라인프로포셔너 방식

펌프와 발포기의 배관 도중에 설치된 벤츄리관의 벤츄리 작용에 의하여 포소화약제를 흡입, 혼합하는 방식

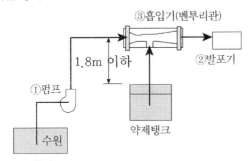

※ Venturi 효과

　유체가 빠른 속도로 흐를 때 압력에너지의 일부가 속도에너지로 바뀌면서 그 부분에 압력이 내려가 물을 빨아올리는 현상이 생긴다.

*이미지 출처 : 소방청 배포자료

ⓒ **펌프프로포셔너** : 펌프의 토출관과 흡입관 사이의 배관 도중에 설치한 흡입기에 펌프에서 토출된 물의 일부를 보내고 농도 조절밸브에서 조정된 포소화약제의 필요량을 포소화약제 탱크에서 펌프 흡입측으로 보내어 약제를 혼합하는 방식

펌프프로포셔너 방식

펌프와 토출관과 흡입관 사이에 설치한 흡입기에 펌프에서 토출된 물에 일부를 보내고, 농도조정 밸브에서 조정된 약제의 필요량을 약제탱크에서 펌프 흡입측으로 보내 이를 혼합하는 방식

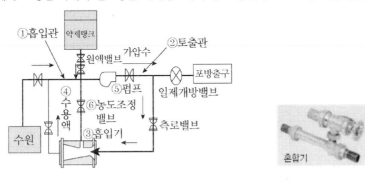

*이미지 출처 : 소방청 배포자료

ⓔ 프레이져사이드 프로셔너 : 펌프 토출관에 압입기를 설치하여 포소화약제 압입용 펌프로 포소화약제를 압입시켜 혼합하는 방식

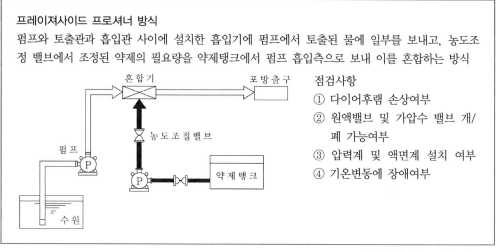

프레이져사이드 프로셔너 방식
펌프와 토출관과 흡입관 사이에 설치한 흡입기에 펌프에서 토출된 물에 일부를 보내고, 농도조정 밸브에서 조정된 약제의 필요량을 약제탱크에서 펌프 흡입측으로 보내 이를 혼합하는 방식

점검사항
① 다이어후램 손상여부
② 원액밸브 및 가압수 밸브 개/폐 가능여부
③ 압력계 및 액면계 설치 여부
④ 기온변동에 장애여부

*이미지 출처 : 소방청 배포자료

3) 이산화탄소 소화약제

① **개요** … 이산화탄소의 화학식은 CO_2, 기체를 탄산가스, 액체를 액화탄산가스, 고체를 드라이아이스라 한다

ㄱ 이산화탄소는 가격이 저렴하고 액화하기 용이하여 심부화재 소화약제로 사용되며 가스는 전기가 통하지 않아 전기화재 등에 적합하다

ㄴ 고압가스 용기에 액체로 저장해 두었다가 화재발생 시 수동 또는 자동조작에 의하여 화재를 소화하는 설비이다

ㄷ 이산화탄소는 소화효과가 타 약제에 비하여 크지 않기 때문에 여러 개의 집합관으로서 전기실 등의 소화설비에 사용되고 잇다

ㄹ 방사 시 운무 현상이 발생하여 피난 시 거시거리가 짧아 지는 사항이 발생될 수 있다

ㅁ CO_2는 학설에 따라 약제 방사 시 약 $-80℃$ 이상까지 하강함으로 동상 우려가 있다

ㅂ 설비가 고압이어서 약제 방사 시 연약한 노약자의 고막이 터질 정도로 소음이 크다

ㅅ 이산화탄소는 할로겐 소화약제처럼 비점이 낮은 편이다

　※ 비점 : 액체가 기체가 되는 점
　※ 소화약제 효과 : 이산화탄소 < 분말(2배) < 할로겐 1301(3배)

② **소화약제의 소화효과** … 소화의 원리는 이산화탄소의 분압을 높임으로써 연소범위를 좁게 하여 소화시키는 것이다. 방출 시에는 배관 내를 액상으로 흐르지만, 분사헤드에서 방출 시에는 기화되면서 분사 된다. 분사헤드에서 액화탄산가스가 기화하는 경우 줄톰슨효과에 의하여 온도가 급강하면서 고체 탄산가스인 드라이아이스가 생성되어 냉각효과도 생기게 된다. 이산화탄소 소화효과는 전기실 등에 방사하여 산소를 일시에 낮추는 질식소화가 주소화이며 방사할 때 기화열에 의한 열흡수에

의한 냉각효과 및 공기보다 1.5배 무거워 연소물을 덮는 피복효과도 있다.

  ㉠ **소화효과** : 질식 · 냉각 · 피복 효과

  ㉡ **적응화재** : 전기실화재, 통신실화재, 유류화재 등

    ※ 가스와 유류화재는 전기가 통하지 않아 주로 전기화재 등에 사용되고 있다

  ▶POINT 이산화탄소의 3대 소화효과

    ① **질식효과** : 공기 중 산소농도 21%를 약 16~15%이하의 저농도로 낮추어 질식소화하는 효과

    ② **냉각효과** : 이산화탄소 소화기를 방사할 때 기화열에 의한 열흡수 효과

    ③ **피복효과** : 이산화탄소 분자량이 공기보다 약 1.5배 무거워 연소물을 덮는 효과

③ **이산화탄소 소화약제의 장 · 단점** … 소화 후 소화약제에 의한 오손이 없고 전기가 통하지 않고 장기간 저장해도 변화가 없고 한랭지역에도 동결염려가 없고 자체압력으로 방출되기 때문에 외부의 방출용 동력이 필요하지 않는 등의 장점이 있어 오래 전부터 사용되어 왔다.

장점	단점
소화 후 깨끗하여 피연소물에 피해가 적고 증거보존이 용이하여 화재원인 조사다 쉽다	고압으로 고압가스안전관리법의 적용을 받는다. 고압으로 방사 시 소음이 크며 질식우려가 있다
침투성이 좋고 심부화재와 표면화재에 적합하며 비전도성으로 전기화재에도 좋다	방사거리가 짧고 분말소화약제나 할로겐 소화약제에 비해 소화력이 떨어진다
장시간 저장해도 변화가 적고 한랭지역에서도 동결우려가 없고 자체 압으로 방사가 가능해 외부의 방출용 동력이 필요 없다	이산화탄소 소화기는 방사할 때 기화열 흡수로 인한 본체와 호스가 냉각되므로 인체에 동상 우려가 있다

④ **이산화탄소 소화약제의 사용 제한** … CO_2 사용제한 : 제3류 · 제5류 위험물 등

  ※ 제3류, 제5류 위험물은 위험물은 너무 위험해서 어떤 소화약제로도 큰 효과가 없다. 다만 가연물인 제2류 위험물, 인화성인 제4류 위험물에서는 이산화탄소 소화약제는 효과가 있다

  ㉠ 방출 시 인명피해가 우려되는 밀폐된 지역

  ㉡ 자체적으로 산소를 함유하고 있는 물질(예컨대 자기반응성물질인 제5류 위험물)

  ㉢ 금속의 수소화물(수소화리튬, 수소화나트륨 등)

  ㉣ 칼륨, 나트륨, 마그네슘(제2류위험물), 티타늄, 지르코늄 등 CO_2를 분해시키는 반응성이 큰 금속물질

⑤ **이산화탄소 체적농도** … 이산화탄소 방출 시 산소와 이론적인 체적농도

$$CO_2[\%] = \frac{21 - O_2}{21} \times 100$$

  * 공기 중 산소농도 : 21%

  * O_2 : 산소농도(CO_2 방출로 인한 산소농도)

4) 할로겐화합물 소화약제

① 개요 … 할로겐화합물 소화약제는 화재발생 시 할로겐 원자의 억제작용에 의하여 연쇄반응을 억제하며 또한 질식작용과 냉각작용도 할 수 있는 가장 우수한 화학적 소화설비며, 부촉매소화 효과의 대표적인 소화약제이다. 할로겐화합물 소화약제는 방사 시 프레온 발생과 함께 오존층 파괴물질로 거론되어 생산이 제한되고 환경문제로 사용규제가 강화되었다. 이산화탄소 소화약제와 비교하면 약 2~3배 정도 더 많은 소화효과를 가지지만 종류에 따라서 독성이 있다. 이 소화약제는 증발성 액체라고도 하며, 1301, 1211, 2402, 1011, 1040 등 여러 종류가 있는데 탄소(C), 불소(F), 염소(Cl), 취소(Br), 옥소(I)의 순서대로 원자수를 나타내는 숫자로서 명명되고 있다.

> **POINT** 할로겐족 원소 중 불소는 플루오린, 염소는 클로린, 취소는 브로민, 옥소는 요오드로 불린다할로겐 소화약제
> ① 할론1301(CF_3Br) : 독성이 거의 없어 지하층, 무창층에도 사용되며, 공기보다 5배 무겁다. 소화효과가 가장 좋으며 가장 널리 쓰이지만 오존층 파괴 지수가 가장 크며 상온에서는 기체로 존재한다.
> ② 1211(CF_2ClBr) : A·B·C·D화재에 사용된다. 자체압력이 낮아 가압용가스(질소)를 이용하며 상온에서는 기체로 존재한다.
> ③ 2402($C_2F_4Br_2$) : 비중이 약 9배로서 가장 무겁다. 독성이 강하여 거의 사용하지 않는다. 상온에서는 액체로 존재한다
> ④ 1011(CH_2ClBr) : 상온에서 액체이며 독성이 있다.
> ⑤ 1040(CCl_4) : 포스겐이란 맹독성가스를 발생하므로 법적으로 금지된 소화약제이다.

② 할로겐화합물 소화약제의 종류
    ㉠ 할론1301(CF_3Br)
        ⓐ 상온에서 기체로 존재하며 독성이 없거나 고온에서 열분해 시 독성이 강한 분해생성물이 발생
        ⓑ 무색·무취이며 비전도성으로 공기보다 5배 무겁다. 지하층, 무창층에 사용 가능
        ⓒ 오존층 파괴지수가 크다.

    ㉡ 1211(CF_2ClBr)
        ⓐ 상온(평상 시 온도)에서 기체이며 공기보다 약 5.7배 무겁다.
        ⓑ 안정성이 가장 높고 독성이 약하다.
        ⓒ 방출 시에는 액체로 분사되며 비점은 -4℃
        ⓓ 압이 낮아 가압용가스(질소)를 사용하여 소화력도 좋은 편이다.
        ⓔ 국내 백화점 등 상품전시매장에 가면 일반화재용의 이동식으로 사용된다.
        ⓕ 자동차 휴대용 소화기로 사용된다.

    ㉢ 2402($C_2F_4Br_2$)
        ⓐ 상온에서 액체이며 유일하게 에탄(C_2H_6)에서 치환된 것이다
        ⓑ 1040(CCl_4)보다 독성은 약한 편이나 비교적 독성이 강하다
        ⓒ 비중이 가장 무겁다

    ㉣ 1011(CH_2ClBr)
        ⓐ 상온에서 액체이며 독성이 있다.
        ⓑ 항공기 화재진압용으로 사용(2차 세계 대전 당시 영국)
        ⓒ 안전성이 가장 낮고 저장이 쉽지 않아 잘 사용되고 있지 않다

ⓜ 1040(CCl₄)

@ 가장 먼저 사용된 소화약제로 사염화탄소라고도 불린다

ⓑ 열분해 및 공기 수분, 이산화탄소 등과 반응하면 포스겐($COCl_2$)이라는 맹독성 가스 발생

ⓒ 법적 규제로 오래 전부터 사용 금지

③ 할로겐 소화설비의 소화효과

㉠ 소화효과 : 억제효과 및 질식·냉동 효과 등

㉡ 적응화재 : 전기화재, 통신실화재, 유류화재 등(1211은 A·B·C 급)

㉢ 오존층 파괴지수 : 1301 > 2402 > 1211

> **POINT** 이산화탄소·할로겐 소화약제의 소화효과
> • 이산화탄소·할로겐 소화약제는 기체이기 때문에 전기가 통하지 않아 전기·통신실에 소화의 적용 효과가 있지만 위험물에는 효과가 없다. 다만, 인화성 위험물에는 소화의 적응성이 있다.
> • 위험물 중 제1류·제2류(인화성 고체 제외)·제3류·제5류·제6류 위험물은 소화의 적응성이 없다. 즉 위험물은 제4류 위험물의 인화성액체와 제2류 위험물 중 인화성 고체에만 적응성이 있다.

④ 할로겐 소화설비의 특징 … 할로겐화합물은 할로겐화탄화수소로서 이는 메탄(CH_4), 에탄(C_2H_6) 등의 수소의 일부 또는 전부가 주기율표상의 제7족(할로겐족)원소인 불소(F), 염소(Cl), 취소(Br), 옥소(I), 등으로 치환되는 화합물을 말한다. 화학적으로 C(탄소)−F(불소)의 결합은 안정성이 있고 독성이 낮으며, Br(브롬)과 I(옥소)의 결합체보다 소화효과가 좋아 불소치환제가 소화약제로 가장 많이 사용되었다.

※ 할로겐은 메탄, 에탄에 할로겐족 원소를 치환 반응하여 얻으며, 불소 성능은 우수하다.

㉠ 할로겐 소화약제의 비교 : 친화력이란 원자번호가 작을수록 산화력(음이온이 되려는 경향)이 크므로 산소와의 결합력의 반응을 말한다.

소화효과 크기	1301 > 1211 > 2402 > 1011 > 1040
전기음성도(친화력, 화학적반응)	불소 > 염소 > 취소 > 옥소
부촉매효과	불소 > 염소 > 취소 > 옥소

㉡ 오존층 파괴지수(ODP : Ozone Depletion Potential) : 오존층이란 오존을 많이 함유하고 있는 공기층으로 지상 20~30km 상공에 있으며 인체나 생물에 해로운 태양의 자외선을 흡수한다.

할론1301	할론2402	할론1211	이산화탄소
14	6.6	2.4	0.05

⑤ 할로겐 소화설비의 장단점 … 지구 온난화를 일으키는 물질에는 이산화탄소 외에 메탄, 이산화질소, 염화불화탄소(클로로플루오르카본 CFC : chorofluorocarbon을 말하며 상품명은 플론 또는 프레온이다) 등이 있다. 이 중 이산화탄소에 의한 영향은 55%이며 염화불화탄소 24% 그 외 메탄, 아산화질소 순으로 영향을 미친다.

[할로겐 소화약제의 장단점]

장점	단점
부촉매작용으로 연소 억제작용이 크다.	가격이 비싸며, 대부분 독성이 있다.
최고의 효과로서 종류에 따라서 금속에 대하여 부식성이 적으며 소화약제의 변질 및 분해가 없다.	대기오염이 크다 특히 오존층을 파괴한다.
비전도성으로 전기화재에도 유효하다.	지구상에 사라져가는 소화기

⑥ 할로겐 소화약제의 구비조건

    ㉠ 증발잔유물이 없어야 한다.

    ㉡ 공기보다 무겁고 불연성이어야 한다.

    ㉢ 기화되기 쉬운 저비점 물질이어야 한다.

⑦ 할로겐화합물 소화약제의 사용 제한 … 할로겐소화설비 소화약제의 사용제한(제3류 · 제5류 위험물 등)

    ㉠ 금속의 수소화물(수소화리튬, 수소화나트륨 등)

    ㉡ 셀룰로오스, 질사염 등과 같은 자기반응성물질 또는 이들의 혼합물

    ㉢ 유기괴산화물, 히드라진과 같이 스스로 발열 분해하는 화학제품

    ㉣ 칼륨, 나트륨, 마그네슘, 티타늄, 지르코늄, 우라늄, 플루토늄 등 반응성이 큰 금속

5) 분말소화약제

① 개요 … 분말소화약제는 1 · 2 · 3 · 4종으로 구분되며 현재 건축물 내 복도 등에서 흔히 볼 수 있는 분말소화기는 대부분 제3종 소화기이다. 제3종 분말 소화기는 A · B · C · D 급 소화에 쓸 수 있으며 일반화재의 대표적인 차고나 주차장에 적합하다. 이들 모두 질식효과와 부촉매(억제)효과를 기대할 수 있다. 또한 자체적으로는 전기가 통하지 않는 비전도성과 독성이 없는 분말약제를 연소물 표면에 뿌려주면 열을 이용하여 열분해반응을 일으켜 생성된 물질 CO_2, H_2O, HPO_3 등에 의한 소화방법으로 표면화재에 속효성(효과가 빠르다)이 있다.

    ※ 구비조건으로는 유동성, 비고화성, 무독성, 내부식성, 내습식성, 미세도, 작은 비중, 경제성, 경년기간이 필요하다.

② 분말소화약제의 종류

    ㉠ 소화효과 : 제1종 < 제2종 < 제3종 < 제4종

종류	분말소화약제	착색	소화	열분해 반응식
제1종	중탄산 나트륨	백색	B · C 급	$2NaHCO_3 \rightarrow Na_2CO_3 + CO_2 + H_2O$
제2종	중탄산 칼륨	담회색	B · C 급	$2KHCO_3 \rightarrow K_2CO_3 + CO_2 + H_2O$
제3종	제1 인산암모늄	담홍색	A · B · C 급	$NH_4H_2PO_4 \rightarrow HPO_3 + NH_3 + H_2O(P_2O_5)$
제4종	중탄산칼륨+요소	회색	B · C 급	$2KHCO_3 + (NH_2)_2CO \rightarrow K_2CO_3 + 2NH_3 + 2CO_2$

※ 화재 시 분말은 열을 만나 열분해 반응에서 1 · 2 · 3종은 H_2O가 생성되고, 1 · 2 · 4종은 CO_2가 생성 된다

ⓛ 분말소화약제의 종류

종류	특징
제1종 분말	-백색으로 착색됨 -B·C급 화재에 적합 -질식·부촉매·냉각 효과 -비누화현상에 의해 거품을 형성하여 질식소화 및 발화방지인 식용유화재에 적합
제2종 분말	-담회색(담자, 보라색)으로 착색 -B·C급 화재에 적합 -제2종 분말약제 보다 흡습성이 강하여 소화효과가 1.67배 정도 크다 -칼륨이온()이 나트륨이온()보다 부촉매 등 화학적 소화효과가 크다. -불꽃을 만나면 자주색으로 빛을 내기 때문에 Purple K라고도 한다
제3종 분말	-담홍색(혹은 황색)으로 착색 -실리콘오일 등으로 방습처리함 -A·B·C급 화재에 적합 -메타인산(HPO_3)이 산소와 접촉하여 차단하여 방진작용을 가진다 -제1종, 제2종 약제보다 20~30% 효과가 크다(주성분 75%이상 비중2.1) -제2종과 제3종은 비누화 현상이 없다
제4종 분말	-회색으로 착색 -B·C 급 화재에 적합 -효과는 최고이나 가격이 비싸서 잘 유통되지 않는다

③ 분말소화약제의 종류

ⓗ 1종 분말(탄산수소나트륨, 중탄산나트륨, 중탄산소다, 중조, $NaHCO_3$) : 열분해 시 CO_2에 의한 질식 및 냉각작용이 있으나 전기전도성은 없어 B·C급 화재에 사용 된다. 특징은 식용유화재에 나트륨을 가하면 지방을 가수분해하는 비누화 현상(감화현상)으로 생성하여 질식소화를 한다. (예 소다) 이 약제는 탄산수소나트륨, 산성 탄산나트륨, 중탄산소다, 중조 등 많은 이름들이 있다

ⓛ 2종 분말(탄산수소칼륨, 중탄산칼륨, $KHCO_3$) : B·C급 화재 시 사용되며 1종 분말보다 1.67배 정도 소화효과가 뛰어나다. 가격이 비싸며 착색은 담회색이다. (주성분 92% 이상, 비중 2.1, 함유수분 0.05% 이사)

ⓒ 3종 분말(제1인산암모늄, $NH_4H_2PO_4$) : A·B·C·D급 화재에 유효하다. 그러나 비누화 현상이 일어나지 않아 식용유화재에는 효과가 적다. 열분해로 인하여 CO_2는 생성되지 않지만, 메타인산(HPO_3)이 생성되면서 가연물의 표면에 점착되어 가연물과 산소를 차단시켜주기 때문에 가연물의 숯불 형태의 잔진 상태의 연소까지 저지시키는 방진작용에 의한 것이다. 또한 열분해되어 나온 오르쏘인산(H_2PO_4)이 연소물의 섬유소를 난연성의 탄소와 물로 분해시키는 탈수와 탄화작용을 가진다.
*메탄인산은 방진작용을 가지고, 오로쏘인산은 탄화와 탈수작용을 가진다.

ⓔ 4종 분말[중탄산칼륨 + 요소, $KHCO_3$ + $(NH_2)_2CO$] : 전기 및 유류화재에 사용되며 소화성능은 분말소화약제 중 가장 좋으나 약제가 비싸고, 일반화재 적용성이 없어 거의 유통되지 않는다.

④ 분말소화약제의 장단점

장점	단점
-질식효과가 있다. -부촉매효과가 있다.	유류화재 소화 후 재착화 위험성이 있다.
-약제수명이 반영구적이다. -무독성이다. -비전도성이다. -진화시간이 짧다.	-가시도가 악화되어 피난에 방해된다. -배관으로 방출할 때 고압이 필요로 한다. -질소 혹은 CO_2를 사용한다.
-화재 확대가 빠른 가연성액체의 표면화재에 효과가 빠른 속효성이 있다.	-금속류에 효과가 없다. -침투성이 나쁘다. -물과 함께 소화 후 방사된 잔유물이 피연소물에 피해를 준다.

⑤ 분말소화약제의 특징

　㉠ 분말의 입도는 너무 커도 너무 미세해도 효과가 떨어지며 최적의 소화효과를 나타내는 입도는 20 ~ 25um이다. 이는 분말이 너무 크면 통 안에서 안나오고 너무 미세하면 통 안에서 굳어 버림

　㉡ 분말은 털면 털어지기 때문에 오염은 적지만 정밀기기류나 통신기기류는 부적합하다.

　㉢ 분말을 수면에 고르게 살포한 경우에 1시간 이내에 침강하지 아니하여야 하며, 칼륨의 중탄산염이 주성분인 소화약제는 담회색으로 인산염 등이 주성분인 소화약제는 담홍색(또는 황색)으로 각각 착색하여야 하며 이를 혼합하지 아니하여야 한다.

　㉣ 인산은 물과 결합 정도에 따라 메타인산, 피로인산, 오쏘르인산의 3가지로 나누며 오르쏘인산(H_3PO_4)은 상온에서, 메타인산(HPO_3)은 고온에서 안정된 물질이다. 또한 세개의 수소원자와 결합하는 암모니아의 수에 따라 제1 · 2 · 3 인산암모늄이 생성된다.

　㉤ 비중은 1종(2.18), 2종(2.14), 3종(1.82)로 가벼울수록 효과를 더 나타낸다.

　㉥ 방습제로는 실리콘 수지, 스테아린산 아연, 스테아린산 마그네슘 등이 있다.

　㉦ **소화효과 순** : 제1종 분말 < 제2종 분말 < 제3종 분말 < 제4종 분말

⑥ **CDC(Compatible Dry Chemical) 분말소화약제** … CDC 분말소화약제는 포와 함께 사용되는 약제이다. 일반 분말소화약제가 속소성(빠르게소멸된다)이란 장점이 있지만 유류화재 시 재착화의 위험이 있다는 단점도 있다. 이를 보완한 CDC 분말소화약제는 분말의 속소성과 거품의 지속 안정성의 2가지 장점을 갖춘 소화약제로서 주로 비행장 등에 사용된다.

⑦ 분말소화효과의 적응화재

　㉠ **소화효과** : 질식 · 부촉매 · 냉각 소화효과

　㉡ **적응화재** : 유류화재(B급화재), 전기화재(C급화재)

　단, 제3종 분말은 A · B · C급 화재에 적합

- 열분해 시 발생되는 불연성 기체(CO_2, H_2O, NH_3)에 의한 질식효과
- 열분해 시 유리된 암모늄이온(NH_4^+)의 연쇄반응과 분말 표면의 흡착에 의한 부촉매효과
- 열분해 시 물(H_2O) 등의 흡열반응에 의한 냉각효과
- 분말 운무에 의한 화염으로부터 방사열의 차단효과
- 반응과정에서 생성된 메타인산(HPO_3)의 방진 효과(제3종 분말)
- 오르쏘인산에 의한 섬유소, NH_3(암모니아), H_3PO_4(인산) 등의 탈수·탄화작용 등이다(제3종 분말)

*방사 후 흡습하여 약알칼리와 약산성을 나타내기 때문에 금속을 부식시킬 수 있다

⑧ **분말소화약제의 사용제한**

   ㉠ 정밀한 전기·전자장비가 설치된 컴퓨터실, 전화교환실 등

   ㉡ 나트륨, 칼륨, 마그네슘, 알루미늄, 티타늄, 지루코늄 등 반응성이 큰 가연성금속

   ㉢ 일반 가연물의 심부화재 및 물질 자체에 산소를 함유하고 있는 자기반응성 물질

6) 강화액 소화약제에 의한 소화

① 강화액의 응고점이 −20℃ 이하이므로 한랭지나 겨울철에 사용할 수 있는 약제이다.

② 봉상일 경우에는 냉각작용에 의한 일반(A급)화재에 적합하며, 무상일 경우는 냉각 및 질식작용에 의해 일반(A급) 및 유류(B급), 전기(C급)화재에도 적응한다.

③ 비중이 1.3 ~ 1.4 정도이며 독성 및 부식성이 없다.

④ 유류화재 소화시 화염에 분무하면 냉각·희석·질식작용을 하며, 강화액에 함유되어 있는 탄산칼륨, 인산암모늄 등의 일부가 화염에 의하여 분말이 되어 부촉매작용으로 연쇄반응을 억제한다.

7) 산알칼리 소화약제에 의한 소화

① 봉상주수일 때는 냉각시켜 소화하며 일반(A급)화재에 적용된다.

② 무상주수의 경우에는 냉각효과 및 질식효과를 가지게 되어, 일반(A급)화재, 유류(B급)화재, 전기(C급)화재에 적응소화한다.

8) 간이 소화제에 의한 소화

① **건조사** … 건조된 모래며 질식작용으로 일반, 유류, 전기, 금속화재에 적응한다. 보통 건조사는 만능 소화제라 불린다.

② **팽창질석 및 팽창진주암** … 질석은 고온(1000℃~1400℃)에서 팽창시킨 것으로, 알킬알루미늄 화재에 아주 적합하다.

③ **중조톱밥** … 인화성 액체의 화재에 적합한 소화제이다.

④ **소화탄(소이탄)** … 중조($NaHCO_3$), 탄산암모니아[$(NH_4)_2CO_3$]가 주성분이다.

9) 청정 소화약제

(1) 청정 소화약제의 정의

청정소화약제라 함은 할로겐화합물(할론1301, 할론2402, 할론1211 제외) 및 불활성기체로서 전기적으로 비전도성이며 휘발성이 있거나 증발 후 잔여물을 남기지 않는 소화약제를 말한다. 할로겐 소화약제를 대신하여 오존층 보호용인 친환경적인 소화약제로서 개발되고 있으나 소화효과기 우수하지 못하여 아직까지 널리 유통되고 있지 않다.

(2) 청정소화약제의 종류

청정소화약제는 할로겐화합물 청정소화약제와 불활성가스 청정소화약제로 구분한다.

① **할로겐화합물 청정소화약제(17조)** … 불소, 염소, 취소(브롬), 옥소(요오드) 중 하나 이상의 원소를 포함하고 있는 유기화합물을 기본성분으로 하는 소화약제를 말한다.

② **불활성가스 청정소화약제(18족)** … 헬륨, 네온, 아르곤, 질소 중 하나 이상의 원소를 기본성분으로 하는 소화약제를 말한다.

③ **불활성가스 청정소화약제의 종류***

소화약제(불연성·불활성기체혼합가스)	화학식(합은 100%)
불연성·불활성기체혼합가스(IG-01)	Ar(아르곤) 99.9% 이상
불연성·불활성기체혼합가스(IG-100)	N_2(질소) 99.9% 이상
불연성·불활성기체혼합가스(IG-55)	N_2 : 50%, Ar : 50%
불연성·불활성기체혼합가스(IG-541)	N_2 : 52%, Ar : 40%, CO_2 : 8%

(3) 특징

① **소화효과** … 냉각·질식·억제 효과 등

② **적응화재** … B급·C급 화재(전역방출식 : A급 화재 가능), 지하층, 무창층 사용가능

③ **청정소화약제의 사용 제외장소(CO_2 할로겐 동일)**

　㉠ 최대허용설계농도를 초과하는 사람이 상주하는 장소

　㉡ 자연발화성 및 금수성 물질인 제3류 위험물과 자기연소성물질인 제5류 위험물을 사용하는 장소 등 (다만, 소화성능이 인정되는 위험물은 제외)

(4) 기준

① 할론 및 이산화탄소 소화약제의 오존파괴지수(ODP)

할론 1301	할론 240$_2$	할론 1211	이산화탄소
14	6.6	2.4	0.05

> **POINT** 청정소화약제의 구비 조건
> ① 오존파괴지수 ODP(Ozone Depletion Potential)가 0일 것
> ② 지구 온난화 지수 GWP(Global-warming potential)가 낮을 것
> ③ 소화능력이 우수할 것
> ④ 독성이 낮을 것
> ⑤ 장기간 저장이 가능할 것
> ⑥ 가격이 저렴할 것
> ⑦ 피연소물에 대해 물리적·화학적 변화를 주지 않을 것
> ⑧ 소화 후 잔여물이 없고 열분해 생성가스의 발생이 적을 것.
> 즉, 증발성이 있거나 증발 후 대기 중 잔여물을 남기지 않는 깨끗한 소화약제 일 것

② 물성

ㄱ 피연소물질에 화학적 변화를 발생시키지 않으며, 비열 및 기화잠열이 커야 한다.

ㄴ 약제방출시 자체 증기압력으로 신속하고 균일하게 방출되어야 한다.

③ 독성을 시험할 때 사용되는 용어

NOAEL	소화약제 농도를 증가시킬 때 신체에 나쁜 영향을 감지할 수 없는 최대농도
LOAEL	소화약제 농도를 감소시킬 때 신체에 나쁜 영향을 감지할 수 있는 최대농도
ALC	근사치 농도(15분간 노출시켜 그 반수가 사망하는 농도)
LC0	한 마리의 동물도 죽지 않는 최대 농도
LC50	반수의 동물이 죽는 최소농도(반수 치사 농도)
LC100	전체 동물이 죽는 최소농도

④ 청정소화약제의 사용장소

ㄱ 전기와 전자적 위험이 있는 소방대상물

ㄴ 전기·전자통신설비가 설치된 소방대상물

ㄷ 인화성, 가연성 액체 및 가연성 가스를 저장·취급하는 대상물

⑤ 청정소화약제의 사용금지장소 및 물질

ㄱ 사람이 상주하는 곳으로 최대허용설계농도를 초과하는 장소

ㄴ 제3류 위험물(자연발화성 및 금수성물질)과 제5류 위험물(자기연소성물질)을 사용하는 장소

⑥ 청정 소화약제의 소화작용 및 적응화재

ㄱ 할론과 같은 냉각소화, 질식소화, 부촉매소화 효과

ㄴ 유류화재, 전기화재, 가스화재에 적합하며, 전역방출방식으로 사용하는 경우에는 일반화재에도 적용된다.

⑦ 청정소화약제의 저장용기 설치기준

    ㉠ 방호구역 외의 장소에 설치할 것

    ㉡ 온도가 55℃ 이하이고 온도의 변화가 작은 곳에 설치할 것

    ㉢ 직사광선 및 빗물이 침투할 우려가 없는 곳에 설치할 것

3. 소방대방물에 대한 소화약제

① 할론 1301 소화약제는 차고, 주차장, 전기실, 통신기기실, 전산실기타 이와 유사한 전기설비가 설치되어 있는 부분에는 반드시 필요한 약제이다.

② 차고, 주차장에는 제3종 분말 소화약제에 의해 소화가 가능하다.

4. 소화설비의 유체이론

1) 공동현상(Caviation)

공동현상은 펌프의 흡입압력이 액체에 증기압보다 낮을 때 발생되며 이때 물이 증발되고 물속에 용해되어 있던 공기가 물과 분리되어 기포(공기거품)가 발생되는 현상으로 압력이 떨어져(물의 정압이 기존의 증기압보다 낮아져서) 액체가 기체가 되면서 기포가 발생하는 것이라 할 수 있다. 즉 공동현상은 진공 속에 들어온 물이 증발하여 수증기가 되는 현상이다. 유체역학에서는 공동현상의 발생원인과 그에 따른 공동현상의 방지대책을 가장 중시한다.

(1) 공동현상의 발생원인

① 펌프의 흡입측 수두가 클 경우 … 소화펌프의 흡입높이가 클 때

② 펌프의 날개인 임펠러속도가 클 경우 … 날개와 물의 마찰 때문

③ 마찰 손실이 클 경우 … 유량이 증가하여 펌프물이 과속으로 흐를 때

④ 배관 내의 수온이 높을 때 … 물의 온도가 높을 때 물의 퍼짐현상 때문

⑤ 펌프의 설치위치가 수원보다 높을 경우 … 흡입 거리가 길 때

⑥ 펌프의 흡입거리가 길 때 … 흡입거리가 길 때

⑦ 펌프의 흡입관경이 너무 작을 경우 … 배관이 부딪혀서 나타나는 현상

⑧ 펌프의 흡입압력이 유체의 증기압보다 낮을 경우 … 흡입력이 없을 때

(2) 공동현상의 발생현상

① 배관의 부식과 심하면 양수 불능 상태가 된다.

② 임펠러(impeller)의 침식 발생과 손상 ··· 수차의 날개를 해치기 때문이다.

③ 소음과 진동 발생 및 펌프의 성능 감소 ··· 토출량, 양정, 효율 감소

(3) 공동현상의 방지대책

① 펌프의 흡입측 수두를 작게 한다 ··· 펌프의 높이를 작게 한다.

② 펌프의 임펠러 속도를 작게 한다 ··· 마찰을 줄어들게 한다.
   펌프를 2대 이상 설치해서 양쪽에서 흡입하여 속도를 줄인다.

③ 마찰손실을 작게 한다 ··· 펌프의 마찰을 작게 한다.

④ 펌프의 설치 위치를 수원보다 낮게 한다 ··· 펌프의 위치가 낮을수록 공동화 현상을 방지한다.

⑤ 배관 내 수온을 낮춰준다.

⑥ 흡입관의 배관을 간단히 한다 ··· 배관이 휘고 복잡하면 더 부딪혀 마찰로 인한 기포 발생

⑦ 펌프의 흡입관경을 크게 한다.

⑧ 펌프를 2대 이상 설치한다.

2) 수격작용(Water hammering)

펌프에서 유체가 이동 시 정전 등으로 갑자기 펌프가 정지한 경우 혹은 밸브를 갑자기 잠글 경우 배관 내의 유체의 운동에너지(동압)이 압력에너지(정압)으로 변하여 고압이 발생하거나, 유속이 급변하여 압력변화를 가져와 배관 내의 벽면을 치는 현상이라 할 수 있다.
*공동현상은 펌핑 시 공기방울이 생기는 현상이다. 수격작용은 물이 흐르다가 멈추는 현상이다

(1) 수격작용의 발생원인

① 정전 등으로 갑자기 펌프가 정지할 경우

② 급히 밸브를 잠글 경우

③ 펌프의 정상 운전 시 유체의 압력 변동이 있는 경우

(2) 맥동현상(Surging, 써징현상)

송출 압력과 송출 유량의 주기적인 변동이 발생하는 현상이다. 공동현상 이후에 발생하며 유량이 단속적으로 변하여 펌프의 입구·출구에 설치된 진공계 및 압력계가 흔들리고 진동과 소음이 일어나며 펌프의 토출유량이 변화하는 현상이다. 즉, 써징현상은 펌프운전 시 규칙적으로 양정, 토출량의 변화하는 현상이다.

① 써징현상의 발생원인
    ㉠ 펌프의 양정곡선이 산형을 보이며 사용범위가 정우상(우향강하) 특성일 때
    ㉡ 공동현상 또는 배관 중에 외부와 접촉할 수 있는 물탱크나 공기탱크

② 써징현상의 방지대책
    ㉠ 펌프의 양수량을 증가시키거나 임펠러 회전수를 변화시킨다
    ㉡ 배관 내의 공기제거 및 단면적, 유속, 유량을 조절한다.

3) Air Binding 현상

원심 펌프에서 일어나는 현상으로 펌프 내에 공기가 차 있으며 공기의 밀도는 물의 밀도보다 작으므로 공기가 물의 위에 있게 되어 수두를 감소시켜 송액이 되지 않는 현상으로 펌프작동 전 공기를 제거하거나 자동공기제거펌프를 사용해야 한다.

5. 각종 소화약제의 비교

	수계 소화약제		가스계 소화약제		
	물	포	이산화탄소	할로겐화합물	분말
주된 소화효과	냉각, 질식	질식, 냉각	질식, 냉각	부촉매, 질식	질식, 부촉매
소화속도	느리다	느리다	빠르다	빠르다	빠르다
냉각 효과	크다	크다	작다	작다	작다
재 발화 위험성	적다	적다	있다	있다	있다
대응하는 화재규모	중형~대형	중형~대형	소형~중형	소형~중형	소형~중형
사용 후의 오염	크다	매우 크다	전혀 없다	극히 적다	적다
적응화재	A급	A·B급	B·C급	(A)B·C급	(A)B·C급

6. 소화약제의 적응 화재와 효과

화재의 종류	가연물의 종류	적응 소화약제 및 소화 효과
A급 화재	일반 가연물로서 목재, 고무, 종이, 플라스틱, 섬유류 등	-물→냉각, 침투 -수성막포(AFFF)→냉각, 질식, 침투 -Halon 1211→억제, 피복, 냉각 -A · B · C급 분말→억제, 냉각
B급 화재	가연성 액체로서 휘발유, 그리스, 페인트, 레커, 타르 등	-수성막포→냉각, 질식 -CO_2(이산화탄소)→질식, 냉각 -Halon 1301 · 1211→억제, 질식, 냉각 -A · B · C급 분말→억제, 질식 -B · C급 분말→질식, 억제, 냉각
C급 화재	통전 중인 전기 기구의 화재로 전선, 발전기, 모터, 판넬, 스위치, 기타 전기설비 등	-CO_2→부도체 -Halon 1301 · 1201→부도체 -A · B · C급 분말→부도체 -B · C급 분말→부도체
A · B급 화재	일반 가연물과 가연성액체 · 기체의 혼합물	-수성막포→질식, 냉각 - Halon 1301 · 1211→억제, 질식, 냉각 - A · B · C급 분말→억제, 질식
B · C급 화재	가연성 액체 · 기체와 통전 중인 전기 기구와의 혼합물	-CO_2→질식, 냉각, 부도체 -Halon 1301 · 1201→억제, 질식, 냉각, 부도체 -A · B · C급 분말→억제, 질식, 부도체 -B · C급 분말→억제, 질식, 부도체
A · B · C급 화재	일반 가연물과 가연성 액체 · 기체와 통전 중인 전기 기구와의 혼합물	-Halon 1301 · 1201→억제, 질식, 냉각, 부도체 -A · B · C급 분말→억제, 질식, 부도체
D급 화재	타 가연성 금속의 합금	금속화재용 분말→질식(공기차단), 냉각

section **2** 이상 화재 현상과 대처법

1. 백드래프트(Backdraft) 현상

1) 개념정의

밀폐된 건축물 내에서 화재가 발생하였을 경우 화재의 성장(진행)과정은 내부에 잔존하던 산소(O_2)가 연소과정에서 소진되어 화재는 훈소상태 또는 잠복기를 거치게 된다. 이때 개구부를 개방하는 경우 외부에서 다량의 산소(O_2)가 유입될 때 순간적으로 폭발적인 발화현상이 발생하는 현상을 말한다. 산소가 공급된 역방향으로 화염이 분출하며, 역화 또는 역류성 폭발이라고도 한다.

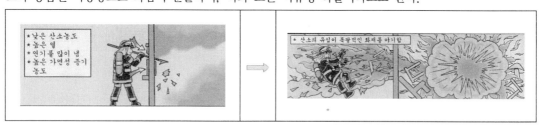

2) 백드래프트 현상의 징후(전조현상)현상의 징후(전조현상)

① 닫힌 문 주위에서 나오는 무거운 검은 연기 관찰

② 개구부(출입문, 창문 등) 틈새로 연기가 건물 내로 되돌아오거나 맴도는 현상 관찰

③ 창문에 농연 응축물(검은색 액체)이 흘러내리거나 얼룩이 진 자국이 관찰

④ 휘파람 소리 또는 진동이 발생되는 현상

⑤ 짙은 황회색으로 변하는 검은 연기

2. 플래시오버(Flashover) 현상

1) 개념정의

화재가 서서히 진행되다가 시간이 경과함에 따라 복사와 대류현상에 의해 발화장소 공간내에 있는 가연물이 발화점까지 가열되어 순간적으로 동시에 발화하는 현상을 의미하는 것으로, 즉 순간적인 연소확대현상을 말한다.

플래시오버(Flashover) 현상은 화재가 성장 기(단계)에서 최성기로 접어들었음을 의미하며, 화재의 생애주기 중 가장 위험한 순간이다. 연기와 열이 화염으로 전환되는 것을 의미하기도 한다.

2) 플래시오버현상의 징후(전조현상)

① 고온의 연기 발생

② 두텁고, 뜨겁고, 진한연기가 아래로 쌓임

③ 일정 공간 내에서의 계속적인 열 집적

④ 일정 공간 내에서의 전면적인 자유연소

⑤ Rollover현상 목격

⑥ 고온의 열기 때문에 소방대원이 낮은 자세로 진입할 수 밖에 없는 경우

3. 플래시오버(Flashover) 현상과 백드래프트(Backdraft) 현상 비교

구분	플래시오버(Flashover)현상	백드래프트(Backdraft)현상
산소량	상대적으로 산소공급원활	산소 부족
연소현상	자유연소상태	불완전연소상태(훈소상태)
발생시점	성장기의 마지막이자 최성기의 시작점	성장기, 감퇴기
폭발성 유무	폭발 아님	폭발현상임, 충격파, 붕괴, 화염폭풍 발생
연소확대 주 매개체 (악화 요인)	열(축적된 복사열)	외부유입 공기(산소)

4. 백드래프트(Backdraft) 현상과 플래시오버(Flashover) 현상 대처법

1) 백드래프트(Backdraft) 현상

(1) 소방전술적 측면에서 백드래프트(Backdraft) 현상에 대한 대처법은 다음과 같다.

① 지붕배연 작업을 통해 가연성가스와 집적된 열을 배출시킨다(냉각작업).

② 배연작업 전에 창문이나 문을 통한 배연 또는 진입을 시도해서는 안 된다.

③ 급속한 연소현상에 대비하여 소방대원은 낮은 자세를 유지한다.

④ 일반적으로 적절한 내부공격시점은 지붕배연작업 후이다.

⑤ 출입구나 개구부 개방이 불가피할 경우 가능한 서서히 개방한다.

(2) 백드래프트(Backdraft)현상 방지 및 발생 가능성을 줄이는 방법

① 배연(지붕환기)법

② 급냉(담금질)법

③ 측면 또는 정면 공격법

2) 플래시오버(Flashover) 현상

소방전술적 측면에서 플래시오버(Flashover) 현상에 대한 대처법은 다음과 같다.

(1) 방지대책

① 내장재 불연화 및 화원 억제

② 가연물 양 제한 및 적당한 크기로 개구부 제한

(2) 지연대책

① 배연·배열 지연법

② 공기차단 지연법

③ 냉각 지연법

(3) 플래시오버(Flashover) 현상에 영향을 주는 요소

① 내장재의 종류

② 개구부의 조건

③ 화원의 크기

5. 롤오버(Rollover) 현상

1) 개념정의

롤오버(Rollover)현상은 Flashover 보다 먼저 일어난다. 연소과정에서 발생된 가연성가스가 공기 중 산소와 혼합되어 천정부분에 집적된 상태에서 발화온도에 도달하여 발화함으로서 화재의 선단부분이 매우 빠르게 확대되어 가는 현상을 말한다. 즉, 화재가 발생한 장소(공간)의 출입구 바로 바깥쪽 복도 천장에서 연기와 산발적인 화염이 굽이쳐 흘러가는 현상을 의미한다. Rollover현상은 Flashover 현상의 전조현상이다.

2) 발생원인

화재지역의 상층(천정)에 집적된 고압의 뜨거운 가연성 가스가 화재가 발생되지 않은 저압의 다른 부분으로 이동하면서 화재가 매우 빠르게 확대되면서 발생한다.

3) 롤오버(Rollover) 현상과 플래쉬오버(Flashover) 현상의 비교

구분	롤오버(Rollover) 현상	플래쉬오버(Flashover) 현상
확산 매개체	상층부의 초고온 증기(가연성가스)의 발화	공간내 모든 부분(상층과 하층) 가연물의 동시발화
복사열	열의 복사가 플래쉬오버현상에 비해 상대적으로 약함	열의 복사가 강함
확대범위	화염선단부분이 주변공간으로 확대	일순간 전체공간으로 확대

1. 건축물 내부화재 성상의 변화요인

① 화원의 위치와 크기

② 실내에 있는 가연물의 배치

③ 실의 넓이와 모양

④ 실 내부의 가연물질의 양과 그 성질

⑤ 화재시 기상상태

⑥ 실의 개구부 위치 및 크기

1) 목조건축물의 화재

목재의 구성성분은 산소, 수분, 탄소와 소량의 질소로 구성

- 화재성상이 "고온 단기형"의 특징을 보인다.

- 건조한 목재는 셀룰로오즈가 주성분이며, 목재는 열전도도가 낮고 단열효과가 높다. 목재구조의 건물이 경량철골구조의 건물보다 화재시 더 오래 견딜 수 있는 이유이다.

- 목재의 열분해단계

약 200℃	가연성 가스 발생
약 200~280℃	흡열반응과 이산화탄소 발생
약 280~500℃	발열반응과 탄화물들의 2차반응 발생
약 500℃	목탄이 생성되기 시작

(1) 목재의 연소

① 목재의 화재위험온도는 260℃정도이다.

② 목재화재 시 온도별 상태

약 100~160℃	갈색	약 220~260℃	목재의 분해
약 300~350℃	갈색→흑갈색	약 420~470℃	탄화종료

③ 목재의 연소에 영향을 주는 요인

ㄱ 목재의 비표면적

ㄴ 공급상태

ㄷ 온도

ⓐ 수분 함유량

ⓜ 열전도율

ⓗ 열팽창

ⓢ 가열속도 및 시간

(2) 목조건축물의 화재진행

① 화재원인 → 무염착화 → 발염착화 → 발화 → 최성기 → 연소낙화 → 진화

※ 발염착화까지 화재진행 중 초기로 분류하며, 발화부터 중기 이후로 분류한다.

② 화재의 진행과정

화재원인 무염착화	• 무염착화란 불꽃없이 착화하는 현상으로 바람 및 공기가 주어질 때 언제든지 불꽃이 발하는 단계
무염착화 발염착화	• 화재발생장소, 가연물의 종류, 바람의 상태와 연소 속도, 연소시간, 연소방향 등이 화재진행을 좌우 • 불꽃이 발하여 착화(발화)하는 현상
발염착화 발화	• 착화가 발생한 위치와 가옥의 구조에 따라 다름 • 천정에까지 불이 번져 가옥 전체에 불기가 도는 시기
발화 최성기	• 화재의 진행은 빨라지며, 연기가 백색→흑색으로 변하며, 연기가 개구부로 분출된다. • 실내온도가 800~900℃정도로 플래시오버현상 발생 • 최성기로 넘어가면 복사열이 발생하여 실내 최고온도가 약 1300℃정도가 된다.
최성기 연소낙하	• 최성기를 넘어서면 화세가 급격히 약해져 지붕이나 벽이 무너지고 기둥 등이 허물어져 내리는 시기
일반적 목조 건축물화재 특징	• 풍속이 거의 없을 때(0~3㎧) –발화에서 최성기까지의 소요시간 : 4 ~ 14분 –최성기에서 연소낙하까지 소요시간 : 6 ~ 19분 –발화에서 연소낙하까지 소요시간 : 13 ~ 24분
옥내출화	• 천정 면에 발염착화한 때 • 불연 천정인 경우 실내의 그 뒷면 판에 착화 • 천정 속, 벽 속 등에 발염착화한 때
옥외출화	• 가옥의 벽, 지붕, 추녀 밑에 발염착화한 때 • 창, 출입구 등에 발염착화한 때

(3) 목조건축물의 화재원인

비화(土)	• 화재로 인해 불꽃 등이 먼 거리까지 날아가 발화하는 현상 • 풍화방향이 10 ~ 25° 범위에서 가장 위험하며, 800m 전후의 비화범위에서 잘 발생
접염	• 화염에 직접 접촉에 의한 다른 화재 유발 요인
복사열	• 온도가 높을수록, 화염의 크기가 클수록 복사열의 전파거리는 길어진다.

(4) 목조건축물 화재의 특성

① 바람의 세기가 강할수록 풍하측(=바람이 불어가는 후방측)으로 연소 확대가 빠르다.

② 횡방향보다 종방향의 화재성장이 빠르다.

2) 내화건축물의 화재

① 내화건축물의 화재성상은 "저온 장기형"이다.

② 내화건축물은 2~3시간동안 화재진행이 이루어지므로, 고온 유지시간이 길며 실내 최고온도는 약 1000℃정도이다.

③ 화재진행

초기	−다량의 연기발생, 연소가 완만함.
성장기	−검은 연기 및 화염 등이 분출 −실내전체가 한 순간에 화염으로 휩싸이는 현상
최성기	−천정 등의 구조물 재료(콘크리트, 회반죽, 장식물 등)가 무너져 내리는 현상 발생→콘크리트 폭열현상
종기	−화세가 약해지는 시기

④ 내화건축물화재시에는 성장기에서 최성기로 넘어가는 단계에서 플래시오버현상이 발생된다.

– 플래시오버 발생시간을 보면 가연성 재료(3 ~ 4분),

– 난연성재료(5 ~ 6분), 준불연재료(7 ~ 8분) 정도 소요된다.

⑤ 내화건축물의 화재특성

㉠ 발염연소가 억제된다

㉡ 화재초기부터 발열량이 많다

㉢ 인명피해가 발생하는 경우가 많다.

[특수한 화재현상]

플래시백 (Flash Back)	환기가 잘 되지 않는 곳에서 발생하며, 문의 개방 등을 통해 갑자기 신선한 공기의 유입으로 폭발적인 연소가 다시 시작되는 현상
백 드래프트 (Back Draft)	플래시백현상과의 차이점은 밀폐된 공간에서 발생된다는 점이다.
플래시오버 (Flash-Over)	순발연소(=혼합연소, 비정상연소)
롤 오버 (Roll-Over)	축적된 가연성 증기가 인화점에 도달하여 전체가 연소하기 시작하면 불덩어리가 천장을 따라 굴러다니는 것처럼 뿜어져 나오는 현상

2. 기타 화재·성장

1) 직물(섬유)류의 화재

(1) 천연섬유

식물성섬유	• 연소성이 좋은 셀룰로오즈로 구성되어 있으며, 착화온도는 약 400℃ 정도에 연소시 이산화탄소, 일산화탄소, 물 등이 생성
동물성섬유	• 주성분이 단백질로 구성되어 있으며, 착화온도는 약 600℃ 정도, 연소생성물로 시안화수소가 많다
비교	• 식물성 섬유(면)는 동물성 섬유(모)보다 착화 및 연소시키기가 쉽고 연소속도가 빠르다. (면이 착화온도가 낮기 때문) 반면 "모"는 "면"에 비해 소화시키기가 쉽다.

(2) 합성섬유

아세테이트	착화온도 약 475℃
나일론	용융점 160~260℃정도, 착화온도 약 425℃ 이상
폴리에스텔	용융점 256~292℃정도, 착화온도 약 450~485℃
올레핀	착화온도는 약 570℃, 연소속도가 느리다
고무	연소하면서 용융하며 검은 그을음이 발생

(3) 방염섬유

① L.O.I(Limited Oxygen Index)는 산소의 최저 체적농도이다.

② 섬유류나 내장재료 등은 L.I.O 및 발화점이 높을수록 안전하다.

③ 화학물질의 연소성 억제 방법

　㉠ 화학물질이 비가연성 가스를 발생하여 산소를 제거시키도록 한다.

　㉡ 화학물질 자체의 반응이 흡열반응이 되도록 한다.

　㉢ 연소반응을 변화시킬 수 있는 작은 입자가 생성되도록 한다.

　㉣ 화학물질의 반응으로 발생한 화염이 연쇄반응을 방해한다.

④ 난연화 방법

　㉠ 재료의 열분해 속도를 제어하는 방법

　㉡ 재료의 표면에 열전달을 제어하는 방법

　㉢ 재료의 열분해 생성물을 제어하는 방법

　㉣ 재료의 기상반응을 제어하는 방법

2) 플라스틱화재

(1) 플라스틱의 분류

열가소성	폴리에틸렌, 폴리스틸렌, 폴리프로필렌, 폴리염화비닐, 아크릴로니트릴스티렌, 폴리아미드, 폴리아세탈
열경화성	페놀수지, 우레아수지, 멜라민수지, 에폭시수지, 불포화 폴리에스테르수지, 디아릴프탈레이트 수지

(2) 플라스틱의 연소과정

1단계 : 초기연소 → 2단계 : 연소 증강 → 3단계 : 플래시오버 → 4단계 : 최성기 → 5단계 : 화재확산

(3) 플라스틱화재의 위험성

① 산소결핍, 화염, 열, 유독성 연소생성물, 연기, 건물 붕괴 등

② 플라스틱의 연소생성물은 이산화탄소와 일산화탄소를 함유

③ 연소성질

　㉠ 불에 잘 타고 연소속도가 빠른 성질을 가지고 있는 이연성.

　㉡ 잘 타지 않는 난연성도 있으며, 난연성플라스틱은 불완전연소 중에 연기와 유독성 가스를 많이 발생시킨다.

④ 연소특성

    ㉠ 열의 발생량이 높은 것이 많다.

    ㉡ 연기의 발생량이 많은 것이 있다.

    ㉢ 연소속도가 빠르고 느린 것이 있다.

⑤ 연소온도는 약 1400~1500℃, 발화온도는 약 300~500℃

3. 건축물 방화구조에 필요한 기준

1) 건축물의 방화구획

(1) 방화구획의 기준

연면적이 1000㎡를 넘는 것은 다음 기준에 의하여 내화구조로 된 바닥, 벽 및 갑종방화문으로 구획하여야 한다.

① 10층 이하의 층은 바닥면적 1000㎡(스프링클러설치 3000㎡) 이내마다 구획할 것.

② 3층 이상의 층과 지하층은 층마다 구획할 것.

③ 11층 이상의 층은 바닥면적 200㎡(스프링클러설치 600㎡)이내마다 구획할 것.

(2) 방화구획 부분의 설비구조

① 갑종 방화문은 언제나 닫힌 상태를 유지

② 방화구획을 관통하는 관이 있을 경우는 그 틈을 시멘트모르타르 등 기타 불연재료로 메울 것

    ※ 시멘트모르타르 : 시멘트와 모래를 물에 갠 접합제. 벽돌, 타일, 돌 따위를 쌓거나 미장을 할 때 쓴다.

③ 환기, 난방 또는 냉방시설의 풍도가 방화구획을 관통하는 경우는 그 관통부분 또는 근접한 부분에 다음 기준의 댐퍼를 설치할 것

    ※ 풍도 : 어떤 지점에서 일정한 기간 동안 바람의 방향을 관측하여 그 분포를 나타낸 그림

    ㉠ 철재로서 철판의 두께가 1.5㎜ 이상일 것

    ㉡ 화재발생시 자동으로 닫힐 것.

    ㉢ 닫힌 경우에는 방화에 지장이 있는 틈이 생기지 아니할 것.

    ㉣ 산업표준화법에 의한 한국산업규격상의 방연시험에 적합할 것.

④ 방화지구안의 건축물의 외벽에 설치하는 창문과 연소할 우려가 있는 부분에 설치할 방화설비

    ㉠ 갑종 방화문 또는 을종 방화문 / 창문 등에는 드렌쳐 설비

    ㉡ 내화구조나 불연재료로 된 벽, 담장 그 밖의 이와 유사한 방화설비

    ㉢ 환기구멍 불연재료의 방화커버 또는 그물눈 2㎜ 이하인 금속망을 설치할 것.

2) 건축물의 내화구조

(1) 건축물의 내화를 위한 구조제한

다음에 해당하는 건축물의 주요구조부는 이를 내화구조로 한다.

① 관람집회시설 · 종교집회장 · 유흥음식점 및 장례식장의 용도로 쓰이는 건축물로 관람석 및 집회실의 바닥면적이 200㎡(옥외관람석의 경우는 1000㎡)이상인 건축물

② 체육관, 운동장, 위락시설(유흥음식점을 제외), 전시시설, 운수시설(다중이 이용하는 시설에 한함), 관광휴게실(이용하는 시설에 한함), 생활권 수련시설, 판매시설, 방송 · 통신시설, 화장장, 창고시설 및 자동차관련시설의 용도에 쓰이는 건축물로 합계가 500㎡ 이상인 건축물

③ 공장으로 쓰이는 건축물로 바닥면적의 합계가 2000㎡이상인 것

④ 건축물 2층이 숙박시설 · 유스호스텔 · 의료시설 · 아동시설 · 노인시설 · 근린생활시설(의료의 용도에 쓰이는 시설에 한함) · 다중주택 · 공동주택 · 기숙사 및 오피스텔로 바닥면적의 합계가 400㎡ 이상 인 것.

⑤ 3층 이상의 건축물 및 지하층이 있는 건축물

(2) 내화구조의 기준

① **건축물의 주요 구조부** … 벽, 기둥, 바닥, 보, 지붕 및 주계단

② **내화구조** … 철근콘크리트조, 연와조, 기타 이와 유사한 구조로 대통령령으로 정한 내화성능을 가지는 것을 말하며, 최종적인 단계에서 내장재가 전소된다 하더라도 수리하여 재사용할 수 있는 구조

구조부분		내화구조의 기준
벽	모든 벽	• 철근콘크리트조 또는 철골콘크리트조로 두께가10㎝ 이상인 것
	외벽 중 비내력벽	• 철근콘크리트조 또는 철골 • 철근콘크리트조로 두께가 7㎝ 이상인 것.
기둥 (작은지름이25㎝ 이상이어야 함)		• 철골을 두께 5㎝이상의 콘크리트로 덮은 것. • 철근콘크리트조 또는 철골 · 철근콘크리트조 • 철골을 두께 6㎝(경량골재는 5㎝)이상의 철망 모르터 또는 두께 7㎝이상의 콘크리트블록 · 벽돌 또는 석재로 덮은 것
바닥		• 철근콘크리트조 또는 철골 · 철근콘크리트조로서 두께가 10㎝ 이상인 것
지붕		• 철재로 보강된 유리블록 또는 망입유리로 된것
계단		• 무근콘크리트조 · 콘크리트블록조 · 벽돌조 또는 석조 • 철골조

③ 건축재료의 분류

   ㉠ **불연재료** : 콘크리트, 석재, 벽돌, 기와, 석면판, 철강, 알루미늄, 유리, 시멘트모르터, 석회 등의 불연성 재료

   ㉡ **준불연재료** : 석고보드, 목모, 시멘트판 등의 불연재료에 준하는 방화성능을 가진 건축재료

   ㉢ **난연재료** : 난연 플라스틱판, 난연 합판 등 불에 잘 타지 아니하는 성능을 가진 건축재료

④ 내화구조의 설정조건

   ㉠ 내화도, ㉡ 파괴성, ㉢ 불연성의 물성변화가 온도 1580℃에서 변화가 없어야 한다.

3) 건축물의 화재하중

① 화재하중이란 일정구역 내에 있는 예상최대 가연물질의 양을 말하며, "화재심도"라 규정하기도 한다.

② 등가가연물량을 화재구획에서의 단위면적당으로 나타낸 것

③ 실내의 화재온도는 창 면적, 창 높이, 실내표면적, 벽·천정의 열정수 등에 지배되며, 화재지속시간은 가연물량, 창 면적, 창 높이 등에 의하여 결정된다.

④ **화재하중의 감소 및 화재발생의 저지방법** … 내장재의 불연화 및 가연물의 제한, 가연물질의 수납물이 노출되지 않도록 하는 것

⑤ 방염성능의 측정기준

잔염시간	착화 후에 버너를 제거한 때부터 불꽃을 올리면 연소하는 상태가 그칠 때까지의 경과시간
잔진시간	착화 후에 버너를 제거한 때부터 불꽃을 올리지 아니하고 연소하는 상태가 그칠 때까지의 경과시간
탄화면적	잔염시간 또는 잔진시간 내에 탄화하는 면적
탄화길이	잔염시간 또는 잔진시간 내에 탄화하는 길이
접염회수	완전히 용융될 때까지 필요한 불꽃을 접하는 회수

4) 건축물의 방화구조

① 철망모르터 바르기로 바름두께가 2㎝ 이상인 것

② 석면시멘트판 또는 석고판 위에 시멘트모르터 또는 회반죽을 바른 것으로 두께의 합계가 2.5㎝ 이상인 것

③ 두께 1.2㎝ 이상의 석고판 위에 석면시멘트판을 붙인 것.

5) 방화벽

① 방화벽은 주요 구조부가 내화구조 또는 불연재료가 아닌 연면적 1000㎡ 이상인 건축물에 설치한다.

   ㉠ 홀로 설 수 있는 구조

   ㉡ 지붕면으로부터 0.5m 이상 튀어나오게 할 것.

ⓒ 방화벽에 설치하는 출입문의 너비 및 높이는 각각 2.5m 이하로 하고 갑종방화문을 설치할 것

② 연면적 1000㎡ 이상인 목조건축물 외벽 및 처마 밑의 연소할 우려가 있는 부분을 방화구조로 하되, 그 지붕은 불연재료로 한다.

6) 방화문

① 방화문의 종류

갑종	• 골구를 철재로 하고 그 양면에 각각 두께 0.5mm 이상의 철판을 붙인 것 • 철재로서 철판의 두께가 1.5mm 이상인 것
을종	• 철재로서 두께가 0.8mm 이상 1.5mm 미만인 것 • 철재 및 망입 유리로 된 것 • 골구를 방화목재로 하고 옥내면에는 두께 1.2mm이상의 석고판을 붙이고 옥외면에 철판을 붙인 것

② 방화문은 항상 닫힌 상태를 유지하여야 하며, 언제나 개방가능 하고, 기계장치(도어릴리즈)등에 의하여 스스로 닫혀야 한다.

7) 건축물의 경계벽 및 간막이벽

① 경계벽 및 간막이 벽은 내화구조로 한다.

② 철근콘크리트조, 철골 · 철근콘크리트조로서 두께가 10cm 이상인 것

③ 무근콘크리트조 또는 석조로서 두께가 10cm(시멘몰타르 · 회반죽 또는 석고플라스터의 바름두께를 포함) 이상인 것

④ 콘크리트 블록조 또는 벽돌조로서 두께가 19cm 이상인 것

⑤ 경계벽 및 간막이벽 구획

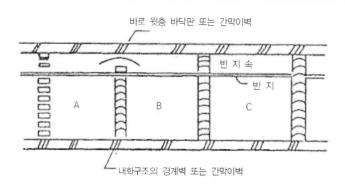

자료출처 : 중앙소방학교 자료

8) 개구부의 내화도

A급 개구부	• 건물과 건물간의 벽에서의 개구부 • 내화율은 3시간 이상
B급 개구부	• 건물 내 계단 및 엘리베이터 등 수직으로 통하는 개구부 • 내화율은 1.5시간 이상
C급 개구부	• 복도와 거실, 복도와 복도 간, 거실과 거실 간의 개구부 • 내화율은 45분 이상
D급 개구부	• 건물의 외부와 접하는 곳 • 내화율은 1.5시간 이상
E급 개구부	• 외부화재의 영향이 보통 수준의 정도인 개구부 • 내화율은 45분 이상

9) 방화댐퍼

화재발생시 연돌효과(Stack Effect)에 의해 다른 방화구획으로 급속하게 확산되는 화염이나 연기의 흐름을 자동적으로 차단시키는 기구

4. 건축물의 방화(防火) 및 방재(防災)계획

1) 건축물의 방화계획

(1) 공간적 대응

① 화재 등 각종 위해요소로부터 불특정 다수인을 재해공간에서 조기에 쉽게 피난시키고 동시에 화재 진압에 필요한 사항

② 공간적 대응의 3가지 기능

대항성	• 건축물의 내화성능, 방화구획 성능, 방배연 성능, 화재 방어 대응성(소방대 활동성), 초기 소화대응력 등 화재에 대항하여 저항하는 성능을 뜻한다.
회피성	• 내장재의 제한, 용도별구획, 방화훈련 등 사전예방활동에 관계되는 사항
도피성	• 공간과 사람의 대응에 관한 문제 ㉠ 방재계획 기본 방침 ㉡ 피난 ㉢ 내장 제한 ㉣ 부지 및 도로(소방대 진입, 피난층, 출입구 등) ㉤ 건축물의 규모, 위치, 용도 등

(2) 설비적 대응

① 모든 진압 소화설비를 총칭하는 의미이다.

② 대항성 중에서도 방연성능에 관계되는 제연설비와 방화구획성능에 해당되는 방화문, 방화셔터 등이 있으며, 초기소화 대응력으로는 자동소화설비, 자동화재 탐지설비, 특수소화설비 등에 의해 행하여 진다 도피성에 관해서는 피난기구(구조대, 완강기, 피난교, 인명구조장비 등), 피난유도설비(각종 유도등) 등으로 보충한다.

2) 건축물의 방재계획

(1) 부지선정 및 배치계획

소화활동 및 구조활동을 위해서 충분한 광장 확보

(2) 평면계획(수평 계획)

① 화재에 의한 피해를 작은 범위로 한정하기 위한 것

② 방화벽, 방화문 등으로 방화구획을 구획내로 한정하는 것.

③ 방연구획과 제연구획이 포함되며, 명학한 2방향 이상의 피난동선을 확보해야 한다.

(3) 단면계획(수직 계획)

① 상하층의 재해 전파(화염의 이동)를 제어하는 것

② 일반적 건축물의 철근콘크리트 슬라브에 의한 층간 구획을 하지만 계단, 엘리베이터, 설비배관이나 Duct, 배선 등의 관통에 대한 보완 계획 등을 말한다.

③ 상하층간의 배관 및 장치 등의 관통으로 발생되는 공간 – 내화재로 메꾸어 줄 것

④ 상하층을 관통하는 계단 – 명확한 2방향의 피난 원칙 적용

(4) 입면계획(공간적 계획) → 종합적계획

화재예방, 소화, 구출, 피난, 연소방지 등의 계획의 수립을 통한 화재예방차원을 말한다.

① 벽과 개구부가 가장 큰 요소 – 화재예방, 소화, 구출, 피난, 연소방지 등의 계획 수립

② 이웃 건물과 접해 있는 개구부 – 방화셔터, 방화문 등을 설치

③ 진입구 확보 – 원활한 소화 및 구출활동

④ 발코니 또는 옥외계단 설치 – 원활한 피난

(5) 재료계획

① 사용재료의 불연성능, 내화성능을 고려한다.

② 내장재, 외장재, 마감재, 천정, 벽 등의 사용재료 및 장식물 등을 모두 포함하여 고려하여야 한다.

3) 건축물의 연소확대방지

(1) 수평구획

화재규모를 가능한 한 작은 범위를 줄이고 피해를 최소한으로 하는 것

(2) 수직구획

화재가 다른 층으로 번지는 것을 방지하는 것

(3) 용도구획

불연재료를 반드시 사용하여 충분한 피난 대책을 세우는 것

5. 건축물의 피난계획

1) 인간의 본능적 피난행동

① 인간은 기본적으로 화재나 재난 현장에서 벗어나려 한다.

② 화재현장에 불특정 다수의 사람들이 집합해 군집을 이루는데 이 집단은 강력한 패닉(Panic)상태에 빠지기 쉬우며, 이러한 군중(군집)을 심리적인 면에서 보면 다음과 같다.
  ㉠ 공통적인 관심으로 집단이 우연적으로 발생한다.
  ㉡ 각 개인에게는 임무가 없는 집단이며, 각 개인에게 접근성이 있다.
  ㉢ 감정적인 분위기로 암시에 걸리기 쉬운 집단이다.

③ 군집보행 … 위의 상황에서의 보행속도
  ㉠ 자유보행속도 : 0.5~2㎧ (보통의 경우 1.3㎧정도, 빠른 경우 2㎧ 정도이다.)
  ㉡ 군집보행속도 : 1㎧(느린 보행자의 보행 속도와 대략 같다.)

④ 재난 상황에서의 인간의 피난본능
  ㉠ 귀소본능 : 화재 시 인간은 평소의 습관처럼 출입구, 통로를 향하는 경향이 있다. 따라서 이동 방향의 마지 막을 안전지대로 만드는 것이 좋다.
  ㉡ 퇴피본능 : 화재 발생 시 초기의 상황 파악을 위해 소수 인원만 모이지만 화재가 확대되면 위험을 감지하고 발화지점의 반대 방향으로 이동한다.
  ㉢ 지광본능 : 화재 시 연기와 화염에 의해 시야가 흐려지면 개구부, 조명이 있는 곳으로 모이기 때문에 출 입구, 계단 등에 유도등을 설치하고 외부 피난계단을 설치한다.

ⓔ **추종본능** : 불특정 다수가 모이면 화재에 최초 대응자를 따라 전체가 움직이는 본능 때문에 피해가 확대되는 현상이 나타나기도 한다.

ⓜ **좌회본능** : 일반적으로 오른손잡이는 오른쪽으로 행동하기 때문에 화재와 같은 어두운 환경에서는 왼쪽으 로 이동한다는 연구결과가 있다.

ⓗ **기타본능** : 화재 시 두려움과 같은 공포에 의해 인간의 이상행동이 나타난다. 또는 평소의 애장품, 애완 동물을 구조하기 위해 뛰어들기도 한다.

2) 피난시설의 계획

(1) 피난방법과 시설계획

① **피난계획**

ⓐ 피난 경로는 간단명료해야 한다.

ⓑ 피난 수단은 원시적 방법에 의하는 것을 원칙으로 한다.

ⓒ 피난설비는 고정적인 시설에 의해야한다.

ⓓ 피난대책은 Fool-Proof와 Fail-Safe의 원칙을 중시해야 한다.

ⓔ 일정한 구획을 한정하여 피난Zone을 설정한다.

ⓗ 정전시에도 피난방향을 명백히 할 수 있는 표시를 한다.

ⓢ 피난구는 항시 사용할 수 있도록 한다.

② **피난방향 및 피난로의 유형**

구분		피난방향의 종류	피난로의 방향	
피난방향이 명확하다.	X형	↔↕		• 확실한 피난로가 보장된다.
	Y형	⋎		
	T형	↔		• 방향이 확실하여 분간하기 쉽다.
	I형	↧		
	Z형	⌐		• 중앙복도형에서 Core식중 양호하다.
ZZ형		⇄		
H형		⊣⊢		• 중앙 Core식으로 피난자들의 집중으로 Panic 현상이 일어날 우려가 있다.
Co형		→▢←		

③ Fool-Proof와 Fail-Safe의 원칙

　　㉠ Fool-Proof(비상사태 대비책) : 이는 피난 및 유도표시는 문자보다는 색과 형태를 이용하든가 피난방향으로 문을 열 수 있도록 하는 것 등의 방법이다.

　　㉡ Fail-Safe(이중 안전장치) : 2방향 이상의 피난통로를 확보하는 피난대책 등의 방법이다.

　(2) 수평방향의 피난시설계획

① 수평방향의 이동에 있어 가장 중요한 것은 복도라고 할 수 있다.

② 피난복도의 계획시 고려해야 할 일반사항

　　㉠ 천정을 가능한 높게 하고, 천정에는 불연재를 사용한다.

　　㉡ 복도 내에 피난에 방해가 되는 시설물(휴지통, 자동판매기)을 설치하지 않아야 한다.

　　㉢ 피난방향 및 계단위치를 알 수 있는 표식을 한다.

　(3) 수직방향의 피난시설계획

① 계단이 주된 수직적인 피난 시설이다.

② 계단의 피난시설계획에 관한 일반적인 고려사항

　　㉠ 타실보다 높은 일정한 압력을 가하는 것이 좋다

　　㉡ 배연설비를 하며 지하실과 경계에는 확실한 방지책을 실시한다.

　　㉢ 피난계단은 직접 옥상 층으로 피난이 가능하도록 옥상 층까지 연결시킨다.

　　㉣ 내장은 불연재료로 하고 손잡이 등에는 가연재를 쓰지 않는다.

　　㉤ 계단실은 2시간 이상의 내화성능을 가진 방화구획을 한다.

　　㉥ 바닥면의 미끄럼방지를 위한 조치와 난간을 설치한다.

③ 연기에 관계되는 안전구획의 개념 … 피난통로의 말단에는 피난시 장애가 없도록 충분한 공간확보가 되어야 한다.

3) 직통계단의 설치기준

　(1) 직통계단의 의의

　직통계단은 한곳에서 연속되는 계단을 말한다.

　(2) 직통계단의 설치기준

① 거실의 각 부분으로부터 계단(거실로부터 가장 가까운 거리에 있는 계단을 말함)에 이르는 보행거리가 30m 이하가 되도록 설치

② 다음에 해당하는 층은 그 층으로부터 피난층 또는 지상으로 통하는 직통계단을 서로 10m 이상 떨어지게 2개소 이상 설치한다.

③ 피난층 및 보행거리

　ⓐ 피난층 : 직접 지상으로 통하는 출입구가 있는 층으로 보통의 경우 지상 1층이 피난층이 된다.

　ⓑ 보행거리 : 실제로 보행하게 되는 최단거리

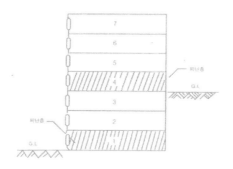

자료출처 : 중앙소방학교

4) 피난계단의 설치기준

① 건축물의 5층 이상 또는 지하 2층 이하의 층으로부터 피난층 또는 지상으로 통하는 직통계단은 피난계단 또는 특별피난계단으로 설치하여야 한다.

② 건축물(갓복도식 공동주택은 제외)의 11층(공동주택의 경우에는 16층) 이상 또는 지하 3층 이하의 층(바닥면적이 400㎡ 미만인층은 제외)의 직통계단은 특별피난계단으로 한다.

5) 옥외피난계단의 설치기준

　건축물의 3층 이상의 층(피난층을 제외)으로서 직통계단외에 그 층으로부터 지상으로 통하는 옥외피난계단을 따로 설치한다.

6) 피난계단의 구조

　건축물의 안쪽에 설치하는 피난계단의 구조(옥내피난계단의 구조)

① 계단실은 창문·출입구 기타 개구부(이하 "창문 등")을 제외하고 다른 부분은 내화구조의 벽으로 구획할 것

② 계단실의 벽 및 반자의 실내에 접하는 부분의 마감(마감을 위한 바탕을 포함)은 불연재료로 할 것

③ 계단실에는 채광이 될 수 있는 창문 등이 있거나 예비전원에 의한 조명설비를 할 것

④ 계단실의 바깥쪽에 접하는 창문은 건축물의 다른 부분의 창문과 2m 이상의 거리에 설치할 것

⑤ 건축물의 내부와 접하는 계단실의 창문은 그 면적을 각각 1㎡이하로 할 것

⑥ 계단실로 통하는 출입구의 유효너비는 0.9m 이상으로하며, 자동적으로 닫히는 구조인 갑종방화문 또는 을종방화문을 설치

⑦ 계단은 돌음계단으로 하여서는 안됨

7) 특별피난계단 구조

① 계단실의 노대 또는 부속실에 접하는 창문 등(출입구 제외)은 망이 들어 있는(=망입 유리) 유리의 붙박이창으로 서 그 면적을 각각 1㎡ 이하로 할 것

② 건축물의 내부에서 노대 또는 부속실로 통하는 출입구에는 갑종방화문을 설치하고, 노대 또는 부속실로부터 계단실로 통하는 출입구에는 갑종방화문 또는 을종방화문을 설치할 것

③ 출입구의 유효너비는 0.9m 이상으로 하고 피난의 방향으로 열수 있을 것

section 4 화재조사

1. 화재조사의 의의

화재조사는 소방기본법(제29조 ~ 제33조)에 근거한 화재원인과 화재로 인한 피해를 조사하는 것으로 화재가 어떻게 발생하여 연소확대 되었으며, 어느 정도의 인적·물적피해를 발생시켰는가?"를 밝히는 행위로서 화재원인조사와 피해조사로 구분하고 있다. 화재의 조사결과는 유사화재의 재발방지 및 널리 국민에게 화재의 실태를 알리고, 화재를 검토·분석하여 소방행정에 반영하기 위한 자료로 활용하고 있다.

2. 화재조사의 목적

① 화재원인을 규명하여 예방행정자료로 활용

② 화재에 의한 피해를 알리고, 유사화재의 재발 방지와 피해 경감에 이바지

③ 연소확대원인을 규명하여 예방 및 진압대책상 자료로 활용

④ 화재의 발생상황, 원인, 손해상황 등을 통계화함으로서 널리 소방정보를 수집하고 소방행정시책의 자료로 활용

⑤ 사상자의 발생 원인과 방화관리상황 등을 규명하여 예방 및 진압대책상 자료로 활용

3. 화재조사의 법적 근거

(1) 소방기본법

제29조(화재의 원인 및 피해 조사)

소방청장, 소방본부장 또는 소방서장은 화재가 발생하였을 때에는 화재의 원인 및 피해 등에 대한 조사(이하 "화재조사"라 한다)를 하여야 한다.

제30조(출입조사 등)

소방청장, 소방본부장 또는 소방서장은 화재조사를 하기 위하여 필요하면 관계인에게 보고 또는 자료 제출을 명하거나 관계 공무원으로 하여금 관계 장소에 출입하여 화재의 원인과 피해의 상황을 조사하거나 관계인에게 질문하게 할 수 있다.

제31조(수사기관에 체포된 사람에 대한 조사)

소방청장, 소방본부장 또는 소방서장은 수사기관이 방화(放火) 또는 실화(失火)의 혐의가 있어서 이미 피의자를 체포하였거나 증거물을 압수하였을 때에 화재조사를 위하여 필요한 경우에는 수사에 지장을 주지 아니하는 범위에서 그 피의자 또는 압수된 증거물에 대한 조사를 할 수 있다.

제32조(소방공무원과 국가경찰공무원의 협력 등)

소방공무원과 국가경찰공무원은 화재조사를 할 때에 서로 협력하여야 한다.

제33조(소방기관과 관계 보험회사의 협력)

소방본부, 소방서 등 소방기관과 관계 보험회사는 화재가 발생한 경우 그 원인 및 피해상황을 조사할 때 필요한 사항에 대하여 서로 협력하여야 한다.

(2) 소방기본법 시행규칙

제11조(화재의 원인 및 피해 조사)

화재조사는 규정에 의한 장비를 활용하여 소화활동과 동시에 실시되어야 한다.
※ 화재조사 시점은 각지(접수)서부터 개시(시작)된다

4. 화재조사의 특징

소방기관에서 행하는 화재조사는 주로 화재발생 현장에서 증거물과 자료를 수집·보존하며 신속하고도 정밀과학적으로 이루어져야 하며, 조사목적 달성을 위해서는 관계인에 대한 강제성을 띠고 조사활동을 행한다. 화재조사의 특징은 다음과 같다.

① 현장성을 갖는다.

② 신속성을 유지해야한다.

③ 정밀과학성을 요구한다.

④ 보존성을 갖는다.

⑤ 안전성이 보호되어야 한다.

⑥ 강제성을 지닌다.

⑦ 프리즘식으로 진행된다.

5. 용어의 개념정의

화재조사와 관련된 용어는 화재조사 및 보고규정에서 다음과 같이 개념을 정의하고 있다.

1) 화재란 사람의 의도에 반하거나 고의에 의해 발생하는 연소 현상으로서 소화시설 등을 사용하여 소화할 필요가 있거나 또는 화학적인 폭발현상을 말한다.

2) 조사란 화재원인을 규명하고 화재로 인한 피해를 산정하기 위하여 자료의 수집, 관계자 등에 대한 질문, 현장확인, 감식, 감정 및 실험 등을 하는 일련의 행동을 말한다.

3) 감식이란 화재원인의 판정을 위하여 전문적인 지식, 기술 및 경험을 활용하여 주로 시각에 의한 종합적인 판단으로 구체적인 사실관계를 명확하게 규명하는 것을 말한다.

4) 감정이란 화재와 관계되는 물건의 형상, 구조, 재질, 성분, 성질 등 이와 관련된 모든 현상에 대하여 과학적 방법에 의한 필요한 실험을 행하고 그 결과를 근거로 화재원인을 밝히는 자료를 얻는 것을 말한다.

5) 조사관이란 화재조사업무를 수행하는 소방공무원을 말한다.

6) 관계자 등 이란 소방기본법에 의한 관계인과 화재의 발견자, 통보자, 초기 소화자 및 기타 조사 참고인을 말한다.

7) 발화란 열원에 의하여 가연물질에 지속적으로 불이 붙는 현상을 말한다.

8) 발화열이란 발화의 최초원인이 된 불꽃 또는 열을 말한다.

9) 발화지점이란 화재가 발생한 부위를 말한다.

10) 발화장소란 화재가 발생한 장소를 말한다.

11) **동력원** ⋯ 발화관련 기기나 제품을 작동 또는 연소시킬 때 사용 되어진 연료 또는 에너지를 말한다.

12) 최초착화물이란 발화열원에 의해 불이 붙고 이 물질을 통해 제어하기 힘든 화세로 발전한 가연물을 말한다.

13) 연소확대물이란 연소가 확대되는데 있어 결정적 영향을 미친 가연물을 말한다.

14) 재구입비란 화재 당시의 피해물과 같거나 비슷한 것을 재건축(설계 감리비를 포함한다) 또는 재취득하는데 필요한 금액을 말한다.

15) 내용연수란 고정자산을 경제적으로 사용할 수 있는 연수를 말한다.

16) 손해율이란 피해물의 종류, 손상 상태 및 정도에 따라 피해액을 적정화시키는 일정한 비율을 말한다.

17) 잔가율이란 화재 당시에 피해물의 재구입비에 대한 현재가의 비율을 말한다

18) 최종잔가율이란 피해물의 경제적 내용연수가 다한 경우 잔존하는 가치의 재구입비에 대한 비율을 말한다.

19) 화재현장이란 화재가 발생하여 소방대 및 관계자 등에 의해 소화활동이 행하여지고 있는 장소를 말한다.

20) 상황실이란 소방관서 또는 소방기관에서 화재 · 구조 · 구급 등 각종 소방상황을 접수 · 전파 처리 등의 업무를 행하는 곳을 말한다.

6. 화재의 소실정도에 따른 분류

구분	소실정도
전소	건물의 70%이상(입체면적에 대한 비율을 말한다)이 소실되었거나 또는 그 미만이라도 잔존부분을 보수하여도 재사용이 불가능 한 것
반소	건물의 30%이상 70%미만이 소실된 것
부분소	전소 또는 반소화재에 해당되지 아니하는 화재를 말한다.

7. 긴급상황보고 해당여부에 따른 분류

화재조사 및 보고규정에 의거 조사활동 중 본부장 또는 서장이 소방청장에게 긴급상황을 보고하여야 할 화재는 대형화재, 중요화재, 특수화재로 분류하고 있다.

구분	내용
대형화재	① 인명피해가 사망 5명이상이거나 사상사 10명이상 발생화재 ② 재산피해 50억원 이상 추정되는 화재
중요화재	① 관공서, 학교, 정부미도정공장, 문화재, 지하철, 지하구 등 공공건물 및 시설의 화재 ② 관광호텔, 고층건물, 지하상가, 시장, 백화점, 대량위험물을 제조 · 저장 · 취급하는 장소, 대형화재취약대상 및 화재경계지구의 화재 ③ 이재민 100명 이상 발생화재
특수화재	① 철도, 항구에 매어둔 외항선, 항공기, 발전소 및 변전소의 화재 ② 특수사고, 방화 등 화재원인이 특이하다고 인정되는 화재 ③ 외국공관 및 그 사택의 화재 ④ 기타 대상이 특수하여 사회적 이목이 집중될 것으로 예상되는 화재

8. 발화원인에 따른 분류

발화원인에 따라 실화, 방화, 천재발화, 자연발화, 원인불상으로 분류하고 있다.

① 실화는 과실에 의해 화재를 발생시켜 물질을 훼손시키는 것으로 부주의에 의한 행위에 의해 화재에 이른 것을 의미한다.

② 방화는 손해목적 등 고의에 의해 화재에 이른 것을 의미한다.

③ 천재발화는 지진, 낙뢰 등에 의해 화재에 이른 것을 의미한다.

④ 자연발화는 산화 및 마찰열 등에 의해 화재에 이른 것과, 가연성의 물질 또는 혼합물이 외부에서의 가열 없이, 단지 내부의 반응열 축적만으로 발화점에 도달하여 화재에 이른 것을 의미한다.

⑤ 원인불상은 ①~④ 이외의 원인에 의해 화재에 이른 것을 의미한다.

9. 부상정도에 의한 분류

화재와 관련하여 인명피해(부상)가 발생하였을 경우 다음과 같이 분류하고 있다. 사상자라 함은 화재현장에서 사망 또는 부상당한 사람을 말한다.

사망자		부상을 당한 후 3일(72시간 내) 사망한 경우
부상자	중상	부상을 당한 후 3주이상의 입원치료 필요한 경우
	경상	중상 이외의 부상(입원치료를 필요로 하지 않는 것도 포함)

10. 화재의 조사 분류(범위)

화재조사는 원인조사(발화원)와 피해조사(인적·물적피해)로 구분하여 진행되며, 특히 피해조사는 화재 당시를 기준하여 현금으로 환산하여 피해액을 산정한다. 화재조사 및 보고규정 제3조(조사구분 및 범위)에서 규정한 화재조사는 화재원인조사와 화재피해조사로 구분하고 그 범위는 다음과 같다.

1) 화재원인조사

① 발화원인 조사 ⋯ 발화지점, 발화열원, 발화요인, 최초착화물 및 발화관련기기 등

② 발견, 통보 및 초기소화상황 조사 ⋯ 발견동기, 통보 및 초기소화 등 일련의 행동과정

③ 연소상황 조사 ⋯ 화재의 연소경로 및 연소확대물, 연소확대사유 등

④ 피난상황 조사 ⋯ 피난경로, 피난상의 장애요인 등

⑤ 소방·방화시설 등 조사 ⋯ 소방·방화시설의 활용 또는 작동 등의 상황

2) 화재피해조사

① 인명피해

    ㉠ 화재로 인한 사망자 및 부상자

    ㉡ 화재진압 중 발생한 사망자 및 부상자

② 재산피해

    ㉠ 소실피해 : 열에 의한 탄화, 용융, 파손 등의 피해

    ㉡ 수손피해 : 소화활동으로 발생한 수손피해 등

    ㉢ 기타피해 : 연기, 물품반출, 화재중 발생한 폭발 등에 의한 피해 등

3) 화재의 직접피해와 간접피해 범위

화재피해는 직접피해와 간접피해로 다음과 같이 구분하여 조사를 실시한다.

직접피해	인적피해	사상자(사망자, 부상자)
	소화피해	수손피해
	소손피해	열 또는 연기로 인한 피해
	기타피해	대피 또는 물품반출(이동)등에 의한 피해
간접피해	휴업에 의한 피해	
	복구 등에 의한 피해	
	현장 정리비	
	사업(기타 업무)중단 피해, 정신적 피해, 신용의 하락 피해	

11. 화재조사의 주체(조사책임)

① 소방(방재ㆍ안전ㆍ재난)본부장 또는 소방서장은 관할구역 내의 화재에 대하여 조사를 하여야 한다.

② 운행 중인 차량, 선박, 항공기에서 발생한 화재는 소화활동을 행한 장소를 관할하는 소방본부장 또는 소방서장에게 조사책임이 있다.

12. 화재조사자의 권한과 의무

(1) 화재조사 권한

① 화재의 원인조사 및 피해조사권

② 출입조사권

③ 보고 또는 자료제출 명령권

④ 질문권

⑤ 수사기관에 체포된 사람에 대한 조사권

(2) 화재조사 시의 의무 사항

① 출입 시 증표제시 의무

② 관계인의 정당한 업무방해 금지

③ 화재조사 수행과정에서 알게 된 비밀누설 금지

④ 경찰공무원과 보험회사와의 협력의무

⑤ 화재조사 결과 방화 또는 실화의 혐의가 있다고 인정하면 지체 없이 관할 경찰서장에게 그 사실을 알리고 필요한 증거를 수집·보존하여 그 범죄수사 협력의무

(3) 관계자에 대한 질문 시 유의사항

① 질문을 할 때에는 시기, 장소 등을 고려하여 피질문자의 임의진술을 얻도록 하여야 한다.

② 질문을 할 때에는 기대나 희망하는 진술내용을 얻기 위하여 상대방에게 암시하는 등의 방법으로 유도하여서는 아니 된다.

③ 소문 등에 의한 사항은 그 사실을 직접 경험한 사람의 진술을 얻도록 하여야 한다.

④ 관계자 등에 대한 질문 사항은 질문기록서에 작성하여 그 증거를 확보한다.

(4) 위반에 관한 벌칙

화재재조사자의 정당한 법 집행 과정에서 관계자의 업무방해·출입조사거부·기피한자와 화재조사과정에서 취득한 비밀(정보)를 누설하였을 경우 소방기본법 제30조(벌칙)에 의거 다음과 같이 처벌된다.

① 화재조사를 하는 관계 공무원은 관계인의 정당한 업무를 방해하거나 화재조사를 수행하면서 알게 된 비밀을 다른 사람에게 누설하였을 경우 300만 원 이하의 벌금에 처하도록 명시하고 있다.

② 관계 공무원의 출입 또는 조사를 거부·방해 또는 기피한 자에게는 200만 원 이하의 벌금에 처하도록 명시하고 있다.

③ 명령을 위반하여 보고 또는 자료 제출을 하지 아니하거나 거짓으로 보고 또는 자료 제출을 한 자에게는 200만 원 이하의 과태료를 부과시키도록 명시하고 있다.

13. 화재상황 보고

화재상황보고는 최초보고, 중간보고, 최종보고로 구분하여 보고한다.

① **최초보고** ··· 선착대가 화재현장 도착즉시 현장지휘관 책임 하에 화재의 규모, 인명피해 발생여부, 건물구조 개요 등을 보고

② **중간보고** … 최초보고 후 화재상황의 진전에 따라 연소 확대 여부, 인명구조 활동 상황, 진화활동상황, 재산피해내역 및 화재원인 등을 수시 보고

③ **최종보고** … 화재종료직후 최초보고 및 중간보고를 취합하여 보고

14. 화재현장의 주간조사

감식 등 화재현장조사는 주간에 실시하는 것을 원칙으로 한다. 다만, 화재당시, 화재대상물에 대한 기본현황 조사, 관계자에 대한 질문조사 또는 본부장이나 서장이 긴급하게 조사할 필요가 있다고 판단한 사항에 대하여는 그러하지 아니하다.

15. 화재조사 전담부서 설치

소방기본법시행규칙 제12조(화재조사전담부서의 설치·운영 등)에서 화재의 원인과 피해 조사를 위하여 소방청, 시·도의 소방본부와 소방서에 화재조사를 전담하는 부서를 설치·운영하도록 명시하고 있다. 또한 화재조사 및 보고규정에서 화재조사의 원인감식과 피해조사의 전문화 및 업무의 연구발전을 위하여 소방(방재·안전·재난)본부(이하 "소방본부"라 한다)와 소방서에 화재조사 전담부서를 설치 운영토록 하고 있다.

1) 화재조사전담부서 장의 업무

① 화재조사의 총괄·조정

② 화재조사의 실시

③ 화재조사의 발전과 조사요원의 능력향상에 관한 사항

④ 화재조사를 위한 장비의 관리운영에 관한 사항

2) 화재조사전담부서 화재조사관(자)의 자격

① 소방청장이 실시하는 화재조사에 관한 시험에 합격한 자로 하여금 화재조사를 실시하도록 하여야 한다. 다만, 화재조사에 관한 시험에 합격한 자가 없는 경우에는 소방공무원 중 소방·건축·가스·전기·위험물분야 자격증을 취득한 자 또는 소방공무원으로서 화재조사분야에서 1년 이상 근무한 자로 하여금 화재조사를 실시하도록 할 수 있다.

② 소방교육기관(중앙·지방소방학교 및 시·도에서 설치·운영하는 소방교육대를 말한다. 이하 같다)에서 12주 이상 화재조사에 관한 전문교육을 이수한 자

③ 국립과학수사연구원 또는 외국의 화재조사관련 기관에서 12주 이상 화재조사에 관한 전문교육을 이수한 자

16. 화재조사의 공식발표

화재조사의 공식적 발표는 화재를 과학적·합리적으로 원인을 규명한 경우, 출화원인·연소확대 원인·사상자의 발생원인·손해정도 등을 발표하는 것은 국민에게 위험에 대한 주의를 환기시키고, 유사화재의 재발을 방지하는 등 소방행정에 큰 공헌을 할 수 있는 바람직한 행정행위이다. 그러나 공식적 발표에 있어서는 다음과 같은 것에 대해 특히 배려할 필요가 있다.

① 명예 및 사생활 존중공식발표 시 헌법에 보장되어 있는 기본적 인권의 일종인 명예 및 사생활을 존중해야 한다.

② 공소 유지·재판에 대한 영향화재를 포함한 각종 재해는 형법상·행정법상의 범죄를 구성할 가능성을 충분히 포함하고 있고, 공식발표에 의해서 영향을 미치는 것도 배려를 요한다.

③ 민사불개입의 원칙민사상 물의를 야기시킬 위험이 있는 사항의 발표는 어려움이 있고, 행정효과와 대조·비교하여 공식발표의 여부를 신중히 판단해야 한다.

17. 화재조사서류의 보존

서장은 작성된 화재조사서류(사진포함)를 문서로 기록하고 전자기록 등 영구보존방법에 따라 보존하여야 한다.

18. 화재증명원의 발급

① 서장은 민원인이 화재증명원의 발급을 신청하면 화재증명원발급대장에 기록을 한 후 화재증명원을 발급하여야 한다(관공서, 공공기관·단체, 보험사에서 공문으로 발급을 요청시 공용 발급할 수 있다).

② 서장은 화재피해자로부터 소방대가 출동하지 아니한 화재장소의 화재증명원 발급요청이 있는 경우 조사관 또는 조사자로 하여금 사후 조사를 실시하게 할 수 있다. 이 경우 민원인이 제출한 화재사후 조사의뢰서의 내용에 따라 발화장소 및 발화지점의 현장이 보존되어 있는 경우에만 조사를 하며, 화재현장출동보고서의 작성은 생략할 수 있다.

③ 서장 조사결과 화재로 인정될 경우 화재증명원을 발급하여야 한다.

④ 화재증명원의 발급시 재산피해 및 인명피해에 대하여 기재(조사중인 경우는 "조사중"으로 기재한다)한다(다만, 재산피해내역은 금액을 기재하지 아니하며 피해물건만 종류별로 구분하여 기재한다)

⑤ 민원인으로부터 화재증명원 교부신청을 받은 서장은 화재발생장소 관할지역에 관계없이 화재발생장소 관할소방서로부터 화재사실을 확인받아 화재증명원을 교부할 수 있다.

19. 화재건수의 산정

1건의 화재란 1개의 발화점으로부터 확대된 것으로 발화부터 진화까지를 말하며, 다음의 경우에는 예외에 해당한다.

① 동일범이 아닌 각기 다른 사람에 의한 방화, 불장난은 동일 대상물에서 발화했더라도 각각 별건의 화재로 한다.

② 동일 소방대상물의 발화점이 2개소 이상 있는 다음의 화재는 1건의 화재로 한다.
  ㉠ 누전점이 동일한 누전에 의한 화재
  ㉡ 지진, 낙뢰 등 자연현상에 의한 다발화재

③ 관할구역이 2개소이상 걸친 화재인 경우, 화재 범위가 2이상의 관할구역에 걸친 화재에 대해서는 발화 소방대상물의 소재지를 관할하는 소방서에서 1건의 화재로 한다.

20. 발화일시 결정

발화일시의 결정은 관계자의 화재발견상황통보(각지)시간 및 화재발생 건물의 구조, 재질 상태와 화기취급 등의 상황을 종합적으로 검토하여 결정한다.
☞ 다만, 각지시간은 소방관서에 최초로 신고된 시점을 말하며, 화재가 자체진화 등의 사후각지 화재로 그 결정이 곤란한 경우에는 발생시간을 추정할 수 있다.

21. 소실면적 산정

건축물의 소실면적 산정은 소실 바닥면적으로 산정한다.
☞ 다만, 화재피해 범위가 건물의 6면 중 2면 이하인 경우에는 6면 중의 피해면적의 합에 5분의 1을 곱한 값을 소실면적으로 한다.

22. 건축물의 동수산정

① 주요구조부가 하나로 연결되어 있는 것은 1동으로 한다.
  다만, 건널 복도 등으로 2이상의 동에 연결되어 있는 것은 그 부분을 절반으로 분리하여 각 동으로 본다)

② 건물의 외벽을 이용하여 실을 만들어 헛간, 목욕탕, 작업실, 사무실 및 기타 건물 용도로 사용하고 있는 것은 주건물과 1동으로 본다.

③ 구조에 관계없이 지붕 및 실이 하나로 연결되어 있는 것은 동일동으로 본다.

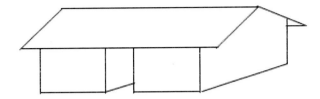

④ 목조 또는 내화조 건물의 경우 격벽으로 방화구획이 되어 있는 경우도 동일동으로 한다.

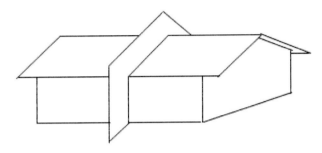

⑤ 독립된 건물과 건물 사이에 차광막, 비막이 등의 덮개를 설치하고 그 밑을 통로 등으로 사용하는 경우는 별동으로 한다.
   ※ 작업장과 작업장 사이에 조명유리 등으로 비막이를 설치하여 지붕과 지붕이 연결되어 있는 경우

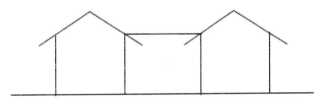

⑥ 내화조 건물의 옥상에 목조 또는 방화구조 건물이 별도 설치되어 있는 경우는 별동으로 한다. 다만, 이들 건물의 기능상 하나인 경우(옥내 계단이 있는 경우)는 동일 동으로 한다.

⑦ 내화조 건물의 외벽을 이용하여 목조 또는 방화구조건물이 별도 설치되어 있고 건물 내부와 구획되어 있는 경우 별동으로 한다. 다만, 주된 건물에 부착된 건물이 옥내로 출입구가 연결되어 있는 경우와 기계설비 등이 쌍방에 연결되어 있는 경우 등 건물 기능상 하나인 경우는 동일동으로 본다.

23. 세대수산정

세대수의 산정은 거주와 생계를 함께 하고 있는 사람들의 집단 또는 하나의 가구를 구성하여 살고 있는 독신자로서 자신의 주거에 사용되는 건물에 대하여 재산권을 행사할 수 있는 사람을 1세대로 한다.

24. 화재피해액 산정기준

화재로 인한 모든 피해물의 피해액 산정은 재건축비 또는 재취득가격에서 사용기간 감가를 하는 방식에 의한다.

> **POINT** 화재피해액 산정 공식
>
> 화재피해액 = 재구입(재건축비 또는 재취득가격)가격 − 사용기간 감가수정액
>
> −일부 수선 또는 수리의 경우, 재건축비 또는 재취득가격은 수선비 또는 수리비가 된다.
>
> −피해물의 경과연수가 불분명한 경우 : 그 자산의 구조, 재질 또는 관계자 및 참고인의 진술 기타 관계 자료 등을 토대로 객관적인 판단을 하여 경과연수를 정한다.
>
> 예 건축물의 피해액산정 신축단가(㎡당)×소실면적 × [1 − (0.8 × 경과년수/내용년수)] × 손해율」의 공식에 의하되, 신축단가는 한국감정원이 최근 발표한 '건물신축단가표'에 의한다.

02 소화전술

소화의 기본원리

(1) 소화의 정의

① 가연물질이 산화반응에 의해 열과 빛을 내는 연소현상, 즉 화재를 발화온도 이하로 낮추거나 산소의 공급을 차단시키거나 가연물질을 화재 현장으로부터 제거하는 등의 조치를 취하여 연소의 연쇄반응을 차단·억제시키는 것이다.

② **초기소화와 본격소화설비** … 초기소화란 화재시 관계인 등이 20여분 이내에 할 수 있는 1차적 소화이고, 본격소화란 소방대원이 화재현장에 출동하여 본격적으로 소화할 수 있는 소화설비를 말한다.
 ㉠ 초기소화설비 : 소화기구, 옥내·옥외 소화전설비, 스프링클러설비, 물분무등소화설비, 강화액소화설비 등
 ㉡ 본격소화설비 : 소화용수설비, 소화활동설비, 비상용 엘리베이터 등

(2) 소화의 원리

화재가 발생하려면 연소의 3요소인 가연물, 점화원, 산소공급원이 구비되어야 한다. 그러나 3요소 중 1가지만 없어도 연소가 진행되지 않으며, 연소의 3요소에 연쇄반응이 더해 지면 연소의 4요소가 된다. 이 중 1가지 이상 차단하는 것이 소화의 원리이며, 소화 방법은 냉각, 질식, 제거, 억제소화가 있다.

소화방법(냉각·질식·제거·부촉매 효과)별 소화수단

(1) 냉각소화법

연소되고 있는 가연물질 또는 주위의 온도를 활성화 에너지 이하로 냉각시켜 소화하는 방법이다.

① **고체물질을 이용한 냉각소화**
 ㉠ 가스버너 화염에 철망을 대면 상부의 불꽃은 차츰 꺼지게 되는데 이것은 철망에 의해 열을 빼앗겨 냉각소화가 이루어진 것이다.
 ㉡ 튀김기름에 불이 붙을 때 채소류를 넣어 온도를 낮추는 것도 냉각소화에 속한다.

② **주수에 의한 냉각소화** … 목재 등과 같이 분해연소를 하는 물질에 물을 주입하면 목재 자체의 냉각으로 소화된다.
 ㉠ 물은 다른 소화제에 비해 비열과 잠열이 커서 주위의 열을 흡수하는 냉각효과가 크다.

ⓛ 유류화재 시 연소면의 확대, 전기화재 시 감전유발, 칼륨, 나트륨, 카바이트 등의 물질과 는 격렬한 반응을 일으킨다.

③ **이산화탄소 소화약제에 의한 냉각소화** … 이산화탄소 소화약제 방출시 -78.5℃ 이하가 되므로 연소열을 쉽게 빼앗을 수 있으며, 또한 비중이 1.52로 낮게 체류하여 소화한다. 이는 전역방출식의 경우 피복효과에 의한 냉각과 질식이 가능하다

(2) 질식소화법

연소물에 산소를 차단 또는 산소 농도를 15% 이하로 억제함으로써 화재를 소화하는 방법이다. 그러나 산소를 함유하는 물질의 연소, 즉 셀룰로이드와 같은 자기연소성 물질 등에는 적합하지 않다.

① **불연성 기체로 연소물을 덮는 방법** … 불연성 기체 또는 증기를 연소물 위에다 뿌리면 이 기체가 연소물 위를 덮어 주위로부터 산소의 공급을 차단하는 방법이다. 이산화탄소, 할로겐화합물 소화약제가 주로 이용된다.

② **불연성 포로 연소물을 덮는 방법** … 점도가 높고 부착성과 안정성이 양호하며 바람 등의 영향이 적은 거품을 이용하여, 연소면을 덮어 산소를 차단하는 방법이다. 화학포, 단백포, 계면활성제포, 수성막포, 내알코올성포 등이 이용된다.

③ **불연성 고체로 연소물을 덮는 방법** … 젖은 이불, 모래, 흙 등을 이용하여 소화한다.

(3) 제거소화법

연소의 4요소 중에 가연물질의 공급을 차단 또는 안전한 장소로 이동시켜 더 이상 연소가 진행되지 않도록 하는 소화방법이다.

(4) 소화대상별 표시

구분	색상	소화대상
A급	백색바탕+흑색글씨	목재, 종이 등
B급	노랑바탕+흑색글씨	휘발유, 아세톤 등
C급	청색바탕+흑색글씨	변압기, 변전실, 통전중인 전기제품 등

section 3 소방전술

(1) 소방전술의 기본원칙

① **신속대응의 원칙** … 화재를 신속히 발견하고, 출동하여 대응한다면 피해가 확대되기 전에 진화할 수 있다는 것이다. 이 원칙은 화재뿐만 아니라 구조·구급 등 비상업무 전반에 두루 적용되는 일반원칙이다

② **인명구조 최우선의 원칙** … 인명구조 및 인명 검색을 최우선으로 한다. 사람의 생명은 무엇보다 소중하므로 다소 재산피해를 감소하더라도 인명보호를 최우선과제로 삼아야 한다.

③ **선착대 우선의 원칙** … 화재현장에 가장 먼저 도착한 소방대의 주도적인 역할을 존중한다는 원칙이다. 단, 선착대는 후착대의 진입을 방해하지 않도록 유의하여야 하며 후착대는 선착대의 소방활동에 지장을 주어서는 아니 된다.

④ **포위공격의 원칙**(화점포위의 원칙 : 포위가 어려운 경우 소방호스를 연장시켜 포위) … 소방대가 화재의 전후좌우, 상하에서 입체적으로 공격하거나 방어하는 방안을 강구해야 한다. 이는 화재를 한 방향에서 공격 시 다른 방향으로 화재가 확대되는 것을 막을 수 있는 원칙이다. 다만, 화재의 윗부분이나 바람이 불어오는 방향 등 화재가 급격히 확대되는 쪽은 소방관 손실의 위험이 있으므로 연소확대 저지에 그쳐야 한다.

⑤ **중점주의 원칙**(화세에 비해 소방력이 부족한 경우 중요 시설 중점 방어) … 화세에 비추어 소방력이 부족하여 불가피한 경우에는 가장 피해가 적을 것으로 판단되는 부분의 희생을 감수하더라도 보다 중요한 부분을 집중적으로 방어해야 한다는 수세적 원칙이다. 화재는 초기에 대량의 소방력을 투입하여 일거에 진압하는 것이 바람직하지만 소방력이 충분하지 못한 경우 발생하는 특수 및 대형화재에는 중점주의가 적용될 수 있다.

(2) 소방전술과 소방대

1) 소방전술

① **공격전술** … 화재의 진압을 목적으로 하는 것으로 소방력이 화세보다 우세할 때 직접 방수 등의 방법에 의해 일시에 소화하는 것으로 소방력을 화점에 집중적으로 발휘하게 하는 것이다.

② **수비전술** … 소방력이 화세보다 약한 경우 화면을 포위하고 방수 등에 의하여 화세를 저지하는 것을 의미하며 소방대가 현장 도착 후 화세가 소방력보다 우세한 경우에는 먼저 수비전술을 취하고 공격전술로 전환한다.

　　🔘 비화경계, 대형화재 시 풍하냉각, 위험물 탱크화재 시 인접

2) 현장 소방대

① **선착대의 임무** … 화재는 시간의 경과와 함께 시시각각으로 상황이 변화하고 있으며 초기의 화재방어 활동에는 정확하고 신속한 대응이 요구된다. 따라서 선착대는 화재상황을 신속하게 파악하여 긴급성이 요구되는 임무부터 처리하여야 한다. 특히 선착대는 화재현장에 가장 가까운 소방서(파출소)의 부대이며 지역의 실정에도 정통하므로 화재방어 활동 초기의 가장 중요한 임무를 담당한다.

선착대 활동의 원칙은 다음과 같다

㉮ 인명검색 · 구조활동 우선

㉯ 연소위험이 가장 큰 방면을 포위 부서

㉰ 화점 직근의 소방용수시설을 점유

㉱ 사전 경방계획을 충분히 고려하여 행동

㉲ **신속한 상황보고 및 정보제공** : 신속히 화재상황 등을 파악하여 지휘자 및 상황실에 보고하고 후착대에게 적극적으로 정보를 제공한다. 필요한 경우 조기에 소방력 응원을 요청한다.
  ㉠ **재해의 실태** : 건물구조, 화점, 연소범위, 출입구 등의 상황
  ㉡ **인명위험** : 요구조자의 유무
  ㉢ **소방활동상 위험요인** : 위험물, 폭발물, 도괴위험 등
  ㉣ **확대위험** : 연소경로가 되는 장소 등 화세의 진전상황

② **후착대의 의무** … 일반적으로 후착대가 현장에 도착할 시점에는 선착대가 화재진압활동을 개시한 후이다. 따라서 후착대는 선착대의 활동을 보완 또는 지원해야 한다. 후착대는 다음 사항에 유의할 필요가 있다.

㉮ **선착대와 적극적으로 연계하여 인명구조 활동 등 중요임무의 수행을 지원한다.**
  ㉠ **비화경계** : 창문이나 문 등 개부부는 폐쇄하여 옥내로 불티가 들어가는 것을 방지하고, 불붙기 쉬운 물질을 옥내 등 안전한 장소로 옮기며, 물통 등을 활용하기 쉬운 장소로 준비하는 활동
  ㉡ **수손방지** : 소화용수 사용으로 인한 손해를 방지하는 활동
  ㉢ **급수증계**

㉯ 화재의 방어는 선착대가 진입하지 않은 담당면, 연소건물 또는 연소건물의 인접건물을 우선한다.

㉰ 방어 필요가 없는 경우는 지휘자의 명령에 의해 급수, 비화경계, 수손방지 등의 특정임무를 적극적으로 수행한다.

㉱ 화재 및 화재진압상황을 정확하게 파악하고 과잉파괴 행동 등 불필요한 활동은 하지 않는다.

(3) 소화전술의 분류

① 포위전술 … 화재는 사방으로 확대되기 때문에 포위하여 관창을 배치 · 진압한다. 출동 초기부터 차량으로 포위하고 만약 소방대의 배치가 한 쪽 방향으로 치우친 경우에는 호스선으로 포위한다.

② 블록전술 … 주로 인접건물로의 화재 확대방지를 위해 적용하는 전술형태로 블록의 4방면 중 확대가 가능한 면을 동시에 방어하는 전술이다

③ 중점전술 … 화세에 비해 소방력이 부족하거나 천재지변 등으로 전체 화재현장을 모두 통제할 수 없는 경우 화재발생장소 주변에 사회적, 경제적 혹은 소방상 중요한 시설 또는 대상물이 있는 경우 이곳에 중점을 두어 진압 또는 천재지변 등 보통의 전술로는 진압이 곤란한 경우의 전술이다. 예컨대 대폭발 등으로 다수의 인명보호를 위하여 피난로, 피난예정지 확보작전 등을 통해 중점적으로 방어하는데 사용된다.

④ 집중전술 … 부대가 집중하여 일시에 진화하는 작전으로 예컨대 위험물 옥외저장탱크 화재 등에 사용된다.

section 4 소방활동

(1) 소방활동의 절차

1) 상황판단

출동전(소방특별조사, 경방조사, 지수리 검사), 출동중, 현장상황파악

① 소방특별조사 … 소방청장, 소방본부장 또는 소방서장은 관할구역에 있는 소방대상물, 관계지역 또는 관계인에 대하여 소방시설등이 소방 관계 법령에 적합하게 설치 · 유지 · 관리되고 있는지, 소방대상물에 화재, 재난 · 재해 등의 발생 위험이 있는지 등을 확인하기 위하여 관계 공무원으로 하여금 소방안전관리에 관한 소방특별조사를 하게 할 수 있다.

② 경방조사 … 기기나 재료의 성능에는 영향을 미치지 않는 작거나 적은 변경의 조사이다 예컨 대 소방대상물이나 관계 지구역의 위치, 구조, 용도배치, 방화구획, 제연구획, 피난계획 등에 관한 사항 등이다

③ 지수리 검사 … 소방대상물의 화재 시 화재를 신속하게 대처하고 인명 및 재산의 피해를 최 소화 하기 위한 지리와 수리의 조사 및 검사

2) 강제진입

3) 진화

4) 인명구조

5) 연소확대방지

6) 장비통제

7) 사다리전개

8) 재산보호

9) 화재조사

10) 환기

11) 응급조치

12) 지휘

(2) 소방활동의 법적 근거

1) 긴급조치권

① 강제처분권자 ··· 소방본부장, 소방서장, 소방대장

② 강제처분의 방법 ··· 일시 사용

2) 우선조치권

① 우선통행방지금지

② 소방자동차

 ㉠ 화재진압, 구조 · 구급활동, 훈련 시 사이렌 사용가능

 ㉡ 위급한 상황이 발생한 현장에 신속하게 출동하기 위하여 긴급한 때에는 일반적인 통행에 사용하지 아니하는 도로, 빈터, 또는 물 위로 통행할 수 있음

③ 현장활동권

 ㉠ 설정권자 : 소방대장

 ㉡ 출입할 수 있는 사람

  ⓐ 소방활동구역 안에 있는 소방대상물의 소유자 · 관리자 또는 점유자

    ⓑ 전기 · 가스 · 수도 · 통신 · 교통의 업무에 종사하는 사람으로서 원활한 소방활동을 위하여 필 요 한 사람

    ⓒ 의사 · 간호사 그 밖의 구조 · 구급업무에 종사하는 사람

    ⓓ 취재인력 등 보도업무에 종사하는 사람

    ⓔ 수사업무에 종사하는 사람

    ⓕ 그 밖에 소방대장이 소방활동을 위하여 출입을 허가한 사람

section 5 화재진압

(1) 화재진압 단계별활동

1) 화재각지

연락을 받은 시점

2) 소방대의 출동

각지하고 소방대가 현장에 도착할 때까지

3) 현장도착

① 선착대(화재각지로부터 5분 이내 도착하는 출동대)
    ㉠ 인명검색 및 구조활동 우선시함
    ㉡ 연소위험이 가장 큰 방면에 포위 부서
    ㉢ 화점 근처의 수방용수시설을 점령
    ㉣ 사전 경방계획을 충분히 고려하여 행동
    ㉤ 재해실태, 인명위험, 소방활동상 위험요인, 확대위험 등을 신속히 상황보고 및 정보제공

② 후착대
    ㉠ 인명구조활동 등 중요임무 수행을 지원
    ㉡ 화재방어는 인접건물 및 선착대가 진입하지 않는 곳을 우선
    ㉢ 금속 및 비화경계, 수손방지 등의 업무 수행
    ㉣ 불필요한 파괴는 하지 않음

4) 상황판단

5) 인명구조

6) 수관연장

연장순서는 사다리, 파괴기 운반, 호스연장 순

7) 노즐배치

8) 파괴활동

9) 방수활동

10) 진압활동

연기가 충만하기 쉬운 건축물 화재에서는 급기측으로 부터의 진입이 원칙이다

11) 잔화처리

12) 소방활동설비의 활용

(2) 지휘소위치잡기

지휘소 선정 시 고려사항

1) 발화건물을 가장 잘 볼 수 있는 곳

2) 주변지역을 가장 잘 볼 수 있는 곳

3) 소방대원이 쉽게 발견할 수 있는 눈에 잘 띄는 곳

4) 안전한 곳

5) 차량 이동과 작전에 방해되지 않는 곳

6) 출동대 활동을 관찰할 수 있는 곳

7) 각종 통신활용, 보고 연락 등 부대의 지휘운영이 용이한 곳

(3) 현장안전 관리

인명검색시의 안전행동지침

1) 낮은 자세를 유지한다.

2) 항상 벽을 따라서 움직여야 한다.

3) 사전에 검색경로를 설정하여야 하는 것이 안전하다.
   ※ 건축물의 화재 시 천장, 벽, 바닥, 지붕 순으로 위험도를 숙지하여야 한다.

(4) 대피요령

1) 비상구 및 계단 등 개구부를 통하여 대피할 때에는 반드시 문을 닫고 대피하여 불길과 연기의 확산을 지연시킨다.

2) 연기 속을 통과할 때에는 수건 등을 물에 적셔서 입과 코를 막고 낮은 자세로 대피한다.

3) 승강기는 화재 발생 층에서 열리거나 정전으로 멈추어 안에 갇힐 우려가 있고 엘리베이터통로 자체가 굴뚝 역할을 함으로서 질식할 우려가 있기 때문에 엘리베이터를 이용해서는 아니된다.

4) 문손잡이가 뜨겁거나 문틈에서 연기가 새어 들어오면 백드래프트의 징조이므로 함부로 문을 개방해서는 아니 된다. 이는 이미 문밖에 불이 번져 있거나 유독가스가 있다는 증거이므로 문을 열어서는 안된다.

03 소방시설론

section 1 소방시설의 개념 및 종류

소방시설이란 화재예방, 소방시설 설치·유지 및 안전관리에 관한 법률에서 소화설비, 경보설비, 피난설비, 소화용수설비, 소화활동설비로 규정하고 있다. 소방시설을 설치하는 궁극적 목적은 화재 발생 시 특정소방대상물에 있는 사람과 재산을 보호하는데 있다. 화재예방, 소방시설 설치·유지 및 안전관리에 관한 법률 시행령 제3조(소방시설)별표1에서 소방시설의 종류별 개념과 종류를 다음과 같이 구분하고 있다.

1. 소화설비 개념 및 종류

소화설비란 물 또는 그 밖의 소화약제를 사용하여 소화하는 기계·기구 또는 설비를 말한다.

> **POINT** 소방시설은 소화설비, 경보설비, 피난설비, 소화용수설비, 소화활동설비로 나누어진다.
> ㉠ **소화설비**: 물 또는 그 밖의 소화약제를 사용하여 소화하는 기계·기구 또는 설비
> ㉡ **경보설비**: 화재발생 사실을 통보하는 기계·기구 또는 설비
> ㉢ **피난설비**: 화재가 발생할 경우 피난하기 위하여 사용하는 기구 또는 설비
> ㉣ **소화용수설비**: 화재를 진압하는 데 필요한 물을 공급하거나 저장하는 설비
> ㉤ **소화활동설비**: 화재를 진압하거나 인명구조활동을 위하여 사용하는 설비

(1) 소화설비

물 또는 그 밖의 소화약제를 사용하여 소화하는 기계·기구 또는 설비

가. 소화기구	1) 소화기 2) 간이소화용구 : 에어로졸식 소화용구, 투척용 소화용구 및 소화약제 외의 것을 이용한 간이소화용구 3) 자동확산소화기
나. 자동소화장치	1) 주거용·상업용 주방자동소화장치 2) 캐비닛형·가스·분말·고체에어로졸식 자동소화장치
다. 옥내소화전설비	호스릴옥내소화전설비를 포함한다
라. 스프링클러설비등	1) 스프링클러설비 2) 간이스프링클러설비(캐비닛형 간이스프링클러설비를 포함) 3) 화재조기진압용 스프링클러설비
마. 물분무등소화설비	1) 물분무소화설비 2) 미분무소화설비 3) 포소화설비 4) 이산화탄소소화설비 5) 할로겐화합물소화설비 6) 청정소화약제소화설비 7) 분말소화설비 8) 강화액소화설비 9) 고체에어로졸 소화설비
바. 옥외소화전설비	

(2) **경보설비**

화재발생 사실을 통보하는 기계 · 기구 또는 설비

가. 단독경보형 감지기

나. 비상경보설비

    ㉠ 비상벨설비

    ㉡ 자동식사이렌설비

다. 시각경보기

라. 자동화재탐지설비

마. 비상방송설비

바. 자동화재속보설비

사. 통합감시시설

아. 누전경보기

자. 가스누설경보기

※ 누전차단기는 해당사항 없음

(3) **피난구조설비**

화재가 발생할 경우 피난하기 위하여 사용하는 기구 또는 설비

가. 피난기구

    ㉠ 피난사다리

    ㉡ 구조대

    ㉢ 완강기

    ㉣ 소방청장이 정하여 고시하는 화재안전기준으로 정하는 것

나. 인명구조기구

    ㉠ 방열복, 방화복(안전헬멧, 보호장갑 및 안전화를 포함한다)

    ㉡ 공기호흡기

    ㉢ 인공소생기

다. 유도등

    ㉠ 피난유도선

    ㉡ 피난구유도등

    ㉢ 통로유도등

    ㉣ 객석유도등

◎ 유도표지

라. 비상조명등 및 휴대용비상조명등

(4) 소화용수설비

화재를 진압하는 데 필요한 물을 공급하거나 저장하는 설비

가. 상수도소화용수설비

나. 소화수조 · 저수조, 그 밖의 소화용수설비

(5) 소화활동설비

화재를 진압하거나 인명구조활동을 위하여 사용하는 설비

㉠ 제연설비
㉡ 연결송수관설비
㉢ 연결살수설비
㉣ 비상콘센트설비
㉤ 무선통신보조설비
㉥ 연소방지설비

---

section **2** 소화설비

1 소화기구

1. 소화기

소화기란 이산화탄소, 분말, 할로겐화합물 등의 소화약제와 가압할 수 있는 압축가스를 용기에 설치하여 압력에 의해 방사를 함으로서 화재 시 소화를 하는 기구를 말한다.

1) 소화능력단위에 의한 분류

① 소형소화기는 능력단위 1단위 이상, 대형소화기 능력단위 미만인 소화기

② 대형소화기는 화재 시 쉽게 운반할 수 있도록 운반대와 바퀴가 설치되어 있고, 능력단위 A급 10단위 이상, B급 20단위 이상인 소화기

POINT 대형소화기 약제량
- ㉠ 기계포소화기 20리터
- ㉡ 강화액 소화기 60리터
- ㉢ 물 소화기 80리터
- ㉣ 분말소화기 20킬로그램
- ㉤ 할로겐화합물소화기 30킬로그램
- ㉥ 이산화탄소소화기 50 킬로그램

2) 가압방식에 의한 분류

소화약제를 방출하는 가압가스(가압원) 저장방식에 따라 가압식소화기와 축압식소화기기로 구분한다.

① 가압식소화기는 소화약제와 가압가스(이산화탄소, 질소)를 분리해서 설치한다. 즉 용기 내에 가압용 가스용기를 별도로 설치하므로 가스가 누설되지 않기 때문에 압력게이지가 설치되지 않는다. 최초 방출 후 약제를 정지시킬 수 없는 단점이 있는 소화기이다.

② 축압식소화기는 용기내에 소화약제와 가압가스(질소)를 함께 설치한다. 즉 용기 내에 가압용 가스용기를 별도로 설치하지 않기 때문에 가스가 누설될 수 있으므로 압력게이지가 설치된다(사용범위 : 7.0 ~ 9.8kg/㎠). 최초 약제를 방출 후 약제를 정지시킬 수 있다(손잡이를 누를 때만 약제 방출).

③ 가압식소화 기와 축압식소화기의 모양과 내부구조의 단면은 아래 그림과 같이 비교된다.

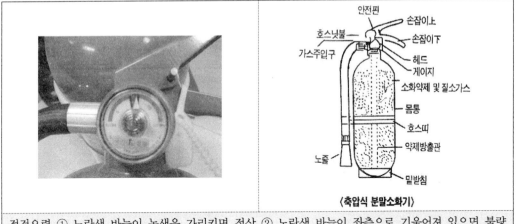

〈축압식 분말소화기〉

점검요령 ① 노란색 바늘이 녹색을 가리키면 정상 ② 노란색 바늘이 좌측으로 기울어져 있으면 불량 (충전요) ③ 노란색 바늘이 우측으로 기울어져 있어도 가용가능(과 충전)

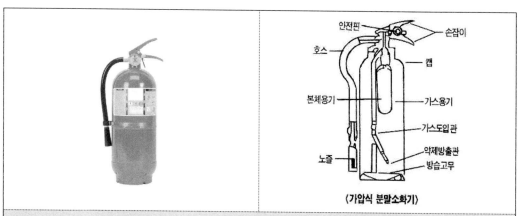

〈가압식 분말소화기〉

점검요령 ① 소화기를 거꾸로 들어 귀에다 갔다 대었을 경우 모래가 떨어지는 것과 같은 쏴하는 소리가 들리면 정상 ② 소화기를 거꾸로 들어 귀에다 갔다 대었을 경우 돌이 떨어지는 것과 둔탁한 소리가 들리면 약제가 굳은 상태로 사용불가

3) 작동방식에 의한 분류

소화약제가 방출되는 방식은 수동식과 자동식이 있다. 물이나 소화약제를 방출하는 기구로 사람의 조작에 의해 소화하는 기구를 수동식소화기라 하며, 소화약제를 자동으로 방출하여 소화하는 기구를 자동식 소화기라 한다.

2. 간이소화용구

간이소화용구란 에어로졸식 소화용구, 투척용 소화용구 및 소화약제 외의 것을 이용한 간이소화용구를 말한다. 간이 소화용구의 능력단위는 다음과 같다.

간이소화용구		능력단위
마른모래	삽을 상비한 50리터 이상의 것 1포	0.5단위
팽창질석 또는 팽창진주암	삽을 상비한 80리터이상의 것 1포	

3. 자동소화장치

자동소화장치란 소화약제를 자동으로 방사하는 고정된 소화장치로서 형식승인 받은 유효설치범위(설계방호체적, 최대설치높이, 방호면적 등을 말한다) 이내에 설치하여 소화하는 것으로 다음과 같은 종류가 있다.

① 주방용자동소화장치란 가연성가스 등의 누출을 자동으로 차단하며, 소화약제를 방사하여 소화하는 소화장치

② 캐비넷형자동소화장치란 열, 연기 또는 불꽃 등을 감지하여 소화약제를 방사하여 소화하는 캐비넷 형태의 소화장치

③ 가스식자동소화장치"란 열, 연기 또는 불꽃 등을 감지하여 가스계 소화약제를 방사하여 소화하는 소화장치

④ 분말식자동소화장치란 열, 연기 또는 불꽃 등을 감지하여 분말의 소화약제를 방사하여 소화하는 소화장치

⑤ 고체에어로졸식자동소화장치란 열, 연기 또는 불꽃 등을 감지하여 에어로졸의 소화약제를 방사하여 소화하는 소화장치

⑥ 자동확산소화장치란 화재 시 화염이나 열에 따라 소화약제가 확산하여 국소적으로 소화하는 소화장치

4. 소화기 설치 기준

소화기는 각층마다 설치하되 다음의 기준에 적합하게 설치하여야 한다.

① 소형소화기 … 보행거리 20미터 이내마다 설치

② 대형소화기 … 보행거리 30미터 이내마다 설치

③ 특정소방대상물의 각층이 2 이상의 거실로 구획된 경우 … ①②항외에 규정에 따라 각 층마다 설치하는 것 외에 바닥면적이 33㎡ 이상으로 구획된 각 거실(아파트의 경우에는 각 세대를 말한다)에도 설치

④ 능력단위가 2단위 이상이 되도록 소화기를 설치하여야 할 특정소방대상물 또는 그 부분에 있어서는 간이소화용구의 능력단위가 전체 능력단위의 2분의 1을 초과하지 아니하게 할 것(노유자시설의 경우에는 그렇지 않다)

⑤ 소화기에 있어서는 "소화기", 투척용소화용구에 있어서는 "투척용소화용구", 마른모래에 있어서는 "소화용모래", 팽창질석 및 팽창진주암에 있어서는 "소화질석"이라고 표시한 표지를 보기 쉬운 곳에 부착

5. 소화기 설치장소

① 거주자 등이 손쉽게 사용할 수 있는 장소에 비치

② 바닥으로부터 높이 1.5m 이하의 곳에 비치

③ 직사광선을 받지 않는 장소에 비치

④ 통행 및 피난에 지장이 없는 장소에 비치

⑤ 고온다습한 장소는 피하여 비치

⑥ 소화약제 동결, 변질 또는 분출한 우려가 없는 장소에 비치

⑦ 부식성 가스가 체류하지 않는 곳에 비치

⑧ 소화기 밑 부분과 바닥과의 간격을 이격시켜 비치

⑨ 충전압력이 정상인지를 확인하기 용이하게 비치

6. 소화기 사용온도 범위(적응성)

구분	온도(사용범위)
강화액소화기	-20℃이상 ~ 40℃이하
분말소화기	-20℃이상 ~ 40℃이하
기타소화기	0℃이상 ~ 40℃이하

7. 소화기 사용법

① 소화기를 불이 난 곳으로 옮긴다.

② 손잡이 부분의 안전핀을 뽑는다.

③ 호스(노즐)을 불쪽으로 향하게 한다(바람은 반드시 등지고 사용)

④ 손잡이를 움켜쥐고 빗자루로 쓸듯이 방사한다.

8. 소화기 외부 표기사항

소화기 본체 외부에 표기사항은 라벨 등에 의해 다음사항 등이 표기되어 있다.

① 제조사 명 및 형식승인번호

② 제조번호 및 제조 년월일

③ 소화약제 주성분 및 약제 용량(중량)

④ 사용방법 및 취급시 주의사항

⑤ 방사(방출)시간 및 방사(방출)거리

⑥ 용기 합격 및 중량표시

⑦ 능력단위

9. 소화기 능력단위 기준

특정소방대상물	소화기구의 능력단위
1. 위락시설	해당 용도의 바닥면적 30㎡ 마다 능력단위 1단위 이상
2. 공연장·집회장·관람장·문화재·장례식장 및 의료시설	해당 용도의 바닥면적 50㎡ 마다 능력단위 1단위 이상
3. 근린생활시설·판매시설·운수시설·숙박시설·노유자시설·전시장·공동주택·업무시설·방송통신시설·공장·창고시설·항공기 및 자동차 관련 시설 및 관광휴게시설	해당 용도의 바닥면적 100㎡ 마다 능력단위 1단위 이상
4. 그 밖의 것	해당 용도의 바닥면적 200㎡ 마다 능력단위 1단위 이상

② 옥내소화전설비

1. 개요

옥내소화전이란 소방대상물에서 화재가 발생한 초기에 관계자(소유자·관리자·점유자), 자위소방대원이 복도 등에 설치된 소화전함내 장치·기구를 조작하여 화재를 진압할 수 있도록 설치된 고정된 수동식 초기 진화용소화설비를 말한다.

2. 구성

옥내소화전은 수원, 가압송수장치, 배관, 옥내소화전함, 전원, 비상전원, 제어반, 연결송수구 등으로 구성되어 있다.

3. 정의

① **고가수조** … 구조물 또는 지형지물 등에 설치하여 자연낙차의 압력으로 급수하는 수조

② **압력수조** … 소화용수와 공기를 채우고 일정압력 이상으로 가압하여 그 압력으로 급수하는 수조

③ **충압펌프** … 배관내 압력손실에 따른 주펌프의 빈번한 기동을 방지하기 위하여 충압역할을 하는 펌프

④ **정격토출량** … 정격토출압력에서의 펌프의 토출량

⑤ **정격토출압력** … 정격토출량에서의 펌프의 토출측 압력

⑥ **진공계** … 대기압 이하의 압력을 측정하는 계측기

⑦ **연성계** … 대기압 이상의 압력과 대기압 이하의 압력을 측정할 수 있는 계측기

⑧ **체절운전** … 펌프의 성능시험을 목적으로 펌프토출측의 개폐밸브를 닫은 상태에서 펌프를 운전하는 것

⑨ **기동용수압개폐장치** … 소화설비의 배관내 압력변동을 검지하여 자동적으로 펌프를 기동 및 정지시키는 것으로서 압력챔버 또는 기동용압력스위치

⑩ **급수배관** … 수원 및 옥외송수구로부터 옥내소화전방수구에 급수하는 배관

⑪ **개폐표시형밸브** … 밸브의 개폐여부를 외부에서 식별이 가능한 밸브

⑫ **가압수조** … 원인 압축공기 또는 불연성 고압기체에 따라 소방용수를 가압시키는 수조

4. 설치대상

소방시설 적용대상 및 기준(4층 이상 설치)	
옥내 소화전	가. 가스시설 및 지하구 제외 나. 아파트·업무시설 또는 노유자시설에는 호스릴옥내소화전설비를 설치할 수 있다. 다. 설치대상 　(1) 연면적 3천제곱미터 이상(지하가중 터널을 제외한다)이거나, 지하층·무창층 또는 층수가 4층 이상인 층중 바닥면적이 600제곱미터 이상인 층이 있는 것은 전층 　(2) 지하가중 터널로서 길이가 1천미터 이상인 터널 　(3) 제(1)호에 해당하지 아니하는 근린생활시설·위락시설·판매시설 및 영업시설·숙박시설·노유자시설·의료시설·업무시설·통신촬영시설·공장·창고시설·운수자동차관련시설 및 복합건축물로서 연면적 1천5백제곱미터 이상이거나 지하층·무창층 또는 층수가 4층 이상인 층중 바닥면적이 300제곱미터 이상인 층이 있는 것은 전층 　(4) 건축물의 옥상에 설치된 차고 또는 주차장으로서 차고 또는 주차의 용도로 사용되는 부분의 면적이 200제곱미터 이상인 것 　(5) 제(1)호 및 제(3)호에 해당하지 아니하는 공장 또는 창고로서 소방기본법시행령 별표 2에서 정하는 수량의 750배 이상의 특수가연물을 저장·취급하는 것

5. 계통도

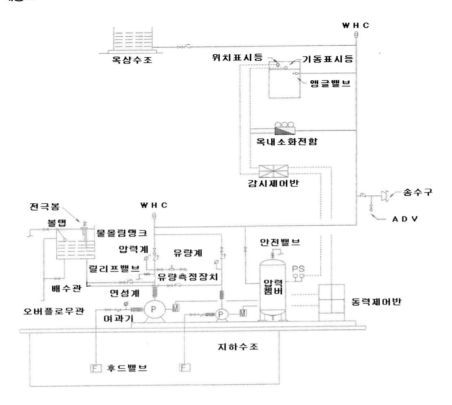

6. 기동방식에 의한 분류

옥내소화전은 펌프를 기동하는 방식에 따라 수동기동방식(ON-OFF)방식과 자동기동방식으로 구분하고 있다.

1) 수동기동방식(ON-OFF)방식

소화전을 사용할 때 소화수를 방출시키기 위해 펌프를 스위치로 기동시키는 방식을 말한다.

2) 자동기동방식

소화전에서 방수구를 열면 배관 내에 채워진 가압수가 방출되면서 압력이 감소하게 된다. 이와 같은 감압을 압력챔버에 부착된 압력스위치가 감지하여 펌프를 기동하는 방식을 말한자.

7. 구조원리

1) 수원 및 저수량

① 수원은 옥내소회전에 필요한 물을 저장하는 수조와 그 물의 양을 의미한다.

② 수원의 종류는 지하수조, 압력수조, 고가수조로 구분한다.

    ㉠ **옥상수조** : 비상용 수조 개념

    ㉡ **고가수조** : 가압송수장치의 개념

    ㉢ **공통점** : 모두 자연낙차를 이용한 소화수조 공급

③ 옥내소화전방수구의 설치개수가 가장 많은 층의 설치개수(설치개수가 5개를 넘는 경우는 5개로 한다.)에 2.6㎥을 곱한 양 이상이어야 한다.

③ 옥내소화전설비의 수원은 산출된 유효수량 외에 유효수량의 3분의 1이상을 옥상에 설치하여야 한다.

④ **옥상수조 설치하지 않아도 되는 경우**

    ㉠ 지하층 만 있는 건축물

    ㉡ 고가수조를 가압송수장치로 설치한 옥내소화전

    ㉢ 수원이 건축물의 지붕보다 높은 위치에 설치된 경우

    ㉣ 건축물의 높이가 지표면으로부터 10m 이하인 경우

    ㉤ 주펌프와 동등 이상의 성능이 있는 별도의 펌프로서 내연기관의 기동과 연동하여 작동되거나 비상전원을 연결하여 설치한 경우

    ㉥ 가압수조를 가압송수장치로 설치한 옥내소화전설비

⑤ 옥내소화전설비의 수원을 수조로 설치하는 경우에는 소방설비의 전용수조로 하여야 한다.

2) 가압송수장치 종류

  가압송수장치는 소화전에서 소화에 필요한 물을 압력을 가해서 보내는 장치를 말하며 고가수조방식·압력수조방식·펌프방식의 3가지가 있으나 대부분 펌프방식이 설치되고 있다.

① **고가수조방식** … 건축물의 옥상층 또는 최상층부의 옥내소화전함 보다 높은 위치에 설치하여 자연낙차의 수압을 이용하여 압력을 얻는 방식을 말한다. 수위계·배수관·오버플로우관·보급수관·맨홀 등으로 구성되며, 고가수조로부터 최상층 부분의 방수구 까지는 최소한 17m 이상의 낙차를 확보하여야 한다.

② **압력수조방식** … 대형 건축물에 설치되는 소화용수와 공기를 채우고 일정압력 이상으로 가압하여 압력으로 급수하는 방식을 말한다. 압력계·수위계·배수관·보급수관·급기관·안전장치·맨홀 및 공기압력을 유지하는 자동공기압축기 등으로 구성되고, 수조의 수량은 압력수조 부피의 2/3이하로 하여야 한다(1/3은 공기압축기에 의해 압축공기보급).

③ **펌프방식(가압송수장치)** … 가용용 펌프를 설치하여 펌프에 의해 가압수를 공급하는 방식으로 대부분의 특정소방대상물에 사용된다. 토출측에 압력계, 흡수측에 연성계 또는 진공계를 설치하며, 수원의 수위가 펌프보다 낮은 경우에는 물올림장치 등을 설치하도록 하고 있다.

3) 가압송수장치 설치기준

① 쉽게 접근할 수 있고 점검하기에 충분한 공간이 있는 장소로서 화재 및 침수 등의 재해로 인한 피해를 받을 우려가 없는 곳에 설치할 것

② 동결방지조치를 하거나 동결의 우려가 없는 장소에 설치할 것

③ 특정소방대상물의 어느 층에 있어서도 해당 층의 옥내소화전(5개 이상 설치된 경우에는 5개의 옥내소화전)을 동시에 사용할 경우 각 소화전의 노즐선단에서의 방수압력이 0.17 MPa(호스릴옥내소화전설비를 포함한다) 이상이고, 방수량이 130L/min(호스릴옥내소화전설비를 포함한다) 이상이 되는 성능의 것으로 할 것.

④ 펌프의 토출량은 옥내소화전이 가장 많이 설치된 층의 설치개수(옥내소화전이 5개 이상 설치된 경우에는 5개)에 130L/min를 곱한 양 이상이 되도록 할 것

⑥ 펌프는 전용으로 할 것.

⑦ 펌프의 토출 측에는 압력계를 체크밸브 이전에 펌프토출 측 플랜지에서 가까운 곳에 설치하고, 흡입 측에는 연성계 또는 진공계를 설치할 것.

⑧ 가압송수장치에는 정격부하운전 시 펌프의 성능을 시험하기 위한 배관을 설치할 것.

⑨ 가압송수장치에는 체절운전 시 수온의 상승을 방지하기 위한 순환배관을 설치할 것.

⑩ 기동장치로는 기동용수압개폐장치 또는 이와 동등 이상의 성능이 있는 것을 설치할 것.

⑪ 기동용수압개폐장치(압력챔버)를 사용할 경우 그 용적은 100L 이상의 것으로 할 것

⑫ 수원의 수위가 펌프보다 낮은 위치에 있는 가압송수장치에는 물올림장치를 설치할 것
물올림장치에는 전용의 탱크를 설치하고, 탱크의 유효수량은 100L 이상으로 하되, 구경 15mm 이상의 급수배관에 따라 해당 탱크에 물이 계속 보급되도록 할 것

⑬ 가압송수장치에는 "옥내소화전펌프"라고 표시한 표지를 할 것.

⑭ 가압송수장치가 기동이 된 경우에는 자동으로 정지되지 아니하도록 하여야 한다.

8. 수조

옥내소화전설비용 수조설치기준은 다음과 같다.

① 점검에 편리한 곳에 설치할 것

② 동결방지조치를 하거나 동결의 우려가 없는 장소에 설치할 것

③ 수조의 외측에 수위계를 설치할 것. 다만, 구조상 불가피한 경우에는 수조의 맨홀 등을 통하여 수조 안의 물의 양을 쉽게 확인할 수 있도록 하여야 한다.

⑤ 수조의 상단이 바닥보다 높은 때에는 수조의 외측에 고정식 사다리를 설치할 것

⑥ 수조가 실내에 설치된 때에는 그 실내에 조명설비를 설치할 것

⑦ 수조의 밑 부분에는 청소용 배수밸브 또는 배수관을 설치할 것

⑧ 수조의 외측의 보기 쉬운 곳에 "옥내소화전설비용 수조"라고 표시한 표지를 할 것.

⑨ 옥내소화전펌프의 흡수배관 또는 옥내소화전설비의 수직배관과 수조의 접속부분에는 "옥내소화전설비용 배관"이라고 표시한 표지를 할 것.

9. 배관 등

펌프의 성능은 체절운전 시 정격토출압력의 140%를 초과하지 아니하고, 정격토출량의 150%로 운전 시 정격토출압력의 65% 이상이 되어야 하며, 펌프의 성능시험배관 설치기준은 다음과 같다.

① 성능시험배관은 펌프의 토출측에 설치된 개폐밸브 이전에서 분기하여 설치하고, 유량측정장치를 기준으로 전단 직관부에 개폐밸브를 후단 직관부에는 유량조절밸브를 설치할 것

② 유량측정장치는 성능시험배관의 직관부에 설치하되, 펌프의 정격토출량의 175% 이상 측정할 수 있는 성능이 있을 것

③ 가압송수장치의 체절운전 시 수온의 상승을 방지하기 위하여 체크밸브와 펌프사이에서 분기한 구경 20㎜ 이상의 배관에 체절압력 미만에서 개방되는 릴리프밸브를 설치하여야 한다.

10. 제어반

1) 감시제어반의 기능

① 각 펌프의 작동여부를 확인할 수 있는 표시등 및 음향경보기능이 있어야 할 것

② 각 펌프를 자동 및 수동으로 작동시키거나 중단시킬 수 있어야 할 것

③ 비상전원을 설치한 경우에는 상용전원 및 비상전원의 공급여부를 확인할 수 있어야 할 것

④ 수조 또는 물올림탱크가 저수위로 될 때 표시등 및 음향으로 경보할 것

⑤ 각 확인회로(기동용수압개폐장치의 압력스위치회로 · 수조 또는 물올림탱크의 감시회로를 말한다)마다 도통시험 및 작동시험을 할 수 있어야 할 것

⑥ 예비전원이 확보되고 예비전원의 적합여부를 시험할 수 있어야 할 것

2) 감시제어반 설치

옥내소화전설비에는 제어반을 설치하되, 감시제어반과 동력제어반으로 구분하여 설치하여야 한다.

① 화재 및 침수 등의 재해로 인한 피해를 받을 우려가 없는 곳에 설치할 것

② 감시제어반은 옥내소화전설비의 전용으로 할 것.
(다만, 옥내소화전설비의 제어에 지장이 없는 경우에는 다른 설비와 겸용할 수 있다).

③ 감시제어반은 다음의 기준에 따른 전용실안에 설치할 것

    ㉠ 다른 부분과 방화구획을 할 것

    ㉡ 피난층 또는 지하 1층에 설치할 것

    ㉢ 비상조명등 및 급·배기설비를 설치할 것

    ㉣ 바닥면적은 감시제어반의 설치에 필요한 면적 외에 화재 시 소방대원이 그 감시제어반의 조작에 필요한 최소면적 이상으로 할 것

④ 옥내소화전설비의 경우에는 감시제어반과 동력제어반으로 구분하여 설치하지 아니할 수 있다.

    ㉠ 비상전원의 규정에 해당하지 아니하는 특정소방대상물에 설치되는 옥내소화전설비

    ㉡ 내연기관에 따른 가압송수장치를 사용하는 옥내소화전설비

    ㉢ 고가수조에 따른 가압송수장치를 사용하는 옥내소화전설비

    ㉣ 가압수조에 따른 가압송수장치를 사용하는 옥내소화전설비

11. 방수구의 설치제외 장소

불연재료로 된 특정소방대상물 또는 그 부분으로서 다음 각 호의 어느 하나에 해당하는 곳에는 옥내소화전 방수구를 설치하지 아니할 수 있다.

① 냉장창고 중 온도가 영하인 냉장실 또는 냉동창고의 냉동실

② 고온의 노가 설치된 장소 또는 물과 격렬하게 반응하는 물품의 저장 또는 취급 장소

③ 발전소·변전소 등으로서 전기시설이 설치된 장소

④ 식물원·수족관·목욕실·수영장(관람석 부분을 제외한다) 또는 그 밖의 이와 비슷한 장소

⑤ 야외음악당·야외극장 또는 그 밖의 이와 비슷한 장소

12. 옥내소화전함 등

옥내소화전함 등의 설비는 다음의 기준에 따라 설치하여야 한다.

1) 재질 및 기준

① 재질은 두께 1.5mm이상의 강판 또는 두께 4mm이상으로하고 방식(부식방지)처리

② 문짝의 면적은 0.5㎡이상으로 하고 그 표면에 소화전이라고 표시와 사용요령을 기재한 표지판(외국어 병기)을 붙여야 한다.

2) 방수구

옥내소화전방수구는 다음 각 호의 기준에 따라 설치하여야 한다.

① 특정소방대상물의 층마다 설치하되, 해당 특정소방대상물의 각 부분으로부터 하나의 옥내소화전방수구까지의 수평거리가 25m(호스릴옥내소화전설비를 포함한다) 이하가 되도록 할 것. (복층형 구조의 공동주택의 경우에는 세대의 출입구가 설치된 층에만 설치할 수 있다).

② 바닥으로부터의 높이가 1.5m 이하가 되도록 할 것

③ 호스는 구경 40㎜(호스릴옥내소화전설비의 경우에는 25㎜) 이상의 것으로서 특정소방대상물의 각 부분에 물이 유효하게 뿌려질 수 있는 길이로 설치할 것

④ 호스릴옥내소화전설비의 경우 그 노즐에는 노즐을 쉽게 개폐할 수 있는 장치를 부착할 것

⑤ 방수구 설치 제외 장소
   ㉠ 냉장창고 중 온도가 영하인 냉장실 또는 냉동창고의 냉동실
   ㉡ 고온의 노가 설치된 장소 또는 물과 격렬하게 반응하는 물품의 저장 또는 취급 장소
   ㉢ 발전소·변전소 등으로서 전기시설이 설치된 장소
   ㉣ 식물원·수족관·목욕실·수영장(관람석 부분을 제외한다) 또는 그 밖의 이와 비슷한 장소
   ㉤ 야외음악당·야외극장 또는 그 밖의 이와 비슷한 장소

3) 표시등

① 위치표시등은 옥내소하전함의 상부에 설치

② 불빛은 부착면으로부터 15°이상의 범위 안에서 부착지점으로부터 10이내의 곳에서 식별가능

③ 위치표시등은 적색으로 점등

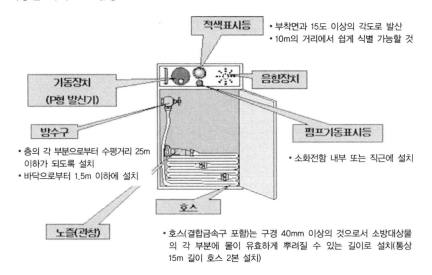

4) 송수구

옥내소화전설비에는 소방차로부터 그 설비에 송수할 수 있는 송수구를 다음 각 호의 기준에 의하여 설치하여야 한다.

① 송수구는 소방차가 쉽게 접근할 수 있는 잘 보이는 장소에 설치하되 화재층으로부터 지면으로 떨어지는 유리창 등이 송수 및 그 밖의 소화작업에 지장을 주지 아니하는 장소에 설치할 것

② 송수구로부터 주 배관에 이르는 연결배관에는 개폐밸브를 설치하지 아니할 것. 다만, 스프링클러설비 · 물분무소화설비 · 포소화설비 또는 연결송수관 설비의 배관과 겸용하는 경우에는 그러하지 아니하다.

③ 지면으로부터 높이가 0.5m 이상 1m 이하의 위치에 설치할 것

④ 구경 65㎜의 쌍구형 또는 단구형으로 할 것

⑤ 송수구의 가까운 부분에 자동배수밸브(또는 직경 5㎜의 배수공) 및 체크밸브를 설치할 것.

⑥ 송수구에는 이물질을 막기 위한 마개를 씌울 것

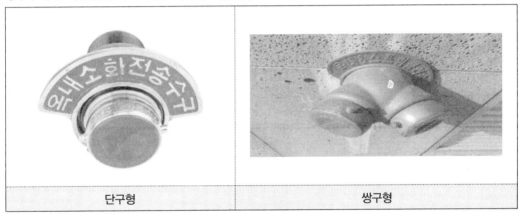

단구형	쌍구형

❸ 스프링클러

스프링클러설비는 화재가 발생하면 방호구역에 설치된 감지기 또는 헤드가 화재를 감지하고 일정 이상의 온도에 이르게 되면 헤드가 개방되어 소화수가 방사됨으로서 자동적으로 화재를 진압하게 된다. 따라서 수동으로 작동하여 소화하는 옥내소화전과 구별된다. 가장 많이 사용되는 방식인 습식스프링클러설비의 구조와 작동원리를 살펴보면, 배관의 1차측과 2차측은 가압수로 채워져 있고, 말단은 폐쇄형헤드가 설치되어 있다. 또한 초기 스프링클러의 오작동에 의한 피해를 줄이기 위해 리타딩 체임버(retarding chamber)를 설치하였다. 리타딩체임버는 오동작 방지, 안전밸브의 역할, 배관 및 압력스위치의 손상보호 등의 역할을 한다.

(1) 스프링클러 용어의 정의

1) "개방형스프링클러헤드"란 감열체 없이 방수구가 항상 열려져 있는 스프링클러헤드를 말한다.

2) "폐쇄형스프링클러헤드"란 정상상태에서 방수구를 막고 있는 감열체가 일정온도에서 자동적으로 파괴·용해 또는 이탈됨으로써 방수구가 개방되는 스프링클러헤드를 말한다.

3) "조기반응형헤드"란 표준형스프링클러헤드 보다 기류온도 및 기류속도에 조기에 반응하는 것을 말한다.

4) "측벽형스프링클러헤드"란 가압된 물이 분사될 때 헤드의 축심을 중심으로 한 반원상에 균일하게 분산시키는 헤드를 말한다.

5) "건식스프링클러헤드"란 물과 오리피스가 분리되어 동파를 방지할 수 있는 스프링클러헤드를 말한다.

6) "유수검지장치"란 습식유수검지장치(패들형을 포함한다), 건식유수검지장치, 준비작동식유수검지장치를 말하며 본체내의 유수현상을 자동적으로 검지하여 신호 또는 경보를 발하는 장치를 말한다

7) "일제개방밸브"란 개방형스프링클러헤드를 사용하는 일제살수식 스프링클러설비에 설치하는 밸브로서 화재발생시 자동 또는 수동식 기동장치에 따라 밸브가 열려지는 것을 말한다.

8) "습식스프링클러설비"란 가압송수장치에서 폐쇄형스프링클러헤드까지 배관 내에 항상 물이 가압되어 있다가 화재로 인한 열로 폐쇄형스프링클러헤드가 개방되면 배관 내에 유수가 발생하여 습식유수검지장치가 작동하게 되는 스프링클러설비를 말한다.

9) "부압식스프링클러설비"란 가압송수장치에서 준비작동식유수검지장치의 1차측까지는 항상 정압의 물이 가압되고, 2차측 폐쇄형 스프링클러헤드까지는 소화수가 부압으로 되어 있다가 화재 시 감지기의 작동에 의해 정압으로 변하여 유수가 발생하면 작동하는 스프링클러설비를 말한다

10) "준비작동식스프링클러설비"란 가압송수장치에서 준비작동식유수검지장치 1차 측까지 배관 내에 항상 물이 가압되어 있고 2차 측에서 폐쇄형스프링클러헤드까지 대기압 또는 저압으로 있다가 화재발생시 감지기의 작동으로 준비작동식유수검지장치가 작동하여 폐쇄형스프링클러헤드까지 소화용수가 송수되어 폐쇄형스프링클러헤드가 열에 따라 개방되는 방식의 스프링클러설비를 말한다.

11) "건식스프링클러설비"란 건식유수검지장치 2차 측에 압축공기 또는 질소 등의 기체로 충전된 배관에 폐쇄형스프링클러헤드가 부착된 스프링클러설비로서, 폐쇄형스프링클러헤드가 개방되어 배관내의 압축공기 등이 방출되면 건식유수검지장치 1차 측의 수압에 의하여 건식유수검지장치가 작동하게 되는 스프링클러설비를 말한다.

12) "일제살수식스프링클러설비"란 가압송수장치에서 일제개방밸브 1차 측까지 배관 내에 항상 물이 가압되어 있고 2차 측에서 개방형스프링클러헤드까지 대기압으로 있다가 화재발생시 자동감지장치 또는 수동식 기동장치의 작동으로 일제개방밸브가 개방되면 스프링클러헤드까지 소화용수가 송수되는 방식의 스프링클러설비를 말한다.

13) "반사판(디프렉타)"이란 스프링클러헤드의 방수구에서 유출되는 물을 세분시키는 작용을 하는 것을 말한다.

⑵ 스프링클러의 종류

가. 습식

1) 가장 일반적인 스프링클러설비로서 1차측에 가압수가 충수되어 있으며, 유수검지장치로는 Alarm 밸브를 사용한다.

2) 화재가 발생하여 헤드가 개방되면 2차측에 물이 방수된다. 이때 Alarm 밸브가 개방되어 1차측에 가압수가 2차측으로 유입하여 방사되는 설비이다.

나. 건식

1) 주로 난방이 되지 않는 대공간에 설치하는 스프링클러설비로서 1차측에는 가압수가 2차측에는 Air-compressor를 이용한 압축공기가 충전되어 있으며 유수검지장치는 Dry 밸브를 사용한다.

2) 화재가 발생하여 헤드가 개방되면 2차측 압축공기가 방출되며, 이때 건식밸브가 개방되어 1차측의 가압수가 2차측으로 유입되어 방사되는 설비이다.

다. 준비작동식

1) 난방이 되지 않는 옥내에 설치하는 스프링클러설비로서 1차측에는 가압수가 2차측에는 대기압상태로 폐쇄형 헤드가 설치되어 있으며, 일제개방밸브로는 Preaction 밸브를 사용한다.

2) 화재가 발생하면 먼저 감지기 동작에 의해 Solenoid밸브가 기동되고 이로 인하여 Preaction밸브가 개방된다. 이때 1차측의 가압수가 2차측으로 유입되고, 이후 헤드가 열에 의해 개방되면 유입된 물이 방사되는 설비이다.

라. 일제살수식(일제개방식)

1) 초기화재에 신속하게 대처하여야 하는 장소에 설치하는 스프링클러설비로서 1차측에는 가압수가 2차측에는 대기압상태로 개방형 헤드가 설치되어 있으며, 일제개방밸브로는 Deluge 밸브를 사용한다.

2) 화재가 발생하면 먼저 감지기 동작에 의해 Solenoid 밸브가 기동되고 이로 인하여Deluge 밸브가 개방되면 1차측의 가압수가 2차측으로 유입되어 해당 방호구역의 전 헤드에서 방사되는 설비이다.

(3) 스프링클러별 장단점

구분	장점	단점	적용장소
습식	1. 다른 스프링클러설비보다 구조가 간단하고 공사비가 저렴하다. 2. 다른 방식에 비해 유지 관리가 용이하다. 3. 헤드 개방 시 즉시 살수가 개시된다.	1. 동결의 우려가 있는 장소에는 사용이 제한된다. 2. 헤드 오동작시에는 수손의 피해가 크다. 3. 층고가 높을 경우 헤드의 개방이 지연되어 초기화재에 대처할 수 없다.	1. 난방이 되는 장소로서 층고가 높지 않은 장소 예 사무실, 옥내판매장, 숙박업소 등
건식	1. 동결의 우려가 있는 장소에도 사용이 가능하다. 2. 옥외에서도 사용이 가능하다.	1. 공기압축 및 신속한 개방을 위한 부대설비가 필요하다. 2. 압축공기가 전부 방출된 후에 살수가 개시되므로 살수 개시까지의 시간이 지연된다. 3. 화재 초기에는 압축공기가 방출되므로(산소를 공급하는 결과)화재를 촉진시킬 수 있다.	1. 난방이 되지 않는 옥내·외의 대규모 장소 2. 배관 및 헤드 설치장소에 전원 공급이 불가능한 장소 예 동결의 우려가 있는 장소, 대단위 창고, 옥외창고 등
준비 장동식	1. 동결의 우려가 있는 장소에도 사용이 가능하다. 2. 헤드가 개방되기 전에 경보가 발생하므로 조기에 조치가 가능하다. 3. 평상시 헤드가 오동작되어도 수손의 우려가 없다.	1. 감지장치로 자동화재탐지설비를 별도로 설치하여야 한다. 2. 일반헤드의 경우에는 상향형으로만 사용하여야 한다.(하향형의 경우 배수가 되지 않아 불가 함)	1. 난방이 되지 않는 옥내의 장소 예 로비부분, 주차장, 공장, 창고 등
일제 살수식	1. 밸브 개방 시 즉시 살수가 되므로 초기화재시 신속하게 대처할 수 있다. 2. 층고가 높은 경우에도 적용할 수 있다.	1. 대량의 급수체계가 필요하다. 2. 광범위하게 살수가 되므로 수손에 의한 피해가 크다. 3. 감지장치를 별도로 설치하여야 한다.	1. 천장이 높아서 폐쇄형 헤드가 작동하기 곤란한 장소 2. 화재가 발생하면 순간적으로 연소 확대가 우려되어 초기에 대량의 주수가 필요한 장소 예 무대부, 위험물저장소, 페인트 공장 등

　　　　㉠ **습식** : 배관 내부의 물이 화재발생 지역의 스프링클러 헤드의 개방으로 소화된다.

　　　　㉡ **건식** : 배관 내에 압축공기, 또는 질소 등이 방출되고 스프링클러 헤드에서 물이 방수된다.

　　　　㉢ **준비작동식** : 배관에 공기 또는 압축공기가 채워져 있는데 화재발생시 화재탐지설비가 동작하여, 가압된 물을 배관으로 보내고 스프링클러가 개방되면 물이 살포된다.

　　　　• 수손피해가 예상되는 곳에 적당하다.

　　　　• 동결피해가 예상되는 곳에 헤드개방의 오동작에 의한 피해를 방지할 수 있다.

　　　　• 별도의 화재감지 설비가 필요하므로 구조가 복잡하고 초기설치 비용이 많이 든다.

　　　　• 일제살수식 : 스프링클러 헤드를 개방형으로 설치해 화재 발생 시 물이 살포된다.

　　　　• 화재초기에 대량의 물 방수가 가능하여 위험물의 연소 화재에 적합하다.

　　　　㉣ **건식 및 준비작동식 조합** : 가압공기의 주입으로 소화 시에 공기배출과 함께 방수되며, 설비의 신뢰도 가 더욱 높아져 수손피해를 줄일 수 있다.

　　　　㉤ **스프링클러 헤드**

　　　　• 물이 분사되는 방향에 따라 상향형, 하향형, 벽에 다는 측벽형이 있다.

　　　　• 개방형 스프링클러가 아닐 경우 유리구가 일정온도에서 녹아 방수된다.

　　　　　a. 개방형(특수한 장소에 설치) : 일제살수식

　　　　　b. 폐쇄형(일반적 장소에 설치) : 습식, 건식, 준비작동식

　　　　㉥ **연기 또는 열 감지기와 같이 쓰이는 스프링클러** : 준비작동식 스프링클러, 일제살수식 스프링클러, 부압 식 스프링클러

④ 간이스프링클러

1. 설치대상

1) 근린생활시설로 사용하는 부분의 바닥면적 합계가 1천㎡ 이상인 것은 모든 층

2) 교육연구시설 내에 합숙소로서 연면적 100㎡ 이상인 것

3) 의료시설 중 정신의료기관 또는 요양병원으로서 다음의 어느 하나에 해당하는 시설

　가) 요양병원(정신병원과 의료재활시설은 제외한다)으로 사용되는 바닥면적의 합계가 600㎡ 미만인 시설

　나) 정신의료기관 또는 의료재활시설로 사용되는 바닥면적의 합계가 300㎡ 이상 600㎡ 미만인 시설

　다) 정신의료기관 또는 의료재활시설로 사용되는 바닥면적의 합계가 300㎡ 미만이고, 창살(철재·플라스틱 또는 목재 등으로 사람의 탈출 등을 막기 위하여 설치한 것을 말하며, 화재 시 자동으로 열리는 구조로 되어 있는 창살은 제외한다)이 설치된 시설

4) 노유자시설로서 다음의 어느 하나에 해당하는 시설

　가) 제12조제1항제6호에 따른 시설(이하 이 표에서 "노유자 생활시설"이라 한다)

　나) 가)에 해당하지 않는 노유자시설로 해당 시설로 사용하는 바닥면적의 합계가 300㎡ 이상 600㎡ 미만인 시설

다) 가)에 해당하지 않는 노유자시설로 해당 시설로 사용하는 바닥면적의 합계가 300㎡ 미만이고, 창살(철재·플라스틱 또는 목재 등으로 사람의 탈출 등을 막기 위하여 설치한 것을 말하며, 화재 시 자동으로 열리는 구조로 되어 있는 창살은 제외한다)이 설치된 시설

5) 건물을 임차하여 「출입국관리법」 제52조제2항에 따른 보호시설로 사용하는 부분

6) 숙박시설 중 생활형 숙박시설로서 해당 용도로 사용되는 바닥면적의 합계가 600㎡ 이상인 것

7) 복합건축물(별표 2 제30호 나목의 복합건축물만 해당한다)로서 연면적 1천㎡ 이상인 것은 모든 층

2. 용어의 정의

1. "간이헤드"란 폐쇄형헤드의 일종으로 간이스프링클러설비를 설치하여야 하는 특정소방대상물의 화재에 적합한 감도·방수량 및 살수분포를 갖는 헤드를 말한다.

2. "충압펌프"란 배관 내 압력 손실에 따른 주펌프의 빈번한 기동을 방지하기 위하여 압력을 보충하는 역할을 하는 펌프를 말한다.

3. "고가수조"란 구조물 또는 지형지물 등에 설치하여 자연낙차 압력으로 급수하는 수조를 말한다.

4. "압력수조"란 소화용수와 공기를 채우고 일정압력 이상으로 가압하여 그 압력으로 급수하는 수조를 말한다.

5. "가압수조"란 가압원인 압축공기 또는 불연성 고압기체에 따라 소방용수를 가압시키는 수조를 말한다.

6. "진공계"란 대기압 이하의 압력을 측정하는 계측기를 말한다.

7. "연성계"란 대기압 이상의 압력과 대기압 이하의 압력을 측정할 수 있는 계측기를 말한다.

8. "기동용수압개폐장치"란 소화설비의 배관 내 압력변동을 검지하여 자동적으로 펌프를 기동 및 정지시키는 것으로서 압력챔버 또는 기동용압력스위치 등을 말한다.

9. "가지배관"이란 간이헤드가 설치되어 있는 배관을 말한다.

10. "교차배관"이란 직접 또는 수직배관을 통하여 가지배관에 급수하는 배관을 말한다.

11. "주배관"이란 각 층을 수직으로 관통하는 수직배관을 말한다.

12. "신축배관"이란 가지배관과 간이헤드를 연결하는 구부림이 용이하고 유연성을 가진 배관을 말한다.

13. "급수배관"이란 수원 및 옥외송수구로부터 간이헤드에 급수하는 배관을 말한다.

14. "습식유수검지장치"란 1차측 및 2차측에 가압수를 가득 채운상태에서 폐쇄형 스프링클러헤드가 열린 경우 2차측의 압력저하로 시트가 열리어 가압수 등이 2차측으로 유출되도록 하는 장치(패들형을 포함한다)를 말한다.

15. "준비작동식유수검지장치"란 1차측에 가압수 등을 채우고 2차측에서 폐쇄형스프링클러 헤드까지 대기압 또는 저압으로 있다가 화재감지설비의 감지기 또는 화재감지용 헤드의 작동에 의하여 시트가 열리어 가압수 등이 2차측으로 유출되도록 하는 장치를 말한다.

16. "반사판(디프렉타)"이란 간이헤드의 방수구에서 유출되는 물을 세분시키는 작용을 하는 것을 말한다.

17. "개폐표시형밸브"란 밸브의 개폐여부를 외부에서 식별이 가능한 밸브를 말한다.

18. "캐비닛형 간이스프링클러설비"란 가압송수장치, 수조(「캐비닛형 간이스프링클러설비 성능인증 및 제품검사의 기술기준」에서 정하는 바에 따라 분리형으로 할 수 있다) 및 유수검지장치 등을 집적화하여 캐비닛 형태로 구성시킨 간이 형태의 스프링클러설비를 말한다.

19. "상수도직결형 간이스프링클러설비"란 수조를 사용하지 아니하고 상수도에 직접 연결하여 항상 기준 압력 및 방수량 이상을 확보할 수 있는 설비를 말한다.

20. "정격토출량"이란 정격토출압력에서의 펌프의 토출량을 말한다.

21. "정격토출압력"이란 정격토출량에서의 펌프의 토출측 압력을 말한다.

⑤ 자동화재탐지설비

1. 개요

건물에 화재 발생시 신속한 화재발견과 경보, 화재발생위치 파악은 인명과 재산 피해를 효과적으로 경감시킬 수 있는 중요한 요소이다.

화재 초기에 경보가 발령되면 인명대피의 시간적 여유가 생길 수 있으며, 건물관계자는 화재초기에 대응할 수 있어 화재진압이 용이하게 된다. 그리고 화재위치까지 알려준다면 사 람들의 피난을 안전하게 유도할 수 있으며, 신속한 화재진압을 가능하게 할 수 있다.

2. 용어의 정의

1. "경계구역"이란 특정소방대상물 중 화재신호를 발신하고 그 신호를 수신 및 유효하게 제어할 수 있는 구역을 말한다.

2. "수신기"란 감지기나 발신기에서 발하는 화재신호를 직접 수신하거나 중계기를 통하여 수신하여 화재의 발생을 표시 및 경보하여 주는 장치를 말한다.

3. "중계기"란 감지기·발신기 또는 전기적접점 등의 작동에 따른 신호를 받아 이를 수신기의 제어반에 전송하는 장치를 말한다.

4. "감지기"란 화재시 발생하는 열, 연기, 불꽃 또는 연소생성물을 자동적으로 감지하여 수신기에 발신하는 장치를 말한다.

5. "발신기"란 화재발생 신호를 수신기에 수동으로 발신하는 장치를 말한다.

6. "시각경보장치"란 자동화재탐지설비에서 발하는 화재신호를 시각경보기에 전달하여 청각장애인에게 점멸형태의 시각경보를 하는 것을 말한다.

7. "수신기"란 화재 시 발신기 또는 감지기로부터 신호를 직접 또는 중계기를 거쳐 수신하여 건물 관계자에게 표시 및 음향장치로 알려 주는 설비이며, R형은 고유신호로 수신하고 P형은 공통신호로 수신한다.

8. "거실"이란 거주 · 집무 · 작업 · 집회 · 오락 그 밖에 이와 유사한 목적을 위하여 사용하는 방을 말한다.

3. 설치대상

설치대상	연면적/저장량
근린생활시설(목욕장은 제외), 의료시설(정신의료기관 또는 요양병원 제외) 숙박시설, 위락시설, 장례식장 및 복합건축물	600㎡ 이상
공동주택, 근린생활시설 중 목욕장, 문화 및 집회시설, 종교시설, 판매시설, 운수시설, 운동시설, 업무시설, 공장, 창고시설, 위험물 저장 및 처리 시설, 항공기 및 자동차 관련 시설, 교정 및 군사시설 중 국방 · 군사시설, 방송통신시설, 발전시설, 관광 휴게시설, 지하가(터널은 제외)	1,000㎡ 이상
교육연구시설(교육시설 내에 있는 기숙사 및 합숙소를 포함), 수련시설(수련시설 내에 있는 기숙사 및 합숙소를 포함하며, 숙박시설이 있는 수련시설은 제외), 동물 및 식물 관련 시설(기둥과 지붕만으로 구성되어 외부와 기류가 통하는 장소는 제외), 분뇨 및 쓰레기 처리시설, 교정 및 군사시설(국방 · 군사시설은 제외) 또는 묘지 관련 시설	2,000㎡ 이상
지하구	
지하가 중 터널	길이 1,000m이상
노유자 생활시설, 요양병원(정신병원과 의료재활시설 제외)	
노유자생활시설에 해당하지 않는 노유자시설로서 연면적 400제곱미터 이상인 노유자시설 및 숙박시설이 있는 수련시설로서 수용인원 100명 이상인 것	
정신의료기관 또는 의료재활시설로 사용되는 바닥면적의 합계가 300제곱미터 이상인 시설	
정신의료기관 또는 의료재활시설로 사용되는 바닥면적의 합계가 300제곱미터 미만이고, 창살(철재·플라스틱 또는 목재 등으로 사람의 탈출 등을 막기 위하여 설치한 것을 말하며, 화재 시 자동으로 열리는 구조로 되어있는 창살 제외)이 설치된 시설	
위의 공장 및 창고시설에 해당하지 않는 공장 및 창고시설로서 소방기본법시행령 별표 2에서 정하는 수량의 특수가연물을 저장 · 취급하는 것	500배 이상

⑥ 감지기

1. 개념

화재 시에는 열, 연기, 불꽃(화염)의 물리·화학적 변화가 생긴다. 감지기는 물리·화학적 변화 중에서 하나 또는 두 개를 감지한다. 감지하는 대상에 따라 열을 감지하는 열감지기, 연기를 감지하는 연기감지기, 불꽃을 감지하는 불꽃감지기, 열과 연기를 동시에 감지하는 열연기복합형감지기로 구분된다.

2. 감지기의 종류

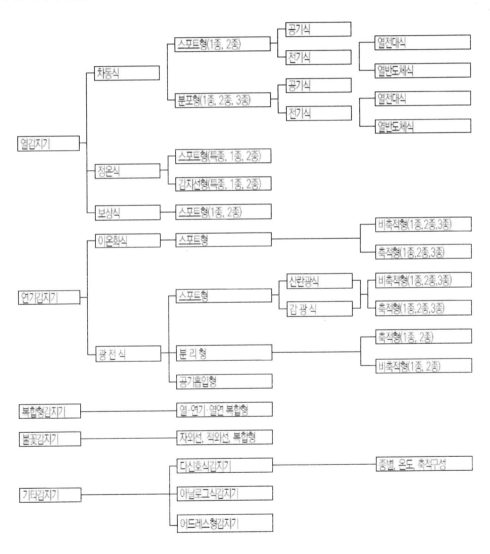

POINT 감지기의 종류 요약
  ① 열 감지기 종류
    ㉠ **차동식 감지기** : 내온도의 상승률, 즉 상승속도가 일정한 값을 넘었을 때 동작 난방, 취사 및 기상의 변화와 같이 보통의 온도변화, 즉 정상적으로 상승하는 온도에 동작
    ㉡ **정온식 감지기** : 주위온도가 일정온도 이상으로 상승하였을 때 작동하는 것으로 스폿형과 감지선형이 있다
    ㉢ **보상식 감지기** : 차동식의 단점을 보완하고 차동/정온식의 장점을 따서 차동성을 가지면서 고온에서도 반드시 작동하도록 한 것이다.
  ② 연기감지기
    ㉠ **이온화식 감지기** : 연기에 의한 이온 전류의 변화를 인식해 작동하는 감지기.
    ㉡ **광전식 감지기** : 화재 시 발생하는 연기가 감지기에서 나오는 적외선을 산란시켜 광전 소자의 광량이 변하면 작동하는 감지기

⑦ 옥외소화전설비

1. 개념 및 구성요소

화재 시 건축물의 외부에서 관계자 및 자위소방대, 소방관이 진압활동을 할 수 있도록 건축물 외부에 설치된 고정된 수동식 물소화설비를 말한다. 수원·가압송수장치·배관·소화전함·호스·노즐(관창)·제어반 등으로 구성되며, 지하식과 지상식으로 설치한다. 특별한 규정이 없는 한 옥내소화전 설비 규정을 준용한다.

2. 설치대상

① 지상 1층 및 2층의 바닥면적의 합계가 9천㎡ 이상인 것.

② 문화재보호법에 의해 보물 또는 국보로 지정된 목조건축물

③ ①에 해당하지 않는 공장 또는 창고시설로서 지정수량의 750배 이상의 특수가연물을 저장·취급하는 것

3. 수원

옥외소화전설비의 수원은 그 저수량이 옥외소화전의 설치개수(옥외소화전이 2개 이상 설치된 경우에는 2개)에 7㎡를 곱한 양 이상이 되도록 하고, 20분간 방수하는 양 이상으로 한다.

☞ 수원양 = 옥외소화전 개수(최대 2개) × 7㎥
☞ 법정방수량 = 350L/min × 20min
☞ 옥외소화전 1개 설치시 수원의 양 = 7㎥
☞ 옥외소화전 2개 설치시 수원의 양 = 14㎥

4. 배관 등

① 호스접결구는 지면으로부터 높이가 0.5m 이상 1m 이하의 위치에 설치하고 특정소방대상물의 각 부분으로부터 하나의 호스접결구까지의 수평거리가 40m 이하가 되도록 설치하여야 한다.

② 호스는 구경 65㎜의 것으로, 노즐(관창)은 방사형으로 한다.

5. 가압송수장치

① 옥외소화전(2개 이상 설치된 경우에는 2개의 옥외소화전)을 동시에 사용할 경우 각 옥외소화전의 노즐선단에서의 방수압력이 0.25㎫ 이상이고, 방수량이 350L/min 이상이 되는 성능의 것으로 할 것

② 하나의 옥외소화전을 사용하는 노즐선단에서의 방수압력이 0.7㎫을 초과할 경우에는 호스접결구의 인입측에 감압장치를 설치해야한다.

6. 소화전함 등

옥외소화전마다 그로부터 5m 이내의 장소에 소화전함을 다음의 기준에 따라 설치하여야 한다.

① 옥외소화전이 10개 이하 설치된 때에는 옥외소화전마다 5m 이내의 장소에 1개 이상의 소화전함을 설치하여야 한다.

② 옥외소화전이 11개 이상 30개 이하 설치된 때에는 11개 이상의 소화전함을 각각 분산하여 설치하여야 한다.

③ 옥외소화전이 31개 이상 설치된 때에는 옥외소화전 3개마다 1개 이상의 소화전함을 설치하여야 한다.

④ 옥외소화전설비의 소화전함 표면에는 "옥외소화전"이라고 표시한 표지를 하고, 가압송수장치의 조작부 또는 그 부근에는 가압송수장치의 기동을 명시하는 적색등을 설치하여야 한다.

⑤ 가압송수장치의 기동을 표시하는 표시등은 옥외소화전함의 상부 또는 그 직근에 설치하되 적색등으로 할 것

---

section **3** 위험물의 형질 및 안전관론

1. 위험물의 자연발화

(1) 정의

스스로 발여하여 그 열이 장기간 축적, 발화점에 도달하여 연소에 이르는 현상이며, 원인으로는 물질의 산화열, 분해열, 흡착열, 미생물(발효열), 중합열 등이 있다.

(2) **자연발화의 조건**

① 열전도율이 작아야 한다.

② 발열량이 커야 한다.

③ 주위의 온도가 높아야 한다.

④ 표면적이 넓어야 한다.

(3) **자연발화의 형태 및 물질**

① **산화열 축적에 의한 발화** … 건성유(요오드 값이 130이상 ; 아마인유, 해바리기유, 들기름, 등유) 및 반건성유(요오드 값이 100 ~ 130 ; 채종유, 면실유, 대두유)가 적셔진 다공성 가연물과 석탄, 기름걸레, 원면, 고무조각, 금속분, 황철관, 테레핀유 등과 산화반응 후 열축적에 의해 자연발화 하는 것

② **중합열에 의한 발화** … 시안화수소, 산화에틸렌 등과 같이 중합반응에 의해 자연 발화하는 것

(4) **자연발화 방지법**

① 통풍을 잘 시켜 퇴적 및 수납시 열이 축적되지 않도록 한다.

② 습도가 높은 곳을 피한다.

③ 저장실의 온도는 낮춘다.

(5) **준 자연발화**

가연물이 공기 또는 물과 접촉 반응하여 급격히 발열·발화하는 현상으로 특히, 공기중에서 또는 물과 접촉하였을 때만 발생된다는 점이다.

① 황린(P_4)

② 금속칼륨(K), 금속나트륨(Na)

③ 알킬알루미늄

2) 위험물이 혼합·혼촉발화

(1) **혼촉발화현상의 분류**

① 폭발성 물질을 생성한다.

② 혼촉에 의해 발열·발화하지만 본 물질보다 발화하기 쉬운 혼합물을 형성한다.

(2) 혼합 · 혼촉위험물질

① 산화성 물질과 환원성 물질

② 산화성 염류와 강산의 혼촉

③ 불안정한 물질을 만드는 물질의 혼합 · 혼촉
   ㉠ 암모니아 + 염소산칼륨 → 질산암모늄
   ㉡ 히드라진 + 아염소산나트륨 → 질화나트륨
   ㉢ 아세트알데히드 + 산소 → 과초산(유기과산화물)
   ㉣ 암모니아 + 할로겐원소 → 할로겐화질소
   ㉤ 히드라진 + 아질산염류 → 질화수소산

(3) 혼합 · 혼촉 발화방지방법

① 산화제와 환원제, 가연물 등은 동일 실내에 저장하지 않아야 한다.

② 혼합 · 혼촉 방지 대상물질 ··· 제1류 · 제6류 위험물과 제2류 · 제3류 · 제4류 · 제5류 위험물과 혼합 · 혼촉은 피하여야 한다.

2. 위험물안전 관리자

1) 안전관리자

(1) 위험물안전관리자로 선임할 수 있는 위험물취급자격자

① 모든 위험물(제1류 위험물~제6류 위험물) ··· 위험물 관리 기능장. 위험물 관리 산업기사

② 모든 위험물(제1류 위험물~제6류 위험물) 중 국가기술자격증에 기재된 류의 위험물 ··· 위험물관리기능사

③ 제4류 위험물 ··· 안전관리교육 이수자 및 소방공무원으로 근무한 경력이 3년 이상인 자

(2) 제조소 등의 종류 및 규모에 따라 선임하여야 하는 안전관리자의 자격

① 옥내저장소 또는 지하탱크저장소로서 지정수량 40배 이하인 것

② 인화점이 40℃ 이상인 제4류 위험물만 저장 · 취급하는 옥내탱크저장소 또는 간이탱크저장소

③ 옥외저장소로서 지정수량 40배 이하의 것

④ 옥외탱크저장소로서 지정수량 40배 이하의 것

⑤ 주유취급소 및 판매취급소

⑥ 지정수량 40배의 일반취급소

⑦ 차량에 고정된 탱크에 인화점이 40℃ 이상인 제4류 위험물만 주입하는 일반취급소 그 밖에 이와 유사한 일반 취급소

(3) 안전관리자의 책무

① 해당 작업자에 대하여 지시 및 감독하는 업무

② 재난 발생 시 응급조치 및 소방관서 등에 대한 연락업무

③ 위험물 시설의 안전을 담당하는 자의 규정에 의한 업무

    ㉠ 제조소 설비의 유지를 위한 점검과 점검상황의 기록 · 보존

    ㉡ 각종 장치의 적정한 유지 · 관리

    ㉢ 제조소의 관련 설계도서 등의 정비 · 보존 및 제조소 등의 구조 및 설비의 안전에 관한 사무의 관리

④ 시설의 관계자와 협조체제의 유지

⑤ 위험물의 취급에 관한 일지의 작성 · 기록

⑥ 안전에 관하여 필요한 감독의 수행

(4) 1인의 안전관리자를 중복하여 선임할 수 있는 저장소 등

① 옥내저장소(각 저장창고의 바닥면적의 합계가 2,000㎡ 이하인 경우)

② 각 방유제 안의 면적의 합이 80,000㎡ 이하이고 탱크 수의 합이 30 이하인 경우에 한함.

③ 옥내탱크저장소

④ 지하탱크저장소[제4류(특수인화물 제외) 또는 제6류의 위험물을 저장하는 경우에 한함]

⑤ 간이탱크저장소

⑥ 옥외저장소(경계표시 안의 면적의 합계가 3,000㎡ 이하인 경우)

2) 저장소 및 취급소 구분

(1) 저장소

① 옥내저장소

② 옥외탱크저장소

③ 옥내탱크저장소

④ 지하탱크저장소

⑤ 간이탱크저장소

⑥ 이동탱크저장소

⑦ 옥외저장소 … 다음에 해당하는 위험물을 저장하는 장소

　　㉠ 제2류 위험물 : 유황 또는 인화성고체(인화점이 0℃ 이상인 것)

　　㉡ 제4류 위험물 중 제1석유류(인화점이 0℃ 이상인 것) · 알코올류 · 제2석유류 · 제3석유류 · 제4석
　　　　유류 및 동식물유류

　　㉢ 제6류 위험물

　　㉣ 제2류 · 제4류 및 제6류 위험물 중 특별시 · 광역시 또는 도의 조례에서 정하는 위험물

⑧ 암반탱크저장소

(2) 취급소

① 주유취급소 … 고정된 주유설비로 연료탱크에 직접 주유하기 위하여 위험물을 취급하는 장소

② 판매취급소 … 위험물을 용기에 담아 판매하기 위하여 지정수량의 40배 이하의 위험물을 취급하는
　　장소

③ 이송취급소

④ 일반취급소

3) 예방규정

(1) 관계인이 예방규정을 정하여야 하는 제조소 등

① 지정수량의 10배 이상의 위험물을 취급하는 제조소

② 지정수량의 100배 이상의 위험물을 저장하는 옥외저장소

③ 지정수량의 150배 이상의 위험물을 저장하는 옥내저장소

④ 지정수량의 200배 이상의 위험물을 저장하는 옥외탱크저장소

⑤ 암반탱크저장소

⑥ 이송취급소

⑦ 10배 이상의 위험물을 취급하는 일반취급소, 인화점이 40℃ 이상인 제4류 위험물만을 지정수량의
　　40배 이하로 취급하는 일반취급소

(2) 관계인의 예방규정 작성 시 포함사항

① 직무 및 조직에 관한 사항

② 그 직무의 대리자에 관한 사항

③ 자체소방대의 편성과 화학소방자동차의 배치에 관한 사항

④ 안전교육 및 안전순찰에 관한 사항

⑤ 관련시설에 대한 점검 및 정비에 관한 사항

⑥ 위험물시설의 운전 또는 조작에 관한 사항

⑦ 위험물 취급 작업의 기준에 관한 사항

⑧ 배관공사 현장에 대한 감독체제에 관한 사항과 배관의 안전 확보에 관한 사항

⑨ 비상시의 경우에 취하여야 하는 조치에 관한 사항

⑩ 위험물의 안전에 관한 기록에 관한 사항

⑪ 서류와 도면의 정비에 관한 사항

4) 정기점검 및 정기검사

(1) 정기점검 대상인 제조소등

① 관계인이 예방규정을 정하여야 하는 제조소 등

② 지하탱크저장소 및 이동탱크저장소

③ 위험물을 취급하는 탱크로서 지하에 매설된 탱크가 있는 제조소·주유취급소 또는 일반취급소

(2) 정기점검의 횟수

연 1회 이상 정기점검을 실시한다.

(3) 정기점검의 기록·유지

① 제조소 등의 관계인은 정기점검 후 다음의 사항을 기록한다.

　ㄱ 점검을 실시한 제조소 등의 명칭

　ㄴ 점검의 방법 및 결과, 점검연월일

　ㄷ 점검을 한 안전관리자 또는 점검을 한 탱크시험자와 점검에 입회한 안전관리자의 성명

② 정기점검기록은 다음의 구분에 의한 기간동안 이를 보존한다.

　ㄱ 옥외저장탱크의 구조안전점검에 관한 기록 : 25년

　ㄴ 위에 해당하지 아니하는 정기점검의 기록 : 3년

(4) 정기검사 대상인 제조소 등

액체위험물을 저장 또는 취급하는 100만리터 이상의 옥외탱크저장소

(5) 정기검사의 시기

완공검사필증을 교부받은 날로부터 12년이 경과하기 전의 기간 또는 최근의 정기검사를 받은 날부터 10년이 되는 날의 전후 1년 이내의 기간에 정기검사를 받는다.

5) 자체소방대

(1) 자체소방대를 설치하여야 하는 사업소

① 제4류 위험물을 취급하는 제조소 또는 일반취급소
② 지정수량 3,000배 이상의 위험물을 저장 또는 취급하는 사업소

(2) 자체소방대에 두는 화학소방자동차 및 인원

12만 배 미만인 사업소	• 화학소방자동차 : 1대 • 자체소방대원의 수 : 5인
12만 배 이상 24만 배 미만의 사업소	• 화학소방자동차 : 2대 • 자체소방대원의 수 : 10인
24만 배 이상 48만 배 미만의사업소	• 화학소방자동차 : 3대 • 자체소방대원의 수 : 15인
48만 배 이상의 사업소	• 화학소방자동차 : 4대 • 자체소방대원의 수 : 20인

(3) 화학소방자동차에 갖추어야 하는 소화능력 및 설비의 기준

포수용액 방사차	• 방사능력이 매분 2,000L 이상일 것 • 100,000L 이상의 포수용액을 방사할 수 있는 양의 소화약제를 비치할 것
분말 방사차	• 방사능력이 매초 35kg 이상일 것 • 1,400kg 이상의 분말을 비치할 것
할로겐화합물 방사차	• 방사능력이 매초 40kg 이상일 것 • 1,000kg 이상의 할로겐화합물을 비치할 것
이산화탄소 방사차	• 방사능력이 매초 40kg 이상일 것 • 3,000kg 이상의 이산화탄소를 비치할 것
제독차	• 가성소오다 및 규조토를 각각 50kg 이상 비치할 것

(4) 자체소방대의 설치 제외대상인 일반취급소(주로 소규모)

① 보일러, 버너 이와 유사한 장치로 위험물을 소비하는 일반취급소

② 이동저장탱크 이와 유사한 것에 위험물을 주입하는 일반취급소

③ 용기에 위험물을 채우는 일반취급소

④ 유압장치, 윤활유순환장치 이와 유사한 장치로 위험물을 취급하는 일반취급소

⑤ 광산보안법의 적용을 받는 제조소 또는 일반취급소

6) 위험물제조소 등의 소화설비 설치기준

(1) 전기설비의 소화설비

전기설비(전기배선, 조명기구 등은 제외)가 설치된 경우에는 당해 장소의 면적 100㎡마다 소형수동식소화기를 1개 이상 설치할 것.
> 예 300㎡ = 소형수동식 소화기 3개

(2) 소요단위의 계산방법은 다음의 기준에 의할 것

① 제조소 또는 취급소의 건축물은 외벽이 내화구조인 것은 연면적 100㎡를 1소요단위로 하며, 외벽이 내화구조가 아닌 것은 연면적 50㎡를 1소요단위로 할 것.

② 저장소의 건축물은 외벽이 내화구조인 것은 연면적 150㎡를 1소요단위로 하고, 외벽이 내화구조가 아닌 것은 연면적 75㎡를 1소요단위로 할 것.

③ 위험물은 지정수량 10배를 1소요단위로 할 것.

(3) 옥내소화전 설비의 설치기준은 다음 기준에 의할 것

① 건축물의 층마다 하나의 호스 접속구까지의 수평거리가 25m 이하가 되도록 설치할 것. 이 경우 각 층의 출입구 부근에 1개 이상 설치하여야 한다.

② 수원의 수량은 옥내소화전 설치개수(설치개수가 5개 이상인 경우는 5개)에 7.8㎥를 곱한 양 이상이 되도록 할 것.

③ 당해 층의 모든 옥내소화전을 동시에 사용할 경우 방수압력이 350㎪ 이상이고 방수량이 1분당 260L 이상의 성능이 될 것.

④ 옥내소화전 설비에는 비상전원을 설치할 것.

(4) 옥외소화전 설비의 설치기준은 다음 기준에 의할 것

① 방호대상물의 각 부분(당해 건축물의 1층 및 2층의 부분에 한함)에서 하나의 호스접속구까지의 수평거리가 40m 이하가 되도록 설치할 것.(그 설치개수가 1개일 때는 2개로 하여야 함)

② 수원의 수량은 옥외소화전의 설치개수(설치개수가 4개 이상인 경우는 4개의 옥외소화전)에 13.5㎥를 곱한 양 이상이 되도록 설치할 것

③ 동시에 사용할 경우 각 노즐선단의 방수압력이 350㎪ 이상이고, 방수량이 1분당 450L 이상의 성능이 되도록 할 것

④ 비상전원을 설치할 것

(5) 스프링클러 설비의 설치기준은 다음 기준에 의할 것

① 스프링클러 헤드는 천장 또는 건축물의 최상부 부근(반자가 설치되지 아니한 경우)에 설치하되, 방호대상물의 각 부분에서 하나의 헤드까지의 수평거리가 1.7m 이하가 되도록 설치할 것

② 개방형 헤드를 이용한 설비의 방사구역은 150㎡ 이상

③ 수원의 수량은 폐쇄형 헤드를 사용하는 것은 30(헤드의 설치개수가 30미만인 방호대상물인 경우 당해 설치개수), 개방형 헤드를 사용하는 것은 헤드가 가장 많이 설치된 방사구역의 헤드설치개수에 2.4㎥를 곱한 양 이상

④ 헤드를 동시에 사용할 경우의 방사압력이 100㎪ 이상이고 방수량이 1분당 80ℓ 이상의 성능이 되도록 할 것

(6) 물분무 소화설비의 설치기준은 다음 기준에 의할 것

① 방사구역은 150㎡ 이상(방호대상물의 표면적이 150㎡ 미만인 경우에는 당해 표면적)으로 할 것.

② 수원의 수량은 방사구역의 표면적 1㎡당 1분당 20L의 비율로 계산한 양으로 30분간 방사할 수 있는 양 이상이 되도록 설치

③ 방사압력은 350㎪ 이상

(7) 포 소화설비의 설치기준은 다음 기준에 의할 것.

① 이동식 포 소화설비의 포소화전은 옥내에 설치하는 것은 "(3)의 ①", 옥외에 설치하는 것은 "(4)의 ①"을 준용할 것

② 방호대상물의 화재를 유효하게 소화할 수 있는 양 이상으로 수원의 수량 및 포 소화약제를 저장한다.

⑧ 이산화탄소 소화설비의 설치기준은 다음 기준에 의할 것.

① 이동식 이산화탄소 소화설비의 호스접속구는 하나의 호스접속구까지의 수평거리가 15m 이하가 되도록 설치할 것

② 이산화탄소 소화약제의 양은 화재를 유효하게 소화할 수 있는 양 이상이 되도록 할 것

⑨ 할로겐화합물 소화설비의 설치기준

⑧의 이산화탄소 소화설비의 기준을 준용

⑩ 분말 소화설비의 설치기준

⑧의 이산화탄소 소화설비의 기준을 준용

⑪ 대형 수동식 소화기의 설치기준

대형수동식 소화기까지의 보행거리 30m이하가 되도록 설치

⑫ 소형 수동식 소화기의 설치기준

소형수동식 소화기까지의 보행거리가 20m이하가 되도록 설치

7) 제조소 등별로 설치하여야 하는 경보설비의 종류 및 자동화재탐지 설비의 설치기준

(1) 제조소 등별로 설치하여야 하는 경보설비의 설치기준

① 연면적 500㎡ 이상인 것

② 옥내에서 지정수량의 100배 이상을 취급하는 것

③ 일반취급소로 사용되는 부분 외의 부분이 있는 건축물에 설치된 일반취급소

④ 연면적 150㎡를 초과하는 옥내저장소

⑤ 처마높이가 6m 이상인 단층건물의 옥내저장소

⑥ 옥내탱크저장소

⑦ 옥내주유취급소

※ 자동화재탐지 설비, 비상경보 설비, 확성장치 또는 비상방송설비 중 1종 이상
  자동화재탐지 설비 설치대상에 해당하지 아니하는 제조소 등으로 지정수량의 10배 이상을 저장 또는 취급한 것

(2) **자동화재탐지 설비의 설치기준**

① 설비의 경계구역은 건축물 그 밖의 공작물의 2이상의 층에 걸치지 아니하도록 할 것

② 하나의 경계구역의 면적은 600㎡ 이하로 하고, 한변의 길이는 50m 이하로 할 것
다만, 주요한 출입구에서 그 내부의 전체를 볼 수 있는 경우에 있어서는 그 면적을 1000㎡ 이하로 할 수 있다.

③ 감지기는 지붕(상층이 있는 경우에는 상층의 바닥) 또는 벽의 옥내에 면한 부분(천장이 있는 경우에는 천장 또는 벽의 옥내에 면한 부분 및 천장의 뒷부분)에 유효하게 화재의 발생을 감지할 수 있도록 설치할 것

8) 제조소 등의 피난설비 설치기준

당해 건축물의 2층으로부터 직접 주유취급소의 부지 밖으로 통하는 출입구와 당해 출입구로 통하는 통로 · 계단 및 출입구에 유도등을 설치하여야 한다.

3. 위험물의 저장 및 취급에 관한 기준

1) 저장 · 취급의 공통기준

① 항상 정리 및 청소를 실시하고 함부로 빈 상자 등 불필요한 물건을 두지 아니한다.

② 집유설비 또는 유분리장치의 위험물은 넘치지 아니하도록 수시로 제거한다.

③ 위험물의 찌꺼기 등은 1일 1회 이상 적당한 방법으로 처리한다.

④ 위험물을 성질에 따라 차광 또는 환기를 실시한다.

⑤ 위험물의 성질에 따라 적정한 온도, 습도 또는 압력을 유지하여 저장 또는 취급한다.

2) 위험물의 유별 저장 · 취급의 공통기준

(1) 제1류 위험물(강산화성 고체)

과열 · 충격 · 마찰 등을 피하는 한편, 알칼리금속의 과산화물 및 이를 함유한 것에 있어서는 물과의 접촉을 피하여야 한다.

(2) 제2류 위험물(가연성 고체)

산화제와의 접촉 · 혼합이나 불티 · 불꽃 · 고온체와의 접근 또는 과열을 피하는 한편, 철분 · 금속분 · 마그네슘 및 이를 함유한 것에 있어서는 물이나 산과의 접촉을 피한다.

(3) 제3류 위험물(자연발화성 물질 및 금수성 물질)

자연발화성 물품에 있어서는 불티·불꽃 또는 고온체와의 접근·과열 또는 공기와의 접촉을 피한다.

(4) 제4류 위험물(인화성 액체)

불티·불꽃·고온체와의 접근 또는 과열을 피하고, 함부로 증기를 발생시키지 아니한다.

(5) 제5류 위험물(자기연소성 물질)

"화기엄금"하여 불티·불꽃·고온체 와의 접근 등을 피한다.

(6) 제6류 위험물(산화성 액체)

가연물과의 접촉·혼합이나 분해를 촉진하는 물품과 접근 또는 과열을 피하여야 한다.

3) 저장의 기준

① 옥내저장소 또는 옥외저장소에 있어서 다음에 의한 위험물을 저장하는 경우로서 위험물을 유별로 정리하여 저장하는 한편, 서로 1m 이상의 간격을 두는 경우에는 그러하지 아니하다.
   ㉠ 제1류 위험물(알칼리금속의 과산화물 또는 이를 함유한 것을 제외)과 제5류 위험물을 저장하는 경우
   ㉡ 제1류 위험물과 제6류 위험물을 저장하는 경우
   ㉢ 제1류 위험물과 자연발화성 물품(황린 또는 이를 함유한 것에 한함)을 저장하는 경우
   ㉣ 제2류 위험물 중 인화성고체와 제4류 위험물을 저장하는 경우
   ㉤ 제3류 위험물 중 알킬알루미늄 등과 제4류 위험물(알킬알루미늄 또는 알킬리튬을 함유한 것에 한함)을 저장하는 경우
   ㉥ 제4류 위험물 중 유기과산화물 또는 이를 함유하는 것과 제5류 위험물 중 유기과산화물 또는 이를 함유한 것을 저장하는 경우

② 제3류 위험물 중 황린 그 밖에 물속에 저장하는 물품과 금수성 물품은 동일한 저장소에 저장하지 아니하여야 한다.

③ 위험물은 용기에 수납하여 저장한다. 덩어리 상태의 유황은 제외

④ 지정수량의 10배 이하마다 구분하여 상호간 0.3m 이상의 간격을 두어 저장한다.

⑤ 위험물의 온도가 55℃를 넘지 아니하도록 필요한 조치를 강구한다.

⑥ 알킬알루미늄 등을 저장 또는 취급하는 이동탱크저장소
   ㉠ 긴급시의 연락처
   ㉡ 방호복
   ㉢ 고무장갑

ⓔ 밸브등을 죄는 결합공구

ⓜ 휴대용 확성기

ⓗ 응급조치에 관하여 필요한 사항을 기재한 서류

⑦ 옥외저장소에서 위험물을 수납한 용기를 선반에 저장하는 경우에는 6m를 초과하여 저장하지 아니하여야 한다.

⑧ 알킬알루미늄, 아세트알데히드 등 및 디에틸에테르 등의 저장기준은 다음과 같다.

　ⓐ 옥외·내 저장탱크 또는 이동저장탱크에 새롭게 알킬알루미늄 등을 주입하는 때에는 탱크 안의 공기를 불활성 기체와 치환하여 둘 것

　ⓑ 이동저장탱크에 알킬알루미늄 등을 저장하는 경우에는 200㎪ 이하의 압력으로 불활성의 기체를 봉입하여 둘 것

　ⓒ 이동저장탱크에 아세트알데히드 등을 저장하는 경우에는 항상 불활성의 기체를 봉입하여 둘것

　ⓓ 디에틸에테르 등 또는 아세트알데히드 등의 온도는 산화프로필렌과 이를 함유한 것 또는 디에틸에테르 등에 있어서는 30℃ 이하로, 아세트알데히드 또는 이를 함유한 것에 있어서는 15℃ 이하로 각각 유지할 것.

4) 취급의 기준

(1) 주유취급소에서의 취급기준

(항공기주유취급소, 선박주유취급소, 철도주유취급소 및 고객이 직접 주유하는 주유취급소 제외)

① 주유할 때에는 고정주유설비 또는 고정주유설비에 접속된 탱크의 주입구로부터 4m 이내의 부분에, 이동저장탱크로부터 전용탱크에 위험물을 주입할 때에는 전용탱크의 주입구로부터 3m 이내의 부분 및 전용탱크 통기관의 선단으로부터 수평거리 1.5m 이내의 부분에 있어서는 다른 자동차 등의 주차를 금지하고 자동차 등의 점검·정비 또는 세정을 하지 아니 할 것

② 점포, 휴게음식점 또는 전시장의 업무는 건축물의 1층에서 행할 것

(2) 판매취급소에서의 기준

① 위험물을 배합하거나 옮겨 담는 작업을 하지 아니할 것

② 운반용기에 수반한 채로 판매할 것

(3) 이송취급소에서의 취급기준

위험물을 이송하기 위한 배관·펌프 및 이에 부속한 설비의 안전을 확인하기 위한 순찰을 행하고, 위험물을 이송하는 중에는 이송하는 위험물의 압력 및 유량을 항상 감시할 것

(4) 이동저장탱크에서의 취급기준

이동저장탱크의 상부로부터 위험물을 주입할 경우 위험물의 액표면이 주입관의 선단을 넘는 높이가 될 때까지 그 주입관 내의 유속을 1㎧ 이하로 할 것

(5) 알킬알루미늄 등 및 알세트알데히드 등의 취급기준

① 취급설비에는 불활성 기체를 봉입할 것

② 알킬알루미늄을 꺼낼 때는 동시에 200㎪ 이하의 압력으로 불활성의 기체를 봉입할 것

③ 연소성 혼합기체의 생성에 의한 폭발의 위험이 생겼을 경우에 불활성의 기체 또는 수증기를 봉입할 것

④ 아세트알데히드 등의 이동탱크저장소에 있어서 이동저장탱크로부터 아세트알데히드 등을 꺼낼 때에는 100㎪ 이하의 압력으로 불활성의 기체를 봉입할 것

4. 위험물의 운반에 관한 기준

1) 적재방법

① 운반용기의 기준은 다음과 같다

ㄱ 운반용기를 밀봉하여 수납할 것.

ㄴ 고체위험물은 운반용기 내용적의 95% 이하의 수납률로 수납

ㄷ 액체위험물은 운반용기 내용적의 98% 이하의 수납률로 수납

ㄹ 제3류 위험물은 다음의 기준에 따라 운반용기에 수납할 것

ⓐ 자연발화성 물품에는 불화성 기체를 봉입하여 밀봉하는 등 공기와 접하지 아니하도록 할 것

ⓑ 자연발화성 물품 외의 물품에 있어서는 파라핀·경유·등유 등의 보호액으로 채워 밀봉하거나 불활성 기체를 봉입하여 밀봉하는 등 수분과 접하지 아니하도록 할 것.

② 운반용기는 수납구를 위로 향하게 적재한다.

③ 적재하는 위험물에 따라 다음의 기준에 따른 조치를 한다.

ㄱ 제1류 위험물, 자연발화성 물품, 제4류 위험물 중 특수인화물, 제5류 위험물 또는 제6류 위험물은 차광성이 있는 피복으로 가릴 것.

ㄴ 제1류 위험물 중 알칼리금속의 과산화물 또는 이를 함유한 것, 제2류 위험물 중 철분·금속분·마그네슘 또는 이들 중 어느 하나 이상을 함유한 것 또는 금수성 물품은 방수성이 있는 피복으로 덮을 것

ㄷ 제5류 위험물 중 55℃ 이하의 온도에서 분해 될 우려가 있는것은 보냉컨테이너에 수납하는 등 적정한 온도관리를 할 것.

④ 위험물은 그 운반용기의 외부에 다음에 정하는 바에 따라 위험물의 품명, 수량 등을 표시하여 적재하여야 한다.

　㉠ 위험물의 품명 · 위험등급 · 화학명 및 수용성

　㉡ 위험물의 수량

　㉢ 수납하는 위험물에 따라 다음의 규정에 의한 주의사항

　　ⓐ 제1류 위험물 중 알칼리금속의 과산화물 또는 이를 함유한 것에 있어서는 "화기 · 충격주의", "물기엄금" 및 "가연물접촉주의", 그 밖의 것에 있어서는 "화기 · 충격주의" 및 "가연물접촉주의"

　　ⓑ 제2류 위험물 중 철분 · 금속분 · 마그네슘 또는 이들 중 어느 하나 이상을 함유한 것에 있어서는 "화기주의" 및 "물기엄금", 인화성 고체에 있어서는 "화기엄금", 그 밖의 것에 있어서는 "화기주의"

　　ⓒ 제3류 위험물 중 자연발화성물품에 있어서는 "화기엄금" 및 "공기접촉엄금", 금수성 물품에 있어서는 "물기엄금"

　　ⓓ 제4류 위험물에 있어서는 "화기엄금"

　　ⓔ 제5류 위험물에 있어서는 "화기엄금" 및 "충격주의"

　　ⓕ 제6류 위험물에 있어서는 "가연물접촉주의"

2) 운반방법

지정수량 이상의 위험물을 차량으로 운반하는 경우 다음과 같은 표지를 설치한다.

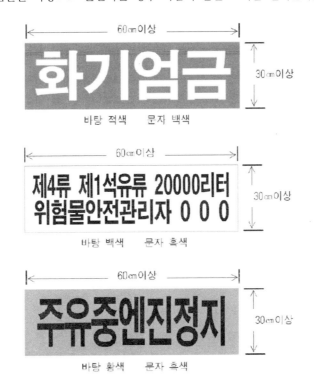

※ 위험물 별 표지판

바탕 백색
문자 흑색

60㎝이상

30㎝이상

section 4 | 피난 설비

① 피난기구

1. 개념

화재가 발생할 경우 피난하기 위하여 사용하는 기구 또는 설비를 말한다.

2. 종류별 정의

① 피난사다리란 화재 시 긴급대피를 위해 사용하는 사다리를 말한다.

② 완강기란 사용자의 몸무게에 따라 자동적으로 내려올 수 있는 기구 중 사용자가 교대하여 연속적으로 사용할 수 있는 것을 말한다.

③ 간이완강기란 사용자의 몸무게에 따라 자동적으로 내려올 수 있는 기구 중 사용자가 연속적으로 사용할 수 없는 것을 말한다.

④ 구조대란 포지 등을 사용하여 자루형태로 만든 것으로서 화재 시 사용자가 그 내부에 들어가서 내려옴으로써 대피할 수 있는 것을 말한다.

⑤ 공기안전매트란 화재 발생시 사람이 건축물 내에서 외부로 긴급히 뛰어내릴 때 충격을 흡수하여 안전하게 지상에 도달할 수 있도록 포지에 공기 등을 주입하는 구조로 되어 있는 것을 말한다.

⑥ 다수인피난장비란 화재 시 2인 이상의 피난자가 동시에 해당층에서 지상 또는 피난층으로 하강하는 피난기구를 말한다.

⑦ 승강식 피난기란 사용자의 몸무게에 의하여 자동으로 하강하고 내려서면 스스로 상승하여 연속적으로 사용할 수 있는 무동력 승강식피난기를 말한다.

⑧ 하향식 피난구용 내림식사다리란 하향식 피난구 해치에 격납하여 보관하고 사용 시에는 사다리 등이 소방대상물과 접촉되지 아니하는 내림식 사다리를 말한다.

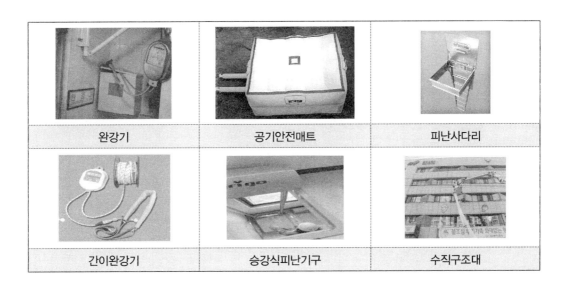

완강기	공기안전매트	피난사다리
간이완강기	승강식피난기구	수직구조대

3. 소방대상물의 설치장소별 피난기구의 적응성

	지하층	2층	3층	4층 이상 10층 이하
의료시설(장례식장을 제외한다)·노유자시설·근린생활시설중 입원실이 있는 의원·산후조리원·접골원·조산소	피난용트랩		미끄럼대 구조대 피난교 피난용트랩 다수인피난장비 승강식피난기	구조대 피난교 피난용트랩 다수인피난장비 승강식피난기
근린생활시설(입원실이 있는 의원·산후조리원·접골원·조산소는 제외한다.)·위락시설·문화집회 및 운동시설·판매시설 및 영업시설·숙박시설·공동주택·업무시설·통신촬영시설·교육연구시설·공장·운수자동차관련시설(주차용건축물 및 차고, 세차장, 폐차장 및 주차장을 제외한다)·관광휴게시설(야외음악당 및 야외극장을 제외한다)·의료시설중 장례식장	피난사다리 피난용트랩		미끄럼대 피난사다리 구조대 완강기 피난교 피난용트랩 간이완강기 공기안전매트 다수인피난장비 승강식피난기	피난사다리 구조대 완강기 피난교 간이완강기 공기안전매트 다수인피난장비 승강식피난기
「다중이용업소의 안전관리에 관한 특별법 시행령」제2조에 따른 다중이용업소로서 영업장의 위치가 4층 이하인 다중이용업소		미끄럼대 피난사다리 구조대 완강기	미끄럼대 피난사다리 구조대 완강기	미끄럼대 피난사다리 구조대 완강기

*간이완강기의 적응성은 숙박시설의 3층 이상에 있는 객실에, 공기안전매트의 적응성은 아파트(주택법시행령 제48조의 규정에 해당하는 공동주택)에 한한다.

2 인명구조기구

1. 개념

화재 시 필연적으로 발생되는 짙은 농연과 유해성가스 등으로부터 인명을 보호하거나 구조하기 위한 기구를 말한다.

2. 종류별 정의

① 방열복이란 고온의 복사열에 가까이 접근하여 소방활동을 수행할 수 있는 내열피복을 말한다.

② 공기호흡기란 소화활동 시에 화재로 인하여 발생하는 각종 유독가스 중에서 일정시간 사용할 수 있도록 제조된 압축공기식 개인호흡장비(보조마스크를 포함한다)를 말한다.

③ 인공소생기란 호흡 부전 상태인 사람에게 인공호흡을 시켜 환자를 보호하거나 구급하는 기구를 말한다.

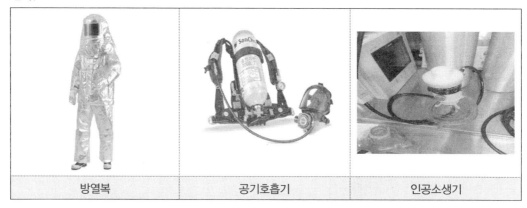

| 방열복 | 공기호흡기 | 인공소생기 |

3. 특정소방대상물의 용도 및 장소별로 설치하여야 할 인명구조기구

① 방열복 또는 방화복, 인공소생기 및 공기호흡기(3가지 설치) … 7층(지하층 포함) 이상 관광호텔

② 방열복 또는 방화복 및 공기호흡기(2가지 설치) … 5층(지하층 포함) 이상인 병원

③ 공기호흡기(1가지 설치)

　　㉠ 수용인원 100명 이상인 문화 및 집회시설 중 영화상영관

　　㉡ 판매시설 중 대규모점포

　　㉢ 운수시설 중 지하역사

　　㉣ 지하가 중 지하상가

　　㉤ 물분무등소화설비 설치 대상 및 화재안전기준에 따라 이산화탄소소화설비를 설치하여야 하는 특정소방대상물

4. 설치기준

① 화재시 쉽게 반출 사용할 수 있는 장소에 비치할 것

② 인명구조기구가 설치된 가까운 장소의 보기 쉬운 곳에 "인명구조기구"라는 축광식표지와 그 사용방법을 표시한 표시를 부착하되, 축광식표지는 국민안전처장관이 고시한 「축광표지의 성능인증 및 제품검사의 기술기준」에 적합한 것으로 할 것

③ 방열복은 소방청장이 고시한 「소방용 방열복의 성능인증 및 제품검사의 기술기준」에 적합한 것으로 할 것

③ 비상조명등 및 휴대용비상조명등

1. 용어의 정의

① 비상조명등 이란 화재발생 등에 따른 정전시에 안전하고 원활한 피난활동을 할 수 있도록 거실 및 피난통로 등에 설치되어 자동 점등되는 조명등을 말한다.

② 휴대용비상조명등이란 화재발생 등으로 정전시 안전하고 원활 한 피난을 위하여 피난자가 휴대할 수 있는 조명등을 말한다.

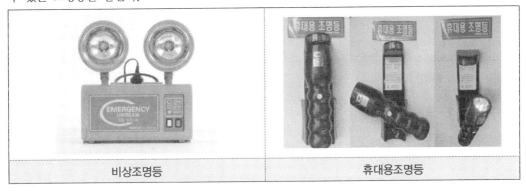

| 비상조명등 | 휴대용조명등 |

2. 설치대상

설비명	적용대상 및 기준
비상 조명등	① 지하층을 포함하는 층수가 5층 이상인 건축물로서 연면적 3천㎡ 이상인 것 ② ①에 해당하지 않는 특정소방대상물로서 그 지하층 또는 무창층의 바닥면적이 450㎡ 이상인 경우에는 그 지하층 또는 무창층 ③ 지하가 중 터널로서 그 길이가 500m 이상인 것
휴대용 조명등	① 숙박시설 ② 수용인원 100명 이상의 영화상영관, 판매시설 중 대규모점포, 철도 및 도시철도 시설 중 지하역사, 지하가 중 지하상가

3. 비상조명등 설치기준

① 특정소방대상물의 각 거실과 그로부터 지상에 이르는 복도·계단 및 그 밖의 통로에 설치

② 조도는 비상조명등이 설치된 장소의 각 부분의 바닥에서 $1lx$ 이상이 되도록 할 것

③ 예비전원을 내장하는 비상조명등에는 평상시 점등여부를 확인할 수 있는 점검스위치를 설치하고 해당 조명등을 유효하게 작동시킬 수 있는 용량의 축전지와 예비전원 충전장치를 내장할 것.

④ 예비전원을 내장하지 아니하는 비상조명등의 비상전원은 자가발전설비 또는 축전지설비 설치

⑤ 비상전원은 비상조명등을 20분 이상 유효하게 작동시킬 수 있는 용량으로 할 것
지하층을 제외한 층수가 11층 이상의 층, 지하층 또는 무창층으로서 용도가 도매시장·소매시장·여객자동차터미널·지하역사 또는 지하상가는 60분 이상 작동

4. 비상조명등의 제외

① 거실의 각 부분으로부터 하나의 출입구에 이르는 보행거리가 15m이내인 부분

② 의원·경기장·공동주택·의료시설·학교의 거실

③ 지상1층 또는 피난층으로서 복도·통로 또는 창문 등의 개구부를 통하여 피난이 용이한 경우 또는 숙박시설로서 복도에 비상조명등을 설치한 경우

5. 휴대용비상조명등 설치기준

① 숙박시설 또는 다중이용업소에는 객실 또는 영업장안의 구획된 실마다 잘 보이는 곳(외부에 설치시 출입문 손잡이로부터 1m 이내 부분)에 1개 이상 설치

② 대규모점포(지하상가 및 지하역사는 제외)와 영화상영관에는 보행거리 50m 이내마다 3개 이상 설치

③ 지하상가 및 지하역사에는 보행거리 25m 이내마다 3개 이상 설치

④ 설치높이는 바닥으로부터 0.8m 이상 1.5m 이하의 높이에 설치

⑤ 어둠속에서 위치를 확인할 수 있도록 할 것

⑥ 사용 시 자동으로 점등되는 구조일 것

⑦ 외함은 난연성능이 있을 것

⑧ 건전지를 사용하는 경우에는 방전방지조치를 하여야 하고, 충전식 밧데리의 경우에는 상시 충전되도록 할 것

⑨ 건전지 및 충전식 밧데리의 용량은 20분 이상 유효하게 사용할 수 있는 것으로 할 것

④ 유도등

1. 종류별 정의

① 유도등이란 화재 시에 피난을 유도하기 위한 등으로서 정상상태에서는 상용전원에 따라 켜지고 상용전원이 정전되는 경우에는 비상전원으로 자동전환되어 켜지는 등을 말한다.

② 피난구유도등이란 피난구 또는 피난경로로 사용되는 출입구를 표시하여 피난을 유도하는 등을 말한다.

③ 통로유도등이란 피난통로를 안내하기 위한 유도등으로 복도통로유도등, 거실통로유도등, 계단통로유도등을 말한다.

④ 복도통로유도등이란 피난통로가 되는 복도에 설치하는 통로유도등으로서 피난구의 방향을 명시하는 것을 말한다.

⑤ 거실통로유도등이란 거주, 집무, 작업, 집회, 오락 그 밖에 이와 유사한 목적을 위하여 계속적으로 사용하는 거실, 주차장 등 개방된 통로에 설치하는 유도등으로 피난의 방향을 명시하는 것을 말한다.

⑥ 계단통로유도등이란 피난통로가 되는 계단이나 경사로에 설치하는 통로유도등으로 바닥면 및 디딤바닥면을 비추는 것을 말한다.

⑦ 객석유도등이란 객석의 통로, 바닥 또는 벽에 설치하는 유도등을 말한다.

⑧ 피난구유도표지란 피난구 또는 피난경로로 사용되는 출입구를 표시하여 피난을 유도하는 표지를 말한다.

⑨ 통로유도표지란 피난통로가 되는 복도, 계단등에 설치하는 것으로서 피난구의 방향을 표시하는 유도표지를 말한다.

⑩ 피난유도선이란 햇빛이나 전등불에 따라 축광(이하 "축광방식"이라 한다)하거나 전류에 따라 빛을 발하는(이하 "광원점등방식"이라 한다) 유도체로서 어두운 상태에서 피난을 유도할 수 있도록 띠 형태로 설치되는 피난유도시설을 말한다.

통로유도등	객석유도등	피난구유도등
피난유도선	유도표지	계단통로유도등

2. 설치대상 및 적응성(종류)

설치 장소	유도등 및 유도표지의 종류
① 공연장·집회장(종교집회장 포함)·관람장·운동시설	대형피난구유도등 통로유도등 객석유도등
② 유흥주점영업시설(「식품위생법 시행령」의 유흥 주점영업중 손님이 춤을 출 수 있는 무대가 설치된 카바레, 나이트클럽 또는 그 밖에 이와 비슷한 영업시설만 해당한다)	
③ 위락시설·판매시설·운수시설·「관광진흥법」에 따른 관광숙박업·의료시설·장례식장·방송통신시설·전시장·지하상가·지하철역사	대형피난구유도등 통로유도등
④ 숙박시설(제3호의 관광숙박업 외의 것을 말한다)·오피스텔	중형피난구유도등 통로유도등
⑤ 제①호부터 제③호까지 외의 건축물로서 지하층·무창층 또는 층수가 11층 이상인 특정소방대상물	
⑥ 제①호부터 제⑤호까지 외의 건축물로서 근린생활시설·노유자시설·업무시설·발전시설·종교시설(집회장 용도로 사용하는 부분 제외)·교육연구시설·수련시설·공장·창고시설·교정 및 군사시설(국방·군사시설 제외)·기숙사·자동차정비공장·운전학원 및 정비학원·다중이용업소·복합건축물·아파트	소형피난구유도등 통로유도등
⑦ 그 밖의 것	피난구유도표지 통로유도표지

－비고
① 소방서장은 특정소방대상물의 위치·구조 및 설비의 상황을 판단하여 대형피난구유도등을 설치하여야 할 장소에 중형피난구유도등 또는 소형피난구유도등을, 중형피난구유도등을 설치하여야 할 장소에 소형피난구유도등을 설치하게 할 수 있다.
② 복합건축물과 아파트의 경우, 주택의 세대 내에는 유도등을 설치하지 아니할 수 있다.

3. 피난구유도등설치 기준

① 옥내로부터 직접 지상으로 통하는 출입구 및 그 부속실의 출입구

② 직통계단·직통계단의 계단실 및 그 부속실의 출입구

③ 제①호와 제②호에 따른 출입구에 이르는 복도 또는 통로로 통하는 출입구

④ 안전구획된 거실로 통하는 출입구

⑤ 피난구의 바닥으로부터 높이 1.5m 이상으로서 출입구에 인접하도록 설치

4. 통로유도등 설치기준

1) 복도통로유도등

① 복도에 설치

② 구부러진 모퉁이 및 보행거리 20m마다 설치

③ 바닥으로부터 높이 1m 이하의 위치에 설치

2) 거실통로유도등

① 거실의 통로에 설치(다만, 거실의 통로가 벽체 등으로 구획된 경우에는 복도통로유도등을 설치)

② 구부러진 모퉁이 및 보행거리 20m마다 설치

③ 바닥으로부터 높이 1.5m 이상의 위치에 설치(다만, 거실통로에 기둥이 설치된 경우에는 기둥부분의 바닥으로부터 높이 1.5m 이하의 위치에 설치)

3) 계단통로유도등

① 각층의 경사로 참 또는 계단참마다(1개층에 경사로 참 또는 계단참이 2 이상 있는 경우에는 2개의 계단참마다)설치

② 바닥으로부터 높이 1m 이하의 위치에 설치

③ 통행에 지장이 없도록 설치할 것

④ 주위에 이와 유사한 등화광고물·게시물 등을 설치하지 아니할 것

5. 객석유도등 설치기준

① 객석의 통로, 바닥 또는 벽에 설치

② 객석 내의 통로가 경사로 또는 수평로로 되어 있는 부분은 다음의 식에 따라 산출한 수(소수점 이하의 수는 1로 본다)의 유도등을 설치

$$설치개수 = \frac{객석통로의\ 직선\ 부분의\ 길이(m)}{4} - 1$$

③ 객석내의 통로가 옥외 또는 이와 유사한 부분에 있는 경우에는 해당 통로 전체에 미칠 수 있는 수의 유도등을 설치하여야 한다.

6. 유도표지 설치기준

① 계단에 설치하는 것을 제외하고는 각층마다 복도 및 통로의 각 부분으로부터 하나의 유도표지까지의 보행거리가 15m 이하가 되는 곳과 구부러진 모퉁이의 벽에 설치

② 피난구유도표지는 출입구 상단에 설치하고, 통로유도표지는 바닥으로부터 높이 1m 이하의 위치에 설치

③ 주위에는 이와 유사한 등화·광고물·게시물 등을 설치하지 아니할 것

④ 유도표지는 부착판 등을 사용하여 쉽게 떨어지지 아니하도록 설치

⑤ 축광방식의 유도표지는 외광 또는 조명장치에 의하여 상시 조명이 제공되거나 비상조명등에 의한 조명이 제공되도록 설치

7. 피난유도선 설치기준

1) 축광방식의 피난유도선

① 구획된 각 실로부터 주출입구 또는 비상구까지 설치

② 바닥으로부터 높이 50㎝ 이하의 위치 또는 바닥 면에 설치

③ 피난유도 표시부는 50㎝ 이내의 간격으로 연속되도록 설치

④ 부착대에 의하여 견고하게 설치

⑤ 외광 또는 조명장치에 의하여 상시 조명이 제공되거나 비상조명등에 의한 조명이 제공되도록 설치

2) 광원점등방식의 피난유도선

① 구획된 각 실로부터 주출입구 또는 비상구까지 설치할

② 피난유도 표시부는 바닥으로부터 높이 1m이하의 위치 또는 바닥 면에 설치

③ 피난유도 표시부는 50㎝이내의 간격으로 연속되도록 설치하되 실내장식물 등으로 설치가 곤란할 경우 1m 이내로 설치

④ 수신기로부터의 화재신호 및 수동조작에 의하여 광원이 점등되도록 설치

⑤ 비상전원이 상시 충전상태를 유지하도록 설치

⑥ 바닥에 설치되는 피난유도 표시부는 매립하는 방식을 사용할 것

⑦ 피난유도 제어부는 조작 및 관리가 용이하도록 바닥으로부터 0.8m이상1.5m이하의 높이에 설치

8. 유도등의 전원

1) 유도등의 전원은 축전지 또는 교류전압의 옥내간선으로 하고, 전원까지의 배선은 전용으로 하여야한다.

2) 비상전원

① 축전지로 할 것

② 유도등을 20분 이상 유효하게 작동시킬 수 있는 용량으로 할 것(다만, 다음의 경우에는 그 부분에서 피난층에 이르는 부분의 유도등을 60분 이상 유효하게 작동시킬 수 있는 용량으로 하여야 한다)

    ㉠ 지하층을 제외한 층수가 11층 이상의 층

    ㉡ 지하층 또는 무창층으로서 용도가 도매시장·소매시장·여객자동차터미널·지하역사 또는 지하상가

3) 배선

① 유도등의 인입선과 옥내배선은 직접 연결할 것

② 유도등은 전기회로에 점멸기를 설치하지 아니하고 항상 점등상태를 유지할 것(다만, 특정소방대상물 또는 그 부분에 사람이 없거나 다음 각 목의 어느 하나에 해당하는 장소로서 3선식 배선에 따라 상시 충전되는 구조인 경우에는 그러하지 아니하다)

    ㉠ 외부광(光)에 따라 피난구 또는 피난방향을 쉽게 식별할 수 있는 장소

    ㉡ 공연장, 암실(暗室) 등으로서 어두워야 할 필요가 있는 장소

    ㉢ 특정소방대상물의 관계인 또는 종사원이 주로 사용하는 장소

4) 3선식 배선으로 상시 충전되는 유도등의 전기회로에 점멸기를 설치하는 경우에는 다음 각 호의 어느 하나에 해당되는 경우에 점등되도록 하여야 한다.

① 자동화재탐지설비의 감지기 또는 발신기가 작동되는 때

② 비상경보설비의 발신기가 작동되는 때

③ 상용전원이 정전되거나 전원선이 단선되는 때

④ 방재업무를 통제하는 곳 또는 전기실의 배전반에서 수동으로 점등하는 때

⑤ 자동소화설비가 작동되는 때

9. 유도등 2선식 배선과 3선식 배선의 비교

2선식 배선과 3선식 배선의 차이점	
2선식	3선식
① 상시 점등하는 상태 방식	① 평상시 미점등 상태로 있다 화재시 점등하는 방식
② 점멸기에 의해 소등하면 예비전원으로 자동전환 되어 20분간 점등된후 점멸	② 점멸기에 의해 소등하면 유도등은 소등되나 예 비전원에 충전은 계속되고 있는 상태
③ 소등하면 예비전원으로 자동 충전되는 기능은 없다	③ 정전되면 교류전압에 의해 전원공급이 차단되며 예비전원으로 자동전환되며 20분이상 점등

section 5 소화용수설비

1. 개념

대형건축물 등에서 화재발생 시 화재의 확산을 방지하고, 진화 시 대량의 물이 필요하기 때문에 설치하는 소방용 수리를 말한다. 해당 건축물의 소유자가 소화용수설비의 설치 및 관리비용을 부담하도록 규정하고 있다.

2. 소화수조 및 저수조

1) 용어의 정의

① 소화수조 또는 저수조란, 수조를 설치하고 여기에 소화에 필요한 물을 항시 채워두는 것을 말한다.

② 채수구란, 소방차의 소방호스와 접결되는 흡입구를 말한다.

2) 소화수조 등

① 소화수조, 저수조의 채수구 또는 흡수관투입구는 소방차가 2m 이내의 지점까지 접근할 수 있는 위치에 설치하여야 한다.

② 소화수조 또는 저수조의 저수량은 특정소방대상물의 연면적을 다음 표에 따른 기준면적으로 나누어 얻은 수(소수점이하의 수는 1로 본다)에 20㎥를 곱한 양 이상이 되도록 하여야 한다.

소방대상물의 구분	면적
① 1층 및 2층의 바닥면적 합계가 15,000㎡ 이상인 소방대상물	7,500㎡
② 제1호에 해당되지 아니하는 그 밖의 소방대상물	12,500㎡

③ 흡수관투입구 또는 채수구를 다음 기준에 의해 설치하여야 한다.

    ㉠ 지하에 설치하는 소화용수설비의 흡수관투입구는 그 한변이 0.6m 이상이거나 직경이 0.6m 이상인 것으로 하고, 소요수량이 80㎥ 미만인 것은 1개 이상, 80㎥ 이상인 것은 2개 이상을 설치하여야 하며, 흡관투입구라고 표시한 표지를 할 것

    ㉡ 소화용수설비에 설치하는 채수구는 다음 각 목의 기준에 따라 설치할 것

④ 채수구는 다음 표에 따라 소방용호스 또는 소방용흡수관에 사용하는 구경 65mm 이상의 나사식 결합금속구를 설치할 것

소요수량	20㎥ 이상 40㎥ 미만	40㎥ 이상 100㎥ 미만	100㎥ 이상
채수구의 수	1개	2개	3개

⑤ 채수구는 지면으로부터의 높이가 0.5m 이상 1m 이하의 위치에 설치하고 "채수구"라고 표시한 표지를 할 것

⑥ 소화용수설비를 설치하여야 할 특정소방대상물에 있어서 유수의 양이 0.8㎥/min 이상인 유수를 사용할 수 있는 경우에는 소화수조를 설치하지 아니할 수 있다.

3) 가압송수장치

소화수조 또는 저수조가 지표면으로부터의 깊이(수조 내부바닥까지의 길이를 말한다)가 4.5m 이상인 지하에 있는 경우에는 다음 표에 따라 가압송수장치를 설치하여야 한다.

소요수량	20㎥ 이상 40㎥ 미만	40㎥ 이상 100㎥ 미만	100㎥ 이상
가압송수장치의 1분당 양수량	1,100L 이상	2,200L 이상	3,300L 이상

3. 상수도소화용수설비

1) 설치대상

상수도소화용수설비를 설치하여야 하는 특정소방대상물은 다음 각 목의 어느 하나와 같다. 다만, 상수도소화용수설비를 설치하여야 하는 특정소방대상물의 대지 경계선으로부터 180m 이내에 지름 75mm 이상인 상수도용 배수관이 설치되지 않은 지역의 경우에는 화재안전기준에 따른 소화수조 또는 저수조를 설치하여야 한다.

① 연면적 5천㎡ 이상인 것. 다만, 위험물 저장 및 처리 시설 중 가스시설, 지하가 중 터널 또는 지하구의 경우에는 그러하지 아니하다.

② 가스시설로서 지상에 노출된 탱크의 저장용량의 합계가 100톤 이상인 것

2) 설치기준

① 호칭지름 75mm 이상의 수도배관에 호칭지름 100mm 이상의 소화전을 접속할 것

② 소방자동차 등의 진입이 쉬운 도로변 또는 공지에 설치할 것 〈개정 2012.8.20〉

③ 특정소방대상물의 수평투영면의 각 부분으로부터 140m 이하가 되도록 설치할 것

section 6 소화활동 설비

1 제연설비

1. 개념

화재가 발생한 연기를 옥외로 배출하거나 제연구역으로 침투하지 못하도록 차단하는 설비를 말한다. 즉, 화재실에서 연기와 열을 배출시키고, 외부에서 신선한 산소를 유입시켜 피난 및 소화활동의 안전성을 확보하는 설비이다.

2. 용어의 정의

① 제연구역 이란 제연경계(제연설비의 일부인 천장을 포함한다)에 의해 구획된 건물 내의 공간을 말한다.

② 예상제연구역이란 화재발생시 연기의 제어가 요구되는 제연구역을 말한다.

③ 제연경계의 폭 이란 제연경계의 천장 또는 반자로부터 그 수직하단까지의 거리를 말한다.

④ 수직거리란 제연경계의 바닥으로부터 그 수직하단까지의 거리를 말한다.

⑤ 공동예상제연구역이란 2개 이상의 예상제연구역을 말한다.

⑥ 방화문이란 갑종방화문 또는 을종방화문으로써 언제나 닫힌 상태를 유지하거나 화재로 인한 연기의 발생 또는 온도의 상승에 따라 자동적으로 닫히는 구조를 말한다.

⑦ 유입풍도란 예상제연구역으로 공기를 유입하도록 하는 풍도를 말한다.

⑧ 배출풍도란 예상 제연구역의 공기를 외부로 배출하도록 하는 풍도를 말한다.

3. 제연설비 설치대상

① 문화 및 집회시설, 종교시설, 운동시설로서 무대부의 바닥면적이 200㎡ 이상 또는 문화 및 집회시설 중 영화상영관으로서 수용인원 100명 이상인 것

② 지하층이나 무창층에 설치된 근린생활시설, 판매시설, 운수시설, 숙박시설, 위락시설, 의료시설, 노유자시설 또는 창고시설(물류터미널만 해당한다)로서 해당 용도로 사용되는 바닥면적의 합계가 1천㎡ 이상인 층

③ 운수시설 중 시외버스정류장, 철도 및 도시철도 시설, 공항시설 및 항만시설의 대합실 또는 휴게시설로서 지하층 또는 무창층의 바닥면적이 1천㎡ 이상인 것

④ 지하가(터널은 제외한다)로서 연면적 1천㎡ 이상인 것

⑤ 특정소방대상물(복도형 아파트등은 제외한다)에 부설된 특별피난계단 또는 비상용 승강기의 승강장

4. 설치기준(제연구역의 구획)

① 하나의 제연구역의 면적은 1,000㎡이내로 할 것

② 거실과 통로(복도를 포함한다. 이하 같다)는 상호 제연구획 할 것

③ 통로상의 제연구역은 보행중심선의 길이가 60m를 초과하지 아니할 것

④ 하나의 제연구역은 직경 60m 원내에 들어갈 수 있을 것

⑤ 하나의 제연구역은 2개 이상 층에 미치지 아니하도록 할 것

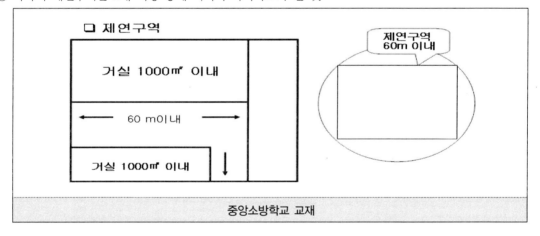

중앙소방학교 교재

5. 제연구역의 구획 기준

보·제연경계벽(이하 "제연경계"라 한다) 및 벽(화재 시 자동으로 구획되는 가동벽·샷다·방화문을 포함한다. 이하 같다)으로 하되, 다음 각 호의 기준에 적합하여야 한다.

① 재질은 내화재료, 불연재료 또는 제연경계벽으로 성능을 인정받은 것으로서 화재시 쉽게 변형·파괴되지 아니하고 연기가 누설되지 않는 기밀성 있는 재료로 할 것

② 제연경계는 제연경계의 폭이 0.6m 이상이고, 수직거리는 2m 이내이어야 한다. 다만, 구조상 불가피한 경우는 2m를 초과할 수 있다.

③ 제연경계벽은 배연 시 기류에 따라 그 하단이 쉽게 흔들리지 아니하여야 하며, 또한 가동식의 경우에는 급속히 하강하여 인명에 위해를 주지 아니하는 구조일 것

6. 제연방식

화재 시 연기를 제어하는 방식에는 주로 많이 쓰이는 방식은 기계제연방식이다. 그 외 밀폐식제연방식, 자연제연방식, 스모크타워제연방식이 있다.

제연 전용의 샤프트를 설치하고 화재 시 온도상승에 의해 생긴 부력 및 배출 측에 설치한 루프모니터 등의 흡인력을 통기력으로 하여 제연하는 방식으로서 고층 빌딩에 적합	화재시 발생한 열기류의 부력 또는 외부바람의 흡출효과에 의해 실 상부에 설치된 창 또는 전용배연구로부터 연기를 옥외로 배출시키는 방식	밀폐도가 높은 벽이나 문으로서 화재를 밀폐하여 연기의 유출 및 신선한 공기의 유입을 억제하여 제연하는 방식으로서 공동주택이나 호텔에 적합
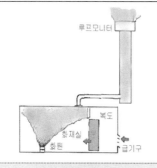	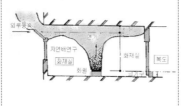	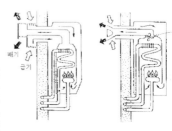
스모크타워제연방식	자연제연방식	밀폐제연식
화재실에 대해서 기계배연을 행하는 동시에 복도나 계단실을 통해서 기계력에 의한 강제급기를 행하는 방식	복도, 계단부속실, 계단실 등 피난통로로서 중요한 부분에 대해서 신선한 공기를 송풍기에 의해 급기하고 그 부분의 압력을 화재실보다는 상대적으로 높게 유지하여 연기의 유입을 방지하는 방식	화재로 인하여 발생한 연기를 화재실의 상부로부터 배출기로 흡입하여 옥외로 배출하는 방식
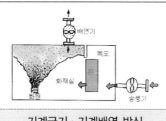	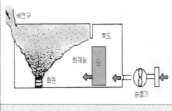	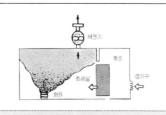
기계급기 · 기계배연 방식	기계급기 · 자연배연 방식	자연급기 · 기계배연 방식

자료출처 : 중앙소방학교

② 연결송수관 설비

1. 개념

고층건물에서 화재발생 시 신속하고 효율적인 소화활동을 위해 건물 내에 소방전용 송수관을 설치하고, 소방펌프차로부터 소방용수를 송수관을 통하여 공급하면 여러 본의 소방호스 연장 없이 해당 층의 방수구에서 단시간 내에 방수작업을 할 수 있게 한 고정설비이다.

2. 구성 및 원리(송수압력 0.35(Mpa이상)

송수구, 방수구, 배관, 방수기구함으로 구성되어 있으며, 건축물의 옥외에 연결송수관용 송수구가 설치되어 있어 소방펌프차에서 소방용수를 가압하여 송수하면 필요한 층에서 방수구에 소방호스와 노즐(관창)을 연결하여 화재를 진압하는 원리이다.

3. 설치대상

설비명	적용대상 및 기준
연결 송수관 설비	※ 가스시설 또는 지하구 제외 ① 층수가 5층 이상으로서 연면적 6천제곱미터 이상인 것 ② ①호에 해당하지 않는 특정소방대상물로서 층수가 7층 이상인 것 ③ ①②호에 해당하지 않는 특정소방대상물로서 지하층의 층수가 3개층 이상이고 지하층의 바닥면적의 합계가 1천제곱미터 이상인 것 ④ 지하가중 터널로서 길이가 1천미터 이상인 것

4. 송수구 설치 기준

① 소방차가 쉽게 접근할 수 있고 잘 보이는 장소에 설치

② 지면으로부터 높이가 0.5m 이상 1m 이하의 위치에 설치

③ 화재층으로부터 지면으로 떨어지는 유리창 등이 송수 및 그 밖의 소화작업에 지장을 주지 아니하는 장소에 설치

④ 구경 65mm의 쌍구형으로 할 것

⑤ 가까운 곳의 보기 쉬운 곳에 송수압력범위를 표시한 표지 설치

⑥ 연결송수관의 수직배관마다 1개 이상을 설치

⑦ 가까운 곳의 보기 쉬운 곳에 "연결송수관설비송수구"라고 표시한 표지설치

⑧ 이물질을 막기 위한 마개를 씌울 것

⑨ 송수구 부근에는 자동배수밸브 및 체크밸브 설치

습식	송수구 ⇒ 자동배수밸브 ⇒ 체크밸브의 순
건식	송수구 ⇒ 자동배수밸브 ⇒ 체크밸브 ⇒ 자동배수밸브의 순

5. 배관

① 주배관의 구경은 100mm 이상의 것으로 할 것

② 지면으로부터의 높이가 31m 이상인 특정소방대상물 또는 지상 11층 이상인 특정소방대상물에 있어서는 습식설비로 설치

6. 방수기구함 설치기준

① 피난층과 가장 가까운 층을 기준으로 3개층마다 설치하되, 그 층의 방수구마다 보행거리 5m 이내에 설치

② 방수기구함에는 길이 15m의 호스와 방사형 관창을 다음 각목의 기준에 따라 비치할 것
　㉠ 호스는 방수구에 연결하였을 때 그 방수구가 담당하는 구역의 각 부분에 유효하게 물이 뿌려질 수 있는 개수 이상을 비치(쌍구형 방수구는 단구형 방수구의 2배 이상의 개수를 설치)
　㉡ 방사형 관창은 단구형 방수구의 경우에는 1개, 쌍구형 방수구의 경우에는 2개 이상 비치

③ 방수기구함에는 "방수기구함"이라고 표시한 축광식 표지를 할 것.

④ 방수구는 그 특정소방대상물의 층마다 설치

예외 사항	① 아파트의 1층 및 2층
	② 소방차의 접근이 가능하고 소방대원이 소방차로부터 각 부분에 쉽게 도달할 수 있는 피난층
	③ 송수구가 부설된 옥내소화전을 설치한 특정소방대상물로서 -지하층을 제외한 층수가 4층 이하이고 연면적이 6,000㎡ 미만인 특정소방대상물의 지상층 -지하층의 층수가 2 이하인 특정소방대상물의 지하층

③ 연결살수설비

1. 개념

지하가나 지하층에 화재가 발생하면 농연으로 진입이 어렵고 화점을 찾아 진압하는데 어려움이 많다. 일정 규모 이상의 판매시설 및 지하층과 연결통로 천정에 살수헤드를 설치하여 화재 시 호스를 연장하지 않고도 소방펌프차로부터 송수된 가압송수에 의하여 살수시켜 소화하는 설비로 자동화 시스템은 아니다.

2. 계통도

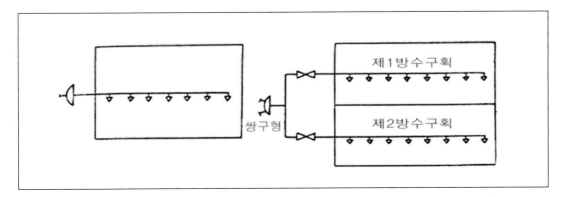

3. 설치대상

설비명	적용대상 및 기준
연결 살수 설비	※ 지하구 제외 ① 판매시설 및 영업시설로서 당해 용도로 사용되는 부분의 바닥면적의 합계가 1000㎡ 이상 　(학교 지하층은 700㎡) ② 지하층으로서 바닥면적의 합계가 150㎡ 이상인 것. ③ 가스시설 중 지상에 노출된 탱크의 용량이 30톤 이상인 탱크시설

4. 송수구 설치기준

① 소방차가 쉽게 접근할 수 있고 노출된 장소에 설치

② 구경 65㎜의 쌍구형으로 설치(다만, 하나의 송수구역에 부착하는 살수헤드의 수가 10개 이하인 것은 단구형의 것으로 할 수 있다)

③ 개방형헤드를 사용하는 송수구의 호스접결구는 각 송수구역마다 설치

④ 지면으로부터 높이가 0.5m 이상 1m 이하의 위치에 설치

⑤ 송수구로부터 주배관에 이르는 연결배관에는 개폐밸브를 설치하지 아니할 것

⑥ 송수구의 부근에는 "연결살수설비 송수구"라고 표시한 표지와 송수구역 일람표를 설치할 것.

⑦ 이물질을 막기 위한 마개를 씌워야 한다.

5. 헤드설치 기준

① 천장 또는 반자의 실내에 면하는 부분에 설치할 것

② 천장 또는 반자의 각 부분으로부터 하나의 살수헤드까지의 수평거리가 연결살수설비전용헤드의 경우은 3.7m 이하, 스프링클러헤드의 경우는 2.3m 이하로 할 것.

③ 살수가 방해되지 아니하도록 스프링클러헤드로부터 반경 60㎝ 이상의 공간을 보유할 것. 다만, 벽과 스프링클러헤드간의 공간은 10㎝이상으로 한다.

④ 연결살수설비 전용헤드를 사용하는 경우에는 다음 표에 따른 구경 이상으로 할 것

하나의 배관에 부착하는 살수헤드의 개수	1개	2개	3개	4개 또는 5개	6개 이상 10개 이하
배관의 구경(mm)	32	40	50	65	80

④ 비상콘센트설비

1. 개념

건축물에 화재 발생 시 소화활동에 필요한 전원을 전용으로 공급받기 위해 설치한 설비로 전원, 배선, 콘센트, 보호함으로 구성된다.

2. 설치대상

설비명	적용대상 및 기준
비상콘센트 설비	① 층수가 11 층 이상인 경우 11층 이상의 층에 설치한다. ② 지하층 층수가 3개층 이상인 지하층 바닥면적 합계가 1000㎡인 것은 지하층 전층 ③ 지하가 중 터널로써 길이가 500m이상

3. 구성도

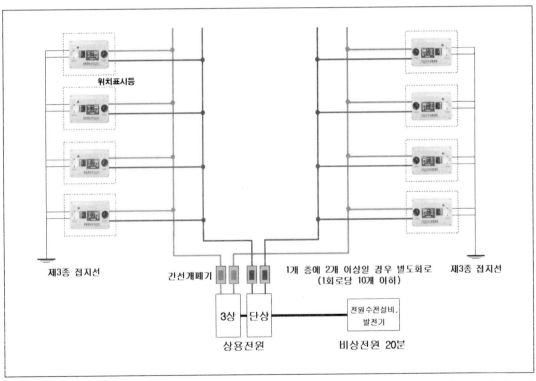

(중앙소방학교 교재)

4. 보호함

① 보호함에는 쉽게 개폐할 수 있는 문을 설치할 것

② 보호함 표면에 "비상콘센트"라고 표시한 표지를 할 것

③ 보호함 상부에 적색의 표시등을 설치할 것. 다만, 비상콘센트의 보호함을 옥내소화전함 등과 접속하여 설치하는 경우에는 옥내소화전함 등의 표시등과 겸용할 수 있다.

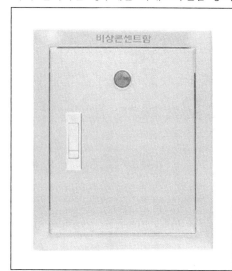 

5. 설치기준

① 바닥으로부터 0.8m 이상 ~ 1.5m이하

② 아파트 또는 바닥면적이 1,000㎡ 미만인 층은 계단의 출입구로부터 5m이내, 바닥면적 1,000㎡ 이상인 층(아파트를 제외한다)은 각 계단의 출입구 또는 계단부속실의 출입로부터 5m이내에 설치

③ 지하상가 또는 지하층의 바닥면적의 합계가 3,000㎡ 이상인 것은 수평거리 25m, 그 외 수평거리 50m

④ 하나의 전용회로에 설치하는 비상콘센트는 10개이하로 한다

⑤ 전용회로 배선은 내화배선, 그 밖의 배선은 내화배선 또는 내열배선으로 한다.

6. 전원

① 상용전원회로의 배선은 저압수전인 경우에는 인입개폐기의 직후에서, 고압수전 또는 특고압수전인 경우에는 전력용변압기 2차측의 주차단기 1차측 또는 2차측에서 분기하여 전용배선으로 할 것

② 지하층을 제외한 층수가 7층 이상으로서 연면적이 2,000㎡ 이상이거나 지하층의 바닥면적의 합계가 3,000㎡ 이상인 대상물에는 자가발전설비 또는 비상전원수전설비를 비상전원으로 설치할 것.

7. 사용법

① 비상콘센트를 찾는다 ⇒ ② 사용하고자하는 장비의 사용전압 확인한다 ⇒ ③ 해당전압의 콘센트에 연결한다 ⇒ ④ 배전용차단기를 ON으로 한다.

5 무선통신보조설비

1. 개념

지상가나 지하층 화재 시 건축물 구조상 무선교신이 원활하지 않아 소방관이 화재진압 또는 인명구조활동에 어려움이 많이 발생한다. 이러한 무선교신의 어려움을 보완하기 위해 안테나나 누설동축케이블을 설치하여 무선교신을 원활하게 하기 위해 설치하는 설비를 말한다.

2. 설치대상

설비명	적용대상 및 기준
무선통신보조설비	① 지하가 중 터널길이가 500m 이상 ② 지하가(터널제외)로서 연면적 1000㎡ 이상 ③ 지하층 바닥면적 합계가 3000㎡ 이상 ④ 지하층 층수가 3개층 이상이고 지하층 바닥면적 합계가 1000㎡ 이상인 지하층의 전층

➡ 지하층으로서 특정소방대상물의 바닥부분 2면 이상이 지표면과 동일하거나 지표면으로부터의 깊이가 1m 이하인 경우에는 해당층에 한하여 무선통신보조설비를 설치하지 아니할 수 있다.

3. 구성 요소

누설동축케이블이 주로 사용되며 ① 누설동축케이블 ② 동축케이블 ③ 무선기접속단자함 ④ 분배기 ⑤ 증폭기 ⑥ 케이블커넥터 ⑦ 무반사종단저항 등으로 구성된다.

4. 용어의 정의

① 누설동축케이블이란 동축케이블의 외부도체에 가느다란 홈을 만들어서 전파가 외부로 새어나갈 수 있도록 한 케이블을 말한다.

② 분배기란 신호의 전송로가 분기되는 장소에 설치하는 것으로 임피던스 매칭(Matching)과 신호 균등분배를 위해 사용하는 장치를 말한다.

③ 분파기란 서로 다른 주파수의 합성된 신호를 분리하기 위해서 사용하는 장치를 말한다.

④ 혼합기란 두개 이상의 입력신호를 원하는 비율로 조합한 출력이 발생하도록 하는 장치를 말한다.

⑥ 증폭기란 신호 전송 시 신호가 약해져 수신이 불가능해지는 것을 방지하기 위해서 증폭하는 장치를 말한다.

5. 접속단자 설치 기준

① 지상에서 유효하게 소방활동을 할 수 있는 장소 또는 수위실 등 상시 사람이 근무하고 있는 장소에 설치

② 단자는 바닥으로부터 높이 0.8m 이상 1.5m 이하의 위치에 설치

③ 지상에 설치하는 접속단자는 보행거리 300m 이내마다 설치하고, 다른 용도로 사용되는 접속단지에서 5m 이상의 거리를 둘 것

④ 지상에 설치하는 단자를 보호하기 위하여 견고하고 함부로 개폐할 수 없는 구조의 보호함을 설치하고, 먼지·습기 및 부식 등에 따라 영향을 받지 아니하도록 조치할 것

⑤ 단자의 보호함의 표면에 "무선기 접속단자"라고 표시한 표지를 할 것

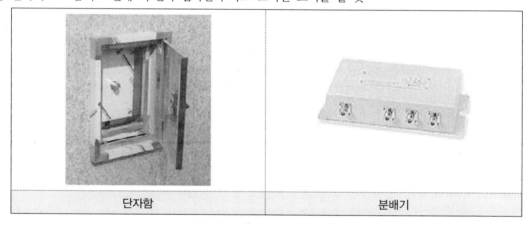

| 단자함 | 분배기 |

6. 증폭기 등 설치 기준

① 전원은 전기가 정상적으로 공급되는 축전지 또는 교류전압 옥내간선으로 하고, 전원까지의 배선은 전용으로 할 것

② 증폭기의 전면에는 주 회로의 전원이 정상인지의 여부를 표시할 수 있는 표시등 및 전압계를 설치할 것

③ 증폭기에는 비상전원이 부착된 것으로 하고 해당 비상전원 용량은 무선통신보조설비를 유효하게 30분 이상 작동시킬 수 있는 것으로 할 것

7. 동축케이블 등 설치기준

① 소방전용주파수대에서 전파의 전송 또는 복사에 적합한 것으로서 소방전용의 것으로 할 것
(다만, 소방대 상호간의 무선연락에 지장이 없는 경우에는 다른 용도와 겸용할 수 있다)

② 누설동축케이블과 이에 접속하는 공중선 또는 동축케이블과 이에 접속하는 공중선에 따른 것으로 할 것

③ 누설동축케이블은 불연 또는 난연성의 것으로서 습기에 따라 전기의 특성이 변질되지 아니하는 것으로 하고, 노출하여 설치한 경우에는 피난 및 통행에 장애가 없도록 할 것

④ 누설동축케이블은 화재에 따라 해당 케이블의 피복이 소실된 경우에 케이블 본체가 떨어지지 아니하도록 4m이내마다 금속제 또는 자기제등의 지지금구로 벽·천장·기둥 등에 견고하게 고정시킬 것

⑤ 누설동축케이블 및 공중선은 금속판 등에 따라 전파의 복사 또는 특성이 현저하게 저하되지 아니하는 위치에 설치할 것

⑥ 누설동축케이블 및 공중선은 고압의 전로로부터 1.5m 이상 떨어진 위치에 설치할 것

⑦ 누설동축케이블의 끝부분에는 무반사 종단저항을 견고하게 설치할 것

⑧ 누설동축케이블 또는 동축케이블의 임피던스는 50Ω으로 하고, 이에 접속하는 공중선·분배기 기타의 장치는 해당 임피던스에 적합한 것으로 할 것

section 7 소방기본법 주요 내용

1. 소방기본법의 목적

소방기본법은 화재를 예방·경계하거나 진압하고 화재, 재난·재해, 그 밖의 위급한 상황에서의 구조·구급 활동 등을 통하여 국민의 생명·신체 및 재산을 보호함으로써 공공의 안녕 및 질서 유지와 복리증진에 이바지함을 목적으로 한다. [법 제1조(목적)]

2. 소방 장비(소방장비관리법 시행령 제6조)

(1) **기동장비** ··· 자체에 동력원이 부착되어 자력으로 이동하거나 견인되어 이동할 수 있는 장비

구분	품목
가. 소방자동차	소방펌프차, 소방물탱크차, 소방화학차, 화생방 대응차, 소방사다리차, 무인방수차, 지휘차, 구조차, 구급차, 조명배연차, 화재조사차, 생활안전차, 안전진단차, 소방순찰차, 현장지원차, 행정 및 교육지원차, 이륜차, 중장비
나. 소방선박	소방정, 구조정, 지휘정
다. 소방항공기	고정익항공기, 회전익항공기

(2) **화재 진압장비** ··· 화재진압활동에 사용되는 장비

구분	품목
가. 소화용수 기구	결합 금속구, 소방용수 이용장비
나. 관창	일반관창, 특수관창, 포말(foam)관창, 방수총
다. 사다리	화재진압용 사다리
라. 소방용 펌프	동력소방펌프
마. 소방호스	소방호스, 소방호스 운용 용품
바. 소방용 보조기구	소화용 기구, 산소발생 공기정화기, 열화상 카메라, 이동식 송배풍기
사. 이동식 진화기	소화기, 초순간 진화기
아. 소화약제	분말형 소화약제, 액체형 소화약제, 기체형 소화약제
자. 소방용 로봇	화재진압 로봇, 정찰 로봇

(3) **구조장비** ··· 구조활동에 사용되는 장비

구분	품목
가. 일반구조장비	구조용 사다리, 개방장비, 조명기구, 총포류, 동물포획 장비 세트, 일반구조 통신장비, 이송 및 안전장비, 그 밖의 일반장비
나. 산악구조장비	등하강 및 확보 장비, 산악용 안전벨트, 고리, 도르래, 슬링(sling, 등반 중에 나무나 바위에 둘러 확보지점을 만들거나 확보 용구를 연장하는 장비), 등반용 밧줄(로프) 및 부대장비, 배낭, 일반장비, 빙벽 등반장비 세트, 설상 구조장비 세트, 암벽 및 거벽(巨壁) 등반장비 세트, 구조대상자 이송 및 안전장비, 산악용 근거리 통신장비
다. 수난구조장비	급류 구조장비, 잠수장비, 수중통신장비, 인명구조 및 안전장비
라. 화생방 및 대테러 구조 장비	경계구역 설정라인, 제독·소독장비, 누출물 수거장비, 누출방지장비, 화생방 오염환자 이송장비, 시료 채취 및 이송장비, 실링백(sealing bag) 세트, 에어리프팅 백, 보호의류 등, 대테러 구조장비
마. 절단 구조장비	절단기, 톱, 드릴, 유압절단장비
바. 중량물 작업장비	유압장비, 휴대용 권양기(winch), 다목적 구조 삼각대, 운전석 에어백 작동 방지장치, 에어백, 지지대, 리프트 잭, 체인 블록(체인을 이용하여 중량물을 끌어올리거나 당겨서 장애물을 제거 또는 이동시키는 장비), 체인세트, 벨트슬링, 중량물 작업용 와이어
사. 탐색 구조장비	헬멧식 연기 투시기, 적외선 야간 투시경, 매몰자 탐지기, 영상송수신 장비 세트, 붕괴물 경보기, 수중 탐지기, 수중 비디오, 수중 카메라, GPS수신기, 인명구조견, 구조용 로봇, 공중수색장비
아. 파괴장비	도끼, 방화문 파괴기, 해머 드릴, 착암기(鑿巖機 : 구조물을 뚫거나 파괴하는 장비)

(4) **구급장비** … 구급활동에 사용되는 장비

구분	품목
가. 환자평가 장비	신체검진 기구
나. 응급처치 장비	기도확보유지 기구, 호흡유지 기구, 심장박동회복 기구, 순환유지 기구, 외상처치 기구, 분만처치 기구
다. 환자이송장비	환자운반기, 체온유지기
라. 구급의약품	의약품, 소독제
마. 감염방지장비	감염방지기구, 장비소독기구
바. 통신기록장비	통신장비, 기록장비
사. 교육실습장비	전문술기(전문응급처치) 교육실습장비, 구급대원 교육실습장비
아. 재난대응장비	환자분류 장비, 환자처치 장비

(5) **정보 통신장비** … 소방업무 수행을 위한 의사전달 및 정보교환·분석에 필요한 장비

구분	품목
가. 기반장비	냉방장치, 동력조절장비, 발전기류, 회로보호장치 및 액세서리
나. 네트워크장비	고정 네트워크 장비 및 부품, 광 네트워크 장치, 네트워크서비스 장비, 음향장비 및 제어기
다. 무선통신장비	개인 무선통신장치, 고정 네트워크 장비 및 부품, 전화장비, 위성접속장비
라. 보안장비	네트워크 보안장비, 보안 및 보호 소프트웨어
마. 소프트웨어	네트워킹 소프트웨어, 데이터 관리 및 질문 소프트웨어
바. 유선통신장비	개인 유선통신장치, 이동식 및 임시용 조명 및 액세서리, 전기케이블 및 부속품, 정류기(整流器 : 전기의 교류를 직류로 바꾸는 장치)
사. 전산장비	복합영상장비 및 컨트롤러, 음향기기 및 영상기기, 카메라 및 액세서리, 컴퓨터, 컴퓨터 디스플레이, 컴퓨터데이터 입력장비, 컴퓨터 프린터, 고정 네트워크 장비 및 부품, 복사기, 매체저장장치, 영사기 및 소모품, 회의용 비디오 및 전화장비, 음성통합 관리장치

(6) **측정장비** ⋯ 소방업무 수행에 수반되는 각종 조사 및 측정에 사용되는 장비

구분	품목
가. 소방시설 점검장비	공통시설 점검장비, 소화기구 점검장비, 소화설비 점검장비, 화재경보설비 점검장비, 누전 점검장비, 무전통신보조설비 점검장비, 제연설비 점검장비, 유도등 및 조명등 점검장비
나. 화재조사 및 감식장비	발굴용 장비, 기록용 장비, 감식감정용 장비, 증거수집장비, 특수감식감정장비, 분석실 구비 장비
다. 일반 측정장비	전기측정장비, 가스측정장비, 공기성분 분석기, 측정기, 화재탐지기, 엑스레이(X-ray) 투시기
라. 화생방 등 측정장비	방사능 측정장비, 화학생물학 측정장비

(7) **보호장비** ⋯ 소방현장에서 소방대원의 신체를 보호하는 장비

구분	품목
가. 호흡장비	공기호흡기, 공기공급기, 산소호흡기, 마스크
나. 보호의류 및 안전모	방화복, 방호복, 특수방호복, 안전모, 보호장갑, 안전화, 방화두건
다. 안전장구	안전안경, 인명구조 경보기, 신체 및 관절 보호대, 대원 위치추적장치, 대원 탈출장비, 대원 안전확보장비, 손매듭기, 방탄조끼, 방한덮개, 청력보호장비

(8) **보조장비** ⋯ 소방업무 수행을 위하여 간접 또는 부수적으로 필요한 장비

구분	품목
가. 기록보존장비	카메라, 녹음기, 차량용 운행기록계, 초시계, 컴퓨터 프린터, 영상장비
나. 정비기구	일반정비기구, 세탁건조장비, 발전기
다. 현장지휘소 운영장비	지휘 텐트, 상황브리핑 장비
라. 현장지원장비	출입통제선, 차량 이동기, 휴대용 확성기
마. 그 밖의 보조장비	안전매트, 전선 감개(reel), 수중펌프, 드럼펌프, 양수기, 수손(水損) 방지막

※ 비고 : 위 표에서 분류된 소방장비의 세부적인 분류 및 내용에 관하여 필요한 사항은 소방청장이 정하여 고시한다.

3. 소방용수

① **소방용수(消防用水)의 정의** … 소방용수라 함은 소방기본법에 규정하는 소방에 필요한 소방용수시설을 말한다. 소방용수는 소방기관이 소방활동에 사용할 것을 목적으로 시 또는 도의 책임 하에 설치하거나 지정된 것이므로 그 설치기준은 소방기본법시행규칙의 소방용수시설 설치기준에 의하여 정해져 있다. 그러나 그 외에도 소방용의 목적으로 설치되거나 사용하는 소방용수로서 다음과 같은 것이 있다.

  ㉠ 자위소방대, 시민들이 활용하는 초기소화용수

  ㉡ 화재예방, 소방시설 설치·유지 및 안전관리에 관한법률에 규정하는 소방의 목적에 쓰이는 설비의 수원 및 소방용수

  ㉢ 기타 미지정용수

② **소방용수의 종류** … 소방용수의 구분방법으로 소화전과 소화전 이외의 것으로 구분하는 방법이 있으며 (소화전 이외의 용수를 달리 자연용수라고 하는 경우도 있다) 일반적으로는 인공적인 것과 자연적인 것으로 구분되며 그 종류는 다음과 같이 구분할 수가 있다.

③ **소방용수시설의 설치기준** … 소방용수는 소방대가 화재시 소화활동을 하기 위한 충분한 수량과 소방용 기계기구를 유효하게 활용할 수 있는 위치, 구조이어야 한다.

  ㉠ **소화전** : 상수도와 연결하여 지하식 또는 지상식의 구조로 하고, 소방용호스와 연결하는 소화전의 연결금속구의 구경은 65밀리미터로 한다.

  ㉡ **급수탑** : 급수배관의 구경은 100밀리미터 이상으로 하고, 개폐밸브는 지상에서 1.5미터 이상 1.7미터 이하의 위치에 설치한다.

  ㉢ **저수조** : 지면으로부터 낙차가 4.5미터 이하, 흡수부분의 수심은 0.5미터 이상이며, 소방차가 쉽게 접근할 수 있도록 하며, 저수조에 물을 공급하는 방법은 상수도에 연결하여 자동으로 급수되는 구조이어야 한다. 흡수관의 투입구가 사각형인 경우에는 한 변의 길이가 60센티미터 이상, 원형인 경우에는 지름이 60센티미터 이상이어야 하며, 흡수에 지장이 없도록 토사 및 쓰레기 등을 제거할 수 있는 설비를 갖추어야 한다.

  ㉣ **소방용수 배치기준** : 소방용수 배치기준에 관해서는 소방대의 유효활동 범위와 지역의 건축물 밀집도, 인구 및 기상상황을 고려하여 평상시의 설치기준으로서 소방기본법시행규칙 제6조에 정해져 있다. 평상시의 소방대의 유효활동 범위는 소방활동의 신속, 정확성을 고려하여 연장 수관 10본(150m)이내일 것으로 하고 있다. 이 수관(호스, hose)연장은 다음 그림과 같이 도로를 따라서 연장한 경우 수관의 굴곡을 고려하여 기하학적으로 산출하면 반경 약 100m의 범위 내가 된다. 따라서 소방용수는 도시계획법상의 공업 및 상업지역, 주거지역은 100m이내, 그 밖의 지역은 140m이내에 설치하도록 되어 있다.

POINT 소방용수시설의 설치기준(제6조제2항 관련)

1. **공통기준**

   가. 국토의계획및이용에관한법률의 규정에 의한 주거지역·상업지역 및 공업지역에 설치하는 경우 : 소방대상물과의 수평거리를 100미터 이하가 되도록 할 것

   나. 가목 외의 지역에 설치하는 경우 : 소방대상물과의 수평거리를 140미터 이하가 되도록 할 것

2. **소방용수시설별 설치기준**

   가. 소화전의 설치기준 : 상수도와 연결하여 지하식 또는 지상식의 구조로 하고, 소방용호스와 연결하는 소화전의 연결금속구의 구경은 65밀리미터로 할 것

   나. 급수탑의 설치기준 : 급수배관의 구경은 100밀리미터 이상으로 하고, 개폐밸브는 지상에서 1.5미터 이상 1.7미터 이하의 위치에 설치하도록 할 것

   다. 저수조의 설치기준

   (1) 지면으로부터의 낙차가 4.5미터 이하일 것

   (2) 흡수부분의 수심이 0.5미터 이상일 것

   (3) 소방펌프자동차가 쉽게 접근할 수 있도록 할 것

   (4) 흡수에 지장이 없도록 토사 및 쓰레기 등을 제거할 수 있는 설비를 갖출 것

   (5) 흡수관의 투입구가 사각형의 경우에는 한 변의 길이가 60센티미터 이상, 원형의 경우에는 지름이 60센티미터 이상일 것

   (6) 저수조에 물을 공급하는 방법은 상수도에 연결하여 자동으로 급수되는 구조일 것

4. 화재예방 조치 [소방기본법 제12조(화재의 예방조치 등)]

(1) 소방본부장이나 소방서장은 화재의 예방상 위험하다고 인정되는 행위를 하는 사람이나 소화(消火) 활동에 지장이 있다고 인정되는 물건의 소유자·관리자 또는 점유자에게 다음의 명령을 할 수 있다.

① 불장난, 모닥불, 흡연, 화기(火氣) 취급, 그 밖에 화재예방상 위험하다고 인정되는 행위의 금지 또는 제한

② 타고 남은 불 또는 화기가 있을 우려가 있는 재의 처리

③ 함부로 버려두거나 그냥 둔 위험물, 그 밖에 불에 탈 수 있는 물건을 옮기거나 치우게 하는 등의 조치

(2) 소방본부장이나 소방서장은 방치된 위험물 또는 물건의 소유자·관리자 또는 점유자의 주소와 성명을 알 수 없어서 필요한 명령을 할 수 없을 때에는 소속 공무원으로 하여금 그 위험물 또는 물건을 옮기거나 치우게 할 수 있다.

(3) 소방본부장이나 소방서장은 방치된 위험물을 옮기거나 치운 위험물 또는 물건을 보관하여야 한다.

(4) 소방본부장이나 소방서장은 위험물 또는 물건을 보관하는 경우에는 그 날부터 14일 동안 소방본부 또는 소방서의 게시판에 그 사실을 공고하여야 한다.

(5) 소방본부장이나 소방서장이 보관하는 위험물 또는 물건의 보관기간 및 보관기간 경과 후 처리 등에 대하여는 대통령령으로 정한다.

① 규정에 의한 위험물 또는 물건의 보관기간은 소방본부 또는 소방서의 게시판에 공고하는 기간의 종료일 다음 날부터 7일로 한다. [시행령 제3조(위험물 또는 물건의 보관기간 및 보관기간 경과후 처리 등)]

② 소방본부장 또는 소방서장은 보관기간이 종료되는 때에는 보관하고 있는 위험물 또는 물건을 매각하여야 한다. 다만, 보관하고 있는 위험물 또는 물건이 부패·파손 또는 이와 유사한 사유로 소정의 용도에 계속 사용할 수 없는 경우에는 폐기할 수 있다.

③ 소방본부장 또는 소방서장은 보관하던 위험물 또는 물건을 매각한 경우에는 지체 없이 「국가재정법」에 의하여 세입조치를 하여야 한다.

④ 소방본부장 또는 소방서장은 매각되거나 폐기된 위험물 또는 물건의 소유자가 보상을 요구하는 경우에는 보상금액에 대하여 소유자와 협의를 거쳐 이를 보상하여야 한다.

5. 화재경계지구의 지정 [소방기본법 제13조(화재경계지구의 지정 등)]

(1) 시·도지사는 다음의 어느 하나에 해당하는 지역 중 화재가 발생할 우려가 높거나 화재가 발생하는 경우 그로 인하여 피해가 클 것으로 예상되는 지역을 화재경계지구(火災警戒地區)로 지정할 수 있다.

① 시장지역

② 공장·창고가 밀집한 지역

③ 목조건물이 밀집한 지역

④ 위험물의 저장 및 처리 시설이 밀집한 지역

⑤ 석유화학제품을 생산하는 공장이 있는 지역

⑥ 「산업입지 및 개발에 관한 법률」에 따른 산업단지

⑦ 소방시설·소방용수시설 또는 소방출동로가 없는 지역

⑧ 그 밖에 ①부터 ⑦까지에 준하는 지역으로서 소방청장·소방본부장 또는 소방서장이 화재경계지구로 지정할 필요가 있다고 인정하는 지역

(2) 화재경계지구 지정 사유가 있음에도 불구하고 시·도지사가 화재경계지구로 지정할 필요가 있는 지역을 화재경계지구로 지정하지 아니하는 경우 소방청장은 해당 시·도지사에게 해당 지역의 화재경계지구 지정을 요청할 수 있다.

(3) 소방본부장이나 소방서장은 대통령령으로 정하는 바에 따라 화재경계지구 안의 소방대상물의 위치·구조 및 설비 등에 대하여 「소방시설 설치·유지 및 안전관리에 관한 법률」에 따른 소방특별조사를 하여야 한다.

(4) 소방본부장이나 소방서장은 소방특별조사를 한 결과 화재의 예방과 경계를 위하여 필요하다고 인정할 때에는 관계인에게 소방용수시설, 소화기구, 그 밖에 소방에 필요한 설비의 설치를 명할 수 있다.

(5) 소방본부장이나 소방서장은 화재경계지구 안의 관계인에 대하여 대통령령으로 정하는 바에 따라 소방에 필요한 훈련 및 교육을 실시할 수 있다.

① 소방본부장 또는 소방서장은 화재경계지구 안의 관계인에 대하여 소방상 필요한 훈련 및 교육을 연 1회 이상 실시할 수 있다.

② 소방본부장 또는 소방서장은 소방상 필요한 훈련 및 교육을 실시하고자 하는 때에는 화재경계지구 안의 관계인에게 훈련 또는 교육 10일 전까지 그 사실을 통보하여야 한다.

(6) 시·도지사는 대통령령으로 정하는 바에 따른 화재경계지구의 지정 현황, 소방특별조사의 결과, 소방설비 설치 명령 현황, 소방교육의 현황 등이 포함된 화재경계지구에서의 화재예방 및 경계에 필요한 자료를 매년 작성·관리하여야 한다.

6. 소방활동 [제16조(소방활동)]

(1) 소방활동의 지휘

소방청장, 소방본부장 또는 소방서장은 화재, 재난·재해, 그 밖의 위급한 상황이 발생하였을 때에는 소방대를 현장에 신속하게 출동시켜 화재진압과 인명구조·구급 등 소방에 필요한 활동을 하게 하여야 한다.

(2) 소방활동의 방해금지

누구든지 정당한 사유 없이 출동한 소방대의 화재진압 및 인명구조·구급 등 소방활동을 방해하여서는 아니 된다.

7. 소방지원활동 [제16조의2(소방지원활동)]

(1) 소방활동 지원

소방청장·소방본부장 또는 소방서장은 공공의 안녕질서 유지 또는 복리증진을 위하여 필요한 경우 소방활동 외에 다음의 소방지원활동을 하게 할 수 있다.

① 산불에 대한 예방·진압 등 지원활동

② 자연재해에 따른 급수·배수 및 제설 등 지원활동

③ 집회·공연 등 각종 행사 시 사고에 대비한 근접대기 등 지원활동

④ 화재, 재난·재해로 인한 피해복구 지원활동

⑤ 그 밖에 행정안전부령으로 정하는 활동[시행규칙 8조의3(소방지원활동)]

　　㉠ 군·경찰 등 유관기관에서 실시하는 훈련지원 활동

　　㉡ 소방시설 오작동 신고에 따른 조치활동

　　㉢ 방송제작 또는 촬영 관련 지원활동

(2) 소방활동 지원의 범위

소방지원활동은 소방활동 수행에 지장을 주지 아니하는 범위에서 할 수 있다.

(3) 소방지원활동의 경비

유관기관·단체 등의 요청에 따른 소방지원활동에 드는 비용은 지원요청을 한 유관기관·단체 등에게 부담하게 할 수 있다. 다만, 부담금액 및 부담방법에 관하여는 지원요청을 한 유관기관·단체 등과 협의하여 결정한다.

8. 관계인의 소방활동 [제20조(관계인의 소방활동)]

관계인은 소방대상물에 화재, 재난·재해, 그 밖의 위급한 상황이 발생한 경우에는 소방대가 현장에 도착할 때까지 경보를 울리거나 대피를 유도하는 등의 방법으로 사람을 구출하는 조치 또는 불을 끄거나 불이 번지지 아니하도록 필요한 조치를 하여야 한다.

9. 소방차동차의 우선통행 [제21조(소방자동차의 우선 통행 등)]

(1) 모든 차와 사람은 소방자동차(지휘를 위한 자동차와 구조·구급차 포함)가 화재진압 및 구조·구급 활동을 위하여 출동을 할 때에는 이를 방해하여서는 아니 된다.

(2) 소방자동차의 우선 통행에 관하여는 「도로교통법」에서 정하는 바에 따른다.

(3) 소방자동차가 화재진압 및 구조 · 구급 활동을 위하여 출동하거나 훈련을 위하여 필요할 때에는 사이렌을 사용할 수 있다.

10. 소방대의 긴급통행 [제22조(소방대의 긴급통행)]

소방대는 화재, 재난 · 재해, 그 밖의 위급한 상황이 발생한 현장에 신속하게 출동하기 위하여 긴급할 때에는 일반적인 통행에 쓰이지 아니하는 도로 · 빈터 또는 물 위로 통행할 수 있다.

11. 소방활동구역의 설정 [제23조(소방활동구역의 설정)]

(1) 소방대장은 화재, 재난 · 재해, 그 밖의 위급한 상황이 발생한 현장에 소방활동구역을 정하여 소방활동에 필요한 사람으로서 대통령령으로 정하는 사람 외에는 그 구역에 출입하는 것을 제한할 수 있다.

－소방활동 출입자 [시행령 제8조(소방활동구역의 출입자)]

① 소방활동구역 안에 있는 소방대상물의 소유자 · 관리자 또는 점유자

② 전기 · 가스 · 수도 · 통신 · 교통의 업무에 종사하는 사람으로서 원활한 소방활동을 위하여 필요한 사람

③ 의사 · 간호사 그 밖의 구조 · 구급업무에 종사하는 사람

④ 취재인력 등 보도업무에 종사하는 사람

⑤ 수사업무에 종사하는 사람

⑥ 그 밖에 소방대장이 소방활동을 위하여 출입을 허가한 사람

(2) 경찰공무원은 소방대가 소방활동구역에 있지 아니하거나 소방대장의 요청이 있을 때에는 소방활동구역에 따른 조치를 할 수 있다.

12. 소방활동 종사 [제24조(소방활동 종사 명령)]

(1) 소방활동 종사 명령

소방본부장, 소방서장 또는 소방대장은 화재, 재난 · 재해, 그 밖의 위급한 상황이 발생한 현장에서 소방활동을 위하여 필요할 때에는 그 관할구역에 사는 사람 또는 그 현장에 있는 사람으로 하여금 사람을 구출하는 일 또는 불을 끄거나 불이 번지지 아니하도록 하는 일을 하게 할 수 있다. 이 경우 소방본부장, 소방서장 또는 소방대장은 소방활동에 필요한 보호장구를 지급하는 등 안전을 위한 조치를 하여야 한다.

(2) 소방활동종사자의 보상

시·도지사는 소방활동에 종사한 사람이 그로 인하여 사망하거나 부상을 입은 경우에는 보상하여야 한다.

(3) 소방활동의 비용지급의 예외

소방활동에 종사한 사람은 시·도지사로부터 소방활동의 비용을 지급받을 수 있다. 다만, 다음의 어느 하나에 해당하는 사람의 경우에는 그러하지 아니하다.

① 소방대상물에 화재, 재난·재해, 그 밖의 위급한 상황이 발생한 경우 그 관계인

② 고의 또는 과실로 화재 또는 구조·구급 활동이 필요한 상황을 발생시킨 사람

③ 화재 또는 구조·구급 현장에서 물건을 가져간 사람

13. 강제처분 [제25조(강제처분 등)]

(1) 소방본부장, 소방서장 또는 소방대장은 사람을 구출하거나 불이 번지는 것을 막기 위하여 필요할 때에는 화재가 발생하거나 불이 번질 우려가 있는 소방대상물 및 토지를 일시적으로 사용하거나 그 사용의 제한 또는 소방활동에 필요한 처분을 할 수 있다.

(2) 소방본부장, 소방서장 또는 소방대장은 사람을 구출하거나 불이 번지는 것을 막기 위하여 긴급하다고 인정할 때에는 소방대상물 또는 토지 외의 소방대상물과 토지에 처분을 할 수 있다.

(3) 소방본부장, 소방서장 또는 소방대장은 소방활동을 위하여 긴급하게 출동할 때에는 소방자동차의 통행과 소방활동에 방해가 되는 주차 또는 정차된 차량 및 물건 등을 제거하거나 이동시킬 수 있다.

(4) 시·도지사는 소방대상물과 토지에 처분과 차량 및 물건 등을 제거하거나 이동 처분으로 인하여 손실을 입은 자가 있는 경우에는 그 손실을 보상하여야 한다. 다만, 차량 및 물건 등을 제거하거나 이동 처분의 경우 법령을 위반하여 소방자동차의 통행과 소방활동에 방해가 된 경우에는 그러하지 아니하다.

14. 화재의 원인 및 피해 조사 [제29조(화재의 원인 및 피해 조사)]

1) 화재조사

소방청장, 소방본부장 또는 소방서장은 화재가 발생하였을 때에는 화재의 원인 및 피해 등에 대한 화재조사를 하여야 한다.

2) 화재조사의 방법 및 전담조사반

(1) 화재조사 방법 [시행령 규칙 제11조(화재조사의 방법 등)]

① 화재조사는 장비를 활용하여 소화활동과 동시에 실시되어야 한다.

② 화재조사의 종류 및 조사의 범위는 다음과 같다.

　　㉠ 화재원인조사

종류	조사범위
가. 발화원인 조사	화재가 발생한 과정, 화재가 발생한 지점 및 불이 붙기 시작한 물질
나. 발견·통보 및 초기 소화상황 조사	화재의 발견·통보 및 초기소화 등 일련의 과정
다. 연소상황 조사	화재의 연소경로 및 확대원인 등의 상황
라. 피난상황 조사	피난경로, 피난상의 장애요인 등의 상황
마. 소방시설 등 조사	소방시설의 사용 또는 작동 등의 상황

　　㉡ 화재피해 조사

종류	조사범위
가. 인명피해조사	(1) 소방활동중 발생한 사망자 및 부상자 (2) 그 밖에 화재로 인한 사망자 및 부상자
나. 재산피해조사	(1) 열에 의한 탄화, 용융, 파손 등의 피해 (2) 소화활동중 사용된 물로 인한 피해 (3) 그 밖에 연기, 물품반출, 화재로 인한 폭발 등에 의한 피해

(2) 화재조사전담부서 [시행규칙 제12조(화재조사전담부서의 설치·운영 등)]

① 화재의 원인과 피해 조사를 위하여 소방청, 시·도의 소방본부와 소방서에 화재조사를 전담하는 부서를 설치·운영한다.

② 화재조사전담부서의 장은 업무

　　㉠ 화재조사의 총괄·조정

　　㉡ 화재조사의 실시

　　㉢ 화재조사의 발전과 조사요원의 능력향상에 관한 사항

　　㉣ 화재조사를 위한 장비의 관리운영에 관한 사항

　　㉤ 그 밖의 화재조사에 관한 사항

③ 화재조사전담부서의 장은 소속 소방공무원 가운데 다음 각 호의 어느 하나에 해당하는 자로서 소방 청장이 실시하는 화재조사에 관한 시험에 합격한 자로 하여금 화재조사를 실시하도록 하여야 한다. 다만, 화재조사에 관한 시험에 합격한 자가 없는 경우에는 소방공무원중 「국가기술자격법」에 의한 소방ㆍ건축ㆍ가스ㆍ전기ㆍ위험물분야 자격증을 취득한 자 또는 소방공무원으로서 화재조사분야에 서 1년 이상 근무한 자로 하여금 화재조사를 실시하도록 할 수 있다.

㉠ 소방교육기관(중앙ㆍ지방소방학교 및 시ㆍ도에서 설치ㆍ운영하는 소방교육대를 말한다)에서 12 주 이상 화재조사에 관한 전문교육을 이수한 자

㉡ 국립과학수사연구원 또는 외국의 화재조사관련 기관에서 12주 이상 화재조사에 관한 전문교육 을 이수한 자

④ 소방청장ㆍ소방본부장 또는 소방서장은 화재조사전담부서에서 근무하는 자의 업무능력 향상을 위하 여 국내ㆍ외의 소방 또는 안전에 관련된 전문기관에 위탁교육을 실시할 수 있다.

15. 출입ㆍ조사 [법 제30조(출입ㆍ조사 등)]

(1) 소방청장, 소방본부장 또는 소방서장은 화재조사를 하기 위하여 필요하면 관계인에게 보고 또는 자 료 제출을 명하거나 관계 공무원으로 하여금 관계 장소에 출입하여 화재의 원인과 피해의 상황을 조사하거나 관계인에게 질문하게 할 수 있다.

(2) 화재조사를 하는 관계 공무원은 그 권한을 표시하는 증표를 지니고 이를 관계인에게 보여 주어야 한다.

(3) 화재조사를 하는 관계 공무원은 관계인의 정당한 업무를 방해하거나 화재조사를 수행하면서 알게 된 비밀을 다른 사람에게 누설하여서는 아니 된다.

---

section 8 화재예방, 소방시설 설치ㆍ유치 및 안전관리에 관한 법률 주요내용

1. 목적 [제1조(목적)]

이 법은 화재와 재난ㆍ재해, 그 밖의 위급한 상황으로부터 ①국민의 생명ㆍ신체 및 재산을 보호하 기 위하여 ②화재의 예방 및 안전관리에 관한 국가와 지방자치단체의 책무와 소방시설등의 설치ㆍ유지 및 소방대상물의 안전관리에 관하여 필요한 사항을 정함으로써 ③공공의 안전과 복리 증진에 이바지함 을 목적으로 한다.

1) 전제조건

① 국민의 생명·신체 및 재산을 보호

② 화재의 예방 및 안전관리에 관한 국가와 지방자치단체의 책무와 소방시설등의 설치·유지 및 소방대상물의 안전관리에 관하여 필요한 사항을 정함

2) 궁극적 목적

공공의 안전과 복리 증진에 이바지함을 목적으로 한다.

2. 용어의 정의 [제2조(정의)]

1) 이 법에서 사용하는 용어의 뜻은 다음과 같다.

(1) 소방시설

① 소화설비, ② 경보설비, ③ 피난설비, ④ 소화용수설비, ⑤ 그 밖에 소화활동설비(소화용수설비가 대표적)로서 대통령령으로 정하는 것을 말한다.
※ ①~④까지는 관계인이 하는 소방업무이고, ⑤는 소방관이 본격 소화활동에 쓰이는 설비이다

(2) 소방시설등

① 소방시설과 ② 비상구(非常口), 그 밖에 소방 관련 시설로서 대통령령으로 정하는 것으로서 ③ 방화문 및 방화셔터를 말한다.
※ 비상문 : 문틀을 제외하고 가로 75cm 이상, 세로 150cm 이상을 말한다.

(3) 특정소방대상물

소방시설을 설치하여야 하는 소방대상물로서 대통령령으로 정하는 것을 말한다.
※ 공동주택, 근린생활시설 등 30가지로 분류해서 규정되어 있다

(4) 소방용품

소방시설등을 구성하거나 소방용으로 사용되는 제품 또는 기기로서 대통령령으로 정하는 것을 말한다.

2) 대통령령으로 정의하는 소방시설

① 무창층 … 지상층 중 개구부가 바닥면적의 1/30 이하가 되는 층을 말한다. (영 제2조)

② 개구부(영 제2조)

　㉠ 지름 50cm 이상의 원이 내접할 것

　㉡ 바닥으로부터 개구부 밑 부분까지 높이가 1.2m 이내일 것

ⓒ 도로 또는 차량이 진입할 수 있는 빈터를 향할 것

ⓔ 창살이나 장애물이 설치되지 아니할 것

ⓜ 내부 또는 외부에서 쉽게 부수거나 열 수 있을 것

③ **피난층**(영 제2조) … 곧바로 지상으로 갈 수 있는 출입구가 있는 층(피난층에는 피난 기구가 필요없다)

> **POINT** 법령에 의해 정의되는 소방시설
>
> 1. **소화설비** : 물 또는 그 밖의 소화약제를 사용하여 소화하는 기계 · 기구 또는 설비로서 다음의 것
>   가. 소화기구
>   1) 소화기
>   2) 간이소화용구 : 에어로졸식 소화용구, 투척용 소화용구 및 소화약제 외의 것을 이용한 간이소화용구
>   3) 자동확산소화기
>   나. 자동소화장치
>   1) 주거용 주방자동소화장치
>   2) 상업용 주방자동소화장치
>   3) 캐비닛형 자동소화장치
>   4) 가스자동소화장치
>   5) 분말자동소화장치
>   6) 고체에어로졸자동소화장치
>   다. 옥내소화전설비(호스릴옥내소화전설비를 포함한다)
>   라. 스프링클러설비등
>   1) 스프링클러설비
>   2) 간이스프링클러설비(캐비닛형 간이스프링클러설비를 포함한다)
>   3) 화재조기진압용 스프링클러설비
>   마. 물분무등소화설비
>   1) 물 분무 소화설비
>   2) 미분무소화설비
>   3) 포소화설비
>   4) 이산화탄소소화설비
>   5) 할로겐화합물소화설비
>   6) 청정소화약제소화설비
>   7) 분말소화설비
>   8) 강화액소화설비
>   9) 고체에어로졸소화설비
>   바. 옥외소화전설비
> 2. **경보설비** : 화재발생 사실을 통보하는 기계 · 기구 또는 설비로서 다음의 것
>   가. 단독경보형 감지기
>   나. 비상경보설비
>   1) 비상벨설비
>   2) 자동식사이렌설비
>   다. 시각경보기
>   라. 자동화재탐지설비
>   마. 비상방송설비
>   바. 자동화재속보설비
>   사. 통합감시시설

아. 누전경보기

자. 가스누설경보기

3. **피난설비** : 화재가 발생할 경우 피난하기 위하여 사용하는 기구 또는 설비로서 다음의 것

　가. 피난기구

　　1) 피난사다리

　　2) 구조대

　　3) 완강기

　　4) 그 밖에 법 제9조제1항에 따라 소방청장이 정하여 고시하는 화재안전기준으로 정하는 것

　나. 인명구조기구

　　1) 방열복

　　2) 공기호흡기

　　3) 인공소생기

　다. 유도등

　　1) 피난유도선

　　2) 피난구유도등

　　3) 통로유도등

　　4) 객석유도등

　　5) 유도표지

　라. 비상조명등 및 휴대용비상조명등

4. **소화용수설비** : 화재를 진압하는 데 필요한 물을 공급하거나 저장하는 설비로서 다음의 것

　가. 상수도소화용수설비

　나. 소화수조·저수조, 그 밖의 소화용수설비

5. **소화활동설비** : 화재를 진압하거나 인명구조활동을 위하여 사용하는 설비로서 다음의 것

　가. 제연설비

　나. 연결송수관설비

　다. 연결살수설비

　라. 비상콘센트설비

　마. 무선통신보조설비

　바. 연소방지설비

3. 국가 및 지방자치단체의 책무 [제2조의2(국가 및 지방자치단체의 책무)]

(1) 국가는 화재로부터 국민의 생명과 재산을 보호할 수 있도록 종합적인 화재안전정책을 수립·시행하여야 한다.

(2) 지방자치단체는 국가의 화재안전정책에 맞추어 지역의 실정에 부합하는 화재안전정책을 수립·시행하여야 한다.

(3) 국가와 지방자치단체가 화재안전정책을 수립·시행할 때에는 과학적 합리성, 일관성, 사전 예방의 원칙이 유지되도록 하되, 국민의 생명·신체 및 재산보호를 최우선적으로 고려하여야 한다.

4. 화재안전정책기본계획의 수립 · 시행 [제2조의3(화재안전정책기본계획 등의 수립 · 시행)]

1) 국가는 화재안전 기반 확충을 위하여 화재안전정책에 관한 기본계획을 5년마다 수립 · 시행하여야 한다.

2) 기본계획의 내용

　(1) 화재안전정책의 기본목표 및 추진방향

　(2) 화재안전을 위한 법령 · 제도의 마련 등 기반 조성에 관한 사항

　(3) 화재예방을 위한 대국민 홍보 · 교육에 관한 사항

　(4) 화재안전 관련 기술의 개발 · 보급에 관한 사항

　(5) 화재안전분야 전문인력의 육성 · 지원 및 관리에 관한 사항

　(6) 화재안전분야 국제경쟁력 향상에 관한 사항

　(7) 그 밖에 대통령령으로 정하는 화재안전 개선에 필요한 사항

① 화재현황, 화재발생 및 화재안전정책의 여건 변화에 관한 사항
② 소방시설의 설치 · 유지 및 화재안전기준의 개선에 관한 사항

5. 소방특별조사 [제4조(소방특별조사)]

1) 소방청장, 소방본부장 또는 소방서장은 관할구역에 있는 소방대상물, 관계 지역 또는 관계인에 대하여 소방시설등이 적합하게 설치 · 유지 · 관리되고 있는지, 소방대상물에 화재, 재난 · 재해 등의 발생 위험이 있는지 등을 확인하기 위하여 관계 공무원으로 하여금 소방안전관리에 관한 소방특별조사를 하게 할 수 있다.

　다만, 개인의 주거에 대하여는 ① 관계인의 승낙이 있거나 ② 화재발생의 우려가 뚜렷하여 긴급한 필요가 있는 때에 한정한다.

2) 소방특별조사 대상

　(1) 관계인이 이 법 또는 다른 법령에 따라 실시하는 소방시설등, 방화시설, 피난시설 등에 대한 자체점검 등이 불성실하거나 불완전하다고 인정되는 경우

(2) 「소방기본법」에 따른 화재경계지구에 대한 소방특별조사 등 다른 법률에서 소방특별조사를 실시하도록 한 경우

(3) 국가적 행사 등 주요 행사가 개최되는 장소 및 그 주변의 관계 지역에 대하여 소방안전관리 실태를 점검할 필요가 있는 경우

(4) 화재가 자주 발생하였거나 발생할 우려가 뚜렷한 곳에 대한 점검이 필요한 경우

(5) 재난예측정보, 기상예보 등을 분석한 결과 소방대상물에 화재, 재난·재해의 발생 위험이 높다고 판단되는 경우

(6) (1)부터 (5)까지에서 규정한 경우 외에 화재, 재난·재해, 그 밖의 긴급한 상황이 발생할 경우 인명 또는 재산 피해의 우려가 현저하다고 판단되는 경우

6. 소방특별조사의 방법 · 절차 [제4조의3(소방특별조사의 방법 · 절차 등)]

1) 소방청장, 소방본부장 또는 소방서장은 소방특별조사를 하려면 7일 전에 관계인에게 조사 대상, 조사기간 및 조사사유 등을 서면으로 알려야 한다.

다만, 다음의 경우에는 그러하지 아니하다.

(1) 화재, 재난·재해가 발생할 우려가 뚜렷하여 긴급하게 조사할 필요가 있는 경우

(2) 소방특별조사의 실시를 사전에 통지하면 조사목적을 달성할 수 없다고 인정되는 경우

2) 소방특별조사는 관계인의 승낙 없이 해가 뜨기 전이나 해가 진 뒤에 할 수 없다.

다만, 화재, 재난·재해가 발생할 우려가 뚜렷하여 긴급하게 조사할 필요가 있는 경우, 소방특별조사의 실시를 사전에 통지하면 조사목적을 달성할 수 없다고 인정되는 경우에는 그러하지 아니하다.

3) 소방특별조사의 항목 [시행령 제7조(소방특별조사의 항목)]

① 소방안전관리 업무 수행에 관한 사항

② 작성한 소방계획서의 이행에 관한 사항

③ 자체점검 및 정기적 점검 등에 관한 사항

④ 화재의 예방조치 등에 관한 사항

⑤ 불을 사용하는 설비 등의 관리와 특수가연물의 저장 · 취급에 관한 사항

⑥「다중이용업소의 안전관리에 관한 특별법」에 따른 안전관리에 관한 사항

⑦「위험물안전관리법」에 따른 안전관리에 관한 사항

4) 소방특별조사위원회의 구성 [시행령 제7조의2(소방특별조사위원회의 구성 등)]

소방특별조사위원회 위원장 1명을 포함한 7명 이내의 위원으로 성별을 고려하여 구성하고, 위원장은 소방본부장이 된다.

5) 소방특별조사의 연기 사유 [시행령 제8조(소방특별조사의 연기)]

① 태풍, 홍수 등 재난(「재난 및 안전관리 기본법」에 해당하는 재난을 말한다)이 발생하여 소방대상물을 관리하기가 매우 어려운 경우

② 관계인이 질병, 장기출장 등으로 소방특별조사에 참여할 수 없는 경우

③ 권한 있는 기관에 자체점검기록부, 교육 · 훈련일지 등 소방특별조사에 필요한 장부 · 서류 등이 압수되거나 영치(領置)되어 있는 경우

6) 소방청장, 소방본부장 또는 소방서장은 필요하면 다음의 기관의 장과 합동조사반을 편성하여 소방특별조사를 할 수 있다.

(1) 관계 중앙행정기관 및 시(행정시를 포함한다) · 군 · 자치구

(2)「소방기본법」에 따른 한국소방안전협회

(3)「소방산업의 진흥에 관한 법률」에 따른 한국소방산업기술원(이하 "기술원"이라 한다)

(4)「화재로 인한 재해보상과 보험가입에 관한 법률」에 따른 한국화재보험협회

(5)「고압가스 안전관리법」에 따른 한국가스안전공사

(6)「전기사업법」에 따른 한국전기안전공사

(7) 그 밖에 소방청장이 정하여 고시한 소방 관련 단체

7. 증표의 제시 [제4조의4(증표의 제시 및 비밀유지 의무 등)]

(1) 소방특별조사 업무를 수행하는 관계 공무원 및 관계 전문가는 그 권한 또는 자격을 표시하는 증표를 지니고 이를 관계인에게 내보여야 한다.

(2) 소방특별조사 업무를 수행하는 관계 공무원 및 관계 전문가는 관계인의 정당한 업무를 방해하여서는 아니되며, 조사업무를 수행하면서 취득한 자료나 알게 된 비밀을 다른 자에게 제공 또는 누설하거나 목적 외의 용도로 사용하여서는 아니 된다.

8. 소방특별조사 결과에 따른 조치명령 [제5조(소방특별조사 결과에 따른 조치명령)]

소방청장, 소방본부장 또는 소방서장은 소방특별조사 결과 소방대상물의 위치 · 구조 · 설비 또는 관리의 상황이 화재나 재난 · 재해 예방을 위하여 보완될 필요가 있거나 화재가 발생하면 인명 또는 재산의 피해가 클 것으로 예상되는 때에는 행정안전부령으로 정하는 바에 따라 관계인에게 그 소방대상물의 개수(改修) · 이전 · 제거, 사용의 금지 또는 제한, 사용폐쇄, 공사의 정지 또는 중지, 그 밖의 필요한 조치를 명할 수 있다.

9. 손실보상 [제6조(손실 보상)]

소방청장, 특별시장 · 광역시장 · 특별자치시장 · 도지사 또는 특별자치도지사는 명령으로 인하여 손실을 입은 자가 있는 경우에는 대통령령으로 정하는 바에 따라 보상하여야 한다.

① 시 · 도지사가 손실을 보상하는 경우에는 시가(時價)로 보상하여야 한다.

② 손실 보상에 관하여는 시 · 도지사와 손실을 입은 자가 협의하여야 한다.

③ 보상금액에 관한 협의가 성립되지 아니한 경우에는 시 · 도지사는 그 보상금액을 지급하거나 공탁하고 이를 상대방에게 알려야 한다.

④ 보상금의 지급 또는 공탁의 통지에 불복하는 자는 지급 또는 공탁의 통지를 받은 날부터 30일 이내에 관할 토지수용위원회에 재결(裁決)을 신청할 수 있다

1 다음 중 비열이 가장 높은 것은?

① 물

② 철

③ 알루미늄

④ 이산화탄소

TIPS!

비열 … 어떤 물질 1g을 섭씨 1도℃ 올리는 데 필요한 열량(cal)

물질	비열(cal/g℃)	물질	비열(cal/g℃)
물	1	공기	0.240
파라핀왁스	0.700	할론 1301	0.220
에탄올	0.550	알루미늄	0.217
부탄	0.549	이산화탄소	0.200
아세톤	0.528	목탄	0.165
윤활유	0.510	유리	0.161
나무	0.420	철	0.113
HFC-23	0.370	구리	0.091
HFC BLEND	0.300	금	0.031

2 가솔린 등유, 경유 등 유류화재 발생시 가장 적합한 소화 방식은?

① 냉각소화

② 질식소화

③ 희석소화

④ 부촉매소화

TIPS!

질식소화

㉠ 산소의 희거에 의한 소화로서 가연물이 연소하는데 필요한 산소량을 조절하여 소화하는 방법

㉡ 공기 중의 산소농도는 15%이하, 고체는 6% 이하, 아세틸렌은 4% 이하가 되면 소화가 가능하다. 탄화수소의 기체는 산소 15% 이하에서는 연소하기 어렵다.

  *유류화재에 적합한 소화방식이다

Answer 1.① 2.②

3 스프링클러와 물분무 소화를 비교했을 때 물분무의 장점이 아닌 것은?

① 질식효과 뿐만 아니라 산소 희박효과, 복사·차단효과가 있다.

② 소화수 사용량이 적어서 소화작업 시 물에 의한 피해를 줄일 수 있다.

③ 전기에 대한 절연성이 높아서 고압 통전기기의 화재에도 사용할 수 있다.

④ 매연을 제거하고 방어하는 데에도 효과가 있다.

⑤ 스프링클러와 비교했을 때 심부화재에 사용하면 매우 효과적이다.

 TIPS!

심부화재 … 불꽃을 내지 않고 주로 빛만을 내는 연소현상을 말하며, 가연물 내부에서 서서히 화재가 진행되는 훈소화재의 개념이다.

*스프링클러는 물분무방식에 비해 심부화재에 더 적합하다.

4 다음 중 물소화약제에 첨가할 수 있는 동결방지제로서 틀린 것은?

① 염산나트륨

② 프로필렌글리콜

③ 중탄산나트륨

④ 염화칼슘

 TIPS!

중탄산나트륨은 소화약제 중 제1종 분말

※ **물 소화약제의 동결방지제**

　　㉠ 에틸렌글리콜

　　㉡ 프로필렌글리콜

　　㉢ 염화칼슘

　　㉣ 염화나트륨

5 물의 유실방지 및 소방대상물의 표면에 오랫동안 잔류하면서 무상주수 시 물체의 표면에서 점성의 효력을 올리는 약제는?

① Viscous Agent
② Rapid Agent
③ Wetting Agent
④ Emulsifier

> **TIPS!**
>
> Viscous Agent는 물소화약제의 가연물에 점성을 높이기 위해 첨가하는 약제이다
>
> ※ 봉상 · 적상 · 부상 주수
>
> | | |
> |---|---|
> | 봉상 주수 | 소방용 방수 노즐을 이용하여 굵은 물줄기 형태로 방출하는 것. 즉, 막대모양의 물줄기로 주수 |
> | 적상 주수 | 물방울 형태로 물을 주수 |
> | 무상 주수 | 안개처럼 분무상태로 방사하여 소화하는 것 |

6 다음 중 분말소화기의 원료로 사용되지 않는 약제의 성분은?

① 탄산수소나트륨
② 탄산수소칼륨
③ 제1 인산암모늄
④ 인산나트륨

> **TIPS!**
>
> 제1종 분말 : 중탄산나트륨, 탄산수소나트륨
> 제2종 분말 : 중탄산칼륨, 탄산수소칼륨
> 제3종 분말 : 제1인산암모늄
> 제4종 분말 : 중탄산칼륨 + 요소

7 청정소화약제에 대한 설명으로 바르지 않은 것은?

① HFC - 125는 인체에 무해하다.
② HCFC - 124는 HCFC BLEND-A 중 9.5%를 차지한다.
③ FIC - 1311, CF31에서 I는 요오드이다.
④ IG - 541의 성분은 N_2 : 50%, Ar : 40%, CO_2 : 10%이다.

> **TIPS!**
>
> IG - 541의 성분은 N_2 : 52%, Ar : 40%, CO_2 : 8%이다
> 화재안전기준에 고시된 청정소화약제는 총 13종으로 Halocarbon(프레온계열) 9종과 불활성가스계 물질 4종으로 구성되어 있다.

Answer 5.① 6.④ 7.④

8 한 유체내의 흐름에서는 어떤 단면에서도 위치, 속도, 압력과 각 수두의 합은 일정하다는 법칙은 무엇인가?

① 베르누이의 법칙
② 샤를의 법칙
③ 이상기체상태방정식
④ 나비에-스토크스방식

 TIPS!

베르누이 **법칙** ⋯ 유체에 작용하는 압력이 유체가 빨리 흐르면 작아지고, 유체가 느리면 그 압력이 커진다는 법칙으로 유체내의 흐름에서는 어떤 단면에서도 위치, 속도, 압력과 각 수두의 합은 일정하다는 것이다.

9 소방장비 중 측정용 구조장비가 아닌 것은?

① 산소호흡기
② 열상카메라
③ 방사선측정기
④ 발화점측정기

TIPS!

산소호흡기는 호흡 및 신체보호용 장비이다

※ 측정용 구조장비
  ㉠ 열상카메라
  ㉡ 방사선측정기
  ㉢ 발화점측정기
  ㉣ 가스점지기
  ㉤ 수중계측기
  ㉥ 공기분석

10 다음 중 소방장비의 분류가 다른 것은?

① 구조활동에 사용되는 중량물 장비
② 소방업무 수행에 수반되는 각종 조사 및 측정을 위하여 사용되는 측정장비
③ 구급활동에 사용되는 인공호흡기
④ 구조활동에 사용되는 장비로서 절단용 장비

♥ TIPS!

인공호흡기는 환자의 호흡유지 장비로서 1급 응급구조사가 사용할 수 있는 응급처치기구이다
※ **소방장비**
  ㉠ 중량물 장비
  ㉡ 측정장비
  ㉢ 절단용 장비

11 소방용수 중 저수조의 설치 기준으로 바르지 않은 것은?

① 흡수관의 투입구가 사각형의 경우에는 한 변의 길이가 60cm 이상일 것
② 흡수부분의 수심이 0.5m 이상일 것
③ 저수조의 물을 공급하는 방법은 상수도에 연결하여 자동으로 급수되는 구조일 것
④ 지면으로부터의 낙차가 4.5m 이상일 것

♥ TIPS!

저수조의 설치기준
㉠ 지면으로부터의 낙차가 4.5m 이하일 것
㉡ 흡수부분의 수심이 0.5m 이상일 것
㉢ 소방펌프자동차가 쉽게 접근할 수 있도록 할 것
㉣ 흡수에 지정이 없도록 토사 및 쓰레기 등을 제거할 수 있는 설비를 갖출 것
㉤ 흡수관의 투입구가 사각형의 경우에는 한 변의 길이가 60cm 이상일 것
㉥ 저수조의 물을 공급하는 방법은 상수도에 연결하여 자동으로 급수되는 구조일 것

Answer 10.③ 11.④

12 다음 중 저수조에 대한 기준으로 바르지 않은 것은?

① 흡수관의 투입구가 사각형의 경우에는 한 변의 길이가 60cm 이상일 것

② 흡수에 지장이 없도록 토사 및 쓰레기 등을 제거할 수 있는 설비를 갖출 것

③ 저수조에 물이 저장되어 있을 때 흡수부분의 수심이 0.6m 이상일 것

④ 저수조의 물을 공급하는 방법은 상수도에 연결하여 자동으로 급수되는 구조일 것

> **TIPS!**
> 저수조에 물이 저장되어 있을 때 흡수부분의 수심이 0.5m 이상일 것

13 도시의 건물밀집지역 등 화재가 발생할 우려가 높거나 화재가 발생하는 경우 그로 인하여 피해가 클 것으로 예상되는 일정 구역을 무엇이라 하는가?

① 화재경계지구 　　　　　　　　② 화재예방지구

③ 특별화재지구 　　　　　　　　④ 화재위험지구

> **TIPS!**
> 소방기본법 제13조 제1항
> 시·도지사는 지역 중 화재가 발생할 우려가 높거나 화재가 발생하는 경우 그로 인하여 피해가 클 것으로 예상되는 지역을 화재경계지구(火災警戒地區)로 지정할 수 있다.

14 다음 중 화재예방활동이 아닌 것은?

① 화재경계지구 지정

② 소방활동 종사 명령

③ 불에 탈 수 있는 위험물의 이동

④ 화기취급의 제한

> **TIPS!**
> 소방기본법 제24조
> 소방활동 종사 명령은 화재, 재난·재해 그 밖의 위급한 상황이 발생한 현장에서의 활동이다

Answer 　12.③　13.①　14.②

15 화재경계지구에 대한 설명으로 바르지 않은 것은?

① 화재경계지구 안에서 소방본부장, 소방서장의 업무는 소방특별조사 및 소방훈련·교육이 있다.

② 화재경계지구는 소방본부장이 지정한다.

③ 소방특별조사는 소방대상물의 위치구조설비 등에 대해 연1회 이상 실시한다.

④ 소방본부장 또는 소방서장은 화재경계지구 안의 관계인에 대하여 연 1회 이상 소방특별조사를 실시하여야 하고 훈련 및 교육을 실시할 수 있다.

TIPS!

소방기본법 제13조(화재경계지구의 지정 등)

㉠ 시·도지사는 다음에 해당하는 지역 중 화재가 발생할 우려가 높거나 화재가 발생하는 경우 그로 인하여 피해가 클 것으로 예상되는 지역을 화재경계지구(火災警戒地區)로 지정할 수 있다.
  ⊙ 시장지역
  ⓒ 공장·창고가 밀집한 지역
  ⓒ 목조건물이 밀집한 지역
  ⓔ 위험물의 저장 및 처리 시설이 밀집한 지역
  ⓜ 석유화학제품을 생산하는 공장이 있는 지역
  ⓗ 「산업입지 및 개발에 관한 법률」에 따른 산업단지
  ⓢ 소방시설·소방용수시설 또는 소방출동로가 없는 지역

㉡ 그 밖에 ⊙부터 ⓢ까지에 준하는 지역으로서 소방청장·소방본부장 또는 소방서장이 화재경계지구로 지정할 필요가 있다고 인정하는 지역

㉢ 화재경계지구 자정 사유가 있음에도 불구하고 시·도지사가 화재경계지구로 지정할 필요가 있는 지역을 화재경계지구로 지정하지 아니하는 경우 소방청장은 해당 시·도지사에게 해당 지역의 화재경계지구 지정을 요청할 수 있다.

㉣ 소방본부장이나 소방서장은 대통령령으로 정하는 바에 따라 화재경계지구 안의 소방대상물의 위치·구조 및 설비 등에 대하여 「소방시설 설치·유지 및 안전관리에 관한 법률」에 따른 소방특별조사를 하여야 한다.

㉤ 소방본부장이나 소방서장은 소방특별조사를 한 결과 화재의 예방과 경계를 위하여 필요하다고 인정할 때에는 관계인에게 소방용수시설, 소화기구, 그 밖에 소방에 필요한 설비의 설치를 명할 수 있다.

㉥ 소방본부장이나 소방서장은 화재경계지구 안의 관계인에 대하여 대통령령으로 정하는 바에 따라 소방에 필요한 훈련 및 교육을 실시할 수 있다.
  ⊙ 소방본부장 또는 소방서장은 화재경계지구 안의 관계인에 대하여 소방상 필요한 훈련 및 교육을 연 1회 이상 실시할 수 있다.
  ⓒ 소방본부장 또는 소방서장은 소방상 필요한 훈련 및 교육을 실시하고자 하는 때에는 화재경계지구 안의 관계인에게 훈련 또는 교육 10일 전까지 그 사실을 통보하여야 한다.

㉦ 시·도지사는 대통령령으로 정하는 바에 따른 화재경계지구의 지정 현황, 소방특별조사의 결과, 소방설비 설치 명령 현황, 소방교육의 현황 등이 포함된 화재경계지구에서의 화재예방 및 경계에 필요한 자료를 매년 작성·관리하여야 한다.

Answer 15.②

16 화재진압 단계별활동에서 활동 순서 중 바르지 않은 것은?

① 화재각지 → 화재출동 → 현장도착 → 상황판단
② 화재출동 → 인명구조 → 수관연장 → 노즐배치
③ 현장도착 → 상황판단 → 인명구조 → 수관연장
④ 인명구조 → 수관연장 → 파괴활동 → 노즐배치

> **TIPS!**
> 화재진압의 단계별 활동
> 화재각지 → 화재출동 → 현장도착 → 상황판단 → 인명구조 → 수관연장 → 노즐배치 → 파괴활동 → 방수활동   그   외
> 진압활동 → 잔화처리

17 다음 중 선착대의 임무가 아닌 것은?

① 사전에 경방계획을 충분히 고려하여 행동하고 신속한 상황보고 및 정보제공을 한다.
② 건축물의 비화경계에 주력하도록 한다.
③ 화점 직근의 소방용수시설을 점령하도록 한다.
④ 도착 즉시 인명검색과 요구조자의 구조활동에 우선한다.

> **TIPS!**
> 건축물의 비화경계는 후착대의 임무이다

18 인접건물의 화재확대 방지 차원에서 블록의 4방면 중, 바람이 불어나가는 쪽이나 비화되는 쪽의 경우
화재확대가 가능한 면을 동시에 방어하는 전술을 무엇이라고 하는가?

① 블록전술   ② 포위전술
③ 중점전술   ④ 집중전술

> **TIPS!**
> **블록전술** … 인접건물의 화재확대 방지 차원에서 블록의 4방면 중, 바람이 불어나가는 쪽이나 비화되는 쪽의
> 경우 화재확대가 가능한 면을 동시에 방어하는 전술이다

Answer   16.④ 17.② 18.①

19 소방전술에서 물을 뿌리는 주수방법 중 바르지 않은 것은?

① 직사주수는 유리창 틀 같은 곳의 이물질을 제거할 수 있다.
② 중속분무는 간접공격법인 로이드레만 전법에 가장 적합하다.
③ 직사주수는 분무주수에 비하여 소화시간이 짧다.
④ 분무주수는 유류화재의 질식효과가 있다.

TIPS!
간접공격인 로이드레만 전법에 가장 적합한 주수방법은 저속분무이다.

20 다음 중 분무방수에 대한 내용 중 바르지 않은 것은?

① 분무방수는 유류화재에 적응이 가능 하다.
② 물분무는 입자가 적당할수록 질식소화에 용이하다.
③ 분무방수는 화점에 대한 명중률이 좋다.
④ 분무방수는 단거리 공격에 해당되며, 실외 등 개방된 공간에 효과적이다.

TIPS!
화점에 대한 명중률은 직사방수가 좋다.

21 다음 중 용어의 정의로 바르지 않은 것은?

① 감정 : 화재와 관계되는 물건의 형상, 구조, 재질, 성분, 성질 등 이와 관련된 모든 현상에 대하여 과학적 방법에 의한 필요한 실험을 행하고 그 결과를 근거로 화재원인을 밝히는 자료를 얻는 것을 말한다.
② 발화지점 : 화재가 발생한 부위를 말한다.
③ 조사관 : 화재조사 업무를 총괄하는 간부급 소방공무원을 말한다.
④ 감식 : 화재원인의 판정을 위하여 전문적인 지식, 기술 및 경험을 활용하여 주로 시각에 의한 종합적인 판단으로 구체적인 사실관계를 명확하게 구명하는 것을 말한다.

TIPS!
조사관 : 화재조사 업무를 수행하는 소방공무원을 말한다.

Answer 19.② 20.③ 21.③

22 화재원인을 규명하고 화재로 인한 피해를 산정하기 위하여 자료의 수집, 관계자 등에 대한 질문, 현장 확인, 감식, 및 실험 등을 하는 일련의 행동을 무엇이라고 하는가?

① 감식
② 감정
③ 조사
④ 수사

 TIPS!

조사 … 화재원인을 규명하고 화재로 인한 피해를 산정하기 위하여 자료의 수집, 관계자 등에 대한 질문, 현장확인, 감식, 및 실험 등을 하는 일련의 행동을 말한다

23 화재조사 및 보고규정에서 뜻하는 화재의 정의가 아닌 것은?

① 화학적인 폭발현상
② 사람의 의도에 반하는 화재
③ 물리적인 폭발현상
④ 고의에 의해 발생하는 화재

TIPS!

화재 … ㉠ 사람의 의도에 반하거나 ㉡ 고의에 의해 발생하는 연소로서 ㉢ 소화시설 등을 사용하여 필요가 있는 경우 또는 ㉣ 화학적인 폭발현상을 말한다.

24 화재조사에 대한 내용으로 바르지 않은 것은?

① 강제성이 있다
② 경제성이 있다
③ 현장성이 있다
④ 프리즘식이 있다

TIPS!

화재조사의 특징
㉠ 신속성 : 화재조사는 신속해야 한다.
㉡ 정밀과학성 : 화재조사는 정밀과학적으로 하도록 한다.
㉢ 안전성 : 현장의 안전사고를 대비해야 한다.
㉣ 강제성 : 조사를 위한 관계인에 대한 질문 등의 강제성
㉤ 보존성 : 화재조사 중거물의 보존성을 의미 한다.
㉥ 현장성 : 주요 정보의 현장성을 의미 한다.
㉦ 프리즘식 : 닫기 여러 사람의 견해를 모아서 진행 한다.

Answer 22.③ 23.③ 24.②

25 다음 중 화재조사의 목적이 아닌 것은?

① 출화원인을 규명하고 예방행정의 자료로 활용한다.
② 연소원인 등을 규명하여 예방 및 진압대책상의 자료로 활용한다.
③ 화재의 발생상황, 원인, 손해상황 등을 통계화하여 자료로 활용한다.
④ 화재를 대비하여 소화설비 등의 성능검사를 위하여 실시한다.
⑤ 유사화재의 방지와 피해의 경감에 이바지 한다.

 TIPS!

자체점검사항 … 화재를 대비하여 소화설비 등의 성능검사를 실시한다.

26 화재조사에 대한 설명으로 맞는 것을 바르게 짝지은 것은?

> ㉠ 본부장 또는 서장은 과학적이고 합리적인 화재원인 규명을 위하여 화재현장에서 수거된 물품에 대하여 감정을 실시하고 원인 입증을 위한 재현 등 시험을 실시할 수 있다.
> ㉡ 화재조사는 화재원인조사와 화재피해조사가 있다. 화재피해조사에서 인명피해조사 대상은 소방활동 중 발생한 사망자 및 부상자, 그 밖에 화재로 인한 사망자 및 부상자이며 재산피해조사는 소화활동 중 사용된 물로 인한 피해, 연기, 물품반출, 화재로 인한 폭발 등에 의한 피해, 열에 의한 탄화, 융용, 파손 등의 피해, 연소경로 및 연소확대물, 연소확대 사유 등이 있다.
> ㉢ 화재조사의 목적은 화재의 경계와 예방활동을 위한 정보 자료 획득, 화재 및 재물 위치관련 통계작성 추구, 방화·실화 수사협조 및 피해자의 구체적 증거 확보 등이 있다.
> ㉣ 관계인의 승낙유무가 있으나 화재조사 협조가 잘 이루어지지 않아 관계인의 협조가 없으면 화재조사가 힘들게 된다. 따라서 관계인의 임의적 협조가 항상 필요하다.

① ㉡, ㉢, ㉣
② ㉠, ㉢
③ ㉠, ㉡
④ ㉡, ㉣

TIPS!

㉡ 화재조사에서 재산피해조사는 소화활동 중 사용된 물로 인한 피해, 연기, 물품반출, 화재로 인한 폭발 등에 의한 피해, 열에 의한 탄화, 융용, 파손 등의 피해 조사를 한다.
  * 연소경로 및 연소확대물, 연소확대 사유 등은 연소상황 조사이다.
㉣ 화재조사는 강제성을 띤다. 필요한 경우 관계인 승낙이 없거나 일몰 전·후 강제 조사가 가능 하다

Answer 25.④ 26.②

27 다음 중 화재원인조사로서 바르지 않은 것은?

① 발화원인 조사

② 피난상황 조사

③ 피해상황 조사

④ 소방시설 등 조사

> **TIPS!**
>
> 화재원인조사
>
> | 종류 | 조사범위 |
> |---|---|
> | 가. 발화원인 조사 | 화재가 발생한 과정, 화재가 발생한 지점 및 불이 붙기 시작한 물질 |
> | 나. 발견 · 통보 및 초기 소화상황 조사 | 화재의 발견 · 통보 및 초기소화 등 일련의 과정 |
> | 다. 연소상황 조사 | 화재의 연소경로 및 확대원인 등의 상황 |
> | 라. 피난상황 조사 | 피난경로, 피난상의 장애요인 등의 상황 |
> | 마. 소방시설 등 조사 | 소방시설의 사용 또는 작동 등의 상황 |

28 소실정도에 따른 화재의 구분으로 바르지 않은 것은?

① 전소는 70% 이상 소실을 말한다.

② 반소는 30% 이상 70% 미만의 소실을 말한다.

③ 부분소는 30% 미만의 소실 또는 재사용할 수 없는 것을 말한다.

④ 부분소는 전소 및 반소에 해당하지 않을 때를 말한다.

> **TIPS!**
>
> 화재의 손실 정도
>
> ㉠ 전소 : 70% 이상 소실, 70% 미만이라도 재사용이 불가능한 경우
>
> ㉡ 반소 : 30% 이상 70% 미만의 소실
>
> ㉢ 부분소 : 전소 · 빈소 이외의 나머지

Answer 27.③ 28.③

29 전소란 건물의 70% 이상이 소실되었거나 또는 그 미만이라도 잔존부분을 보수하여도 재사용이 불가능한 것이다. 이 때 70%는 어떠한 면적의 비율인가?

① 바닥면적　　　　　　　　　　　② 입체면적

④ 연면적　　　　　　　　　　　④ 화재층면적

 TIPS!

전소화재의 소실정도는 입체면적이 기준이다

　㉠ **바닥면적** : 건축물의 각 층 또는 그 일부로서 벽, 기둥, 그 밖에 이와 비슷한 구획의 중심선으로 둘러싸인 부분의 수평투영면적으로 한다.

　㉡ **연면적** : 하나의 건축물 각 층의 바닥면적의 합계로 한다.

　㉢ **입체면적** : 건축물의 바다 면적에 높이를 곱하는 것이다

30 화재조사의 건물 동수 산정에 대한 설명으로 바르지 않은 것은?

① 건물의 외벽을 이용하여 실을 만들어 헛간, 목욕탕, 작업실, 사무실 및 기타 건물 용도로 사용하고 있는 것은 주건물과 별동으로 본다.

② 주요구조부가 하나로 연결되어 있는 것은 1동으로 한다.

③ 구조에 관계없이 지붕 및 실이 하나로 연결되어 있는 것은 동일 동으로 본다.

④ 목조 또는 내화조 건물의 경우 격벽으로 방호구획이 되어 있는 경우도 동일 동으로 한다.

⑤ 독립된 건물과 건물 사이에 차광막, 비막이 등의 덮개를 설치하고 그 밑으로 통로 등으로 사용하는 경우는 별동으로 한다.

TIPS!

건물의 외벽을 이용하여 실을 만들어 헛간, 목욕탕, 작업실, 사무실 및 기타 건물 용도로 사용하고 있는 것은 주건물과 1동으로 본다.

31 펌프와 발포기의 중간에 설치된 벤츄리관의 벤츄리작용과 펌프 가압수의 소화약제에 저장탱크 압력에 의해서 포소화약제를 흡입 혼합하는 방식은?

① 프레져 프로포셔너

② 라인 프로포셔너

③ 펌프 프로포셔너

④ 프레이져사이드 프로셔너

Answer 29.② 30.① 31.①

TIPS!

○ **프레져 프로포셔너** : 펌프와 발포기의 중간에 설치된 벤츄리관의 작용과 펌프 가압수의 포소화약제 저장탱크에 대한 압력에 의하여 포소화약제를 흡입, 혼합하는 방식

○ **라인 프로포셔너** : 펌프와 발포기의 중간에 설치된 벤츄리관의 벤츄리 작용에 의하여 포소화약제를 흡입, 혼합하는 방식

○ **펌프 프로포셔너** : 펌프의 토출관과 흡입관 사이의 배관 도중에 설치한 흡입기에 펌프에서 토출된 물의 일부를 보내고 농도 조절밸브에서 조정된 포소화약제의 필요량을 포소화약제 탱크에서 펌프 흡입측으로 보내어 약제를 혼합하는 방식

○ **프레이져사이드 프로셔너** : 펌프 토출관에 압입기를 설치하여 포소화약제 압입용 펌프로 포소화약제를 압입시켜 혼합하는 방식

---

32 화재조사활동 중 본부장 또는 서장이 소방청장에게 긴급상황을 보고하여야 할 화재를 모두 고르시오?

○ 사망 5명 이상이거나 사상자 10명 이상 발생한 화재
○ 재산피해 50억원 이상 추정되는 화재
○ 이재민 100명 이상 발생화재
○ 특수사고, 방화 등 화재원인이 특이하다고 인정되는 화재
○ 학교화재

① 2개
② 3개
③ 4개
④ 5개

TIPS!

화재조사활동 중 본부장 또는 서장이 소방청장에게 긴급상황을 보고하여야 할 화재

○ 다음에 해당하는 화재
가. 사망자가 5인 이상 발생하거나 사상자가 10인 이상 발생한 화재
나. 이재민이 100인 이상 발생한 화재
다. 재산피해액이 50억원 이상 발생한 화재
라. 관공서·학교·정부미도정공장·문화재·지하철 또는 지하구의 화재
마. 관광호텔, 층수(「건축법 시행령」산정한 층수)가 11층 이상인 건축물, 지하상가, 시장, 백화점, 「위험물안전관리법」의한 지정수량의 3천배 이상의 위험물의 제조소·저장소·취급소, 층수가 5층 이상이거나 객실이 30실 이상인 숙박시설, 층수가 5층 이상이거나 병상이 30개 이상인 종합병원·정신병원·한방병원·요양소, 연면적 1만5천제곱미터 이상인 공장 또는 소방기본법 시행령따른 화재경계지구에서 발생한 화재
바. 철도차량, 항구에 매어둔 총 톤수가 1천톤 이상인 선박, 항공기, 발전소 또는 변전소에서 발생한 화재
사. 가스 및 화약류의 폭발에 의한 화재
아. 「다중이용업소의 안전관리에 관한 특별법」 따른 다중이용업소의 화재
○ 「긴급구조대응활동 및 현장지휘에 관한 규칙」에 의한 통제단장의 현장지휘가 필요한 재난상황
○ 언론에 보도된 재난상황
○ 그 밖에 소방청장이 정하는 재난상황

Answer 32.④

01 소방의 발전과정

소방의 의의

소방이란 화재를 진압하거나 예방하는 것이다. ① 화재의 예방, 경계 및 진압을 위한 일체의 활동과 정을 일컫는 실질적 의미의 소방과 ② 소방행정 목적을 달성하기 위하여 구성되는 조직 즉 소방기관을 의미하는 형식적 의미의 소방으로 구분할 수 있다.

1) 소방의 개념 및 범위

(1) 실질적 의미의 소방

① 화재를 예방, 경계 또는 진압하여 국민의 생명, 신체 및 재산을 보호함으로써 공공의 안녕 질서의 유지와 사회의 복리증진에 기여함을 목적으로 한다.

② 화재의 예방, 경계 및 진압을 위한 일체의 활동과정이다.

③ 공공 및 민간의 소방활동을 포함한다.

(2) 형식적 의미의 소방

소방 행정 목적을 달성하기 위하여 구성되는 조직인 소방기관을 의미한다.

(3) 시대별 소방업무의 범위

① 1950년대 이전 … 화재의 진압과 경계활동과 같은 소극적인 소방활동에 전념

② 1950년대 후반 ~ 1960년대 초반 … 화재와 풍수해, 설해의 예방, 경계와 진압 및 방어로서 예방활동 의 중점

③ 1960년대 후반 ~ 1980년대 초반 … "풍수해와 설해의 방어"를 삭제, 화재의 예방, 경계, 진압에 의한 소방활동에만 전념

④ 1983년 초반 ~ 현재 … 기존의 소방업무에 구조, 구급업무를 포함한 시기

2) 소방의 목적

(1) 인위적 또는 자연적 형상에 의해 발생하는 화재의 예방, 경계 및 진압을 한다.

(2) 사회 공공의 안녕 질서를 유지한다.

(3) 적극적으로 사회의 복리 증진에 기여한다.

(4) 사회 공동생활의 평온과 건전한 상태를 보장하는데 있다.

3) 소방의 임무

(1) 기본임무

① 기본적으로 소방의 목적을 지키기 위한 것이다

② 질서기능에 속하며 보안기능을 담당

③ 국민의 생명과 재산을 보호한다.

④ 사회의 공공 안녕 유지로 안전한 국민생활을 보호한다. (기본적인 포괄적 개념)

(2) 파생임무

① 소방의 기본적인 임무 이외에 또 다른 임무를 말한다.

② 봉사기능에 속하며 권력이 없는 직접 서비스기능을 말한다.

③ 구조대 및 구급대의 운영이 해당된다. (세부적인 구조 활동)

4) 소방행정수단

(1) 계몽, 지도

(2) 봉사활동

① 상대적 봉사 ⋯ 직접적인 혜택을 받는 사람들을 중심으로 하는 봉사활동을 말한다.

② 포괄적 봉사 ⋯ 소방의 혜택을 받는 사람이 사회의 불특정 다수인이 되는 활동

(3) 명령과 강제

① 소방법상 명령의 조건
　　㉠ 실행기간 및 지켜야 할 의무 내용을 구체적으로 기록하여야 한다.
　　㉡ 주체는 시ㆍ도지사, 소방본부장 또는 소방서장이 된다.
　　㉢ 서면에 의하여 명령을 하는 것이 원칙이다.
　　㉣ 특정한 소방대상자에 한해서 명령을 하여야 한다.

② 소방법상 명령 및 강제수단

　　㉠ 화재예방 조치명령

　　㉡ 소방대상물의 개수명령

　　㉢ 소방검사를 위한 보고 및 자료제출 명령

　　㉣ 위험물 제조소 등의 감독명령

　　㉤ 무허가 위험물 시설의 조치명령

　　㉥ 위험물 제조소 등의 예방규정 변경명령

　　㉦ 소방시설 및 방염에 관한 명령

　　㉧ 화재경계지구의 대한 명령

　　㉨ 소방활동 종사명령

　　㉩ 피난명령

　　㉪ 화재조사를 위한 보고 및 자료제출 명령

(4) 소방력의 3요소

① 소방인력

② 소방장비

③ 소방용수

(5) 소방의 4요소

① 인력(소방인력)

② 장비(소방장비)

③ 수리(물 또는 소방용수)

④ 소방전용 통신 및 전산 설비

(6) 안전과 관련된 색상의 의미

① **적색** … 금지, 위험, 방화

② **녹색** … 안전, 구급

③ **백색** … 안내, 정리정돈

④ **황색** … 주의

(1) 불의 역사와 화재 및 재난의 의미

인류가 불을 사용하면서부터 문화와 생활양식에 획기적·긍정적·발전적 변화를 가져왔다. 그러나 시대적 사회변화과정을 거치면서 사람들은 불의 위험성에 대한 지식은 늘어났으나, 그 위험성 또한 완전통제가 불가능했으며, 근·현대사회에 중대한 위험성으로 대두되어 온 것 또한 부정할 수 없는 사실이다. 현대사회에서 주 에너지원인 전기와 가스 취급이 급증하고, 건축물이 대형화·고층화·집중화가 되면서 인간의 부주의로 대형화재가 발생 사회적 이슈로 확장된 사고가 무수히 많다. 특히 관심집중사건인 성수대교붕괴사고, 삼풍백화점 붕괴사고, 대구 지하철 화재사고, 세월호 침몰사고 등이 발생할 때마다 국민들은 안전에 대한 욕구가 폭발적으로 증가하여왔다. 이러한 관심집중사건의 수습과 재발방지를 위한 대안을 정책적으로 시행하는 과정에서 소방조직은 양적·질적으로 성장하여왔다.

(2) 삼국시대(고대사)

도성의 축·조술 발달과 왕궁·관아·성문 등 대형건축물이 축조되었고, 민가는 서로 인접하여 짓게 됨으로서 화재가 재앙으로 등장한 시기이며, 화재가 국가의 관심사로 등장하였다. 삼국사기의 기록에 보면 경주의 영화사에는 문무왕 2년, 6년, 8년 각각 화재가 발생하였던 것으로 기록되어 있으며, 이 시대 통치자 외에도 일반 민중들에게까지 화재에 대한 경각심이 생겨났으며, 그 결과 방화의식의 기초가 다져진 것으로 보인다. 그러나 화재를 진압하는 조직화된 소방조직의 존재 여부는 문헌에서 명확히 확인되지 않고 있다.

※ 삼국시대 : 화재를 사회적 재앙으로 인식하여 국가적 관심사로 보았다.
※ 통일신라시대 : 초가를 기와로 교체하고 나무를 사용하지 않고 숯을 사용하여 밥을 지을 정도로 당시 주민들의 방화의식이 높았다(헌강왕시대)

(3) 고려시대(918년~1392년 : 중세사)

인구가 증가하고 주택 등의 건축물이 이전의 시대에 비하여 증가였을 뿐만 아니라 병란도 자주 발생되어 화재도 많이 증가하였다. 도읍지였던 개경(개성)은 지역이 협소하여 건물들이 밀집하였고 초옥이 대부분이어서 한번 화재가 발생하게 되면 민가·상가로 연속 확대되어 수 백동씩 소실되는 경우가 많았다. 특히 병화(兵火)와 왜구의 방화·약탈이 심각하여 궁전과 창고의 대형화재가 많았던 것을 확인할 수 있다. 우리나라의 소방 역사상 최초로 금화제도를 시행하였고, 실화 및 방화자에 대한 처벌규정을 두기도 하였다. 고려시대는 소방역사상 법과 제도적 측면에서 볼 때 중요한 시기이며, 현재의 소방조직처럼 별도의 조직은 없었으나 금화제도를 시행하였다.

*고려시대 : 별도의 소방조직은 없었으나 금화제도가 시행되었다.

> **POINT** 금화제도의 주요내용
> ① 각 관아와 진(鎭)은 당직자 또는 그 장을 금화 책임자로 지정하여 금화관리자 배치
> ② 주택구조 등은 초가지붕을 기와지붕으로 개선토록 권장
> ③ 창고시설은 화재를 대비하여 지하창고로 설치
> ④ 길을 따라와 옥을 짓도록 하여 연소 확대방지
> ⑤ 화약제조 및 사용량이 늘어남에 따라 화통도감직제 신설하여 특별관리

☞ **고려시대 실화 및 방화자 처벌규정** … 관리에 대하여는 현행 면직 처분에 해당하는 현임을 박탈하였으며, 민간인이 실화로 전야를 소실하였을 때는 태(笞)50, 인가·재물을 연소한 경우에는 장(杖) 80의 형을 주었고, 관부·요지 및 사가·사택재물에 방화한자는 징역 3년 형에 처하였다.

☞ 어사대가 수시 금화관리자를 점검하여 일직이궐(자리를 비거나 빠지는 일) 하였을 경우 먼저 가둔 후 보고하였다.

(4) 조선시대(1392년~1897년)

한성부를 비롯한 평양부·함흥부 등 도시가 밀집·복잡·대형화되고 급속한 수공업의 성장과 상업 도시로 변모함에 따라서 전국 각지에서 대형화재가 발생하였으며, 특히 병자호란 및 여러 민란 등으로 궁궐화재도 빈번하게 발생하였다. 따라서 이 시기에 소방 고유조직이 탄생되었는데 특히 세종대왕 때에는 금화도감을 설치하고 금화군을 편성하여 화재를 방비하는 등 새로운 소방제도가 가장 많이 마련된 의미 있는 시기이다. 조선시대의 소방의 발달과정을 시대별로 구분하여 학습할 필요가 있다.

※ 조선시대 : 금화조직(금화도감 : 최초의 소방관서)

> **POINT** 조선시대 소방의 핵심 내용
> ① 경국대전의 편찬으로 금화법령 제도의 골격을 갖추게 되었다.
> ② 금화법령의 제정과 우리나라 최초의 소방관서라 할 수 있는 금화도감이 설치되었다.
> ③ 각 고을마다 5가구를 1개의 단위로 묶어 화재 발생의 피해를 막기 위한 제도인 오가작통법이 시행되었다.
> ④ 수성도감은 성을 수리하고, 화재를 금하고, 개천을 정비하고, 길과 다리를 수리하는 일을 맡아보았다.
> ☞ 금화도감에서 시행한 진압대책
>   ㉠ 신패발급
>   ㉡ 진압대원
>   ㉢ 화재전파

1) 조선전기(1392년 ~ 1592년)

① 금화법령 제정 및 고유 소방조직 탄생(세종8년, 1426년) … 우리나라최초의 금화관서(소방관서)인 금화도감(병조) 설치(우리나라 최초의 독자적인 소방조직).
※ 이후 수성금화도감(세종8년, 1426년)으로 변경

② 금화군제도 시행(세종13년, 1431년) … 궁중·관아·민가의 화재 방어를 위해 운영된 군사조직
※ 최초의 소방관·소방수는 금화군이다.

③ 5가작통제 시행 … 5가구를 1통으로 묶어서 우물을 파고 물통을 사전 준비하도록 하였으며, 화재시 대응하는 지방의 자발적 의용소방조직에 해당

④ 경종3년(1723년)에 중국으로부터 수총기 도입 … 금화법령에서 어사대가 수시 점검하여 일직이궐 하였을 경우 먼저 가둔 후 보고하였다.

2) 조선후기(1637년~1897)

① 1895년 경무청세칙에서 "소방"이란 용어가 역사 이래 최초로 등장

② 내무 지방국에서 소방업무 관장

③ 궁궐소방대설치, 소방완용펌프 도입

④ 우리나라 최초로 화재보험제도 도입(1906년)

⑤ 수도설치에 의한 공설 · 사설 소화전설치(현재 수도법에서 규정된 내용과 동일한 성격이다)

⑥ 소방장비를 갖추고 체계적인 소방훈련 실시
　☞ 경무청세칙에서 수화소방은 난파선 및 출화 홍수 등에 계하는 구호에 관한 사항으로 성격 지워졌는데 여기에서 소방이라는 용어를 역사상 처음 쓰게 되었다

(5) 일제 강점기(1910년~1945년)

① **경찰조직 내 소방조직 관장** … 중앙은 소방사무를 경무총감부(1910년)에서 보안과 내 소방계에서 담당 (상비소방수제도 운영)
　※ 지방은 도 경무부 보안과에서 소방사무 담당

② 경무부소속 소방조를 1915년 소방조의 조직과 운영에 관한 법규인 소방조규칙을 조선총독부령(제65호)으로 제정 · 시행하면서 전국으로 확대, 소방조소속 상비소방수와 경무부소속 상비소방수로 이원화

③ 중 · 일 전쟁(1939년)시기에 방공(防空)의 중요성을 감안하여 경무국에 소방사무담당 방호과 설치
　※ 지방은 도 경무부에 방호과 설치 소방사무 담당

④ 소방조는(1938년) 1,393개조/69,414명이였으며, 경방단에 흡수(1939년)

⑤ **상비소방수의 신분** … 상비소방용원 배치, 1922년 신분은 판임관(당시 순사의 직급, 현재의8~9급 공무원)에 해당하는 정식 공무원으로 양성화

⑥ **소방장비 도입** … 가솔린펌프, 소방차, 사다리 등

⑦ **우리나라 최초의 소방서 설치(1925년)** … 경성소방서("현"종로소방서)

⑧ **화재신고 119사용 · 망루(화재감시)설치** … 119전화 일본에서 도입, 화재발생 경보, 소방차고 설치

⑨ **소방행사 및 연습** … 불조심 행사, 소방조원 기율과 기구정비 상황 점검(경찰서장)

(6) 미군정시대(1945년 ~ 1948년 정부수립이전)

① 경찰조직에서 소방을 분리 역사상 독립된 자치소방제도 최초시행

② **중앙행정과 소방** … 중앙소방위원회설치(1946년), 집행기구로 중앙소방청 설치(1947년)

③ **중앙소방위원회 기능** … 지방행정처와 협력하여 전국 소방예산 작성, 시 · 읍 · 면의 소방부운영에 관한 경비할당 추천, 소방 · 방화상 중요하다고 보이는 사항의 규격 · 규칙연구

④ **지방행정과 소방** … 서울시(소방부 설치), 도(소방위원회, 지방소방청 설치), 시 · 읍 · 면(소방부 설치)

⑤ **도소방위원회 기능** … 화재로 인한 피해와 화재위험에 관하여 연구, 소화 · 방화에 관한 계획 수립, 시 · 읍 · 면을 원조하고 정책, 계획, 보고 및 예산에 있어 중앙소방위원회 원조

⑥ 도 소방위원회 사무집행기구 … 서울에 소방부(후에 소방국)와 도에는 소방청설치(소방과, 예방과)

⑦ 소방서 증설 … 남한에 기존 5개(북한 3개)소방서를 50여 개로 확대설치

(7) 대한민국 정부수립 이후 국가 소방체제(1948년 ~ 1970년)

① 독립된 자치소방제도 폐지, 소방청 등 자치소방기구는 경찰기구에 흡수되어 소방행정은 다시 경찰행정체제로 전환(1948년, 소방사무를 치안국내 소방과에서 담당, 지방(시·도) − 경찰국 소방과 담당)

② 내무부직제의 개정으로 소방과는 치안국 보안과내 소방계로 축소(1950년)

③ 치안국 보안과의 소방계와 경비과의 방화계를 병합하여 방호계로 하였고, 방호계에서 소방업무와 방공업무 관장(1955년)

④ 소방공무원은 경찰공무원 신분

⑤ 소방법 제정공포(1958년)

⑥ 치안국에 소방과(방호계, 소방계)설치 후 민방공, 소방, 수난구조 및 방호업무 관장(1961년)

⑦ 지방세법 개정(법률제827호)으로 목적세인 소방공동시설세 신설(1961년)

⑧ 경찰전문학교 내에 소방학과 설치(1963년)

⑨ 소방업무는 소방서 설치 지역은 소방서에서 담당, 소방서 미설치 지역은 경찰서에서 담당

⑩ 소방서에 소방과와 방호과를 두었으며, 소방서장은 소방총경으로 보임(1969년)
    ☞ 국가소방체제는 일사불란한 지휘체계 확립과 인력, 장비, 재정의 효율적 관리가 가능한 장점이 있다.

(8) 국가와 자치의 이원적 소방체제로 전환(1970년 ~ 1992년)

① 정부조직법 개정으로 내무부의 소방기능을 삭제하고 소방사무를 자치사무로 이양(1970년)

② 서울특별시와 부산광역시에 소방본부설치(1972년)로 시장이 총괄지휘 … 지방자치법

③ 지방 소방공무원법 제정(1973년)시행 … 소방공무원 신분보장

④ 민방위본부 설치(1975년)로 내무부치안본부 소방과에서 민방위본부 내 소방국설치(확대개편)

⑤ 각 도 민방위국 내 소방과 설치(1975년)

⑥ 중앙소방학교 설치(1978년)로 소방교육의 체계화, 소방연구실 설치(1991년)

⑦ 경찰서 및 파출소의 소방업무는 시, 군, 면에서 인수하여 수행(1976년)

⑧ 소방공무원 복제규정 제정 공포(1983년)

⑨ 소방연구실 설치로 소방의 과학화 기틀 마련(1991년)

(9) 광역 소방체제로의 전환(1992년 ~ 현재)

① 광역소방체제로 전환(1992) : 각 시 · 도에 소방본부 설치(광역시장 · 도지사의 책임 일원화)

② 주요 제도의 변화

　　㉠ 각 도의 소방조직이 민방위국 소방과에서 소방본부로 확대개편

　　㉡ 소방서 담당 관할구역이 모든 시 · 군으로 확대

　　㉢ 소방공무원(지방직) 임용권한이 시장 · 군수에서 광역시 · 도지사로 조정

　　㉣ 소방공동시설세가 시 · 군세에서 도세로 전환

　　㉤ 의용소방대 설치운영권과 화재예방조례 제정권이 시 · 군에서 도로 조정

③ 소방본부 및 소방서에 구조 · 구급전담부서 설치, 시 · 군에 소방서 확대 설치, 119구조 · 구급대 설치 운영

④ 중앙119구조대 발족(1995년) ··· 1995년 발생된 삼풍백화점 붕괴사고 계기, 소방국에 장비통신과 신설

⑤ 민방위재난통제본부 내 소방국장직제개편(1996년) ··· 소방직단일화와 최고계급인 소방총감 계급신설

⑥ 소방법을 4대기본법으로 분법제정(2003년) ··· 소방기본법, 화재예방 소방시설 설치 · 유지 및 안전관리에 관한 법, 소방시설공사업법, 위험물안전관리법

　　➡소방 환경변화에 맞추어 미비점을 보완하고 안전기준 강화 조치

⑦ 대구지하철화재사건 계기로 소방방재청 신설(2004년) ··· 소방 · 방재 · 민방위 통합

⑧ 소방방재청 소속기관 ··· 중앙소방학교, 중앙119구조본부

⑨ 세월호사건 계기로 국민안전처 신설(2014년, 소방 · 해경 · 민방위방재 통합) ··· 중앙소방본부 설치

⑩ 국민안전처 중앙소방본부 소속기관 ··· 중앙소방학교, 중앙119구조본부

⑪ 국민안전처 소속이던 소방방재청과 해양경찰청을 행정안전부와 행양수산부 소속의 외청으로 각각 분리

⑫ 행정안전부 산하 외청인 소방청(2017년 7월~ 현재)

⑽ 이원화 되어있던 소방공무원을 신분 국가직으로 전환(2020년 ~)

　국가소방공무원과 지방소방공무원으로 분류되어온 신분을 소방공무원으로 단일화
*단, 소방체제는 광역자치소방체제를 유지한다.

⑾ 주요 국제대회 및 대형재난에 의한 소방조직의 변화 사례

　우리나라 소방의 변천사를 보면 국제적인 대규모 행사 개최 또는 사회적 이목이 집중되는 대규모 재난사건 발생에 의해 조직의 변화가 심화 발전되었다고 볼 수 있다.

① 대연각호텔 화재(1971. 12. 5) ··· 피해규모(사망 163명, 부상 68명, 실종 · 행방불명 25명)
　　☞ 고가소방사리차 도입(고층건물 인명구조용)

② 119구급대 설치 … 소방법개정(1983년)으로 구급업무를 소방의 기본업무로 법제화

③ 88서울올림픽 개최(1988. 8. 1)

    ☞ 119특별구조대편성(올림픽 개최도시 : 서울, 부산, 대구, 인천, 광주, 대전, 수원)

    ※ 119특별구조대운영계획 수립(1987. 9. 4)

④ 구조업무를 소방의 기본업무로 법제화(1989. 12. 30) … 소방법개정(법률 제4155호)

⑤ 삼풍백화점붕괴사건(1995. 6. 29) … 피해규모(사망 502명, 부상 937명, 실종 6명, 재산피해 2,700여억 원)

    ➡ 재난관리법제정(1995. 7. 18), 중앙119구조대 신설(1995. 10. 19)

⑥ 대구지하철화재사건(2003. 2. 18) … 피해규모(사망 192명, 부상 151명, 재산피해 600여억 원)

    ➡ 정부조직법 개정(2004. 3. 2), 재난 및 안전관리법 제정(2004. 3. 2), 소방방재청 개청(2004. 6. 1, 청장은 정무직 또는 소방공무원, 소속기관 – 중앙소방학교, 중앙119구조대)

⑦ 세월호침몰사건(2014. 4. 16) … 피해규모(476명 중 사망 295명, 실종 9명)

    ➡ 정부조직법일부개정(2014. 11. 19), 소방방재청폐지(2014. 11. 19), 국민안전처신설(2014. 11. 19, 소속기관 – 중앙소방학교, 중앙119구조본부)

    ※ 국민안전처 내 중앙소방본부(본부장은 차관급인 소방총감, 인사와 예산 독립운영)

⑧ 정부조직법 개편으로 인한 별도 독립청(2017. 7. 26) … 기존의 국민안전처를 행정안전부에서 흡수하면 소방방재청은 행정안전부 외청인 독립 소방청으로 해양경찰청은 해양수산부 외청으로 독립

⑨ 소방공무원의 신분을 국가와 지방에서 국가직의 소방공무원 체계로 단일화(2020년4월)

⑿ 소방조직의 변천사

1) 조선시대(조선 ~ 구한말)

① 1426년 … 금화도감(세종8년, 1426년, 병조)　수성금화도감(세종8년, 1426년, 공조)

② 1431년 … 금화군(세종13년, 1431년)

③ 1467년 … 멸화군(세조13년, 1467년)

④ 1481년 … 수성금화사

⑤ 1910년 … 상비소방수제도(경찰조직 내 경무총감부에서 보안과 소방계에서 담당)

⑥ 1925년 … 경성소방서("현"종로소방서)

2) 과도기 … 지방자치제[미군정시대(1946년 ~ 1948)]

① 중앙 … 소방위원회(소방청)

② 지방 … 도 소방위원회(지방소방청)

③ 시 · 읍 · 면 … 소방부

    ※ 최초로 독립된 자치소방 체제

    3) 초창기 … 국가소방체제[정부수립(1948년 ~ 1970년)

① 중앙 … 내무부 치안국 소방과

② 지방 … 경찰국 소방과, 소방서

③ 법제 … 1958년 3월 소방법제정

④ 신분 … 경찰공무원법 적용

    4) 성장기 … 국가 + 지방자치소방(이원적 행정) [1970년 ~ 1992년]

① 체제 … 1972년 서울 · 부산 자치체제(소방본부 설치)

② 구조 … 1975년 내무부 민방위본부에 소방국 설치

③ 신분 … 1978년 3월 소방공무원법 제정

④ 교육기관 설치 … 1978년 3월 중앙소방학교 설치

    5) 발전기 … 시 · 도 광역자치소방[1992년 ~ 2004년]

① 체제 … 시 · 도 체제 일원화

② 기구 … 모든 시 · 도에 소방본부 설치

③ 신분 … 시 · 도 지방직으로 전환(1995년 1월)

    6) 전성기 … 소방방재청, 시 · 도 광역자치소방[2004년 ~ 2014년]

① 체제 … 소방방재청체제(2004년 6월 1일)

② 기구 … 18개 시 · 도소방본부

③ 신분 … 소방방재청 국가직, 시 · 도 지방직

    7) 국민안전처, 시 · 도 광역자치소방 [2014년 ~ 2017년]

① 체제 … 국민안전처 내 중앙소방본부

② 기구 … 18개 시 · 도소방본부

③ 신분 … 중앙소방본부 국가직, 시 · 도 지방직

8) 소방청(행정안전부 외청, 국민안전처 폐지), 시·도 광역자치소방[2017년 7월 ~ 2020년3월]

① 체제 ··· 소방청(행정안전부 외청, 국민안전처 행정안전부로 흡수)

② 기구 ··· 18개 시·도소방본부

③ 신분 ··· 중앙소방본부 국가직, 시·도 지방직

9) 소방직의 국가직 전환(2020년 4월 ~)

① 체제 ··· 소방청(행정안전부 외청)

② 기구 ··· 18개 시·도소방본부

③ 신분 ··· 소방공무원

⒀ 소방공무원의 법률에 의한 신분 변화과정

① 1949년 8월 12일 국가공무원법(법률 제44호)제정공포로 일반직 국가공무원 신분

② 1969년 1월 7일 경찰공무원법(법률 제2077호)제정 공포로 별정직의 경찰공무원 신분

③ 1973년 2월 8일 지방소방공무원법(법률 제2502호) 제정으로 국가 공무원은 경찰공무원으로 지방공무원은 소방공무원으로 임용권자에 따라 신분 이원화

④ 1977년 12월 31일부로 소방공무원법(법률 제3042호)이 제정공포로 1978년 3월 1일부터 시행됨에 따라 국가 공무원, 지방공무원 모두 소방공무원으로 신분단일화

⑤ 1983년 1월 1일부터 소방공무원법이 개정되어 별정직의 소방공무원이 특정직소방공무원 신분
   ※ 국가공무원법에서 소방공무원을 별정직에서 경력직 공무원 중 특정직 공무원으로 분류(1981. 4)

⑥ 2020년 소방공무원의 신분 단일화(국가 소방공무원과 지방소방공무원을 소방공무원으로 단일화)

⒁ 시대별 소방과 관련된 기관 및 용어

① 고려시대 ··· 금화제도("소재"라고도 지칭함)

② 조선시대

    ㉠ 금화조건(세종5년, 1423년, 병조) : 궁궐에서 화재가 발생한 경우 그 진압 방법을 구체적으로 규정

    ㉡ 금화도감(세종8년, 1426년) : 통금이 지나 불을 끄는 사람에게 구화패(금화패) 발급
       ※ 금화도감은 수성금화도감(세종 8년, 1426년)으로 명칭변경

    ㉢ 금화군(세종13년, 1431년) : 최초의 소방관·소방수

    ㉣ 멸화군(세조13년, 1467년, 임진왜란이후 소멸)

③ 갑오경장 이후 ··· "소방"이란용어 역사상 최초사용

④ 일제강점기(1910년) ··· 상비소방수제도

⒂ 우리나라에서 시행된 소방의 기초소방행정과 광역소방행정의 장단점 비교

　1) 시 · 도 광역소방행정(광역자치단체 소속)의 장 · 단점

① 장점
　　㉠ 시 · 군 · 구 기초자치단체의 재정부담 완화(평준화, 소방재정의 효율적 관리)
　　㉡ 광역단위(소방본부)에서 소방력을 총괄운용 하므로 체계적인 지휘권 확보
　　㉢ 통합적 지휘체계 확립으로 광범위한 재난에 효과적 대응
　　㉣ 소방행정의 능률성과 효과성 거양
　　㉤ 원활한 인사교류에 의한 소속 공무원의 사기진작

② 단점 … 시 · 군 · 구는 소방사무를 광역사무로만 인식하여 소방행정구현에 지원협조를 등한 시 할 우려가 있음

　2) 시 · 군 기초소방행정(기초자치단체 소속)의 장 · 단점

① 장점
　　㉠ 지역별 특성에 맞는 소방서비스 수행가능
　　㉡ 책임과 권한의 한계 명확

② 단점
　　㉠ 시 · 군 · 구 재정부담 증가로 소방력 확보 곤란
　　㉡ 시 · 군 · 구 마다 소방서 설치로 경제적 · 행정비용 증가
　　㉢ 시 · 군 · 구별 현장지휘를 행하므로 지휘권한 혼선초래
　　㉣ 소방서간 원활한 협조 곤란, 특수 장비 등 상호응원을 위한 광역서비스 한계
　　㉤ 응원요청과 승인절차 복잡으로 신속대응 한계
　　㉥ 기초자치단체장의 관심도에 따라 소방서비스 불균형초래

checkpoint

소방의 역사 포인트 체크

✓ 최초로 금화법령이 제정되고 금화도감이 설치된 시기 : 조선시대(세종8년, 1426년)

✓ 최초의 소방관서(세종8년, 1426년) : 금화도감(최초의 독자적인 소방관서에 해당)

- 금화도감(세종8년, 1426년, 병조) → 수성금화도감(1426년, 공조) → 금화군(세종13년, 1431년) → 멸화군(세조 13년, 1467년)

  ※ 최초의 소방조직 : 금화도감, 최초의 소방관 · 소방수 : 금화군

✓ 1894년 소방업무는 내무부 지방국에서 관장

✓ 최초로 "소방"이란 용어 사용 : 갑오경장 이후(1895년)

✓ 일제시대 상비소방수제도 : 경찰조직 내 소방조직 관장은 중앙은 소방사무를 경무총감부(1910년)에서 보안과 소방계에서 담당

✓ 최초의 소방서 : 경성("현 종로)소방서 설치(1925년)

✓ 소방을 분리 역사상 독립된 자치소방제도 최초시행 : 미군정 시대(1945~1948년)

✓ 미군정시대(1945년~1948년) : 자치소방체제

- 중앙–중앙소방위원회설치(1946년), 중앙소방청(집행기관) 설치(1947년)
- 지방–서울시(소방부 설치), 도(소방위원회, 지방소방청 설치), 시 · 읍 · 면(소방부설치)

✓ 대한민국 정부수립 후(1948년) : 국가소방체제

- 소방업무는 국가소방으로 하여 경찰조직의 내무부 치안국 소방과로 예속

✓ 소방법 제정 : 1958년

✓ 소방시설공동세 신설(1961년) : 목적세(소방재원확보)

✓ 국가기초의 이원적 소방체제로 전환(1970년)

✓ 전국 최초로 소방본부 설치(1972년) : 서울소방본부, 부산소방본부

✓ 국가와 자치의 이원적 소방체제(1972년)

✓ 지방소방공무원법 제정(1973년) : 국가 공무원은 경찰공무원으로 지방공무원은 소방공무원으로 임용권자에 따라 신분 이원화

✓ 내무부 민방위본부 창설(1975, 소방국 설치)

✓ 중앙소방학교 설치(1978년) : 소방공무원 교육훈련체계 일원화

✓ 소방공무원법 제정(1978) : 소방공무원신분 단일화

✓ 소방공무원 복제규정 제정 공포(1983년)

✓ 119구급대 설치 : 구급업무를 소방의 기본업무로 법제화(소방법개정, 1983년)

✓ 119특별구조대편성운영 : 88서울올림픽계기 – 119특별구조대운영계획 수립(1987. 9)

✓ 구조업무를 소방의 기본업무로 법제화 : 소방법개정(1989)

✓ 광역소방체제로 전환(1992년) : 모든 시 · 도에 소방본부 설치

✓ 재난관리법 제정(1995) · 중앙119구조대 설치(1995) : 삼풍백화점붕괴사건 계기

✓ 소방법이 소방관계 4대 기본법으로 분법(2003년) : 소방본기법, 소방시설공사업법, 「화재예방」소방시설 설치 · 유지 및 안전관리에 관한 법률, 위험물안전관리법

✓ 재난 및 안전관리기본법 제정(2004), 소방방재청 개청(2004) : 대구지하철 화재사건 계기

✓ 소방방재청 폐지(2014), 국민안전처 설치(국무총리소속, 소방조직은 중앙소방본부로 개편) : 세월호침몰사건 계기

✓ 소방청으로 독립(2017) : 국민안전처를 행정안전부가 흡수하고 기존의 소방방재청을 소방청으로 출범하고 행정안전부 산하 외청으로 독립되었다

✓ 소방공원 국가직 전환(2020) : 소방공무원의 신분을 국가직으로 단일화

- 국가 주도형의 광역시소방체제

  ※ 2020년 이후에도 광역시자치소방체재이다

02 | 소방의 조직체계

section 1 | 소방의 조직체계

우리나라는 변화하는 환경 속에서 여러 형태의 조직체계로 운영되어오다. 1975년 8월 내무부에 설치된 민방위본부(민방위국·소방국)가 소방청의 전신이었다. 민방위본부는 1995년 10월 내무부 소속 민방위재난통제본부로 개편되었고, 1998년 2월 내무부와 총무처를 통합하여 출범한 행정자치부 소속으로 변경되었다가 2004년 6월 정부조직법과 '재난 및 안전관리 기본법'에 따라 행정자치부의 외청으로 승격하여 소방방재청으로 독립하였다. 이후 정부조직 개편에 따라 2008년 2월 행정안전부를 거쳐 2013년 3월 안전행정부 외청으로 변경되었으며, 2014년 11월 신설된 국민안전처 소속 중앙소방본부가 되었다. 이후 2017년 7월 국민안전처가 행정안전부로 흡수·통합되면서 행정안전부 산하의 소방청으로 출범하였으며, 2020년 이원화 되어있던 신분을 소방공무원으로 단일화하였다

section 2 | 기관의 주요업무

1. 소방청

(1) 설립목적

소방청의 설립 목적은 재난 관련 업무체제의 일원화를 통한 재난관리 전담기능 강화, 재난 예방 강화, 자치단체의 재난관리 기능과 민관 협조체제 강화, 구조·구급 및 현장수습 등 현장대응 체제 강화에 있다

(2) 주요업무

소방청의 주요 업무는 예방·대비·대응·복구 등 재난관리의 단계별 업무를 지원하는 국가재난관리정보시스템(NDMS : National Disaster Management System) 구축 운영, 재난관리 책임기관 및 긴급구조기관·긴급구조 지원기관 간에 일원화된 지휘통신체계를 확보하는 통합지휘무선통신망 운영, 대규모 풍수해나 화재·폭발 등의 실제 재난 상황에 대비하는 실용훈련인 '재난대응 안전한국훈련' 실시, 민방위 교육 및 훈련, 사유재산 피해 지원, 특별재난지역 선포, 사전 재해 영향성 검토, 소방 관련 정책의 수립과 소방·방화 등 각종 재난으로부터 국민의 생명과 재산을 보호하고 사회 안전망을 구축하는 것이었다.

2. 119특수구조대 설치목적 및 운영현황

119 특수구조대는 중앙119구조본부의 소관사무를 분장하는 소속기관이다.

① 전국 어느 곳, 어떠한 재난이든 30분 이내에 첨단장비와 고도의 기술로 무장한 전문인력 투입

② 신속대응팀, 항공팀, 현장지휘팀 운영

③ **특수구조대의 종류** ··· 소방대상물, 지역 특성, 재난 발생 유형 및 빈도 등을 고려하여 지역을 관할하는 소방서에 다음의 구분에 따라 설치한다(다만, 고속국도구조대는 직할구조대에 설치할 수 있다)

  ㉠ 화학구조대 : 화학공장이 밀집한 지역

  ㉡ 수난구조대 : 내수면지역

  ㉢ 산악구조대 : 자연공원 등 산악지역

  ㉣ 고속국도구조대 : 고속국도

  ㉤ 지하철구조대 : 도시철도의 역사(驛舍) 및 역 시설

3. 119화학구조센터 설치ㆍ목적현황

지방소방조직은 광역시(장)도(지사)소속하의 광역소방행정체를 유지하고 있다. 각 광역시도에 소방(안전, 재난)본부가 1992년부터 설치되었고, 소방본부 산하에 항공 구조ㆍ구급대, 지방소방학교, 소방서가 있으며, 소방서는 구조ㆍ구급대, 119안전센터(119지역대), 소방정대로 편제되어 운영되고 있다.

① 화학물질사업장의 예방 – 대비 – 대응 – 복구기능 통합적 수행목적

② 시흥119화학구조센터, 익산119화학구조센터, 구미119화학구조센터, 서산119화학구조센터, 여수119화학구조센터, 울산119화학구조센터

4. 소방학교 현황

① 중앙(1개교) ··· 중앙소방학교

② 지방(8개교) ··· 서울소방학교, 부산소방학교, 인천소방학교, 광주소방학교, 경기소방학교, 강원소방학교, 경북소방학교, 충청소방학교

5. 중앙소방조직과 지방소방조직

소방공무원임용령에서 소방기관이라 함은 소방청, 특별시ㆍ광역시ㆍ특별자치시ㆍ도ㆍ특별자치도(시ㆍ도)와 중앙소방학교ㆍ국립소방연구원ㆍ중앙119구조본부ㆍ지방소방학교ㆍ서울종합방재센터 및 소방서를 말한다.

(1) 중앙소방조직

① 소방청

② 중앙소방학교

③ 중앙119구조대

④ 국립소방연구원

(2) 지방소방조직

① 서울특별시 소방행정조직

② 광역시 소방행정조직

③ 도 소방행정조직

(3) 각 법령에서 정하는 소방기관

① 소방공무원 임용령[임용령 제2조 정의] ··· 소방기관이라 함은 소방청, 특별시·광역시·특별자치시·도·특별자치도(시·도)와 중앙소방학교·국립소방연구원·중앙119구조본부·지방소방학교·서울종합방재센터 및 소방서를 말한다.

② 소방장비관리법[소방장비관리법 제2조 정의] ··· 소방기관이란 중앙소방학교·중앙119구조본부·소방본부·소방서·지방소방학교·119안전센터·119구조대·119구급대·119구조구급센터·항공구조구급대·소방정대·119지역대 및 소방체험관 등 소방업무를 수행하는 기관을 말한다.

③ 지방소방기관 설치에 관한 규정 ··· 지방소방학교·소방서·119안전센터·119구조대·119구급대·119구조구급센터 및 소방정대·119지역대에 대하여 규정하고 있다.

④ 소방방재청과 그 소속기관 직제 ··· 소방방재청장의 관장사무를 지원하기 위하여 소방방재청장소속하에 중앙소방학교·중앙민방위방재교육원 및 중앙119구조본부를 둔다.

section 3 소방공무원 계급체계

소방공무원은 경력직 중 특정직 공무원이다. 즉 실적과 자격에 의하여 임용되고 신분이 보장되며 평생토록 공무원으로 근무할 것이 예정되는 공무원으로써 법관, 검사, 외무공무원, 경찰공무원, 소방공무원, 교육공무원, 군인, 군무원, 헌법재판소 헌법연구관, 국가정보원과 청와대 경호처의 직원과 같이 특수 분야의 업무를 담당하는 공무원에 해당한다. 소방공무원은 11의 계급으로 분류한다.

1. 소방공무원의 계급

① 소방총감(消防總監)

② 소방정감(消防正監)

③ 소방감(消防監)

④ 소방준감(消防准監)

⑤ 소방정(消防正)

⑥ 소방령(消防領)

⑦ 소방경(消防警)

⑧ 소방위(消防尉)

⑨ 소방장(消防長)

⑩ 소방교(消防校)

⑪ 소방사(消防士)

2. 소방공무원의 계급표

(1) 소방공무원 계급의 상징

① 태극문양에 소방위계급장 5개를 5각으로 연결한 형태 ··· 소방총감(4개), 소방정감(3개), 소방감(2개), 소방준감(1개)

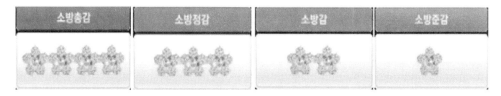

② 태극모양 둘레에 육각수 모양 6개를 정육각형이 되도록 붙임 ··· 소방정(4개), 소방령(3개), 소방경(2개), 소방위(1개)

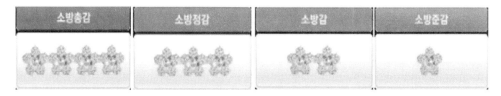

③ 육각수 모양을 관창 및 호스형태로 받치고, 좌우대칭이 되도록 함 … 소방장(4개), 소방교(3개), 소방사(2개), 소방사시보(1개)

(2) 의무소방원 계급표

(3) 소방공무원 상징물의 의미

표지장	의미
표지장	전통적으로 용맹을 상징하는 새매와 국화인 무궁화, 그 속에서 피어나듯 어둠을 밝히는 횃불, 소방의 대표적인 장비인 관창을 기본도안으로 횃불처럼 뜨거운 가슴을 안고 각종 재난을 예방·경계하며, 재난이 발생하는 곳곳마다 신속하게 날아가 소중한 인명을 구조하고 국민 모두가 편안하고 안전한 삶을 살 수 있도록 최선을 다하는 한편 소방관 모두가 인화·단결하여 힘차게 비상(飛上)한다는 의미를 담고 있다.
가슴표장	전체적으로 1935년 10월1일 탄생하고, 국민에게 사랑받는 소방의119를 기본상징으로 하여 국화인 무궁화 속에 피어나는 119를 형상화하였으며, 방수모를 씌워 안전한 소방활동이 되도록 하였다. 특히 소방공무원 전체의 단합된 마음을 리본으로 연결하여 표현하였으며, 단합된 마음속에서 자라난 월계수가 119를 감싸 용감하게 재난을 제압하고 승리하는 소방상을 구현하도록 하였다.
깃표장	해태형상, 소방위계급장, 월계수 형태, 황동에 로듐도금
	119도안, 하단 2줄 음각, 클리치백 고정, 소방공무원의 일체감 강화, 황동에 로듐도금
지휘관표장	기존 디자인 형태를 고급스러운 로듐도금으로 개선

소방표장약장	활동복, 잠바 등 왼쪽 가슴에 자수, 소방표지장 및 119도안 등용, 제복 원판에 자수
소매표장	육각수, 빛과 물이 사방으로 퍼져가는 형상, 활동복·방한복 소매에 부착, 부착이 용이한 재질로 개선, 디자인 표현력이 우수한 소재
정복수장	소방정 이상 정복에 적용, 금색실로 자수한 형태, 소방정 4줄·소방준감 이상 5줄
119구급대	평화의 상징인 비둘기를 다정히 감싸주고 보살펴주는 구급대원의 손을 통해 생명의 소중함과 응급환자 발생 시 어디든지 달려가 인명을 보살피는 대원을 표현한다.
119	어려서부터 동요가사로 친숙한 "소방관 코끼리"를 통해 화재현장에 신속하게 달려가 소방호스로 물을 쏘아 불을 제압하는 119진압대원을 표현한다.
119구조대	주인을 위해 목숨을 바쳐 충성을 다하고 수색에 능한 진돗개처럼 항상 위험에 처한 국민을 위해 언재든지 달려가는 119구조대원의 충직하고 용감한 모습을 표현한다.
소방항공대	용맹스런 독수리가 하늘 높이 비상하는 모습을 통해 번개같이 재난현장에 도착하여 소중한 인명을 구조하는 119소방항공대를 표현한다.
소방정대	영리하고 날렵하게 활동하는 돌고래의 모습을 통해 물에서 위험한 상황이 발생하였을 시 재빠르고 안전하게 구조활동을 하는 소방정대를 표현한다.

03 민간소방조직

우리나라에서 소방업무를 보조하는 민간조직은 ①의용소방대, ②자체소방대, ③자위소방대가 대표적이다. 또한 특정소방대상물에 선임된 소방안전관리자와 위험물안전관리자도 업무와 관련하여 민간 소방조직의 역할을 한다 볼 수 있다. 그리고 간접 소방조직으로 분류되는 소방안전원과 한국소방안전산업기술원은 소방청의 권한을 위임받아 각종 소방청의 업무를 수행한다.

1. 의용소방대

의용소방대는 소방업무를 보조하는 민간조직이다. 화재예방 및 조기발견, 신고 및 진압은 물론 재난 방지에 적극 참여하여 국민의 생명과 재산을 보호하기 위해 설치된 민간조직이며, 지역사회에 대한 희생과 봉사정신이 강한 사람들의 자원에 의해 만들어진 조직이다. 의용소방대는 "의용소방대설치 및 운영에 관한 법률"은 화재진압, 구조·구급 등의 소방업무를 체계적으로 보조하기 위하여 의용소방대 설치 및 운영 등에 필요한 사항을 규정함을 목적으로 하고 있다.

(1) 의용소방대 설치권자

① 특별시장·광역시장·특별자치시장·도지사·특별자치도지사 또는 소방서장은 재난현장에서 화재 진압, 구조·구급 등의 활동과 화재예방활동에 관한 업무(소방업무)를 보조하기 위하여 의용소방대를 설치할 수 있다.

② 의용소방대는 특별시·광역시·특별자치시·도·특별자치도, 시·읍 또는 면에 둔다.

③ 시·도지사 또는 소방서장은 필요한 경우 관할 구역을 따로 정하여 그 지역에 의용소방대를 설치할 수 있다.

(2) 의용소방대원 임명권자

시·도지사, 소방서장

(3) 의용소방대원의 자격

① 관할 구역 내에서 안정된 사업장에 근무하는 사람

② 신체가 건강하고 협동정신이 강한 사람

③ 희생정신과 봉사정신이 투철하다고 인정되는 사람

④ 소방기술 관련 자격·학력 또는 경력이 있는 사람

⑤ 의사·간호사 또는 응급구조사 자격을 가진 사람

⑥ 기타 의용소방대의 활동에 필요한 기술과 재능을 보유한 사람

(4) 의용소방대원의 정년

65세

(5) 의용소방대의 조직

① 의용소방대에는 대장·부대장·부장·반장 또는 대원을 둔다.

② 대장 및 부대장은 의용소방대원 중 관할 소방서장의 추천에 따라 시·도지사가 임명한다.

(6) 의용소방대의 임무

① 화재의 경계와 진압업무의 보조

② 구조·구급 업무의 보조

③ 화재 등 재난 발생 시 대피 및 구호업무의 보조

④ 화재예방업무의 보조

⑤ 그 밖에 행정안전부령으로 정하는 사항

(7) 의용소방대의 근무

① 의용소방대원은 비상근(非常勤)으로 한다.

② 소방본부장 또는 소방서장은 소방업무를 보조하게 하기 위하여 필요한 때에는 의용소방대원을 소집할 수 있다.

(8) 재난현장의 출동

의용소방대원은 소방본부장 또는 소방서장의 소집명령에 따라 화재, 구조·구급 등 재난현장에 출동하여 소방본부장 또는 소방서장의 지휘와 감독을 받아 소방업무를 보조한다.

(9) 의용소방대원의 행위금지 사항

① 기부금을 모금하는 행위

② 영리목적으로 의용소방대의 명의를 사용하는 행위

③ 정치활동에 관여하는 행위

④ 소송·분쟁·쟁의에 참여하는 행위

⑤ 그 밖에 의용소방대의 명예가 훼손되는 행위

⑽ 지도감독

소방본부장 또는 소방서장은 의용소방대원이 그 품위를 유지할 수 있도록 복무에 대한 지도·감독을 실시하여야 한다.

⑾ 교육 및 훈련

① 소방청장, 소방본부장 또는 소방서장은 의용소방대원에 대하여 교육(임무 수행과 관련한 보건안전 교육을 포함) · 훈련을 실시하여야 한다.

② 교육 · 훈련의 내용, 주기, 방법 등에 필요한 사항은 행정안전부령으로 정한다.

⑿ 경비의 부담

① 의용소방대의 운영과 활동 등에 필요한 경비는 해당 시 · 도지사가 부담한다.

② 국가는 ①에 따른 경비의 일부를 예산의 범위에서 지원할 수 있다.

⒀ 재해의 보상

시 · 도지사는 의용소방대원이 임무의 수행 또는 교육 · 훈련으로 인하여 질병에 걸리거나, 부상을 입거나, 사망한 때에는 시 · 도의 조례로 정하는 바에 따라 보상금을 지급하여야 한다.

2. 자체소방대

자체소방대는 제조소등의 관계인(소유자 · 관리자 · 점유자)에 의해 제조소 등의 화재 · 폭발 · 유출 등의 각종 위험물사고 시 피해를 최소하기 위해 인력과 장비를 갖춘 소방조직을 말한다.

(1) 자체소방대를 두어야 할 사업소

위험물안전관리법 및 위험물안전관리법시행령에 의거 제4류 위험물을 취급하는 지정수량 3,000배 이상의 제조소 또는 일반취급소

(2) 자체소방대에 두어야 할 화학소방자동차 및 인원

위험물안전관리법시행령 제18조제3항 관련

사업소의 구분	화학소방자동차	자체소방대원의 수
1. 제조소 또는 일반취급소에서 취급하는 제4류 위험물의 최대수량의 합이 지정수량의 12만배 미만인 사업소	1대	5인
2. 제조소 또는 일반취급소에서 취급하는 제4류 위험물의 최대수량의 합이 지정수량의 12만배 이상 24만배 미만인 사업소	2대	10인
3. 제조소 또는 일반취급소에서 취급하는 제4류 위험물의 최대수량의 합이 지정수량의 24만배 이상 48만배 미만인 사업소	3대	15인
4. 제조소 또는 일반취급소에서 취급하는 제4류 위험물의 최대수량의 합이 지정수량의 48만배 이상인 사업소	4대	20인

3. 자위소방대

자위소방대는 화재 시 소방대(소방차와 소방대원)도착 전 자위소방 활동을 수행하기 위해 구성 운영되는 민간 소방조직이다. 즉 특정소방대상물의 화재 등 재난발생 시 비상연락, 초기소화, 대피유도를 통해 인명 및 재산피해를 최소화하기 위해 소방안전관리자, 위험물안전관리자를 포함하여 구성한다. 자위소방대는 화재예방, 소방시설 설치·유지 및 안전관리에 관한 법률 시행규칙에 근거하고 있다.

(1) 자위소방대의 구성

① 대장 ··· 자위소방대를 지휘·통제하고 총괄 운영하는 대상물의 소유자, 법인대표, 운영기관 책임자

② 부대장 ··· 대장의 업무보좌 또는 대리자로서 특정소방대상물의 소방안전관리자

③ 대원 ··· 특정소방대상물의 관계인(소유자·관리자·점유자 등)

(2) 자위소방대의 임무

① 자위소방대의 연간·월간 교육계획 수립시행

② 초기대응체계의 교육·훈련실시

③ 모의화재 시나리오작성 상황별 훈련실시

④ 자위소방대는 지휘통제반·비상연락반·초기소화반·응급구조반·방호안전반·피난유도반 등으로 구성

(3) 화재시나리오 작성 가정조건

① 발화요인, 발화조건, 발화시간 등 예상

② 화재발생지역은 피난층 이외의 지역가정

③ 재실자, 방문자의 피난실시가정

④ 재해약자·부상자 발생가정

4. 소방안전관리자와 위험물안전관리자

(1) 소방안전관리자

1) 소방안전관리자의 선임

화재의 예방 및 소방에 관한 안전업무의 수행은 전문지식과 기술이 요구되고 일반인이 쉽게 접근할 수 있는 영역의 업무가 아니다. 따라서 화재예방 등과 관련하여 교육을 받은 자, 또는 관련 지식을 습득한 전문가를 소방안전관리자로 선임하여 업무를 수행하게 함으로서 소방안전의 실효성을 확보하고 있다. 소방안전관리업무의 전문성이 요구되는 대상을 1급 소방안전관리대상과 2급 소방안전관리대상으로 규정하고, 특정 자격을 갖춘 자를 소방안전관리자로 선임하도록 하고 있다.

2) 소방안전관리자의 선임 및 해임 절차

화재예방, 소방시설 설치·유지 및 안전관리에 관한 법률에서 소방안전관리자를 선임한 때에는 14일 이내 소방서장에게 신고하고, 해임한 경우는 소방안전관리자를 해임한 날 선임토록 규정함으로서 신고의 의무를 부여하고 있다. 이는 업무의 공백을 최소화하기 위함이며 소방안전관리자는 특정소방대물의 소방안전관리에 중요한 책임을 지고 있는 사람이다.

3) 소방안전관리자의 주요 임무

① 소방계획서 작성 및 자위소방대 조직

② 화재예방을 위한 자체점검계획 및 진압대책

③ 피난시설 및 소방안전시설 유지·관리

④ 화기취급 감독 등

(2) 위험물안전관리자

1) 위험물안전관리자의 선임

위험물은 생활의 편익을 위하여 만들어진 물질로 그 성질상 화재·폭발 등의 위험이 있어 그 취급은 고도의 주의와 전문성이 요구되는 업무이다. 위험물사고 발생 시 피해가 크므로 위험물안전관리법에서 위험물에 대한 특정한 자격을 갖춘 자를 위험물안전관리자로 선임시켜 업무를 감독하도록 규정하고 있다. 이는 위험물제조소등에 있어서 실질적으로 위험물을 취급하는 관계인에게 설치된 위험물시설 등에 대한 유지·관리의 의무를 둠으로써, 각종 위험물 시설 등이 항상 안전하게 유지될 수 있도록 하여 소방안전의 실효성을 확보하고자 하는 것이다.

2) 위험물안전관리자의 선임 및 해임 절차

위험물안전관리자는 위험물을 취급하고 안전관리업무를 수행하는 전문기술인력을 말하며, 위험물의 위험성에 비추어 소방안전관리자 제도 보다 한층 강화된 자격을 요구하고 있다. 안전관리자를 해임한 때에는 14일 이내에 소방서장에게 해임 신고하고, 해임한 날부터 30일 이내에 다시 선임하여야 하며, 선임한 때에는 14일 이내에 소방서장에게 선임 신고하도록 법적 의무규정을 두고 있다.

3) 위험물안전관리자의 주요 임무

① 위험물의 취급작업에 참여하여 지시 및 감독하는 업무

② 화재 등의 재난이 발생한 경우 응급조치 및 소방관서 등에 대한 연락업무

③ 제조소등의 계측장치·제어장치 및 안전장치 등의 유지·관리

④ 제조소등의 위치·구조 및 설비에 대한 점검과 점검상황의 기록·보존 등

5. 간접적 소방조직

(1) 한국소방안전원

1) 한국소방안전원의 설립

① 소방기술과 안전관리기술의 향상 및 홍보, 그 밖의 교육·훈련 등 행정기관이 위탁하는 업무의 수행과 소방 관계 종사자의 기술 향상을 위하여 한국소방안전원(이하 "안전원"이라 한다)을 소방청장의 인가를 받아 설립한다.

② ①에 따라 설립되는 안전원은 법인으로 한다.

③ 안전원에 관하여 이 법에 규정된 것을 제외하고는 「민법」 중 재단법인에 관한 규정을 준용한다.

2) 교육계획의 수립 및 평가

① 안전원의 장은 소방기술과 안전관리의 기술향상을 위하여 매년 교육 수요조사를 실시하여 교육계획을 수립하고 소방청장의 승인을 받아야 한다.

② 안전원장은 소방청장에게 해당 연도 교육결과를 평가·분석하여 보고하여야 하며, 소방청장은 교육 평가 결과를 ①의 교육계획에 반영하게 할 수 있다.

③ 안전원장은 ②의 교육결과를 객관적이고 정밀하게 분석하기 위하여 필요한 경우 교육 관련 전문가로 구성된 위원회를 운영할 수 있다.

④ ③에 따른 위원회의 구성·운영에 필요한 사항은 대통령령으로 정한다.

3) 안전원의 업무

① 소방기술과 안전관리에 관한 교육 및 조사·연구

② 소방기술과 안전관리에 관한 각종 간행물 발간

③ 화재 예방과 안전관리의식 고취를 위한 대국민 홍보

④ 소방업무에 관하여 행정기관이 위탁하는 업무

⑤ 소방안전에 관한 국제협력

⑥ 그 밖에 회원에 대한 기술지원 등 정관으로 정하는 사항

4) 회원의 관리

안전원은 소방기술과 안전관리 역량의 향상을 위하여 다음의 사람을 회원으로 관리할 수 있다.

① 「화재예방, 소방시설 설치·유지 및 안전관리에 관한 법률」, 「소방시설공사업법」 또는 「위험물안전관리법」에 따라 등록을 하거나 허가를 받은 사람으로서 회원이 되려는 사람

② 「화재예방, 소방시설 설치·유지 및 안전관리에 관한 법률」, 「소방시설공사업법」또는 「위험물안전관리법」에 따라 소방안전관리자, 소방기술자 또는 위험물안전관리자로 선임되거나 채용된 사람으로서 회원이 되려는 사람

③ 그 밖에 소방 분야에 관심이 있거나 학식과 경험이 풍부한 사람으로서 회원이 되려는 사람

5) 안전원의 정관

① 안전원의 정관에는 다음의 사항이 포함되어야 한다.
- ㉠ 목적
- ㉡ 명칭
- ㉢ 주된 사무소의 소재지
- ㉣ 사업에 관한 사항
- ㉤ 이사회에 관한 사항
- ㉥ 회원과 임원 및 직원에 관한 사항
- ㉦ 재정 및 회계에 관한 사항
- ㉧ 정관의 변경에 관한 사항

② 안전원은 정관을 변경하려면 소방청장의 인가를 받아야 한다.

6) 안전원의 운영 경비

설립된 협회는 법인으로 운영되며, 소방기본법에서 규정된 것을 제외하고는 민법 중 재단법인에 관한 규정을 준용한다. 또한 안전원의 운영 경비는 회비와 사업 수입 등으로 충당한다.

7) 안전원의 임원

① 안전원에 임원으로 원장 1명을 포함한 9명 이내의 이사와 1명의 감사를 둔다.

② ①에 따른 원장과 감사는 소방청장이 임명한다.

(2) 한국소방산업기술원

1) 설립 목적

소방청장은 소방산업의 진흥·발전을 효율적으로 지원하기 위하여 한국소방산업기술원(이하 "기술원''이라 한다)을 설립할 수 있다.

2) 기술원의 운영

① 기술원은 법인으로 한다.

② 기술원에 관하여 이 법에서 규정한 것을 제외하고는 「민법」의 재단법인에 관한 규정을 준용한다.

③ 소방청장은 기술원의 시설 및 운영에 필요한 경비를 예산의 범위에서 출연하거나 지원할 수 있다.

3) 주요업무

① 소방산업의 육성과 소방산업 기술진흥을 위한 정책·제도의 조사·연구

② 소방산업의 기반조성 및 창업지원

③ 소방산업 전문인력의 양성 지원

④ 소방산업 발전을 위한 소방장비 보급의 확대와 마케팅 지원

⑤ 소방산업의 발전을 위한 국제협력 및 해외진출의 지원

⑥ 소방사업자의 품질관리능력과 전문성 향상에 필요한 사업

⑦ 소방장비의 품질 확보, 품질 인증 및 신기술·신제품에 관한 인증 업무

⑧ 소방산업에 관한 데이터베이스의 구축·운영, 출판, 기술 강습 및 홍보

⑨ 소방용 기계·기구, 소방시설 및 위험물 안전에 관한 조사·연구·기술개발 및 지원

⑩ 「위험물안전관리법」에 따른 탱크안전성능시험

⑪ 이 법 또는 다른 소방방재 관계 법령에 규정된 사업으로서 소방청장이 위탁하는 사업

⑫ 그 밖에 기술원의 설립 목적을 달성하는데 필요한 사업

6. 소방장비 [소방장비관리법 시행령 제6조 관련]

(1) 기동장비 : 자체에 동력원이 부착되어 자력으로 이동하거나 견인되어 이동할 수 있는 장비

구분	품목
가. 소방자동차	소방펌프차, 소방물탱크차, 소방화학차, 화생방 대응차, 소방사다리차, 무인방수차, 지휘차, 구조차, 구급차, 조명배연차, 화재조사차, 생활안전차, 안전진단차, 소방순찰차, 현장지원차, 행정 및 교육지원차, 이륜차, 중장비
나. 소방선박	소방정, 구조정, 지휘정
다. 소방항공기	고정익항공기, 회전익항공기

(2) 화재 진압장비 : 화재진압활동에 사용되는 장비

구분	품목
가. 소화용수 기구	결합 금속구, 소방용수 이용장비
나. 관창	일반관창, 특수관창, 포말(foam)관창, 방수총
다. 사다리	화재진압용 사다리
라. 소방용 펌프	동력소방펌프
마. 소방호스	소방호스, 소방호스 운용 용품
바. 소방용 보조기구	소화용 기구, 산소발생 공기정화기, 열화상 카메라, 이동식 송배풍기
사. 이동식 진화기	소화기, 초순간 진화기
아. 소화약제	분말형 소화약제, 액체형 소화약제, 기체형 소화약제
자. 소방용 로봇	화재진압 로봇, 정찰 로봇

(3) 구조장비 : 구조활동에 사용되는 장비

구분	품목
가. 일반구조장비	구조용 사다리, 개방장비, 조명기구, 총포류, 동물포획 장비 세트, 일반구조 통신장비, 이송 및 안전장비, 그 밖의 일반장비
나. 산악구조장비	등하강 및 확보 장비, 산악용 안전벨트, 고리, 도르래, 슬링(sling, 등반 중에 나무나 바위에 둘러 확보지점을 만들거나 확보 용구를 연장하는 장비), 등반용 밧줄(로프) 및 부대장비, 배낭, 일반장비, 빙벽 등반장비 세트, 설상 구조장비 세트, 암벽 및 거벽(巨壁) 등반장비 세트, 구조대상자 이송 및 안전장비, 산악용 근거리 통신장비
다. 수난구조장비	급류 구조장비, 잠수장비, 수중통신장비, 인명구조 및 안전장비
라. 화생방 및 대테러 구조 장비	경계구역 설정라인, 제독·소독장비, 누출물 수거장비, 누출방지장비, 화생방 오염환자 이송장비, 시료 채취 및 이송장비, 실링백(sealing bag) 세트, 에어리프팅 백, 보호의류 등, 대테러 구조장비
마. 절단 구조장비	절단기, 톱, 드릴, 유압절단장비
바. 중량물 작업장비	유압장비, 휴대용 권양기(winch), 다목적 구조 삼각대, 운전석 에어백 작동 방지장치, 에어백, 지지대, 리프트 잭, 체인 블록(체인을 이용하여 중량물을 끌어올리거나 당겨서 장애물을 제거 또는 이동시키는 장비), 체인세트, 벨트슬링, 중량물 작업용 와이어
사. 탐색 구조장비	헬멧식 연기 투시기, 적외선 야간 투시경, 매몰자 탐지기, 영상송수신 장비 세트, 붕괴물 경보기, 수중 탐지기, 수중 비디오, 수중 카메라, GPS수신기, 인명구조견, 구조용 로봇, 공중수색장비
아. 파괴장비	도끼, 방화문 파괴기, 해머 드릴, 착암기(鑿巖機 : 구조물을 뚫거나 파괴하는 장비)

(4) 구급장비 : 구급활동에 사용되는 장비

구분	품목
가. 환자평가 장비	신체검진 기구
나. 응급처치 장비	기도확보유지 기구, 호흡유지 기구, 심장박동회복 기구, 순환유지 기구, 외상처치 기구, 분만처치 기구
다. 환자이송장비	환자운반기, 체온유지기
라. 구급의약품	의약품, 소독제
마. 감염방지장비	감염방지기구, 장비소독기구
바. 통신기록장비	통신장비, 기록장비
사. 교육실습장비	전문술기(전문응급처치) 교육실습장비, 구급대원 교육실습장비
아. 재난대응장비	환자분류 장비, 환자처치 장비

(5) 정보 통신장비 : 소방업무 수행을 위한 의사전달 및 정보교환·분석에 필요한 장비

구분	품목
가. 기반장비	냉방장치, 동력조절장비, 발전기류, 회로보호장치 및 액세서리
나. 네트워크장비	고정 네트워크 장비 및 부품, 광 네트워크 장치, 네트워크서비스 장비, 음향장비 및 제어기
다. 무선통신장비	개인 무선통신장치, 고정 네트워크 장비 및 부품, 전화장비, 위성접속장비
라. 보안장비	네트워크 보안장비, 보안 및 보호 소프트웨어
마. 소프트웨어	네트워킹 소프트웨어, 데이터 관리 및 질문 소프트웨어
바. 유선통신장비	개인 유선통신장치, 이동식 및 임시용 조명 및 액세서리, 전기케이블 및 부속품, 정류기(整流器 : 전기의 교류를 직류로 바꾸는 장치)
사. 전산장비	복합영상장비 및 컨트롤러, 음향기기 및 영상기기, 카메라 및 액세서리, 컴퓨터, 컴퓨터 디스플레이, 컴퓨터데이터 입력장비, 컴퓨터 프린터, 고정 네트워크 장비 및 부품, 복사기, 매체저장장치, 영사기 및 소모품, 회의용 비디오 및 전화장비, 음성통합관리장치

(6) 측정장비 : 소방업무 수행에 수반되는 각종 조사 및 측정에 사용되는 장비

구분	품목
가. 소방시설 점검장비	공통시설 점검장비, 소화기구 점검장비, 소화설비 점검장비, 화재경보설비 점검장비, 누전 점검장비, 무선통신보조설비 점검장비, 제연설비 점검장비, 유도등 및 조명등 점검장비
나. 화재조사 및 감식장비	발굴용 장비, 기록용 장비, 감식감정용 장비, 증거수집장비, 특수감식감정장비, 분석실 구비 장비
다. 일반 측정장비	전기측정장비, 가스측정장비, 공기성분 분석기, 측정기, 화재탐지기, 엑스레이(X-ray) 투시기
라. 화생방 등 측정장비	방사능 측정장비, 화학생물학 측정장비

(7) 보호장비 : 소방현장에서 소방대원의 신체를 보호하는 장비

구분	품목
가. 호흡장비	공기호흡기, 공기공급기, 산소호흡기, 마스크
나. 보호의류 및 안전모	방화복, 방호복, 특수방호복, 안전모, 보호장갑, 안전화, 방화두건
다. 안전장구	안전안경, 인명구조 경보기, 신체 및 관절 보호대, 대원 위치추적장치, 대원 탈출장비, 대원 안전확보장비, 손매듭기, 방탄조끼, 방한덮개, 청력보호장비

(8) 보조장비 : 소방업무 수행을 위하여 간접 또는 부수적으로 필요한 장비

구분	품목
가. 기록보존장비	카메라, 녹음기, 차량용 운행기록계, 초시계, 컴퓨터 프린터, 영상장비
나. 정비기구	일반정비기구, 세탁건조장비, 발전기
다. 현장지휘소 운영장비	지휘 텐트, 상황브리핑 장비
라. 현장지원장비	출입통제선, 차량 이동기, 휴대용 확성기
마. 그 밖의 보조장비	안전매트, 전선 감개(reel), 수중펌프, 드럼펌프, 양수기, 수손(水損) 방지막

※ 비고 : 위 표에서 분류된 소방장비의 세부적인 분류 및 내용에 관하여 필요한 사항은 소방청장이 정하여 고시한다.

04 소방인사

소방공무원법

1. 목적 [소방공무원법 제1조(목적)]

소방공무원법은 소방공무원의 책임 및 직무의 중요성과 신분 및 근무조건의 특수성에 비추어 그 임용, 교육훈련, 복무, 신분보장 등에 관하여 「국가공무원법」에 대한 특례를 규정하는 것을 목적으로 한다.

2. 공무원의 구분

경력직 공무원이란 실적과 자격에 의하여 임용되고 그 신분이 보장되며 평생토록 공무원으로 근무할 것이 예정되는 공무원을 말한다.

① **일반직 공무원** … 기술·연구 또는 행정일반에 대한 업무를 담당하는 공무원

② **특정직 공무원** … 법관, 검사, 외무공무원, 경찰공무원, 소방공무원, 교육공무원, 군인, 군무원, 헌법재판소 헌법연구관, 국가정보원의 직원과 특수 분야의 업무를 담당하는 공무원으로서 다른 법률에서 특정직공무원으로 지정하는 공무원

3. 용어의 정의 [소방공무원법 제2조(정의)]

⑴ "임용"이란 신규채용·승진·전보·파견·강임·휴직·직위해제·정직·강등·복직·면직·해임 및 파면을 말한다.

⑵ "전보"란 소방공무원의 동일 직위 및 자격 내에서의 근무기관이나 부서를 달리하는 임용을 말한다.

⑶ "강임"이란 동종의 직무 내에서 하위의 직위에 임명하는 것을 말한다.

⑷ "복직"이란 휴직·직위해제 또는 정직(강등에 따른 정직을 포함한다) 중에 있는 소방공무원을 직위에 복귀시키는 것을 말한다.

⑸ "소방기관"이라 함은 소방청, 특별시·광역시·특별자치시·도·특별자치도(이하 "시·도"라 한다)와 중앙소방학교·중앙119구조본부·국립소방연구원·지방소방학교·서울종합방재센터 및 소방서를 말한다. [임용령 제2조]

⑹ "필수보직기간"이란 소방공무원이 다른 직위로 전보되기 전까지 현 직위에서 근무하여야 하는 최소기간을 말한다. [임용령 제2조]

4. 소방공무원의 계급 체계 [소방공무원법 제3조(계급 구분)]

소방공무원의 계급은 다음과 같이 구분한다.

1) 소방총감(消防總監)

2) 소방정감(消防正監)

3) 소방감(消防監)

4) 소방준감(消防准監)

5) 소방정(消防正)

6) 소방령(消防領)

7) 소방경(消防警)

8) 소방위(消防尉)

9) 소방장(消防長)

10) 소방교(消防校)

11) 소방사(消防士)

5. 인사위원회

(1) 설치 [소방공무원법 제4조(소방공무원인사위원회의 설치)]

1) 소방공무원의 인사(人事)에 관한 중요사항에 대하여 소방청장의 자문에 응하게 하기 위하여 소방청에 소방공무원인사위원회(이하 "인사위원회"라 한다)를 둔다. 다만, 임용권의 위임에 따라 특별시장·광역시장·특별자치시장·도지사·특별자치도지사(이하 "시·도지사"라 한다)가 임용권을 행사하는 경우에는 특별시·광역시·특별자치시·도·특별자치도에 인사위원회를 둔다.

2) 인사위원회의 구성 및 운영에 필요한 사항은 대통령령으로 정한다.

㉮ 구성 [임용령 제8조(소방공무원인사위원회의 구성)]

① 소소방공무원인사위원회는 위원장을 포함한 5명 이상 7명 이하의 위원으로 구성한다.

② 위원장은 소방청에 있어서는 소방청차장이, 시·도에 있어서는 「지방자치법 시행령」에 따른 당해 지방자치단체의 부단체장(행정부시장·행정부지사를 말한다)이 되고, 위원은 인사위원회가 설치된 기관의 장이 소속 소방정 이상의 소방공무원 중에서 임명한다.

ⓝ **위원장의 직무[제9조(위원장의 직무)]**

① 위원장은 인사위원회의 사무를 통할하며, 인사위원회를 대표한다.

② 위원장이 부득이한 사유로 직무를 수행할 수 없는 때에는 위원 중에서 최상위의 직위 또는 선임의 공무원이 그 직무를 대행한다.

ⓓ **회의 [임용령 제10조(회의)]**

① 위원장은 인사위원회의 회의를 소집하고 그 의장이 된다.

② 회의는 재적위원 3분의2이상의 출석과 출석위원 과반수의 찬성으로 의결한다.

ⓔ **간사 [임용령 제11조(간사)]**

① 인사위원회에 간사 약간인을 둔다.

② 간사는 인사위원회가 설치된 기관의 장이 소속공무원 중에서 임명한다.

③ 간사는 위원장의 명을 받아 인사위원회의 사무를 처리한다.

ⓕ **심의 보고 [제12조(심의사항의 보고)]**

위원장은 인사위원회에서 심의된 사항을 지체 없이 당해 인사위원회가 설치된 기관의 장에게 보고하여야 한다.

ⓖ **운영세칙 [제13조(운영세칙)]**

소방공무원 임용령에 규정된 것 외에 인사위원회의 운영에 관하여 필요한 사항은 인사위원회의 의결을 거쳐 위원장이 이를 정한다.

(2) 기능 [소방공무원법 제5조(인사위원회의 기능)]

인사위원회는 다음의 사항을 심의한다.

1) 소방공무원의 인사행정에 관한 방침과 기준 및 기본계획

2) 소방공무원의 인사에 관한 법령의 제정·개정 또는 폐지에 관한 사항

3) 그 밖에 소방청장과 시·도지사가 해당 인사위원회의 회의에 부치는 사항

6. 임용

(1) 임용권자 [소방공무원법 제6조(임용권자)]

1) 소방령 이상의 소방공무원은 소방청장의 제청으로 국무총리를 거쳐 대통령이 임용한다.

다만, 소방총감은 대통령이 임명하고, 소방령 이상 소방준감 이하의 소방공무원에 대한 전보, 휴직, 직위해제, 강등, 정직 및 복직은 소방청장이 한다.

2) 소방경 이하의 소방공무원은 소방청장이 임용한다.

3) 대통령은 임용권의 일부를 대통령령으로 정하는 바에 따라 소방청장 또는 시·도지사에게 위임할 수 있다.

- 임용권의 위임 [임용령 제3조(임용권의 위임)]

① 대통령은 「소방공무원법」에 따라 소방청과 그 소속기관의 소방정 및 소방령에 대한 임용권과 소방정인 지방소방학교장에 대한 임용권을 소방청장에게 위임하고, 시·도 소속 소방령 이상의 소방공무원(소방본부장 및 지방소방학교장은 제외한다)에 대한 임용권을 특별시장·광역시장·특별자치시장·도지사·특별자치도지사(이하 "시·도지사"라 한다)에게 위임한다.

② 소방청장은 임용권 위임 규정에 따라 중앙소방학교 소속 소방공무원 중 소방령에 대한 전보·휴직·직위해제·정직 및 복직에 관한 권한과 소방경이하의 소방공무원에 대한 임용권을 중앙소방학교장에게 위임한다.

③ 소방청장은 임용권의 위임 규정에 따라 중앙119구조본부 소속 소방공무원 중 소방령에 대한 전보·휴직·직위해제·정직 및 복직에 관한 권한과 소방경 이하의 소방공무원에 대한 임용권을 중앙119구조본부장에게 위임한다.

④ 중앙119구조본부장은 119특수구조대 소속 소방경 이하의 소방공무원에 대한 해당 119특수구조대 안에서의 전보권을 해당 119특수구조대장에게 다시 위임한다.

⑤ 소방청장은 임용권의 위임 규정에 따라 다음의 권한을 시·도지사에게 위임한다.

    ㉠ 시·도 소속 소방령 이상 소방준감 이하의 소방공무원(소방본부장 및 지방소방학교장은 제외한다)에 대한 전보, 휴직, 직위해제, 강등, 정직 및 복직에 관한 권한

    ㉡ 소방정인 지방소방학교장에 대한 휴직, 직위해제, 정직 및 복직에 관한 권한

    ㉢ 시·도 소속 소방경 이하의 소방공무원에 대한 임용권

⑥ 시·도지사는 임용권 위임 규정에 따라 그 관할구역안의 지방소방학교·서울종합방재센터·소방서 소속 소방경 이하(서울소방학교·경기소방학교 및 서울종합방재센터의 경우에는 소방령 이하)의 소방공무원에 대한 해당 기관 안에서의 전보권과 소방위 이하의 소방공무원에 대한 휴직·직위해제·정직 및 복직에 관한 권한을 지방소방학교장·서울종합방재센터장 또는 소방서장에게 위임한다.

⑦ 임용권을 위임받은 중앙소방학교장 및 중앙119구조본부장은 소속 소방공무원을 승진시키려면 미리 소방청장에게 보고하여야 한다.

⑧ 소방청장은 소방공무원의 정원의 조정 또는 소방기관 상호간의 인사교류 등 인사행정 운영상 필요한 때에는 임용권의 위임 규정에도 불구하고 그 임용권을 직접 행사할 수 있다.

> **POINT** 임용권의 위임
> - 대통령 → 소방청장에게 위임
> - 소방령 이상 소방준감 이하의 전보·휴직·직위해제·강등·정직·복직에 대한 권한
> - 소방경 이하의 임용
> - 소방청장 → 시·도지사에게 위임
> - 시·도 소속 소방령 이상 소방준감 이하의 소방공무원(소방본부장 및 지방소방학교장 제외)   에 대한 전보, 휴직, 직위해제, 강등, 정직 및 복직에 관한 권한
> - 소방정인 지방소방학교장에 대한 휴직, 직위해제, 정직 및 복직에 관한 권한
> - 시·도 소속 소방경 이하의 소방공무원에 대한 임용권
> - 소방청장 → 중앙소방학교장·중앙119구조본부장에게 위임
> - 소속 소방령의 전보·휴직·직위해제·정직·복직에 대한 권한
> - 소속 소방경이하의 임용권(소방위에서 소방경으로의 승진 제외)

4) 소방청장은 임용권의 일부를 대통령령으로 정하는 바에 따라 시·도지사 및 소방청 소속기관의 장에게 위임할 수 있다.

5) 시·도지사는 위임받은 임용권의 일부를 대통령령으로 정하는 바에 따라 그 소속기관의 장에게 다시 위임할 수 있다.

6) 임용권자(임용권을 위임받은 사람을 포함)는 대통령령으로 정하는 바에 따라 소속 소방공무원의 인사기록을 작성·보관하여야 한다.

(2) 신규채용 [소방공무원법 제7조(신규채용)]

1) 소방공무원의 신규채용은 공개경쟁시험으로 한다. 다만, 소방위의 신규채용은 대통령령으로 정하는 자격을 갖추고 공개경쟁시험으로 선발된 사람(이하 "소방간부후보생"이라 한다)으로서 정하여진 교육훈련을 마친 사람 중에서 한다.

> **POINT** 경쟁채용 응시자격 제한(학력 제한 없음)_ 국가공무원법 제33조, 지방공무원법 제31조 적용
> ① 피성년후견인 또는 피한정후견인
> ② 파산선고를 받고 복권되지 아니한 자
> ③ 금고 이상의 실형을 선고받고 그 집행이 종료되거나 집행을 받지 아니하기로 확정된 후 5년이 지나지 아니한 자
> ④ 금고 이상의 형을 선고받고 그 집행유예 기간이 끝난 날부터 2년이 지나지 아니한 자
> ⑤ 금고 이상의 형의 선고유예를 받은 경우에 그 선고유예 기간 중에 있는 자
> ⑥ 법원의 판결 또는 다른 법률에 따라 자격이 상실되거나 정지된 자
> ⑦ 공무원으로 재직기간 중 직무와 관련하여 형법 제355조(횡령, 배임) 및 제356조(업무상 횡령과 배임)에 규정된 죄를 범한 사람으로서 300만 원 이상의 벌금형을 선고받고 그 형이 확정된 후 2년이 지나지 아니한 자
> ⑧ 징계로 파면처분을 받은 때부터 5년이 지나지 아니한 자
> ⑨ 징계로 해임처분을 받은 때부터 3년이 지나지 아니한 자

-응시연령 및 신체조건 [임용령 제43조]

① 소방공무원의 채용시험에 응시할 수 있는 자의 연령

계급별	공개경쟁채용시험	경력경쟁채용시험등
소방령 이상	25세 이상 40세 이하	20세 이상 45세 이하
소방경 소방위		23세 이상 40세 이하 (사업·운송용조종사 또는 항공·항공공장정비사는 23세 이상 45세 이하)
소방장 소방교		20세 이상 40세 이하 (사업·운송용조종사 또는 항공·항공공장정비사는 23세 이상 40세 이하)
소방사	18세 이상 40세 이하	20세 이상 40세 이하

② 소방간부후보생 선발시험에 응시할 수 있는 사람의 나이는 21세 이상 40세 이하로 한다.

③ 소방공무원의 채용시험 및 소방간부후보생 선발시험에 응시할 수 있는 신체조건 및 건강상태와 체력시험의 평가기준 및 방법

  ㉠ 응시자격등의 기준[임용령 시행규칙 제23조]

   ⓐ 소방공무원 임용령의 경력경쟁채용에 따라 경력경쟁채용시험 등에 응시할 수 있는 사람은 경력채용 등의 응시자격의 구분에 따른 채용예정 계급에 해당하는 자격증을 소지한 후 해당 분야에서 2년 이상 종사한 경력이 있어야 한다.

임용예정분야	응시자격
소방 분야	소방기술사, 소방시설관리사, 소방설비기사·소방설비산업기사(기계분야), 소방설비기사·소방설비산업기사(전기분야)
구급 분야	응급구조사(1급·2급), 간호사, 의사
화학 분야	「국가기술자격법 시행규칙」, 「국가기술자격의 직무분야 및 국가기술자격의 종목」중 화학 직무분야 기술사·기능장·기사·산업기사·기능사
기계 분야	「국가기술자격법 시행규칙」, 「국가기술자격의 직무분야 및 국가기술자격의 종목」중 기계 직무분야 기술사·기능장·기사·산업기사·기능사
건축 분야	「국가기술자격법 시행규칙」, 「국가기술자격의 직무분야 및 국가기술자격의 종목」중 건축 중직무분야 기술사·기능장·기사·산업기사·기능사
전기·전자 분야	「국가기술자격법 시행규칙」, 「국가기술자격의 직무분야 및 국가기술자격의 종목」중 전기·전자 직무분야 기술사·기능장·기사·산업기사·기능사
정보통신 분야	「국가기술자격법 시행규칙」, 「국가기술자격의 직무분야 및 국가기술자격의 종목」중 정보통신 직무분야 기술사·기능장·기사·산업기사·기능사

안전관리 분야	「국가기술자격법 시행규칙」, 「국가기술자격의 직무분야 및 국가기술자격의 종목」 중 안전관리 직무분야 기술사·기능장·기사·산업기사·기능사 (소방분야 응시자격은 제외)
소방정·항공 분야	1급 ~ 6급 항해사·기관사·운항사, 소형선박조정사, 잠수기능사, 사업용조종사, 운송용조종사, 항공정비사, 항공공장정비사
자동차 정비분야	「국가기술자격법 시행규칙」, 「국가기술자격의 직무분야 및 국가기술자격의 종목」 중 자동차 중직무분야 기술사·기능장·기사·산업기사·기능사
자동차 운전분야	제1종 대형운전면허, 제1종 특수면허 ※ 소방사에 한한다.

비고 : 채용계급
1. 의사 : 소방령 이하
2. 기술사, 기능장, 1급 ~ 4급 항해사·기관사·운항사, 사업용조종사, 운송용조종사, 항공정비사, 항공공장 정비사 : 소방경 이하
3. 기사, 5급 ~ 6급 항해사·기관사·운항사, 소방시설관리사 : 소방장 이하
4. 제1호부터 제3호까지에서 규정한 자격 외의 자격 : 소방교 이하

ⓑ 경력경쟁채용시험등에 응시할 수 있는 사람은 채용예정 계급상당 경력기준 이상이어야 한다.

구분 \ 계급	국가·지방공무원 또는 별정직공무원	경찰공무원	군인	교육공무원 초·중·고등학교교원	교육공무원 전문대학	교육공무원 4년제 대학교원	정부관리 기업체
소방령	5급		소령	18~23 호봉	13~18 호봉	11~16 호봉	과장 차장
소방경	6급 (3년이상)		대위	14~17호봉	11~12 호봉	9~10 호봉	계장, 대리 (3년이상)
소방위	6급	경위	중위 소위 준위	11~13호봉	9~10 호봉	7~8 호봉	계장, 대리
소방장	7급	경사	상사	9~10호봉	8호봉 이하	6호봉 이하	평사원 (3년이상)
소방교	8급	경장	중사	4~8호봉			평사원
소방사	9급	순경	하사(병)	3호봉이하			평사원

비고
1. 위 표에 의한 해당경력 또는 그 이상의 경력에 달한 후 「소방공무원임용령」의 규정에 의한 기간 이상의 근무경력이 있는 자에 한하여 경력경쟁채용등한다.
2. 교육공무원란 중 초·중·고등학교 교원의 호봉은 「공무원보수규정」의 규정에 의한 호봉을 말하고, 전문대학 및 4년제대학 교원의 호봉은 「공무원보수규정」의 규정에 의한 호봉을 말한다.
3. 군인란 중 괄호안에 표시된 계급은 의무소방원을 경력경쟁채용등하는 경우에 한하여 적용한다.

ⓒ 경력경쟁채용시험등에 응시할 수 있는 사람은 채용예정 계급에 해당하는 학력 등이 있는 사람으로 한다.

임용예정직무분야	응시교육과정
소방 분야	소방학과 · 소방안전공학과 · 소방방재학과 · 소방행정학과 · 소방안전관리과나 그 밖에 이와 유사한 학과를 졸업한 사람
구급 분야	응급구조학과 · 간호학과 · 의학과나 그 밖에 유사한 학과를 졸업한 사람
화학 분야	화학과 · 응용화학과 · 화학공학과 · 정밀공업화학과나 그 밖에 이와 유사한 학과를 졸업한 사람
기계 분야	기계과 · 기계공학과 · 기계설계공학나 그 밖에 이와 유사한 학과를 졸업한 사람
전기 분야	전기과 · 전기공학과나 그 밖에 이와 유사한 학과를 졸업한 사람
건축 분야	건축과 · 건축학과 · 건축공학과나 그 밖에 이와 유사한 학과를 졸업한 사람

비고
1. 박사학위 소지자는 소방경 이하의 계급으로, 석사학위 소지자는 소방위 이하의 계급으로, 학사학위 소지자는 소방장 이하의 계급으로, 고등학교 이상 전문대학 이하 졸업자는 소방교 이하의 계급으로 채용한다.
2. 유사한 학과의 범위에 대해서는 소방청장이 따로 정한다.

ⓓ 경력경쟁채용시험등을 통한 채용 예정 계급은 다음과 같다.
• 대학졸업자 : 소방장 이하의 계급
• 전문대학졸업자 : 소방교 이하의 계급
• 고등학교졸업자 : 소방사 ·

ⓔ 소방공무원의 채용시험에 응시하고자 하는 자는 공개경쟁시험에 있어서는 최종시험예정일, 경력경쟁채용시험등에 있어서는 임용권자의 시험 요구일이 속한 연도에 임용령 규정의 응시연령에 해당하여야 한다. 다만, 응시상한연령을 1세 초과하는 자로서 1월 1일 출생자는 응시할 수 있다.

ⓕ 소방공무원의 채용시험 또는 소방간부후보생선발시험에 응시할 수 있는 신체조건 및 건강 상태

부분별	합격기준
체격	양팔과 양다리가 완전하며, 가슴 · 배 · 입 · 구강 및 내장의 질환이 없어야 한다.
시력	두 눈의 맨눈 시력이 각각 0.3 이상이어야 한다.
색각(色覺)	색맹 또는 적색약(赤色弱)(약도를 제외한다)이 아니어야 한다.
청력	청력이 완전하여야 한다.
혈압	고혈압(수축기혈압이 145mmHg을 초과하거나 확장기 혈압이 90mmHg을 초과하는 것) 또는 저혈압(수축기혈압이 90mmHg 미만이거나 확장기혈압이 60mmHg 미만인 것)이 아니어야 한다.
운동신경	운동신경이 발달하고 신경 및 신체에 각종 질환의 후유증으로 인한 기능상 장애가 없어야 한다.

※ 위 표에 정하지 아니한 사항은 「공무원 채용신체검사 규정」에 따른다.

ⓖ 소방공무원의 임용을 위한 각종 시험의 경우 학력에 의한 제한을 두지 아니한다. 다만, 경력경쟁채용시험등은 소정의 학력을 가진 사람이 아니면 응시할 수 없다.

ⓗ 시험실시기관의 장은 원활한 결원보충과 지역적인 특수성을 고려하여 필요하다고 인정할 경우에는 응시자격을 당해 지방자치단체 또는 당해 시·도내의 거주자로 제한할 수 있다.

ⓘ 「국가공무원법」 및 「지방공무원법」 또는 다른 법령에 의하여 공무원으로 임용될 수 없는 자는 소방공무원의 임용을 위한 각종 시험에 응시할 수 없다.

ⓛ 체력시험의 평가기준 및 방법 [임용령 시행규칙 제23조의2]

종목	성별	평가점수									
		1	2	3	4	5	6	7	8	9	10
악력 (kg)	남	45.3~48.0	48.1~50.0	50.1~51.5	51.6~52.8	52.9~54.1	54.2~55.4	55.5~56.7	56.8~58.0	58.1~59.9	60.0 이상
	여	27.6~28.9	29.0~30.2	30.3~31.1	31.2~31.9	32.0~32.9	33.0~33.7	33.8~34.6	34.7~35.7	35.8~36.9	37.0 이상
배근력 (kg)	남	147~153	154~158	159~165	166~169	170~173	174~178	179~185	186~194	195~205	206 이상
	여	85~91	92~95	96~98	99~101	10_2~104	105~107	108~110	111~114	115~120	121 이상
앉아 윗몸 앞으로 굽히기 (cm)	남	16.1~17.3	17.4~18.3	18.4~19.8	19.9~20.6	20.7~21.6	21.7~22.4	22.5~23.2	23.3~24.2	24.3~25.7	25.8 이상
	여	19.5~20.6	20.7~21.6	21.7~22.6	22.7~23.4	23.5~24.8	24.9~25.4	25.5~26.1	26.2~26.7	26.8~27.9	28.0 이상
제자리 멀리 뛰기 (cm)	남	223~231	232~236	237~239	240~242	243~245	246~249	250~254	255~257	258~262	263 이상
	여	160~164	165~168	169~172	173~176	177~180	181~184	185~188	189~193	194~198	199 이상
윗몸 일으키기 (회/분)	남	43	44	45	46	47	48	49	50	51	52 이상
	여	33	34	35	36	37	38	39	40	41	42 이상
왕복 오래 달리기 (회)	남	57~59	60~61	62~63	64~67	68~71	72~74	75	76	77	78 이상
	여	28	29~30	31	32~33	34~36	37~39	40	41	42	43 이상

※ 위 표에서 정하지 아니한 체력시험의 방법 등은 소방청장이 정한다.

비고

1. 「소방공무원임용령」에 따라 총점 60점 중 30점 이상 득점자를 합격자로 한다.

2. 각 종목별 측정 방법 등은 소방청장이 정한다.

④ 소방간부후보생공개경쟁선발시험 또는 소방사 공개경쟁채용시험에 응시하고자 하는 자는「도로교통법」의 규정에 의한 제1종 운전면허 중 대형면허 또는 보통면허를 받은 자이어야 한다.

⑤ 임용권자는 소방장 이하 소방공무원의 경력경쟁채용시험등에 응시하려는 사람에 대해서도 제1종 운전면허 중 대형면허 또는 보통면허를 받은 자로 응시자격을 갖추도록 할 수 있다.

⑥ 경력경쟁채용등의 요건 중 연구실적이 있는 경우 소방공무원 외의 공무원으로서 소방기관에서 소방업무를 담당한 경력이 있는 자를 소방공무원으로 임용하는 경우에는 연령제한을 적용하지 아니한다.

　2) 다음에 해당하는 경우에는 경력 등 응시요건을 정하여 같은 사유에 해당하는 다수인을 대상으로 경쟁의 방법으로 채용하는 시험(이하 "경력경쟁채용시험"이라 한다)으로 소방공무원을 채용할 수 있다. 다만, 다수인을 대상으로 시험을 실시하는 것이 적당하지 아니하여 대통령령으로 정하는 경우에는 다수인을 대상으로 하지 아니한 시험으로 소방공무원을 채용할 수 있다.

① 「국가공무원법」의 직권면직 또는「지방공무원법」직권면직에 따라 직위가 없어지거나 과원이 되어 퇴직한 소방공무원이나「국가공무원법」의 휴직 또는「지방공무원법」휴직에 따라 신체·정신상의 장애로 장기 요양이 필요하여 휴직하였다가 휴직기간이 만료되어 퇴직한 소방공무원을 퇴직한 날부터 3년 이내에 퇴직 시에 재직하였던 계급 또는 그에 상응하는 계급의 소방공무원으로 재임용하는 경우

② 공개경쟁시험으로 임용하는 것이 부적당한 경우에 임용예정 직무에 관련된 자격증 소지자를 임용하는 경우

③ 임용예정직에 상응하는 근무실적 또는 연구실적이 있거나 소방에 관한 전문기술교육을 받은 사람을 임용하는 경우

④ 「국가공무원법」 또는「지방공무원법」에 따른 5급 공무원의 공개경쟁채용시험이나「사법시험법」에 따른 사법시험 또는「변호사시험법」에 따른 변호사시험에 합격한 사람을 소방령 이하의 소방공무원으로 임용하는 경우

⑤ 「국가공무원법」의 장학금 지급 또는「지방공무원법」의 장학금 지급에 따라 재학 중에 장학금을 받고 졸업한 사람을 임용하는 경우

⑥ 외국어에 능통한 사람을 임용하는 경우

⑦ 경찰공무원을 그 계급에 상응하는 소방공무원으로 임용하는 경우

⑧ 소방 업무에 경험이 있는 의용소방대원을 해당 시·도의 소속의 소방사 계급으로 임용하는 경우

　3) 소방간부후보생의 교육훈련, 경력경쟁채용시험등을 통하여 채용할 수 있는 소방공무원의 계급, 임용예정직에 관련된 자격증의 구분, 근무실적 또는 연구실적, 의용소방대원을 시·도 소속 소방공무원으로 임용할 수 있는 지역과 그 승진 및 전보 등에 관하여 필요한 사항은 대통령령으로 정한다.

① **경력경쟁채용등에서 임용직위 제한**[임용령 제14조] ··· 경력경쟁채용시험등을 통하여 채용된 소방공무원을 처음 임용하는 경우에는 그 시험실시 당시의 임용예정 직위 외의 직위에 임용할 수 없다.

② 경력경쟁채용등의 요건 등[임용령 제15조]

　㉠ 종전의 재직기관에서 감봉 이상의 징계처분을 받은 사람은 경력경쟁채용등을 할 수 없다. 다만, 「공무원 인사기록·통계 및 인사사무 처리 규정」 및 그 밖의 인사 관계 법령에 따라 징계처분의 기록이 말소된 사람(해당 법령에 따라 징계처분 기록의 말소 사유에 해당하는 사람을 포함한다)은 그러하지 아니하다.

　㉡ 경력경쟁채용등은 전 재직기관에 전력(前歷)을 조회하여 그 퇴직사유가 확인된 경우로 한정한다.

　㉢ 경력경쟁채용등을 할 수 있는 사람은 행정안전부령으로 정하는 임용예정분야별 자격증을 소지한 사람이어야 한다.

　㉣ 근무실적 또는 연구실적이 있는 사람의 경력경쟁채용등은 다음에 해당하는 사람으로 한정한다.

　　ⓐ 국가기관·지방자치단체·공공기관 그 밖의 이에 준하는 기관의 임용예정직위에 관련있는 직무분야의 근무 또는 연구경력이 3년(소방공무원 외의 공무원으로서 소방기관에서 특수기술부문에 근무한 경력이 있는 사람을 해당 부문의 소방공무원으로 경력경쟁채용등을 하는 경우에는 2년) 이상으로서 해당 임용예정계급에 상응하는 근무 또는 연구경력이 1년 상인 사람

　　ⓑ 퇴직한 소방공무원으로서 임용예정계급에 상응하는 근무경력이 1년 이상인 사람

　　ⓒ 의무소방원으로 임용되어 소정의 복무를 마친 사람

　㉤ 소방에 관한 전문기술교육을 받은 사람의 경력경쟁채용등은 「초·중등교육법」 및 「고등교육법」에 따라 설치된 고등학교·전문대학 또는 대학(대학원을 포함한다)에서 행정안전부령으로 정하는 임용예정분야별 교육과정을 이수한 사람과 법령에 따라 이와 동등 이상의 학력이 있다고 인정되는 사람이어야 한다.

　㉥ 경력경쟁채용등은 본인의 귀책사유로 장학금의 지급이 중단된 사람이 아니어야 한다.

　㉦ 외국어에 능통한 사람의 경력경쟁채용등은 소방위 이하 소방공무원으로 채용하는 경우로 한정하며, 그 외국어 능력은 해당 외국어를 모국어로 사용하는 국가의 국민이 고등학교교육 또는 이에 준하는 학교교육을 마치고 작문이나 회화를 할 수 있는 수준이어야 한다.

　㉧ 경력경쟁채용등은 경위 이하의 경찰공무원으로서 최근 5년 이내에 화재감식 또는 범죄수사업무에 종사한 경력이 2년 이상인 사람이어야 한다.

　㉨ 경력경쟁채용등은 다음에 해당하는 지역에서 이미 5년 이상 의용소방대원으로 계속하여 근무하고 있는 사람을 그 지역에 소방서·119지역대 또는 119안전센터가 처음으로 설치된 날로부터 1년 이내에 그 지역의 소방공무원으로 임용하는 경우로 한정한다. 이 경우 경력경쟁채용등을 할 수 있는 인원은 처음으로 설치되는 소방서·119지역대 또는 119안전센터의 공무원의 정원 중 소방사정원의 3분의 1 이내로 한다.

　　ⓐ 소방서를 처음으로 설치하는 시·군지역

　　ⓑ 소방서가 설치되어 있지 아니한 시·군지역에 119지역대 또는 119안전센터를 처음으로 설치하는 경우 그 관할에 속하는 시지역 또는 읍·면지역

　㉩ 임용예정계급별 자격증의 구분, 근무 또는 연구실적, 소방에 관련된 교육과정, 그 밖의 기준에 관한 사항은 행정안전부령으로 정한다.

③ **필수보직기간 및 전보의 제한[임용령 제28조]**

　㉠ 소방공무원의 필수보직기간은 1년으로 한다. 다만, 다음에 해당하는 경우에는 그러하지 아니하다.

　　ⓐ 직제상의 최저단위 보조기관 내에서의 전보의 경우

　　ⓑ 기구의 개편, 직제 또는 정원의 변경으로 인한 전보의 경우

　　ⓒ 전보권자를 달리하는 기관간의 전보의 경우

　　ⓓ 당해 소방공무원의 승진 또는 강임의 경우

　　ⓔ 임용예정직위에 관련된 2월 이상의 특수훈련경력이 있는 자 또는 임용예정직위에 상응한 6월이상의 근무경력 또는 연구실적이 있는 자를 당해 직위에 보직하는 경우

　　ⓕ 징계처분을 받은 경우

　　ⓖ 형사사건에 관련되어 수사기관에서 조사를 받고 있는 경우

　　ⓗ 공개경쟁채용시험에 합격하고 시보임용 중인 경우

　　ⓘ 그 밖에 소방기관의 장이 보직관리를 위하여 전보할 필요가 있다고 특별히 인정하는 경우

　㉡ 중앙소방학교 및 지방소방학교 교관의 필수보직기간은 2년으로 한다. 다만, 기구의 개편, 직제·정원의 변경 또는 교육과정의 개폐가 있거나 교관으로서 부적당하다고 인정될 때에는 그러하지 아니하다.

　㉢ 재임용, 변호사 자격증 소지자, 장학금 지급자의 경력경쟁채용시험등을 통하여 채용된 소방공무원은 최초로 그 직위에 임용된 날부터 2년 이내(휴직·직위해제 및 정직 기간은 포함하지 아니한다)에, 관련자격증 소지자, 근무실적 또는 연구실적이 있는 자, 외국어능통자 및 경찰공무이였던 자의 경력경쟁채용시험등을 통하여 채용된 소방공무원은 최초로 그 직위에 임용된 날부터 3년 이내에 다른 직위 또는 임용권자를 달리하는 기관에 전보할 수 없다. 다만, ㉠·㉡·㉣·㉺·㉻ 경우에는 그러하지 아니하다.

　㉣ 의용소방대원이였던 자가 경력경쟁채용시험등을 통하여 채용된 소방공무원은 최초로 그 직위에 임용된 날부터 5년 이내에 최초 임용기관 외의 다른 기관으로 전보될 수 없다. 다만, 기구의 개편, 직제 또는 정원의 변경으로 인하여 폐직 또는 과원이 되어 전보할 경우에는 그러하지 아니하다.

　㉤ 임용권자는 승진시험 요구 중에 있는 소속 소방공무원을 승진 대상자명부작성단위를 달리하는 기관에 전보할 수 없다.

　㉥ 다음에 해당하는 임용일은 필수보직기간을 계산할 때 해당 직위에 임용된 날로 보지 아니한다.

　　ⓐ 직제상의 최저단위 보조기관 내에서의 전보일

　　ⓑ 승진임용일, 강등일 또는 강임일

　　ⓒ 시보공무원의 정규공무원으로의 임용일

　　ⓓ 기구의 개편, 직제 또는 정원의 변경으로 소속·직위 또는 직급의 명칭만 변경하여 재발령되는 경우 그 임용일. 다만, 담당 직무가 변경되지 아니한 경우만 해당한다.

(3) 시험 또는 임용 방해 행위의 금지 [소방공무원법 제8조]

누구든지 소방공무원의 시험 또는 임용에 관하여 고의로 방해하거나 부당한 영향을 미치는 행위를 하여서는 아니 된다.

7. 국가공무원과 지방공무원

(1) 구분

① **국가직공무원** … 국가에 의해 임명되어 국가사무를 담당하며 보수를 국가로부터 지급받는다.

② **지방직공무원** … 지방자치단체에 의해 임명되어 지방사무를 담당하며 보수를 지방자치단체로부터 지급받는다.

> **POINT** 국가공무원법 제5조, 지방공무원법 제5조
> ① **직위** : 1인의 공무원에게 부여할 수 있는 직무와 책임을 말한다.
> ② **직급** : 직무의 종류·곤란성과 책임도가 상당히 유사한 직위의 군(群)을 말한다.
> ③ **정급** : 직위를 직급에 배정하는 것을 말한다.
> ④ **강임** : 같은 직렬 내에서 하위 직급에 임명하거나 하위 직급이 없어 다른 직렬의 하위 직급에 임명하는 것을 말한다.
> ⑤ **전직** : 직렬을 달리하여 임명하는 것을 말한다.
> ⑥ **전보** : 같은 직급 내에서의 보직변경을 말한다.
> ⑦ **직군** : 직무의 성질이 유사한 직렬의 군을 말한다.
> ⑧ **직렬** : 직무의 종류가 유사하고, 그 책임과 곤란성의 정도가 다른 직급의 군을 말한다.
> ⑨ **직류** : 같은 직렬 내에서 담당분야가 같은 직무의 군을 말한다.
> ⑩ **직무등급** : 직무의 곤란성과 책임도가 상당히 유사한 직위의 군을 말한다.
> ※ 공무원은 공무에 종사하는 직원, 의원, 위원을 말하며, 공법상 특별권력관계에 의한 공무를 담당하는 자를 말한다.

(2) 교류 [소방공무원법 제9조(국가소방공무원과 지방소방공무원의 교류 등)]

① 소방청장은 소방공무원의 능력을 발전시키고 소방사무의 연계성을 높이기 위하여 소방청과 시·도 간 및 시·도 상호 간에 인사교류가 필요하다고 인정하면 인사교류계획을 수립하여 이를 실시할 수 있다.

② 인사교류의 대상, 절차, 그 밖에 인사교류에 필요한 사항은 대통령령으로 정한다.

> **POINT** 소방공무원의 인사교류 (임용령 제29조)
> ① 소방청장은 소방공무원 인사교류의 목적에 따라 다음에 해당하는 경우 시·도 상호 간 소방공무원의 인사교류계획을 수립하여 실시할 수 있다.
> ㉠ 시·도 간 인력의 균형있는 배치와 소방행정의 균형있는 발전을 위하여 시·도 소속 소방령 이상의 소방공무원을 교류하는 경우
> ㉡ 시·도 간의 협조체제 증진 및 소방공무원의 능력발전을 위하여 시·도 간 교류하는 경우
> ㉢ 시·도 소속 소방경 이하의 소방공무원의 연고지배치를 위하여 필요한 경우
> ② ①에 따른 인사교류의 인원(①항 ㉢에 따라 실시하는 인원을 제외한다)은 필요한 최소한으로 하되, 소방청장은 시·도 간 교류인원을 정할 때에는 미리 해당 시·도지사의 의견을 들어야 한다.
> ③ 소방청장은 인사교류계획을 수립함에 있어서 시·도지사로부터 교류대상자의 추천이 있거나 해당 시·도로 전입요청이 있는 경우에는 이를 최대한 반영하여야 하며, 해당 시·도지사의 동의 없이는 인사교류대상자의 직위를 미리 지정하여서는 아니된다.
> ④ 소방청장은 인사교류의 목적에 따라 인력의 균형있는 배치와 효율적인 활용, 소방공무원의 종합적 능력발전 기회 부여 및 소방사무의 연계성을 높이기 위하여 소방청과 시·도 간 소방공무원 인사교류계획을 수립하여 실시할 수 있다.

⑤ 소방청과 시·도 간 및 시·도 상호 간에 인사교류를 하는 경우에는 인사교류 대상자 본인의 동의나 신청이 있어야 한다. 다만, 소방청과 그 소속기관 소속 소방공무원으로서 시·도 소속 소방공무원으로의 임용예정계급이 인사교류 당시의 계급보다 상위계급인 경우에는 동의를 받지 않을 수 있다.

⑥ 소방청장은 소방인력 관리를 위해 필요한 경우에는 소방청과 시·도 간 및 시·도 상호 간의 인사교류를 제한할 수 있다.

⑦ ①부터 ⑥까지에서 규정한 사항 외에 인사교류에 필요한 사항은 소방청장이 정한다.

8. 시보임용 [소방공무원법 제10조(시보임용)]

(1) 소방공무원을 신규채용할 때에는 소방장 이하는 6개월간 시보로 임용하고, 소방위 이상은 1년간 시보로 임용하며, 그 기간이 만료된 다음 날에 정규 소방공무원으로 임용한다. 다만, 대통령령으로 정하는 경우에는 시보임용을 면제하거나 그 기간을 단축할 수 있다.

> **POINT** 시보임용의 면제 및 기간단축 [임용령 제23조]
> 1) 시보임용예정자가 받은 교육훈련기간은 이를 시보로 임용되어 근무한 것으로 보아 시보임용 기간을 단축할 수 있다.
> 2) 다음에 해당하는 경우에는 시보임용을 면제한다.
> ① 소방공무원으로서 소방공무원승진임용규정에서 정하는 상위계급에의 승진에 필요한 자격요건을 갖춘 자가 승진예정계급에 해당하는 계급의 공개경쟁채용시험에 합격하여 임용되는 경우
> ② 정규의 소방공무원이었던 자가 퇴직 당시의 계급 또는 그 하위의 계급으로 임용되는 경우

(2) 휴직기간, 직위해제기간 및 징계에 의한 정직처분 또는 감봉처분을 받은 기간은 시보임용 기간에 포함하지 아니한다.

(3) 소방공무원으로 임용되기 전에 그 임용과 관련하여 소방공무원 교육훈련기관에서 교육훈련을 받은 기간은 시보임용 기간에 포함한다.

(4) 시보임용 기간 중에 있는 소방공무원이 근무성적 또는 교육훈련성적이 불량할 때에는 「국가공무원법」에 따른 의사에 반하는 신분조치 또는 직권면직 규정 및 「지방공무원법」에 따른 의사에 반하는 신분조치 또는 직권면직 규정 에도 불구하고 면직시키거나 면직을 제청할 수 있다.

9. 시험실시기관 [소방공무원법 제11조]

소방공무원의 신규채용시험 및 승진시험과 소방간부후보생 선발시험은 소방청장이 실시한다. 다만, 소방청장이 필요하다고 인정할 때에는 대통령령으로 정하는 바에 따라 그 권한의 일부를 시·도지사 또는 소방청 소속기관의 장에게 위임할 수 있다.

10. 임용시험 [소방공무원법 제12조(임용시험의 응시 자격 및 방법)]

소방공무원의 신규채용시험 및 승진시험과 소방간부후보생 선발시험의 응시 자격, 시험방법, 그 밖에 시험 실시에 필요한 사항은 대통령령으로 정한다.

(1) 신규채용방법 [임용령 제19조(신규채용방법)]

1) 임용권자는 채용후보자명부의 등재순위에 따라 임용하여야 한다. 다만, 채용후보자가 소방공무원으로 임용되기 전에 임용과 관련하여 소방공무원 교육훈련기관에서 교육훈련을 받은 경우에는 그 교육훈련성적 순위에 따라 임용하여야 한다.

2) 임용권자는 다음에 해당하는 경우에는 그 순위에 관계없이 임용할 수 있다.

① 임용예정기관에 근무하고 있는 소방공무원 외의 공무원을 소방공무원으로 임용하는 경우

② 6개월 이상 소방공무원으로 근무한 경력이 있거나 임용예정직위에 관련된 특별한 자격이 있는 사람을 임용하는 경우

③ 도서·벽지·군사분계선 인접지역 등 특수지역 근무희망자를 그 지역에 배치하기 위하여 임용하는 경우

④ 채용후보자의 피부양가족이 거주하고 있는 지역에 근무할 채용후보자를 임용하는 경우

⑤ 소방공무원의 직무수행과 관련한 실무수습 중 사망한 시보임용예정자를 소급하여 임용하는 경우

3) 임용권자는 채용후보자명부에 등재된 사람 중 채용후보자명부의 유효기간이 만료될 때까지 임용되지 아니한 사람(임용 또는 임용제청이 유예된 사람은 제외)에 대하여는 해당 기관에 그 직급에 해당하는 정원이 따로 있는 것으로 보고 임용할 수 있다. 이 경우 따로 있는 것으로 보는 정원은 그 신규임용후보자가 임용된 후 해당 직급에 이에 상응하는 결원이 발생한 때에 소멸한 것으로 본다.

(2) 시험 실시권 [임용령 제34조(시험실시권)]

1) 소방청장은 소방에 관한 전문기술교육을 받은 자를 소방경 이하로 경력경쟁채용등을 하는 경우의 경력경쟁채용시험등의 실시권과 소방간부후보생 선발시험의 실시권을 중앙소방학교장에게 위임한다.

2) 소방청장 또는 시·도지사는 의무소방원으로 임용되어 소정의 복무를 마친 사람을 소방사로 경력경쟁채용등을 하기 위한 경력경쟁채용시험등의 실시권을 중앙소방학교장에게 위임 또는 위탁할 수 있다.

3) 시·도지사는 소방공무원의 신규채용시험 및 승진시험을 실시할 경우 시험의 문제출제를 중앙소방학교장에게 의뢰할 수 있다. 이 경우 시험 문제출제를 위한 비용 부담 등에 관하여 필요한 사항은 시·도지사와 중앙소방학교장이 협의하여 정한다.

⑶ **시험의 공고 [임용령 제35조(공개경쟁채용시험의 공고)]**

1) 시험실시기관 또는 시험실시권의 위임을 받은 자(이하 "시험실시권자"라 한다)는 소방공무원공개
경쟁채용시험을 실시하고자 할 때에는 임용예정계급, 응시자격, 선발예정인원, 시험의 방법·시
기·장소·시험과목 및 배점에 관한 사항을 시험실시 20일전까지 공고하여야 한다. 다만, 시험
일정 등 미리 공고할 필요가 있는 사항은 시험 실시 90일 전까지 공고하여야 한다.

2) 공고내용을 변경하고자 할 때에는 시험실시 7일전까지 그 변경 내용을 공고하여야 한다.

⑷ **시험의 방법 [임용령 제36조(시험의 방법)]**

1) 소방공무원의 채용시험은 다음 각호의 방법에 의한 필기시험·체력시험·신체검사·면접시험·실기
시험과 서류전형에 의한다.

① 필기시험 … 교양부문과 전문부문으로 구분하되, 교양부문은 일반교양 정도를, 전문부문은 직무수행
에 필요한 지식과 그 응용능력을 검정하는 것으로 한다.

② 체력시험 … 직무수행에 필요한 민첩성·근력·지구력 등 체력을 검정하는 것으로 한다.

③ 신체검사 … 직무수행에 필요한 신체조건 및 건강상태를 검정하는 것으로 한다. 이 경우 신체검사는
시험실시권자가 지정하는 「의료법」에 따른 종합병원에서 작성한 채용신체검사서에 의할 수 있다.

④ 면접시험 … 인성 또는 적성검사, 정밀신원 조회 등에 의하여 직무수행에 필요한 적성과 자질, 능
력·발전성 및 적격성을 검정하는 것으로 한다.

⑤ 실기시험 … 직무수행에 필요한 지식 및 기술을 실기 등의 방법에 따라 검정하는 것으로 한다.

⑥ 서류전형 … 직무수행에 관련되는 자격 및 경력 등을 서면으로 심사하는 것으로 한다.

2) 교육훈련을 마친 소방간부후보생에 대한 소방위에의 채용시험은 그 교육훈련과정에서 이수한 과
목을 검정하는 것으로 한다.

3) 시험의 방법·합격자의 결정 등에 관하여 필요한 사항은 소방청장의 승인을 얻어 중앙소방학교
의 장이 정한다.

⑸ **시험의 구분 [임용령 제37조(시험의 구분등)]**

1) 소방공무원의 공개경쟁채용시험은 다음의 구분에 의한 단계에 따라 순차적으로 실시한다. 다만,
시험실시권자는 업무내용의 특수성 기타 사유로 특히 필요하다고 인정될 때에는 그 순서를 변경
하여 실시할 수 있으며, 소방사의 경우에는 제2차 시험을 실시하지 아니한다.

① **제1차 시험** ··· 선택형 필기시험. 다만, 기입형을 가미할 수 있다.

② **제2차 시험** ··· 논문형 필기시험. 다만, 과목별로 기입형을 가미할 수 있다.

③ **제3차 시험** ··· 체력시험

④ **제4차 시험** ··· 신체검사

⑤ **제5차 시험** ··· 면접시험. 다만, 실기시험을 병행할 수 있다.

2) 시험실시권자가 필요하다고 인정할 때에는 제1차 시험과 제2차 시험을 동시에 실시할 수 있다.

3) 시험에 있어서 전 단계의 시험에 합격하지 아니하면 다음 단계의 시험에 응시할 수 없다.

4) 제1차 시험과 제2차 시험을 동시에 실시하는 경우에 제1차 시험 성적이 규정에 의한 합격기준 점수에 미달된 때에는 제2차 시험은 이를 무효로 한다.

(6) 소방간부후보생 선발시험 [임용령 제38조]

소방간부후보생 선발시험에 관하여는 공개경쟁채용시험을 준용한다.

(7) 경력경쟁채용시험등 [임용령 제39조]

1) 경력경쟁채용시험등은 신체검사와 다음의 구분에 따른 방법에 따른다. 다만, 소방준감 이상의 소방공무원을 경력경쟁채용등으로 채용하려는 경우에는 서류전형의 방법으로 하여야 하며, 소방정 이하의 소방공무원을 경력경쟁채용등으로 채용하려는 경우로서 시험실시권자가 업무 내용의 특수성 등을 고려하여 필요하다고 인정하는 경우에는 체력시험을 실시하지 아니할 수 있다.

① 경력경쟁채용시험등의 경우에는 서류전형과 면접시험
  다만, 시험실시권자가 필요하다고 인정하는 경우에는 체력시험을 병행할 수 있다.

② 경력경쟁채용시험등의 경우에는 서류전형 · 체력시험 · 면접시험과 필기시험 또는 실기시험
  다만, 업무의 특수성 등을 고려하여 필요하다고 인정되는 경우에는 필기시험과 실기시험을 모두 병행하여 실시할 수 있다.

③ 경력경쟁채용시험등의 경우에는 서류전형 · 체력시험 및 면접시험
  다만, 시험실시권자가 필요하다고 인정하는 경우 필기시험을 병행할 수 있다.

2) 신체검사는 시험실시권자가 지정하는 기관에서 발급하는 신체검사서에 따른다. 다만, 사업용 또는 운송용 조종사의 경우에는 「항공안전법」에 따른 항공신체검사증명에 따른다.

3) 필기시험은 선택형으로 하되, 기입형 또는 논문형을 추가할 수 있다.

⑻ 경력경쟁채용시험등의 요구 [임용령 제40조]

1) 임용권자와 시험실시권자가 다른 경우에, 임용권자는 소방공무원을 경력경쟁채용등을 하려는 경우에는 임용예정직위의 내용ㆍ임용예정자의 학력ㆍ경력ㆍ연구실적과 그 밖에 필요한 사항을 첨부하여 시험실시권자에게 시험을 요구하여야 한다.

2) 요구를 받은 시험실시권자는 경력경쟁채용시험등을 통한 채용이 타당하다고 인정될 때에는 시험을 실시하여야 한다.

⑼ 채용시험의 특전 [임용령 제42조]

1) 소방업무와 관련 있는 자격증(면허증) 및 사무관리자격증의 소지자가 소방간부후보생선발시험 또는 소방사의 공개경쟁채용시험에 응시하는 경우에는 필기시험의 각 과목별 득점에 그 시험 만점의 0.5할 이내를 최고점으로 행정안전부령이 정하는 소방업무 관련 자격증(면허증) 분야 및 사무관리자격증 분야의 가점비율에 의한 점수를 가산한다. 이 경우 각 분야 내에서 2 이상의 자격증(면허증) 등이 중복되는 경우에는 본인에게 유리한 것 하나만을 가산한다.

2) 가산은 매 과목 40퍼센트 이상 득점한 자에게만 적용한다.

자격증 등 소지자 가점비율(소방공무원임용령 시행규칙 제19조제2항 및 제24조 관련)

	5퍼센트	3퍼센트	1퍼센트
자격증 (면허증)	1. 소방관련 국가기술자격 중 기술사ㆍ기능장 2. 1급 ~ 4급 항해사ㆍ기관사ㆍ운항사 3. 운송용 조종사, 사업용 조종사, 항공교통관제사, 항공정비사, 운항관리사 4. 잠수기능장 5. 의사, 변호사 6. 소방시설관리사	1. 소방관련 국가기술자격 중 기사 2. 5급 또는 6급 항해사ㆍ기관사 3. 응급구조사(1급), 간호사 4. 소방안전교육사	1. 소방관련 국가기술자격 중 산업기사ㆍ기능사 2. 소형선박 조종사, 잠수산업기사, 잠수기능사 3. 「도로교통법」에 따른 제1종 대형면허, 제1종 특수면허 중 대형견인차면허 4. 응급구조사(2급)
사무관리		컴퓨터활용능력 1급	컴퓨터활용능력 2급

비고
1. "소방관련 국가기술자격"이란 「국가기술자격법 시행규칙」 별표 2 「국가기술자격의 직무분야 및 국가기술자격의 종목」 중 다음 중직무분야의 기술ㆍ기능 분야 자격을 말한다.
  - 건축, 건설기계운전, 기계장비설비ㆍ설치, 철도, 조선, 항공, 자동차, 화공, 위험물, 전기, 전자, 정보기술, 방송ㆍ무선, 통신, 안전관리, 비파괴검사, 에너지ㆍ기상
2. 자격증(면허증) 및 사무관리 분야를 각각 가점하되, 각 분야별로 유리한 것 하나에 대해서만 가점하고, 자격증(면허증) 가점과 사무관리 가점은 합산하여 5퍼센트를 초과할 수 없다.

⑽ 시험과목 [임용령 제44조]

1) 소방공무원 공개경쟁채용시험의 필기시험과목

① 소방령 공개경쟁채용시험

제1차 시험과목	제2차 시험과목	
	필수과목	선택과목
한국사, 헌법, 영어	행정법, 소방학개론	물리학개론, 화학개론, 건축공학개론, 형법, 경제학 중 2과목

② 소방사 공개경쟁채용시험

제1차 시험과목	선택과목
국어, 한국사, 영어	소방학개론, 행정법총론, 소방관계법규, 사회, 과학, 수학 중 2과목

비고
- 소방학개론은 소방조직, 재난관리, 연소·화재이론, 소화이론 분야로 하고, 분야별 세부내용은 소방청장이 정한다.
- 소방관계법규는 다음 각 목의 법령으로 한다.
  가. 「소방기본법」, 같은 법 시행령 및 같은 법 시행규칙
  나. 「소방시설공사업법」, 같은 법 시행령 및 같은 법 시행규칙
  다. 「화재예방, 소방시설 설치·유지 및 안전관리에 관한 법률」, 같은 법 시행령 및 같은 법 시행규칙
  라. 「위험물안전관리법」, 같은 법 시행령 및 같은 법 시행규칙

2) 소방간부후보생 선발시험의 필기시험과목

구분 계열별	시험 과목	
	필수과목(4)	선택과목(2)
인문사회계열	헌법, 한국사, 영어, 행정법	행정학, 민법총칙, 형사소송법, 경제학, 소방학개론
자연계열	헌법, 한국사, 영어, 자연과학개론	화학개론, 물리학개론, 건축공학개론, 전기공학개론, 소방학개론

- 소방학개론은 소방조직, 재난관리, 연소·화재이론, 소화이론 분야로 하고, 분야별 세부내용은 소방청장이 정한다.
- 영어과목은 영어능력검정시험으로 대체할 수 있다
  토플 PBT 490점 이상, CBT 165점 이상, IBT 58점 이상 / 토익(TOEIC)625점 이상 / 텝스(TEPS)520점 이상 / 지텔프 Level 2의 50점 이상 / 플렉스(FLEX)520점 이상

3) 소방공무원 경력경쟁채용시험등의 필기시험과목

① 일반분야

	필수과목	선택과목
소방정 소방령	한국사, 영어, 행정법, 소방학개론	물리학개론, 화학개론, 건축공학개론, 형법, 경제학 중 2과목
소방경 소방위	한국사, 영어, 행정법, 소방학개론	물리학개론, 화학개론, 건축공학개론, 형법, 경제학 중 2과목
소방장 소방교 소방사	국어, 영어, 소방학개론	

② 소방분야 및 항공분야

구분 ＼ 과목별	필수과목	선택과목
소방위 이하 (항공분야)	항공법규, 항공영어	비행이론, 항공기상, 항공역학, 항공기체, 항공장비, 항공전자, 항공엔진 중 1과목
소방사(소방분야)	국어, 소방학개론, 소방관계법규	

비고

1. 위 표 제1호에서 일반분야는 위 표 제2호의 소방분야 및 항공분야 외의 경력경쟁채용등으로 한다.
2. 위 표 제1호에서 소방사로 경력경쟁채용등을 하는 경우 필수과목 중 "영어"는 소방활동에 필요한 생활영어 등으로 한다.
3. 위 표 제1호 및 제2호에서 소방학개론은 소방조직, 재난관리, 연소·화재이론, 소화이론 분야로 하고, 분야별 세부내용은 소방청장이 정한다.
4. 위 표 제2호에서 소방관계법규는 「소방기본법」 및 같은 법 시행령, 「소방시설 설치·유지 및 안전관리에 관한 법률」 및 같은 법 시행령으로 한다.
5. 위 표 제2호에서 항공분야는 행정안전부령으로 정하는 항공분야 자격증 소지자를 경력경쟁채용등을 하는 경우로 하고, 소방분야는 소방에 관한 전문기술교육을 받은 사람 중에서 행정안전부령으로 정하는 소방분야의 졸업자를 경력경쟁채용등을 하는 경우로 한다.

⑾ 출제수준 [임용령 제45조(출제수준)]

소방공무원 채용시험의 출제수준은 소방위 이상 및 소방간부후보생선발시험에 있어서는 소방행정의 기획 및 관리에 필요한 능력·지식을 검정할 수 있는 정도로 하고, 소방장 및 소방교에 있어서는 소방업무수행에 필요한 전문적 능력·지식을 검정할 수 있는 정도로 하며, 소방사에 있어서는 소방업무수행에 필요한 기본적인 능력·지식을 검정할 수 있는 정도로 한다.

⑫ 시험의 합격결정 [임용령 제46조]

1) 소방공무원의 공개경쟁채용시험 및 소방간부후보생 선발시험의 합격자 결정은 다음의 방법에 따른다.

① 제1차 시험 및 제2차 시험은 매 과목 40퍼센트 이상, 전 과목 총점의 60퍼센트 이상의 득점자 중에서 선발 예정인원의 3배수의 범위에서 시험성적을 고려하여 점수가 높은 사람부터 차례로 합격자를 결정한다.

② 제3차 시험은 6개 종목(악력, 배근력, 앉아윗몸앞으로굽히기, 제자리멀리뛰기, 윗몸일으키기, 왕복오래달리기)에 대한 평가점수를 합산하여 총점의 50퍼센트 이상을 득점한 자를 합격자로 결정한다.

③ 제4차 시험은 신체조건 및 건강상태에 적합한 사람 모두를 합격자로 한다.

2) 경력경쟁채용시험등의 필기시험 또는 실기시험의 경우에는 매 과목 40퍼센트 이상, 전 과목 총점의 60퍼센트 이상의 득점자 중에서 선발예정인원의 3배수의 범위에서 시험성적을 고려하여 점수가 높은 사람부터 차례로 합격자를 결정하고, 체력시험과 신체검사의 합격자 결정에 관하여는 ②및 ③을 준용한다.

3) 면접시험의 합격자 결정은 다음의 평정요소에 대한 시험위원의 점수를 합산하여 총점의 50퍼센트 이상을 득점한 사람으로 한다. 다만, 시험위원의 과반수가 어느 하나의 평정요소에 대하여 40퍼센트 미만의 점수를 평정한 경우 불합격으로 한다.

① 소방공무원으로서의 적성

② 의사발표의 정확성과 논리성

③ 전문지식·기술과 그 응용능력

④ 예의·품행·성실성·봉사성

⑤ 창의력·의지력, 그 밖의 발전가능성

4) 최종합격자의 결정은 면접시험의 합격자 중에서 다음의 방법에 따라 산정한 성적의 순위에 따른다.

① 공개경쟁채용시험 및 소방간부후보생 선발시험 : 필기시험성적(제1차 시험과 제2차 시험을 구분하여 실시할 때에는 이를 합산한 성적을 말한다. 이하 같다) 75퍼센트, 체력시험성적 15퍼센트 및 면접시험성적(실기시험을 병행할 때에는 이를 포함한 점수를 말한다) 10퍼센트의 비율로 합산한 성적

③ 경력경쟁채용시험등

　가. 면접시험만을 실시하는 경우 : 면접시험성적 100퍼센트

　나. 체력시험과 면접시험을 실시하는 경우 : 체력시험성적 15퍼센트 및 면접시험성적 85퍼센트의 비율로 합산한 성적

다. 필기시험·체력시험 및 면접시험을 실시하는 경우 : 필기시험성적 75퍼센트, 체력시험성적 15퍼센트 및 면접시험성적 10퍼센트의 비율로 합산한 성적

라. 체력시험·실기시험 및 면접시험을 실시하는 경우 : 체력시험성적 15퍼센트, 실기시험성적 75퍼센트 및 면접시험성적 10퍼센트의 비율로 합산한 성적

마. 필기시험·체력시험·실기시험 및 면접시험을 실시하는 경우 : 필기시험성적 40퍼센트, 체력시험성적 15퍼센트, 실기시험성적 35퍼센트 및 면접시험성적 10퍼센트의 비율로 합산한 성적

5) 임용권자는 공개경쟁채용시험 및 경력경쟁채용시험 등의 경우 최종합격자가 임용을 포기하는 등의 사정으로 채용예정인원에 미달하거나 결원을 보충할 필요가 있다고 인정하는 때에는 최종합격자 발표일부터 3개월 이내에 산정된 성적순에 따라 추가 합격자를 결정할 수 있다.

⒀ 소방사 공개경쟁채용시험 선택과목 득점의 산출방법 [임용령 제46조의2]

1) 소방사 공개경쟁채용시험의 선택과목 득점은 응시자가 선택한 과목점수의 표준편차와 평균점을 산출하여 계산식에 따라 조정한 점수(이하 "조정점수"라 한다)로 한다.

선택과목 득점의 조정점수 산출방법(제46조의2제1항 관련)

소방사 공개경쟁채용시험 선택과목의 조정점수

{(응시자의 점수−응시자가 선택한 과목의 평균점)÷응시자가 선택한 과목점수의 표준편차}×10+50

비고

1. 위 표에서 응시자가 선택한 과목점수의 표준편차는 다음의 계산식에 따라 산출한다.

$$\sqrt{\dfrac{(응시자가\ 선택한\ 과목의\ 점수 - 응시자가\ 선택한\ 과목의\ 평균점수)^2의\ 총합}{응시자가\ 선택한\ 과목의\ 인원수 - 1}}$$

2. 응시자의 조정점수는 가산점 적용대상 응시자가 있는 선택과목의 경우 가산점 적용대상 응시자의 점수에 가산점을 합산하여 산출한다.
3. 응시자의 조정점수 산출 시 가산점은 합산하지 아니한다.
4. 조정점수의 산출 결과 0점 미만의 점수는 0점으로 처리한다.

2) "매 과목 40퍼센트 이상"이란 응시자의 조정점수와 조정 전 점수 중 어느 하나가 40퍼센트 이상에 해당하는 것을 말한다.

⒁ 동점자의 합격결정 [임용령 제47조]

공개경쟁채용시험·경력경쟁채용시험등 및 소방간부후보생 선발시험의 합격자를 결정할 때 선발예정인원을 초과하여 동점자가 있는 경우에는 그 선발예정인원에 불구하고 모두 합격자로 한다. 이 경우 동점자의 결정은 총득점을 기준으로 하되, 소수점 이하 둘째자리까지 계산한다.

⒂ 시험합격자명단의 송부등 [임용령 제48조]

1) 시험실시권자가 시험합격자명단을 임용권자에게 송부함에 있어서, 2이상의 임용권자의 요구에 의하여 동시에 시험을 실시한 경우(근무예정지역별로 시험을 실시한 경우를 제외한다)에는 미리 생활연고지·근무희망지 및 시험성적 등을 고려하여 합격자를 배정하고 각 임용권자에게 그 명단을 송부하여야 한다.

2) 시험실시권자는 시험에 합격한 자에 대하여 시험합격의 통지를 하여야 한다.

⒃ 응시수수료 [임용령 제49조]

1) 소방공무원의 채용시험 및 소방간부후보생 선발시험의 응시자는 다음의 구분에 의한 응시수수료를 납부하여야 한다.

① 소방령 이상 소방공무원의 채용시험 … 일반직5급이상 국가공무원의 채용시험 응시수수료

② 소방경, 소방위, 소방장 채용시험 … 일반직 6·7급 국가공무원의 채용시험 응시수수료

③ 소방교 이하 소방공무원의 채용시험 … 일반직 8·9급 국가공무원의 채용시험 응시수수료

④ 소방간부후보생선발시험 … 일반직 6·7급 국가공무원의 채용시험 응시수수료

2) 응시수수료는 소방청장 및 중앙소방학교장이 실시하는 시험에 응시하는 경우에는 수입인지로 내고, 시·도지사가 실시하는 시험에 응시하는 경우에는 해당 지방자치단체의 수입증지로 내야 한다. 다만, 인터넷으로 응시원서를 제출하는 경우에는 정보통신망을 이용한 전자화폐·전자결제 등의 방법으로 내야 한다.

3) 응시수수료는 다음에 해당하는 경우에는 해당 금액을 반환하여야 한다.

① 응시수수료를 과오납한 경우에는 과오납한 금액

② 시험실시권자의 귀책사유로 시험에 응시하지 못한 경우에는 납부한 응시수수료의 전액

③ 응시원서 접수기간 중에 또는 마감일 다음 날부터 7일 이내에 응시의사를 철회하는 경우에는 납부한 응시수수료의 전액

4) 시험실시권자는 응시원서 접수 당시 「국민기초생활 보장법」에 따른 수급자 또는 「한부모가족지원법」에 따른 보호대상자인 사람에 대해서는 소방청장이 정하는 바에 따라 응시수수료를 면제할 수 있다.

(17) 시험위원의 임명 등 [임용령 제50조]

1) 시험실시권자는 소방공무원의 채용시험 및 소방간부후보생선발시험의 출제·채점·면접시험·실기시험·서류전형 기타 시험의 실시에 관하여 필요한 사항을 담당하게 하기 위하여 다음에 해당하는 자를 시험위원으로 임명 또는 위촉할 수 있다.

① 당해 직무분야의 전문적인 학식 또는 능력이 있는 자

② 임용 예정직무에 관한 실무에 정통한 자

2) 시험위원으로 임명 또는 위촉된 자는 시험실시권자가 요구하는 시험문제 작성상의 유의사항 및 서약서 등에 의한 준수사항을 성실히 이행하여야 한다.

3) 시험실시권자는 규정을 위반함으로써 시험의 신뢰도를 크게 떨어뜨리는 행위를 한 시험위원이 있을 때에는 그 명단을 다른 시험실시권자에게 통보하고 당해 시험위원이 소속하고 있는 기관의 장에게 당해인에 대한 징계등 적절한 조치를 할 것을 요청하여야 한다.

4) 시험실시권자는 징계 등의 규정에 의한 통보를 받은 자에 대하여는 그로부터 5년간 당해인을 소방공무원 채용시험 및 소방간부후보생 선발시험의 시험위원으로 임명 또는 위촉하여서는 아니된다.

5) 시험위원으로 임명 또는 위촉된 자에 대하여는 예산의 범위 안에서 수당을 지급할 수 있다.

(18) 부정행위자에 대한 조치 [임용령 제51조]

1) 소방공무원의 채용시험 또는 소방간부후보생 선발시험에서 다음에 해당하는 행위를 한 사람에 대해서는 그 시험을 정지 또는 무효로 하거나 합격을 취소하고, 그 처분이 있은 날부터 5년간 이 영에 따른 시험의 응시자격을 정지한다.

① 다른 수험생의 답안지를 보거나 본인의 답안지를 보여주는 행위

② 대리 시험을 의뢰하거나 대리로 시험에 응시하는 행위

③ 통신기기, 그 밖의 신호 등을 이용하여 해당 시험 내용에 관하여 다른 사람과 의사소통하는 행위

④ 부정한 자료를 가지고 있거나 이용하는 행위

⑤ 병역, 가점 또는 영어능력검정시험 성적에 관한 사항 등 시험에 관한 증명서류에 거짓 사실을 적거나 그 서류를 위조·변조하여 시험결과에 부당한 영향을 주는 행위

⑥ 체력시험에 영향을 미칠 목적으로 인사혁신처장이 정하여 고시하는 금지약물을 복용하거나 금지방법을 사용하는 행위

⑦ 그 밖에 부정한 수단으로 본인 또는 다른 사람의 시험결과에 영향을 미치는 행위

2) 소방공무원의 채용시험 또는 소방간부후보생 선발시험에서 다음에 해당하는 행위를 한 사람에 대해서는 그 시험을 정지하거나 무효로 한다.

① 시험 시작 전에 시험문제를 열람하는 행위

② 시험 시작 전 또는 종료 후에 답안을 작성하는 행위

③ 허용되지 아니한 통신기기 또는 전자계산기기를 가지고 있는 행위

④ 그 밖에 시험의 공정한 관리에 영향을 미치는 행위로서 시험실시권자가 시험의 정지 또는 무효 처리기준으로 정하여 공고한 행위

3) 다른 법령에 의한 국가공무원 또는 지방공무원의 임용시험에서 부정행위를 하여 당해 시험에의 응시자격이 정지 중에 있는 자는 그 기간 중 이 영에 의한 시험에 응시할 수 없다.

4) 시험실시권자는 부정행위를 한 응시자의 명단을 관보에 게재하여야 한다.

5) 부정행위를 한 응시자가 공무원일 경우에는 시험실시권자는 관할 징계위원회에 징계의결을 요구하거나 그 공무원이 소속하고 있는 기관의 장에게 이를 요구하여야 한다.

6) 시험실시권자는 인사혁신처장이 정하는 바에 따라 금지약물복용에 해당하는지 여부를 확인할 수 있다.

(19) 시험실시결과보고 [임용령 제52조]

시험실시권자는 시험을 실시한 때에는 그 시험의 실시내용 및 결과를 소방청장에게 보고하여야 한다.

(20) 합격증명서 등의 발급 [임용령 제53조]

1) 시험실시권자는 채용시험 합격자에 대하여 본인의 신청에 따라 합격증명서 등을 발급한다.

2) 합격증명서 등을 발급받으려는 사람은 1통에 200원의 수수료를 수입인지 또는 수입증지로 내야 한다. 다만, 인터넷으로 합격증명서 등의 발급을 신청하는 경우에는 정보통신망을 이용한 전자화폐 · 전자결제 등의 방법으로 내야 하며, 합격증명서 등을 전자문서로 발급받는 경우에는 무료로 한다.

11. 임용후보자명부 [법 제13조(임용후보자명부)]

① 시험실시기관의 장은 시험 합격자의 명단을 임용권자에게 보내야 한다.

② 임용권자는 신규채용시험에 합격한 사람(소방간부후보생 선발시험에 합격하여 정하여진 교육훈련을 마친 사람을 포함한다)과 승진시험에 합격한 사람을 대통령령으로 정하는 바에 따라 성적순으로 각각 신규채용후보자명부 또는 시험승진후보자명부에 등재하여야 한다.

③ 명부의 유효기간은 2년의 범위에서 대통령령으로 정한다. 다만, 임용권자는 필요에 따라 1년의 범위에서 그 기간을 연장할 수 있다.

12. 승진

(1) 승진 [소방공무원법 제14조(승진)]

1) 소방공무원은 바로 아래 하위계급에 있는 소방공무원 중에서 근무성적, 경력평정, 그 밖의 능력을 실증(實證)하여 승진임용한다.

2) 소방준감 이하 계급으로의 승진은 승진심사에 의하여 한다. 다만, 소방령 이하 계급으로의 승진은 대통령령으로 정하는 비율에 따라 승진심사와 승진시험을 병행할 수 있다.

3) 소방정 이하 계급의 소방공무원에 대해서는 대통령령으로 정하는 바에 따라 계급별로 승진심사 대상자명부를 작성하여야 한다.

4) 소방준감 이하 계급으로의 승진은 심사승진후보자명부의 순위에 따른다. 다만, 소방령 이하 계급으로의 승진 중 시험에 의한 승진은 시험승진후보자명부 순위에 따른다.

5) 소방공무원의 승진에 필요한 계급별 최저근무연수, 승진의 제한, 그 밖에 승진에 필요한 사항은 대통령령으로 정한다.

가. 소방공무원의 승진임용은 심사승진임용, 시험승진임용 및 특별승진임용으로 구분한다. [소방공무원 승진임용 규정 제3조(승진임용의 구분)]

나. 승진임용 구분별 임용비율과 승진임용예정 인원수의 책정 [소방공무원 승진임용 규정 제4조]

① 소방공무원의 승진임용예정인원수는 당해 연도의 실제결원 및 예상되는 결원을 고려하여 임용권자(「소방공무원임용령」 제3조에 따라 임용권을 위임받은 사람을 포함한다. 이하 같다)가 정한다.

②「소방공무원법」에 따라 심사승진임용과 시험승진임용을 병행하는 경우에 그 승진임용방법별 임용비율은 계급별로 승진임용예정인원수의 각 50퍼센트로 한다.

③ 계급별 승진임용예정인원수를 정함에 있어서 특별승진임용예정인원수를 따로 책정한 경우에는 당초 승진임용예정인원수에서 특별승진임용예정인원수를 뺀 인원수를 당해 계급의 승진임용예정인원수로 한다.

④ 소방위이하에의 승진임용예정인원수를 정함에 있어서는 다음의 범위 안에서 특별승진임용예정인원수를 따로 책정할 수 있다. 다만, 특별 유공자의 특별승진에 있어서는 다음의 비율을 적용하지 아니할 수 있다.

ⓒ 소방위로의 특별승진임용 예정 인원수 : 소방위로의 승진임용 예정 인원수의 15퍼센트 이내

ⓒ 소방장 이하 계급으로의 특별승진임용 예정 인원수 : 해당 계급으로의 승진임용 예정 인원수의 20 퍼센트 이내

다. 승진소요최저근무연수 [소방공무원 승진임용 규정 제5조]

① 소방공무원이 승진하려면 다음의 구분에 따른 기간 이상 해당 계급에 재직하여야 한다.
(최저근무연수)

ⓙ 소방정 : 4년

ⓔ 소방령 : 3년

ⓒ 소방경 : 3년

ⓔ 소방위 : 2년

ⓜ 소방장 : 2년

ⓗ 소방교 : 1년

ⓢ 소방사 : 1년

② 휴직 기간, 직위해제 기간, 징계처분 기간 및 승진임용 제한기간은 기간에 포함하지 아니한다. 다만, 다음의 기간은 기간에 포함한다.

㉮ 「국가공무원법」 및 「지방공무원법」에 따른 휴직 기간 중 다음의 기간

ⓙ 「공무원연금법」에 따른 공무상 질병 또는 부상으로 인하여 「국가공무원법」 및 「지방공무원법」에 따라 휴직한 경우에 그 휴직 기간

ⓔ 「국가공무원법」 및 「지방공무원법」에 따라 신체·정신상의 장애로 장기 요양이 필요할 때, 「병역법」에 따른 병역 복무를 마치기 위하여 징집 또는 소집된 때, 그 밖에 법률의 규정에 따른 의무를 수행하기 위하여 직무를 이탈하게 된 때에 휴직한 경우에 그 휴직 기간

ⓒ 「국가공무원법」 및 「지방공무원법」에 따라 국외 유학을 하게 된 때, 만 8세 이하 또는 초등학교 2학년 이하의 자녀를 양육하기 위하여 필요하거나 여성공무원이 임신 또는 출산하게 된 때의 휴직한 경우에 그 휴직 기간의 50퍼센트에 해당하는 기간

ⓔ 「국가공무원법」 및 「지방공무원법」에 따라 만 8세 이하 또는 초등학교 2학년 이하의 자녀를 양육하기 위하여 필요하거나 여성공무원이 임신 또는 출산하게 된 때에 휴직한 경우에 그 휴직 기간. 다만, 자녀 1명에 대한 총 휴직 기간이 1년을 넘는 경우에는 최초의 1년으로 하되, 둘째 자녀부터는 총 휴직기간이 1년이 넘는 경우에도 그 휴직기간 전부로 한다.

㉯ 다음에 해당하는 경우에 그 직위해제 기간

ⓙ 「국가공무원법」 및 「지방공무원법」에 따라 직위해제처분을 받은 사람의 처분 사유가 된 징계처분이 소청심사위원회의 결정 또는 법원의 판결에 따라 무효 또는 취소로 확정된 경우 (징계의결 요구에 대한 관할징계위원회가 징계하지 아니하기로 의결한 경우 포함)

ⓔ 「국가공무원법」 및 「지방공무원법」에 따라 형사사건으로 기소된 자(약식명령이 청구된 자는 제외한다)가 직위해제처분을 받은 사람의 처분 사유가 된 형사사건이 법원의 판결에 따라 무죄로 확정된 경우

③ 해당 계급 또는 그 이상의 계급에 상응하는 소방공무원으로 근무한 기간은 승진소요최저근무연수의 기간에 포함한다.

④ 다른 법령에 따라 공무원의 신분으로 재직하던 사람이 소방장 이상의 소방공무원으로 임용된 경우 종전의 신분으로 재직한 기간은 최근 10년 이내의 경력에 한정하여 행정안전부령으로 정하는 기준에 따라 환산하여 이를 승진소요최저근무연수 기간에 포함한다. 다만, 소방공무원으로 임용되어 승진된 사람에 대하여는 승진된 계급 또는 그 이상에 상응하는 다른 공무원으로 재직한 기간은 이를 포함하지 아니한다.

⑤ 「법원조직법」에 따른 사법연수원의 연수생으로 수습한 기간은 소방령 이하 소방공무원의 승진소요최저근무연수에 포함한다.

⑥ 강등되거나 강임된 사람이 강등되거나 강임된 계급 이상의 계급에서 재직한 기간은 강등되거나 강임된 계급에서 재직한 연수에 포함한다.

⑦ 강등되거나 강임되었던 사람이 원(原) 계급으로 승진된 경우에는 강등되거나 강임되기 전의 계급에서 재직한 기간은 원 계급에서 재직한 연수에 포함한다.

⑧ 「국가공무원법」에 따라 통상적인 근무시간보다 짧게 근무하는 소방공무원(이하 "시간선택제전환소방공무원"이라 한다)의 근무기간은 다음 각 호의 기준에 따라 승진소요최저근무연수의 기간에 포함한다.

   ㉠ 해당 계급에서 시간선택제전환소방공무원으로 근무한 1년 이하의 기간은 그 기간 전부

   ㉡ 해당 계급에서 시간선택제전환소방공무원으로 근무한 1년을 넘는 기간은 근무시간에 비례한 기간

   ㉢ 해당 계급에서 「국가공무원법」의 사유로 인한 휴직을 대신하여 시간선택제전환소방공무원으로 지정되어 근무한 기간은 둘째 자녀부터 각각 3년의 범위에서 그 기간 전부

라. 승진임용의 제한 [소방공무원 승진임용 규정 제6조]

① 다음에 해당하는 소방공무원은 승진임용을 할 수 없다.

   ㉮ 징계처분 요구 또는 징계의결 요구, 징계처분, 직위해제, 휴직(「공무원연금법」에 따른 공무상 질병 또는 부상으로 인한 휴직자에 해당하여 특별승진임용하는 경우는 제외한다) 또는 시보임용 기간 중에 있는 사람

   ㉯ 징계처분의 집행이 끝난 날부터 다음의 기간(금품 및 향응 수수, 공금의 횡령·유용, 성폭력, 성희롱 또는 성매매로 인한 징계처분의 경우에는 각각 3개월을 더한 기간)이 지나지 아니한 사람

   ㉠ 강등·정직 : 18개월

   ㉡ 감봉 : 12개월

   ㉢ 견책 : 6개월

   ㉰ 징계에 관하여 소방공무원과 다른 법령의 적용을 받는 공무원이 소방공무원으로 임용된 경우, 종전의 신분에서 강등의 징계처분을 받고 그 처분 종료일부터 18개월이 지나지 아니한 사람과 근신·영창이나 그 밖에 이와 유사한 징계처분을 받고 그 처분 종료일부터 6개월이 지나지 아니한 사람

㉔ 「소방공무원교육훈련규정」에 따른 신임교육 또는 지휘역량교육을 이수하지 아니한 사람

② 승진임용을 할 수 없는 경우에 따라 승진임용 제한기간 중에 있는 사람이 다시 징계처분을 받은 경우의 승진임용 제한기간은 전 처분에 대한 제한기간이 끝난 날부터 계산하고, 징계처분으로 승진임용 제한기간 중에 있는 사람이 휴직하는 경우 징계처분에 따른 남은 승진임용 제한기간은 복직한 날부터 계산한다.

③ 소방공무원이 징계처분을 받은 후 해당 계급에서 훈장·포장·모범공무원포상·국무총리이상의 표창 또는 제안의 채택·시행으로 포상을 받은 경우에는 ㉮ 및 ㉯에 따른 승진임용 제한기간의 2분의 1을 단축할 수 있다.

마. 근속승진 [소방공무원 승진임용 규정 제6조의2]

① 근속승진 기간은 승진소요최저근무연수의 계산 방법에 따라 계산한다.

② 근속승진 후보자는 승진대상자명부에 등재되어 있고, 최근 2년간(소방경으로의 근속승진 후보자는 최근 3년간) 평균 근무성적평정점이 "양" 이하에 해당하지 아니한 사람으로 한다.

③ 임용권자는 소방경으로의 근속승진임용을 위한 심사를 연 1회 실시할 수 있고, 근속승진 심사를 할 때마다 해당 기관의 근속승진 대상자의 100분의 30에 해당하는 인원 수(소수점 이하가 있는 경우에는 1명을 가산한다)를 초과하여 근속승진 임용할 수 없다.

④ 임용권자는 인사의 원활한 운영을 위하여 필요하다고 인정되는 경우에는 소방위 재직기간별로 승진 대상자 명부를 구분하여 작성할 수 있다.

⑤ 근속승진 요건에 해당하는 경우에는 근속승진 기간에 도달하기 5일 전부터 승진심사를 할 수 있다.

⑥ 규정한 사항 외에 근속승진 방법 및 인사운영에 필요한 사항은 소방청장이 정한다.

바. 근무성적평정 [소방공무원 승진임용 규정 제7조]

① 소방정이하의 소방공무원에 대하여는 근무성적을 평정하여야 하며, 근무성적평정의 결과는 승진·전보·특별승급·성과상여금지급·교육훈련 및 보직관리 등 각종 인사관리에 반영하여야 한다.

② 근무성적의 평정은 당해 소방공무원의 근무성적·직무수행능력·직무수행태도 및 발전성 등을 평가하여야 한다.

③ 근무성적은 평정대상자의 계급별로 평정결과가 다음의 분포비율에 맞도록 평정하여야 한다. 다만, 피평정자의 수가 적어 다음 각호의 분포비율을 적용하는 것이 불합리하거나 해당하는 자가 없을 경우에는 이를 적용하지 아니할 수 있으며, 이 경우 ㉣의 비율은 ㉢에 가산한다.

㉠ 수 2할

㉡ 우 4할

㉢ 양 3할

㉣ 가 1할

④ 근무성적평정의 결과는 공개하지 아니한다. 다만, 「소방공무원임용령」에 따른 소방기관의 장은 근무성적평정이 완료되면 평정 대상 소방공무원에게 근무성적평정 결과를 통보할 수 있다.

⑤ 근무성적 평정의 기준 · 시기 · 방법 기타 필요한 사항은 행정안전부령으로 정한다.

사. 근무성적평정의 예외 [소방공무원 승진임용 규정 제8조]

① 소방공무원이 휴직, 직위해제나 그 밖의 사유로 근무성적평정 대상기간 중 실제 근무기간이 1개월 미만인 경우에는 근무평정을 하지 아니한다.

② 소방공무원이 국외 파견 등 교육훈련으로 인하여 실제 근무기간이 1개월 미만인 경우에는 직무에 복귀한 후 첫 번째 정기평정을 하기 전까지 최근 2회의 근무성적평정결과의 평균을 해당 소방공무원의 평정으로 본다.

③ 소방공무원이 6월 이상 국가기관 · 지방자치단체에 파견 근무하는 경우에는 파견 받은 기관의 의견을 참작하여 근무성적을 평정하여야 한다.

④ 소방공무원이 전보된 경우에는 당해 소방공무원의 근무 성적 평정표를 그 전보된 기관에 이관하여야 한다. 다만, 평정기관을 달리하는 기관으로 전보된 후 1개월 이내에 평정을 실시할 때에는 전출기관에서 전출 전까지의 근무기간에 해당하는 평정을 실시하여 송부하여야 하며, 전입기관에서는 송부된 평정결과를 참작하여 평정하여야 한다.

⑤ 정기평정 이후에 신규채용 또는 승진 임용된 소방공무원에 대하여는 2월이 경과한 후의 최초의 정기평정일에 평정해야 한다. 다만, 강임된 소방공무원이 승진 임용된 경우에는 강임되기 전의 계급에서의 평정을 기준으로 하여 즉시 평정하여야 한다.

⑥ 소방공무원이 소방청과 특별시 · 광역시 · 특별자치시 · 도 · 특별자치도(이하 "시 · 도"라 한다) 간 또는 시 · 도 상호 간에 인사교류된 경우에는 인사교류 전에 받은 근무성적평정을 해당 소방공무원의 평정으로 한다.

아. 경력평정 [소방공무원 승진임용 규정 제9조]

① 소방공무원의 경력평정은 당해 계급에서의 근무연수를 평정하여 승진대상자 명부작성에 반영한다.

② 경력평정은 승진소요최저근무연수가 경과된 소방정 이하의 소방공무원을 대상으로 한다.

③ 경력평정은 당해 소방공무원의 인사기록에 의하여 실시하며, 필요하다고 인정될 때에는 인사기록의 정확성 여부를 조회 · 확인할 수 있다.

④ 경력은 기본경력과 초과경력으로 구분하며, 계급별 기본경력과 초과경력은 다음과 같다.
    ㉮ 기본경력
        ㉠ 소방정 · 소방령 · 소방경 · 소방위 · 소방장 : 평정기준일부터 최근 4년간
        ㉡ 소방교 · 소방사 : 평정기준일부터 최근 3년간

⊕ 초과경력

    ㉠ **소방정** : 기본경력 전 3년간

    ㉡ **소방령** : 기본경력 전 5년간

    ㉢ **소방경 · 소방위** : 기본경력 전 4년간

    ㉣ **소방장 · 소방교** : 기본경력 전 3년간

    ㉤ **소방사** : 기본경력 전 2년간

⑤ 경력평정의 시기 · 방법 · 기간계산 기타 필요한 사항은 행정안전부령으로 정한다.

자. 교육훈련성적의 평정 [소방공무원 승진임용 규정 제10조]

① 소방공무원의 교육훈련성적의 평정은 소방정 이하의 소방공무원을 대상으로 실시하는 지휘 역량교육, 전문교육, 직장훈련, 체력검정 및 전문능력에 대한 평가에 따르되, 소방공무원의 계급별 평정대상 교육훈련성적은 다음과 같다.

    ㉠ **소방정** : 지휘역량교육성적

    ㉡ **소방령 · 소방경** : 지휘역량교육성적, 전문교육성적, 직장훈련성적 및 체력검정성적

    ㉢ **소방위 이하** : 전문교육성적, 직장훈련성적, 체력검정성적 및 전문능력성적

② 교육훈련성적의 평점은 다음과 같다.

    ㉠ **소방정** : 지휘역량교육성적 10점

    ㉡ **소방령 · 소방경** : 지휘역량교육성적 3점, 전문교육성적 3점, 직장훈련성적 4점 및 체력검정 성적 5점

    ㉢ **소방위 이하** : 전문교육성적 3점, 직장훈련성적 4점, 체력검정성적 5점 및 전문능력성적 3점

③ 소방공무원 교육훈련기관의 교육훈련성적이 만점의 6할 미만인 사람에 대하여는 이를 평정하지 아니한다.

④ 소방간부후보생 또는 시보소방공무원이 될 사람이 받은 신임교육훈련성적은 임용예정 계급에서 받은 전문교육성적으로 보아 이를 평정한다.

⑤ 교육훈련성적평정의 시기 · 방법 기타 필요한 사항은 행정안전부령으로 정한다.

차. 승진대상자명부의 작성 [소방공무원 승진임용 규정 제11조]

① 승진에 필요한 요건을 갖춘 소방정은 근무성적평정점 60퍼센트, 경력평정점 30퍼센트 및 교육훈련성적평정점 10퍼센트의 비율에 따라, 소방령 이하 계급의 소방공무원에 대하여는 근무성적평정점 60퍼센트, 경력평정점 25퍼센트 및 교육훈련성적평정점 15퍼센트의 비율에 따라 계급별로 승진대상자명부를 작성하여야 한다. 이 경우 다음 각 호의 어느 하나에 해당하는 경우에는 행정안전부령으로 정하는 바에 따라 가점하여야 한다.

    ㉠ 자격증을 소지한 경우

    ㉡ 학사 · 석사 · 박사 학위를 취득하거나 언어능력이 우수한 경우

ⓒ 도서 · 벽지 등 특수지 또는 격무 · 기피부서에서 근무한 경력이 있는 경우

ⓔ 우수한 업무실적이 있는 경우

② 승진대상자명부는 다음의 구분에 따른 사람이 작성한다.

　　㉠ 소방령이상의 소방공무원 및 소방청 소속 소방공무원 : 소방청장

　　㉡ 중앙소방학교 · 중앙119구조본부 소속 소방경 이하의 소방공무원 또는 국립소방연구원 소속 소방령 이하의 소방공무원 : 중앙소방학교장, 중앙119구조본부장 또는 국립소방연구원장

　　㉢ 「소방공무원임용령」에 따라 특별시장 · 광역시장 · 특별자치시장 · 도지사 · 특별자치도지사(시 · 도지사)가 임용권을 행사하는 소방공무원(지방소방학교, 서울종합방재센터 또는 소방서 소속 소방위 이하의 소방공무원에 해당하는 경우는 제외한다) : 시 · 도지사

　　㉣ 지방소방학교, 서울종합방재센터 또는 소방서 소속 소방위 이하의 소방공무원 : 지방소방 학교장 · 서울종합방재센터장 또는 소방서장

③ 승진대상자명부의 작성권자와 제19조의 관할 승진심사위원회가 설치된 기관의 장이 다를 때에는 관할 승진심사위원회가 설치된 기관의 장이 승진대상자명부의 작성권자가 작성한 승진대상자명부를 통합하여 선순위자 순으로 승진대상자통합명부를 작성한다.

④ 승진대상자명부 및 승진대상자통합명부는 매년 1월 1일과 7월 1일을 기준으로 하여 작성한다.

카. 동점자의 순위 [소방공무원 승진임용규정 제12조]

① 승진대상자명부의 점수가 동일한 때에는 다음의 순위에 의하여 선 순위자를 결정한다.

　　㉠ 근무성적이 우수한 자

　　㉡ 당해 계급에서 장기근무한 자

　　㉢ 바로 하위계급에서 장기근무한 자

　　㉣ 고령자

② ①의 규정에 의하여도 순위가 결정되지 아니한 때에는 승진대상자명부 작성권자가 선순위자를 결정한다.

타. 승진대상자명부의 조정 [소방공무원 승진임용규정 제13조]

① 승진대상자명부의 작성자는 승진대상자명부의 작성 후에 다음에 해당하는 사유가 있는 경우에는 승진대상자명부를 조정하여야 한다.

　　㉠ 전출입자가 있는 경우

　　㉡ 승진소요최저근무연수에 도달한 자가 있는 경우

　　㉢ 승진임용제한사유가 소멸한 자가 있는 경우

　　㉣ 정기평정일 이후에 근무성적평정을 한 자가 있는 경우

　　㉤ 경력평정을 한 후에 평정사실과 다른 사실이 발견되는 등의 사유로 경력 재평정을 한 자가 있는 경우

② 승진대상자명부의 조정은 승진심사 또는 승진시험을 실시하는 달의 전월말일을 기준으로 하여 이를 실시한다.

③ 승진대상자명부에 등재된 자가 승진임용된 경우, 승진임용후보자로 확정된 경우, 퇴직하는 경우, 명부작성 단위를 달리하는 기관으로 전보된 경우 또는 승진임용제한 규정에 의한 승진임용제한 사유가 발생한 자가 있는 경우에는 그 사유가 발생한 날에 승진대상자 명부에서 삭제한다.

파. 승진대상자명부의 효력 [소방공무원 승진임용규정 제14조]

승진대상자명부는 그 작성 기준일 다음날로부터 효력을 가진다. 다만, 승진대상자명부를 조정하거나 삭제한 경우에는 조정한 날로부터 효력을 가진다.

하. 승진대상자명부의 제출 [소방공무원 승진임용규정 제15조]

① 승진대상자명부 작성기관의 장은 승진대상자명부 작성기준일로부터 30일 이내에 당해 계급의 승진심사를 실시하는 기관의 장에게 승진대상자명부를 제출하여야 한다.

② 승진대상자명부를 조정하거나 삭제한 경우에는 그 사유를 증명하는 서류를 첨부하여 즉시 제출하여야 한다.

거. 승진심사 [소방공무원 승진임용규정 제16조]

소방공무원의 승진심사는 연2회 승진심사위원회가 설치된 기관의 장이 정하는 날에 실시한다. 다만, 승진심사를 실시한 후에 승진시험을 실시하여 선발된 인원이 당해 계급의 승진임용예정인원수에 미달되거나 소방공무원의 증원 기타 특별한 사유가 있는 경우에는 추가로 승진심사를 실시할 수 있다.

너. 중앙승진심사위원회의 구성 [소방공무원 승진임용규정 제17조]

① 중앙승진심사위원회는 위원장을 포함한 위원 5인 이상 7인 이하로 구성한다.

② 중앙승진심사위원회 위원은 승진심사대상자보다 상위 계급의 소방공무원 또는 외부 전문가 중에서 소방청장이 임명하거나 위촉하며, 위원장은 위원 중 소방청장이 지명한다.

③ 위원은 당해 승진심사기간 중에는 2이상의 계급의 승진심사위원을 겸할 수 없다. 다만, 위원이 될 대상자가 부족하거나 특별승진심사의 경우에는 그러하지 아니하다.

④ 위원장은 승진심사위원회를 대표하고, 승진심사위원회의 사무를 통합하며, 위원장이 부득이한 사유로 직무를 수행할 수 없는 때에는 위원장이 미리 지명한 위원이 그 직무를 대행한다.

더. 보통승진심사위원회의 구성 [소방공무원 승진임용규정 제18조]

① 보통승진심사위원회를 두는 기관은 중앙소방학교, 중앙119구조본부 및 국립소방연구원을 말한다.

② 보통승진심사위원회는 위원장을 포함하여 5명 이상 9명 이하의 위원으로 구성한다.

③ 보통승진심사위원회의 위원장 및 위원은 해당 보통승진심사위원회가 설치된 기관의 장이 다음의 구분에 따른 사람 중에서 임명하거나 위촉한다.

    ㉮ 소방청의 보통승진심사위원회는 승진심사대상자보다 상위 계급의 소방공무원 또는 외부 전문가

    ㉯ 시·도의 보통승진심사위원회는 승진심사대상자보다 상위 계급의 소방공무원 또는 외부 전문가

    ㉰ 중앙소방학교, 중앙119구조본부 및 국립소방연구원의 보통승진심사위원회는 승진심사대상자보다 상위계급의 소방공무원

④ 보통승진심사위원회의 위원은 해당 승진심사기간 중에는 둘 이상의 계급에 대한 승진심사위원을 겸할 수 없다. 다만, 위원이 될 대상자가 부족한 경우 또는 특별승진심사나 근속승진심사를 하는 경우에는 그러하지 아니하다.

⑤ 통승진심사위원회의 운영에 관하여는 중앙승진심사위원회의 구성을 준용한다.

러. 승진심사위원회의 관할 [시행규칙 제19조]

−승진심사위원회의 관할

① 소방청 중앙승진심사위원회 ⋯ 소방공무원의 소방준감으로의 승진심사

② 소방청 보통승진심사위원회 ⋯ 소방공무원의 소방정 이하에의 승진심사

③ 시·도의 보통승진심사위원회 ⋯ 시·도 소속 소방공무원의 승진심사

④ 중앙소방학교·중앙119구조본부의 보통승진심사위원회 ⋯ 소속 소방공무원의 소방위 이하에의 승진심사

머. 승진심사위원회의 회의 [소방공무원 승진임용규정 제20조]

① 승진심사위원회는 승진심사위원회가 설치된 기관의 장이 필요하다고 인정할 때에 소집한다.

② 회의는 재적위원 3분의 2이상의 출석과 출석위원 과반수의 찬성으로 의결한다.

③ 승진심사위원회의 회의는 비공개로 한다.

버. 승진심사위원회의 간사 [소방공무원 승진임용규정 제21조]

① 승진심사위원회에 간사 1인과 서기 약간인을 둔다.

② 간사와 서기는 소속 인사담당공무원 중에서 당해 승진심사위원회가 설치된 기관의 장이 임명한다.

③ 간사는 위원장의 명을 받아 심사위원회의 사무를 처리하며, 서기는 간사를 보조한다.

서. 승진심사의 대상 [소방공무원 승진임용규정 제22조]

승진임용예정 인원수에 따른 승진심사의 대상(제22조 관련)

승진임용예정 인원수	승진심사 대상
1명	승진대상자명부 또는 승진대상자통합명부에 따른 순위가 1순위인 사람부터 5순위인 사람까지
2명	명부 또는 통합명부에 따른 순위가 1순위인 사람부터 8순위인 사람까지
3명	명부 또는 통합명부에 따른 순위가 1순위인 사람부터 11순위인 사람까지
4명	명부 또는 통합명부에 따른 순위가 1순위인 사람부터 13순위인 사람까지
5명 이상	명부 또는 통합명부에 따른 순위가 1순위인 사람부터 승진임용예정 인원수의 3배수에 해당되는 순위인 사람까지

어. 승진심사대상에서의 제외 [소방공무원 승진임용규정 제23조]

① 승진심사위원회는 승진심사대상자로서 다음에 해당하는 자에 대하여는 그 심사대상에서 제외한다.

② 승진임용의 제한[징계처분 및 의결 요구, 징계처분, 직위해제, 휴직 중 이거나 징계처분 집행 후 일정 기간이 지나지 않은 경우(강등 : 18개월, 감봉 : 12개월, 견책 : 6개월), 그 밖의 다른 법령에 의하여 징계처분 중 인자]에 해당 하는 자

③ 부정행위자에 대한 조치에 의하여 승진시험에 응시할 수 없는 자

저. 승진심사의 기준 등 [소방공무원 승진임용규정 제24조]

① 승진심사위원회는 승진심사대상자가 승진될 계급에서의 직무수행 능력을 평가하기 위하여 다음의 사항을 심사한다.

ㄱ 근무성과 : 현 계급에서의 근무성적평정, 경력평정, 교육훈련성적평정 등

ㄴ 경험한 직책 : 현 계급에서의 근무부서 및 담당업무 등

ㄷ 업무수행능력 및 인품 : 직무수행능력, 발전성, 국가관, 청렴도 등

② 평가기준 기타 심사절차에 관하여 필요한 사항은 행정안전부령으로 정한다.

처. 승진심사결과의 보고 [소방공무원 승진임용규정 제25조]

① 승진심사위원회는 승진심사를 완료한 때에는 지체 없이 다음 각호의 서류를 작성하여 중앙 승진심사위원회에 있어서는 소방청장에게, 보통승진심사위원회에 있어서는 당해 위원회가 설치된 기관의 장에게 보고하여야 한다.

ㄱ 승진심사의결서

ㄴ 승진심사종합평가서

ㄷ 승진임용예정자로 선발된 자 및 선발되지 아니한 자의 명부

② 승진임용예정자로 선발된 자 및 선발되지 아니한 자의 명부에 의한 승진임용예정자로 선발된 자의 명부는 승진심사종합평가성적이 우수한 자 순으로 작성하여야 한다.

커. 심사승진후보자명부의 작성 [소방공무원 승진임용규정 제26조]

① 임용권자 또는 임용제청권자는 승진심사위원회에서 승진임용예정자로 선발된 자에 대하여 승진임용예정자 명부의 순위에 따라 심사승진후보자명부를 작성하여야 한다.

② 임용권자 또는 임용제청권자는 심사승진후보자명부에 등재된 자가 승진임용되기 전에 감봉 이상의 징계처분을 받은 경우에는 심사승진후보자명부에서 이를 삭제하여야 한다.

터. 승진후보자의 승진임용 등 [소방공무원 승진임용규정 제27조]

① 심사승진후보자와 시험승진후보자가 있을 때에는 그 승진임용인원은 각 5할로 한다.

② 소방공무원을 승진임용함에 있어서는 심사승진후보자명부 및 시험승진후보자명부에 등재된 순위에 따라 안분하여 임용하되, 각 후보자명부에 등재된 동일 순위자를 각각 다른 시기에 임용할 경우에는 심사승진후보자를 우선 임용하고 시험승진후보자를 임용하여야 한다. 다만, 특별승진후보자는 심사승진후보자 및 시험승진후보자에 우선하여 임용할 수 있다.

③ 심사승진임용은 심사승진후보자명부의 작성 규정에 의한 심사승진후보자명부에 등재된 순위에 의한다.

(2) 근속승진 [소방공무원법 제15조(근속승진)]

1) 해당 계급에서 다음의 기간 동안 재직한 사람은 소방교, 소방장, 소방위, 소방경으로 근속승진임용을 할 수 있다.

① 소방사를 소방교로 근속승진임용하려는 경우 … 해당 계급에서 4년 이상 근속자

② 소방교를 소방장으로 근속승진임용하려는 경우 … 해당 계급에서 5년 이상 근속자

③ 소방장을 소방위로 근속승진임용하려는 경우 … 해당 계급에서 6년 6개월 이상 근속자

④ 소방위를 소방경으로 근속승진임용하려는 경우 … 해당 계급에서 10년 이상 근속자

2) 근속승진한 소방공무원이 근무하는 기간에는 그에 해당하는 계급의 정원이 따로 있는 것으로 보고, 종전 계급의 정원은 감축된 것으로 본다.

3) 근속승진임용의 기준, 절차 등에 관하여 필요한 사항은 대통령령으로 정한다.

(3) 승진심사위원회 [소방공무원법 제16조(승진심사위원회)]

1) 승진심사를 하기 위하여 소방청에 중앙승진심사위원회를 두고, 소방청, 시·도 및 대통령령으로 정하는 소속 기관에 보통승진심사위원회를 둔다.

2) 승진심사위원회는 작성된 계급별 승진심사대상자명부의 선순위자(先順位者) 순으로 승진임용하려는 결원의 5배수의 범위에서 승진후보자를 심사·선발한다.

3) 승진후보자로 선발된 사람에 대해서는 승진심사위원회가 설치된 소속 기관의 장이 각 계급별로 심사승진후보자명부를 작성한다.

4) 승진심사위원회의 구성·관할 및 운영에 필요한 사항은 대통령령으로 정한다.

근속승진 세부사항[임용령 제6조의2(근속승진)]

① 근속승진 기간은 승진소요최저근무연수의 계산 방법에 따라 계산한다.

② 근속승진 후보자는 승진대상자명부에 등재되어 있고, 최근 2년간 평균 근무성적평정점이 "양" 이하에 해당하지 아니한 사람으로 한다.

③ 임용권자는 소방경으로의 근속승진임용을 위한 심사를 연 1회 실시할 수 있고, 근속승진 심사를 할 때마다 해당 기관의 근속승진 대상자의 100분의 40에 해당하는 인원 수(소수점 이하가 있는 경우에는 1명을 가산한다)를 초과하여 근속승진임용할 수 없다.

④ 임용권자는 인사의 원활한 운영을 위하여 필요하다고 인정되는 경우에는 소방위 재직기간별로 승진 대상자 명부를 구분하여 작성할 수 있다.

⑤ 근속승진 요건에 해당하는 경우에는 근속승진 기간에 도달하기 5일 전부터 승진심사를 할 수 있다.

⑥ 규정한 사항 외에 근속승진 방법 및 인사운영에 필요한 사항은 소방청장이 정한다.

(4) 특별승진 [소방공무원법 제17조(특별유공자 등의 특별승진)]

소방공무원으로서 순직한 사람과 「국가공무원법」 제40조의4제1항제1호부터 제4호까지의 어느 하나에 해당되는 사람에 대해서는 제14조에도 불구하고 대통령령으로 정하는 바에 따라 1계급 특별승진시킬 수 있다. 다만, 소방위 이하의 소방공무원으로서 모든 소방공무원의 귀감이 되는 공을 세우고 순직한 사람에 대해서는 2계급 특별승진시킬 수 있다.

① 「국가공무원법」의 우수 공무원 등의 특별승진(제40조의4제1항제1호부터 제4호까지) 또는 「지방공무원법」의 우수 공무원 등의 특별승진(제39조의3제1항제1호부터 제4호까지)의 규정 중 어느 하나에 해당되는 사람

② 순직한 사람

③ 직무 수행 중 현저한 공적을 세운 사람

13. 보훈 [소방공무원법 제18조(보훈)]

소방공무원으로서 교육훈련 또는 직무수행 중 사망한 사람(공무상의 질병으로 사망한 사람을 포함한다) 및 상이(공무상의 질병을 포함한다)를 입고 퇴직한 사람과 그 유족 또는 가족은 「국가유공자 등 예우 및 지원에 관한 법률」 또는 「보훈보상대상자 지원에 관한 법률」에 따른 예우 또는 지원을 받는다.

14. 특별위로금 [소방공무원법 제19조(특별위로금)]

(1) 소방공무원이 공무상 질병 또는 부상으로 인하여 치료 등의 요양을 하는 경우에는 특별위로금을 지급할 수 있다.

(2) 특별위로금의 지급 기준 및 방법 등은 대통령령으로 정한다.

15. 교육훈련 [소방공무원법 제20조(교육훈련)]

(1) 소방청장은 모든 소방공무원에게 균등한 교육훈련의 기회가 주어지도록 교육훈련에 관한 종합적인 기획 및 조정을 하여야 하며, 소방공무원의 교육훈련을 위한 소방학교를 설치 · 운영하여야 한다.

(2) 시 · 도지사는 관할구역 소방공무원의 교육훈련을 위한 교육훈련기관을 설치 · 운영할 수 있다.

(3) 소방청장 또는 시 · 도지사는 교육훈련을 위하여 필요할 때에는 대통령령으로 정하는 바에 따라 소방공무원을 국내외의 교육기관에 위탁하여 일정 기간 교육훈련을 받게 할 수 있다.

(4) 소방공무원의 교육훈련에 관한 기획 · 조정, 교육훈련기관의 설치 · 운영에 필요한 사항과 교육훈련을 받은 소방공무원의 복무에 관한 사항은 대통령령으로 정한다.

16. 금지행위

(1) 거짓 보고 등의 금지 [소방공무원법 제21조(거짓 보고 등의 금지)]

1) 소방공무원은 직무에 관한 보고나 통보를 거짓으로 하여서는 아니 된다.

2) 소방공무원은 직무를 게을리하거나 유기(遺棄)해서는 아니 된다.

(2) 지휘권 남용 등의 금지 [소방공무원법 제22조(지휘권 남용 등의 금지)]

화재 진압 또는 구조 · 구급 활동을 할 때 소방공무원을 지휘 · 감독하는 사람은 정당한 이유 없이 그 직무수행을 거부 또는 유기하거나 소방공무원을 지정된 근무지에서 진출 · 후퇴 또는 이탈하게 하여서는 아니 된다.

17. 복제 [소방공무원법 제18조(복제)]

(1) 소방공무원은 제복을 착용하여야 한다.

(2) 소방공무원의 복제(服制)에 관한 사항은 행정안전부령으로 정한다.

18. 복무규정 [소방공무원법 제19조(복무규정)]

소방공무원의 복무에 관하여는 소방공무원법이나 「국가공무원법」에 규정된 것을 제외하고는 대통령령으로 정한다.

19. 정년 [소방공무원법 제20조(정년)]

1) 소방공무원의 정년

① 연령정년 … 60세

② 계급정년

　㉠ 소방감 : 4년

　㉡ 소방준감 : 6년

　㉢ 소방정 : 11년

　㉣ 소방령 : 14년

2) 계급정년을 산정(算定)할 때에는 근속 여부와 관계없이 소방공무원 또는 경찰공무원으로서 그 계급에 상응하는 계급으로 근무한 연수(年數)를 포함한다.

3) 징계로 인하여 강등(소방경으로 강등된 경우를 포함한다)된 소방공무원의 계급정년은 다음에 따른다.

① 강등된 계급의 계급정년은 강등되기 전 계급 중 가장 높은 계급의 계급정년으로 한다.

② 계급정년을 산정할 때에는 강등되기 전 계급의 근무연수와 강등 이후의 근무연수를 합산한다.

4) 소방청장 또는 시 · 도지사는 전시, 사변, 그 밖에 이에 준하는 비상사태에서는 2년의 범위에서 계급정년을 연장할 수 있다. 이 경우 소방령 이상의 국가소방공무원에 대해서는 행정안전부장관의 제청으로 국무총리를 거쳐 대통령의 승인을 받아야 한다.

5) 소방공무원은 그 정년이 되는 날이 1월에서 6월 사이에 있는 경우에는 6월 30일에 당연히 퇴직하고, 7월에서 12월 사이에 있는 경우에는 12월 31일에 당연히 퇴직한다.

20. 심사청구 [소방공무원법 제26조(심사청구)]

「국가공무원법」 제75조에 따라 처분사유 설명서를 받은 소방공무원이 그 처분에 불복할 때에는 그 설명서를 받은 날부터 30일 이내에, 같은 조에서 정한 처분 외에 본인의 의사에 반한 불리한 처분을 받은 소방공무원은 그 처분이 있음을 안 날부터 30일 이내에 같은 법에 따라 설치된 소청심사위원회에 이에 대한 심사를 청구할 수 있다. 이 경우 변호사를 대리인으로 선임할 수 있다.

21. 고충심사위원회 [소방공무원법 제27조(고충심사위원회)]

(1) 소방공무원의 인사상담 및 고충을 심사하기 위하여 소방청, 시·도 및 대통령령으로 정하는 소방 기관에 소방공무원 고충심사위원회를 둔다.

(2) 소방공무원 고충심사위원회의 심사를 거친 소방공무원의 재심청구와 소방령 이상의 소방공무원의 인사상담 및 고충은 「국가공무원법」에 따라 설치된 중앙고충심사위원회에서 심사한다.

(3) 소방공무원 고충심사위원회의 구성, 심사 절차 및 운영에 필요한 사항은 대통령령으로 정한다.

22. 징계위원회 [소방공무원법 제28조(징계위원회)]

(1) 소방준감 이상의 국가소방공무원에 대한 징계의결은 「국가공무원법」에 따라 국무총리 소속으로 설 치된 징계위원회에서 한다.

(2) 소방정 이하의 소방공무원에 대한 징계의결을 하기 위하여 소방청 및 대통령령으로 정하는 소방기 관에 소방공무원 징계위원회를 둔다.

(3) 시·도지사가 임용권을 행사하는 소방공무원에 대한 징계의결을 하기 위하여 시·도 및 대통령령 으로 정하는 소방기관에 징계위원회를 둔다.

(4) 소방공무원 징계위원회의 구성·관할·운영, 징계의결의 요구 절차, 징계 대상자의 진술권, 그 밖 에 필요한 사항은 대통령령으로 정한다.

> **POINT** 소방공무원 징계령에 따른 관할
> 제2조(징계위원회의 관할)
> ① 소방청에 설치된 소방공무원 징계위원회는 다음 각 호의 소방공무원에 대한 징계 또는 「국가공무원법」
> 제78조의2에 따른 징계부가금(이하 "징계부가금"이라 한다) 부과 사건을 심의·의결한다.
> 1. 소방청 소속 소방정 이하의 소방공무원
> 2. 소방청 소속기관의 소방정 또는 소방령인 소방공무원. 다만, 국립소방연구원의 경우에는 소방정인 소방공무원을 말한다.
> 3. 소방정인 지방소방학교장

② 「소방공무원법」 제28조제2항에서 "대통령령으로 정하는 소방기관"이란 중앙소방학교, 중앙119구조본부 및 국립소방연구원을 말하며, 각 소방기관별 징계위원회는 다음 각 호의 구분에 따른 징계 또는 징계부가금 부과 사건을 심의·의결한다.

  1. 중앙소방학교 및 중앙119구조본부에 설치된 징계위원회 : 소속 소방경 이하의 소방공무원에 대한 징계 또는 징계부가금 부과 사건

  2. 국립소방연구원에 설치된 징계위원회 : 소속 소방령 이하의 소방공무원에 대한 징계 또는 징계부가금 부과사건

③ 특별시·광역시·특별자치시·도 및 특별자치도(이하 "시·도"라 한다)에 설치된 징계위원회는 「소방공무원임용령」 제3조제1항 및 같은 조 제5항제1호·제3호에 따라 특별시장·광역시장·특별자치시장·도지사 및 특별자치도지사(이하 "시·도지사"라 한다)가 임용권을 행사하는 소방공무원에 대한 징계 또는 징계부가금 부과 사건(제4항의 징계위원회에서 심의·의결하는 사건은 제외한다)을 심의·의결한다.

④ 「소방공무원법」 제28조제3항에서 "대통령령으로 정하는 소방기관"이란 지방소방학교, 서울종합방재센터 및 소방서를 말하며, 각 소방기관별 징계위원회는 소속 소방위 이하의 소방공무원에 대한 징계 또는 징계부가금 부과 사건을 심의·의결한다

23. 징계 [소방공무원법 제29조(징계 절차)]

(1) 소방공무원의 징계는 관할 징계위원회의 의결을 거쳐 그 징계위원회가 설치된 기관의 장이 하되, 「국가공무원법」에 따라 국무총리 소속으로 설치된 징계위원회에서 의결한 징계는 소방청장이 한다. 다만, 파면과 해임은 관할 징계위원회의 의결을 거쳐 그 소방공무원의 임용권자(임용권을 위임받은 사람은 제외한다)가 한다.

(2) 시·도지사가 임용권을 행사하는 소방공무원의 징계는 관할 징계위원회의 의결을 거쳐 임용권자가 한다. 다만, 시·도 소속 소방기관에 설치된 소방공무원 징계위원회에서 의결한 정직·감봉 및 견책은 그 징계위원회가 설치된 기관의 장이 한다.

(3) 소방공무원의 징계의결을 요구한 기관의 장은 관할 징계위원회의 의결이 경(輕)하다고 인정할 때에는 그 처분을 하기 전에 직근(直近) 상급기관에 설치된 징계위원회(다음 각 호의 어느 하나에 해당하는 징계위원회의 의결에 대해서는 그 구분에 따른 징계위원회를 말한다)에 심사 또는 재심사를 청구할 수 있다. 이 경우 소속 공무원을 대리인으로 지정할 수 있다.

1) 「국가공무원법」에 따라 국무총리 소속으로 설치된 징계위원회의 의결 : 국무총리 소속으로 설치된 징계위원회

2) 소방청 및 그 소속기관에 설치된 소방공무원 징계위원회의 의결 : 소방청에 설치된 소방공무원 징계위원회

3) 시·도에 설치된 소방공무원 징계위원회의 의결 : 소방청에 설치된 소방공무원 징계위원회

4) 시·도 소속 소방기관에 설치된 소방공무원 징계위원회의 의결 : 시·도에 설치된 소방공무원 징계위원회

▶POINT 징계

① **파면** : 공무원의 신분을 배제하는 징계로서 처분일로부터 5년간 공무원으로 임용 자격이 제한된다.
② **해임** : 공무원의 신분을 배제하는 징계로서 처분일로부터 3년간 공무원으로 임용 자격이 제한된다.
③ **강등** : 강등은 1계급 아래로 직급을 내리고(고위공무원단에 속하는 공무원은 3급으로 임용하고, 연구관 및 지도관은 연구사 및 지도사로 한다) 공무원신분은 보유하나 3개월간 직무에 종사하지 못하며 그 기간 중 보수는 전액을 감한다.
④ **정직** : 정직은 1개월 이상 3개월 이하의 기간으로 하고, 정직 처분을 받은 자는 그 기간 중 공무원의 신분은 보유하나 직무에 종사하지 못하며 보수는 전액을 감하며, 징계로서 일정기간 승진임용 및 승급이 제한된다.
⑤ **감봉** : 1개월 이상 3개월 이하의 기간 동안 보수의 3분의 1을 감한다.
⑥ **견책** : 전과(前過)에 대하여 훈계하고 회개하게 한다.
※ 징계의 구분
　㉮ 징계의 양정에 따른 구분
　　중징계 : ① 파면, ② 해임, ③ 강등, ④ 정직
　　경징계 : ⑤ 감봉, ⑥ 견책
　㉯ 공무원 신분의 배제에 따른 구분
　　배제징계 : ① 파면, ② 해임
　　교정징계 : ③ 강등, ④ 정직, ⑤ 감봉, ⑥ 견책

24. 소송 [소방공무원법 제30조(행정소송의 피고)]

징계처분, 휴직처분, 면직처분, 그 밖에 의사에 반하는 불리한 처분에 대한 행정소송의 경우에는 소방청장을 피고로 한다. 다만, 시·도지사가 임용권을 행사하는 경우에는 관할 시·도지사를 피고로 한다.

25. 보수 [소방공무원법 제31조(소방간부후보생의 보수 등)]

교육 중인 소방간부후보생에게는 대통령령으로 정하는 바에 따라 보수와 그 밖의 실비(實費)를 지급한다.

26. 지휘 감독 [소방공무원법 제32조(소방청장의 지휘·감독)]

소방청장은 소방공무원의 인사행정이 이 법과 「국가공무원법」에 따라 운영되도록 지휘·감독한다.

27. 국가공무원법과의 관계 [소방공무원법 제33조]

(1) 「국가공무원법」을 소방공무원에게 적용할 때에는 다음에 따른다.

1) 「국가공무원법」 제32조의4제1항 중 "국가기관의 장"은 "임용권자 또는 임용제청권자"로 본다.

2) 「국가공무원법」 제32조의5제1항 및 제43조 중 "직급"은 "계급"으로 본다.

3)「국가공무원법」제68조, 제78조제1항제1호 및 같은 조 제2항, 제80조제7항 및 제8항 중 "이 법"은 "이 법 및 「국가공무원법」"으로 본다.

4)「국가공무원법」제71조제2항제3호 중 "중앙인사관장기관의 장"은 "소방청장"으로 본다.

5)「국가공무원법」제73조의4제2항 중 "제40조·제40조의2 및 제41조"는 "이 법 제14조 및 제16조"로, "직급"은 "계급"으로 본다.

(2) 소방공무원 중 소방총감과 소방정감에 대해서는 「국가공무원법」제68조 본문을 적용하지 아니한다.

28. 벌칙 [소방공무원법 제34조(벌칙)]

―다음 각 호의 어느 하나에 해당하는 자는 5년 이하의 징역 또는 금고에 처한다.

① 화재 진압 업무에 동원된 소방공무원으로서 거짓 보고 등의 금지 의무를 위반하여 거짓 보고나 통보를 하거나 같은 조 제2항을 위반하여 직무를 게을리하거나 유기한 자

② 화재 진압 업무에 동원된 소방공무원으로서 「국가공무원법」상 복종의 의무를 위반하여 상관의 직무상 명령에 불복하거나 같은 법에 규정된 직장 이탈 금지를 위반하여 직장을 이탈한 자

③ 화재 진압 또는 구조·구급 활동을 할 때 소방공무원을 지휘·감독하는 자로서 지휘권 남용 등의 금지 의무를 위반하여 정당한 이유 없이 그 직무수행을 거부 또는 유기하거나 소방공무원을 지정된 근무지에서 진출·후퇴 또는 이탈하게 한 자

29. 보직관리 원칙 [임용령 제25조, 제26조, 제14조]

① 1소방공무원 1직위 부여 : 소방공무원에 대하여는 하나의 직위를 부여하여야 한다.

② 전공, 경력, 적성 등을 고려한 보직부여 : 소방공무원의 전공분야, 교육훈련, 근무경력 및 적성 등을 고려하여 능력을 발전시킬 수 있도록 보직을 부여하여야 한다.

③ 상위계급에 하위계급자 보직부여제한 : 상위계급의 직위에 하위계급자를 보직하는 경우에는 당해 기관에 상위계급의 결원이 있고 승진임용후보자가 없는 경우에 한한다.

④ 특수자격증 소지자의 관련 직위에 보직부여 : 특수한 자격증 소지자는 특별한 사정이 없는 한, 그 자격증과 관련된 직위에 보직하여야 한다.

⑤ 소방간부후보생을 소방위로 임용할 때에는 최하급 소방기관에 보직하여야 한다.

⑥ 신규채용에 의한 소방사로 임용된 자는 최하급 소방기관의 외근부서에 보직하여야 한다(다만, 총리령이 정하는 자격증 소지자를 당해 자격관련부서에 보직하는 경우에는 그러하지 아니한다.)

⑦ 특별채용에 있어서는 그 시험실시 당시의 임용예정 직위 외의 직위에 임용할 수 없다.

※ 최하급 소방기관〈소방공무원임용령 시행규칙 제19조〉

　　"최하급 소방기관"이란 소방청, 중앙소방학교, 중앙119구조본부, 국립소방연구원, 시·도의 소방본부·지방소방학교 및 서울종합방재센터를 제외한 소방기관을 말한다.

　　(즉, 소방서, 119안전센터, 119구조대 등이 최하급 소방기관에 해당)

30. 전보의 제한 및 전보제한 특례

(1) 소방공무원은 당해 직위에 임용된 날로부터 6월 이내에 다른 직위에 전보할 수 없다.

(2) 중앙소방학교 및 지방소방학교의 교관으로 임용된 자는 그 임용일로부터 2년 이내에 다른 직위에 전보할 수 없다.

(3) 경력경쟁채용시험 등을 통하여 채용된 소방공무원은 최초로 그 직위에 임용된 날부터 1년 이내, 경력경쟁채용시험등을 통하여 채용된 소방공무원은 최초로 그 직위에 임용된 날부터 3년 이내에 다른 직위 또는 임용권자를 달리하는 기관에 전보할 수 없다

(4) 경력경쟁채용시험 등을 통하여 채용된 소방공무원은 최초로 그 직위에 임용된 날부터 5년 이내에 최초 임용기관 외의 다른 기관으로 전보될 수 없다.

(5) 임용권자는 승진시험 요구중에 있는 소속 소방공무원을 승진 대상자명부작성단위를 달리하는 기관에 전보할 수 없다.

(6) **위탁교육훈련을 받고 관련 직위에 보직된 자의 전보제한[소방공무원임용령 시행규칙 제20조]**

－교육훈련기간이 6월 이상 1년 미만인 경우 : 2년

－교육훈련기간이 1년 이상인 경우 : 3년

(7) **일반적 전보제한의 특례다음의 경우에는 당해 직위에 임용된 날로부터 6월 이내에 다른 직위에 전보할 수 있다.**

－직제상 최저단위 보조기관 내에서의 전보의 경우

－기구개편, 직제 또는 정원의 변경으로 인한 전보의 경우

－전보권자를 달리하는 기관간 전보의 경우

－당해 소방공무원의 승진 또는 강임의 경우

－임용예정직위에 관련된 2월 이상의 특수훈련경력이 있는 자 또는 임용예정직위에 상응한 6월이 상의 근무경력 또는 연구실적이 있는 자를 당해 직위에 보직 하는 경우

－징계처분을 받은 자의 전보

-형사사건에 관련되어 수사기관에서 조사 중인 경우

-시보임용 중인 경우

(8) 교관으로 임용된 자의 전보제한의 특례

다음의 경우에는 2년 이내에 다른 직위에 전보할 수 있다.

-기구의 개편

-직제 · 정원의 변경

-교육과정의 개폐

-교관으로서 부적당하다고 인정될 때

(9) 특별채용된 자의 전보제한의 특례

다음의 경우에는 최초의 직위에 임용된 날로부터 1년 또는 3년 이내에 다른 직위 · 임용권자를 달리하는 기관에 전보할 수 있다.

-직제상의 최저단위 보조기관 내에서의 전보

-기구개편, 직제 또는 정원의 변경으로 인한 전보

-당해 소방공무원의 승진 또는 강임자의 전보

-징계처분을 받은 자의 전보

-형사사건에 관련되어 수사기관에서 조사를 받고 있는 자의 전보

(10) 의용소방대원으로서 소방공무원으로 특별채용된 자의 전보제한의 특례

다음의 경우 5년 이내에 최초 임용기관외의 다른 기관으로 전보할 수 있다

-기구의 개편

-직제 또는 정원의 변경으로 인하여 폐직 또는 과원이 되었을 경우

31. 인사기록 관리

(1) 인사기록의 작성 및 보관

① 임용권자(임용권의 위임을 받은 자를 포함한다)는 소속 소방공무원의 인사 기록을 작성 · 보관하여야 한다.

② 인사기록관리자 … 소방청장, 특별시장, 광역시장, 도지사, 중앙소방학교장, 국립소방연구원장, 중앙119구조본부장, 지방소방학교장, 서울종합방재센터장 · 소방서장

③ 인사기록관리담당자 … 인사기록관리자가 지정한다.

④ 인사기록의 변경 및 정리 … 인사기록관리자는 소속소방공무원에 대한 임용·징계·포상 기타의 인사발령이 있는 때에는 지체 없이 이를 당해 소방공무원이 인사기록카드(부본을 포함한다. 이하 같다)에 기록하여야 한다. 소방공무원은 성명·주소 기타 인사기록의 기록내용을 변경하여야 할 정당한 사유가 있는 때에는 그 사유가 발생한 날로부터 30일 이내에 소속인사기록관리자에게 신고하여야 한다.

(2) 징계처분기록의 말소

① 징계처분의 집행이 종료된 날로부터 다음의 기간이 경과한 때. 다만, 징계처분을 받고 그 집행이 종료된 날로부터 다음의 기간이 경과하기 전에 다른 징계처분을 받은 때에는 각각의 징계처분에 대한 해당기간을 합산한 기간이 경과하여야 한다.

   ㉠ 강등 : 9년

   ㉡ 정직 : 7년

   ㉢ 감봉 : 5년

   ㉣ 견책 : 3년

② 소청심사위원회나 법원에서 징계처분의 무효 또는 취소의 결정이나 판결이 확정된 때

③ 징계처분에 대한 일반사면이 있는 때

(3) 인사기록의 열람 및 수정

① 인사기록은 다음 각호의 자를 제외하고는 이를 열람할 수 없다.

   ㉠ 인사기록관리자

   ㉡ 인사기록관리담당자

   ㉢ 본인

   ㉣ 기타 소방공무원 인사자료의 보고 등을 위하여 필요한 자

   ※ 인사기록을 열람한 자는 인사기록의 내용을 누설하여서는 아니된다.

② 인사기록은 다음의 경우를 제외하고는 이를 수정하여서는 아니된다.

   ㉠ 오기한 것으로 판명된 때

   ㉡ 본인의 정당한 요구가 있는 때

   ※ 인사기록관리자는 본인의 정당한 요구가 있을 때는 법원의 판결, 국가기관의 장이 발행한 증빙서류 기타 정당한 서류에 의하여 확인한 후 수정하여야 한다.

1 총칙

1. 목적 [영 제1조(목적)]

소방청과 그 소속기관 직제의 영은 소방청과 그 소속기관의 조직과 직무범위, 그 밖에 필요한 사항을 규정함을 목적으로 한다.

2. 소속기관 [영 제2조(소속기관)]

소방청장의 관장사무를 지원하기 위하여 소방청장 소속으로 중앙소방학교 및 중앙119구조본부를 둔다.

2 소방청

1. 직무 [영 제3조(직무)]

소방청은 소방에 관한 사무를 관장한다.

2. 청장 [영 제4조(청장)]

청장은 소방총감으로 보한다.

3. 차장 [영 제5조(차장)]

차장은 소방정감으로 보한다.

4. 하부조직 [영 제6조(하부조직)]

① 소방청에 운영지원과 · 소방정책국 및 119구조 · 구급국을 둔다.

② 청장 밑에 대변인 및 119종합상황실장 각 1명을 두고, 차장 밑에 기획조정관 1명을 둔다.

5. 대변인 제7조(대변인)

(1) 대변인은 소방준감으로 보한다.

(2) 대변인은 다음 사항에 관하여 청장을 보좌한다.

① 주요 정책에 대한 대국민 홍보계획의 수립 · 조정 및 협의 · 지원

② 언론보도 내용에 대한 확인 및 정정보도 등에 관한 사항

③ 온라인대변인 지정 · 운영 등 소셜 미디어 정책소통 총괄 · 점검 및 평가

④ 청 내 업무의 대외 발표사항 관리 및 브리핑 지원에 관한 사항

6. 종합상황실 [영 제8조(119종합상황실장)]

(1) 119종합상황실장은 소방준감으로 보한다.

(2) 119종합상황실장은 다음 사항에 관하여 청장을 보좌한다.

① 화재진압 · 구조 · 구급 등이 필요한 재난 · 재해, 그 밖의 상황(소방재난등)의 관리 · 조정에 관한 사항

② 소방재난등의 접수 · 처리 · 전파 및 보고 등 초동 조치

③ 국내외 소방재난등의 정보 수집 · 분석 및 전파

④ 소방재난등의 진행상황 파악 · 전달 및 처리

⑤ 소방재난등으로 인한 피해현황, 구조 및 지원 활동 등의 파악 · 기록 · 통계 관리 및 정보 분석

⑥ 특별시 · 광역시 · 특별자치시 · 도 및 특별자치도(이하 "시 · 도"라 한다) 소방본부 119종합상황실의 출동 상황관리 및 운영 · 지도 · 감독에 관한 사항

7. 조정관 [영 제9조(기획조정관)]

(1) 기획조정관은 소방감으로 보한다.

(2) 기획조정관은 다음 사항에 관하여 차장을 보좌한다.

1) 청 내 각종 정책과 계획, 주요업무계획의 수립 · 조정 및 총괄

2) 각종 지시사항 및 국정과제의 관리

3) 예산의 편성 및 집행의 조정

4) 국회 및 정당 관련 협조 업무의 총괄 · 조정

5) 소방 관련 분야 국제협력 업무의 총괄 · 지원

6) 행정관리 업무의 총괄 · 조정 및 조직문화의 개선에 관한 사항

7) 청 내 정부혁신 관련 과제 발굴 · 선정, 추진상황 확인 · 점검 및 관리

8) 조직진단 및 평가를 통한 조직과 정원의 관리

9) 성과관리 및 성과평가 업무에 관한 사항

10) 민원관리 업무의 총괄 · 지원

11) 소관 법제업무 및 행정심판 · 행정소송 업무의 총괄

12) 규제심사 및 개선에 관한 사항

13) 소방청과 그 소속기관 및 산하단체에 대한 감사에 관한 사항

14) 소속 공무원의 재산등록 · 선물신고 및 취업제한에 관한 사항

15) 부패방지종합대책의 수립 · 시행과 진정민원 및 공직기강에 관한 사항

16) 시 · 도 소방본부장 · 소방서장 등의 현장지휘 · 대응 실태 점검 및 지도 · 감독

17) 긴급구조통제단 운영 실태 점검 및 지도 · 감독

18) 청 내 정보화 계획의 총괄 · 조정 및 정보화 예산의 편성 · 조정 · 시행

19) 청 내 행정정보시스템의 구축 · 운영에 관한 사항

20) 정보자원 및 정보보안 · 개인정보보호에 관한 사항

21) 소방행정통계의 유지 · 분석 및 연보의 발간

8. 운영지원과 [영 제10조(운영지원과)]

(1) 운영지원과장은 소방준감으로 보한다.

(2) **운영지원과장은 다음 사항을 분장한다.**

  1) 보안 및 관인 · 관인대장의 관리

  2) 기록물의 관리 · 보존 및 기록관 운영

  3) 정보공개제도의 운영 및 관리

  4) 소속 공무원의 복무 · 급여 및 복리후생

  5) 소속 공무원의 임용 · 교육훈련 등 인사 운영에 관한 사항

  6) 소속 공무원의 징계에 관한 사항

  7) 국유재산 · 물품의 관리 및 물품 · 용역의 구매 · 조달

  8) 자금의 운용 · 회계 및 결산

  9) 국가비상사태에 대비한 계획의 수립 · 조정 및 정부 비상훈련에 관한 사항

  10) 직장예비군 및 민방위대의 운영 · 관리

  11) 각종 행사 등의 후원명칭 사용에 관한 사항

  12) 그 밖에 청 내 다른 부서의 주관에 속하지 아니하는 사항

9. 소방정책국 [영 제11조(소방정책국)]

(1) **소방정책국에 국장 1명을 두며, 국장은 소방감으로 보한다.**

(2) **소방정책국장은 다음 사항을 분장한다.**

  1) 소방 관련 정책의 수립 및 조정

  2) 소방력 기준의 관리 · 연구 및 개선

  3) 소방공무원의 임용 · 교육훈련 · 상훈 및 복무제도 등 제도개선에 관한 사항

4) 소방공무원의 보건안전 · 복지증진 등에 관한 사항

5) 소방공무원의 복제 등에 관한 사항

6) 국가와 지방자치단체 간 소방공무원 인사교류의 협의 · 조정에 관한 사항

7) 지방소방관서의 설치 및 지방 소방행정에 대한 지도 · 감독에 관한 사항

8) 의무소방대 · 의용소방대 및 소방관서에 근무하는 사회복무요원의 운영에 관한 사항

9) 중앙소방학교 업무의 운영 지원에 관한 사항

10) 소방의 날 운영에 관한 사항

11) 화재예방, 소방시설의 설치 · 유지 및 안전관리에 관한 사항

12) 다중이용업소의 안전관리에 관한 사항

13) 소방대상물 등에 대한 화재안전 정책 및 예방 대책 수립 및 운영에 관한 사항

14) 화재안전기준의 운영에 관한 사항

15) 소방시설관리사 제도의 운영에 관한 사항

16) 초고층 건축물 및 지하연계 복합건축물에 대한 재난관리

17) 소방시설 등의 자체점검제도 운영에 관한 사항

18) 화재배상책임보험 의무가입 등에 관한 사항

19) 화재의 경계 및 진화훈련 지도에 관한 사항

20) 화재진압 기술의 개발 · 보급에 관한 사항

21) 소방용수시설 설치 기준의 운영에 관한 사항

22) 위험물의 안전관리 및 분류 · 표지 기준 등에 관한 사항

23) 화재원인의 조사 · 분석 · 감식 및 기록유지

24) 화재조사 전문자격제도의 관리 · 운영

25) 소방분야 특별사법경찰관리의 운영

26) 석유화학단지 사고예방 대책 수립 및 대응에 관한 사항

27) 화재통계 분석 및 연감 발행

28) 소방산업의 진흥에 관한 사항

29) 소방시설업 및 소방기술의 관리에 관한 사항

30) 소방용품의 형식승인 · 성능시험 및 신기술의 인증 등에 관한 사항

10. 구조 · 구급 [영 제12조(119구조 · 구급국)]

(1) 119구조 · 구급국에 국장 1명을 두며, 국장은 소방감으로 보한다.

(2) 119구조 · 구급국장은 다음 사항을 분장한다.

1) 구조 · 구급에 관한 제도 운영 및 관련 정책의 기획 · 조정

2) 구조 · 구급 기본계획, 긴급구조대응계획 등의 수립 · 시행

3) 중앙긴급구조통제단의 구성 · 운영 및 지역긴급구조통제단의 지원에 관한 사항

4) 긴급구조기관 및 응급의료기관과의 지원 · 협조체계의 구축에 관한 사항

5) 긴급 구조 활동 및 대테러 인명구조 · 구급활동 대책에 관한 사항

6) 각종 주요 행사의 소방안전대책에 관한 사항

7) 119 국제구조대의 편성·운영 및 탐색·구조와 관련된 국제기구와의 협력에 관한 사항

8) 중앙119구조본부 업무의 운영 지원에 관한 사항

9) 시·도 소방본부의 구조·구급활동 평가에 관한 사항

10) 구조·구급대원 등 교육·훈련에 관한 사항

11) 긴급구조지원기관의 긴급구조활동·능력 평가에 관한 사항

12) 수난 및 산악구조에 관한 사항

13) 응급환자에 대한 안내·상담 및 지도에 관한 사항

14) 응급환자를 이송 중인 사람에 대한 응급처치의 지도 및 이송병원 안내에 관한 사항

15) 중앙 및 시·도 119구급상황관리센터의 설치·운영 등에 관한 사항

16) 119구급이송관련 정보망의 설치·운영 등에 관한 사항

17) 119에 접수된 생활안전·위험제거 등 소방지원활동에 관한 사항

18) 취약계층 소방안전개선에 관한 사항

19) 소방박물관 및 소방체험관의 설립·운영에 관한 사항

20) 소방안전교육·홍보 운영 및 제도개선에 관한 사항

21) 소방안전교육사 제도의 운영에 관한 사항

22) 긴급구조를 위한 개인위치정보의 이용에 관한 사항

23) 소방장비의 개발·표준관리 및 보급에 관한 사항

24) 소방장비의 정비 및 유지관리에 관한 사항

25) 소방 관련 정보통신 업무계획의 수립 · 조정 등에 관한 사항

26) 소방 관련 정보통신 보안업무

27) 항공구조구급 관련 계획의 수립 · 조정 등에 관한 사항

28) 육상에서의 항공기 사고 수색구조 및 소방항공기 사고조사 등에 관한 사항

11. 위임규정 [영 제13조(위임규정)]

「행정기관의 조직과 정원에 관한 통칙」에 따라 소방청에 두는 보좌기관 또는 보조기관은 소방청에 두는 정원의 범위에서 행정안전부령으로 정한다.

(1) 조정기획관 [시행규칙 제2조(기획조정관)]

1) 기획조정관 밑에 기획재정담당관 · 행정법무감사담당관 및 정보통계담당관을 두되, 기획재정담당관 · 행정법무감사담당관은 소방준감 · 서기관 또는 소방정으로, 정보통계담당관은 서기관 · 기술서기관 또는 소방정으로 보한다.

2) 기획재정담당관은 다음 사항에 관하여 기획조정관을 보좌한다.

-청 내 각종 정책과 계획, 주요업무계획의 수립 · 조정 및 총괄

-각종 지시사항 관리

-정책자문위원회의 구성 · 운영

-청 내 예산의 편성 · 배정 · 집행의 총괄

-중기 재정계획 수립 · 조정 및 재정사업 성과 분석

-국회 및 정당 관련 협조 업무의 총괄 · 조정

-소방 관련 분야 국제협력 업무의 총괄 · 지원

-소방 관련 국외자료 등의 수집 · 분석 · 자료집 발간

-소속 공무원의 국외 출장 심의 · 조정, 국외연수 지원에 관한 사항

-그 밖에 관 내 다른 담당관의 주관에 속하지 아니하는 사항

3) 행정법무감사담당관은 다음 사항에 관하여 기획조정관을 보좌한다.

-행정관리 업무의 총괄·조정 및 조직문화의 개선에 관한 사항

-청 내 정부혁신 관련 과제 발굴·선정, 추진상황 확인·점검 및 관리

-조직진단 및 평가를 통한 조직과 정원의 관리

-사무분장 및 위임전결규정의 관리

-청 내 행정관리 개선과제의 발굴·선정 및 관리

-성과관리 및 성과평가 업무에 관한 사항

-소속 공무원의 성과관리시스템 및 성과계약 등의 평가·운영

-정부업무평가에 관한 사항

-국정과제의 종합·조정 및 관리

-민원관리 업무의 총괄·지원 및 제도개선

-제안 제도의 운영·개선

-소관 법령 및 행정규칙의 심사·조정·총괄

-소관 정부입법계획의 수립 및 조정

-소관 행정심판, 헌법재판 및 소송업무 총괄

-소관 법령의 해석 지원

-고시·훈령 등 자체규정의 제정 또는 개정안에 대한 부패영향평가

-규제개혁 과제의 관리 및 추진실적 점검 등 청 내 규제개혁 업무의 총괄·조정

-신규 규제개혁 과제의 발굴 및 평가

-고문변호사 위촉 및 법률자문에 관한 사항

-소방청과 그 소속기관 및 산하단체에 대한 감사에 관한 사항

-소속 공무원의 재산등록·선물신고 및 취업제한에 관한 사항

-부패방지종합대책의 수립 및 청렴제도 운영에 관한 사항

-소속 공무원의 복무감찰, 비위조사, 진정민원 및 공직기강에 관한 사항

-청 내 일상감사에 관한 사항

-특별시·광역시·특별자치시·도 및 특별자치도(이하 "시·도"라 한다) 소방본부장·소방서장 등의 현장지휘·대응 실태 점검 및 지도·감독

-긴급구조통제단 운영 실태 점검 및 지도·감독

-청장이 감사에 관하여 지시한 사항의 처리

4) 정보통계담당관은 다음 사항에 관하여 기획조정관을 보좌한다.

-청 내 정보화 업무의 총괄 · 조정 및 지원

-정보화 기본계획 및 시행계획의 수립 · 조정

-정보화와 관련된 제도 개선 및 대외 협력

-청 내 정보화 예산의 편성 및 조정

-청 내 정보화역량 강화를 위한 계획의 수립 · 시행 및 평가

-청 내 행정정보시스템의 구축 · 운영에 관한 사항

-소방청 대표 홈페이지의 콘텐츠 및 시스템의 관리

-청 내 정보통신 구축 및 운영에 관한 사항

-정보자원 및 정보보안에 관한 사항

-소방청과 그 소속기관 및 소속 공공기관에 대한 정보보호 및 개인정보보호

-공공데이터 개방에 관한 사항

-사이버안전센터 구축 · 운영

-통계의 작성 · 보급 및 이용에 관한 총괄 · 조정

-청 내 통계업무의 종합 · 조정 및 통계품질의 진단

-소방행정통계의 유지 · 분석 및 연보의 발간

(2) 소방정책국 [시행규칙 제3조(소방정책국)]

1) 소방정책국에 소방정책과 · 화재예방과 · 화재대응조사과 및 소방산업과를 두며, 각 과장은 소방준
감 또는 소방정으로 보한다.

2) 소방정책과장은 다음 사항을 분장한다.

-소방업무에 관한 종합계획의 수립 · 조정 및 시행

-「소방기본법」 및 소방공무원 관련 법령 및 제도의 운영

-소방 관련 정책에 대한 연구용역 및 연구개발 총괄 · 관리

-소방재정 관련 제도연구 및 소방재정 관련 법령의 제 · 개정에 관한 사항

-소방력 기준의 관리 · 연구 · 개선 및 소방조직의 관리 등 소방력의 효율적 운용에 관한 사항

-소방공무원의 임용 · 교육훈련 · 상훈 및 복무제도 등 소방공무원 제도개선에 관한 사항

–소방공무원의 보건안전 및 복지 증진에 관한 사항

–소방공무원의 복제 및 피복의 보급·개선

–국가와 지방자치단체 간 소방공무원 인사교류의 협의·조정에 관한 사항

–지방소방관서의 설치 및 지방 소방행정에 대한 지도·감독에 관한 사항

–의무소방대 및 소방관서에 근무하는 사회복무요원의 관리·운영에 관한 사항

–중앙소방학교의 운영 지원 및 관리·감독에 관한 사항

–소방의 날 행사 등 소방 관련 주요 행사의 운영에 관한 사항

–소방관련 공공기관 운영에 관한 사항

–소방관련 단체·비영리법인의 설립허가 등에 관한 사항

–그 밖에 국 내 다른 과의 사무에 속하지 아니하는 사항

3) 화재예방과장은 다음 사항을 분장한다.

–화재예방, 소방시설 설치·유지 및 안전관리 관련 법령 및 제도의 운영

–화재안전정책의 수립 및 조정에 관한 사항

–특정소방대상물별 소방안전관리 지도·감독에 관한 사항

–불을 취급하는 설비의 안전관리에 관한 사항

–화재안전에 관한 기준의 설정·운영

–특수건축물 등의 화재안전기준 개발 및 연구에 관한 사항

–특정소방대상물에 대한 성능위주설계에 관한 사항

–소방제도 관련 국민제안 등 민원처리 및 소방민원정보시스템 운용·관리에 관한 사항

–소방시설관리사 및 소방시설관리업 제도의 운영·관리

–건축물 화재예방을 위한 소방안전관리에 관한 특별조사에 관한 사항

–중앙소방기술심의위원회 운영

–화재보험협회 지도·감독에 관한 사항(「화재로 인한 재해보상과 보험가입에 관한 법률」의 업무만 해당한다)

–소방대상물에 대한 화재 예방대책의 수립·운영 및 소방안전특별관리대상물의 안전관리에 관한 사항

–한국소방안전협회 등 소관업무 관련 비영리법인에 대한 지도·감독·육성 및 지원

–소방시설 자체점검제도 운영 및 지도 감독에 관한 사무

-다중이용업소의 안전관리 관련 법령 및 제도의 운영

-다중이용업소 화재배상책임보험 제도 및 전산망 운영에 관한 사항

-화재위험평가제도의 운영

-안전관리 우수 소방대상물의 선정ㆍ포상

-「공공기관의 소방안전관리에 관한 규정」 및 제도의 운영

-초고층 건축물 및 지하연계 복합건축물(이하 이 항에서 "초고층건축물등"이라 한다)에 대한 재난관리 법령의 입안 및 제도에 관한 사항

-초고층건축물등에 대한 재난예방ㆍ피해경감에 관한 조사ㆍ연구ㆍ기술개발 및 재난안전매뉴얼 개발ㆍ보급에 관한 사항

4) 화재대응조사과장은 다음 사항을 분장한다.

-화재진압에 대한 기본계획의 수립ㆍ운영 및 화재진압ㆍ화재조사 등에 관한 법령의 입안ㆍ운영

-화재진압 기술의 개발ㆍ보급 및 화재대응 매뉴얼의 개발ㆍ보급

-화재의 경계 및 진화훈련 지도에 관한 사항

-화재 방지 활동 및 소방대원 안전 확보에 관한 사항

-다중이용업 시설의 화재 시 긴급대응대책의 수립 및 시행에 관한 사항

-문화재ㆍ지하철 등 특수시설물에 대한 화재대응전략의 수립ㆍ시행

-의용소방대에 대한 제도 연구ㆍ법령 운영 및 의용소방대 지도ㆍ감독ㆍ운영지원에 관한 사항

-소방용수시설의 설치ㆍ운영ㆍ지리조사 및 소방통로의 확보에 관한 사항

-위험물 안전 관련 법령의 입안ㆍ운영

-위험물의 성상 조사ㆍ연구 및 위험물 데이터베이스의 관리

-석유화학단지와 위험물시설의 사고예방을 위한 안전관리계획 수립ㆍ시행에 관한 사항

-위험물의 분류 및 표지에 관한 기준개발 및 국제협력에 관한 사항

-위험물, 유해화학물질, 독성가스 사고에 대한 대응방법 개발ㆍ보급 및 사고예방을 위한 긴급안전점검ㆍ조치 등에 관한 사항

-화재원인의 조사ㆍ분석ㆍ감식 및 기록 유지

-국가화재정보시스템 구축ㆍ운영 및 국가화재통계 관리ㆍ분석에 관한 사항

-화재조사 전문자격자의 양성 및 화재조사 전문자격제도 관리에 관한 사항

-소방 분야 특별사법경찰관리 및 소방사범 수사의 운영ㆍ지원

5) 소방산업과장은 다음 사항을 분장한다.

-소방산업 육성 및 소방용품과 관련된 법령의 입안 · 운영

-소방산업의 기반조성 · 육성 · 진흥을 위한 기본계획 및 시행계획의 수립 · 시행

-소방산업 국제화에 관한 사항

-소방산업진흥정책심의위원회 운영

-소방산업 전문인력 양성기관의 지정 · 운영 및 경비의 지원

-소방산업 통계 · 수요조사 및 공개업무 전문기관의 지정 · 운영 및 감독

-소방안전제품 전시회의 운영 · 홍보에 관한 사항

-한국소방산업기술원, 소방산업공제조합, 한국소방시설협회에 대한 지도 · 감독

-소방시설의 기술개발 연구와 기술규격의 국제화에 관한 사항

-소방용품에 대한 형식승인 · 성능인증 · 우수품질 및 제품검사의 기술기준에 관한 사항

-소방용품의 품질관리 규칙 및 제도의 운영에 관한 사항

-소방용품의 수집 · 제품검사와 성능시험 전문기관의 지정 및 관리

-방염대상물품 성능기준 · 검사 및 방염제도 운영과 지도 · 감독에 관한 사항

-「소방시설공사업법」의 입안 · 운영

-소방시설업의 육성 · 관리 및 지도 · 감독

-「소방시설공사업법」에 따라 관련 업무를 위탁받은 기관 · 법인 또는 단체에 대한 지도 · 감독

(3) 구조 · 구급국 [시행규칙 제4조(119구조구급국)]

1) 119구조구급국에 119구조과 · 119구급과 · 119생활안전과 및 소방장비항공과를 두며, 각 과장은 소방준감 또는 소방정으로 보한다.

2) 119구조과장은 다음 사항을 분장한다.

-구조 · 긴급구조대응에 관한 법령의 입안 · 운영 및 관련 제도의 연구 · 개선

-중앙긴급구조통제단의 구성 · 운영 및 지역긴급구조통제단의 운영 지원

-긴급구조기관 및 응급의료기관과의 지원 · 협조체계의 구축에 관한 사항

-긴급구조기관 및 긴급구조지원기관의 교육훈련 · 평가 · 지원 및 협력체제 구축에 관한 사항

-중앙119구조본부의 관리 · 감독에 관한 사항

-119국제구조대의 편성·운영, 국외긴급구호 활동, 탐색·구조 관련 국제기구와의 협력에 관한 사항

-기술경연대회 및 세계 소방관 경기대회에 관한 사항

-내수면 등에서의 수난구호, 해수욕장에서의 구조구급, 산악구조 종합대책의 수립 및 운영에 관한 사항

-대테러 인명구조 활동대책 및 화생방 방호대책의 수립·시행

-국제대회 등 주요행사에서의 소방안전대책에 관한 사항

-구조·대테러 장비 확충에 대한 국고보조 및 기준에 관한 사항

-구조대원의 안전사고방지대책, 감염방지대책, 건강관리대책 등의 수립·시행에 관한 사항

-긴급구조대응계획의 수립·종합·조정

-긴급구조대응 위험분석·평가 등 긴급구조에 대한 표준프로그램의 개발·보급

-긴급재난 현장대응 관련 정책의 기획·총괄

-재난현장 표준작전절차 수립·운영에 관한 사항

-긴급구조훈련 프로그램의 개발·보급 및 평가에 관한 사항

-구조·구급 기본계획·집행계획의 수립·시행 및 시·도 구조·구급 집행계획에 대한 지도 등에 관한 사항(구조에 관한 사항만 해당한다)

-중앙 구조·구급정책협의회의 구성·운영 및 시·도 구조·구급정책협의회에 대한 지도·감독에 관한 사항(구조에 관한 사항만 해당한다)

-인명구조사 제도의 운영·관리

-구조대원 양성 및 전문기술향상에 관한 사항

-그 밖에 국 내 다른 과의 사무에 속하지 아니하는 사항

3) 119구급과장은 다음 사항을 분장한다.

-구조·구급 기본계획·집행계획의 수립·시행 및 시·도 구조·구급 집행계획에 대한 지도 등에 관한 사항(구급에 관한 사항만 해당한다)

-구급에 관한 법령의 입안·운영 및 관련 제도의 연구·개선

-중앙 구조·구급정책협의회의 구성·운영 및 시·도 구조·구급정책협의회에 대한 지도·감독에 관한 사항(구급에 관한 사항만 해당한다)

-시·도 구급서비스의 총괄·조정 및 평가·환류에 관한 사항

-응급환자에 대한 안내·상담 및 지도

-응급환자를 이송 중인 사람에 대한 응급처치의 지도 및 이송병원 안내

−구급서비스 품질관리에 관한 사항

−구급장비 확충에 대한 국고보조 및 기준에 관한 사항

−구급대원의 양성 및 교육·훈련에 관한 사항

−구급기술의 연구·개발 및 보급에 관한 사항

−구급대원 응급처치 교육 및 프로그램의 개발·보급 및 관리

−구급대원의 안전사고방지대책, 감염방지대책, 건강관리대책 등의 수립·시행에 관한 사항

−구급대원 현장응급처치 표준지침 및 이송병원 선정지침 개발·보급 및 운영

−소방관서 소속 공중보건의·의료지도의사·구급지도의사의 운영 및 복무에 관한 사항

−중앙 구급상황관리센터의 설치·운영 및 시·도 구급상황관리센터 지원

−119구급이송 관련 정보망의 설치 및 관리·운영

−응급환자 이송정보와 응급의료 전산망의 연계 구축·운영

−재난현장에서 구급자원 동원·응급조치 및 응급의료기관과의 지원·협력체제의 구축

4) 119생활안전과장은 다음 사항을 분장한다.

−119에 접수된 생활안전·위험제거 등 소방지원활동에 관한 사항

−취약계층 소방안전개선에 관한 사항

−자살방지 긴급대응에 관한 사항

−다문화가족·외국인 119서비스 이용체계 개선 및 소방안전문화 확산에 관한 사항

−국민생활 소방안전사고 분석 및 피해저감대책에 관한 사항

−119시민수상구조대 운영 등에 관한 사항

−생활안전활동장비 확충에 대한 국고보조 및 기준에 관한 사항

−국민생활 소방안전사고 예방·교육·홍보 및 관련 프로그램 개발에 관한 사항

−전국 불조심 강조의 달 행사 등 소방안전문화행사 운영에 관한 사항

−화재피해로부터 복구 및 구호를 위한 국민 생활안전 지원에 관한 사항

−소방박물관 및 소방체험관의 설립·운영에 관한 사항

−국민생활 소방안전점검 매뉴얼의 개발·보급

−기초소방시설의 의무설치에 관한 시책 추진

−소방안전교육사 제도의 운영·관리

-한국119소년단의 설치 · 운영에 관한 사항

-긴급구조를 위한 개인위치정보의 이용에 관한 사항

   5) 소방장비항공과장은 다음 사항을 분장한다.

-소방장비 · 통신 · 항공과 관련된 법령의 입안 · 운영

-소방장비 등에 대한 국고보조 및 소방장비 구매제도의 수립 · 조정에 관한 사항

-소방장비의 개발 · 표준화 · 보급 · 성능기준 관리 및 소방장비기술의 정보 교환 · 관리

-소방장비 관련 안전관리 대책의 연구개발 및 교육 관리

-소방장비 관련 사고조사 및 관리기준 마련

-소방차의 관리 및 운영에 관한 종합계획 수립 · 운영

-소방정보통신 관련 업무계획의 수립 · 조정 등에 관한 사항

-소방정보통신 관련 제도의 개선 및 소방정보통신 장비의 개선 · 표준화에 관한 계획의 수립 · 조정

-비상위성기간통신망 및 위성영상지휘통신망의 구축 · 운영

-소방 유 · 무선 지휘통신망의 구축 및 운영 지도

-소방정보시스템 정보보안업무의 총괄 · 조정

-소방상황 관련 정보화표준시스템의 구축 · 운영 및 기술 지원

-표준 119신고시스템 및 현장대응 정보시스템의 기획 · 운영

-119비상신고접수백업센터의 구축 · 운영 및 시 · 도 소방상황실과의 연계 · 조정

-지방자치단체의 소방정보통신사업에 대한 지원

-소방항공업무 관련 계획의 수립 · 조정 및 관련 법령 제 · 개정에 관한 사항

-소방항공인력 교육 및 훈련에 관한 사항

-소방항공 안전관리 대책의 추진 및 소방항공 안전관리 관련 제도 개선

-소방항공 안전에 대한 지도 · 감독

-항공구조구급 관련 계획의 수립 · 조정 등에 관한 사항

-소방항공기 사고조사 및 원인분석(「항공 · 철도 사고조사에 관한 법률」 제3조제2항 각 호에 따른 항공사고는 제외한다)

-육상에서의 항공기 사고 수색구조 활동에 대한 감독 · 교육훈련 및 대외협력에 관한 사항

-육상에서의 항공기 사고 수색구조대 편성 · 운영 및 안전관리에 관한 사항

-국방부 등 관계 기관과의 항공유 및 비행장 사용협정 체결에 관한 사항

-항공 관련 국제협약 중 육상에서의 항공기 사고 수색구조 분야에 대한 국제표준이행에 관한 사항

-응급헬기 관련 범부처 협력 및 공동 활용에 관한 사항

-전국 소방헬기 운항에 관한 업무 지원

③ 중앙소방학교

1. 직무 [영 제14조(직무)]

중앙소방학교는 다음 사무를 관장한다.

(1) 소방공무원, 소방간부후보생, 의무소방원 및 소방관서에서 근무하는 사회복무요원의 교육훈련에 관한 사항

(2) 학생, 의용소방대원, 민간자원봉사자 등에 대한 소방안전체험교육 등 대국민 안전교육훈련에 관한 사항

(3) 소방정책의 연구와 소방안전기술의 연구·개발 및 보급에 관한 사항

(4) 화재원인 및 위험성 화학물질 성분에 대한 과학적 조사·연구·분석 및 감정에 관한 사항

2. 교장 [영 제15조(교장)]

(1) 중앙소방학교에 교장 1명을 두며, 교장은 소방감으로 보한다.

(2) 교장은 소방청장의 명을 받아 소관사무를 총괄하고, 소속 공무원을 지휘·감독한다.

3. 하부조직 [영 제16조(하부조직)]

「행정기관의 조직과 정원에 관한 통칙」에 따라 중앙소방학교에 두는 보좌기관 또는 보조기관은 소방청의 소속기관에 두는 공무원 정원의 범위에서 행정안전부령으로 정한다.

(1) 중앙소방학교에 교육지원과·인재개발과·교육훈련과·인재채용팀 및 소방과학연구실을 두며, 교육지원과장·인재개발과장·교육훈련과장 및 소방과학연구실장은 소방정으로, 인재채용팀장은 소방정 또는 소방령으로 보한다. [시행규칙 제5조(중앙소방학교)]

(2) 교육지원과장은 다음 사항을 분장한다.

1) 서무 · 보안 · 비상계획 · 문서의 분류 · 수발 · 통제 · 관리 및 관인의 관리

2) 소속 공무원의 임용, 복무, 상훈, 교육훈련, 복지, 연금, 그 밖의 인사사무

3) 중앙소방학교 소관 주요 사업계획의 수립 · 조정 및 심사평가

4) 소방정책개발 경진대회의 개최 · 운영

5) 회계 · 용도 · 결산과 재산 및 물품관리

6) 예산편성 및 집행의 총괄 · 조정

7) 청사시설의 보수 · 유지 및 관리

8) 차량관리 및 식당운영 지도 · 감독

9) 전산 · 통신장비의 운영 · 관리

10) 교육생 및 교직원 등 보건 관리

11) 그 밖에 중앙소방학교 내 다른 과, 팀 및 실의 사무에 속하지 아니하는 사항

(3) 인재개발과장은 다음 사항을 분장한다.

1) 교육훈련계획(국민안전교육을 포함한다)의 수립 · 조정 및 심사평가

2) 연중 교육훈련 운영상황의 분석 · 평가

3) 교육과정 관련 교재 편찬 · 발간과 교육보조자료 및 기자재 관리 · 운영

4) 중앙소방학교 내 교수요원의 관리, 외부강사 및 지도교수의 선정관리

5) 교육과정에 대한 교수운영계획의 수립 · 조정

6) 전국 소방학교 교육훈련발전위원회 운영

7) 교육생 학사관리 시스템의 운영·관리

8) 중앙소방학교의 집합교육 및 사이버교육 개발·운영

9) 교육훈련평가계획의 수립

10) 강의실·분임실 사용조정 및 시청각·생활관·전산실습실·어학관·도서실 등 교육시설 운영

11) 중앙소방학교 내 교육상기금 운영계획 수립 및 시상금품의 관리

12) 구조·구급대원에 대한 응급구조교육(응급구조사 양성과정을 포함한다) 및 소방 관련 국제교육이나 훈련과정 설계·운영에 관한 사항

13) 교육생 생활지도 및 생활관 운영

14) 대외 홍보에 관한 사항

15) 그 밖에 교장이 지정하는 교육과정 운영

⑷ 교육훈련과장은 다음 사항을 분장한다.

1) 소방시설안전·위험물관리 등 재난예방, 방호조사, 대형화재대응·자연재해위기대응·긴급구조 등 대응구조, 구급 등에 관한 전문교육·훈련과정 설계 및 운영

2) 각종 재난현장 지휘·통제 교육·훈련과정설계 및 시뮬레이션 운영

3) 지휘훈련 시뮬레이션, 화재조사 실습실 및 소방시설 실습실의 운용·관리

4) 교육훈련기법의 연구·개발

5) 교과목 학술연구 및 교재개발·연구

6) 강의기법 연찬 행사 운영 및 지원

7) 교수요원 자질향상을 위한 프로그램 운영 · 지도

8) 공무원 교육훈련기관간 교류 및 연구발표

9) 국내 · 외 응급구조교육 · 훈련기관 등 관련 기관 · 단체와의 정보교류 및 공동연구

10) 의무소방원 및 소방관서에서 근무하는 사회복무요원 소방실무 교육 · 훈련과정 설계 · 운영

11) 의무소방원 교육평가 · 학적관리 · 생활지도 및 건강관리

12) 공무원, 민간인, 학생, 의용소방대원 등 대국민 안전체험 교육 · 훈련과정 설계 · 운영

13) 구조 · 구급 관련 교과목 학술연구 및 교재개발 · 연구

14) 옥외 교육훈련시설(인공암벽훈련장 · 실내수영장을 포함한다) 및 교육기자재 등 운용 · 관리

(5) 인재채용팀장은 다음 사항을 분장한다.

1) 「소방공무원법」에 따른 소방간부후보생 선발시험의 시행 · 평가

2) 「소방공무원법」에 따른 경력경쟁채용시험의 시행 · 평가

3) 「소방공무원법」에 따른 국가소방공무원의 신규채용시험 시행 · 평가

4) 「소방공무원법」에 따른 소방령 이상의 소방공무원의 신규채용시험 시행 · 평가

5) 「소방공무원법」에 따른 소방령 · 소방경 및 소방위에의 승진시험 시행 · 평가

6) 「의무소방대설치법 시행령」에 따른 의무소방원임용예정자공개경쟁선발시험의 시행 · 평가

7) 「소방기본법 시행규칙」에 따른 화재조사관 자격시험의 시행 · 평가

8) 소방공무원 임용 · 선발 · 자격시험 등에 관한 표준매뉴얼 개발 · 보급

9) 국가 소방 관련 시험에 관한 쟁송대응

10) 국가 소방 관련 시험 온라인 운영체제의 구축 · 운영 및 관리

11) 시험의 출제 · 관리 · 채점 및 면접위원 선정 관리

12) 소방공무원 채용 관련 안내 및 대외 홍보

(6) 소방과학연구실장은 다음 사항을 분장한다.

1) 서무 · 보안 · 문서의 분류 · 수발 · 통제 · 보존 및 관리

2) 청사시설의 유지 · 관리

3) 소방안전정책에 관한 연구계획의 수립 · 조정 및 심사 · 평가

4) 재난유형별 긴급구조대응에 관한 소방정책연구와 소방 기술표준화 등에 관한 연구 · 개발 · 보급

5) 화재원인 및 소방현장 안전사고에 대한 과학적 조사 · 연구 · 분석 · 감정

6) 전문기술 지원이 필요한 화재 현장에 대한 기술지원 및 자문

7) 국가기관 또는 지방자치단체의 요청에 따른 화재조사에 필요한 해석 · 감정

8) 특수화재 등 전문 화재감식에 관한 사항

9) 소방 관련 산업지원 신기술의 개발에 관한 사항

10) 공간화재안전기술 및 화재성상, 화재진압기술, 화재기상 등에 관한 연구

11) 소방력기준 및 소방장비 성능개발과 소방행정 제도개선 등에 관한 연구

12) 위험물의 판정 및 지정수량의 결정에 관한 사항

13) 위험성 화학물질 성분 분석 등에 관한 연구

14) 소방안전기술 연구 · 개발사업 계획의 수립 · 시행 및 지원

15) 그 밖에 소방정책상 필요하다고 인정되는 경우의 유관 기관과의 공동연구

④ 중앙119구조본부

1. 직무 [영 제17조(직무)]

중앙119구조본부는 다음 사무를 관장한다.

(1) 각종 대형·특수재난사고의 구조·현장지휘 및 지원

(2) 재난유형별 구조기술의 연구·보급 및 구조대원의 교육훈련(「재난 및 안전관리 기본법」에 따른 긴급구조기관과 「재난 및 안전관리 기본법」에 따른 긴급구조지원기관 및 외국의 긴급구조기관으로부터 요청을 받은 인명구조훈련을 포함한다)

(3) 특별시장·광역시장·특별자치시장·도지사 및 특별자치도지사의 요청 시 중앙119구조본부장이 필요하다고 판단하는 재난사고의 구조 및 지원

(4) 위성중계차량 운영에 관한 사항

(5) 그 밖에 중앙긴급구조통제단장이 필요하다고 판단하는 재난 사고의 구조 및 지원

2. 본부장 [영 제18조(본부장)]

(1) 중앙119구조본부에 본부장 1명을 두며, 본부장은 소방감으로 보한다.

(2) 본부장은 소방청장의 명을 받아 소관사무를 총괄하고, 소속 공무원을 지휘·감독한다.

3. 하부조직 [영 제19조(하부조직)]

「행정기관의 조직과 정원에 관한 통칙」에 따라 중앙119구조본부에 두는 보좌기관 또는 보조기관은 소방청의 소속기관에 두는 공무원 정원의 범위에서 행정안전부령으로 정한다.

(1) 중앙119구조본부에 기획협력과·특수구조훈련과·특수장비항공팀 및 인명구조견센터를 두고, 중앙119구조본부장 밑에 119구조상황실장 1명을 둔다. [시행규칙 제6조(중앙119구조본부)]

(2) 119구조상황실장·기획협력과장 및 특수구조훈련과장은 소방정으로, 특수장비항공팀장 및 인명구조견센터장은 소방령으로 보한다.

(3) 119구조상황실장은 다음 사항에 관하여 중앙119구조본부장을 보좌한다.

1) 재난현장에서 지휘·조정·통제 기능

2) 재난현장에서 현장지휘본부의 설치·운영

3) 소방항공수색구조활동 및 조정 등의 업무를 수행하는 중앙수색구조조정본부의 운영

4) 재난진행상황 파악·전파 등 상황관제 및 재난피해 정보의 수집·분석·전파

5) 재난현장 인명구조활동에 관한 통계 및 기록의 유지

6) 현장활동 시 영상촬영과 홍보계획의 수립·조정 및 홍보업무 지원에 관한 사항

7) 소방정보·통신 및 방송시설·장비의 유지 관리

8) 정보통신의 보안업무에 관한 사항

9) 위성중계차량의 운영에 관한 사항

10) 정보시스템 및 홈페이지의 구축·운영

11) 위험물질 안전관리 계획 수립 및 예방점검 지원

12) 특수사고 현장작전 및 인명구조대책 수립

13) 테러사고 현장대응활동 지원 및 인명구조·구급대책 수립·시행

14) 화학·생물·방사능·핵·고성능폭발(CBRNE) 등 특수사고 발생에 대비한 위험물질 정보 수집·위험성 분석 및 보급

15) 재난 유형별 특정대상물에 대한 정보 파악 및 관리카드 작성·유지

16) 특수사고 대응매뉴얼 및 위기대응매뉴얼 관리

17) 특수재난에 대한 대응과 관련된 기술개발 연구 및 기술 지원

18) 유관기관 간 위험물질정보시스템 및 재난·위기상황 관리기관의 연계체계 구축·운영

19) 그 밖의 특수사고·특수재난의 대응·관리에 관한 사항

(4) 기획협력과장은 다음 사항을 분장한다.

1) 주요업무계획의 수립 및 자체평가

2) 소속 공무원의 임용·복무 및 그 밖의 인사사무

3) 예산의 편성·집행 및 결산과 세입세출외현금의 출납에 관한 사항

4) 조달 및 계약사무 등 회계·경리업무

5) 외부 감사에 대한 수감 및 자체 복무 감찰과 징계위원회의 운영에 관한 사항

6) 소관 법령 및 훈령·지침 등의 제정·개정에 관한 사항

7) 서무·보안·비상계획 및 관인의 관리에 관한 사항

8) 청사 및 각종 국유재산의 관리

9) 소속 공무원에 대한 감염방지대책의 수립

10) 국가 주요행사에서의 인명구조·구급활동 지원에 관한 사항

11) 국외 소방기관 및 구조 관련 국제기구와의 교류·협력 및 지원 활동

12) 대한민국 119국제구조대의 재난현장 파견 및 운영에 관한 사항

13) 국외 소방 및 재난 정보의 수집·전파

14) 그 밖에 중앙119구조본부 내 다른 부서의 사무에 속하지 아니하는 사항

(5) 특수구조훈련과장은 다음 사항을 분장한다.

1) 인명구조 · 특수구조 분야에 대한 교육훈련계획의 수립 · 조정 및 평가

2) 119안전체험에 관한 교육훈련 등 각종 교육훈련계획의 수립 · 운영에 관한 총괄 · 조정

3) 중앙119구조본부에서 실시하는 특수구조훈련 등 교육훈련 운영상황의 분석 · 평가

4) 외부기관 등에 대한 인명구조 전문교육훈련 및 지원

5) 대테러 진압작전 및 지방자치단체의 훈련 지원

6) 각종 인명구조기법 및 인명탐색기술의 연구 · 보급

7) 첨단장비에 관한 정보수집 및 기술개발

8) 교수요원 자질향상을 위한 프로그램 개발 · 운영 및 지도

9) 교육훈련생 생활지도

10) 그 밖에 본부장이 지정하는 인명구조훈련과정 운영

(6) 특수장비항공팀장은 다음 사항을 분장한다.

1) 소방장비 · 인명구조장비 · 전산장비 · 통신장비 · 특수차량 등(이하 이 항에서 "소방장비등"이라 한다) 도입 및 개선에 관한 사항

2) 소방장비등의 관리 · 운영에 대한 기본계획 수립 · 운영

3) 인명구조분야 장비개발 · 보급에 관한 사항

4) 소방장비등의 관리실태 점검에 관한 사항

5) 운전요원 교육 및 안전관리에 관한 사항

6) 소방장비등에 대한 통계의 작성 · 관리 등에 관련 사항

7) 재난현장 소방장비 긴급 수리에 관한 사항

8) 첨단장비에 관한 정보수집 및 기술개발

9) 각종 사고 시 긴급구조 활동에 필요한 첨단장비의 지원

10) 소방 항공 업무에 대한 지원

11) 소방항공기에 대한 운항계획의 수립 · 시행 및 소방항공기 운항실적 관리

12) 소방항공기 안전활동계획의 수립 및 시행

13) 소방항공기 정비 · 검사계획의 수립 및 시행

14) 소방항공기 정비 및 검사, 품질관리, 물품관리에 관한 사항

15) 소방 항공시설 · 항공보안 · 비행정보 및 항공통신의 관리

16) 소방 항공구조기술의 연구개발 및 보급

17) 소방 항공구조 · 구급장비의 운용 및 관리

18) 소방항공기 운항통제 · 감시에 관한 사항

(7) 인명구조견센터장은 다음 사항을 분장한다.

1) 인명구조견의 양성훈련 · 관리 및 시 · 도에의 보급

2) 인명구조견 양성기법에 관한 연구

3) 인명구조견의 국제교육 · 대회참가 등 국제교류 협력에 관한 사항

4) 인명구조견 운용자 양성 및 교육훈련에 관한 사항

5) 인명구조견의 평가 및 인명구조견 운용자의 인증관리

6) 인명구조견 및 인명구조견 운용자 장비의 개발·유지관리

7) 국내 특수견 관련 기관과의 교류에 관한 사항

4. 특수구조대 [영 제20조(119특수구조대)]

(1) 중앙119구조본부의 소관사무를 분장하기 위하여 중앙119구조본부장 소속으로 119특수구조대를 둔다.

(2) 119특수구조대의 명칭 및 위치, 119특수구조대의 관할구역

명칭	위치	관할구역
수도권119특수구조대	경기도 남양주시	서울특별시, 인천광역시, 경기도
영남119특수구조대	대구광역시 달성군	부산광역시, 대구광역시, 울산광역시, 경상북도, 경상남도
호남119특수구조대	전라남도 화순군	광주광역시, 전라북도, 전라남도, 제주특별자치도
충청·강원119특수구조대	충청남도 천안시	대전광역시, 세종특별자치시, 강원도, 충청북도, 충청남도

(3) 각 119특수구조대에 대장 1명을 두며, 각 대장은 소방정으로 보한다.

(4) 각 119특수구조대장은 중앙119구조본부장의 명을 받아 소관사무를 총괄하고, 소속 공무원을 지휘·감독한다.

5. 화학구조센터 [영 제21조(119화학구조센터)]

(1) 119특수구조대의 소관사무를 분장하기 위하여 119특수구조대장 소속으로 119화학구조센터를 둔다.

(2) 119화학구조센터의 명칭·위치 및 관할구역

(3) 각 119화학구조센터에 센터장 1명을 두며, 각 센터장은 소방령으로 보한다.

명칭		위치	관할구역
수도권119특수구조대	시흥119 화학구조센터	경기도시흥시	서울특별시, 인천광역시, 경기도
영남119특수구조대	구미119 화학구조센터	경상북도구미시	대구광역시, 경상북도
	울산119 화학구조센터	울산광역시울주군	부산광역시, 울산광역시, 경상남도
호남119특수구조대	익산119 화학구조센터	전라북도익산시	전라북도
	여수119 화학구조센터	전라남도여수시	광주광역시, 전라남도, 제주특별자치도
충청·강원119특수구조대	서산119 화학구조센터	충청남도서산시	대전광역시, 세종특별자치시, 강원도, 충청북도, 충청남도

4-2 국립소방연구원

1. 국립소방연구원의 직무 [제21조의2(직무)]

(1) 소방정책의 연구와 소방안전기술의 연구·개발 및 보급에 관한 사항

(2) 화재원인 및 위험성 화학물질에 대한 과학적 조사·연구·분석 및 감정에 관한 사항

(3) 화재진압·구조·구급 등 재난 대응기술 연구·개발 및 실용화 지원에 관한 사항

(4) 소방공무원의 소방활동재해 방지 및 보건안전·복지 증진에 관한 사항

(5) 국내외 소방안전 연구기관과의 교류협력 및 공동연구에 관한 사항

2. 국립소방연구원의 조직 [제21조의3(하부조직의 설치 등)]

(1) 연구원에 두는 하부조직의 설치와 분장사무는 「책임운영기관의 설치·운영에 관한 법률」의 소속 기관 및 하부조직의 설치 규정에 따라 기본운영규정으로 정한다.

(2) 「책임운영기관의 설치·운영에 관한 법률」 제16조제1항 후단에 따라 연구원에 두는 공무원의 종류별·계급별 정원은 이를 종류별 정원으로 통합하여 행정안전부령으로 정하고, 직급별 정원은 같은 법 시행령 제16조제2항에 따라 기본운영규정으로 정한다.

(3) 연구원에 두는 고위공무원단에 속하는 공무원으로 보하는 직위의 총수는 행정안전부령으로 정한다.

5 공무원의 정원

1. 소장청의 정원 [영 제22조(소방청에 두는 공무원의 정원)]

(1) 소방청에 두는 공무원의 정원

총계	189
소방공무원 계	164
소방총감	1
소방정감	1
소방감	3
소방준감 이하	159
일반직 계	25
3급 또는 4급 이하	19
전문경력관	6

다만, 필요한 경우에는 총정원의 3퍼센트를 넘지 아니하는 범위에서 행정안전부령으로 정원을 따로 정할 수 있다.

(2) 소방청에 두는 정원의 직급별 정원은 행정안전부령으로 정한다. 이 경우 소방준감의 정원은 6명을, 소방정의 정원은 13명을 그 상한으로 하고, 4급 공무원의 정원(3급 또는 4급 공무원 정원을 포함한다)은 1명을 그 상한으로 하며, 4급 또는 5급 공무원 정원은 5급 공무원 정원(4급 또는 5급 공무원 정원을 포함한다)의 3분의 1을 그 상한으로 한다.

2. 소속기관의 정원 [영 제23조(소속기관에 두는 공무원의 정원)]

(1) 소방청의 소속기관에 두는 공무원의 정원은 직급별 정원과 같다. 다만, 필요한 경우에는 별표 3에 따른 총정원의 3퍼센트를 넘지 아니하는 범위에서 행정안전부령으로 정원을 따로 정할 수 있다.

(2) 소방청의 소속기관에 두는 공무원의 소속기관별·직급별 정원은 행정안전부령으로 정한다. 이 경우 소방정의 정원은 10명을 그 상한으로 한다.

1. 규정 [영 제1조(목적)]

「소방공무원법」에 따라 소방공무원의 복무에 관한 사항은 소방공무원 복무규정에 의하여 규정되어 있다.

2. 복무자세 [영 제3조(복무 자세)]

(1) 소방공무원은 상급자·하급자 및 동료 간에 서로 예절을 지키고 상부상조의 동료애를 발휘하여야 한다.

(2) 소방공무원은 공적·사적 생활에서 국민의 모범이 되어야 하며, 다음과 같이 행동하여야 한다.

  1) 다른 사람을 비방하거나 서로 다투어서는 아니 된다.

  2) 건전하지 않은 오락행위를 해서는 아니 된다.

  3) 품위를 유지하고 청렴하게 생활하여야 한다.

3. 여행의 제한 [영 제4조(여행의 제한)]

소방공무원은 휴무일이나 근무시간 외에 공무(公務)가 아닌 사유로 3시간 이내에 직무에 복귀하기 어려운 지역으로 여행하려는 경우에는 소속 소방기관의 장에게 신고하여야 한다. 다만, 비상근무 등 소방업무상 특별한 사정이 있어 소방기관의 장이 정하는 기간 중에는 소속 소방기관의 장의 허가를 받아야 한다.

4. 비상 소집 및 근무 [영 제5조(비상소집 및 비상근무)]

(1) 소방기관의 장은 비상사태에 대처하기 위하여 필요하다고 인정할 때에는 소속 소방공무원을 긴급히 소집(이하 "비상소집"이라 한다)하여 일정한 장소에 대기 또는 특수한 근무(이하 "비상근무"라 한다)를 하게 할 수 있다.

(2) 비상소집과 비상근무의 종류·절차 및 근무수칙 등에 관한 사항은 소방청장이 정한다.

5. 근무 방법 [영 제6조(교대제 근무)]

(1) 소방기관의 장은 화재를 예방·경계·진압하기 위하여 필요하거나 재난·재해 및 그 밖의 위급한 상황에서의 구조·구급 활동을 효과적으로 수행하기 위하여 필요한 때에는 소속 소방공무원에게 2교대제(2개 조로 나누어 24시간씩 교대로 근무하는 방식을 말한다. 이하 같다) 또는 3교대제(3개 조로 나누어 일정한 시간마다 교대로 근무하는 방식을 말한다) 근무를 하게 할 수 있다.

(2) 2교대제 근무를 하는 소방공무원에게는 순번을 정하여 주기적으로 근무일에 휴무하게 할 수 있다. 다만, 비상근무를 하는 경우에는 그러하지 아니하다.

(3) 교대제 근무의 범위 및 방법, 그 밖에 교대제 근무에 필요한 사항은 소방청장이 정한다.

6. 근무수칙 [영 제7조(현장 근무자의 근무수칙)]

화재진압 또는 구조·구급 활동의 현장에서 소방활동에 종사하는 소방공무원은 현장 지휘관의 정당한 명령을 이유 없이 거부하거나 현장 지휘관의 승인 없이 현장에서 이탈하거나 소방활동을 게을리하는 등 직무를 유기해서는 아니 된다.

7. 안전사고 [영 제8조(안전사고의 방지)]

(1) 소방공무원은 소방활동 중 발생할 수 있는 안전사고에 유의하여야 한다.

(2) 소방활동 중의 안전사고를 방지하기 위하여 필요한 사항은 소방청장이 정한다. 〈개정

8. 포상휴가 [영 제9조(포상휴가)]

소방기관의 장은 근무성적이 뛰어나거나 다른 소방공무원의 모범이 될 공적이 있는 소방공무원에게 1회 10일 이내의 포상휴가를 허가할 수 있다. 이 경우 포상휴가기간은 연가일수에 산입(算入)하지 아니한다.

9. 준용 [영 제10조(준용)]

소방공무원의 복무에 관하여 소방공무원 복무규정에서 정한 것 외에는 「국가공무원 복무규정」 또는 「지방공무원 복무규정」을 준용한다.

소방행정 관리론

1. 소방행정작용

(1) 소방의 의의

1) 소방의 개념

실질적 의미	• 화재를 예방, 경계 또는 진압하여 국민의 생명, 신체 및 재산을 보호함으로써 공공의 안녕 질서의 유지와 사회의 복리증진에 기여함을 목적으로 한다. • 화재의 예방, 경계 및 진압을 위한 일체의 활동과정 • 공공 및 민간의 소방활동을 포함한다.
형식적 의미	• 소방 행정 목적을 달성하기 위하여 구성되는 조직, 즉 소방기관을 의미한다.

※ 1950년대 이전은 소방업무 : 소극적인 소방활동에 전염한 시기이다

① 실질적, 형식적 의미의 소방

ⓐ 실질적 의미의 소방 : 화재의 예방, 경계 및 진압을 위한 일체의 활동과정

ⓑ 형식적 의미의 소방 : 소방행정 목적을 달성하기 위하여 구성되는 조직 즉 소방기관을 의미

② 소방의 목적

ⓐ 인위적 또는 자연적 형상에 의해 발생하는 화재의 예방, 경계 및 진압을 한다.

ⓑ 사회 공공의 안녕 질서를 유지한다.

ⓒ 적극적으로 사회의 복리 증진에 기여한다.

ⓓ 사회 공동생활의 평온과 건전한 상태를 보장하는데 있다.

> **POINT** 소방기본법의 목적 [법 제1조(목적)]
> 소방기본법은 ① 화재를 예방·경계하거나 진압하고 ② 화재, 재난·재해, 그 밖의 위급한 상황에서의 구조·구급 활동 등을 통하여 ③ 국민의 생명·신체 및 재산을 보호함으로써 ④ 공공의 안녕 및 질서 유지와 복리증진에 이바지함을 목적으로 한다.
> *최종적 궁극적 목적 : 복리증진

2) 소방의 임무

기본임무	• 기본적으로 소방의 목적을 지키기 위한 것이다 • 질서기능에 속하며 보안기능을 담당 • 국민의 생명과 재산을 보호한다. • 사회의 공공 안녕 유지로 안전한 국민생활을 보호한다.
파생임무	• 소방의 기본적인 임무 이외에 또 다른 임무를 말한다. • 봉사기능에 속하며 권력이 없는 직접 서비스기능을 말한다. • 구조대 및 구급대의 운영이 해당된다.

POINT 소방의 임무

　㉠ **기본적 임무** : 질서기능에 속하며 그 가운데 보안기능을 담당, 사회의 공공 안녕 유지로 안전한 국민
　　생활을 보호한다. 즉 기본적인 포괄적 개념

　㉡ **파생적인 임무** : 봉사기능에 속하며 권력이 없는 직접 서비스기능으로 구조대 및 구급대의 운영이 해
　　당된다. 즉 세부적인 구조 활동

4) 소방행정수단

① 계몽, 지도

② 봉사활동

　㉠ **상대적 봉사** : 직접적인 혜택을 받는 사람들을 중심으로 하는 봉사활동을 말한다.

　㉡ **포괄적 봉사** : 소방의 혜택을 받는 사람이 사회의 불특정 다수인이 되는 활동

③ 명령과 강제

　㉮ **소방법상 명령의 조건**

　　㉠ 실행기간 및 지켜야 할 의무 내용을 구체적으로 기록하여야 한다.

　　㉡ 주체는 시·도지사, 소방본부장 또는 소방서장이 된다.

　　㉢ 서면에 의하여 명령을 하는 것이 원칙이다.

　　㉣ 특정한 소방대상자에 한해서 명령을 하여야 한다.

　㉯ **소방법상 명령 및 강제수단의 예**

　　㉠ 화재예방 조치명령

　　㉡ 소방대상물의 개수명령

　　㉢ 소방검사를 위한 보고 및 자료제출 명령

　　㉣ 위험물 제조소 등의 감독명령

　　㉤ 무허가 위험물 시설의 조치명령

　　㉥ 위험물 제조소 등의 예방규정 변경명령

　　㉦ 소방시설 및 방염에 관한 명령

　　㉧ 화재경계지구의 대한 명령

　　㉨ 소화종사명령

　　㉩ 피난명령

ⓚ 화재조사를 위한 보고 및 자료제출 명령

㉰ 소방행정벌

㉠ 행정형벌 : 징역, 금고, 벌금

㉡ 행정질서벌 : 과태료

POINT 소방의 3요소

소방인력, 소방장비, 소방수리 + 소방전용 통신 및 전산 설비(4요소)

(2) 소방행정 작용의 특성

① 우월성 (지배 · 복종의 법률 관계)

예 화재의 예방조치, 강제 처분

② 획일성 및 원칙성

③ 기술성

(3) 소방행정행위

1) 소방행정행위의 개념

협의의 개념, 행정처분과 동일한 의미 즉, 법률행위적 행정행위(명령적 행위)

2) 행정행위(행정처분)의 종류

① 법률 행위적 행정행위

㉠ 명령적 행정행위(대부분 차지)

ⓐ 소방하명 : 행정주체(＝행정청, 행정기관) → 행정객체

*소방이라는 목적을 달성하기 위해(실효성 확보 수단)

작위 하명	특정행위를 적극적으로 해야 할 의무를 명하는 행정행위
	－타고남은 불 또는 화기의 우려가 있는 재의 처리 －함부로 버려두거나 그냥 둔 위험물 그 밖에 탈 수 있는 물건을 옮기거나 치우게 하는 등의 조치
부작위 하명	특정행위를 금지하도록 하는 의무를 명하는 행정행위
	불장난, 모닥불, 흡연, 화기 취급 그 밖에 화재예방 상 위험하다고 인정되는 행위의 금지 또는 제한
급부 하명	소방목적으로 금전, 물품, 노력 등을 제공할 의무를 명하는 행정행위
	소방활동 종사명령
수인 하명	행정주체(행정청)의 권한행사에 대하여 저항하지 아니할 의무를 명하는 행정행위
	소방자동차의 우선통행 및 소방공무원의 출입 검사의 실시

       ⓑ **소방허가**(=소방 부작위 의무를 소멸) : 금지사항을 해제하여 합법적인 행위를 할 수 있도록 하는 행정처분

소방대인허가	특정인의 자격 등이 고려되어 허가되는 행정행위로서 소방기술사, 소방설비기사 및 산업기사, 소방시설관리사, 위험물취급기능사 등이 있다.
소방대물허가	대상물의 객관적인 사항이 감안되어 허가되는 행정행위로서 지정수량 이상의 위험물을 저장 및 취급하는 제조소 등의 허가 등이 있다.
소방혼합허가	소방대인허가와 대물허가를 합한 행정행위로서 소방시설 공사업 등록, 소방시설관리유지업 등록, 소방시설설계업 및 감리업 등록이 있다. 이러한 등록의 요건으로 특정인의 자격과 시설 및 장비가 갖추어져야 하므로 혼합적 허가에 해당된다.

       ⓒ **소방면제** : 소방작위, 소방급부, 소방수인의 의무를 특별한 경우에 소멸시키는 행정행위를 말한다.

     ⓛ **형성적 행정행위** : 특허, 인가, 대리

② **준법률적 행위적 행정행위**

     ㉠ **확인** : 소방관련 자격 합격자 결정, 방화관리자 자격 인정 등이 해당된다.

     ⓛ **공증** : 방화관리자 자격수첩 교부, 허가 및 자격증의 교부, 소방시설의 완비 증명, 화재증명원 발급 등이 해당된다.

     ⓒ **통지** : 소방검사 전의 소방검사계획 통지 등이 해당된다.

     ⓔ **수리** : 각종 허가신청과 신고의 수리 등이 해당된다.

2. 소방강제

(1) 소방강제집행

① **대집행** … 일정한 행위를 해야 할 의무(작위의 의무)의 불이행을 행정주체(행정기관)가 행정 객체(의무자)에게 스스로 또는 제3자에게 의무를 행하게 하고 그에 대한 비용은 행정객체가 징수하는 것

② **집행벌** … 일정한 행위를 하지 않아야 할 의무(부작위의 의무)의 불이행시 그 이행을 간접적으로 강제하기 위하여 처하는 벌

③ **직접강제** … 행정객체의 신체 또는 재산상에 힘을 가하여 행정상 필요한 상태로 만드는 행정 행위

④ **강제징수** … 금전납부의무(과태료 등)의 불이행시, 행정주체가 강제적으로 이행한 것과 같은 상태를 실현하는 것

    ※ 절차 : 통지(독촉) → 압류 → 매각 절차 → 청산

(2) 소방즉시강제(행정상 긴급을 요할 경우)

소방즉시강제의 종류 ⋯ ①대물강제, ②대인강제, ③대가택강제

대물강제	• 토지 강제 처분 • 화재확산방지를 위해
대인강제	• 대피 명령 • 소화명령
대가택강제	• 소방 검사

(3) 소방행정벌

① 행정형벌 ⋯ 징역, 금고, 벌금

② 행정질서벌 ⋯ 과태료

3. 소방행정권의 한계

(1) 소방 소극 목적의 원칙

우리 사회의 안녕질서 유지에 방해가 되는 위험요소가 있는 경우에 이를 제거한다는 소극적인 목적의 원칙으로 화재의 예방과 사회공공의 안전등을 위하여 소방행정권을 발동하지만 그렇지 않을 경우에는 발동시킬 수 없다.

(2) 소방공공의 원칙

직접적인 영향을 주지 않는 사생활에는 관여하지 않는다는 원칙으로 소방의 목적을 달성하는데 있어서 직접적인 영향을 주지 않는 사생활에는 관여하지 않는다.

① 사생활의 불가침 원칙

② 사주거의 불가침 원칙

③ 민사법률의 불간섭 원칙

④ 소방책임의 원칙

⑤ 개인의 행동에 대한 책임 원칙

⑥ 물건상태에 대한 책임 원칙

(3) 소방비례의 원칙

모든 사람에게 균형 있게 적용되어야 한다는 원칙으로 의무를 가진 모든 사람에게 균형 있게 적용한다.

4. 행정구제

행정구제란 행정작용으로 자신의 권리·이익을 침해받은 자가 국가기관에 대해 원상회복·피해 보전 또는 당해 행정작용의 취소·변경을 청구하거나 기타 피해구제 또는 예방을 청구할 경우, 행정기관 또는 법원이 이를 심리해 권리·이익의 보호에 관한 판정을 내리는 것을 말한다.

(1) 사전구제

권리침해가 발생하기 전 구제받는 방법으로 주로 절차에 관한 구제 방법이 주이다.

1) 행정절차법

행정청의 행정처분은 행정절차법에 따라야 한다. 절차상의 하자는 행정처분의 무효나 취소를 주장할 수 있다

2) 청원

국민이 국가나 지방자치단체에 대하여 의견 또는 희망을 개진하고 시정을 구하는 것으로, 기본권의 일종으로 보며, 모든 국민에게 보장되고 있다.

3) 옴부즈맨제도

이 제도는 스웨덴에서 시작되어 위헌 내지 부정한 행정활동에 대하여 비사법적인 수단으로 국민을 보호하는 제도로 시작하였다. 우리나의 경우 민원사무처리에 관한 법률과 감사원법 등에 의한 법적 근거를 가지고 있으며, ① 고충민원의 신청·조사 ② 시정조치의 권고 및 의견표명 ③ 처리결과의 통보의 절차로 이루어 지고 있다

(2) 사후구제

손실보상과 손해배상에 대한 손해의 전보와 행정심판과 행정소송의 행정쟁송으로 구성되어 있다

1) 손해의 전보

① 손해배상 … 공무원의 위법한 직무행위 또는 공공의 영조물의 설치·관리의 하자로 인하여 개인에게 손해가 발생한 경우에 국가 등이 그것을 보전해 주는 것을 말한다.

② 손실보상 … 국가의 적법한 작용을 통해서도 국민은 손해를 입는 경우로서 주로 행정청이 행정목적을 달성하기 위해 공공사업을 시행하는 경우에 많이 발생하며 그로 인해 발생되는 손실에 대해 보상해 주는 제도를 말한다.

2) 행정쟁송

① **행정심판** … 행정청이 일정한 공법적 결정을 함에 있어 거치는 준사법적 절차를 의미하며, 이중 특히 행정기관이 재결청이 되는 경우를 말한다.

② **행정소송** … 법원이 행정사건에 대하여 정식쟁송절차로 행하는 재판이다.

5. 소방행정관리

(1) 소방력 관리

1) 지방소방기관 설치에 관한 규정

지방소방기관 설치에 관한 규정을 통하여 소방기관의 조직 및 운영 등에 관한 사항을 규정함으로써 소방행정을 통일적이고 체계적으로 수행함을 목적으로 한다. 이 규정에서는 지방소방학교 · 소방서 · 119안전센터 · 119구조대 · 119구급대 · 119구조구급센터 및 소방정대 · 119지역대에 대하여 규정하고 있다.

2) 소방서의 설치기준

① 시 · 군 · 구 단위로 설치하되, 소방업무의 효율적인 수행을 위하여 특히 필요한 경우에는 인근 시 · 군 · 구를 포함한 지역을 단위로 설치할 수 있다.

② ①에 따라 설치된 소방서의 관할구역에 설치된 119안전센터의 수가 5개를 초과하는 경우에는 소방서를 추가로 설치할 수 있다.

③ ①및 ②에도 불구하고 석유화학단지 · 공업단지 · 주택단지 또는 문화관광단지의 개발 등으로 대형 화재의 위험이 있거나 소방 수요가 급증하여 특별한 소방대책이 필요한 경우에는 해당 지역마다 소방서를 설치할 수 있다.

3) 119안전센터의 설치기준

㉮ **소방업무의 효율적인 수행을 위하여 다음 기준에 따라 119안전센터를 설치할 수 있다.**

① 특별시 … 인구 5만명 이상 또는 면적 2㎢ 이상

② 광역시, 인구 50만명 이상의 시 … 인구 3만명 이상 또는 면적 5㎢ 이상

③ 인구 10만명 이상 50만명 미만의 시 · 군 … 인구 2만명 이상 또는 면적 10㎢ 이상

④ 인구 5만명 이상 10만명 미만의 시 · 군 … 인구 1만 5천명 이상 또는 면적 15㎢ 이상

⑤ 인구 5만명 미만의 지역 … 인구 1만명 이상 또는 면적 20㎢ 이상

㉣ ㉠목에도 불구하고 석유화학단지 · 공업단지 · 주택단지 또는 문화관광단지의 개발 등으로 대형 화재의 위험이 있거나 소방 수요가 급증하여 특별한 소방대책이 필요한 경우에는 해당 지역마다 119안전센터를 설치할 수 있다.

4) 소방정대의 설치기준

① 「항만법」 제2조제1호에 따른 항만을 관할하는 소방서에 소방정대를 설치할 수 있다.

② ①에도 불구하고 항만의 이동 인구 및 물류가 급격히 증가하여 대형 화재의 위험이 있거나 특별한 소방대책이 필요한 경우에는 해당 지역에 소방정대를 설치할 수 있다.

5) 119지역대의 설치기준

① 119안전센터가 설치되지 아니한 읍 · 면 지역으로 관할면적이 30㎢ 이상이거나 인구 3천명 이상 되는 지역에 설치할 수 있다.

② 농공단지 · 주택단지 · 문화관광단지 등 개발지역으로써 인접 소방서 또는 119안전센터와 10㎞ 이상 떨어진 지역에 설치할 수 있다.

③ 도서 · 산악지역 등 119안전센터에 소속된 소방공무원이 신속하게 출동하기 곤란한 지역에 설치할 수 있다.

6) 출장소의 설치 · 운영기준

① 소방서장은 개발지역 또는 계절적으로 인구가 집중되는 지역 등에는 필요한 경우 일시적으로 출장소를 설치 · 운영할 수 있다.

② 출장소는 안전센터의 장비 · 인력 등으로 운영하여야 한다.

7)소방용수(수리)시설의 설치 및 관리[소방기본법 근거]

① 주거지역, 상업지역 및 공업지역에 설치 시 소방대상물과의 수평거리를 100m 이하가 되도록 하고 그 이외의 지역은 140m 이하가 되도록

② 소화전의 설치기준 … 상수도와 연결하여 지하식 또는 지상식의 구조로 하고 소화전의 연결금속구경은 65mm로 한다.

③ 급수탑의 설치기준 … 급관 배관의 구경은 100mm 이상, 개폐밸브는 지상 1.5m 이상 1.7m 이하의 위치에 설치

④ 저수조의 설치기준
　　－지면으로부터의 낙차가 4.5m 이하일 것
　　－흡수부분의 수심이 0.5m 이상일 것
　　－소방펌프자동차가 쉽게 접근할 수 있도록 할 것

－흡수에 지정이 없도록 토사 및 쓰레기 등을 제거할 수 있는 설비를 갖출 것

－흡수관의 투입구가 사각형의 경우에는 한 변의 길이가 60cm 이상일 것

－저수조의 물을 공급하는 방법은 상수도에 연결하여 자동으로 급수되는 구조일 것

6) 소방력 확충계획 수립 ⋯ 시 · 도지사

7) 소방장비 등에 대한 국고보조의 대상 및 기준

① 국고 보조의 대상

　㉠ 소방활동장비 및 설비

　　ⓐ 소방자동차, 소방헬리콥터 및 소방정

　　ⓑ 소방전용 통신설비 및 전산설비

　　ⓒ 그 밖의 방화복 등 소방활동에 필요한 소방장비

　㉡ 소방관서용 청사

② 국고의 보조는 소방활동장비 및 설비의 경우에는 기준가격에 의하여 산정된 금액의 1/2이상으로 하고, 소방관서용 청사의 경우 소요경비는 사업에 따라 다르다.

8) 소방관련 중요 행사일

① 소방의 날 ⋯ 국민들에게 화재에 대한 경각심과 이해를 높이고 화재를 사전에 예방하게 하여 국민의 재산과 생명을 화재로부터 보호하기 위해 제정한 기념일로 소방기본법에 의해 매년 11월 9일에 해당한다

② 국민 안전의 날 ⋯ 국가는 국민의 안전의식 수준을 높이기 위하여 매년 4월 16일을 국민안전의 날로 정하여 필요한 행사 등을 하게 된다

③ 안전점검의 날 ⋯ 매월 4일은 가스, 전기 등 안점 검의 날이다.

(2) 우리나라의 소방행정조직

① 중앙소방행정조직

　㉠ 소방청

　㉡ 중앙소방학교

　㉢ 국립소방연구원

　㉣ 중앙119구조대

② 지방소방행정조직

　㉠ 서울특별시 소방행정조직

　㉡ 광역시 소방행정조직

　㉢ 도 소방행정조직

6. 소방행정관리론의 적용 규정

(1) 국가공무원법상 의무

1) 일반적 의무

선서의 의무, 성실의 의무

2) 직무상 의무

복종의 의무, 친절, 공정의 의무, 법령준수의 의무, 직장이탈 금지의 의무, 정치운동의 금지, 집단 행위의 금지

3) 신분상의 의무

비밀엄수의 의무, 청렴의 의무, 품위유지의 의무, 영예 등의 제한, 정치원동의 금지, 집단행위의 금지

(2) 소방공무원의 정년 구분

1) 연령정년

60세

2) 계급정년(당연 퇴직까지의 정년)

① 소방감 ⋯ 4년

② 소방준감 ⋯ 6년

③ 소방정 ⋯ 11년

④ 소방령 ⋯ 14년

(3) 시보임용 기간

1) 소방장 이하

6월

2) 소방위 이상

1년

(4) 소방공무원법에 직접 강제하는 의무 및 금지사항

1) 복종의 의무

2) 직장이탈 금지

3) 허위보고 등의 금지

4) 지휘권남용 등의 금지

(5) 소방조직의 기본원리

1) 분업의 원리

한 사람이나 한 부서가 한 가지의 주된 업무를 맞는다는 원리

2) 명령계 통일의 원리

한 사람의 상급자에게 명령을 받고 보고하는 원리

3) 계층제의 원리

상하의 계층제를 형성하는 원리

4) 계선의 원리

개인의 의견이 참여되지만 결정을 내리는 것은 소속기관의 기관장이 하는 원   리

5) 업무조정의 원리

조직을 통합하고 행동을 통일시키는 것

(6) 소방관서

소방서, 안전센터, 구조대, 소방정대 및 출장소

(7) 임용의 종류

신규채용, 승진, 전보, 파견, 강임, 휴직, 직위해제, 정직, 복직, 면직, 해임 및 파면

징계의 종류(국가공무원법 제79조, 지방공무원법 제70조)
징계의 종류에는 파면, 해임, 강등, 정직, 감봉, 견책의 6종이 있다. 공무원신분의 배제 여부에 따라 배제징계(파면, 해임)와 교정징계(강등, 정직, 감봉, 견책)로 구분하고, 징계양정의 경중에 따라 중징계(파면, 해임, 강등, 정직)와 경징계(감봉, 견책)로 구분한다.
*직위해제는 징계가 아니다.

(8) 국고보조의 대상

1) 소방자동차

2) 소방헬리콥터 및 소방정

3) 소방전용 통신설비 및 전산설비

4) 방화복 등 소방활동에 필요한 소방장비

5) 소방관서용 청사

(9) 초임 소방공무원의 보직제한

1) 소방간부후보생을 소방위로 임용할 때에는 최하급 소방기관에 보직하여야 한다.

2) 신규채용에 의하여 소방사로 임용된 자는 최하급 소방기관의 외근부서에 보직하여야 한다.

※ 최하급 소방기관 … 소방청, 중앙소방학교, 국립 소방연구원, 중앙119구조대, 시 · 도의 소방본부 · 지방소방학교 및 서울종합방재센터를 제외한 소방기관

(10) 직위해제 사유

1) 직무수행능력이 부족하거나 근무성적이 극히 불량한 자

2) 파면, 해임, 정직에 해당하는 징계의결이 요구중인 자

3) 형사사건으로 기소된 자(약식명령이 청구된 자는 제외)

(11) 소방공무원의 징계사유

1) 소방공무원법 및 국가, 지방공무원법에 의한 명령에 위반한 때

2) 직무상의 의무(다른 법령에서 공무원의 신분으로 인하여 부과된 의무를 포함)에 위반하거나 직무를 태만히 한 때

3) 직무 내외를 불문하고 그 체면 또는 위신을 손상하는 행위를 한 때

(12) 당연 퇴직사유

1) 금치산자 또는 한정치산자

2) 금고 이상의 형을 받고 그 집행유예의 기간이 완료된 날로부터 2년을 경과하지 아니한 자

3) 징계에 의하여 파면의 처분을 받은 때로부터 5년을 경과하지 아니한 자

4) 징계에 의하여 해임의 처분을 받은 때로부터 3년을 경과하지 아니한 자

1 다음 중 우리나라에 최초로 설치된 소방조직은 무엇인가?

① 한성도감   ② 금화도감

③ 멸화도감   ④ 소방도감

 TIPS!

세종 8년 병조에 금화도감을 설치하였다. 한국 최초의 소방관서이다.

2 다음 중 우리나라에서 최초로 소방이란 용어를 사용하기 시작한 때로 바른 것은?

① 조선시대 초기   ② 갑오개혁 시대

③ 일제 강점기   ④ 미군정 시대

TIPS!

갑오개혁(1895년) 시대에 경무청 세칙에서 수화소방(水火消防)은 난파선 및 출화, 홍수 등에 계하는 구호사항이라고 정의하며 처음 사용

3 다음 중 우리나라의 소방역사에 대한 설명으로 옳은 것은?

① 1426년에 병조에 금화도감이 만들어지면서 멸화군으로 개편하였다.

② 1945년 경찰소속으로 되면서 소방공무원법의 영향을 받게 되었다.

③ 1992년 소방이 광역소방행정체계로 전환되면서 처음으로 소방본부가 설치되었다.

④ 2004년 소방공무원, 민방위업무 등을 담당하는 소방방재청이 설립되었다.

⑤ 2004년 소방법이 4개의 법령으로 분화되었다.

TIPS!

①1426년 금화법령의 제정과 금화도감이 설치되었다

②1945년 독립된 자치소방이 되었다

③1972년 처음으로 서울과 부산에 소방본부가 설치되었다

⑤2003년 소방법이 4개와 법령으로 분화되었다

Answer   1.② 2.② 3.④

4 수성금화도감, 금화도감, 금화제도, 상비소방수제도를 시대 순으로 바르게 나열한 것은?

① 금화제도 – 금화도감 – 수성금화도감 – 상비소방수제도
② 금화도감 – 금화제도 – 수성금화도감 – 상비소방수제도
③ 금화제도 – 금화도감 – 상비소방수제도 – 수성금화도감
④ 금화도감 – 수성금화도감 – 금화제도 – 상비소방수제도

TIPS!

금화제도(고려시대), 금화도감(조선시대 세종8년 4월), 수성금화도감(조선시대 세종8년 4월), 상비소방수제도 (일제 강점기 경무부 소속)

5 우리나라 최초의 소방관(消防官)은?

① 금화도감   ② 수성금화군
③ 금화군   ④ 멸화군

TIPS!

최초의 소방조직 또는 소방관서 : 금화도감
최초의 소방관 또는 소방수 : 금화군

6 다음 중 소방의 발전 과정을 순서대로 바르게 나열한 것은?

㉠ 소방법 제정   ㉡ 소방방재청 개설
㉢ 시·도 광역자치소방체제 개편   ㉣ 소방위원회
---

① ㉠ – ㉡ – ㉢ – ㉣   ② ㉠ – ㉢ – ㉡ – ㉣
③ ㉣ – ㉢ – ㉠ – ㉡   ④ ㉣ – ㉠ – ㉢ – ㉡

TIPS!

㉠ **소방법 제정** : 1958년
㉡ **소방방재청 개설** : 2004년
㉢ **시·도 광역자치소방체제 개편** : 1992년
㉣ **소방위원회** : 1946년

Answer   4.① 5.③ 6.④

7 다음에 제시된 소방역사 중 바른 것을 모두 고른 것은?

> ㉠ 1426년 조선시대 병조에 금화도감이 설치되었다.
> ㉡ 1948년 소방업무는 경찰조직의 내무부 치안국 소방과로 예속되었다.
> ㉢ 1894년 소방업무는 내무부 지방국이 아닌 한성5부에서 관장토록 하였다.
> ㉣ 1975년 민방위본부가 창설된 후 민방위본부 소방국에서 소방을 관장했다.
> ㉤ 2004년 정부조직법 개편으로 국가중앙조직으로 소방방재청이 설립되었다.

① ㉠㉡㉢㉣㉤　　　　　　　② ㉠㉡㉣㉤
③ ㉠㉡㉢㉤　　　　　　　④ ㉠㉡㉣㉤

> **TIPS!** ···
> ㉢ 1894년 소방업무는 내무부 지방국에서 관장토록 하였다..

8 소방공무원의 계급순서로 바른 것은?

① 소방총감 – 소방준감 – 소방정감 – 소방정 – 소방감
② 소방총감 – 소방감 – 소방정 – 소방준감 – 소방정감
③ 소방총감 – 소방준감 – 소방정감 – 소방정 – 소방감
④ 소방총감 – 소방정감 – 소방감 – 소방준감 – 소방정

> **TIPS!** ···
> **소방공무원 계급 체계**
> ① 소방총감 ② 소방정감 ③ 소방감 ④ 소방준감 ⑤ 소방정 ⑥ 소방령 ⑦ 소방경 ⑧ 소방위 ⑨ 소방장 ⑩ 소방교 ⑪ 소방사

9 다음 중 소방공무원 임용령에서 정의하는 소방기관으로 바른 것은?

① 119안전센터　　　　　　　② 국립소방연구원
③ 119구조대　　　　　　　④ 소방정대

> **TIPS!** ···
> **소방공무원임용령 제2조**
> 소방기관이라 함은 소방청, 특별시·광역시·특별자치시·도·특별자치도(이하 "시·도"라 한다)와 중앙소방학교·중앙119구조본부·국립소방연구원·지방소방학교·서울종합방재센터 및 소방서를 말한다.

Answer　7.② 8.④ 9.②

10 다음 중 소방조직에 관한 설명으로 바르지 않은 것은?

① 소방공무원의 소방령 이상 소방감 이하의 직급은 계급정년과 연령정년이 있다.

② 소방공무원은 경력직 중 별정직 공무원이다.

③ 소방공무원의 직급 단계는 11계급으로 구분된다.

④ 소방공무원법은 소방공무원의 책임 및 직무의 중요성과 신분 및 근무조건의 특수성에 비추어 그 임용, 교육훈련, 복무, 신분보장 등에 관하여 「국가공무원법」에 대한 특례를 규정하는 것을 목적으로 한다.

    소방공무원은 경력직 공무원 중 특정직 공무원이다

11 다음 중 소방공무원 임용령에 관한 설명으로 바른 것은?

① 소방공무원법은 소방공무원의 책임 및 직무의 중요성과 신분 및 근무조건의 특수성에 비추어 그 임용, 교육훈련, 복무, 신분보장 등에 관하여 「지방공무원법」에 대한 특례를 규정하는 것을 목적으로 한다.

② 소방사 공개채용시험에 응시할 수 있는 자의 연령은 20세 이상 40세 이하로 한다.

③ 시험을 실시하고자 할 때에는 시험에 관한 제반 사항을 40일 전까지 공고해야 한다.

④ 신규채용 시 채용예정인원이 정해져 있음에도 불구하고 동점자 발생 시에는 모두 합격자로 결정한다.

TIPS!

임용령 제47조

공개경쟁채용시험·경력경쟁채용시험 등 및 소방간부후보생 선발시험의 합격자를 결정할 때 선발예정인원을 초과하여 동점자가 있는 경우에는 그 선발예정인원에 불구하고 모두 합격자로 한다. 이 경우 동점자의 결정은 총득점을 기준으로 하되, 소수점 이하 둘째 자리까지 계산한다.

① 소방공무원법은 소방공무원의 책임 및 직무의 중요성과 신분 및 근무조건의 특수성에 비추어 그 임용, 교육훈련, 복무, 신분보장 등에 관하여 「국가공무원법」에 대한 특례를 규정하는 것을 목적으로 한다.

② 소방사의 경우 18세 이상 40세 이하로 한다.

③ 시험을 실시하고자 할 때에는 시험에 관한 제반 사항을 20일 전까지 공고해야 한다.

Answer   10.② 11.④

12 다음 중 우리나라 소방행정에 관한 설명으로 바르지 않은 것은?

① 소방공무원법에서는 복종의 의무, 허위보고 등의 금지 등을 직접 규정하고 있다.

② 소방공무원의 계급은 11계급이며, 중앙 소방 본부장의 직급은 소방정감이다.

③ 우리나라 소방행정은 광역시 중심으로 시·도 자치행정의 소방체제로 운영되고 있다.

④ 우리나라 소방은 행정안전부 외청인 소방청 소속으로 소방업무를 담당하며 중앙소방본부장을 중심으로 관장하고 있다.

 TIPS!

중앙소방본부장의 직급은 소방총감이다.

13 다음 소방공무원에 대한 설명으로 바르지 않은 것은?

① 국가공무원이나 지방공무원을 그 계급에 상응하는 소방공무원으로 임용하는 경우 경력채용시험을 거치지 않고 임용할 수 있다.

② 소방공무원 중 소방준감 이하의 국가공무원 대한 전보, 휴직, 직위해제, 강등, 정직 및 복직은 대통령이 한다.

③ 소방경 이하의 소방공무원은 소방청장이 임용한다.

④ 소방공무원으로 임용되기 전에 받은 교육훈련 기간은 시보임용기간에 산입한다.

TIPS!

소방공무원 법 제6조(임용권자)

㉠ 소방령 이상의 소방공무원은 소방청장의 제청으로 국무총리를 거쳐 대통령이 임용한다.

　　다만, 소방총감은 대통령이 임명하고, 소방령 이상 소방준감 이하의 소방공무원에 대한 전보, 휴직, 직위해제, 강등, 정직 및 복직은 소방청장이 한다.

㉡ 소방경 이하의 소방공무원은 소방청장이 임용한다.

Answer 12.② 13.②

14 다음 중 근속승진의 요소로 바르지 않은 것은?

① 소방사로 4년 이상 재직하고 있는 자
② 소방교로 5년 이상 재직하고 있는 자
③ 소방장으로 6년 이상 재직하고 있는 자
④ 소방위로 10년 이상 재직하고 있는 자

> **TIPS!**
>
> 법 제12조의2(근속승진)
> 해당 계급에서 다음의 기간 동안 재직한 사람은 소방교, 소방장, 소방위, 소방경으로 근속승진임용을 할 수 있다.
> ㉠ 소방사를 소방교로 근속승진 임용하려는 경우: 해당 계급에서 4년 이상 근속자
> ㉡ 소방교를 소방장으로 근속승진 임용하려는 경우: 해당 계급에서 5년 이상 근속자
> ㉢ 소방장을 소방위로 근속승진 임용하려는 경우: 해당 계급에서 6년 6개월 이상 근속자
> ㉣ 소방위를 소방경으로 근속승진 임용하려는 경우: 해당 계급에서 10년 이상 근속자

15 다음 중 소방공무원의 승진시험 제도에 관한 설명으로 바르지 않은 것은?

① 승진 임용은 심사승진, 시험승진, 특별승진으로 분류 한다.
② 소방사의 승진소요 최저근무 연수는 2년이다.
③ 휴직자는 승진임용을 할 수 없다.
④ 징계처분·직위해제·시보임용기간 중에 있는 사람은 승진임용을 할 수 없다.

> **TIPS!**
>
> 시행규칙 제5조
> 소방공무원이 승진하려면 다음의 구분에 따른 기간 이상 해당 계급에 재직하여야 한다.
> (최저근무연수)
> ㉠ 소방정: 4년
> ㉣ 소방령: 3년
> ㉢ 소방경: 3년
> ㉣ 소방위: 2년
> ㉤ 소방장: 2년
> ㉥ 소방교: 1년
> ㉦ 소방사: 1년

16 다음 소방공무원에 대한 설명으로 바르지 않은 것은?

① 시·도소속 소방공무원의 임용은 시·도지사가 한다.

② 소방공무원 중 소방령 이상 소방준감 이하의 국가공무원 대한 전보, 휴직, 직위해제, 강등, 정직 및 복직은 소방청장이 한다.

③ 소방령 이상의 소방공무원은 소방청장의 제청으로 국무총리를 거쳐 대통령이 임용한다.

④ 소방공무원으로 임용되기 전에 받은 교육훈련 기간은 시보임용기간에 산입한다.

> **TIPS!**
> **임용권의 위임** [임용령 제3조(임용권의 위임)]
> 「소방공무원법」에 따라 대통령은 국가소방공무원 중 소방정 이하의 소방공무원에 대한 임용권을 소방청장에게 위임하고, 소방청장은 시·도 소속 국가소방공무원 중 소방정의 전보·휴직·직위해제·정직 및 복직에 관한 임용권을 특별시장·광역시장·특별자치시장·도지사 또는 특별자치도지사(이하 "시·도지사"라 한다)에게 위임한다.

17 현재 우리나라의 소방 운영체제와 구성 등에 관한 설명으로 바르지 않은 것은?

① 시·도지사와 소방서장은 의용소방대를 설치·운영 할 수 있다.

② 소방대는 소방공무원, 의무소방원, 의용소방대원으로 구성되어 있다.

③ 소방청의 전신이라 할 수 있는 소방방재청은 대구 지하철 방화사건을 계기로 2004년에 개청 되었다.

④ 현재 우리나라 소방행정조직은 소방청를 중심으로 한 국가 소방체제이다.

> **TIPS!**
> 현재 우리나라 소방행정조직은 광역자치소방체제이다

18 다음 중 소방공무원에 관한 설명으로 그 내용이 바르지 않은 것은?

① 소방관은 특수경력직 중 특정직이다.

② 정직이란 징계처분 종류 중 하나로 1~3개월 동안 직무를 정지시키는 것이다.

③ 일정한 기간 동안 승진임용 및 승급이 제한되는 것을 견책이라 한다.

④ 소방기관은 시·도와 중앙소방학교, 중앙119구조본부, 지방소방학교 등이 있다.

> **TIPS!**
> 소방공무원은 경력직 공무원 중 특정직공무원에 해당한다.

Answer 16.① 17.④ 18.①

19 다음 중 소방공무원 용어의 뜻으로 적절하지 않은 것은?

① 직위해제 : 휴직 · 직위해제 또는 정직 중에서 소방공무원을 직위에 복귀시키는 것을 말한다.
② 임용 : 신규채용 · 승진 · 전보 · 파견 · 강임 · 휴직 · 직위해제 · 정직 · 강등 · 복직 · 면직 · 해임 · 파면을 말한다.
③ 강임 : 동종의 직무 내에서 하위의 직위에 임명되는 것을 말한다.
④ 전보 : 소방공무원의 동일 직위 및 자격 내에서 근무기관이나 부서를 달리하는 임용을 말한다.

> **TIPS!**
>
> 직위해제란 공무원에게 그의 직위를 계속 유지시킬 수 없다고 인정되는 사유가 있는 경우에 이미 부여된 직위를 소멸시키는 것을 말한다. 일명 '대기명령(待機命令)'이라고 부른다.
>
> ※ 제1조의2(정의)
> ㉠ "임용"이란 신규채용 · 승진 · 전보 · 파견 · 강임 · 휴직 · 직위해제 · 정직 · 강등 · 복직 · 면직 · 해임 및 파면을 말한다.
> ㉡ "전보"란 소방공무원의 동일 직위 및 자격 내에서의 근무기관이나 부서를 달리하는 임용을 말한다.
> ㉢ "강임"이란 동종의 직무 내에서 하위의 직위에 임명하는 것을 말한다.
> ㉣ "복직"이란 휴직 · 직위해제 또는 정직(강등에 따른 정직을 포함한다) 중에 있는 소방공무원을 직위에 복귀시키는 것을 말한다.
> ㉤ "소방기관"이라 함은 소방청, 특별시 · 광역시 · 특별자치시 · 도 · 특별자치도(이하 "시 · 도"라 한다)와 중앙소방학교 · 중앙119구조본부 · 지방소방학교 · 서울종합방재센터 및 소방서를 말한다. [임용령 제2조]
> ㉥ "필수보직기간"이란 소방공무원이 다른 직위로 전보되기 전까지 현 직위에서 근무하여야 하는 최소기간을 말한다.

20 다음 중 소방의 기본적 임무에 관한 내용으로 바르지 않은 것은?

① 정부의 기능 가운데 질서기능에 속하며, 그 중에서 보안기능을 담당한다.
② 화재예방과 경계를 통하여 사회의 공공 안녕 유지로 안전한 국민생활을 보호한다.
③ 화재의 진압으로 국민의 생명과 재산을 보호한다.
④ 구급대의 응급의료지원 서비스로 국민의 건강과 안전생활을 영위한다.

> **TIPS!**
>
> 소방의 임무
> ㉮ 기본임무
> ㉠ 기본적으로 소방의 목적을 지키기 위한 것이다
> ㉡ 질서기능에 속하며 보안기능을 담당
> ㉢ 국민의 생명과 재산을 보호한다.
> ㉣ 사회의 공공 안녕 유지로 안전한 국민생활을 보호한다. (기본적인 포괄적 개념)
> ㉯ 파생임무
> ㉠ 소방의 기본적인 임무 이외에 또 다른 임무를 말한다.
> ㉡ 봉사기능에 속하며 권력이 없는 직접 서비스기능을 말한다.
> ㉢ 구조대 및 구급대의 운영이 해당된다. (세부적인 구조 활동)

Answer 19.① 20.④

21 다음 중 간접소방행정기관에 대한 설명으로 바르지 않은 것은?

① 한국소방안전원의 설립은 법인으로 하며, 협회의 내부 규정에 관해서는 일반적으로 민법 가운데 재단법인의 규정을 준용한다.

② 대한소방공제회는 직무수행 중 사망하거나 상이를 입은 사람에 대한 지원 사업을 하며 소방기본법에 명시되어 있다.

③ 한국소방산업기술원은 소방산업의 진흥·발전을 효율적으로 지원하기 위하여 설립운영하며, 법인으로 하되 민법 가운데 재단법인의 규정을 준용한다.

④ 소방공무원에 대한 효율적인 공제제도를 확립·운영하고, 직무수행 중 사망하거나 상이를 입은 사람에 대한 지원 사업을 함으로써 이들의 생활 안정과 복지 증진에 이바지함을 목적으로 대한소방공제회를 설립한다.

> **TIPS!**
> 대한소방공제회는 소방공무원의 지원 사업을 하지만 소방기본에 명시된 조항은 없다.

22 다음 중 의용소방대원의 임무가 아닌 것은?

① 화재의 경계와 진압업무의 보조

② 소방기술자 자격증 대여

③ 화재 등 재난 발생 시 대피 및 구호업무의 보조

④ 화재예방업무의 보조

> **TIPS!**
> **의용소방대원의 임무**〈의용소방대 설치 및 운영에 관한 법률 제7조〉
> ㉠ 화재의 경계와 진압업무의 보조
> ㉡ 구조·구급 업무의 보조
> ㉢ 화재 등 재난 발생 시 대피 및 구호업무의 보조
> ㉣ 화재예방업무의 보조
> ㉤ 그 밖에 행정안전부령으로 정하는 사항

Answer 21.② 22.②

23 소방의 개념에 관한 설명으로 옳지 않은 것은?

① 형식적 의미의 소방은 소방기관이 행하는 소방작용을 말한다.
② 우리나라의 소방사무는 광역 지방사무로 분류한다.
③ 형식적 의미의 소방과 실질적 의미의 소방은 일치되어야 한다.
④ 실질적 의미의 소방은 소방기관 외 타기관의 업무도 포함된다.

> **TIPS!**
>
> 형식적 의미의 소방과 실질적 의미의 소방은 일치될 필요는 없으며, 소방기관이 담당하는 업무를 형식적 의미의 소방이라고 하며, 실질적 의미의 소방은 타행정기관이 행하는 사무도 포함한다.

24 다음 중 소방공무원의 업무로 옳지 않은 것은?

① 신고자, 목격자, 방화자의 조사
② 소송쟁의에 대해 조사
③ 위험 시설물에 대한 시정명령
④ 패닉현상, 안전사고 대비

> **TIPS!**
>
> ①,④ 화재조사 업무
> ③ 소방검사 업무
> ② 소방공무원은 소화활동, 화재조사, 소방검사,

25 다음 중 소방공무원법상 소방공무원의 의무로 옳지 않은 것은?

① 소방공무원은 직무에 관한 보고나 통보를 거짓으로 하여서는 아니 된다.
② 소방공무원은 직무를 게을리 하거나 유기하여서는 아니 된다.
③ 화재 진압 또는 구조·구급 활동을 할 때 소방공무원을 지휘·감독하는 사람은 정당한 이유 없이 그 직무수행을 거부 또는 유기하거나 소방공무원을 지정된 근무지에서 진출·후퇴 또는 이탈하게 하여서는 아니 된다.
④ 소방공무원의 복제에 관하여 필요한 사항은 소방청장이 정한다.

> **TIPS!**
>
> ④ 소방공무원의 복제에 관한 사항은 행정안전부령으로 정한다〈소방공무원법 제18조 제2항〉.
> ①② 거짓보고 등의 금지〈소방공무원법 제16조〉
> ③ 지휘권 남용 등의 금지〈소방공무원법 제17조〉

Answer   23.③   24.②   25.④

26 다음 중 인사위원회의 기능으로 옳지 않은 것은?

① 소방공무원의 인사행정에 관한 방침과 기준 및 기본계획을 심의한다.
② 소방공무원의 인사에 관한 법령의 제정·개정 또는 폐지에 관한 사항을 심의한다.
③ 소방청장과 시·도지사가 해당 인사위원회의 회의에 부치는 사항을 심의한다.
④ 소방령 이상의 국가소방공무원의 인사상담 및 고충을 심의한다.

> **TIPS!**
>
> 인사위원회의 기능〈소방공무원법 제4조〉
> ㉠ 소방공무원의 인사행정에 관한 방침과 기준 및 기본계획 심의
> ㉡ 소방공무원의 인사에 관한 법령의 제정·개정 또는 폐지에 관한 사항 심의
> ㉢ 그 밖에 소방청장과 시·도지사가 해당 인사위원회의 회의에 부치는 사항 심의

27 다음 중 기동장비에 해당하지 않는 것은?

① 소방자동차
② 소방선박
③ 소방용수기구
④ 소방항공기

> **TIPS!**
>
> 소방장비 [소방장비관리법 시행령 제6조 관련]
> 기동장비 : 자체에 동력원이 부착되어 자력으로 이동하거나 견인되어 이동할 수 있는 장비
>
> | 구분 | 품목 |
> |---|---|
> | 가. 소방자동차 | 소방펌프차, 소방물탱크차, 소방화학차, 화생방 대응차, 소방사다리차, 무인방수차, 지휘차, 구조차, 구급차, 조명배연차, 화재조사차, 생활안전차, 안전진단차, 소방순찰차, 현장지원차, 행정 및 교육지원차, 이륜차, 중장비 |
> | 나. 소방선박 | 소방정, 구조정, 지휘정 |
> | 다. 소방항공기 | 고정익항공기, 회전익항공기 |

Answer   26.④   27.③

28 다음 중 특수구조대 종류로 옳지 않은 것은?

① 국제구조대
② 산악구조대
③ 고속국도구조대
④ 화학구조대

> **TIPS!**
>
> **특수구조대** … 소방대상물, 지역 특성, 재난 발생 유형 및 빈도 등을 고려하여 시 · 도의 규칙으로
> 정하는 바에 따라 다음 각 목의 구분에 따른 지역을 관할하는 소방서에 다음 각 목의 구분에 따라 설치한다.
> 다만 고속국도구조대는 직할구조대에 설치할 수 있다〈119구조 · 구급에 관한 법률 시행령 제5조〉.
> ㉠ **화학구조대** : 화학공장이 밀집한 지역
> ㉡ **수난구조대** : 내수면어업법 제2조 제1호에 따른 내수면지역
> ㉢ **산악구조대** : 자연공원법 제2조 제1호에 따른 자연공원 등 산악지역
> ㉣ **고속국도구조대** : 도로법 제10조 제1호에 따른 고속국도
> ㉤ **지하철구조대** : 도시철도법 제2조 제3호 가목에 따른 도시철도의 역사(驛舍) 및 역 시설

29 다음 중 소방장비에 관한 설명으로 옳지 않은 것은?

① 기동장비 : 자체에 동력원이 부착되어 자력으로 이동하거나 견인되어 이동할 수 있는 장비
② 화재진압장비 : 화재진압활동에 직접 사용되는 필수장비
③ 구조장비 : 소방업무 수행을 위한 의사전달 및 정보교환 · 분석에 필요한 장비
④ 측정장비 : 소방업무 수행에 수반되는 각종 조사 및 측정을 위하여 사용되는 장비

> **TIPS!**
>
> **소방장비**〈소방장비 관리 규칙 별표1〉
> ① **기동장비** : 자체에 동력원이 부착되어 자력으로 이동하거나 견인되어 이동할 수 있는 장비
> ② **화재진압장비** : 화재진압활동에 직접 사용되는 필수장비
> ③ **구조장비** : 구조활동에 사용되는 장비
> ④ **구급장비** : 구급활동에 사용되는 장비
> ⑤ **정보통신장비** : 소방업무 수행을 위한 의사전달 및 정보교환 · 분석에 필요한 장비
> ⑥ **측정장비** : 소방업무 수행에 수반되는 각종 조사 및 측정을 위하여 사용되는 장비
> ⑦ **보호장비** : 소방현장에서 소방대원의 신체를 보호하는 장비
> ⑧ **보조장비** : 소방업무 수행을 위하여 간접 또는 부수적으로 필요한 장비

Answer 28.① 29.③

30 다음 중 소방서의 설치기준으로 옳지 않은 것은?

① 소방서는 시·군·자치구 단위로 설치한다.

② 소방업무의 효율성을 위해 인근 시·군 또는 자치구를 포함한 단위로 설치할 수 있다.

③ 소방서의 관할 구역에 설치된 119안전센터의 수가 3개를 초과하는 경우에는 소방서를 추가로 설치할 수 있다.

④ 특별한 소방대책이 필요한 경우에는 설치기준에 예외적으로 소방서를 설치할 수 있다.

> **TIPS!**
>
> **소방서의 설치기준**〈지방소방기관 설치에 관한 규정 별표2〉
> ㉠ 시(제주특별자치도 설치 및 국제자유도시 조성을 위한 특별법 제15조 제2항에 따른 행정시를포함한다)·군·구(지방자치단체인 구를 말한다) 단위로 설치하되, 소방업무의 효율적인 수행을 위하여 특히 필요한 경우에는 인근 시·군·구를 포함한 지역을 단위로 설치할 수 있다.
> ㉡ 소방서의 관할구역에 설치된 119안전센터의 수가 5개를 초과하는 경우에는 소방서를 추가로 설치할 수 있다.
> ㉢ 석유화학단지·공업단지·주택단지 또는 문화관광단지의 개발 등으로 대형 화재의 위험이 있거나 소방수요가 급증하여 특별한 소방대책이 필요한 경우에는 해당 지역마다 소방서를 설치할 수 있다.

31 다음 중 소방의 기본적인 임무에 대한 설명으로 옳은 것은?

① 사회의 공공안녕을 유지한다.　　② 권력이 없는 직접 서비스기능이다.

③ 구조대 및 구급대를 운영한다.　　④ 정부기능 중에서 봉사기능에 해당한다.

> **TIPS!**
>
> ②③④ 소방의 기본적 임무 외에 파생된 또 다른 임무이다.

32 소방서장이 화재 발생의 우려가 있는 경우 화재 예방을 위한 조치를 위반한 관계인에게 함부로 버려 두거나 그냥 둔 위험물 그 밖에 탈 수 있는 물건을 옮기거나 치우게 하는 등의 조치를 했을 때 소방강제 집행의 수단은 무엇으로 보는 것이 바른가?

① 대집행　　　　　　　　　　　② 이행강제금

③ 직접강제　　　　　　　　　　④ 강제징수

> **TIPS!**
>
> 작위하명에 해당하며, 직접강제이다.

Answer 30.③ 31.① 32.③

33 다음 중 소방력의 3요소가 아닌 것은?

① 소방인력   ③ 소방장비

③ 소화설비   ④ 소방용수

> **TIPS!**
>
> **소방력의 3요소** … 소방인력, 소방장비, 소방용수
>
> ※ **소방의 4요소**
>   ㉠ 인력(소방인력)
>   ㉡ 장비(소방장비)
>   ㉢ 수리(물 또는 소방용수)
>   ㉣ 소방전용 통신 및 전산 설비

34 소방공무원의 계급 정년에 관한 설명으로 바르지 못한 것은?

① 소방위는 연령정년이 있으나 계급정년은 없다.

② 소방경 이상은 계급정년이 있다.

③ 소방령은 연령정년은 60세이고, 계급정년은 14년이다.

④ 계급정년은 해당 계급의 임용일을 기준으로 한다.

> **TIPS!**
>
> 소방령 이상부터 계급 정년이 규정되어 있다
>
> ※ **소방공무원의 정년**〈법 제20조〉
>   ㉮ **연령정년** : 60세
>   ㉯ **계급정년**
>   ㉠ **소방감** : 4년
>   ㉡ **소방준감** : 6년
>   ㉢ **소방정** : 11년
>   ㉣ **소방령** : 14년

Answer   33.③ 34.②

35 다음 중 소방행정 작용의 특성이라 보기 어려운 것은?

① 우월성   ② 원칙성

③ 기술성   ④ 자율성

> **TIPS!**
>
> **소방행정 작용의 특성**
> ① 우월성 (지배·복종의 법률 관계)
>   예 화재의 예방조치, 강제 처분
> ② 획일성 및 원칙성
> ③ 기술성

36 다음 중 공무원의 분류 중 소방공무원과 소방의 직급에 관하여 바르게 기술한 것은?

① 소방공무원의 계급 구분은 10계급이다.
② 소방공무원은 단계에 따라 계급정년이 있다.
③ 소방공무원은 국가공무원법의 적용만 받는다.
④ 소방공무원은 별정직 공무원이다.

> **TIPS!**
>
> 연령 정년과 단계별 계급정년의 적용을 받는다.
> ※ 소방공무원의 정년〈법 제20조〉
>   ㉮ 연령정년 : 60세
>   ㉯ 계급정년
>   ㉠ 소방감 : 4년
>   ㉡ 소방준감 : 6년
>   ㉢ 소방정 : 11년
>   ㉣ 소방령 : 14년

Answer   35.④   36.②

37 다음 중 가스사업 허가를 받아야 하는 법률적 행위로 바른 것은?

① 대물적 허가
② 대인적 허가
③ 혼합적 허가
④ 부작위 허가

> **TIPS!**
>
> 허가는 허가를 유보한 상대적 금지가 있음을 전제로 한다.
> ㉠ 대물적 허가는 물건의 내용·상태 등 객관적 요소를 대상으로 하는 허가
> ㉡ 대인적 허가는 주로 사람의 능력·지식 등 주관적 요소를 대상으로 하는 허가
> ㉢ 혼합적 허가는 인적 요소와 물적 요소가 결합된 상태를 대상으로 하는 허가
> ※ 가스사업 허가는 사람(대인)의 자격 요건과 시설(대물)의 2가지 자격 요건을 갖추어야 하는 혼합적 허가
>   이다.

38 공무원 임용의 결격사유에 관한 설명으로 바르지 않은 것은?

① 피성년후견인 또는 피한정후견인
② 파산자로서 복권되지 아니한 자
③ 금고 이상의 실형을 선고받고 그 집행이 종료되거나 집행을 받지 아니하기로 확정된 후 5년이 지나
   지 아니한 자
④ 금고 이상의 형을 선고받고 그 집행유예 기간이 끝난 날부터 2년이 지난 자

> **TIPS!**
>
> 경쟁채용 응시자격 제한(학력 제한 없음)_ 국가공무원법 제33조, 지방공무원법 제31조 적용
> −피성년후견인 또는 피한정후견인
> −파산선고를 받고 복권되지 아니한 자
> −금고 이상의 실형을 선고 받고 그 집행이 종료되거나 집행을 받지 아니하기로 확정된 후 5년이 지나지 아
>   니한 자
> −금고 이상의 형을 선고 받고 그 집행유예 기간이 끝난 날부터 2년이 지나지 아니한 자
> −금고 이상의 형의 선고유예를 받은 경우에 그 선고유예 기간 중에 있는 자
> −법원의 판결 또는 다른 법률에 따라 자격이 상실되거나 정지된 자
> −공무원으로 재직기간 중 직무와 관련하여 형법 제355조(횡령, 배임) 및 제356조(업무상 횡령과 배임)에 규정
>   된 죄를 범한 사람으로서 300만 원 이상의 벌금형을 선고 받고 그 형이 확정된 후 2년이 지나지 아니한 자
> −징계로 파면처분을 받은 때부터 5년이 지나지 아니한 자
> −징계로 해임처분을 받은 때부터 3년이 지나지 아니한 자

Answer 37.③ 38.④

PART

04

재난관리

01 재난관리

section 1 재난의 유형과 특징

1. 재난의 개념 및 유형

재난에 대한 개념은 다양하게 정의되고 있다. ① 미국 연방재난관리청(FEMA)은 통상적으로 사망과 상해 및 재산피해를 가져오고 일상적인 절차나 정부의 자원으로는 관리할 수 없는 심각하고 규모가 큰 사건 ② 일본 재해대책기본법에서는 태풍·호우·폭설·홍수·해일·지진·쓰나미·화산폭발·기타 이상 현상 또는 대규모 화재의 원인으로 생기는 피해 ③ 유엔개발계획(UNDP)은 사회의 기본조직 및 정상기능을 와해시키는 갑작스런 사건으로 사회가 외부의 도움 없이 극복 할 수 없고, 정상적인 능력으로 처리할 수 있는 범위를 이탈한 일련의 사건 ④ 벨기에 재난역학연구센터(CRED)는 "지역의 수용능력을 이탈하여 국가적 또는 국제적 수준의 도움이 필요한 사건으로 정의하고 있다. 재난과 유사한 용어로는 재해·재앙·위기 등이 있으며, 재난은 우리 주변에서 빈번하게 발생하는 일상적인 사고와는 구별된다. 대한민국은 재난 및 안전관리기본법에서 다음과 같이 정의하고 있다.

(1) 재난의 개념

"재난 및 안전 관리 기본법" [제3조(정의)]에서 재난을 국민의 생명·신체·재산과 국가에 피해를 주거나 줄 수 있는 것으로 정의하고 있고, 자연재난·사회적재난·해외재난으로 구분하고 있으며, 자연재해대책법 [제2조(정의)]에서는 재난을 재해로 정의하고 있다.

① 국가 또는 지방자치단체 차원의 대처가 필요한 인명 또는 재산의 피해

② 그 밖에 ①의 피해에 준하는 것으로서 소방청장이 재난관리를 위하여 필요하다고 인정하는 피해

(2) 재난의 유형

1) 자연재난

태풍, 홍수, 호우, 강풍, 풍랑, 해일, 대설, 낙뢰, 가뭄, 폭염, 지진, 황사, 조류대발생, 조수, 화산활동, 그 밖에 이에 준하는 자연현상으로 인해 발생하는 재해

※ 자연재해대책법은 "자연재난"을 자연현상으로 인하여 발생하는 재해를 자연재해로, 태풍·홍수·호우·강풍·풍랑·해일·조수·대설, 그 밖에 이에 준하는 자연현상으로 인하여 발생하는 재해를 "풍수해"로 정의한다.

2) 사회재난

화재 · 붕괴 · 폭발 · 교통사고(항공사고 및 해상사고를 포함한다) · 화생방사고 · 환경오염사고 등으로 인하여 발생하는 대통령령으로 정하는 규모 이상의 피해와 에너지 · 통신 · 교통 · 금융 · 의료 · 수도 등 국가기반체계(이하 "국가기반체계"라 한다)의 마비, 「감염병의 예방 및 관리에 관한 법률」에 따른 감염병 또는 「가축전염병예방법」에 따른 가축전염병의 확산, 「미세먼지 저감 및 관리에 관한 특별법」에 따른 미세먼지 등으로 인한 피해

※ 기존재난분류에서는 인적재난 · 사회적재난 · 자연적재난 · 해외재난으로 분류하였으나, 현재는 인적재난이 사회적 재난에 포함되었음

　　예 세월호침몰사고, 대구지하철화재사고, 메르스사태, 금융권통신망마비, 씨프린스호기름유출사고

3) 해외재난

대한민국의 영역 밖에서 대한민국 국민의 생명 · 신체 및 재산에 피해를 주거나 줄 수 있는 재난으로서 정부차원에서 대처할 필요가 있는 재난

※ 2004년 5월 이라크에서 테러조직에 납치된 후 2004년 6월 피살된 김선일씨 납치피살사건
※ 2007년 7월 아프가니스탄에서 테러조직에 의해 샘물교회 신자 20명 납치사건

(3) 학자들의 재난 분류

1) 아네스(Anesth)의 재난분류

아네스(Anesth)는 재난을 자연재난과 인위재난으로 대분류 한후, 자연재난을 기후성재난과 지진성재난으로 인위재난을 사고성 재난과 계획적 재난으로 세분류하였다. 아네스(Anesth)의 재난분류는 미국의 지역재난계획에 주로 이용되고 있다.

대분류	세 분류	재난 종류
자연재난	기후성 재난	■태풍
	지진성 재난	■지진 ■화산폭발 ■해일
인위재난	사고성 재난	■생물학적 사고(바이러스 · 박테리아 · 독혈증 등) ■화학적 사고(유독물질 등) ■화재사고 ■교통사고(차량 · 항공 · 선박 · 철도) ■산업사고(건축물 붕괴) ■폭발사고(가스 갱도 화학 폭발물) ■방사능 재해
	계획적 재난	■테러 ■폭동 ■전쟁

2) 존스(Jones)의 재난분류

존스(Jones)는 재난을 발생원인과 재난현상에 따라 자연재난, 준 자연재난, 인위재난으로 분류하였다. 자연재난은 지구물리학적 재난과 생물학적 재난으로 구분한 후 지구물리학적 재난을 지질학적 재난, 지형학적 재난, 기상학적 재난으로 세분화하고 있어 그 범위가 광범위하다

재난					준 자연재난	인위재난
자연재난					■ 스모그현상 ■ 온난화현상 ■ 사막화현상 ■ 염수화현상 ■ 눈사태 ■ 산성화 ■ 홍수 ■ 토양침식 등	■ 공해 ■ 광하학 연무 ■ 폭동 ■ 교통사고 ■ 폭발사고 ■ 태업 ■ 전쟁 등
지구물리학적 재해				생물학적 재해		
지질학적 재난	지형학적 재난	기후학적 재난				
■ 지진 ■ 화산 ■ 쓰나미 등	■ 산사태 ■ 염수토양 등	■ 안개 ■ 눈 ■ 해일 ■ 번개 ■ 토네이도 ■ 폭풍 ■ 태풍 ■ 가뭄 ■ 이상기온 등		■ 세균질병 ■ 유독식물 ■ 유독동물		

3) 하인리히 법칙(Heinrich's Law)_도미노이론(연쇄반응이론)

하인리히(Herbert William Heinrich, 1881~1962)는 재해가 발생하는 과정이 도미노(domino)의 연쇄적 붕괴과정과 비슷하다고 보고 이를 재해발생 모델로 정립했다. 즉, 재해는 일련의 시간축 상의 여러 사건들의 연속적 작용으로 나타나는 것이다. 이러한 연속적 작용 중 가정환경과 사회환경의 결함은 재해발생의 최초 원인이다. 이는 "1 : 29 : 300 법칙"이라고도 한다. 대형사고가 발생하기 전에 그와 관련된 수많은 경미한 사고와 징후들이 반드시 존재한다는 것을 밝힌 법칙이다.

이러한 원인들이 개인결함으로 연결되고, 이것에 의해 인간의 불안전한 행동이나 불안전한 상태가 나타날 때 사고가 발생하게 되며, 재해로 연결될 수 있다. 하인리히는 처음으로 사고와 재해의 발생과정이 연쇄적 원인에 의해 나타난다는 것을 가정하였으며, 사고의 원인 중 불안전한 상태와 불안전한 행동을 가장 중요한 것으로 보고 안전관리는 이에 집중할 것을 권고하였다.

① 제1단계 유전적요인 및 사회적 환경
  - 무모 · 완고 · 탐욕 등 바람직하지 못한 성격은 유전적 일 가능성이 높다고 평가
  - 부적절한 환경은 성격 이상을 불러오고, 교육방해는 인적 결함의 원인이 된다

② 제2단계 개인적 결함
  - 무모함 · 신경질적 · 흥분 등 선천적 · 후천적인 인격 결함은 불안전한 행동을 유발한다.
  - 기계적 · 물리적인 위험성의 존재에 따른 인적 결함도 포함

③ 제3단계 불안전한 행동 및 불안전 상태
  - 안전장치 기능을 제거하거나 위험한 기계설비에 접근하는 불안전한 행동
  - 부적당한 방호상태, 불충분한 조명 등 불안전 상태는 직접적 사고의 원인이 된다

④ 제4단계 사고 ⋯ 제3단계가 진행되어 작업능률 저하, 직접 · 간접적인 인명피해와 재산손실을 가져온다

⑤ 제5단계 상해 ⋯ 직접적인 사고로 인한 재해로 사고발생의 최종결과 인적 · 물적 손실을 가져온다

4) 프랭크 버드(Frank E. Bird.)의 법칙(Bird's Domino Law)_도미노이론(연쇄성이론)

직접원인은 사고 발생시 어느 정도 그 원인을 쉽게 알 수 있는 것으로, 하인리히의 불안전 상태나 불안전행동 등이 이에 해당된다. 버드의 이론에서는 사고의 발생원인 중 불안전한 상태나 불안전한 행동을 사고의 직접원인으로 보지만, 이러한 원인이 나타나게 한 기본 원인에 보다 초점을 두고 있다. 이는 "1 : 10 : 30 : 600"의 법칙 이라고도 한다. 버드(Frank E. Bird. Jr., 1921~2007)는 하인리히의 도미노 이론(Heinrich's Law)을 변형한 이론을 제안하였다. 이 모델에 의하면 재해는 근본적으로 관리의 문제이고 사고 전에는 항상 사고가 발생할 전조(직접원인)가 나타난다고 보고 있다.

① 제1단계 제어의 부족 ⋯ 연쇄성 재해에서 가장 중요한 것은 안전관리자가 미리 확립된 상태에서 잔문 안전관리의 원리를 충분히 이해하고 이를 이행하는 것이다

② 제2단계 기본원인 ⋯ 재해나 사고 발생시 기본적인 배후 원인이 되는 것

　㉠ 개인적 요인 : 지식 및 기능의 부족, 부적당한 동기부여, 육체적•정신적 문제 등이다

　㉡ 작업상의 요인 : 기계설비의 결함, 부적당한 기기의 사용방법, 부적절한 작업기준 및 작업체계 등

③ 제3단계 직접원인 ⋯ 불안전한 행동 또는 불안전한 성태로서 하인리히를 비롯하여 프랭크버드의 연쇄이론에서도 가장 중요한 대책사항으로 취급되었다

④ 제4단계 사고 ⋯ 시고란 육체적 손상 · 손해 · 재해로 인한 손실의 결과로서 바람직하지 못한 상태나 사상을 의미하며, 사고와의 접촉단계에 해당한다

⑤ 제5단계 상해(손실) ⋯ 작업장에서 발생하는 신경적 · 정신적 · 육체적인 영향인 외상적 상해와 질병 등을 의미 한다

2. 재난의 특징

(1) 사회적 재난의 특징

사회적 재난 중 인적 재난분야는 인간의 부주의 또는 고의적인 범죄적 성격에 의한 돌발적으로 발생되는 측면이 강하여 예측은 불가능하다고 할 수 있다. 그러나 재난발생의 통제 가능성이란 측면에서 접근하면 자연재난은 통제가 거의 불가능 하지만, 사회적 재난 중 인적 재난분야는 어느 정도의 통제는 가능하다고 볼 수 있다. 재난은 돌발적으로 발생하며 통제가 어렵고 한번 발생으로 많은 인적 피해와 물적 피해를 동반하는 특징이 있으며, 그 내용은 상호작용성, 불확실성, 복잡성, 누적성, 통제 불가능성이 대표적 특징에 해당된다.

1) 상호작용성

재난이 발생하게 되면 재난 자체와 피해지역의 주요 기반시설 및 다수의 피해주민이 상호 영향을 미치면서 재난이 복잡하게 전개된다.

2) 불확실성

재난이 발생하게 되면 일정한 유형의 피해가 초래된다는 사실은 과거 경험에 의해 알려져 있지만, 실제로 재난이 발생할 확률과 시기 및 규모는 사전에 알 수 없는 상태를 말한다.

3) 복잡성

불확실성과 상호작용성의 산물로서 이들 두 요인이 상호간 복합적으로 작용하여 기존의 행정체계가 처리할 업무를 사전에 전부 파악하는 것은 불가능하다는 것이다.

4) 누적성

재난은 어느 순간 갑자기 발생하는 것이 아니며, 재난 발생 이전부터 오랜 기간 동안 조금씩 누적되어온 재난위험 요인들이 특정한 시점에서 외부로 돌발적으로 표출된 결과라 할 수 있다.

5) 통제 불가능성

자연재난의 경우 상황이 전개되는 시점에서 대응활동과 재난의 통제가 극히 제한적이다. 지진의 발생을 막을 수 없고, 장마와 태풍을 조절할 수 없다. 자연재난은 과거의 경험에 의한 인간의 노력으로 예측만 가능하여 피해를 감소시킬 수는 있지만 근본적인 통제는 불가능하다는 것이다.

(2) 사회적 재난의 책임 특성

사회적 재난 중 특히 인적 재난은 재난을 유발시킨 사람이 반드시 존재하므로 사후에 책임소재가 중요한 이슈로 나타난다. 재난관련자들은 책임소재에 대한 법적 소송이 계속되면서 사회에 만성적인 분노와 사회신뢰를 붕괴시키는 현상으로 나타나고 있다.

① 책임소재에 대한 갈등

② 엄청난 소송비용 발생

③ 불명확한 피해범위 및 복구작업의 지연

④ 사회 · 문화 · 정치적 혼란 초래

(3) 인적 재난의 특징

① 실질적인 위험이 크더라도 그것을 체감하지 못하거나 방심한다.

② 본인과 가족과의 직접적인 재난피해 외에는 무관심하다.

③ 시간과 기술, 산업발전에 따라 발생빈도나 피해규모가 다르다.

④ 인간의 면밀한 노력이나 철저한 관리에 의해 상당부분 근절시킬 수 있다.

⑤ 발생과정은 돌발적이며 강한 충격을 지니고 있으나, 같은 유형의 재난피해라도 형태나 규모 및 영향범위가 다르다.

⑥ 재난발생가능성과 상황변화를 예측하기 어렵다

⑦ 고의나 과실이든 타인에게 끼친 손해에 대한 배상의 책임을 가진다.

(4) 일상적 사고와 재난 사고의 특성 비교

1) 일상적 사고

① 일상적 측면

② 익숙한 절차

③ 도로 등 주요기반시설 피해 없음

④ 수용 가능한 통신빈도

⑤ 일상적 통신용어(대응조직 내 통신)

⑥ 대응자원이 관리능력 내

⑦ 지역언론 반응

⑧ 심리적 동요 없음

2) 재난

① 비 일상적 측면

② 익숙하지 않은 절차

③ 도로 등 주요기반시설 피해발생

④ 비 수용 가능한 통신빈도(과부하)

⑤ 비 일상적 통신용어(대응조직 간 상이한 통신용어)

⑥ 대응자원이 관리능력 초과(타 기관, 정부의 지원필요)

⑦ 중앙언론, 국제언론 반응

⑧ 심각한 스트레스 및 심리적 동요(공황상태)

(5) 자연재난과 인적재난의 특성 비교

1) 자연재난

① 발생과정이 돌발적이다.

② 발생강도가 강력하다.

③ 피해가시성은 환경의 변화와 밀접하다.

④ 과거의 경험과 데이터에 의해 예측 가능 하다.

⑤ 통제가 불가능하다.

⑥ 주로 광범위하게 영향을 미친다.

⑦ 인간에 대한 영향의 범위는 주로 재난희생자에게 한정된다.

⑧ 영향은 비교적 단기간 지속된다.

2) 인적재난

① 발생과정이 돌발적이다.

② 발생강도가 강력하다.

③ 새로운 형태의 재난등장으로 예측이 불가능하다.

④ 인간의 실수 또는 우연을 제외하고는 인간의 통제가 가능하다.

⑤ 대부분 국소적으로 영향을 미친다.

⑥ 불신과 신뢰상실로 희생되지 않은 인간에게까지 영향을 미친다.

⑦ 사건과 관련된 영향은 사안에 따라 단기간 또는 장기적으로 나타난다.

재난관리 개념 및 단계별 관리

1. 재난관리 개념

재난의 속성은 불확실성과 위험을 내포하고 있으므로 이러한 재난의 속성을 관리하는 것이다. 우리나라는 재난 및 안전관리기본법에서 재난관리란 재난의 예방·대비·대응 및 복구를 위하여 하는 모든 활동으로 정의하고 있으며, 유사한 용어로는 동법에서 재난이나 그 밖의 각종 사고로부터 사람의 생명·신체 및 재산의 안전을 확보하기 위하여 하는 모든 활동을 안전관리로 규정하고 있다. 따라서 재난관리란 각종 재난으로부터 국민의 생명, 신체 및 재산을 보호하기 위한 구제활동을 의미하고 있으며, 이는 재난에 의한 피해를 최소화하기 위해 재난의 예방, 대비, 대응, 복구에 관한 과정을 총칭하는 용어로 쓰이고 있다. 따라서 재난관리란 재난으로부터 국민의 신체·생명·재산을 최우선적으로 보호하기 위한 재난의 예방·대비·대응·복구를 위하여 행하는 모든 활동을 의미하며, 이미 발생한 재난에 대해서는 총체적으로 대응하여 가능한 빠르게 정상상태로의 복귀를 돕는 것으로 정의할 수 있다. 재난관리와 유사한 개념으로는 안전관리 외에 위기관리, 비상관리의 용어가 있다.

> **POINT** 헌법상의 규정[헌법 제34조 제6항]
> ① 국가는 재해를 예방하고 그 위험으로부터 국민을 보호하기 위하여 노력하여야 한다고 규정
> ② 헌법에서 국가의 존재이유는 국민의 생명과 재산으로 보호하는 것으로 책무를 규정하고 있다.

2. 재난관리 단계

우리나라는 재난 및 안전관리기본법에서 재난관리단계를 예방·대비·대응·복구단계의 4단계로 구분하고 있다. 이는 재난의 시간대별 진행과정을 중심으로 단계별로 구분한 것이다. 실제 재난의 발생을 기준으로 재난발생전과 재난 발생 후로 구분하고, 재난 발생 전은 예방단계와 대비단계로, 재난발생 후에는 대응단계와 복구단계로 구분한 것이다. 즉 예방단계와 대비단계를 사전단계로, 대응단계와 복구단계를 사후단계라 한다. 이러한 단계는 독립적 이라기보다는 상호 유기적이며 순환적인 관계를 이루고 있다. 재난관리단계는 재난발생 이후 단계에서 영역이 확장되기 때문에 재난관리 전 과정에서 다양한 구성원들 상호간 신속한 정보의 교환·협조·조정 등이 매우 중요하다. 예방·대비·대응·복구의 각 단계는 상호순환적인 성격을 띠고 있다. 따라서 각 단계에서의 활동내용 및 결과는 다음 단계에 영향을 준다. 특히 대응단계의 활동은 대비단계에 직접적으로 환류되고 대비활동의 문제점을 개선하게 된다.

(1) 예방단계

재난이 실제로 발생하기 전에 재난촉진 요인을 미리 제거하거나, 재난요인이 가급적 발생하지 않도록 억제 또는 완화시키는 과정으로 재난완화활동이라고도 한다. 위험감소 계획을 결정하여 집행함으로서 국민의 생명과 재산에 위험의 정도를 완화시키려는 비교적 장기적인 정책으로 이루어져 있다. 재난의 분석과 재난관리능력의 평가를 강조하는 단계이며, 미래에 직면하게 될 재난을 극복할 수 있는 능력을 배양시키는데 초점을 맞추고 있는 단계다. 즉, 사회에서 발생 할 수 있는 위험요인에 대해 예방을 어떻게 할 것인가를 결정하고 재난발생 위험요소를 사전에 감소 또는 제거하는 단계를 말한다.

┌─ 예방단계의 주요 활동 ─────────────────────────────────┐

① 재난영향의 예측 및 평가 및 위험지도 마련
② 재난취약시설에 대한 주기적인 검사와 규제
③ 위험시설이나 취약시설 보수·보강
④ 재난의 감소를 위한 강제규정 마련
⑤ 기상정보수집·분석 및 경보시스템 마련
⑥ 수해상습지역 설정 및 수해방지시설 공사
⑦ 안전기준 설정 및 비상활동 계획 수립

└──┘

(2) 대비단계

사전에 재난상황에서 수행하여야 할 제반 사항을 계획·준비·교육·훈련을 함으로서 재난능력을 제고시키고, 재난발생 시 즉각적으로 대응할 수 있도록 태세를 강화시키기 위해 개인·집단·조직·국가에 의해서 취해지는 모든 활동과정을 말하며, 준비단계라고도 한다. 이는 재난발생 시 효과적인 대응을 용이하게 하기 위한 작전능력을 향상시키기 위해 취해지는 사전준비활동 단계로 볼 수 있다. 즉, 실제 재난발생을 대비하여 구체적인 비상안전대책계획을 수립하고, 인적·물적 피해를 최소화하기 위한 비상발령체계 구축과 재난대응 조직의 일사 분란한 대응을 위한 훈련활동을 하는 단계를 말한다.

┌─ 대비단계의 주요 활동 ─────────────────────────────────┐

① 대응조직 관리 및 재난관리 우선순위체계 수립
② 재난대응시스템의 가동연습 및 대응요원의 교육훈련
③ 경보시스템 및 비상방송시스템 구축·관리
④ 긴급대응계획의 수립 및 연습
⑤ 자원관리체계구축, 자원의 수송 및 통제계획 수립
⑥ 표준 운영절차 확립
⑦ 응급복구를 위한 자재비축 및 장비의 가동준비

└──┘

(3) 대응단계

실제 재난발생 시 국가의 모든 자원과 역량을 효과적으로 활용하고 신속하게 대처함으로써 인적·물적 피해를 최소화하고 2차 재난발생 가능성을 감소시키려는 일련의 활동을 포함하는 단계이다. 이는 재난 시 재난관리기관들이 수행해야 할 임무와 기능을 실제적으로 적용하는 단계이다. 즉, 발생한 피해를 복구하고 원조를 제공할 뿐만 아니라 추가 손실발생 가능성을 감소시킴으로서 복구단계를 운영하는 과정에서 발생할 수 있는 문제를 최소화시키는 단계라 할 수 있다. 따라서 재난 발생 직전과 직후, 재난이 발생하여 진행되고 있는 긴박한 상황에서 긴급복구활동을 총칭하는 용어이다.

┌─ 대응단계의 주요활동 ─────────────────────────────────┐

① 비상방송 및 경보시스템 가동
② 긴급대응계획 가동 및 대응자원 동원
③ 시민들에게 비상대비 방어 긴급지시
④ 긴급 대피 및 은신
⑤ 피해주민 수용 · 구호 및 응급의료 지원활동 전개
⑥ 긴급대피 · 은신 및 탐색 · 구조

└──┘

(4) 복구단계

실제 재난이 발생한 후부터 피해지역이 재난발생 이전으로 원상회복되는 장기적인 과정일 뿐만 아니라 초기 회복기간으로부터 피해지역이 정상상태로 돌아올 때까지 지속적인 지원을 제공하는 단계이다. 즉 발생된 재난에 의한 피해를 재난 이전의 상태로 회복시키고, 제도개선 및 운영체계 보완 등을 통해 재발방지와 재난관리 능력을 보완하는 사후관리 활동을 포함하는 단계다. 재난피해지역의 주민을 포함한 모든 지역공동체가 재난 이전의 정상상태로 회복하는데 도움을 주는 일체의 활동이 이에 해당한다.

┌─ 복구단계의 주요활동 ─────────────────────────────────┐

① 피해평가 및 대부 · 보조금 지급 · 이재민 구호
② 피해주민 대응활동요원에 대한 재난심리상담(외상 후 스트레스증후군 관리)
③ 피해자 보상 및 배상관리
④ 재난 발생 및 문제점 조사
⑤ 복구 개선안 및 재발방지대책 마련
⑥ 임시통신망 구축 및 전염병 통제를 위한 방제활동

└──┘

3. 재난관리 특징

재난관리는 행정체제의 환경은 일반적 행정환경과는 달리 불확실성과 상호작용성 그리고 복잡성이라는 대표적 3대 특성이 있다.

(1) 불확실성

재난발생의 불확실성은 실제 재난발생 시 일정한 유형의 피해가 일어난다는 사실은 알고 있지만, 재난으로 인한 피해발생 확률, 시기 및 규모가 사전에 알려지지 않은 상태를 의미한다. 재난에 대한 행정관리체제는 재난대응에 필요한 범위와 시기, 대응력의 규모를 재난발생 전에 알 수 없는 불확실한 재난발생의 환경을 관리하여야 한다는데 있다. 재난의 불확실성으로 인해 재난관리는 시장에 의해 통제가 어렵고, 규제나 직접적인 활동을 위해서 반드시 정부의 개입이 필요하기 때문에 공공재적 성격을 지닌다.

(2) 상호작용성

실제 재난발생의 경우 재난 자체와 피해주민 및 피해지역의 주요 기반시설이 상호 영향을 끼치면서 여러 가지 다양한 사건으로 전개될 수 있음을 말하는 것이다. 예를 들면 폭우나 태풍이 발생한 경우 피해지역의 전기, 가스, 교량 등 핵심기반시설이 어느 정도 파괴되는가에 의해 실질적인 피해범위와 강도가 달라질 수 있다.

(3) 복잡성

재난관리 특성 중 불확실성과 상호작용의 산물로서 이들 두 요인이 복합적으로 작용함으로서 다수의 행정체제가 실제 처리하여야 할 업무를 재난발생 전에 전부 파악하는 것은 거의 불가능하다는 것이다. 재난은 불확실성과 복잡성으로 인해 경계성 및 가외성의 원리가 무엇보다 우선되어야 한다.

※ 가외성 … 외관상 당장은 불필요하거나 낭비적인 것으로 보이며, 정상적인 것 보다 초과분을 가지고 있음을 의미한다. 그러나 장래 불확실성에 노출될 때 적응의 실패를 방지할 수 있다.

4. 협의의 재난관리와 광의의 재난관리

재난관리는 협의의 재난관리와 광의의 재난관리로 구분할 수 있다. 협의의 재난관리는 실제 재난발생 시 피해를 최소화하기 위한 대응 및 복구과정을 중시하는 관리체계를 말하며, 광의의 재난관리는 사전에 재난을 예방하고 대비하며, 사후에 그로 인한 인적·물적 피해를 최소화하고 본래의 상태로 복구하기 위한 모든 측면을 포함하는 총체적 용어이다.

03 재난 및 안전관리 기본법

section 1 총칙

1. 재난 및 안전관리 기본법의 목적과 이념

(1) 목적 [법 제1조(목적)]

재난 및 안전관리 기본법은 각종 재난으로부터 국토를 보존하고 국민의 생명·신체 및 재산을 보호하기 위하여 국가와 지방자치단체의 재난 및 안전관리체제를 확립하고, 재난의 예방·대비·대응·복구와 안전문화활동, 그 밖에 재난 및 안전관리에 필요한 사항을 규정함을 목적으로 한다.

(2) 기본이념 [법 제2조(기본이념)]

재난 및 안전관리 기본법은 재난을 예방하고 재난이 발생한 경우 그 피해를 최소화하는 것이 국가와 지방자치단체의 기본적 의무임을 확인하고, 모든 국민과 국가·지방자치단체가 국민의 생명 및 신체의 안전과 재산보호에 관련된 행위를 할 때에는 안전을 우선적으로 고려함으로써 국민이 재난으로부터 안전한 사회에서 생활할 수 있도록 함을 기본이념으로 한다.

2. 용어의 정의 [법 제3조(정의)]

(1) "재난"이란 국민의 생명·신체·재산과 국가에 피해를 주거나 줄 수 있는 것으로서 다음의 것을 말한다.

1) 자연재난

태풍, 홍수, 호우(豪雨), 강풍, 풍랑, 해일(海溢), 대설, 낙뢰, 가뭄, 폭염, 지진, 황사(黃砂), 조류(藻類) 대발생, 조수(潮水), 화산활동, 소행성·유성체 등 자연우주물체의 추락·충돌, 그 밖에 이에 준하는 자연현상으로 인하여 발생하는 재해

2) 사회재난

화재·붕괴·폭발·교통사고(항공사고 및 해상사고를 포함한다)·화생방사고·환경오염사고 등으로 인하여 발생하는 대통령령으로 정하는 규모 이상의 피해와 에너지·통신·교통·금융·의료·수도 등 국가기반체계의 마비, 「감염병의 예방 및 관리에 관한 법률」에 따른 감염병 또는 「가축전염병예방법」에 따른 가축전염병의 확산, 「미세먼지 저감 및 관리에 관한 특별법」에 따른 미세먼지 등으로 인한 피해

① 국가 또는 지방자치단체 차원의 대처가 필요한 인명 또는 재산의 피해 [시행규칙 제2조 재난의 범위]

② 그 밖에 ①의 피해에 준하는 것으로서 행정안전부장관이 재난관리를 위하여 필요하다고 인정하는 피해

(2) "해외재난"이란 대한민국의 영역 밖에서 대한민국 국민의 생명·신체 및 재산에 피해를 주거나 줄 수 있는 재난으로서 정부차원에서 대처할 필요가 있는 재난을 말한다.

(3) "재난관리"란 재난의 예방·대비·대응 및 복구를 위하여 하는 모든 활동을 말한다.

(4) "안전관리"란 재난이나 그 밖의 각종 사고로부터 사람의 생명·신체 및 재산의 안전을 확보하기 위하여 하는 모든 활동을 말한다.

(5) **"안전기준"이란 각종 시설 및 물질 등의 제작, 유지관리 과정에서 안전을 확보할 수 있도록 적용하여야 할 기술적 기준을 체계화한 것을 말하며, 안전기준의 분야, 범위 등에 관하여는 대통령령으로 정한다.**

1) 건축 시설 분야 [시행령 2조의2]

다중이용업소, 문화재 시설, 유해물질 제작·공급시설 등 관련 구조나 설비의 유지·관리 및 소방 관련 안전기준

2) 생활 및 여가 분야

생활이나 여가활동에서 사용하는 기구, 놀이시설 및 각종 외부활동과 관련된 안전기준

3) 환경 및 에너지 분야

대기환경·토양환경·수질환경·인체에 위험을 유발하는 유해성 물질과 시설, 발전시설 운영과 관련된 안전기준

4) 교통 및 교통시설 분야

육상교통·해상교통·항공교통 등과 관련된 시설 및 안전 부대시설, 시설의 이용자 및 운영자 등과 관련된 안전기준

5) 산업 및 공사장 분야

각종 공사장 및 산업현장에서의 주변 시설물과 그 시설의 사용자 또는 관리자 등의 안전부주의 등과 관련된 안전기준(공장시설을 포함한다)

6) 정보통신 분야(사이버 안전 분야는 제외한다)

정보통신매체 및 관련 시설과 정보보호에 관련된 안전기준

7) 보건 · 식품 분야

의료 · 감염, 보건복지, 축산 · 수산 · 식품 위생 관련 시설 및 물질 관련 안전기준

8) 그 밖의 분야

제1호부터 제7호까지에서 정한 사항 외에 안전기준심의회에서 안전관리를 위하여 필요하다고 정한 사항과 관련된 안전기준

⑹ "재난관리책임기관"이란 재난관리업무를 하는 다음의 기관을 말한다.

1) 중앙행정기관 및 지방자치단체(「제주특별자치도 설치 및 국제자유도시 조성을 위한 특별법」에 따른 행정시를 포함한다)

2) 지방행정기관 · 공공기관 · 공공단체(공공기관 및 공공단체의 지부 등 지방조직을 포함) 및 재난관리의 대상이 되는 중요시설의 관리기관 등으로서 대통령령으로 정하는 기관

POINT 재난관리 대상 중요시설

재외공관, 농림축산검역본부, 지방우정청, 국립검역소, 유역환경청 또는 지방환경청, 지방고용노동청, 지방항공청, 지방국토관리청, 홍수통제소, 지방해양수산청, 지방산림청, 시 · 도의 교육청 및 시 · 군 · 구의 교육지원청, 한국철도공사, 서울메트로, 서울특별시도시철도공사, 한국농어촌공사, 한국농수산식품유통공사, 한국가스공사, 한국가스안전공사, 한국전기안전공사, 한국전력공사, 한국환경공단, 수도권매립지관리공사, 한국토지주택공사, 한국수자원공사, 한국도로공사, 인천교통공사, 인천국제공항공사, 한국공항공사, 국립공원관리공단, 한국산업안전보건공단, 한국산업단지공단, 부산교통공사, 한국철도시설공단, 한국시설안전공단, 한국원자력연구원, 한국원자력안전기술원, 농업협동조합중앙회, 수산업협동조합중앙회, 산림조합중앙회, 대한적십자사, 「하천법」에 따른 댐등의 설치자(관리자를 포함), 「원자력안전법」에 따른 발전용원자로 운영자, 「방송통신발전 기본법」에 따른 재난방송 사업자, 국립수산과학원, 국립해양조사원, 한국석유공사, 대한송유관공사, 한국전력거래소, 서울올림픽기념국민체육진흥공단, 한국지역난방공사, 한국관광공사, 국립자연휴양림관리소, 한국마사회, 지방자치단체 소속 시설관리공단, 지방자치단체 소속 도시개발공사, 한국남동발전주식회사, 한국중부발전주식회사, 한국서부발전주식회사, 한국남부발전주식회사, 한국동서발전주식회사, 한국수력원자력주식회사, 서울고속도로주식회사, 신공항하이웨이주식회사, 신대구부산고속도로주식회사, 천안논산고속도로주식회사, 공항철도주식회사, 서울시메트로9호선주식회사, 여수광양항만공사, 선박안전기술공단, 사단법인 한국선급, 한국원자력환경공단, 독립기념관, 예술의전당, 대구도시철도공사, 광주광역시도시철도공사, 대전광역시도시철도공사, 부산항만공사, 인천항만공사, 울산항만공사, 경기평택항만공사, 의정부경전철주식회사, 용인경량전철주식회사, 신분당선주식회사, 부산김해경전철주식회사, 부산울산고속도로주식회사, 경수고속도로주식회사, 경기고속도로주식회사, 서울춘천고속도로주식회사, 인천대교주식회사94, 경기남부도로주식회사, 해양환경관리공단, 가축위생방역지원본부, 국토지리정보원, 항공교통센터, 서울메트로9호선운영주식회사, 경기철도주식회사, 주식회사에스알, 규정한 사항 외에 행정안전부장관이 재난의 예방 · 대비 · 대응 · 복구를 위하여 특별히 필요하다고 인정하여 고시하는 기관 · 단체(민간단체를 포함) 및 민간업체. 이 경우 민간단체 및 민간업체에 대해서는 해당 단체 · 업체와 협의를 거쳐야 한다.

⑺ "재난관리주관기관"이란 재난이나 그 밖의 각종 사고에 대하여 그 유형별로 예방·대비·대응 및 복구 등의 업무를 주관하여 수행하도록 대통령령으로 정하는 관계 중앙행정기관을 말한다.

1) 교육부

학교 및 학교시설에서 발생한 사고

2) 과학기술정보통신부

① 우주전파 재난

② 정보통신 사고

③ 위성항법장치(GPS) 전파혼신

④ 자연우주물체의 추락·충돌

3) 외교부

해외에서 발생한 재난

4) 법무부

법무시설에서 발생한 사고

5) 국방부

국방시설에서 발생한 사고

6) 행정안전부

① 정부중요시설 사고

② 공동구(共同溝) 재난(국토교통부가 관장하는 공동구는 제외)

③ 내륙에서 발생한 유도선 등의 수난 사고

④ 풍수해(조수는 제외)·지진·화산·낙뢰·가뭄으로 인한 재난 및 사고로서 다른 재난관리주관기관에 속하지 아니하는 재난 및 사고

7) 문화체육관광부

경기장 및 공연장에서 발생한 사고

8) 농림축산식품부

① 가축 질병

② 저수지 사고

9) 산업통상자원부

① 가스 수급 및 누출 사고

② 원유수급 사고

③ 원자력안전 사고(파업에 따른 가동중단으로 한정)

④ 전력 사고

⑤ 전력생산용 댐의 사고

10) 보건복지부

① 감염병 재난

② 보건의료 사고

11) 환경부

① 수질분야 대규모 환경오염 사고

② 식용수(지방 상수도를 포함) 사고

③ 유해화학물질 유출 사고

④ 조류(藻類) 대발생(녹조에 한정한다)

⑤ 황사

12) 고용노동부

사업장에서 발생한 대규모 인적 사고

13) 국토교통부

① 국토교통부가 관장하는 공동구 재난

② 고속철도 사고

③ 국토교통부가 관장하는 댐 사고

④ 도로터널 사고

⑤ 식용수(광역상수도에 한정한다) 사고

⑥ 육상화물운송 사고

⑦ 지하철 사고

⑧ 항공기 사고

⑨ 항공운송 마비 및 항행안전시설 장애

⑩ 다중밀집건축물 붕괴 대형사고로서 다른 재난관리주관기관에 속하지 아니하는 재난 및 사고

14) 해양수산부

① 조류 대발생(적조에 한정)

② 조수(潮水)

③ 해양 분야 환경오염 사고

④ 해양 선박 사고

15) 금융위원회

금융 전산 및 시설 사고

16) 원자력안전위원회

① 원자력안전 사고(파업에 따른 가동중단은 제외한다)

② 인접국가 방사능 누출 사고

17) 소방청

① 화재 · 위험물 사고

② 다중 밀집시설 대형화재

18) 문화재청문화재 시설 사고

19) 산림청

① 산불

② 산사태

20) 해양경찰청

해양에서 발생한 유도선 등의 수난 사고

21) 재난관리주관기관이 지정되지 아니한 재난 및 사고에 대해서는 행정안전부장관이 「정부조직법」에 따른 관장 사무를 기준으로 재난관리주관기관을 정한다.

(8) "긴급구조"란 재난이 발생할 우려가 현저하거나 재난이 발생하였을 때에 국민의 생명·신체 및 재산을 보호하기 위하여 긴급구조기관과 긴급구조지원기관이 하는 인명구조, 응급처치, 그 밖에 필요한 모든 긴급한 조치를 말한다.

(9) "긴급구조기관"이란 소방청·소방본부 및 소방서를 말한다. 다만, 해양에서 발생한 재난의 경우에는 해양경찰청·지방해양경찰청 및 해양경찰서를 말한다.

(10) "긴급구조지원기관"이란 긴급구조에 필요한 인력·시설 및 장비, 운영체계 등 긴급구조능력을 보유한 기관이나 단체로서 대통령령으로 정하는 기관과 단체를 말한다.

1) 대통령령으로 정하는 긴급구조지원기관

① 교육부, 과학기술정보통신부, 국방부, 산업통상자원부, 보건복지부, 환경부, 국토교통부, 해양수산부, 방송통신위원회, 경찰청, 기상청 및 산림청

② 국방부장관이 탐색구조부대로 지정하는 군부대와 그 밖에 긴급구조지원을 위하여 국방부장관이 지정하는 군부대

③ 「대한적십자사 조직법」에 따른 대한적십자사

④ 「의료법」에 따른 종합병원

⑤ 「응급의료에 관한 법률」에 따른 응급의료기관, 같은 법에 따른 응급의료정보센터 및 구급차등의 운용자

⑥ 「재해구호법」에 따른 전국재해구호협회

⑦ 긴급구조기관과 긴급구조활동에 관한 응원협정을 체결한 기관 및 단체.

2) 행정안전부령으로 정하는 긴급구조지원기관

① 유역환경청 또는 지방환경청

② 지방국토관리청

③ 지방항공청

④ 「지역보건법」에 따른 보건소

⑤ 「지방공기업법」에 따른 지하철공사 및 도시철도공사

⑥ 「한국가스공사법」에 따른 한국가스공사

⑦ 「고압가스 안전관리법」에 따른 한국가스안전공사

⑧ 「한국농어촌공사 및 농지관리기금법」에 따른 한국농어촌공사

⑨ 「전기사업법」에 따른 한국전기안전공사

⑩ 「한국전력공사법」에 따른 한국전력공사

⑪ 「대한석탄공사법」에 따른 대한석탄공사

⑫ 「한국광물자원공사법」에 따른 한국광물자원공사

⑬ 「한국수자원공사법」에 따른 한국수자원공사

⑭ 「한국도로공사법」에 따른 한국도로공사

⑮ 「한국공항공사법」에 따른 한국공항공사

⑯ 「항만공사법」에 따른 항만공사

⑰ 「한국원자력안전기술원법」에 따른 한국원자력안전기술원 및 「방사선 및 방사성동위원소 이용진흥법」에 따른 한국원자력의학원

⑱ 「자연공원법」에 따른 국립공원관리공단

⑲ 「전기통신사업법」에 따른 기간통신사업자로서 소방청장이 정하여 고시하는 기간통신사업자

(11) "국가재난관리기준"이란 모든 유형의 재난에 공통적으로 활용할 수 있도록 재난관리의 전 과정을 통일적으로 단순화·체계화한 것으로서 행정안전부장관이 고시한 것을 말한다.

(12) "안전문화활동"이란 안전교육, 안전훈련, 홍보 등을 통하여 안전에 관한 가치와 인식을 높이고 안전을 생활화하도록 하는 등 재난이나 그 밖의 각종 사고로부터 안전한 사회를 만들어가기 위한 활동을 말한다.

(13) "안전취약계층"이란 어린이, 노인, 장애인 등 재난에 취약한 사람을 말한다.

(14) "재난관리정보"란 재난관리를 위하여 필요한 재난상황정보, 동원가능 자원정보, 시설물정보, 지리정보를 말한다.

(15) "재난안전통신망"이란 재난관리책임기관·긴급구조기관 및 긴급구조지원기관이 재난관리업무에 이용하거나 재난현장에서의 통합지휘에 활용하기 위하여 구축·운영하는 무선통신망을 말한다.

⒃ "국가핵심기반"이란 에너지, 정보통신, 교통수송, 보건의료 등 국가경제, 국민의 안전·건강 및 정부의 핵심기능에 중대한 영향을 미칠 수 있는 시설, 정보기술시스템 및 자산 등을 말한다.

3. 국가의 책무 [법 제4조(국가 등의 책무)]

(1) 국가와 지방자치단체는 재난이나 그 밖의 각종 사고로부터 국민의 생명·신체 및 재산을 보호할 책무를 지고, 재난이나 그 밖의 각종 사고를 예방하고 피해를 줄이기 위하여 노력하여야 하며, 발생한 피해를 신속히 대응·복구하기 위한 계획을 수립·시행하여야 한다.

(2) 재난관리책임기관의 장은 소관 업무와 관련된 안전관리에 관한 계획을 수립하고 시행하여야 하며, 그 소재지를 관할하는 특별시·광역시·특별자치시·도·특별자치도(이하 "시·도"라 한다)와 시(「제주특별자치도 설치 및 국제자유도시 조성을 위한 특별법」에 따른 행정시를 포함한다.)·군·구(자치구를 말한다)의 재난 및 안전관리업무에 협조하여야 한다.

4. 국민의 책무 [법 제5조(국민의 책무)]

국민은 국가와 지방자치단체가 재난 및 안전관리업무를 수행할 때 최대한 협조하여야 하고, 자기가 소유하거나 사용하는 건물·시설 등으로부터 재난이나 그 밖의 각종 사고가 발생하지 아니하도록 노력하여야 한다.

5. 업무의 책임 [법 제6조(재난 및 안전관리 업무의 총괄·조정)]

행정안전부장관은 국가 및 지방자치단체가 행하는 재난 및 안전관리 업무를 총괄·조정한다.

6. 타 법과의 관계 [법 제8조(다른 법률과의 관계 등)]

(1) 재난 및 안전관리에 관하여 다른 법률을 제정하거나 개정하는 경우에는 이 법의 목적과 기본이념에 맞도록 하여야 한다.

(2) 재난 및 안전관리에 관하여 「자연재해대책법」 등 다른 법률에 특별한 규정이 있는 경우를 제외하고는 이 법에서 정하는 바에 따른다.

section **2** 안전관리기구 및 기능

1 중앙안전관리위원회 등

1. 중앙 안전위원회 [법 제9조(중앙안전관리위원회)]

⑴ 재난 및 안전관리에 관한 다음의 사항을 심의하기 위하여 국무총리 소속으로 중앙안전관리위원회(이하 "중앙위원회"라 한다)를 둔다.

1) 재난 및 안전관리에 관한 중요 정책에 관한 사항

2) 국가안전관리기본계획에 관한 사항

3) 재난 및 안전관리 사업 관련 중기사업계획서, 투자우선순위 의견 및 예산요구서에 관한 사항

4) 중앙행정기관의 장이 수립·시행하는 계획, 점검·검사, 교육·훈련, 평가 등 재난 및 안전관리 업무의 조정에 관한 사항

5) 안전기준관리에 관한 사항

6) 재난사태의 선포에 관한 사항

7) 특별재난지역의 선포에 관한 사항

8) 재난이나 그 밖의 각종 사고가 발생하거나 발생할 우려가 있는 경우 이를 수습하기 위한 관계 기관 간 협력에 관한 중요 사항

9) 중앙행정기관의 장이 시행하는 대통령령으로 정하는 재난 및 사고의 예방사업 추진에 관한 사항 [시행령 제7조(재난 및 사고 예방사업의 범위)]

① 「기상관측표준화법」에 따른 기상관측의 표준화를 위하여 시행하는 사업

② 「농어촌정비법」에 따른 농업생산기반 정비사업 중 수리시설(水利施設) 개수·보수 사업, 농경지 배수(排水) 개선사업, 저수지 정비사업, 방조제 정비사업

③ 「댐건설 및 주변지역지원 등에 관한 법률」에 따른 댐의 관리를 위한 사업

④ 「도로법」에 따른 도로공사 중 재난 및 안전관리를 위하여 시행하는 사업

⑤ 「산림기본법」에 따른 산림재해 예방사업

⑥ 「사방사업법」에 따른 사방사업(砂防事業)

⑦ 「어촌·어항법」에 따른 어항정비사업

⑧ 「연안관리법」에 따른 연안정비사업

⑨ 「지진·화산재해대책법」에 따른 기존 공공시설물의 내진보강사업

⑩ 「하천법」에 따른 하천공사사업

⑪ 「항만법」에 따른 항만공사 중 재난 예방을 위한 사업

⑫ 그 밖에 중앙위원회의 위원장이 정하는 사업

10) 그 밖에 위원장이 회의에 부치는 사항

(2) 중앙위원회의 위원장은 국무총리가 되고, 위원은 대통령령으로 정하는 중앙행정기관 또는 관계 기관·단체의 장이 된다.

- 중앙안전관리위원회의 위원 [시행규칙 제6조]

1) 기획재정부장관, 교육부장관, 과학기술정보통신부장관, 외교부장관, 통일부장관, 법무부장관, 국방부장관, 행정안전부장관, 문화체육관광부장관, 농림축산식품부장관, 산업통상자원부장관, 보건복지부장관, 환경부장관, 고용노동부장관, 여성가족부장관, 국토교통부장관, 해양수산부장관 및 중소벤처기업부장관

2) 국가정보원장, 방송통신위원회위원장, 국무조정실장, 식품의약품안전처장, 금융위원회위원장 및 원자력안전위원회위원장

3) 경찰청장, 소방청장, 문화재청장, 산림청장, 기상청장 및 해양경찰청장

4) 그 밖에 중앙위원회의 위원장이 지정하는 기관 및 단체의 장

중앙행정기관의 장 순이란 위의 순서에 따른 중앙행정기관의 장의 순서이다.

(3) 중앙위원회의 위원장은 중앙위원회를 대표하며, 중앙위원회의 업무를 총괄한다.

(4) 중앙위원회에 간사 1명을 두며, 간사는 행정안전부장관이 된다.

(5) 중앙위원회의 위원장이 사고 또는 부득이한 사유로 직무를 수행할 수 없을 때에는 행정안전부장관, 대통령령으로 정하는 중앙행정기관의 장 순으로 위원장의 직무를 대행한다.

(6) 행정안전부장관 등이 중앙위원회 위원장의 직무를 대행할 때에는 행정안전부의 재난안전관리사무를 담당하는 본부장이 중앙위원회 간사의 직무를 대행한다.

(7) 중앙위원회는 사무가 국가안전보장과 관련된 경우에는 국가안전보장회의와 협의하여야 한다.

(8) 중앙위원회의 위원장은 그 소관 사무에 관하여 재난관리책임기관의 장이나 관계인에게 자료의 제출, 의견 진술, 그 밖에 필요한 사항에 대하여 협조를 요청할 수 있다. 이 경우 요청을 받은 사람은 특별한 사유가 없으면 요청에 따라야 한다.

(9) 중앙위원회의 구성과 운영 등에 필요한 사항은 대통령령으로 정한다.

2. 안전정책 조정위원회 [법 제10조(안전정책조정위원회)]

(1) 중앙위원회에 상정될 안건을 사전에 검토하고 다음 각 호의 사무를 수행하기 위하여 중앙위원회에 안전정책조정위원회(이하 "조정위원회"라 한다)를 둔다.

1) 재난 및 안전관리업무의 조정에 관한 사항, 안전기준관리에 관한 사항, 특별재난지역의 선포에 관한 사항, 관계 기관 간 협력에 관한 중요 사항에 대한 사전 조정

2) 재난 및 안전관리 기본법에 따른 집행계획의 심의

3) 국가기반시설의 지정에 관한 사항의 심의

4) 재난 및 안전관리기술 종합계획의 심의

5) 그 밖에 중앙위원회가 위임한 사항

(2) 조정위원회의 위원장은 행정안전부장관이 되고, 위원은 대통령령으로 정하는 중앙행정기관의 차관 또는 차관급 공무원과 재난 및 안전관리에 관한 지식과 경험이 풍부한 사람 중에서 위원장이 임명하거나 위촉하는 사람이 된다.

1) 기획재정부차관, 교육부차관, 과학기술정보통신부차관, 외교부차관, 통일부차관, 법무부차관, 국방부차관, 행정안전부의 재난안전관리사무를 담당하는 본부장, 문화체육관광부차관, 농림축산식품부차관, 산업통상자원부차관, 보건복지부차관, 환경부차관, 고용노동부차관, 여성가족부차관, 국토교통부차관, 해양수산부차관 및 중소벤처기업부차관. 이 경우 복수차관이 있는 기관은 재난 및 안전관리 업무를 관장하는 차관으로 한다. [시행령 제9조(안전정책조정위원회의 구성·운영 등)]

2) 국가정보원 제2차장, 방송통신위원회 상임위원, 국무조정실 제2차장 및 금융위원회 부위원장

3) 그 밖에 재난 및 안전관리에 관한 지식과 경험이 풍부한 사람 중에서 조정위원회 위원장이 임명하거나 위촉하는 사람

(3) 조정위원회에 간사위원 1명을 두며, 간사위원은 행정안전부의 재난안전관리사무를 담당하는 본부장이 된다.

(4) 조정위원회의 업무를 효율적으로 처리하기 위하여 조정위원회에 실무위원회를 둘 수 있다.

(5) 조정위원회의 위원장은 조정위원회에서 심의 · 조정된 사항 중 대통령령으로 정하는 중요 사항에 대해서는 조정위원회의 심의 · 조정 결과를 중앙위원회의 위원장에게 보고하여야 한다.

1) 집행계획의 심의 [시행령 제9조의2(조정위원회 심의 결과의 중앙위원회 보고)]

2) 국가기반시설의 지정에 관한 사항의 심의

3) 그 밖에 중앙위원회로부터 위임받아 심의한 사항 중 조정위원회 위원장이 필요하다고 인정하는 사항

(6) 조정위원회의 위원장은 중앙위원회 또는 조정위원회에서 심의 · 조정된 사항에 대한 이행상황을 점검하고, 그 결과를 중앙위원회에 보고할 수 있다.

(7) 조정위원회 및 실무위원회의 구성 및 운영 등에 필요한 사항은 대통령령으로 정한다.

1) 안전정책조정위원회의 구성 · 운영 등 [시행령 제9조]

① 중앙위원회에 두는 안전정책조정위원회의 위원은 다음의 사람이 된다.
  ㉠ 기획재정부차관, 교육부차관, 과학기술정보통신부차관, 외교부차관, 통일부차관, 법무부차관, 국방부차관, 행정안전부의 재난안전관리사무를 담당하는 본부장, 문화체육관광부차관, 농림축산식품부차관, 산업통상자원부차관, 보건복지부차관, 환경부차관, 고용노동부차관, 여성가족부차관, 국토교통부차관, 해양수산부차관 및 중소벤처기업부차관. 이 경우 복수차관이 있는 기관은 재난 및 안전관리 업무를 관장하는 차관으로 한다.
  ㉡ 국가정보원 제2차장, 방송통신위원회 상임위원, 국무조정실 제2차장 및 금융위원회 부위원장
  ㉢ 그 밖에 재난 및 안전관리에 관한 지식과 경험이 풍부한 사람 중에서 조정위원회 위원장이 임명하거나 위촉하는 사람
② 조정위원회의 회의는 위원이 요청하거나 위원장이 필요하다고 인정하는 경우에 위원장이 소집한다.
③ 조정위원회의 회의는 재적위원 과반수의 출석으로 개의하고, 출석위원 과반수의 찬성으로 의결한다.

④ 위원장은 회의 안건과 관련하여 필요하다고 인정하는 경우에는 관계 공무원과 민간전문가 등을 회의에 참석하게 하거나 관계 기관의 장에게 자료 제출을 요청할 수 있다. 이 경우 요청을 받은 관계 공무원과 관계 기관의 장은 특별한 사유가 없으면 요청에 따라야 한다.

⑤ 규정한 사항 외에 조정위원회의 구성 및 운영 등에 필요한 사항은 위원장이 정한다.

2) 실무위원회의 구성 · 운영 등 [시행령 제10조]

① 실무위원회는 위원장 1명을 포함하여 50명 내외의 위원으로 구성한다.

② 실무위원회는 다음의 사항을 심의한다.

  ㉠ 재난 및 안전관리를 위하여 관계 중앙행정기관의 장이 수립하는 대책에 관하여 협의 · 조정이 필요한 사항

  ㉡ 재난 발생 시 관계 중앙행정기관의 장이 수행하는 재난의 수습에 관하여 협의 · 조정이 필요한 사항

  ㉢ 그 밖에 실무위원회의 위원장이 회의에 부치는 사항

③ 실무위원장은 행정안전부의 재난안전관리사무를 담당하는 본부장이 된다.

④ 실무위원회의 위원은 다음에 해당하는 사람 중에서 성별을 고려하여 행정안전부장관이 임명하거나 위촉하는 사람으로 한다.

  ㉠ 관계 중앙행정기관의 고위공무원단에 속하는 공무원 또는 3급 상당 이상에 해당하는 공무원 중에서 해당 중앙행정기관의 장이 추천하는 공무원

  ㉡ 재난 및 안전관리에 관한 지식과 경험이 풍부한 사람

  ㉢ 그 밖에 실무위원장이 필요하다고 인정하는 분야의 전문지식과 경력이 충분한 사람

⑤ 실무위원회의 회의는 위원 5명 이상의 요청이 있거나 실무위원장이 필요하다고 인정하는 경우에 실무위원장이 소집한다.

⑥ 실무회의는 실무위원장과 실무위원장이 회의마다 지정하는 25명 내외의 위원으로 구성한다.

⑦ 실무회의는 구성원 과반수의 출석으로 개의(開議)하고, 출석위원 과반수의 찬성으로 의결한다.

⑧ 규정한 사항 외에 실무위원회의 구성 및 운영에 필요한 사항은 행정안전부장관이 정한다.

3) 중앙위원회 등의 수당 및 임기 등 [시행령 제12조]

① 중앙위원회, 조정위원회, 실무위원회 및 중앙재난방송협의회의 회의에 출석한 위원에게는 예산의 범위에서 수당과 여비, 그 밖의 실비를 지급할 수 있다. 다만, 공무원인 위원이 그 업무와 직접 관련하여 회의에 출석하는 경우에는 그러하지 아니하다.

② 중앙위원회, 조정위원회 및 중앙재난방송협의회의 위원 중 공무원인 위원의 임기는 해당 직위에 재임하는 기간으로 하고, 그 외의 위원의 임기는 2년으로 한다. 다만, 보궐위원의 임기는 전임자 임기의 남은 기간으로 한다.

3. 재난 및 안전관리 사업예산의 사전협의 등 [법 제10조의2]

(1) 관계 중앙행정기관의 장은 「국가재정법」에 따라 기획재정부장관에게 제출하는 중기사업계획서 중 재난 및 안전관리 사업(행정안전부장관이 기획재정부장관과 협의하여 정하는 사업)과 관련된 중기사업계획서와 해당 기관의 재난 및 안전관리 사업에 관한 투자우선순위 의견을 매년 1월 31일까지 행정안전부장관에게 제출하여야 한다.

(2) 관계 중앙행정기관의 장은 기획재정부장관에게 제출하는 「국가재정법」에 따른 예산요구서 중 재난 및 안전관리 사업 관련 예산요구서를 매년 5월 31일까지 행정안전부장관에게 제출하여야 한다.

(3) 행정안전부장관은 중기사업계획서, 투자우선순위 의견 및 예산요구서를 검토하고, 중앙위원회의 심의를 거쳐 다음의 사항을 매년 6월 30일까지 기획재정부장관에게 통보하여야 한다.

1) 재난 및 안전관리 사업의 투자 방향

2) 관계 중앙행정기관별 재난 및 안전관리 사업의 투자우선순위, 투자적정성, 중점 추진방향 등에 관한 사항

3) 재난 및 안전관리 사업의 유사성·중복성 검토결과

4) 그 밖에 재난 및 안전관리 사업의 투자효율성을 높이기 위하여 필요한 사항

(4) 기획재정부장관은 국가재정상황과 재정운용원칙에 부합하지 아니하는 등 부득이한 사유가 있는 경우를 제외하고 통보받은 결과를 토대로 재난 및 안전관리 사업에 관한 예산안을 편성하여야 한다.

4. 재난 및 안전관리 사업에 대한 평가 [법 제10조의3]

(1) 행정안전부장관은 매년 재난 및 안전관리 사업의 효과성 및 효율성을 평가하고, 그 결과를 관계 중앙행정기관의 장에게 통보하여야 한다.

(2) 행정안전부장관은 평가를 위하여 중앙행정기관의 장 또는 지방자치단체의 장 등에게 해당 기관에서 추진한 재난 및 안전관리 사업의 집행실적 등에 관한 자료 제출을 요청할 수 있다. 이 경우 자료 제출을 요청받은 중앙행정기관의 장 또는 지방자치단체의 장 등은 특별한 사유가 없으면 이에 따라야 한다.

(3) 관계 중앙행정기관의 장은 평가 결과를 다음 연도 재난 및 안전관리 사업에 반영하여야 한다.

(4) 평가의 범위·방법 등에 관하여 필요한 사항은 대통령령으로 정한다.

5. 지역위원회 [법 제11조]

(1) 지역별 재난 및 안전관리에 관한 다음의 사항을 심의·조정하기 위하여 특별시장·광역시장·특별자치시장·도지사·특별자치도지사(이하 "시·도지사"라 한다) 소속으로 시·도 안전관리위원회(이하 "시·도위원회"라 한다)를 두고, 시장(「제주특별자치도 설치 및 국제자유도시 조성을 위한 특별법」에 따른 행정시장을 포함)·군수·구청장(자치구의 구청장을 말한다.) 소속으로 시·군·구 안전관리위원회(이하 "시·군·구위원회"라 한다)를 둔다.

　1) 해당 지역에 대한 재난 및 안전관리정책에 관한 사항

　2) 안전관리계획에 관한 사항

　3) 해당 지역을 관할하는 재난관리책임기관(중앙행정기관과 상급 지방자치단체는 제외)이 수행하는 재난 및 안전관리업무의 추진에 관한 사항

　4) 재난이나 그 밖의 각종 사고가 발생하거나 발생할 우려가 있는 경우 이를 수습하기 위한 관계 기관 간 협력에 관한 사항

　5) 다른 법령이나 조례에 따라 해당 위원회의 권한에 속하는 사항

　6) 그 밖에 해당 위원회의 위원장이 회의에 부치는 사항

(2) 시·도위원회의 위원장은 시·도지사가 되고, 시·군·구위원회의 위원장은 시장·군수·구청장이 된다.

(3) 시·도위원회와 시·군·구위원회(이하 "지역위원회"라 한다)의 회의에 부칠 의안을 검토하고, 재난 및 안전관리에 관한 관계 기관 간의 협의·조정 등을 위하여 지역위원회에 안전정책실무조정위원회를 둘 수 있다.

(4) 지역위원회 및 안전정책실무조정위원회의 구성과 운영에 필요한 사항은 해당 지방자치단체의 조례로 정한다.

6. 재난방송협의회 [법 제12조]

(1) 재난에 관한 예보·경보·통지나 응급조치 및 재난관리를 위한 재난방송이 원활히 수행될 수 있도록 중앙위원회에 중앙재난방송협의회를 둘 수 있다.

(2) 지역 차원에서 재난에 대한 예보·경보·통지나 응급조치 및 재난방송이 원활히 수행될 수 있도록 지역위원회에 시·도 또는 시·군·구 재난방송협의회(지역재난방송협의회)를 둘 수 있다.

(3) 중앙재난방송협의회의 구성 및 운영에 필요한 사항은 대통령령으로 정하고, 지역재난방송협의회의 구성 및 운영에 필요한 사항은 해당 지방자치단체의 조례로 정한다.

　1) 중앙재난방송협의회는 위원장 1명과 부위원장 1명을 포함한 25명 이내의 위원으로 구성한다.

　2) 중앙재난방송협의회의 심의 사항

① 재난에 관한 예보·경보·통지나 응급조치 및 재난관리를 위한 재난방송 내용의 효율적 전파 방안

② 재난방송과 관련하여 중앙행정기관, 특별시·광역시·특별자치시·도·특별자치도 및 「방송법」에 따른 방송사업자 간의 역할분담 및 협력체제 구축에 관한 사항

③ 「언론중재 및 피해구제 등에 관한 법률」 제2조제1호에 따른 언론에 공개할 재난 관련 정보의 결정에 관한 사항

④ 재난방송 관련 법령과 제도의 개선 사항

⑤ 그 밖에 재난방송이 원활히 수행되도록 하기 위하여 필요한 사항으로서 방송통신위원회위원장과 과학기술정보통신부장관이 요청하거나 중앙재난방송협의회 위원장이 필요하다고 인정하는 사항

7. 안전관리민관협력위원회 [법 제12조의2]

(1) 조정위원회의 위원장은 재난 및 안전관리에 관한 민관 협력관계를 원활히 하기 위하여 중앙안전관리민관협력위원회(중앙민관협력위원회)를 구성·운영할 수 있다.

(2) 지역위원회의 위원장은 재난 및 안전관리에 관한 지역 차원의 민관 협력관계를 원활히 하기 위하여 시·도 또는 시·군·구 안전관리민관협력위원회(지역민관협력위원회)를 구성·운영할 수 있다.

　⑶ 중앙민관협력위원회의 구성 및 운영에 필요한 사항은 대통령령으로 정하고, 지역민관협력위원회의 구성 및 운영에 필요한 사항은 해당 지방자치단체의 조례로 정한다.

　중앙안전관리민관협력위원회는 공동위원장 2명을 포함하여 35명 이내의 위원으로 구성한다.

8. 중앙민관협력위원회의 기능 등 [법 제12조의3]

(1) 중앙민관협력위원회의 기능은 다음과 같다.

   1) 재난 및 안전관리 민관협력활동에 관한 협의

   2) 재난 및 안전관리 민관협력활동사업의 효율적 운영방안의 협의

   3) 평상시 재난 및 안전관리 위험요소 및 취약시설의 모니터링 · 제보

   4) 재난 발생 시 인적 · 물적 자원 동원, 인명구조 · 피해복구 활동 참여, 피해주민 지원서비스 제공 등에 관한 협의

(2) 중앙민관협력위원회의 회의는 다음에 해당하는 경우에 공동위원장이 소집할 수 있다.

   1) 대규모 재난의 발생으로 민관협력 대응이 필요한 경우

   2) 재적위원 4분의 1 이상이 회의 소집을 요청하는 경우

   3) 그 밖에 공동위원장이 회의 소집이 필요하다고 인정하는 경우

(3) 재난 발생 시 신속한 재난대응 활동 참여 등 중앙민관협력위원회의 기능을 지원하기 위하여 중앙민관협력위원회에 대통령령으로 정하는 바에 따라 재난긴급대응단을 둘 수 있다.

9. 지역위원회 등에 대한 지원 및 지도 [법 제13조]

행정안전부장관은 시 · 도위원회의 운영과 지방자치단체의 재난 및 안전관리업무에 대하여 필요한 지원과 지도를 할 수 있으며, 시 · 도지사는 관할 구역의 시 · 군 · 구위원회의 운영과 시 · 군 · 구의 재난 및 안전관리업무에 대하여 필요한 지원과 지도를 할 수 있다.

② 중앙재난안전대책본부 등

1. 중앙재난안전대책본부 등 [법 제14조]

(1) 대통령령으로 정하는 대규모 재난의 대응 · 복구(수습) 등에 관한 사항을 총괄 · 조정하고 필요한 조치를 하기 위하여 행정안전부에 중앙재난안전대책본부(중앙대책본부)를 둔다.

1) 재난 중 인명 또는 재산의 피해 정도가 매우 크거나 재난의 영향이 사회적 · 경제적으로 광범위하여 주무부처의 장 또는 지역재난안전대책본부(지역대책본부)의 본부장(지역대책본부장)의 건의를 받아 중앙재난안전대책본부의 본부장(중앙대책본부장)이 인정하는 재난 [시행령 제13조(대규모 재난의 범위)]

2) 1)에 따른 재난에 준하는 것으로서 중앙대책본부장이 재난관리를 위하여 중앙재난안전대책본부(중앙대책본부)의 설치가 필요하다고 판단하는 재난

(2) 중앙대책본부에 본부장과 차장을 둔다

(3) 중앙대책본부의 본부장(중앙대책본부장)은 행정안전부장관이 되며, 중앙대책본부장은 중앙대책본부의 업무를 총괄하고 필요하다고 인정하면 중앙재난안전대책본부회의를 소집할 수 있다. 다만, 해외재난의 경우에는 외교부장관이, 「원자력시설 등의 방호 및 방사능 방재 대책법」에 따른 방사능 재난의 경우에는 같은 법에 따른 중앙방사능방재대책본부의 장이 각각 중앙대책본부장의 권한을 행사한다.

(4) **재난의 효과적인 수습을 위하여 다음에 해당하는 경우에는 국무총리가 중앙대책본부장의 권한을 행사할 수 있다. 이 경우 행정안전부장관, 외교부장관(해외재난의 경우에 한정한다) 또는 원자력안전위원회 위원장(방사능 재난의 경우에 한정한다)이 차장이 된다.**

1) 국무총리가 범정부적 차원의 통합 대응이 필요하다고 인정하는 경우

2) 행정안전부장관이 국무총리에게 건의하거나 수습본부장의 요청을 받아 행정안전부장관이 국무총리에게 건의하는 경우

(5) 중앙대책본부장은 대규모재난이 발생하거나 발생할 우려가 있는 경우에는 대통령령으로 정하는 바에 따라 실무반을 편성하고, 중앙재난안전대책본부상황실을 설치하는 등 해당 대규모재난에 대하여 효율적으로 대응하기 위한 체계를 갖추어야 한다. 이 경우 중앙재난안전상황실과 인력, 장비, 시설 등을 통합 · 운영할 수 있다.

(6) **중앙대책본부, 중앙재난안전대책본부회의의 구성과 운영에 필요한 사항은 대통령령으로 정한다.**

중앙대책본부(방사능재난의 경우 중앙대책본부가 되는 「원자력시설 등의 방호 및 방사능 방재 대책법」에 따른 중앙방사능방재대책본부는 제외한다)에는 차장 · 총괄조정관 · 대변인 · 통제관 · 부대변인 및 담당관을 둔다. [시행령 제15조]

1) 차장

행정안전부의 재난안전관리사무를 담당하는 본부장

2) 총괄조정관

행정안전부 소속 공무원 중 해당 재난업무를 총괄하는 고위공무원단에 속하는 일반직 공무원

3) 대변인

행정안전부 소속 공무원 중 행정안전부장관이 지명하는 고위공무원단에 속하는 일반직공무원

4) 통제관

행정안전부 소속 공무원 중 해당 재난업무를 담당하는 고위공무원단에 속하는 일반직 공무원

5) 부대변인

재난 및 사고 유형별 재난관리주관기관 소속 공무원 중에서 소속 기관의 장의 추천을 받아 행정안전부장관이 지명하는 공무원

6) 담당관

행정안전부 소속 공무원 중 해당 재난업무를 담당하는 부서의 과장급 공무원

2. 수습지원단 파견 등 [법 제14조의2]

(1) 중앙대책본부장은 국내 또는 해외에서 발생한 대규모재난의 수습을 지원하기 위하여 관계 중앙행정기관 및 관계 기관·단체의 재난관리에 관한 전문가 등으로 수습지원단을 구성하여 현지에 파견할 수 있다.

(2) 중앙대책본부장은 구조·구급·수색 등의 활동을 신속하게 지원하기 위하여 행정안전부·소방청 또는 해양경찰청 소속의 전문 인력으로 구성된 특수기동구조대를 편성하여 재난현장에 파견할 수 있다.

(3) **수습지원단의 구성과 운영 및 특수기동구조대의 편성과 파견 등에 필요한 사항은 대통령령으로 정한다.**

수습지원단은 재난 유형별로 관계 재난관리책임기관의 전문가 및 민간 전문가로 구성한다. 다만, 해외재난의 경우에는 따로 수습지원단을 구성하지 아니하고 「119구조·구급에 관한 법률」에 따른 국제구조대로 갈음할 수 있다. [시행규칙 제18조(수습지원단의 구성 및 임무 등)]

3. 중앙대책본부장의 권한 등 [법 제15조]

(1) 중앙대책본부장은 대규모재난을 효율적으로 수습하기 위하여 관계 재난관리책임기관의 장에게 행정 및 재정상의 조치, 소속 직원의 파견, 그 밖에 필요한 지원을 요청할 수 있다. 이 경우 요청을 받은 관계 재난관리책임기관의 장은 특별한 사유가 없으면 요청에 따라야 한다.

(2) 파견된 직원은 대규모재난의 수습에 필요한 소속 기관의 업무를 성실히 수행하여야 하며, 대규모 재난의 수습이 끝날 때까지 중앙대책본부에서 상근하여야 한다.

(3) 중앙대책본부장은 해당 대규모재난의 수습에 필요한 범위에서 수습본부장 및 지역대책본부장을 지휘할 수 있다.

4. 중앙 및 지역사고수습본부 [법 제15조의2]

(1) 재난관리주관기관의 장은 재난이 발생하거나 발생할 우려가 있는 경우에는 재난상황을 효율적으로 관리하고 재난을 수습하기 위한 중앙사고수습본부(수습본부)를 신속하게 설치·운영하여야 한다.

(2) 수습본부의 장(수습본부장)은 해당 재난관리주관기관의 장이 된다.

(3) 수습본부장은 재난정보의 수집·전파, 상황관리, 재난발생 시 초동 조치 및 지휘 등을 위한 수습본부상황실을 설치·운영하여야 한다. 이 경우 재난안전상황실과 인력, 장비, 시설 등을 통합·운영할 수 있다.

(4) 수습본부장은 재난을 수습하기 위하여 필요하면 관계 재난관리책임기관의 장에게 행정상 및 재정상의 조치, 소속 직원의 파견, 그 밖에 필요한 지원을 요청할 수 있다. 이 경우 요청을 받은 관계 재난관리책임기관의 장은 특별한 사유가 없으면 요청에 따라야 한다.

(5) 수습본부장은 지역사고수습본부를 운영할 수 있으며, 지역사고수습본부의 장(지역사고수습본부장)은 수습본부장이 지명한다.

(6) 수습본부장은 해당 재난의 수습에 필요한 범위에서 시·도지사 및 시장·군수·구청장(시·도 대책본부 및 시·군·구 대책본부가 운영되는 경우에는 해당 본부장을 말한다)을 지휘할 수 있다.

(7) 수습본부장은 재난을 수습하기 위하여 필요하면 대통령령으로 정하는 바에 따라 수습지원단을 구성·운영할 것을 중앙대책본부장에게 요청할 수 있다.

⑻ 수습본부의 구성·운영 등에 필요한 사항은 대통령령으로 정한다.

중앙사고수습본부를 효율적으로 운영하기 위하여 중앙사고수습본부의 구성과 운영 등에 필요한 사항(이하 "수습본부운영규정"이라 한다)을 미리 정하여야 한다. 이 경우 중앙대책본부장과 협의를 거쳐야 한다. [시행령 제21조(중앙사고수습본부의 구성·운영)]

5. 지역재난안전대책본부 [법 제16조]

⑴ 해당 관할 구역에서 재난의 수습 등에 관한 사항을 총괄·조정하고 필요한 조치를 하기 위하여 시·도지사는 시·도 재난안전대책본부(이하 "시·도 대책본부"라 한다)를 두고, 시장·군수·구청장은 시·군·구 재난안전대책본부(이하 "시·군·구 대책본부"라 한다)를 둔다.

⑵ 시·도 대책본부 또는 시·군·구 대책본부(이하 "지역대책본부"라 한다)의 본부장(이하 "지역대책본부장"이라 한다)은 시·도지사 또는 시장·군수·구청장이 되며, 지역대책본부장은 지역대책본부의 업무를 총괄하고 필요하다고 인정하면 대통령령으로 정하는 바에 따라 지역재난안전대책본부회의를 소집할 수 있다.

⑶ 시·군·구 대책본부의 장은 재난현장의 총괄·조정 및 지원을 위하여 재난현장 통합지원본부(이하 "통합지원본부"라 한다)를 설치·운영할 수 있다. 이 경우 통합지원본부의 장은 긴급구조에 대해서는 시·군·구 긴급구조통제단장의 현장지휘에 협력하여야 한다.

⑷ 통합지원본부의 장은 관할 시·군·구의 부단체장이 되며, 실무반을 편성하여 운영할 수 있다.

⑸ 지역대책본부 및 통합지원본부의 구성과 운영에 필요한 사항은 해당 지방자치단체의 조례로 정한다.

6. 지역대책본부장의 권한 등 [법 제17조]

⑴ 지역대책본부장은 재난의 수습을 효율적으로 하기 위하여 해당 시·도 또는 시·군·구를 관할 구역으로 하는 재난관리책임기관의 장에게 행정 및 재정상의 조치나 그 밖에 필요한 업무협조를 요청할 수 있다. 이 경우 요청을 받은 재난관리책임기관의 장은 특별한 사유가 없으면 요청에 따라야 한다.

⑵ 지역대책본부장은 재난의 수습을 위하여 필요하다고 인정하면 해당 시·도 또는 시·군·구의 전부 또는 일부를 관할 구역으로 하는 재난관리책임기관의 장에게 소속 직원의 파견을 요청할 수 있다. 이 경우 요청을 받은 재난관리책임기관의 장은 특별한 사유가 없으면 즉시 요청에 따라야 한다.

⑶ 파견된 직원은 지역대책본부장의 지휘에 따라 재난의 수습에 필요한 소속 기관의 업무를 성실히 수행하여야 하며, 재난의 수습이 끝날 때까지 지역대책본부에서 상근하여야 한다.

7. 재난현장 통합자원봉사지원단의 설치 등 [법 제17조의 2]

(1) 지역대책본부장은 재난의 효율적 수습을 위하여 지역대책본부에 통합자원봉사지원단을 설치·운영할 수 있다.

(2) **통합자원봉사지원단은 다음 각 호의 업무를 수행한다.**

   1) 자원봉사자의 모집·등록

   2) 자원봉사자의 배치 및 운영

   3) 자원봉사자에 대한 교육훈련

   4) 자원봉사자에 대한 안전조치

   5) 자원봉사 관련 정보의 수집 및 제공

   6) 그 밖에 자원봉사 활동의 지원에 관한 사항

(3) 행정안전부장관은 통합자원봉사지원단의 원활한 운영을 위하여 필요한 경우 지방자치단체에 대하여 행정 및 재정적 지원을 할 수 있다.

(4) 행정안전부장관, 시·도지사 및 시장·군수·구청장은 통합자원봉사지원단의 원활한 운영을 위하여 필요한 경우 자원봉사 관련 업무 종사자에 대한 교육훈련을 실시할 수 있다.

(5) (1)부터 (4)까지에서 규정한 사항 외에 통합자원봉사지원단의 구성·운영에 관하여 필요한 사항은 해당 지방자치단체의 조례로 정한다.

③ 재난안전상황실 등

1. 재난안전상황실 [법 제18조]

(1) 행정안전부장관, 시·도지사 및 시장·군수·구청장은 재난정보의 수집·전파, 상황관리, 재난발생 시 초동 조치 및 지휘 등의 업무를 수행하기 위하여 다음에 따른 상시 재난안전상황실을 설치·운영하여야 한다.

1) 행정안전부장관 : 중앙재난안전상황실

2) 시·도지사 및 시장·군수·구청장 : 시·도별 및 시·군·구별 재난안전상황실

(2) 중앙행정기관의 장은 소관 업무분야의 재난상황을 관리하기 위하여 재난안전상황실을 설치·운영하거나 재난상황을 관리할 수 있는 체계를 갖추어야 한다.

(3) 재난관리책임기관의 장은 재난에 관한 상황관리를 위하여 재난안전상황실을 설치·운영할 수 있다.

(4) 재난안전상황실은 중앙재난안전상황실 및 다른 기관의 재난안전상황실과 유기적인 협조체제를 유지하고, 재난관리정보를 공유하여야 한다.

2. 재난 신고 등 [법 제19조]

(1) 누구든지 재난의 발생이나 재난이 발생할 징후를 발견하였을 때에는 즉시 그 사실을 시장·군수·구청장·긴급구조기관, 그 밖의 관계 행정기관에 신고하여야 한다.

(2) 신고를 받은 시장·군수·구청장과 그 밖의 관계 행정기관의 장은 관할 긴급구조기관의 장에게, 긴급구조기관의 장은 그 소재지 관할 시장·군수·구청장 및 재난관리주관기관의 장에게 통보하여 응급대처방안을 마련할 수 있도록 조치하여야 한다.

3. 재난상황의 보고 [법 제20조]

(1) 시장·군수·구청장, 소방서장, 해양경찰서장, 재난관리책임기관의 장 또는 국가핵심기반을 관리하는 기관·단체의 장(이하 "관리기관의 장"이라 한다)은 그 관할구역, 소관 업무 또는 시설에서 재난이 발생하거나 발생할 우려가 있으면 대통령령으로 정하는 바에 따라 재난상황에 대해서는 즉시, 응급조치 및 수습현황에 대해서는 지체 없이 각각 행정안전부장관, 관계 재난관리주관기관의 장 및 시·도지사에게 보고하거나 통보하여야 한다. 이 경우 관계 재난관리주관기관의 장 및 시·도지사는 보고받은 사항을 확인·종합하여 행정안전부장관에게 통보하여야 한다.

┌─ 보고사항 [시행령 제24조(재난상황의 보고)] ─────────────
① 재난 발생의 일시·장소와 재난의 원인
② 재난으로 인한 피해내용
③ 응급조치 사항
④ 대응 및 복구활동 사항
⑤ 향후 조치계획
⑥ 그 밖에 해당 재난을 수습할 책임이 있는 중앙행정기관의 장이 정하는 사항
└──────────────────────────────

(2) 시장·군수·구청장, 소방서장, 해양경찰서장, 재난관리책임기관의 장 또는 관리기관의 장은 재난이 발생한 경우 또는 재난 발생을 신고 받거나 통보받은 경우에는 즉시 관계 재난관리책임기관의 장에게 통보하여야 한다.

4. 해외재난상황의 보고 및 관리 [법 제21조]

(1) 재외공관의 장은 관할 구역에서 해외재난이 발생하거나 발생할 우려가 있으면 즉시 그 상황을 외교부장관에게 보고하여야 한다.

(2) 보고를 받은 외교부장관은 지체 없이 해외재난 발생 또는 발생 우려 지역에 거주하거나 체류하는 대한민국 국민(해외재난국민)의 생사확인 등 안전 여부를 확인하고, 행정안전부장관 및 관계 중앙행정기관의 장과 협의하여 해외재난국민의 보호를 위한 방안을 마련하여 시행하여야 한다.

(3) 해외재난국민의 가족 등은 외교부장관에게 해외재난국민의 생사확인 등 안전 여부 확인을 요청할 수 있다. 이 경우 외교부장관은 특별한 사유가 없으면 그 요청에 따라야 한다.

(4) 안전 여부 확인과 가족 등의 범위는 대통령령으로 정한다.

> ─ 해외재난상황의 보고 등 [시행령 제25조] ─────────
>
> ① 재외공관의 장은 관할 구역에서 해외재난이 발생하거나 발생할 우려가 있으면 외교부장관에게 보고하여야 한다.
> ② 안전 여부 확인을 요청할 수 있는 가족의 범위는 「민법」에 따른다.

---

section 3 안전관리계획

1. 국가안전관리기본계획의 수립 등 [법 제22조]

(1) 국무총리는 대통령령으로 정하는 바에 따라 국가의 재난 및 안전관리업무에 관한 기본계획(이하 "국가안전관리기본계획"이라 한다)의 수립지침을 작성하여 관계 중앙행정기관의 장에게 통보하여야 한다.

(2) 수립지침에는 부처별로 중점적으로 추진할 안전관리기본계획의 수립에 관한 사항과 국가재난관리체계의 기본방향이 포함되어야 한다.

(3) 관계 중앙행정기관의 장은 수립지침에 따라 그 소관에 속하는 재난 및 안전관리업무에 관한 기본계획을 작성한 후 국무총리에게 제출하여야 한다.

(4) 국무총리는 관계 중앙행정기관의 장이 제출한 기본계획을 종합하여 국가안전관리기본계획을 작성하여 중앙위원회의 심의를 거쳐 확정한 후 이를 관계 중앙행정기관의 장에게 통보하여야 한다.

(5) 중앙행정기관의 장은 확정된 국가안전관리기본계획 중 그 소관 사항을 관계 재난관리책임기관(중앙행정기관과 지방자치단체는 제외한다)의 장에게 통보하여야 한다.

(6) 국가안전관리기본계획을 변경하는 경우에는 (1)부터 (5)까지를 준용한다.

(7) 국가안전관리기본계획과 집행계획, 시·도 안전관리계획 및 시·군·구 안전관리계획은 「민방위기본법」에 따른 민방위계획 중 재난관리분야의 계획으로 본다.

(8) 국가안전관리기본계획에는 다음의 사항이 포함되어야 한다.

1) 재난에 관한 대책

2) 생활안전, 교통안전, 산업안전, 시설안전, 범죄안전, 식품안전, 안전취약계층 안전 및 그 밖에 이에 준하는 안전관리에 관한 대책

2. 집행계획 [법 제23조]

(1) 관계 중앙행정기관의 장은 통보받은 국가안전관리기본계획에 따라 그 소관 업무에 관한 집행계획을 작성하여 조정위원회의 심의를 거쳐 국무총리의 승인을 받아 확정한다.

(2) 관계 중앙행정기관의 장은 확정된 집행계획을 행정안전부장관, 시·도지사 및 재난관리책임기관의 장에게 각각 통보하여야 한다.

(3) 재난관리책임기관의 장은 통보받은 집행계획에 따라 세부집행계획을 작성하여 관할 시·도지사와 협의한 후 소속 중앙행정기관의 장의 승인을 받아 이를 확정하여야 한다. 이 경우 그 재난관리책임기관의 장이 공공기관이나 공공단체의 장인 경우에는 그 내용을 지부 등 지방조직에 통보하여야 한다.

3. 국가안전관리기본계획 등과의 연계 [법 제23조의2]

관계 중앙행정기관의 장은 소관 개별 법령에 따른 재난 및 안전과 관련된 계획을 수립하는 때에는 국가안전관리기본계획 및 집행계획과 연계하여 작성하여야 한다.

4. 시·도 안전관리계획의 수립 [법 제24조]

(1) 행정안전부장관은 국가안전관리기본계획과 집행계획에 따라 시·도의 재난 및 안전관리업무에 관한 계획(이하 "시·도 안전관리계획"이라 한다)의 수립지침을 작성하여 이를 시·도지사에게 통보하여야 한다.

(2) 시·도의 전부 또는 일부를 관할 구역으로 하는 재난관리책임기관의 장은 그 소관 재난 및 안전관리업무에 관한 계획을 작성하여 관할 시·도지사에게 제출하여야 한다.

(3) 시·도지사는 통보받은 수립지침과 제출 받은 재난 및 안전관리업무에 관한 계획을 종합하여 시·도 안전관리계획을 작성하고 시·도 위원회의 심의를 거쳐 확정한다.

(4) 시·도지사는 확정된 시·도 안전관리계획을 행정안전부장관에게 보고하고, 재난관리책임기관의 장에게 통보하여야 한다.

5. 시·군·구 안전관리계획의 수립 [법 제25조]

(1) 시·도지사는 확정된 시·도 안전관리계획에 따라 시·군·구의 재난 및 안전관리업무에 관한 계획(이하 "시·군·구 안전관리계획"이라 한다)의 수립지침을 작성하여 시장·군수·구청장에게 통보하여야 한다.

(2) 시·군·구의 전부 또는 일부를 관할 구역으로 하는 재난관리책임기관의 장은 그 소관 재난 및 안전관리업무에 관한 계획을 작성하여 시장·군수·구청장에게 제출하여야 한다.

(3) 시장·군수·구청장은 통보받은 수립지침과 (2)항에 따라 제출 받은 재난 및 안전관리업무에 관한 계획을 종합하여 시·군·구 안전관리계획을 작성하고 시·군·구 위원회의 심의를 거쳐 확정한다.

(4) 시장·군수·구청장은 확정된 시·군·구 안전관리계획을 시·도지사에게 보고하고, 재난관리책임기관의 장에게 통보하여야 한다.

section 4 재난의 예방

1. 재난관리책임기관의 장의 재난예방조치 등 [법 제25조의2]

(1) 재난관리책임기관의 장은 소관 관리대상 업무의 분야에서 재난 발생을 사전에 방지하기 위하여 다음의 조치를 하여야 한다.

1) 재난에 대응할 조직의 구성 및 정비

2) 재난의 예측 및 예측정보 등의 제공·이용에 관한 체계의 구축

3) 재난 발생에 대비한 교육·훈련과 재난관리예방에 관한 홍보

4) 재난이 발생할 위험이 높은 분야에 대한 안전관리체계의 구축 및 안전관리규정의 제정

5) 재난 및 안전관리 기본법에 따른 국가기반시설의 관리

6) 재난 및 안전관리 기본법에 따른 특정관리대상지역에 관한 조치

7) 재난 및 안전관리 기본법에 따른 재난방지시설의 점검·관리

8) 재난 및 안전관리 기본법에 따른 재난관리자원의 비축 및 장비·인력의 지정

9) 그 밖에 재난을 예방하기 위하여 필요하다고 인정되는 사항

(2) 재난관리책임기관의 장은 재난예방조치를 효율적으로 시행하기 위하여 필요한 사업비를 확보하여야 한다.

(3) 재난관리책임기관의 장은 다른 재난관리책임기관의 장에게 재난을 예방하기 위하여 필요한 협조를 요청할 수 있다. 이 경우 요청을 받은 다른 재난관리책임기관의 장은 특별한 사유가 없으면 요청에 따라야 한다.

(4) 재난관리책임기관의 장은 재난관리의 실효성을 확보할 수 있도록 안전관리체계 및 안전관리규정을 정비·보완하여야 한다.

(5) 재난관리책임기관의 장은 재난상황에서 해당 기관의 핵심기능을 유지하는 데 필요한 계획(이하 "기능연속성계획"이라 한다)을 수립·시행하여야 한다.

(6) 행정안전부장관은 재난관리책임기관의 기능연속성계획 이행실태를 정기적으로 점검하고, 그 결과를 재난관리체계 등에 대한 평가에 반영할 수 있다.

(7) 기능연속성계획에 포함되어야 할 사항 및 계획수립의 절차 등은 대통령령으로 정한다.

2. 국가기반시설의 지정 등 [법 제26조]

(1) 관계 중앙행정기관의 장은 소관 분야의 국가핵심기반을 다음의 기준에 따라 조정위원회의 심의를 거쳐 지정할 수 있다.

  1) 다른 기반시설이나 체계 등에 미치는 연쇄효과

  2) 둘 이상의 중앙행정기관의 공동대응 필요성

  3) 재난이 발생하는 경우 국가안전보장과 경제·사회에 미치는 피해 규모 및 범위

  4) 재난의 발생 가능성 또는 그 복구의 용이성

(2) 관계 중앙행정기관의 장은 (1)에 따른 지정 여부를 결정하기 위하여 필요한 자료의 제출을 소관 재난관리책임기관의 장에게 요청할 수 있다.

(3) 관계 중앙행정기관의 장은 소관 재난관리책임기관이 해당 업무를 폐지·정지 또는 변경하는 경우에는 조정위원회의 심의를 거쳐 국가기반시설의 지정을 취소할 수 있다.

(4) 국가기반시설의 지정 및 지정취소 등에 필요한 사항은 대통령령으로 정한다.

3. 국가기반시설의 관리 등 [법 제26조의2]

(1) 관계 중앙행정기관의 장은 제26조제1항에 따라 국가핵심기반을 지정한 경우에는 대통령령으로 정하는 바에 따라 소관 분야 국가핵심기반 보호계획을 수립하여 해당 관리기관의 장에게 통보하여야 한다.

(2) 관리기관의 장은 통보받은 국가기반체계 보호계획에 따라 소관 국가기반시설에 대한 보호계획을 수립·시행하여야 한다.

(3) 행정안전부장관 또는 관계 중앙행정기관의 장은 대통령령으로 정하는 바에 따라 국가기반시설의 보호 및 관리 실태를 확인·점검할 수 있다.

(4) 행정안전부장관은 국가기반시설에 대한 데이터베이스를 구축·운영하고, 관계 중앙행정기관의 장이 재난관리정책의 수립 등에 이용할 수 있도록 통합 지원할 수 있다.

4. 특정관리대상지역의 지정 및 관리 등 [법 제27조]

(1) 중앙행정기관의 장 또는 지방자치단체의 장은 재난이 발생할 위험이 높거나 재난예방을 위하여 계속적으로 관리할 필요가 있다고 인정되는 지역을 대통령령으로 정하는 바에 따라 특정관리대상지역으로 지정할 수 있다.

   1) 자연재난으로 인한 피해의 위험이 높거나 피해가 우려되는 시설 및 지역

   2) 주요 구조부 또는 보조부재의 노후화 또는 결함으로 보수·보강 등의 정비가 필요한 시설 또는 재난예방을 위하여 관리할 필요가 있다고 인정되는 지역으로서 시설 및 지역

   3) 그 밖에 재난관리책임기관의 장이 재난의 예방을 위하여 특별히 관리할 필요가 있다고 인정하는 시설 및 지역

(2) 재난관리책임기관의 장은 지정된 특정관리대상지역에 대하여 대통령령으로 정하는 바에 따라 재난 발생의 위험성을 제거하기 위한 조치 등 특정관리대상지역의 관리·정비에 필요한 조치를 하여야 한다.

(3) 중앙행정기관의 장, 지방자치단체의 장 및 재난관리책임기관의 장은 지정 및 조치 결과를 대통령령으로 정하는 바에 따라 행정안전부장관에게 보고하거나 통보하여야 한다.

(4) 행정안전부장관은 보고 받거나 통보받은 사항을 대통령령으로 정하는 바에 따라 정기적으로 또는 수시로 국무총리에게 보고하여야 한다.

(5) 국무총리는 보고 받은 사항 중 재난을 예방하기 위하여 필요하다고 인정하는 사항에 대해서는 중앙행정기관의 장, 지방자치단체의 장 또는 재난관리책임기관의 장에게 시정조치나 보완을 요구할 수 있다.

(6) 규정한 사항 외에 특정관리대상지역의 지정, 관리 및 정비에 필요한 사항은 대통령령으로 정한다.

(7) 행정안전부장관은 지방자치단체의 조치 등에 필요한 지원 및 지도를 할 수 있고, 관계 중앙행정기관의 장에게 협조를 요청할 수 있다. [제28조(지방자치단체에 대한 지원 등)]

5. 재난방지시설의 관리 [법 제29조]

(1) 재난관리책임기관의 장은 관계 법령 또는 안전관리계획에서 정하는 바에 따라 대통령령으로 정하는 재난방지시설을 점검·관리하여야 한다.

(2) 행정안전부장관은 재난방지시설의 관리 실태를 점검하고 필요한 경우 보수·보강 등의 조치를 재난관리책임기관의 장에게 요청할 수 있다. 이 경우 요청을 받은 재난관리책임기관의 장은 신속하게 조치를 이행하여야 한다.

6. 재난안전분야 종사자 교육 [법 제29조의2]

(1) 재난관리책임기관에서 재난 및 안전관리업무를 담당하는 공무원이나 직원은 행정안전부장관이 실시하는 전문교육을 행정안전부령으로 정하는 바에 따라 정기적으로 또는 수시로 받아야 한다.

교육 대상자 [시행규칙 제6조의2]

① 관리자 전문교육
　재난관리책임기관에서 재난 및 안전관리 업무를 담당하는 부서의 장
② 실무자 전문교육
　재난관리책임기관에서 재난 및 안전관리 업무를 담당하는 부서의 공무원 또는 직원으로서 1)에 해당하지 아니하는 사람
③ 전문교육의 교육기간은 3일 이내로 하고, 전문교육의 대상자는 해당 업무를 맡은 후 1년 이내에 신규교육을 받아야 하며, 신규교육을 받은 후 매 2년마다 정기교육을 받아야 한다.

---

(2) 행정안전부장관은 필요하다고 인정하면 대통령령으로 정하는 전문인력 및 시설기준을 갖춘 교육기관으로 하여금 전문교육을 대행하게 할 수 있다.

재난안전분야 종사자 교육을 위한 전문교육기관 [시행령 제37조의2]

① 행정안전부, 관계 중앙행정기관 또는 시·도 소속의 공무원 교육기관
② 재난관리책임기관(행정기관 외의 기관만 해당한다) 소속의 교육기관
③ 재난 및 안전관리 분야 교육 운영 실적이 있는 민간교육기관으로서 행정안전부장관이 지정하는 교육기관

---

(3) 행정안전부장관은 정당한 사유 없이 전문교육을 받지 아니한 자에 대하여 소속 재난관리책임기관의 장에게 징계할 것을 요구할 수 있다.

(4) 전문교육의 종류 및 대상, 그 밖에 전문교육의 실시에 필요한 사항은 행정안전부령으로 정한다.

7. 재난예방을 위한 긴급안전점검 등 [법 제30조]

(1) 행정안전부장관 또는 재난관리책임기관(행정기관만을 말한다. 이하 이 조에서 같다)의 장은 대통령령으로 정하는 시설 및 지역에 재난이 발생할 우려가 있는 등 대통령령으로 정하는 긴급한 사유가 있으면 소속 공무원으로 하여금 긴급안전점검을 하게 하고, 행정안전부장관은 다른 재난관리책임기관의 장에게 긴급안전점검을 하도록 요구할 수 있다. 이 경우 요구를 받은 재난관리책임기관의 장은 특별한 사유가 없으면 요구에 따라야 한다.

(2) 긴급안전점검을 하는 공무원은 관계인에게 필요한 질문을 하거나 관계 서류 등을 열람할 수 있다.

(3) 긴급안전점검의 절차 및 방법, 긴급안전점검결과의 기록·유지 등에 필요한 사항은 대통령령으로 정한다.

(4) 긴급안전점검을 하는 공무원은 그 권한을 표시하는 증표를 지니고 이를 관계인에게 보여주어야 한다.

(5) 행정안전부장관은 긴급안전점검을 하면 그 결과를 해당 재난관리책임기관의 장에게 통보하여야 한다.

8. 재난예방을 위한 안전조치 [법 제31조]

(1) 행정안전부장관 또는 재난관리책임기관(행정기관만을 말한다.)의 장은 긴급안전점검 결과 재난 발생의 위험이 높다고 인정되는 시설 또는 지역에 대하여는 대통령령으로 정하는 바에 따라 그 소유자·관리자 또는 점유자에게 다음의 안전조치를 할 것을 명할 수 있다.

1) 정밀안전진단(시설만 해당한다). 이 경우 다른 법령에 시설의 정밀안전진단에 관한 기준이 있는 경우에는 그 기준에 따르고, 다른 법령의 적용을 받지 아니하는 시설에 대하여는 행정안전부령으로 정하는 기준에 따른다.

2) 보수(補修) 또는 보강 등 정비

3) 재난을 발생시킬 위험요인의 제거

(2) 안전조치명령을 받은 소유자·관리자 또는 점유자는 이행계획서를 작성하여 행정안전부장관 또는 재난관리책임기관의 장에게 제출한 후 안전조치를 하고, 행정안전부령으로 정하는 바에 따라 그 결과를 행정안전부장관 또는 재난관리책임기관의 장에게 통보하여야 한다.

(3) 행정안전부장관 또는 재난관리책임기관의 장은 안전조치명령을 받은 자가 그 명령을 이행하지 아니하거나 이행할 수 없는 상태에 있고, 안전조치를 이행하지 아니할 경우 공중의 안전에 위해를 끼칠 수 있어 재난의 예방을 위하여 긴급하다고 판단하면 그 시설 또는 지역에 대하여 사용을 제한하거나 금지시킬 수 있다. 이 경우 그 제한하거나 금지하는 내용을 보기 쉬운 곳에 게시하여야 한다.

(4) 행정안전부장관 또는 재난관리책임기관의 장은 보수(補修) 또는 보강 등 정비 또는 재난을 발생시킬 위험요인의 제거에 따른 안전조치명령을 받아 이를 이행하여야 하는 자가 그 명령을 이행하지 아니하거나 이행할 수 없는 상태에 있고, 재난예방을 위하여 긴급하다고 판단하면 그 명령을 받아 이를 이행하여야 할 자를 갈음하여 필요한 안전조치를 할 수 있다. 이 경우 「행정대집행법」을 준용한다.

(5) 행정안전부장관 또는 재난관리책임기관의 장은 안전조치를 할 때에는 미리 해당 소유자·관리자 또는 점유자에게 서면으로 이를 알려 주어야 한다. 다만, 긴급한 경우에는 구두로 알리되, 미리 구두로 알리는 것이 불가능하거나 상당한 시간이 걸려

9. 안전취약계층에 대한 안전 환경 지원 [제31조의2]

(1) 재난관리책임기관의 장은 안전취약계층이 재난이나 그 밖의 각종 사고로부터 안전을 확보할 수 있는 생활환경을 조성하기 위하여 안전용품의 제공 및 시설 개선 등 필요한 사항을 지원하기 위하여 노력하여야 한다.

(2) 지원의 대상, 범위, 방법 및 절차 등에 필요한 사항은 대통령령 또는 해당 지방자치단체의 조례로 정한다.

(3) 행정안전부장관은 재난관리책임기관의 장에게 (1)에 따른 지원이 원활히 수행되는 데 필요한 사항을 요청할 수 있다. 이 경우 요청을 받은 재난관리책임기관의 장은 특별한 사유가 없으면 요청에 따라야 한다.

(4) 행정안전부장관은 제1항에 따른 지원과 관련하여 지방자치단체에 필요한 지원 및 지도를 할 수 있다.

10. 정부합동 안전 점검 [법 제32조]

(1) 행정안전부장관은 재난관리책임기관의 재난 및 안전관리 실태를 점검하기 위하여 대통령령으로 정하는 바에 따라 정부합동안전점검단(정부합동점검단)을 편성하여 안전 점검을 실시할 수 있다.

(2) 행정안전부장관은 정부합동점검단을 편성하기 위하여 필요하면 관계 재난관리책임기관의 장에게 관련 공무원 또는 직원의 파견을 요청할 수 있다. 이 경우 요청을 받은 관계 재난관리책임기관의 장은 특별한 사유가 없으면 요청에 따라야 한다.

(3) 행정안전부장관은 점검을 실시하면 점검결과를 관계 재난관리책임기관의 장에게 통보하고, 보완이나 개선이 필요한 사항에 대한 조치를 관계 재난관리책임기관의 장에게 요구할 수 있다.

(4) 점검결과 및 조치 요구사항을 통보받은 관계 재난관리책임기관의 장은 조치계획을 수립하여 필요한 조치를 한 후 그 결과를 행정안전부장관에게 통보하여야 한다.

11. 사법경찰권 [법 제32조의2]

재난예방을 위한 긴급안전점검 등의 규정에 따라 긴급안전점검을 하는 공무원은 이 법에 규정된 범죄에 관하여는 「사법경찰관리의 직무를 수행할 자와 그 직무범위에 관한 법률」에서 정하는 바에 따라 사법경찰관리의 직무를 수행한다.

12. 집중 안전점검 기간 운영 등 [제32조의3]

(1) 행정안전부장관은 재난을 예방하고 국민의 안전의식을 높이기 위하여 재난관리책임기관의 장의 의견을 들어 매년 집중 안전점검 기간을 설정하고 그 운영에 필요한 계획을 수립하여야 한다.

(2) 행정안전부장관 및 재난관리책임기관의 장은 집중 안전점검 기간 동안에 재난이나 그 밖의 각종 사고의 발생이 우려되는 시설 등에 대하여 집중적으로 안전점검을 실시할 수 있다.

(3) 행정안전부장관은 제2항에 따른 집중 안전점검 기간에 실시한 안전점검 결과로서 재난관리책임기관의 장이 관계 법령에 따라 공개하는 정보를 제66조의9제2항에 따른 안전정보통합관리시스템을 통하여 공개할 수 있다.

(4) (1)부터 (3)까지에서 규정한 사항 외에 집중 안전점검 기간의 설정 및 운영 등에 필요한 사항은 대통령령으로 정한다.

13. 안전관리전문기관에 대한 자료요구 등 [법 제33조]

(1) 행정안전부장관은 재난 예방을 효율적으로 추진하기 위하여 대통령령으로 정하는 안전관리전문기관에 안전점검결과, 주요시설물의 설계도서 등 대통령령으로 정하는 안전관리에 필요한 자료를 요구할 수 있다.

(2) 자료를 요구받은 안전관리전문기관의 장은 특별한 사유가 없으면 요구에 따라야 한다.

14. 재난관리체계 등에 대한 평가 등 [법 제33조의2]

(1) **행정안전부장관은 대통령령으로 정하는 바에 따라 다음의 사항을 정기적으로 평가할 수 있다.**

  1) 대규모재난의 발생에 대비한 단계별 예방·대응 및 복구과정

  2) 재난에 대응할 조직의 구성 및 정비 실태

3) 안전관리체계 및 안전관리규정

4) 재난관리기금의 운용 현황

(2) 공공기관에 대하여는 관할 중앙행정기관의 장이 평가를 하고, 시·군·구에 대하여는 시·도지사가 평가를 한다. 다만, 제 우수한 기관을 선정하기 위하여 필요한 경우에는 행정안전부장관이 확인평가를 할 수 있다.

(3) 행정안전부장관은 평가 결과를 중앙위원회에 종합 보고한다.

(4) 행정안전부장관은 필요하다고 인정하면 해당 재난관리책임기관의 장에게 시정조치나 보완을 요구할 수 있으며, 우수한 기관에 대하여는 예산지원 및 포상 등 필요한 조치를 할 수 있다. 다만, 공공기관의 장 및 시장·군수·구청장에게 시정조치나 보완 요구를 하려는 경우에는 관할 중앙행정기관의 장 및 시·도지사에게 한다.

(5) 행정안전부장관은 제2항에 따른 공공기관에 대한 평가 결과를 「공공기관의 운영에 관한 법률」에 따른 공공기관 경영실적 평가에 반영하도록 기획재정부장관에게 요구할 수 있다.

15. 재난관리 실태 공시 등 [법 제33조의3]

(1) **시장·군수·구청장은 다음의 사항이 포함된 재난관리 실태를 매년 1회 이상 관할 지역 주민에게 공시하여야 한다.**

1) 전년도 재난의 발생 및 수습 현황

2) 재난예방조치 실적

3) 재난관리기금의 적립 현황

4) 현장조치 행동매뉴얼의 작성·운용 현황

5) 그 밖에 대통령령으로 정하는 재난관리에 관한 중요 사항

(2) 행정안전부장관 또는 시·도지사는 평가 결과를 공개할 수 있다.

1. 재난관리자원의 비축 · 관리 [법 제34조]

(1) 재난관리책임기관의 장은 재난의 수습활동에 필요한 대통령령으로 정하는 장비, 물자, 자재 및 시설(이하 "재난관리자원"이라 한다)을 비축 · 관리하여야 한다.

(2) 행정안전부장관, 시 · 도지사 또는 시장 · 군수 · 구청장은 재난 발생에 대비하여 민간기관 · 단체 또는 소유자와 협의하여 응급조치에 사용할 장비, 시설 및 인력을 지정 · 관리할 수 있다.

(3) 행정안전부장관, 시 · 도지사 또는 시장 · 군수 · 구청장은 (2)에 따른 지정 · 관리를 위하여 필요한 경우에는 관계 행정기관의 장, 「공공기관의 운영에 관한 법률」 제2조에 따른 공공기관의 장, 「지방공기업법」 제49조에 따른 지방공사 또는 같은 법 제76조에 따른 지방공단의 장에게 다음에 따른 정보의 제공을 요청할 수 있다. 이 경우 요청을 받은 관계 행정기관의 장 또는 공공기관의 장 등은 정당한 사유가 없으면 이에 따라야 한다.

1) 「건설기계관리법」 제3조에 따른 건설기계의 등록정보

2) 그 밖에 제37조에 따른 응급조치에 사용할 장비, 시설 및 인력에 관한 정보로서 대통령령으로 정하는 정보

(4) 행정안전부장관은 재난관리책임기관의 장이 비축 · 관리하는 재난관리자원을 체계적으로 관리 및 활용할 수 있도록 재난관리자원공동활용시스템(이하 "자원관리시스템"이라 한다)을 구축 · 운영할 수 있다.

(5) 행정안전부장관은 자원관리시스템을 공동으로 활용하기 위하여 재난관리자원의 공동활용 기준을 정하여 재난관리책임기관의 장에게 통보할 수 있다. 이 경우 재난관리책임기관의 장은 통보받은 재난관리자원의 공동활용 기준에 따라 재난관리자원을 관리하여야 한다.

(6) 장비, 시설 및 인력의 지정 · 관리와 자원관리시스템의 구축 · 운영 등에 필요한 사항은 행정안전부령으로 정한다.

2. 재난현장 긴급통신수단의 마련 [법 제34조의2]

(1) 재난관리책임기관의 장은 재난의 발생으로 인하여 통신이 끊기는 상황에 대비하여 미리 유선이나 무선 또는 위성통신망을 활용할 수 있도록 긴급통신수단을 마련하여야 한다.

(2) 행정안전부장관은 재난현장에서 긴급통신수단이 공동 활용될 수 있도록 하기 위하여 재난관리책임 기관, 긴급구조기관 및 긴급구조지원기관에서 보유하고 있는 긴급통신수단의 보유 현황 등을 조사 하고, 긴급통신수단을 관리하기 위한 체계를 구축·운영할 수 있다.

(3) 행정안전부장관은 조사를 위하여 필요한 자료의 제출을 재난관리책임기관, 긴급구조기관 및 긴급 구조지원기관의 장에게 요청할 수 있다. 이 경우 요청을 받은 관계 기관의 장은 특별한 사유가 없 으면 요청에 따라야 한다.

3. 국가재난관리기준의 제정·운용 등 [법 제34조의3]

(1) 행정안전부장관은 재난관리를 효율적으로 수행하기 위하여 다음 각 호의 사항이 포함된 국가재난관리기준을 제정하여 운용하여야 한다. 다만, 「산업표준화법」에 따른 한국산업 표준을 적용할 수 있는 사항에 대하여는 한국산업표준을 반영할 수 있다.

1) 재난분야 용어정의 및 표준체계 정립

2) 국가재난 대응체계에 대한 원칙

3) 재난경감·상황관리·자원관리·유지관리 등에 관한 일반적 기준

4) 그 밖의 대통령령으로 정하는 사항

(2) 기준을 제정 또는 개정할 때에는 미리 관계 중앙행정기관의 장의 의견을 들어야 한다.

(3) 행정안전부장관은 재난관리책임기관의 장이 재난관리업무를 수행함에 있어 국가재난관리기준을 적 용하도록 권고할 수 있다.

4. 기능별 재난대응 활동계획의 작성 · 활용 [법 제34조의4]

(1) 재난관리책임기관의 장은 재난관리가 효율적으로 이루어질 수 있도록 대통령령으로 정하는 바에 따라 기능별 재난대응 활동계획을 작성하여 활용하여야 한다.

(2) 행정안전부장관은 재난대응활동계획의 작성에 필요한 작성지침을 재난관리책임기관의 장에게 통보할 수 있다.

(3) 행정안전부장관은 재난관리책임기관의 장이 작성한 재난대응활동계획을 확인 · 점검하고, 필요하면 관계 재난관리책임기관의 장에게 시정을 요청할 수 있다. 이 경우 시정 요청을 받은 재난관리책임기관의 장은 특별한 사유가 없으면 요청에 따라야 한다.

5. 재난분야 위기관리 매뉴얼 작성 · 운용 [법 제34조의5]

(1) **재난관리책임기관의 장은 재난을 효율적으로 관리하기 위하여 재난유형에 따라 다음 각 호의 위기관리 매뉴얼을 작성 · 운용하여야 한다. 이 경우 재난대응활동계획과 위기관리 매뉴얼이 서로 연계되도록 하여야 한다.**

1) 위기관리 표준매뉴얼

국가적 차원에서 관리가 필요한 재난에 대하여 재난관리 체계와 관계 기관의 임무와 역할을 규정한 문서로 위기대응 실무매뉴얼의 작성 기준이 되며, 재난관리주관기관의 장이 작성한다. 다만, 다수의 재난관리주관기관이 관련되는 재난에 대해서는 관계 재난관리주관기관의 장과 협의하여 행정안전부장관이 위기관리 표준매뉴얼을 작성할 수 있다.

2) 위기대응 실무매뉴얼

위기관리 표준매뉴얼에서 규정하는 기능과 역할에 따라 실제 재난대응에 필요한 조치사항 및 절차를 규정한 문서로 재난관리주관기관의 장과 관계 기관의 장이 작성한다. 이 경우 재난관리주관기관의 장은 위기대응 실무매뉴얼과 위기관리 표준매뉴얼을 통합하여 작성할 수 있다.

3) 현장조치 행동매뉴얼

재난현장에서 임무를 직접 수행하는 기관의 행동조치 절차를 구체적으로 수록한 문서로 위기대응 실무매뉴얼을 작성한 기관의 장이 지정한 기관의 장이 작성한다. 다만, 시장 · 군수 · 구청장은 재난 유형별 현장조치 행동매뉴얼을 통합하여 작성할 수 있다.

(2) 행정안전부장관은 재난유형별 위기관리 매뉴얼의 작성 및 운용기준을 정하여 관계 중앙행정기관의 장 및 재난관리책임기관의 장에게 통보할 수 있다.

(3) 재난관리주관기관의 장이 작성한 위기관리 표준매뉴얼은 행정안전부장관의 승인을 받아 이를 확정하고, 위기대응 실무매뉴얼과 연계하여 운용하여야 한다.

(4) 재난관리주관기관의 장은 위기관리 표준매뉴얼 및 위기대응 실무매뉴얼을 정기적으로 점검하여야 한다.

(5) **행정안전부장관은 재난관리업무를 효율적으로 하기 위하여 대통령령으로 정하는 바에 따라 위기관리에 필요한 매뉴얼 표준안을 연구·개발하여 보급할 수 있다. 이 경우 다음의 사항을 고려하여야 한다.**

1) 재난유형에 따른 국민행동요령의 표준화

2) 재난유형에 따른 예방·대비·대응·복구 단계별 조치사항에 관한 연구 및 표준화

3) 재난현장에서의 대응과 상호협력 절차에 관한 연구 및 표준화

4) 안전취약계층의 특성을 반영한 연구·개발

5) 그 밖에 위기관리에 관한 매뉴얼의 개선·보완에 필요한 사항

6. 다중이용시설 등의 위기상황 매뉴얼 작성·관리 및 훈련 [법 제34조의6]

(1) 대통령령으로 정하는 다중이용시설 등의 소유자·관리자 또는 점유자는 대통령령으로 정하는 바에 따라 위기상황에 대비한 매뉴얼(위기상황 매뉴얼)을 작성·관리하여야 한다. 다만, 다른 법령에서 위기상황에 대비한 대응계획 등의 작성·관리에 관하여 규정하고 있는 경우에는 그 법령에서 정하는 바에 따른다.

(2) 소유자·관리자 또는 점유자는 대통령령으로 정하는 바에 따라 위기상황 매뉴얼에 따른 훈련을 주기적으로 실시하여야 한다. 다만, 다른 법령에서 위기상황에 대비한 대응계획 등의 훈련에 관하여 규정하고 있는 경우에는 그 법령에서 정하는 바에 따른다.

(3) 행정안전부장관, 관계 중앙행정기관의 장 또는 지방자치단체의 장은 위기상황 매뉴얼(위기상황에 대비한 대응계획 등을 포함한다)의 작성·관리 및 훈련실태를 점검하고 필요한 경우에는 개선명령을 할 수 있다.

7. 안전기준의 등록 및 심의 등 [법 제34조의7]

(1) 행정안전부장관은 안전기준을 체계적으로 관리·운용하기 위하여 안전기준을 통합적으로 관리할 수 있는 체계를 갖추어야 한다.

(2) 중앙행정기관의 장은 관계 법률에서 정하는 바에 따라 안전기준을 신설 또는 변경하는 때에는 행정안전부장관에게 안전기준의 등록을 요청하여야 한다.

(3) 행정안전부장관은 안전기준의 등록을 요청받은 때에는 안전기준심의회의 심의를 거쳐 이를 확정한 후 관계 중앙행정기관의 장에게 통보하여야 한다.

(4) 중앙행정기관의 장이 신설 또는 변경하는 안전기준은 국가재난관리기준에 어긋나지 아니하여야 한다.

8. 재난안전통신망의 구축·운영 [법 제34조의8]

(1) 행정안전부장관은 체계적인 재난관리를 위하여 재난안전통신망을 구축·운영하여야 하며, 재난관리책임기관·긴급구조기관 및 긴급구조지원기관(재난관련기관)은 재난관리에 재난안전통신망을 사용하여야 한다.

(2) 재난관련기관은 평상시 또는 재난발생 시를 대비하여 재난안전통신망을 활용한 관련기관 간 재난대응 절차를 마련하여야 하며, 행정안전부장관은 재난관련기관에서 필요한 재난대응 절차를 연구·개발하여 보급할 수 있다.

9. 재난대비훈련 기본계획 수립 [법 제34조의9]

(1) 행정안전부장관은 매년 재난대비훈련 기본계획을 수립하고 재난관리책임기관의 장에게 통보하여야 한다.

(2) 재난관리책임기관의 장은 재난대비훈련 기본계획에 따라 소관분야별로 자체계획을 수립하여야 한다.

(3) 행정안전부장관은 수립한 재난대비훈련 기본계획을 국회 소관상임위원회에 보고하여야 한다.

10. 재난대비훈련 실시 [법 제35조]

(1) 행정안전부장관, 중앙행정기관의 장, 시·도지사, 시장·군수·구청장 및 긴급구조기관(훈련주관기관)의 장은 대통령령으로 정하는 바에 따라 매년 정기적으로 또는 수시로 재난관리책임기관, 긴급구조지원기관 및 군부대 등 관계 기관(훈련참여기관)과 합동으로 재난대비훈련(위기관리 매뉴얼의 숙달훈련을 포함한다)을 실시하여야 한다.

(2) 훈련주관기관의 장은 재난대비훈련을 실시하려면 자체계획을 토대로 재난대비훈련 실시계획을 수립하여 훈련참여기관의 장에게 통보하여야 한다.

(3) 훈련참여기관의 장은 재난대비훈련을 실시하면 훈련상황을 점검하고, 그 결과를 대통령령으로 정하는 바에 따라 훈련주관기관의 장에게 제출하여야 한다.

(4) 훈련주관기관의 장은 대통령령으로 정하는 바에 따라 다음의 조치를 하여야 한다.

　1) 훈련참여기관의 훈련과정 및 훈련결과에 대한 점검·평가

　2) 훈련참여기관의 장에게 훈련과정에서 나타난 미비사항이나 개선·보완이 필요한 사항에 대한 보완조치 요구

　3) 훈련과정에서 나타난 제34조의5제1항 각 호의 위기관리 매뉴얼의 미비점에 대한 개선·보완 및 개선·보완조치 요구

---

section 6 재난의 대응

① 응급조치 등

1. 재난사태 선포 [법 제36조]

(1) 행정안전부장관은 대통령령으로 정하는 재난이 발생하거나 발생할 우려가 있는 경우 사람의 생명·신체 및 재산에 미치는 중대한 영향이나 피해를 줄이기 위하여 긴급한 조치가 필요하다고 인정하면 중앙위원회의 심의를 거쳐 재난사태를 선포할 수 있다. 다만, 행정안전부장관은 재난상황이 긴급하여 중앙위원회의 심의를 거칠 시간적 여유가 없다고 인정하는 경우에는 중앙위원회의 심의를 거치지 아니하고 재난사태를 선포할 수 있다.

(2) 행정안전부장관은 재난사태를 선포한 경우에는 지체 없이 중앙위원회의 승인을 받아야 하고, 승인을 받지 못하면 선포된 재난사태를 즉시 해제하여야 한다.

(3) 행정안전부장관 및 지방자치단체의 장은 재난사태가 선포된 지역에 대하여 다음의 조치를 할 수 있다.

　1) 재난경보의 발령, 인력·장비 및 물자의 동원, 위험구역 설정, 대피명령, 응급지원 등이 법에 따른 응급조치

2) 해당 지역에 소재하는 행정기관 소속 공무원의 비상소집

3) 해당 지역에 대한 여행 등 이동 자제 권고

4) 「유아교육법」, 「초·중등교육법」 및 「고등교육법」에 따른 휴업명령 및 휴원·휴교 처분의 요청

5) 그 밖에 재난예방에 필요한 조치

(4) 행정안전부장관은 재난으로 인한 위험이 해소되었다고 인정하는 경우 또는 재난이 추가적으로 발생할 우려가 없어진 경우에는 선포된 재난사태를 즉시 해제하여야 한다.

2. 응급조치 [법 제37조]

(1) 시·도 긴급구조통제단 및 시·군·구 긴급구조통제단의 단장(지역통제단장)과 시장·군수·구청장은 재난이 발생할 우려가 있거나 재난이 발생하였을 때에는 즉시 관계 법령이나 재난대응활동계획 및 위기관리 매뉴얼에서 정하는 바에 따라 수방(水防)·진화·구조 및 구난(救難), 그 밖에 재난 발생을 예방하거나 피해를 줄이기 위하여 필요한 다음의 응급조치를 하여야 한다.

1) 경보의 발령 또는 전달이나 피난의 권고 또는 지시

2) 재난 예방을 위한 안전조치

3) 진화·수방·지진방재, 그 밖의 응급조치와 구호

4) 피해시설의 응급복구 및 방역과 방범, 그 밖의 질서 유지

5) 긴급수송 및 구조 수단의 확보

6) 급수 수단의 확보, 긴급피난처 및 구호품의 확보

7) 현장지휘통신체계의 확보

(2) 시·군·구의 관할 구역에 소재하는 재난관리책임기관의 장은 시장·군수·구청장이나 지역통제단장이 요청하면 관계 법령이나 시·군·구 안전관리계획에서 정하는 바에 따라 시장·군수·구청장이나 지역통제단장의 지휘 또는 조정하에 그 소관 업무에 관계되는 응급조치를 실시하거나 시장·군수·구청장이나 지역통제단장이 실시하는 응급조치에 협력하여야 한다.

3. 위기경보의 발령 등 [법 제38조]

(1) 재난관리주관기관의 장은 대통령령으로 정하는 재난에 대한 징후를 식별하거나 재난발생이 예상되는 경우에는 그 위험 수준, 발생 가능성 등을 판단하여 그에 부합되는 조치를 할 수 있도록 위기경보를 발령할 수 있다.

(2) 위기경보는 재난 피해의 전개 속도, 확대 가능성 등 재난상황의 심각성을 종합적으로 고려하여 관심 · 주의 · 경계 · 심각으로 구분할 수 있다. 다만, 다른 법령에서 재난 위기경보의 발령 기준을 따로 정하고 있는 경우에는 그 기준을 따른다.

(3) 재난관리주관기관의 장은 심각 경보를 발령 또는 해제할 경우에는 행정안전부장관과 사전에 협의하여야 한다. 다만, 긴급한 경우에 재난관리주관기관의 장은 우선 조치한 후 지체 없이 행정안전부장관과 협의하여야 한다.

(4) 재난관리책임기관의 장은 제1항에 따른 위기경보가 신속하게 발령될 수 있도록 재난과 관련한 위험정보를 얻으면 즉시 행정안전부장관, 재난관리주관기관의 장, 시 · 도지사 및 시장 · 군수 · 구청장에게 통보하여야 한다.

4. 재난 예보 · 경보체계 구축 · 운영 등 [법 제38조의2]

(1) 재난관리책임기관의 장은 사람의 생명 · 신체 및 재산에 대한 피해가 예상되면 그 피해를 예방하거나 줄이기 위하여 재난에 관한 예보 또는 경보 체계를 구축 · 운영할 수 있다.

(2) 재난관리책임기관의 장은 재난에 관한 예보 또는 경보가 신속하게 실시될 수 있도록 재난과 관련한 위험정보를 얻으면 즉시 행정안전부장관, 재난관리주관기관의 장, 시 · 도지사 및 시장 · 군수 · 구청장에게 통보하여야 한다.

(3) 행정안전부장관, 시 · 도지사 또는 시장 · 군수 · 구청장은 재난에 관한 예보 · 경보 · 통지나 응급조치를 실시하기 위하여 필요하면 다음 각 호의 조치를 요청할 수 있다. 다만, 다른 법령에 특별한 규정이 있을 때에는 그러하지 아니하다.

1) 전기통신시설의 소유자 또는 관리자에 대한 전기통신시설의 우선 사용

2) 「전기통신사업법」에 따른 전기통신사업자 중 대통령령으로 정하는 주요 전기통신사업자에 대한 필요한 정보의 문자나 음성 송신 또는 인터넷 홈페이지 게시

3) 「방송법」에 따른 방송사업자에 대한 필요한 정보의 신속한 방송

4) 「신문 등의 진흥에 관한 법률」에 따른 신문사업자 및 인터넷신문사업자 중 대통령령으로 정하는 주요 신문사업자 및 인터넷신문사업자에 대한 필요한 정보의 게재

(4) 재난에 관한 예보 · 경보 · 통지 중 「지진 · 지진해일 · 화산의 관측 및 경보에 관한 법률」에 따른 지진 · 지진해일 · 화산과 그 밖에 대통령령으로 정하는 자연재난에 대해서는 기상청장이 예보 · 경보 · 통지를 실시한다.

(5) 요청을 받은 전기통신시설의 소유자 또는 관리자, 전기통신사업자, 방송사업자, 신문사업자 및 인터넷신문사업자는 정당한 사유가 없으면 요청에 따라야 한다.

(6) 전기통신사업자나 방송사업자, 휴대전화 또는 네비게이션 제조업자는 (3)항 및 (4)항에 따른 재난의 예보 · 경보 실시 사항이 사용자의 휴대전화 등의 수신기 화면에 반드시 표시될 수 있도록 소프트웨어나 기계적 장치를 갖추어야 한다.

(7) 시장 · 군수 · 구청장은 위험구역 및 「자연재해대책법」에 따른 자연재해위험개선지구 등 재난으로 인하여 사람의 생명 · 신체 및 재산에 대한 피해가 예상되는 지역에 대하여 그 피해를 예방하기 위하여 시 · 군 · 구 재난 예보 · 경보체계 구축 종합계획(시 · 군 · 구 종합계획)을 5년 단위로 수립하여 시 · 도지사에게 제출하여야 한다.

(8) 시 · 도지사는 시 · 군 · 구 종합계획을 기초로 시 · 도 재난 예보 · 경보체계 구축 종합계획(시 · 도 종합계획)을 수립하여 행정안전부장관에게 제출하여야 하며, 행정안전부장관은 필요한 경우 시 · 도지사에게 시 · 도 종합계획의 보완을 요청할 수 있다.

(9) 시 · 도 종합계획과 시 · 군 · 구 종합계획에는 다음의 사항이 포함되어야 한다.

1) 재난 예보 · 경보체계의 구축에 관한 기본방침

2) 재난 예보 · 경보체계 구축 종합계획 수립 대상지역의 선정에 관한 사항

3) 종합적인 재난 예보 · 경보체계의 구축과 운영에 관한 사항

4) 그 밖에 재난으로부터 인명 피해와 재산 피해를 예방하기 위하여 필요한 사항

(10) 시 · 도지사와 시장 · 군수 · 구청장은 각각 시 · 도 종합계획과 시 · 군 · 구 종합계획에 대한 사업시행계획을 매년 수립하여 행정안전부장관에게 제출하여야 한다.

5. 동원명령 등 [법 제39조]

(1) 중앙대책본부장과 시장·군수·구청장(시·군·구 대책본부가 운영되는 경우에는 해당 본부장을 말한다.)은 재난이 발생하거나 발생할 우려가 있다고 인정하면 다음 각 호의 조치를 할 수 있다.

1) 「민방위기본법」에 따른 민방위대의 동원

2) 응급조치를 위하여 재난관리책임기관의 장에 대한 관계 직원의 출동 또는 재난관리자원 및 재난관리자원의 비축·관리의 협력에 따라 지정된 장비·시설 및 인력의 동원 등 필요한 조치의 요청

3) 동원 가능한 장비와 인력 등이 부족한 경우에는 국방부장관에 대한 군부대의 지원 요청

(2) 필요한 조치의 요청을 받은 기관의 장은 특별한 사유가 없으면 요청에 따라야 한다.

6. 대피명령 [법 제40조]

(1) 시장·군수·구청장과 지역통제단장(대통령령으로 정하는 권한을 행사하는 경우에만 해당한다. 이하 이 조에서 같다)은 재난이 발생하거나 발생할 우려가 있는 경우에 사람의 생명 또는 신체에 대한 위해를 방지하기 위하여 필요하면 해당 지역 주민이나 그 지역 안에 있는 사람에게 대피하거나 선박·자동차 등을 대피시킬 것을 명할 수 있다. 이 경우 미리 대피장소를 지정할 수 있다.

(2) 대피명령을 받은 경우에는 즉시 명령에 따라야 한다.

7. 위험구역의 설정 [법 제41조]

(1) 시장·군수·구청장과 지역통제단장(대통령령으로 정하는 권한을 행사하는 경우에만 해당한다. 이하 이 조에서 같다)은 재난이 발생하거나 발생할 우려가 있는 경우에 사람의 생명 또는 신체에 대한 위해 방지나 질서의 유지를 위하여 필요하면 위험구역을 설정하고, 응급조치에 종사하지 아니하는 사람에게 다음의 조치를 명할 수 있다.

1) 위험구역에 출입하는 행위나 그 밖의 행위의 금지 또는 제한

2) 위험구역에서의 퇴거 또는 대피

(2) 시장·군수·구청장과 지역통제단장은 위험구역을 설정할 때에는 그 구역의 범위에 따라 금지되거나 제한되는 행위의 내용, 그 밖에 필요한 사항을 보기 쉬운 곳에 게시하여야 한다.

(3) 관계 중앙행정기관의 장은 재난이 발생하거나 발생할 우려가 있는 경우로서 사람의 생명 또는 신체에 대한 위해 방지나 질서의 유지를 위하여 필요하다고 인정되는 경우에는 시장·군수·구청장과 지역통제단장에게 위험구역의 설정을 요청할 수 있다.

8. 강제대피조치 [법 제42조]

(1) 시장·군수·구청장과 지역통제단장(대통령령으로 정하는 권한을 행사하는 경우에만 해당한다. 이하 이 조에서 같다)은 대피명령을 받은 사람 또는 위험구역에서의 퇴거나 대피명령을 받은 사람이 그 명령을 이행하지 아니하여 위급하다고 판단되면 그 지역 또는 위험구역 안의 주민이나 그 안에 있는 사람을 강제로 대피시키거나 퇴거시킬 수 있다.

(2) 시장·군수·구청장 및 지역통제단장은 제1항에 따라 주민 등을 강제로 대피 또는 퇴거시키기 위하여 필요하다고 인정하면 관할 경찰관서의 장에게 필요한 인력 및 장비의 지원을 요청할 수 있다.

(3) 요청을 받은 경찰관서의 장은 특별한 사유가 없는 한 이에 응하여야 한다.

9. 통행제한 등 [법 제43조]

(1) 시장·군수·구청장과 지역통제단장(대통령령으로 정하는 권한을 행사하는 경우에만 해당한다)은 응급조치에 필요한 물자를 긴급히 수송하거나 진화·구조 등을 하기 위하여 필요하면 대통령령으로 정하는 바에 따라 경찰관서의 장에게 도로의 구간을 지정하여 해당 긴급수송 등을 하는 차량 외의 차량의 통행을 금지하거나 제한하도록 요청할 수 있다.

(2) 요청을 받은 경찰관서의 장은 특별한 사유가 없으면 요청에 따라야 한다.

10. 응원 [법 제44조]

(1) 시장·군수·구청장은 응급조치를 하기 위하여 필요하면 다른 시·군·구나 관할 구역에 있는 군부대 및 관계 행정기관의 장, 그 밖의 민간기관·단체의 장에게 인력·장비·자재 등 필요한 응원(應援)을 요청할 수 있다. 이 경우 응원을 요청받은 군부대의 장과 관계 행정기관의 장은 특별한 사유가 없으면 요청에 따라야 한다.

(2) 응원에 종사하는 사람은 그 응원을 요청한 시장·군수·구청장의 지휘에 따라 응급조치에 종사하여야 한다.

11. 응급부담 [법 제45조]

시장·군수·구청장과 지역통제단장(대통령령으로 정하는 권한을 행사하는 경우에만 해당한다)은 그 관할 구역에서 재난이 발생하거나 발생할 우려가 있어 응급조치를 하여야 할 급박한 사정이 있으면 해당 재난현장에 있는 사람이나 인근에 거주하는 사람에게 응급조치에 종사하게 하거나 대통령령으로 정하는 바에 따라 다른 사람의 토지·건축물·인공구조물, 그 밖의 소유물을 일시 사용할 수 있으며, 장애물을 변경하거나 제거할 수 있다.

12. 시·도지사가 실시하는 응급조치 등 [법 제46조]

(1) 시·도지사는 다음의 경우에는 응급조치를 할 수 있다.

1) 관할 구역에서 재난이 발생하거나 발생할 우려가 있는 경우로서 대통령령으로 정하는 경우

2) 둘 이상의 시·군·구에 걸쳐 재난이 발생하거나 발생할 우려가 있는 경우

(2) 시·도지사는 응급조치를 하기 위하여 필요하면 이 절에 따라 응급조치를 하여야 할 시장·군수·구청장에게 필요한 지시를 하거나 다른 시장·군수·구청장에게 응원을 요청할 수 있다.

13. 재난관리책임기관의 장의 응급조치 [법 제47조]

재난관리책임기관의 장은 재난이 발생하거나 발생할 우려가 있으면 즉시 그 소관 업무에 관하여 필요한 응급조치를 하고, 이 절에 따라 시·도지사, 시장·군수·구청장 또는 지역통제단장이 실시하는 응급조치가 원활히 수행될 수 있도록 필요한 협조를 하여야 한다.

14. 지역통제단장의 응급조치 등 [법 제48조]

(1) 지역통제단장은 긴급구조를 위하여 필요하면 중앙대책본부장, 시·도지사(시·도 대책본부가 운영되는 경우에는 해당 본부장을 말한다. 이하 이 조에서 같다) 또는 시장·군수·구청장(시·군·구 대책본부가 운영되는 경우에는 해당 본부장을 말한다.)에게 응급대책을 요청할 수 있고, 중앙대책본부장, 시·도지사 또는 시장·군수·구청장은 특별한 사유가 없으면 요청에 따라야 한다.

(2) 지역통제단장은 응급조치 및 응급대책을 실시하였을 때에는 이를 즉시 해당 시장·군수·구청장에게 통보하여야 한다.

2 긴급구조

1. 중앙긴급구조통제단 [법 제49조]

(1) 긴급구조에 관한 사항의 총괄·조정, 긴급구조기관 및 긴급구조지원기관이 하는 긴급구조활동의 역할 분담과 지휘·통제를 위하여 소방청에 중앙긴급구조통제단(이하 "중앙통제단"이라 한다)을 둔다.

(2) 중앙통제단의 단장은 소방청장이 된다.

(3) 중앙통제단장은 긴급구조를 위하여 필요하면 긴급구조지원기관 간의 공조체제를 유지하기 위하여 관계 기관·단체의 장에게 소속 직원의 파견을 요청할 수 있다. 이 경우 요청을 받은 기관·단체의 장은 특별한 사유가 없으면 요청에 따라야 한다.

2. 지역긴급구조통제단 [법 제50조]

(1) 지역별 긴급구조에 관한 사항의 총괄·조정, 해당 지역에 소재하는 긴급구조기관 및 긴급구조지원기관 간의 역할분담과 재난현장에서의 지휘·통제를 위하여 시·도의 소방본부에 시·도 긴급구조통제단을 두고, 시·군·구의 소방서에 시·군·구 긴급구조통제단을 둔다.

(2) 시·도 긴급구조통제단과 시·군·구 긴급구조통제단(이하 "지역통제단"이라 한다)에는 각각 단장 1명을 두되, 시·도 긴급구조통제단의 단장은 소방본부장이 되고 시·군·구 긴급구조통제단의 단장은 소방서장이 된다.

(3) 지역통제단장은 긴급구조를 위하여 필요하면 긴급구조지원기관 간의 공조체제를 유지하기 위하여 관계 기관·단체의 장에게 소속 직원의 파견을 요청할 수 있다. 이 경우 요청을 받은 기관·단체의 장은 특별한 사유가 없으면 요청에 따라야 한다.

(4) 지역통제단의 기능과 운영에 관한 사항은 대통령령으로 정한다.

1) 중앙통제단의 기능 [시행령 제54조(중앙통제단의 기능)]

① 국가 긴급구조대책의 총괄·조정

② 긴급구조활동의 지휘·통제

③ 긴급구조지원기관간의 역할분담 등 긴급구조를 위한 현장활동계획의 수립

④ 긴급구조대응계획의 집행

⑤ 그 밖에 중앙통제단의 장(이하 "중앙통제단장"이라 한다)이 필요하다고 인정하는 사항

2) 중앙통제단의 구성 및 운영 [시행령 제55조]

① 중앙통제단장은 중앙통제단을 대표하고, 그 업무를 총괄한다.

② 중앙통제단에는 부단장을 두고 부단장은 중앙통제단장을 보좌하며 중앙통제단장이 부득이한 사유로 직무를 수행할 수 없을 경우에는 그 직무를 대행한다.

③ 부단장은 소방청 차장이 되며, 중앙통제단에는 총괄지휘부 · 대응계획부 · 자원지원부 · 긴급복구부 및 현장지휘대를 둔다.

④ 규정한 사항 외에 중앙통제단의 구성 및 운영에 필요한 사항은 행정안전부령으로 정한다.

3. 긴급구조 [법 제51조]

(1) 지역통제단장은 재난이 발생하면 소속 긴급구조요원을 재난현장에 신속히 출동시켜 필요한 긴급구조활동을 하게 하여야 한다.

(2) 지역통제단장은 긴급구조를 위하여 필요하면 긴급구조지원기관의 장에게 소속 긴급구조지원요원을 현장에 출동시키거나 긴급구조에 필요한 장비 · 물자를 제공하는 등 긴급구조활동을 지원할 것을 요청할 수 있다. 이 경우 요청을 받은 기관의 장은 특별한 사유가 없으면 즉시 요청에 따라야 한다.

(3) 요청에 따라 긴급구조활동에 참여한 민간 긴급구조지원기관에 대하여는 대통령령으로 정하는 바에 따라 그 경비의 전부 또는 일부를 지원할 수 있다.

(4) 긴급구조활동을 하기 위하여 회전익항공기(이하 이 항에서 "헬기"라 한다)를 운항할 필요가 있으면 긴급구조기관의 장이 헬기의 운항과 관련되는 사항을 헬기운항통제기관에 통보하고 헬기를 운항할 수 있다. 이 경우 관계 법령에 따라 해당 헬기의 운항이 승인된 것으로 본다.

4. 긴급구조 현장지휘 [법 제52조]

(1) 재난현장에서는 시 · 군 · 구 긴급구조통제단장이 긴급구조활동을 지휘한다. 다만, 치안활동과 관련된 사항은 관할 경찰관서의 장과 협의하여야 한다.

(2) 현장지휘는 다음의 사항에 관하여 한다.

1) 재난현장에서 인명의 탐색 · 구조

2) 긴급구조기관 및 긴급구조지원기관의 인력 · 장비의 배치와 운용

3) 추가 재난의 방지를 위한 응급조치

4) 긴급구조지원기관 및 자원봉사자 등에 대한 임무의 부여

5) 사상자의 응급처치 및 의료기관으로의 이송

6) 긴급구조에 필요한 물자의 관리

7) 현장접근 통제, 현장 주변의 교통정리, 그 밖에 긴급구조활동을 효율적으로 하기 위하여 필요한 사항

(3) 시 · 도 긴급구조통제단장은 필요하다고 인정되는 경우 재난현장에서는 시 · 군 · 구 긴급구조통제단장이 긴급구조활동을 지휘한다는 원칙에도 불구하고 직접 현장지휘를 할 수 있다.

(4) 중앙통제단장은 대통령령으로 정하는 대규모 재난이 발생하거나 그 밖에 필요하다고 인정하면 직접 현장지휘를 할 수 있다.

(5) 재난현장에서 긴급구조활동을 하는 긴급구조요원과 긴급구조지원기관의 인력 · 장비 · 물자에 대한 운용은 현장지휘를 하는 긴급구조통제단장(각급통제단장)의 지휘 · 통제에 따라야 한다.

(6) 지역대책본부장은 각급통제단장이 수행하는 긴급구조활동에 적극 협력하여야 한다.

(7) 시 · 군 · 구 긴급구조통제단장은 설치 · 운영하는 통합지원본부의 장에게 긴급구조에 필요한 인력이나 물자 등의 지원을 요청할 수 있다. 이 경우 요청받은 기관의 장은 최대한 협조하여야 한다.

(8) 재난현장의 구조활동 등 초동 조치상황에 대한 언론 발표 등은 각급통제단장이 지명하는 자가 한다.

(9) 각급통제단장은 재난현장의 긴급구조 등 현장지휘를 효과적으로 하기 위하여 재난현장에 현장지휘소를 설치 · 운영할 수 있다. 이 경우 긴급구조활동에 참여하는 긴급구조지원기관의 현장지휘자는 현장지휘소에 대통령령으로 정하는 바에 따라 연락관을 파견하여야 한다.

(10) 각급통제단장은 긴급구조 활동을 종료하려는 때에는 재난현장에 참여한 지역사고수습본부장, 통합지원본부의 장 등과 협의를 거쳐 결정하여야 한다. 이 경우 각급통제단장은 긴급구조 활동 종료 사실을 지역대책본부장 및 긴급구조지원기관의 장에게 통보하여야 한다.

(11) 해양에서 발생한 재난의 긴급구조활동에 관하여는 (1)부터 (10)까지의 규정을 준용한다. 이 경우 시 · 군 · 구 긴급구조통제단장, 시 · 도 긴급구조통제단장, 중앙긴급구조통제단장은 「수상에서의 수색 · 구조 등에 관한 법률」에 따른 지역구조본부의 장, 광역구조본부의 장, 중앙구조본부의 장으로 각각 본다.

5. 긴급대응협력관 [제52조의2]

긴급구조기관의 장은 긴급구조지원기관의 장에게 다음 각 호의 업무를 수행하는 긴급대응협력관을 대통령령으로 정하는 바에 따라 지정·운영하게 할 수 있다.

1) 평상시 해당 긴급구조지원기관의 긴급구조대응계획 수립 및 보유자원관리

2) 재난대응업무의 상호 협조 및 재난현장 지원업무 총괄

6. 긴급구조활동에 대한 평가 [법 제53조]

(1) 중앙통제단장과 지역통제단장은 재난상황이 끝난 후 대통령령으로 정하는 바에 따라 긴급구조지원기관의 활동에 대하여 종합평가를 하여야 한다.

(2) 종합평가결과는 시·군·구 긴급구조통제단장은 시·도 긴급구조통제단장 및 시장·군수·구청장에게, 시·도 긴급구조통제단장은 소방청장에게 보고하거나 통보하여야 한다.

7. 긴급구조대응계획의 수립 [법 제54조]

긴급구조기관의 장은 재난이 발생하는 경우 긴급구조기관과 긴급구조지원기관이 신속하고 효율적으로 긴급구조를 수행할 수 있도록 대통령령으로 정하는 바에 따라 재난의 규모와 유형에 따른 긴급구조대응계획을 수립·시행하여야 한다.

8. 긴급구조 관련 특수번호 전화서비스의 통합·연계 [법 제54조의2]

(1) 행정안전부장관은 긴급구조 요청에 대한 신속한 대응을 위하여 대통령령으로 정하는 긴급구조 관련 특수번호 전화서비스(이하 "특수번호 전화서비스"라 한다)의 통합·연계 체계를 구축·운영하여야 한다.

(2) 행정안전부장관은 통합·연계되는 특수번호 전화서비스의 운영실태를 조사·분석하여 그 결과를 특수번호 전화서비스의 통합·연계 체계의 운영 개선에 활용할 수 있다.

(3) 행정안전부장관은 필요한 경우 관계 중앙행정기관의 장 또는 대통령령으로 정하는 공공기관의 장에게 특수번호 전화서비스의 통합·연계 및 조사·분석 결과의 활용 등에 관한 협조를 요청할 수 있다. 이 경우 요청을 받은 해당 기관의 장은 특별한 사유가 없으면 협조하여야 한다.

9. 재난대비능력 보강 [법 제55조]

(1) 국가와 지방자치단체는 재난관리에 필요한 인력·장비·시설의 확충, 통신망의 설치·정비 등 긴급구조능력을 보강하기 위하여 노력하고, 필요한 재정상의 조치를 마련하여야 한다.

(2) 긴급구조기관의 장은 긴급구조활동을 신속하고 효과적으로 할 수 있도록 긴급구조지휘대 등 긴급구조체제를 구축하고, 상시 소속 긴급구조요원 및 장비의 출동태세를 유지하여야 한다.

(3) 긴급구조업무와 재난관리책임기관(행정기관 외의 기관만 해당한다)의 재난관리업무에 종사하는 사람은 대통령령으로 정하는 바에 따라 긴급구조에 관한 교육을 받아야 한다. 다만, 다른 법령에 따라 긴급구조에 관한 교육을 받은 경우에는 이 법에 따른 교육을 받은 것으로 본다.

(4) 소방청장과 시·도지사는 제3항에 따른 교육을 담당할 교육기관을 지정할 수 있다.

(5) 긴급구조기관의 장은 재난이 발생한 경우 사상자의 신속한 분류·응급처치 및 이송을 위하여 「의료법」에 따른 의료기관 및 「응급의료에 관한 법률」에 따른 응급의료기관등에 현장 응급의료에 필요한 인력·장비 등 자원에 관한 자료를 요청할 수 있다. 이 경우 자료의 요청을 받은 관계 기관의 장은 정당한 사유가 없으면 이에 따라야 한다.

10. 긴급구조지원기관의 능력에 대한 평가 [법 제55조의2]

(1) 긴급구조지원기관은 대통령령으로 정하는 바에 따라 긴급구조에 필요한 능력을 유지하여야 한다.

(2) 긴급구조기관의 장은 긴급구조지원기관의 능력을 평가할 수 있다. 다만, 상시 출동체계 및 자체 평가제도를 갖춘 기관과 민간 긴급구조지원기관에 대하여는 대통령령으로 정하는 바에 따라 평가를 하지 아니할 수 있다.

(3) 긴급구조기관의 장은 평가 결과를 해당 긴급구조지원기관의 장에게 통보하여야 한다.

11. 해상에서의 긴급구조 [법 제56조]

해상에서 발생한 선박이나 항공기 등의 조난사고의 긴급구조활동에 관하여는 「수상에서의 수색·구조 등에 관한 법률」 등 관계 법령에 따른다.

12. 항공기 등 조난사고 시의 긴급구조 등 [법 제57조]

(1) 소방청장은 항공기 조난사고가 발생한 경우 항공기 수색과 인명구조를 위하여 항공기 수색·구조 계획을 수립·시행하여야 한다. 다만, 다른 법령에 항공기의 수색·구조에 관한 특별한 규정이 있는 경우에는 그 법령에 따른다.

(2) 항공기의 수색·구조에 필요한 사항은 대통령령으로 정한다.

┌─ 항공기 수색·구조계획에 포함될 사항 [시행령 제66조의6] ─────────

① 항공기 수색·구조 체계의 구성 및 운영
② 항공기 수색·구조와 관련하여 다른 기관과의 협조체제 구축
③ 항공기 수색·구조에 필요한 교육 및 훈련
④ 항공기 수색·구조에 필요한 장비 및 시설의 확보 및 유지·관리
⑤ 그 밖에 항공기 수색과 인명구조를 위하여 소방청장이 필요하다고 인정하는 사항

(3) 국방부장관은 항공기나 선박의 조난사고가 발생하면 관계 법령에 따라 긴급구조업무에 책임이 있는 기관의 긴급구조활동에 대한 군의 지원을 신속하게 할 수 있도록 다음의 조치를 취하여야 한다.

1) 탐색구조본부의 설치·운영

2) 탐색구조부대의 지정 및 출동대기태세의 유지

3) 조난 항공기에 관한 정보 제공

4) 탐색구조본부의 구성과 운영에 필요한 사항은 국방부령으로 정한다.

section **7** 재난의 복구

1 **피해조사 및 복구계획**

1. 재난피해 신고 및 조사 [법 제58조]

(1) 재난으로 피해를 입은 사람은 피해상황을 행정안전부령으로 정하는 바에 따라 시장·군수·구청장 (시·군·구 대책본부가 운영되는 경우에는 해당 본부장을 말한다. 이하 이 조에서 같다)에게 신고 할 수 있으며, 피해 신고를 받은 시장·군수·구청장은 피해상황을 조사한 후 중앙대책본부장에게 보고하여야 한다.

(2) 재난관리책임기관의 장은 재난으로 인하여 피해가 발생한 경우에는 피해상황을 신속하게 조사한 후 그 결과를 중앙대책본부장에게 통보하여야 한다.

(3) 중앙대책본부장은 재난피해의 조사를 위하여 필요한 경우에는 대통령령으로 정하는 바에 따라 관계 중앙행정기관 및 관계 재난관리책임기관의 장과 합동으로 중앙재난피해합동조사단을 편성하여 재난피해 상황을 조사할 수 있다.

(4) 중앙대책본부장은 중앙재난피해합동조사단을 편성하기 위하여 관계 재난관리책임기관의 장에게 소속 공무원이나 직원의 파견을 요청할 수 있다. 이 경우 요청을 받은 관계 재난관리책임기관의 장은 특별한 사유가 없으면 요청에 따라야 한다.

(5) 피해상황 조사의 방법 및 기준 등 필요한 사항은 중앙대책본부장이 정한다.

2. 재난복구계획의 수립·시행 [법 제59조]

(1) 재난관리책임기관의 장은 사회재난으로 인한 피해[사회재난 중 특별재난지역으로 선포된 지역의 사회재난으로 인한 피해(특별재난지역 피해)는 제외한다]에 대하여 피해조사를 마치면 지체 없이 자체복구계획을 수립·시행하여야 한다.

(2) 시·도지사 또는 시장·군수·구청장은 특별재난지역 피해에 대하여 관할구역의 피해상황을 종합하는 재난복구계획을 수립한 후 수습본부장 및 관계 중앙행정기관의 장과 협의를 거쳐 중앙대책본부장에게 제출하여야 한다.

(3) 긴급하게 복구를 실시하여야 하는 등 대통령령으로 정하는 특별한 사유가 있는 경우에는 수습본부장이 특별재난지역 피해에 대한 재난복구계획을 직접 수립하여 중앙대책본부장에게 제출할 수 있다.

(4) 중앙대책본부장은 제출 받은 재난복구계획을 중앙재난안전대책본부회의의 심의를 거쳐 확정하고, 이를 관계 재난관리책임기관의 장에게 통보하여야 한다.

(5) 재난관리책임기관의 장은 재난복구계획을 통보 받으면 그 재난복구계획에 따라 지체 없이 재난복구를 시행하여야 한다. 이 경우 지방자치단체의 장은 재난복구를 위하여 필요한 경비를 지방자치단체의 예산에 계상(計上)하여야 한다.

3. 재난복구계획에 따라 시행하는 사업의 관리 [법 제59조의2]

(1) 재난관리책임기관의 장은 자체복구계획 또는 중앙재난안전대책본부회의의 심의를 거쳐 확정되고 관계 재난관리책임기관의 장에게 통보된 재난복구계획에 따라 시행하는 사업이 체계적으로 관리되도록 하여야 한다.

(2) 중앙대책본부장은 재난복구계획에 따라 시행하는 사업이 효율적으로 추진될 수 있도록 대통령령으로 정하는 사업에 대하여 지도·점검하고, 필요하면 시정명령 또는 시정요청(현지 시정명령과 시정요청을 포함한다)을 할 수 있다. 이 경우 시정명령 또는 시정요청을 받은 관계 기관의 장은 정당한 사유가 없으면 이에 따라야 한다.

❷ 특별재난지역 선포 및 지원

1. 특별재난지역의 선포 [법 제60조]

(1) 중앙대책본부장은 대통령령으로 정하는 규모의 재난이 발생하여 국가의 안녕 및 사회질서의 유지에 중대한 영향을 미치거나 피해를 효과적으로 수습하기 위하여 특별한 조치가 필요하다고 인정하거나 지역대책본부장의 요청이 타당하다고 인정하는 경우에는 중앙대책본부장에게 특별재난지역의 선포 건의를 중앙위원회의 심의를 거쳐 해당 지역을 특별재난지역으로 선포할 것을 대통령에게 건의할 수 있다.

(2) 특별재난지역의 선포를 건의 받은 대통령은 해당 지역을 특별재난지역으로 선포할 수 있다.

(3) 지역대책본부장은 관할지역에서 발생한 재난으로 인하여 사유가 발생한 경우에는 중앙대책본부장에게 특별재난지역의 선포 건의를 요청할 수 있다.

2. 특별재난지역에 대한 지원 [법 제61조]

국가나 지방자치단체는 특별재난지역으로 선포된 지역에 대하여는 지원을 하는 외에 대통령령으로 정하는 바에 따라 응급대책 및 재난구호와 복구에 필요한 행정상·재정상·금융상·의료상의 특별지원을 할 수 있다.

③ 재정 및 보상 등

1. 비용 부담의 원칙 [법 제62조]

(1) 재난관리에 필요한 비용은 이 법 또는 다른 법령에 특별한 규정이 있는 경우 외에는 이 법 또는 안전관리계획에서 정하는 바에 따라 그 시행의 책임이 있는 자(재난방지시설의 경우에는 해당 재난방지시설의 유지·관리 책임이 있는 자를 말한다)가 부담한다. 다만, 시·도지사나 시장·군수·구청장이 다른 재난관리책임기관이 시행할 재난의 응급조치를 시행한 경우 그 비용은 그 응급조치를 시행할 책임이 있는 재난관리책임기관이 부담한다.

(2) 비용은 관계 기관이 협의하여 정산한다.

2. 응급지원에 필요한 비용 [법 제63조]

(1) 응원을 받은 자는 그 응원에 드는 비용을 부담하여야 한다.

(2) 응원부담의 응급조치로 인하여 다른 지방자치단체가 이익을 받은 경우에는 그 수익의 범위에서 이익을 받은 해당 지방자치단체가 그 비용의 일부를 분담하여야 한다.

(3) 비용은 관계 기관이 협의하여 정산한다.

3. 손실보상 [법 제64조]

(1) 국가나 지방자치단체는 동원명령 및 응원부담(시·도지사가 행하는 경우를 포함한다)에 따른 조치로 인하여 손실이 발생하면 보상하여야 한다.

(2) 손실보상에 관하여는 손실을 입은 자와 그 조치를 한 중앙행정기관의 장, 시·도지사 또는 시장·군수·구청장이 협의하여야 한다.

(3) 손실보상의 협의가 성립되지 아니하면 대통령령으로 정하는 바에 따라 「공익사업을 위한 토지 등의 취득 및 보상에 관한 법률」에 따른 관할 토지수용위원회에 재결을 신청할 수 있다.

(4) 재결에 관하여는 「공익사업을 위한 토지 등의 취득 및 보상에 관한 법률」의 규정을 준용한다.

4. 치료 및 보상 [법 제65조]

(1) 재난 발생 시 긴급구조활동과 응급대책·복구 등에 참여한 자원봉사자, 응급조치 종사명령을 받은 사람 및 긴급구조활동에 참여한 민간 긴급구조지원기관의 긴급구조지원요원이 응급조치나 긴급구조활동을 하다가 부상을 입은 경우에는 치료를 실시하고, 사망(부상으로 인하여 사망한 경우를 포함한다)하거나 신체에 장애를 입은 경우에는 그 유족이나 장애를 입은 사람에게 보상금을 지급한다. 다만, 다른 법령에 따라 국가나 지방자치단체의 부담으로 같은 종류의 보상금을 받은 사람에게는 그 보상금에 상당하는 금액을 지급하지 아니한다.

(2) 재난의 응급대책·복구 및 긴급구조 등에 참여한 자원봉사자의 장비 등이 응급대책·복구 또는 긴급구조와 관련하여 고장 나거나 파손된 경우에는 그 자원봉사자에게 수리비용을 보상할 수 있다.

5. 포상 [법 제65조의2]

국가와 지방자치단체는 긴급구조 등의 활성화를 위하여 긴급구조활동과 응급대책·복구 등에 참여하여 현저한 공로가 있는 자원봉사자에게 「상훈법」에 따라 훈장 또는 포장을 수여할 수 있다.

6. 재난지역에 대한 국고보조 등의 지원 [법 제66조]

(1) 국가는 다음에 해당하는 재난의 원활한 복구를 위하여 필요하면 대통령령으로 정하는 바에 따라 그 비용(보상금을 포함한다)의 전부 또는 일부를 국고에서 부담하거나 지방자치단체, 그 밖의 재난관리책임자에게 보조할 수 있다. 다만, 동원명령(시·도지사가 하는 경우를 포함한다) 또는 대피명령을 방해하거나 위반하여 발생한 피해에 대하여는 그러하지 아니하다.

1) 자연재난

2) 사회재난 중 특별재난지역으로 선포된 지역의 재난

(2) 재난복구사업의 재원은 대통령령으로 정하는 재난의 구호 및 재난의 복구비용 부담기준에 따라 국고의 부담금 또는 보조금과 지방자치단체의 부담금·의연금 등으로 충당하되, 지방자치단체의 부담금 중 시·도 및 시·군·구가 부담하는 기준은 행정안전부령으로 정한다.

(3) 국가와 지방자치단체는 재난으로 피해를 입은 시설의 복구와 피해주민의 생계 안정을 위하여 다음의 지원을 할 수 있다. 다만, 다른 법령에 따라 국가 또는 지방자치단체가 같은 종류의 보상금 또는 지원금을 지급하거나, 재난으로 피해를 유발한 원인자가 보험금 등을 지급하는 경우에는 그 보상금, 지원금 또는 보험금 등에 상당하는 금액은 지급하지 아니한다.

1) 사망자 · 실종자 · 부상자 등 피해주민에 대한 구호

2) 주거용 건축물의 복구비 지원

3) 고등학생의 학자금 면제

4) 관계 법령에서 정하는 바에 따라 농업인 · 임업인 · 어업인의 자금 융자, 농업 · 임업 · 어업 자금의 상환기한 연기 및 그 이자의 감면 또는 중소기업 및 소상공인의 자금 융자

5) 세입자 보조 등 생계안정 지원

6) 관계 법령에서 정하는 바에 따라 국세 · 지방세, 건강보험료 · 연금보험료, 통신요금, 전기요금 등의 경감 또는 납부유예 등의 간접지원

7) 주 생계수단인 농업 · 어업 · 임업 · 염생산업(鹽生産業)에 피해를 입은 경우에 해당 시설의 복구를 위한 지원

8) 공공시설 피해에 대한 복구사업비 지원

9) 그 밖에 중앙재난안전대책본부회의에서 결정한 지원 또는 제16조제2항에 따른 지역재난안전대책본부회의에서 결정한 지원

(4) 국가 또는 지방자치단체는 지원의 원인이 되는 사회재난에 대하여 그 원인을 제공한 자가 따로 있는 경우에는 그 원인제공자에게 국가 또는 지방자치단체가 부담한 비용의 전부 또는 일부를 청구할 수 있다.

(5) 지원되는 금품 또는 이를 지급받을 권리는 양도 · 압류하거나 담보로 제공할 수 없다.

7. 복구비 등의 선지급 [법 제66조의2]

(1) 지방자치단체의 장은 재난의 신속한 구호 및 복구를 위하여 필요하다고 판단되면 재난의 구호 및 복구를 위하여 지원하는 비용(복구비등) 중 대통령령으로 정하는 항목에 대해서는 재난복구계획의 수립 · 시행 또는 「자연재해대책법」에 따른 복구계획 수립 전에 미리 지급할 수 있다.

(2) 복구비등을 선지급 받으려는 자는 대통령령으로 정하는 바에 따라 재난으로 인한 피해 물량 등에 관하여 신고하여야 한다.

(3) 지방자치단체의 장은 미리 복구비등을 지급하기 위하여 피해 주민의 주(主) 생계수단을 판단하기 위한 다음에 대한 확인을 해당의 자에게 요청할 수 있다. 이 경우 확인을 요청 받은 자는 특별한 사유가 없으면 요청에 따라야 한다.

  1) 근로소득 및 사업소득 수준에 관한 사항 : 국세청장 또는 관할 세무서장

  2) 국민연금 가입 · 납입에 관한 사항 : 「국민연금법」에 따른 국민연금공단의 이사장

  3) 국민건강보험 가입 · 납입에 관한 사항 : 「국민건강보험법」에 따른 국민건강보험공단의 이사장

(4) 복구비등 선지급을 위하여 필요한 선지급의 비율 · 절차 등에 관한 사항은 대통령령으로 정한다.

8. 복구비등의 반환 [법 제66조의3]

(1) 국가와 지방자치단체는 복구비등을 받은 자가 다음에 해당하는 경우에는 행정안전부령으로 정하는 바에 따라 그 받은 복구비등을 반환하도록 명하여야 한다.

  1) 부정한 방법으로 복구비등을 받은 경우

  2) 복구비등을 받은 후 그 지급 사유가 소급하여 소멸된 경우

  3) 그 밖에 대통령령으로 정하는 사유가 발생한 경우

(2) 반환명령을 받은 자는 즉시 복구비등을 반환하여야 한다.

(3) 반환하여야 할 반환금을 지정된 기한까지 반환하지 아니하면 국세 체납처분 또는 지방세 체납처분의 예에 따라 징수한다.

(4) 반환금의 징수는 국세와 지방세를 제외하고는 다른 공과금에 우선한다.

1. 안전문화 진흥을 위한 시책의 추진 [법 제66조의4]

(1) 중앙행정기관의 장과 지방자치단체의 장은 소관 재난 및 안전관리업무와 관련하여 국민의 안전의식을 높이고 안전문화를 진흥시키기 위한 다음의 안전문화활동을 적극 추진하여야 한다.

  1) 안전교육 및 안전훈련(응급상황시의 대처요령을 포함한다)

  2) 안전의식을 높이기 위한 캠페인 및 홍보

  3) 안전행동요령 및 기준·절차 등에 관한 지침의 개발·보급

  4) 안전문화 우수사례의 발굴 및 확산

  5) 안전 관련 통계 현황의 관리·활용 및 공개

  6) 안전에 관한 각종 조사 및 분석

  7) 안전취약계층의 안전관리 강화

  8) 그 밖에 안전문화를 진흥하기 위한 활동

(2) 행정안전부장관은 안전문화활동의 추진에 관한 총괄·조정 업무를 관장한다.

(3) 국가와 지방자치단체는 국민이 안전문화를 실천하고 체험할 수 있는 안전체험시설을 설치·운영할 수 있다.

(4) 국가는 지방자치단체 및 그 밖의 기관·단체에서 추진하는 안전문화활동을 위하여 필요한 예산을 지원할 수 있다.

2. 국민안전의 날 등 [법 제66조의7]

(1) 국가는 국민의 안전의식 수준을 높이기 위하여 매년 4월 16일을 국민안전의 날로 정하여 필요한 행사 등을 한다.

(2) 국가는 대통령령으로 정하는 바에 따라 국민의 안전의식 수준을 높이기 위하여 안전점검의 날과 방재의 날을 정하여 필요한 행사 등을 할 수 있다

3. 안전관리헌장 [법 제66조의8]

(1) 국무총리는 재난을 예방하고, 재난이 발생할 경우 그 피해를 최소화하기 위하여 재난 및 안전관리 업무에 종사하는 자가 지켜야 할 사항 등을 정한 안전관리헌장을 제정·고시하여야 한다.

(2) 재난관리책임기관의 장은 안전관리헌장을 실천하는 데 노력하여야 하며, 안전관리헌장을 누구나 쉽게 볼 수 있는 곳에 항상 게시하여야 한다.

4. 안전정보의 구축·활용 [법 제66조의9]

(1) 행정안전부장관은 재난 및 각종 사고로부터 국민의 생명과 신체 및 재산을 보호하기 위하여 다음의 정보(이하 "안전정보"라 한다)를 수집하여 체계적으로 관리하여야 한다.

　1) 재난이나 그 밖의 각종 사고에 관한 통계, 지리정보 및 안전정책에 관한 정보

　2) 정부합동안전점검단에 따른 안전 점검 결과

　3) 재난관리책임기관 장의 보완이나 개선에 관한 조치명령에 따른 조치 결과

　4) 행정안전부장관이 실시한 재난관리책임기관에대한 재난관리체계 등에 대한 평가 결과

　5) 긴급구조 관련 특수번호 전화서비스의 통합·연계에 따른 긴급구조지원기관의 능력 평가 결과

　6) 행정안전부장관이 실시하는 재난원인조사 결과

　7) 재난원인조사에 따른 개선권고 등의 조치결과에 관한 정

　8) 그 밖에 재난이나 각종 사고에 관한 정보로서 행정안전부장관이 수집·관리가 필요하다고 인정하는 정보

(2) 행정안전부장관은 안전정보를 체계적으로 관리하고 안전정보 및 다른 법령에 따라 재난관리책임기관의 장이 공개하는 시설 등에 대한 각종 안전점검·진단 등의 결과를 통합적으로 공개하기 위하여 안전정보통합관리시스템을 구축·운영하여야 한다.

(3) 행정안전부장관은 안전정보통합관리시스템을 관계 행정기관 및 국민이 안전수준을 진단하고 개선하는 데 활용할 수 있도록 하여야 한다.

(4) 행정안전부장관은 안전정보통합관리시스템을 구축·운영하기 위하여 관계 행정기관의 장에게 필요한 자료를 요청할 수 있다. 이 경우 요청을 받은 관계 행정기관의 장은 특별한 사유가 없으면 요청에 따라야 한다.

(5) 안전정보 등의 수집·공개·관리, 안전정보통합관리시스템의 구축·활용 등에 필요한 사항은 대통령령으로 정한다.

5. 안전지수의 공표 [법 제66조의10]

(1) 행정안전부장관은 지역별 안전수준과 안전의식을 객관적으로 나타내는 지수(이하 "안전지수"라 한다)를 개발·조사하여 그 결과를 공표할 수 있다.

(2) 행정안전부장관은 안전지수의 조사를 위하여 관계 행정기관의 장에게 필요한 자료를 요청할 수 있다. 이 경우 요청을 받은 관계 행정기관의 장은 특별한 사유가 없으면 요청에 따라야 한다.

(3) 행정안전부장관은 안전지수의 개발·조사에 관한 업무를 효율적으로 수행하기 위하여 필요한 경우 대통령령으로 정하는 기관 또는 단체로 하여금 그 업무를 대행하게 할 수 있다.

6. 지역축제 개최 시 안전관리조치 [법 제66조의11]

(1) 중앙행정기관의 장 또는 지방자치단체의 장은 대통령령으로 정하는 지역축제를 개최하려면 해당 지역축제가 안전하게 진행될 수 있도록 지역축제 안전관리계획을 수립하고, 그 밖에 안전관리에 필요한 조치를 하여야 한다.

(2) 행정안전부장관 또는 시·도지사는 지역축제 안전관리계획의 이행 실태를 지도·점검할 수 있으며, 점검결과 보완이 필요한 사항에 대해서는 관계 기관의 장에게 시정을 요청할 수 있다. 이 경우 시정 요청을 받은 관계 기관의 장은 특별한 사유가 없으면 요청에 따라야 한다.

(3) 중앙행정기관의 장 또는 지방자치단체의 장 외의 자가 대통령령으로 정하는 지역축제를 개최하려는 경우에는 해당 지역축제가 안전하게 진행될 수 있도록 지역축제 안전관리계획을 수립하여 대통령령으로 정하는 바에 따라 관할 시장·군수·구청장에게 사전에 통보하고, 그 밖에 안전관리에 필요한 조치를 하여야 한다. 지역축제 안전관리계획을 변경하려는 때에도 또한 같다.

(4) (3)에 따른 통보를 받은 관할 시장·군수·구청장은 필요하다고 인정되는 때에는 지역축제 안전관리계획에 대하여 보완을 요구할 수 있다. 이 경우 보완을 요구받은 자는 정당한 사유가 없으면 이에 따라야 한다.

(5) (1)부터 (4)까지의 규정에 따른 지역축제 안전관리계획의 내용, 수립절차 등 필요한 사항은 대통령령으로 정한다.

7. 안전사업지구의 지정 및 지원 [법 제66조의12]

행정안전부장관은 지역사회의 안전수준을 높이기 위하여 시·군·구를 대상으로 안전사업지구를 지정하여 필요한 지원할 수 있다.

section 9 보칙

1. 재난 및 안전관리를 위한 특별교부세 교부 [법 제66조의13]

「지방교부세법」에 따른 특별교부세는 「지방교부세법」에 따라 행정안전부장관이 교부 등을 행한다. 이 경우 특별교부세의 교부는 지방자치단체의 재난 및 안전관리 수요에 한정한다.

2. 재난관리기금의 적립 [법 제67조]

(1) 지방자치단체는 재난관리에 드는 비용에 충당하기 위하여 매년 재난관리기금을 적립하여야 한다.

(2) 재난관리기금의 매년도 최저적립액은 최근 3년 동안의 「지방세법」에 의한 보통세의 수입결산액의 평균연액의 100분의 1에 해당하는 금액으로 한다.

3. 재난관리기금의 운용 등 [법 제68조]

(1) 재난관리기금에서 생기는 수입은 그 전액을 재난관리기금에 편입하여야 한다.

(2) 매년도 최저적립액 중 대통령령으로 정하는 일정 비율 이상은 응급복구 또는 긴급한 조치에 우선적으로 사용하여야 한다.

4. 재난원인조사 [법 제69조]

(1) 행정안전부장관은 재난이나 그 밖의 각종 사고의 발생 원인과 재난 발생 시 대응과정에 관한 조사·분석·평가(위기관리 매뉴얼의 준수 여부에 대한 평가를 포함한다. 이하 "재난원인조사"라 한다)가 필요하다고 인정하는 경우 직접 재난원인조사를 실시하거나, 재난관리책임기관의 장으로 하여금 재난원인조사를 실시하고 그 결과를 제출하게 할 수 있다.

(2) 행정안전부장관은 다음에 해당하는 재난의 경우에는 재난안전 분야 전문가 및 전문기관 등이 공동으로 참여하는 정부합동 재난원인조사단(재난원인조사단)을 편성하고, 이를 현지에 파견하여 재난원인조사를 실시할 수 있다.

  1) 인명 또는 재산의 피해 정도가 매우 크거나 재난의 영향이 사회적·경제적으로 광범위한 재난으로서 대통령령으로 정하는 재난

  2) 재난에 준하는 재난으로서 행정안전부장관이 체계적인 재난원인조사가 필요하다고 인정하는 재난

(3) 재난원인조사단은 대통령령으로 정하는 바에 따라 재난원인조사 결과를 조정위원회에 보고하여야 한다.

(4) 행정안전부장관은 재난원인조사를 위하여 필요하면 관계 기관의 장 또는 관계인에게 소속직원의 파견(관계 기관의 장에 대한 요청의 경우로 한정한다), 관계 서류의 열람 및 자료제출 등의 요청을 할 수 있다. 이 경우 요청을 받은 관계 기관의 장 또는 관계인은 특별한 사유가 없으면 요청에 따라야 한다.

(5) 행정안전부장관은 실시한 재난원인조사 결과 개선 등이 필요한 사항에 대해서는 관계 기관의 장에게 그 결과를 통보하거나 개선권고 등의 필요한 조치를 요청할 수 있다. 이 경우 요청을 받은 관계 기관의 장은 대통령령으로 정하는 바에 따라 개선권고 등에 따른 조치계획과 조치결과를 행정안전부장관에게 통보하여야 한다.

(6) 행정안전부장관은 재난원인조사단의 재난원인조사 결과를 신속히 국회 소관 상임위원회에 제출·보고하여야 한다.

5. 재난상황의 기록 관리 [법 제70조]

(1) **재난관리책임기관의 장은 다음 각 호의 사항을 기록하고, 이를 보관하여야 한다. 이 경우 시장·군수·구청장을 제외한 재난관리책임기관의 장은 그 기록사항을 시장·군수·구청장에게 통보하여야 한다.**

  1) 소관 시설·재산 등에 관한 피해상황을 포함한 재난상황

  2) 재난원인조사(재난관리책임기관의 장이 실시한 재난원인조사에 한정한다) 결과

  3) 개선권고 등의 조치결과

  4) 그 밖에 재난관리책임기관의 장이 기록·보관이 필요하다고 인정하는 사항

(2) 행정안전부장관은 매년 재난상황 등을 기록한 재해연보 또는 재난연감을 작성하여야 한다.

(3) 행정안전부장관은 재해연보 또는 재난연감을 작성하기 위하여 필요한 경우 재난관리책임기관의 장에게 관련 자료의 제출을 요청할 수 있다. 이 경우 요청을 받은 재난관리책임기관의 장은 요청에 적극 협조하여야 한다.

(4) 재난관리주관기관의 장은 특별재난지역으로 선포된 사회재난 또는 재난상황 등을 기록하여 관리할 특별한 필요성이 인정되는 재난에 관하여 재난수습 완료 후 수습상황 등을 기록한 재난백서를 작성하여야 한다. 이 경우 관계 기관의 장이 재난대응에 참고할 수 있도록 재난백서를 통보하여야 한다.

(5) 재난관리주관기관의 장은 재난백서를 신속히 국회 소관 상임위원회에 제출·보고하여야 한다.

(6) 재난상황의 작성·보관 및 관리에 필요한 사항은 대통령령으로 정한다.

6. 재난 및 안전관리에 필요한 과학기술의 진흥 등 [법 제71조]

(1) 정부는 재난 및 안전관리에 필요한 연구·실험·조사·기술개발(연구개발사업) 및 전문인력 양성 등 재난 및 안전관리 분야의 과학기술 진흥시책을 마련하여 추진하여야 한다.

(2) 행정안전부장관은 연구개발사업을 하는 데에 드는 비용의 전부 또는 일부를 예산의 범위에서 출연금으로 지원할 수 있다.

(3) 행정안전부장관은 연구개발사업을 효율적으로 추진하기 위하여 다음 각 호의 어느 하나에 해당하는 기관·단체 또는 사업자와 협약을 맺어 연구개발사업을 실시하게 할 수 있다.

1) 국공립 연구기관

2) 「특정연구기관 육성법」에 따른 특정연구기관

3) 「과학기술분야 정부출연연구기관 등의 설립·운영 및 육성에 관한 법률」에 따라 설립된 과학기술분야 정부출연연구기관

4) 「고등교육법」에 따른 대학·산업대학·전문대학 및 기술대학

5) 「민법」 또는 다른 법률에 따라 설립된 법인으로서 재난 또는 안전 분야의 연구기관

6) 「기초연구진흥 및 기술개발지원에 관한 법률」에 따라 인정받은 기업부설연구소 또는 기업의 연구개발전담부서

(4) 행정안전부장관은 연구개발사업을 효율적으로 추진하기 위하여 행정안전부 소속 연구기관이나 그 밖에 대통령령으로 정하는 기관·단체 또는 사업자 중에서 연구개발사업의 총괄기관을 지정하여 그 총괄기관에게 연구개발사업의 기획·관리·평가, 제3항에 따른 협약의 체결, 개발된 기술의 보급·진흥 등에 관한 업무를 하도록 할 수 있다.

7. 재난 및 안전관리기술개발 종합계획의 수립 등 [법 제71조의2]

(1) 행정안전부장관은 재난 및 안전관리에 관한 과학기술의 진흥을 위하여 5년마다 관계 중앙행정기관의 재난 및 안전관리기술개발에 관한 계획을 종합하여 조정위원회의 심의와 「과학기술기본법」에 따른 국가과학기술심의회의 심의를 거쳐 재난 및 안전관리기술개발 종합계획(개발계획)을 수립하여야 한다.

(2) 관계 중앙행정기관의 장은 개발계획에 따라 소관 업무에 관한 해당 연도 시행계획을 수립하고 추진하여야 한다.

8. 연구개발사업 성과의 사업화 지원 [법 제72조]

(1) 행정안전부장관은 연구개발사업의 성과를 사업화하는 「중소기업기본법」에 따른 중소기업(이하 "중소기업"이라 한다)이나 그 밖의 법인 또는 사업자 등에 대하여 다음의 지원을 할 수 있다. 이 경우 중소기업에 대한 지원을 우선적으로 실시할 수 있다.

  1) 시제품(試製品)의 개발·제작 및 설비투자에 필요한 비용의 지원

  2) 연구개발사업의 성과로 발생한 특허권 등 지식재산권의 전용실시권(專用實施權) 또는 통상실시권(通常實施權)의 설정·허락 또는 그 알선

  3) 사업화로 생산된 재난 및 안전 관련 제품 등의 우선 구매

  4) 연구개발사업에 사용되거나 생산된 기기·설비 및 시제품 등의 사용권 부여 또는 그 알선

  5) 그 밖에 사업화를 위하여 필요한 사항으로서 행정안전부령으로 정하는 사항

(2) 지원의 방법 및 절차 등에 관하여 필요한 사항은 대통령령으로 정한다.

9. 기술료의 징수 및 사용 [법 제73조]

(1) 행정안전부장관은 연구개발사업의 성과를 사업화함으로써 수익이 발생할 경우에는 사업자로부터 그 수익의 일부에 해당하는 금액(기술료)을 징수할 수 있다.

(2) 행정안전부장관은 기술료를 다음의 사업에 사용할 수 있다.

1) 재난 및 안전관리 연구개발사업

2) 그 밖에 재난 및 안전관리와 관련된 기술의 육성을 위한 사업으로서 대통령령으로 정하는 사업

10. 재난안전기술의 사업화 지원 등 [법 제73조의2]

(1) 행정안전부장관은 재난의 예방·대비·대응 및 복구 등 재난 및 안전관리에 관한 각종 기술(이하 "재난안전기술"이라 한다)의 사업화를 지원하기 위하여 다음 각 호의 사항을 추진하여야 한다.

1) 재난안전기술의 사업화에 필요한 정책의 연구·개발

2) 재난안전기술의 사업화에 필요한 정보의 제공 및 컨설팅 지원

3) 재난안전기술 사업화에 관한 실태 조사 및 통계의 작성

4) 그 밖에 재난안전기술의 사업화 지원을 위하여 행정안전부장관이 정하는 사항

(2) 행정안전부장관은 재난안전기술의 사업화를 지원하기 위하여 필요한 전문인력과 시설을 갖춘 기관·단체를 사업화 전문기관으로 지정하여 1)~4)의 업무를 수행하게 할 수 있다.

(3) 사업화 전문기관의 지정기준 및 지정절차 등에 관한 세부사항은 대통령령으로 정한다.

11. 전문기관 지정의 취소 [법 제73조의3]

(1) 행정안전부장관은 사업화 전문기관이 다음에 해당하는 경우에는 그 지정을 취소하거나 6개월의 범위에서 기간을 정하여 업무의 전부 또는 일부를 정지할 수 있다.

1) 거짓이나 부정한 방법으로 지정을 받은 경우(지정취소사유)

2) 업무를 적정하게 수행하지 아니하는 등 수행하는 업무가 그 지정의 목적을 벗어난 것으로 인정되는 경우

3) 지정기준에 적합하지 아니하게 된 경우

(2) 행정안전부장관은 사업화 전문기관의 지정을 취소하려면 청문을 하여야 한다.

12. 재난안전제품의 인증 [법 제73조의4]

(1) 행정안전부장관은 재난안전기술을 이용한 각종 제품(이하 "재난안전제품"이라 한다) 중 대통령령으로 정하는 국민생활과 밀접한 재난안전제품에 대하여 신청을 받아 적합성 인증(이하 "인증"이라 한다)을 할 수 있다.

(2) 인증의 유효기간은 인증을 받은 날부터 3년으로 하되, 재심사를 거쳐 그 기간을 연장할 수 있다.

(3) 행정안전부장관은 인증을 받은 제품이 다음에 해당하면 인증을 취소할 수 있다.

1) 거짓이나 그 밖의 부정한 방법으로 인증을 받은 경우(취소사유)

2) 인증기준에 미치지 못하는 경우

(4) 행정안전부장관은 인증을 취소하려면 청문을 하여야 한다.

(5) 규정한 사항 외에 신청절차, 인증기준 및 그 밖에 인증에 필요한 사항은 대통령령으로 정한다.

13. 재난관리정보통신체계의 구축·운영 [법 제74조]

(1) 행정안전부장관과 재난관리책임기관·긴급구조기관 및 긴급구조지원기관의 장은 재난관리업무를 효율적으로 추진하기 위하여 대통령령으로 정하는 바에 따라 재난관리정보통신체계를 구축·운영할 수 있다.

(2) 재난관리책임기관·긴급구조기관 및 긴급구조지원기관의 장은 제1항에 따른 재난관리정보통신체계의 구축에 필요한 자료를 관계 재난관리책임기관·긴급구조기관 및 긴급구조지원기관의 장에게 요청할 수 있다. 이 경우 요청을 받은 기관의 장은 특별한 사유가 없으면 요청에 따라야 한다.

(3) 행정안전부장관은 재난관리책임기관·긴급구조기관 및 긴급구조지원기관의 장이 제1항에 따라 구축하는 재난관리정보통신체계가 연계 운영되거나 표준화가 이루어지도록 종합적인 재난관리정보통신체계를 구축·운영할 수 있으며, 재난관리책임기관·긴급구조기관 및 긴급구조지원기관의 장은 특별한 사유가 없으면 이에 협조하여야 한다.

14. 재난관리정보의 공동이용 [법 제74조의2]

(1) 재난관리책임기관·긴급구조기관 및 긴급구조지원기관은 재난관리업무를 효율적으로 처리하기 위하여 수집·보유하고 있는 재난관리정보를 다른 재난관리책임기관·긴급구조기관 및 긴급구조지원기관과 공동 이용하여야 한다.

(2) 공동 이용되는 재난관리정보를 제공하는 기관은 해당 정보의 정확성을 유지하도록 노력하여야 한다.

(3) 재난관리정보의 처리를 하는 재난관리책임기관·긴급구조기관·긴급구조지원기관 또는 재난관리업무를 위탁 받아 그 업무에 종사하거나 종사하였던 자는 직무상 알게 된 재난관리정보를 누설하거나 권한 없이 다른 사람이 이용하도록 제공하는 등 부당한 목적으로 사용하여서는 아니 된다.

15. 정보 제공 요청 등 [제74조의3]

(1) 중앙대책본부장 또는 지역대책본부장은 신속한 재난 대응을 위하여 필요한 경우 재난으로 인하여 생명·신체에 대한 피해를 입은 사람과 생명·신체에 대한 피해 발생이 우려되는 사람(이하 "재난피해자등"이라 한다)에 대한 다음 각 호에 해당하는 정보의 제공을 관계 중앙행정기관(그 소속기관 및 책임운영기관을 포함한다)의 장, 지방자치단체의 장, 「공공기관의 운영에 관한 법률」 제4조에 따른 공공기관의 장, 「전기통신사업법」 제2조제8호에 따른 전기통신사업자, 그 밖의 법인·단체 또는 개인에게 요청할 수 있으며, 요청을 받은 자는 정당한 사유가 없으면 이에 따라야 한다.

1) 성명, 주민등록번호, 주소 및 전화번호(휴대전화번호를 포함한다)

2) 재난피해자등의 이동경로 파악 및 수색·구조를 위한 다음의 정보

가. 「개인정보 보호법」 제2조제7호에 따른 영상정보처리기기를 통하여 수집된 정보

나. 「대중교통의 육성 및 이용촉진에 관한 법률」 제2조제6호에 따른 교통카드의 사용명세

다. 「여신전문금융업법」 제2조제3호·제6호 및 제8호에 따른 신용카드·직불카드·선불카드의 사용일시, 사용장소(재난 발생 지역 및 그 주변 지역에서 사용한 내역으로 한정한다)

라. 「의료법」 제17조에 따른 처방전의 의료기관 명칭, 전화번호 및 같은 법 제22조에 따른 진료기록부상의 진료일시

(2) 중앙대책본부장 또는 지역대책본부장은 재난피해자등의 「위치정보의 보호 및 이용 등에 관한 법률」 제2조제2호에 따른 개인위치정보의 제공을 「전기통신사업법」 제2조제8호에 따른 전기통신사업자와 「위치정보의 보호 및 이용 등에 관한 법률」 제2조제6호에 따른 위치정보사업을 하는 자에게 요청할 수 있고, 요청을 받은 자는 「통신비밀보호법」 제3조에도 불구하고 정당한 사유가 없으면 이에 따라야 한다.

(3) 중앙대책본부장 또는 지역대책본부장은 제1항 및 제2항에 따라 수집된 정보를 관계 재난관리책임기관·긴급구조기관·긴급구조지원기관, 그 밖에 재난 대응 관련 업무를 수행하는 기관에 제공할 수 있다.

(4) 중앙대책본부장 또는 지역대책본부장은 수집된 정보의 주체에게 다음의 사실을 통지하여야 한다.

1) 재난 대응을 위하여 필요한 정보가 수집되었다는 사실

2) 1)의 정보가 다른 기관에 제공되었을 경우 그 사실

3) 수집된 정보는 이 법에 따른 재난 대응 관련 업무 이외의 목적으로 사용할 수 없으며, 업무 종료 시 지체 없이 파기된다는 사실

(5) 누구든지 수집된 정보를 이 법에 따른 재난 대응 이외의 목적으로 사용할 수 없으며, 업무 종료 시 지체 없이 해당 정보를 파기하여야 한다.

(6) 수집된 정보의 보호 및 관리에 관한 사항은 이 법에서 정한 것을 제외하고는 「개인정보 보호법」에 따른다.

(7) (2)에 따른 개인위치정보의 제공을 요청하는 방법 및 절차, 제3항에 따른 정보 제공의 대상·범위 및 (4)에 따른 통지의 방법 등에 필요한 사항은 대통령령으로 정한다.

16. 안전관리자문단의 구성·운영 [법 제75조]

(1) 지방자치단체의 장은 재난 및 안전관리업무의 기술적 자문을 위하여 민간전문가로 구성된 안전관리자문단을 구성·운영할 수 있다.

(2) 안전관리자문단의 구성과 운영에 관하여는 해당 지방자치단체의 조례로 정한다.

17. 재난 보험등의 가입 등 [법 제76조]

(1) 국가는 국민과 지방자치단체가 자기의 책임과 노력으로 재난에 대비할 수 있도록 재난 관련 보험·공제(이하 "보험등"이라 한다)를 개발·보급하기 위하여 노력하여야 한다.

(2) 다음에 해당하는 시설 중 대통령령으로 정하는 시설을 소유·관리 또는 점유하는 자는 해당 시설에서 발생하는 화재, 붕괴, 폭발 등으로 인한 타인의 생명·신체나 재산상의 손해를 보상하기 위하여 보험등에 가입하여야 한다. 이 경우 다른 법률에 따라 그 손해의 보상내용을 충족하는 보험등에 가입한 경우에는 이 법에 따른 보험등에 가입한 것으로 본다.

1) 「시설물의 안전 및 유지관리에 관한 특별법」에 따른 시설물

2) 그 밖에 재난이 발생할 경우 타인에게 중대한 피해를 입힐 우려가 있는 시설

(3) 보험등의 종류, 보상한도액 및 그 밖에 필요한 사항은 대통령령으로 정한다.

(4) 행정안전부장관은 (2)항에 따른 보험등의 가입관리 업무를 위하여 필요한 경우 대통령령으로 정하는 바에 따라 중앙행정기관의 장 또는 지방자치단체의 장에게 행정적 조치를 하도록 요청하거나 관계 행정기관, 보험회사 및 보험 관련 단체에 보험등의 가입관리 업무에 필요한 자료를 요청할 수 있다. 이 경우 요청을 받은 자는 정당한 사유가 없으면 이에 따라야 한다.

(5) 국가는 예산의 범위에서 대통령령으로 정하는 바에 따라 보험료와 공제회비의 일부, 보험등의 운영과 관리 등에 필요한 비용의 일부를 지원할 수 있다.

18. 안전책임관 [법 제76조의2]

(1) 국가기관과 지방자치단체의 장은 해당 기관의 재난 및 안전관리업무를 총괄하는 안전책임관 및 담당직원을 소속 공무원 중에서 임명할 수 있다.

(2) 안전책임관은 해당 기관의 재난 및 안전관리업무와 관련하여 다음의 사항을 담당한다.

1) 재난이나 그 밖의 각종 사고가 발생하거나 발생할 우려가 있는 경우 초기대응 및 보고에 관한 사항

2) 위기관리 매뉴얼의 작성·관리에 관한 사항

3) 재난 및 안전관리와 관련된 교육·훈련에 관한 사항

4) 그 밖에 해당 중앙행정기관의 장이 재난 및 안전관리업무를 위하여 필요하다고 인정하는 사항

(3) 안전책임관의 임명 및 운영에 필요한 사항은 대통령령으로 정한다.

19. 재난관리 의무 위반에 대한 징계 요구 등 [법 제77조]

(1) 국무총리 또는 행정안전부장관은 관계 중앙행정기관의 장 또는 지방자치단체의 장이 이 법에 따른 조치를 하지 아니한 경우에는 대통령령으로 정하는 바에 따라 기관경고 등 필요한 조치를 할 수 있다.

(2) 행정안전부장관, 시·도지사 또는 시장·군수·구청장은 이 법에 따른 재난예방조치·재난응급조치·안전점검·재난상황관리·재난복구 등의 업무를 수행할 때 지시를 위반하거나 부과된 임무를 게을리한 재난관리책임기관의 공무원 또는 직원의 명단을 해당 공무원 또는 직원의 소속 기관의 장 또는 단체의 장에게 통보하고, 그 소속 기관의 장 또는 단체의 장에게 해당 공무원 또는 직원에 대한 징계 등을 요구할 수 있다. 이 경우 그 사실을 입증할 수 있는 관계 자료를 그 소속 기관 또는 단체의 장에게 함께 통보하여야 한다

(3) 중앙통제단장 또는 지역통제단장은 제52조제5항에 따른 현장지휘에 따르지 아니하거나 부과된 임무를 게을리한 긴급구조요원의 명단을 해당 긴급구조요원의 소속 기관 또는 단체의 장에게 통보하고, 그 소속 기관의 장 또는 단체의 장에게 해당 긴급구조요원에 대한 징계를 요구할 수 있다. 이 경우 그 사실을 입증할 수 있는 관계 자료를 그 소속 기관 또는 단체의 장에게 함께 통보하여야 한다.

(4) 통보를 받은 소속 기관의 장 또는 단체의 장은 해당 공무원 또는 직원에 대한 징계 등 적절한 조치를 하고, 그 결과를 해당 기관의 장에게 통보하여야 한다.

(5) 행정안전부장관, 시·도지사, 시장·군수·구청장, 중앙통제단장 및 지역통제단장은 사실 입증을 위한 전담기구를 편성하는 등 소속 공무원으로 하여금 필요한 조사를 하게 할 수 있다. 이 경우 조사공무원은 그 권한을 표시하는 증표를 제시하여야 한다.

20. 권한의 위임 및 위탁 [법 제78조]

(1) 이 법에 따른 행정안전부장관의 권한은 그 일부를 대통령령으로 정하는 바에 따라 시·도지사에게 위임할 수 있다.

(2) 행정안전부장관은 평가 등의 업무의 일부와 연구개발사업 성과의 사업화 지원 및 기술료의 징수 및 사용에 관한 업무를 대통령령으로 정하는 바에 따라 전문기관 등에 위탁할 수 있다.

21. 벌칙 적용 시의 공무원 의제 [법 제78조의2]

협약을 체결한 기관·단체 및 행정안전부장관이 위탁한 업무를 수행하는 전문기관 등의 임직원은 「형법」[제127조(공무상비밀누설) 및 제129조 (수뢰, 사전수뢰), 제130조(제삼자뇌물제공), 제131조(수뢰후부정처사, 사후수뢰) 제132조(알선수뢰)]의 벌칙 적용 시 공무원으로 본다.

1. 벌칙 [법 제78조의3]

재난예방을 위한 안전조치에 따른 안전조치명령을 이행하지 아니한 자는 3년 이하의 징역 또는 3천만원 이하의 벌금에 처한다.

2. 벌칙 [법 제78조의4]

수집된 정보의 정보제공 요청 규정을 위반하여 재난 대응 이외의 목적으로 정보를 사용하거나 업무가 종료되었음에도 해당 정보를 파기하지 아니한 자는 2년 이하의 징역 또는 2천만원 이하의 벌금에 처한다.

3. 다음에 해당하는 자는 1년 이하의 징역 또는 1천만원 이하의 벌금에 처한다. [법 제79조(벌칙)]

(1) 정당한 사유 없이 긴급안전점검을 거부 또는 기피하거나 방해한 자

(2) 정당한 사유 없이 위험구역에 출입하는 행위나 그 밖의 행위의 금지명령 또는 제한명령을 위반한 자

(3) 정당한 사유 없이 정보 제공 요청 규정에 따른 중앙대책본부장 또는 지역대책본부장의 요청에 따르지 아니한 자

(4) 정당한 사유 없이 위치정보 등의 제공에 따른 중앙대책본부장 또는 지역대책본부장의 요청에 따르지 아니한 자

4. 다음에 해당하는 자는 500만원 이하의 벌금에 처한다. [제80조(벌칙)]

(1) 정당한 사유 없이 따른 토지 · 건축물 · 인공구조물, 그 밖의 소유물의 일시 사용 또는 장애물의 변경이나 제거를 거부 또는 방해한 자

(2) 직무상 알게 된 재난관리정보를 누설하거나 권한 없이 다른 사람이 이용하도록 제공하는 등 부당한 목적으로 사용한 자

5. 양벌규정 [법 제81조]

법인의 대표자나 법인 또는 개인의 대리인, 사용인, 그 밖의 종업원이 그 법인 또는 개인의 업무에 관하여 위반행위를 하면 그 행위자를 벌하는 외에 그 법인 또는 개인에게도 해당 조문의 벌금형을 과(科)한다. 다만, 법인 또는 개인이 그 위반행위를 방지하기 위하여 해당 업무에 관하여 상당한 주의와 감독을 게을리하지 아니한 경우에는 그러하지 아니하다.

6. 과태료 [법 제82조]

(1) 다음에 해당하는 사람에게는 200만원 이하의 과태료를 부과한다.

1) 위기상황 매뉴얼을 작성·관리하지 아니한 소유자·관리자 또는 점유자

2) 주기적 훈련을 실시하지 아니한 소유자·관리자 또는 점유자

3) 개선명령을 이행하지 아니한 소유자·관리자 또는 점유자

4) 대피명령을 위반한 사람

5) 위험구역에서의 퇴거명령 또는 대피명령을 위반한 사람

(2) 보험등에 가입하지 않은 자에게는 300만원 이하의 과태료를 부과한다.

(3) 과태료는 대통령령으로 정하는 바에 따라 다음의 자가 부과·징수한다.

1) 시·도지사 또는 시장·군수·구청장

200만원에 해당하는 과태료

2) 보험등의 가입 대상 시설의 허가·인가·등록·신고 등의 업무를 처리한 관계 행정기관의 장 : 보험등에 가입하지 않은 자의 과태료

04 구조이론

section 1 구조론

소방기본법 [제1조(목적)]에 화재를 예방·경계하거나 진압하고 화재, 재난·재해, 그 밖의 위급한 상황에서의 구조·구급 활동 등을 통하여 국민의 생명·신체 및 재산을 보호함으로써 공공의 안녕 및 질서 유지와 복리증진에 이바지함을 목적으로 한다고 규정하고 있다. 또한 이의 실현을 위해 119구조구급에 관한 법률에서 "소방청장·소방본부장 또는 소방서장은 위급상황에서 요구조자의 생명 등을 신속하고 안전하게 구조하는 업무를 수행하기 위하여 대통령령으로 정하는 바에 따라 119구조대를 편성운영하여야 한다."고 규정하고 있다.

1. 구조와 119구조대 정의

119구조구급에 관한 법률에서 "구조"와 "119구조대"에 대하여 다음과 같이 정의하고 있다. "구조"란 화재, 재난·재해 및 테러, 그 밖의 위급한 상황에서 외부의 도움을 필요로 하는 사람(요구조자)의 생명, 신체 및 재산을 보호하기 위하여 수행하는 모든 활동을 말한다. "119구조대"란 탐색 및 구조활동에 필요한 장비를 갖추고 소방공무원으로 편성된 단위조직을 말한다.

2. 구조대의 편성운영

소방청장, 소방본부장 또는 소방서장은 위급상황에서 요구조자의 생명 등을 신속하고 안전하게 구조하는 업무를 수행하기 위해 다음과 같이 구조대를 편성운영하고 있다.

(1) 일반구조대

시도의 규칙으로 정하는 바에 따라 소방서마다 1개 대(隊) 이상 설치하되, 소방서가 없는 시·군·구(자치구를 말한다.)의 경우에는 해당 시·군·구 지역의 중심지에 있는 119안전센터에 설치할 수 있다

(2) 특수구조대

소방대상물, 지역 특성, 재난 발생 유형 및 빈도 등을 고려하여 지역을 관할하는 소방서에 다음의 구분에 따라 설치한다(다만, 고속국도구조대는 직할구조대에 설치할 수 있다)

① **화학구조대** : 화학공장이 밀집한 지역

② **수난구조대** : 내수면지역

③ **산악구조대** : 자연공원 등 산악지역

④ **고속국도구조대** : 고속국도

⑤ **지하철구조대** : 도시철도의 역사(驛舍) 및 역 시설

(3) 직할구조대

대형·특수 재난사고의 구조, 현장 지휘 및 지원 등을 위하여 소방청 또는 소방본부에 설치하되, 소방본부에 설치하는 경우에는 시·도의 규칙으로 정하는 바에 따른다.

(4) 테러대응구조대

테러 및 특수재난에 전문적으로 대응하기 위하여 필요한 경우 소방청 또는 소방본부에 설치하는 것을 원칙으로 하되, 구조대의 효율적 운영을 위하여 필요한 경우에는 화학구조대와 직할구조대를 테러대응구조대로 지정할 수 있다.

(5) 국제구조대

소방청장은 국외에서 대형재난이 발생한 경우 재외국민의 보호 또는 재난발생국의 국민에 대한 인도주의적 구조활동을 위하여 필요한 경우 소방청에 설치하는 직할구조대에 설치할 수 있다(현재 중앙119구조본부에서 업무를 담당하고 있다). 국제구조대의 파견 규모 및 기간은 재난유형과 파견지역의 피해 등을 종합적으로 고려하여 외교부장관과 협의하여 소방청장이 정한다.

(6) 항공구조·구급대

소방청장 또는 소방본부장은 초고층 건축물 등에서 요구조자의 생명을 안전하게 구조하거나 도서·벽지에서 발생한 응급환자를 의료기관에 긴급히 이송하기 위하여 항공구조·구급대를 편성하여 운영하고 있다.

3. 구조대원의 임명 및 자격

소방공무원으로서 다음에 해당하는 사람 중에서 소방청장, 소방본부장 또는 소방서장이 임명한다. 단, 항공 구조·구급대원은 구조대원의 자격기준 또는 구급대원의 자격기준을 갖추고, 소방청장이 실시하는 항공 구조·구급과 관련된 교육을 마친 사람으로 한다. 구조대원의 자격은 다음과 같다.

① 중앙(지방)소방학교, 중앙119구조대, 소방교육대에서 기초훈련 및 전문기술훈련과 같은 구조업무에 관한 교육을 받은 자

② 소방청장이 실시하는 인명구조사 교육을 받았거나 인명구조사 시험에 합격한 사람

③ 국가·지방자치단체 및 공공기관의 운영에 관한 법률에 따른 공공기관의 구조관련 분야에서 근무한 경력이 2년 이상인 사람

④ 응급의료에 관한 법률에 따른 응급구조사 자격을 가진 사람으로서 소방청장이 실시하는 구조업무에 관한 교육을 받은 사람

4. 구조대에 관한 기준

(1) 구조대의 편성과 운영

① 소방청장·소방본부장 또는 소방서장은 위급상황에서 요구조자의 생명 등을 신속하고 안전하게 구조하는 업무를 수행하기 위하여 대통령령으로 정하는 바에 따라 119구조대를 편성하여 운영하여야 한다

② 소방청장은 국외에서 대형재난 등이 발생한 경우 재외국민의 보호 또는 재난발생국의 국민에 대한 인도주의적 구조 활동을 위하여 국제구조대를 편성하여 운영할 수 있다.

(2) 구조대의 구분

일반구조대	• 시·도의 규칙으로 정하는 바에 따라 소방서마다 1개 대(隊) 이상 설치하되, 소방서가 없는 시·군·구의 경우에는 해당 시·군·구 지역의 중심지에 있는 119안전센터에 설치할 수 있다
특수구조대	• 화학구조대 : 화학공장이 밀집한 지역 • 수난구조대 : 내수면 지역 • 고속국도구조대 : 고속국도 • 산악구조대 : 국립공원 등 산악지역 • 지하철구조대 : 도시철도의 역사(驛舍) 및 역 시설
항공구조대	• 소방청장 또는 소방본부장은 초고층 건축물 등에서 요구조자의 생명을 안전하게 구조하거나 도서·벽지에서 발생한 응급환자를 의료기관에 긴급히 이송하기 위하여 항공 구조·구급대를 편성하여 운영한다. • 소방청장은 항공 구조·구급대를 소방청에 설치하는 직할구조대에 설치할 수 있다. • 소방본부장은 시·도 규칙으로 정하는 바에 따라 항공구조·구급대를 편성하여 운영하되, 효율적인 인력 운영을 위하여 필요한 경우에는 시·도 소방본부에 설치하는 직할구조대에 설치할 수 있다.
직할구조대	• 대형·특수 재난사고의 구조, 현장 지휘 및 테러현장 등의 지원 등을 위하여 소방청 또는 시·도 소방본부에 설치하되, 시·도 소방본부에 설치하는 경우에는 시·도의 규칙으로 정하는 바에 따른다.
국제구조대	• 소방청장은 국제구조대를 편성·운영하는 경우 인명 탐색 및 구조, 응급의료, 안전평가, 시설관리, 공보연락 등의 임무를 수행할 수 있도록 구성하여야 한다. • 소방청장은 외교부장관과 협의를 거쳐 국제구조대를 재난발생국에 파견할 수 있다. • 소방청장은 국제구조대를 국외에 파견할 것에 대비하여 구조대원에 대한 교육훈련 등을 실시할 수 있다. • 소방청장은 국제구조대의 국외재난대응능력을 향상시키기 위하여 국제연합 등 관련 국제기구와의 협력체계 구축, 해외재난정보의 수집 및 기술연구 등을 위한 시책을 추진할 수 있다. • 소방청장은 국제구조대를 재난발생국에 파견하기 위하여 필요한 경우 관계 중앙행정기관의 장 또는 시·도지사에게 직원의 파견 및 장비의 지원을 요청할 수 있다. 이 경우 관계 중앙행정기관의 장 또는 시·도지사는 특별한 사유가 없으면 요청에 따라야 한다.
테러대응 구조대	• 테러 및 특수재난에 전문적으로 대응하기 위하여 소방청과 시·도 소방본부에 각각 설치하며, 시·도 소방본부에 설치하는 경우에는 시·도의 규칙으로 정하는 바에 따른다.

(3) 119시민수상구조대

소방청장 · 소방본부장 또는 소방서장은 여름철 물놀이 장소에서의 안전을 확보하기 위하여 필요한 경우 민간 자원봉사자로 구성된 구조대를 지원할 수 있다.

(4) 구조대원의 자격기준

① 소방청장이 실시하는 인명구조사 교육을 수료하고 교육수료시험에 합격한 자

② 구조관련분야의 근무경력이 2년 이상인 자

③ 응급구조사의 자격을 취득한 자

5. 구조대원의 역할과 자세

(1) 역할

① 구조대원은 자신의 지역사회에서 존경을 받을 수 있어야 한다.

② 도덕과 윤리의식을 갖추어야 한다.

③ 직무를 수행함에 있어 자신감과 침착함을 가지고 있어야 한다.

④ 자기 자신의 훈련으로 감정을 조절할 수 있어야 한다.

⑤ 책임 있는 행동을 하여야 한다.

(2) 자세

① 과거에 발생한 재해의 사례를 연구하고 발생 가능한 재해의 형태를 예측하는 자세를 가져야 한다.

② 평상시 강인한 체력과 정신력을 연마하여 높은 사기를 유지하려는 노력이 있어야 한다.

(3) 구조활동의 우선순위

구명 → 신체 구출 → 고통경감 → 재산보호

6. 인명구조론

(1) 구조활동의 개요

1) 인명구조활동의 개념

① 구조란 죽음의 위협 또는 순간적인 파괴, 박력 있는 행위로부터의 자유로움을 의미한다.

② 위험에 빠지거나 고립되어 자기 스스로 탈출할 수 없는 사람을 발견하여 신속•안전하게 안전한 장소로 옮기는 것이다.

③ 각종 재난과 사고 등으로 인해 인명 및 인체에 위협이 있거나 고립되어 스스로 피난 및 탈출을 할 수 없는 사람을 발견하고, 안전한 장소로 옮기는 일체의 활동을 말한다.

2) 인명구조의 순서

① 피난을 유도한다

② 인명을 검색한다.

③ 인명을 구출한다.

④ 환자를 응급처치 한다.

⑤ 환자를 의료기관으로 이송한다.

(2) 구조활동 시 유의사항

① 구조활동에 우선순위를 지켜야 한다.

② 구조현장에서 수급이 가능한 장비를 활용한다.

(3) 구조활동의 일반적인 8대 원칙과 순서

① 빠르고 정확하게 사고 및 재해의 상황을 평가한다.

② 구조활동 시 구조대원 및 요구조자의 안전을 확보하여야 한다.

③ 재해 및 사고현장에서의 안전을 확보한다.

④ 요구조자에게 접근한다.

⑤ 본격적인 구조활동에 앞서 응급처치를 실시한다.

⑥ 요구조자를 구조한다.

⑦ 이송준비를 한다.

⑧ 응급의료기관으로 요구조자를 이송한다.

(4) 요구조자와의 상호관계

① 효과적인 의사전달의 원칙

  ㉠ 요구조자와 항상 눈을 마주친다

  ㉡ 요구조자에게 진실을 말하여야 한다.

  ㉢ 항상 명확하고 똑똑하게 이야기를 한다.

  ㉣ 요구조자의 이름을 사용한다.

② **특별한 경우의 의사 전달문제**

    ㉠ 요구조자가 청각장애인일 경우에는 정확하게 말을 하여, 구조대원의 입 모양을 읽을 수 있도록 한다.

    ㉡ 시각장애인일 경우는 아주 예민한 청각과 촉각을 가지고 있어 구조대원들은 정상인과 같다는 시각을 가져야 한다. 요구조자와 가볍게 신체접촉을 하며, 목청을 낮추어 대화를 해야 하고 사고상황에 대해 설명해 주는 것이 좋다.

(5) 인명구조활동

① 구조대장은 당해 사고현장의 관할 소방본부장 또는 소방서장의 지휘•통제를 받는다.

② 구조대장은 구조활동일지를 상세히 기록하여 소속 소방서에 3년간 그 기록을 보관한다.

③ 소방본부장은 구조활동 상황을 연 2회 소방청장에게 보고하여야 한다.

7. 항공 구조 · 구급대의 업무

    소방청장 또는 소방본부장이 편성 · 운영하는 항공 구조 · 구급대의 임무는 다음과 같다.

① 인명구조 및 응급환자의 이송(의사가 동승한 응급환자의 병원 간 이송을 포함한다)

② 화재 진압

③ 장기이식환자 및 장기의 이송

④ 항공 수색 및 구조 활동

⑤ 공중 소방 지휘통제 및 소방에 필요한 인력 · 장비 등의 운반

⑥ 방역 또는 방재 업무의 지원

⑦ 그 밖에 재난관리를 위하여 필요한 업무

8. 구조요청의 거절

    구조대원은 요구조자의 상태 및 현장상황을 종합적으로 검토하여 인명구조 · 응급처치 등 구조활동을 수행하여야 한다. 다만 긴급한 상황이 아닌 것으로 판단되면 구조구급에 관한 법률에 의하여 다음의 경우에는 구조출동 요청을 거절할 수 있도록 규정하고 있다. 다만, 다른 수단으로 조치하는 것이 불가능한 경우에는 그러하지 아니하다.

① 단순 문 개방의 요청을 받은 경우

② 시설물에 대한 단순 안전조치 및 장애물 단순 제거의 요청을 받은 경우

③ 동물의 단순 처리 · 포획 · 구조 요청을 받은 경우

④ 그 밖에 주민생활 불편해소 차원의 단순 민원 등 구조 활동의 필요성이 없다고 인정되는 경우

9. 구조활동을 위한 긴급조치

① 소방청장, 소방본부장 또는 소방서장은 구조활동을 위하여 필요하다고 인정하는 때에는 다른 사람의 토지·건물 또는 그 밖의 물건을 일시 사용하거나 사용의 제한 또는 처분을 하거나 토지·건물에 출입할 수 있다.

② 소방청장, 소방서장은 ①항에 따른 조치로 인하여 손실을 입은 자가 있는 경우에는 60일 이내에 그 손실을 보상하여야 한다.

③ 정당한 사유 없이 토지·물건 등의 일시 사용, 사용의 제한, 처분 또는 토지·건물에 출입을 거부 또는 방해한 자는 300만원 이하의 벌금에 처한다.

10. 119구조대의 출동구역

① 소방청에 설치하는 직할구조대 및 테러대응구조대 … 전국

② 소방본부에 설치하는 직할구조대 및 테러대응구조대(화학구조대를 테러대응구조대로 지정된 경우를 포함한다) … 관할 특별시·광역시·특별자치시·도·특별자치도(이하 "시·도"라 한다)

③ 소방청장이 직할구조대에 설치하는 고속국도구조대 … 소방청이 한국도로공사와 협의하여 정하는 지역

④ 그 밖의 구조대 … 소방서 관할 구역

⑤ 단, 구조대는 ① ~ ④에도 불구하고 다음 어느 하나에 해당하는 경우에는 소방청장, 소방본부장, 소방서장의 요청이나 지시에 따라 출동구역 밖으로 출동할 수 있다.
 ㉠ 지리적·지형적 여건상 신속한 출동이 가능한 경우
 ㉡ 대형재난이 발생한 경우
 ㉢ 그 밖에 소방청장이나 소방본부장이 필요하다고 인정하는 경우

11. 구조된 사람과 물건의 처리

소방청장, 소방본부장, 소방서장은 구조활동으로 구조된 사람 또는 물건을 보호자 또는 유족에게 인도하거나 인계하여야 한다.

① 구조활동으로 구조된 사람 또는 신원이 확인된 사망자를 그 보호자 또는 유족에게 지체 없이 인도하여야 한다.

② 구조·구급활동과 관련하여 회수된 물건의 소유자가 있는 경우에는 소유자에게 그 물건을 인계하여야 한다.

③ 다음에 해당하는 때에는 구조된 사람, 사망자 또는 구조된 물건을 특별자치도지사·시장·군수·구청장(재난안전대책본부장)에게 인도하거나 인계하여야 한다.
 ㉠ 구조된 사람이나 사망자의 신원이 확인되지 아니한 때

ⓛ 구조된 사람이나 사망자를 인도받을 보호자 또는 유족이 없는 때

ⓒ 구조된 물건의 소유자를 알 수 없는 때

12. 구조활동 상황의 기록유지

구조대원은 구조활동에 대한 평가 및 분석을 통해 업무능력을 향상시킬 뿐만 아니라 제도개선의 자료로 활용하고 사후 민원제기, 구조증명서 발급 등에 대비하기 위해 구조 활동상황을 다음과 같이 작성·관리하여야 한다.

① 구조 활동일지에 구조 활동상황을 상세히 기록하고, 소속 소방관서에 3년간 보관하여야 한다.

② 구조차에 이동단말기가 설치되어 있는 경우에는 이동단말기로 구조 활동일지를 작성할 수 있다.

③ 근무 중에 위험물·유독물 및 방사성물질에 노출되거나 감염성 질병에 걸린 요구조자와 접촉한 경우에는 그 사실을 안 때부터 48시간 이내에 소방청장 등에게 보고하여야 한다.

13. 구조대원의 교육과 훈련

(1) 국제구조대원의 교육훈련

소방청장은 국제구조대원에 대하여 전문교육훈련과 일반교육훈련을 실시해야 한다.

① **전문 교육훈련** … 붕괴건물 탐색 및 인명구조, 방사능 및 유해화학물질 사고 대응, 유엔재난평가조정요원 교육 등

② **일반 교육훈련** … 응급처치, 기초통신, 구조 관련 영어, 국제구조대 윤리 등

③ 국제구조대원의 재난대응능력을 높이기 위하여 필요한 경우에는 국외 교육훈련을 실시할 수 있다.

(2) 구조대원의 교육과 훈련

구조대원의 교육훈련은 일상교육훈련, 특별구조훈련, 항공구조훈련으로 구분한다.

① 일상교육훈련은 일일근무 중 실시하되, 구조장비 조작과 안전관리에 관한 내용을 포함하여 구조대의 실정에 맞도록 소방청장 등이 정한다.

② 특별구조훈련은 연 40시간이상 받아야 하며, 다음 내용을 포함해야 한다.

ⓐ 방사능 누출, 생화학테러 등 유해화학물질 사고에 대비한 화학구조훈련

ⓑ 하천[호소(湖沼)를 포함한다], 해상(海上)에서의 익수·조난·실종 등에 대비한 수난구조훈련

ⓒ 산악·암벽 등에서의 조난·실종·추락 등에 대비한 산악구조훈련

ⓓ 그 밖의 재난에 대비한 특별한 교육훈련

③ 항공구조훈련은 연 40시간이상 받아야 하며, 다음의 내용을 포함해야 한다.

ⓐ 구조·구난(救難)과 관련된 기초학문 및 이론

ⓛ 항공구조기법 및 항공구조장비와 관련된 이론 및 실기

ⓒ 항공구조활동 시 응급처치와 관련된 이론 및 실기

ⓡ 항공구조활동과 관련된 안전교육

section 2 구조활동

구조 활동의 개시시점은 신고접수(각지)시점부터이다. 즉 소방서에서 사고가 발생했다는 것을 인지한 시점을 말하며, 상황실에서 출동을 지령하는 행위자체가 구조활동에 포함된다.

1. 구조활동의 원칙

구조대원이 사고현장에서 구조 활동을 전개할 때에는 반드시 지켜야할 원칙이 있다.

(1) 현장안전 확보

사고가 발생한 현장은 대부분의 경우 추가적인 사고가 발생할 위험이 높다. 자칫 주의를 소홀히 하면 요구조자는 물론 구조대원 자신에게도 심각한 위험이 발생할 수 있기 때문에 구조대원은 행동에 들어가기 전에 자기 자신의 안전을 먼저 확인해야 한다. 현장의 안전을 확보하고 자신의 안전을 지키는 일은 구조현장에서 절대적으로 지켜야할 가장 중요한 원칙이다.

(2) 명령통일

구조활동은 현장을 장악한 현장지휘관의 판단 하에 엄격한 규율을 바탕으로 조직적인 부대활동을 기본원칙으로 하며 자의적인 단독행동은 절대로 해서는 안 된다. 모든 소방활동에 있어서 명령의 통일성을 유지하는 것은 매우 중요하다. 명령통일이라고 하는 것은 한 대원은 오직 한 사람의 지휘관에게만 보고하고 한 사람의 지휘만을 받는다는 것이다.

(3) 현장활동 우선순위 준수

사고현장에서 최우선적으로 고려할 사항은 인명의 안전, 사고의 안정화, 재산가치의 보존의 순서이다. 위험 속에서 인명을 구조하는 조치가 가장 우선적으로 고려되어야 할 사항이다. 구조 가능한 모든 요구조자가 구출되면 더 이상 사고가 확대되지 않도록 안전조치를 취하고 이 과정에서 가능한 한 재산손실이 최소화 되도록 노력을 기울여야 한다.

2. 구조활동 우선순위

사고현장에서 인명을 구조하는 과정에서 구조활동의 우선순위는 요구조자의 생명을 보전하는 것이 가장 중요하므로 ①구명(救命) ②신체구출 ③정신적·육체적 고통경감 ④피해의 최소화의 순으로 구조활동의 우선순위를 결정한다.

3. 구조방법의 결정

정확한 사고의 실태가 파악되기 전까지는 수집된 정보를 바탕으로 구출방법을 검토하고 사용 장비를 결정하여 대원별로 임무를 부여한다. 정확한 사고실태가 판명되면 사고내용, 규모 및 곤란성과 구조대의 활동 능력을 비교하여 종합적으로 분석한 후에 구출 우선순위와 구출방법을 결정하고 사용할 장비 및 대원의 임무를 수정·변경한다. 구조방법의 결정원칙과 구조방법의 결정시 피해야할 요인은 다음과 같다.

(1) 구조방법의 결정원칙

① 가장 안전하고 신속한 방법

② 상태의 긴급성에 맞는 방법

③ 현장의 상황 및 특성을 고려한 방법

④ 실패의 가능성이 가장 적은 방법

⑤ 재산 피해가 적은 방법

(2) 구조방법 결정 시 피해야 할 요인

① 일반인에게 피해가 예측되는 방법

② 2차 재해의 발생이 예측되는 방법

③ 개인적인 추측에 의한 현장판단

④ 전체를 파악하지 않고 일면의 확인에 의해 결정한 방법

4. 사고현장에서 구조활동 전개 시 구조활동의 순서 및 현장의 장애물 제거 시 유의 사항

(1) 구조활동의 순서

① 현장활동에 방해되는 각종 장해요인을 제거한다.

② 2차 재해의 발생위험을 제거한다.

③ 요구조자의 구명에 필요한 조치를 취한다.

④ 요구조자의 상태 악화 방지에 필요한 조치를 취한다.

⑤ 구출활동을 개시한다.

(2) 현장의 장애물 제거 시 유의사항

① 필요한 기자재를 준비한다.

② 대원의 안전을 확보한다.

③ 요구조자의 생명·신체에 영향이 있는 장애를 우선 제거한다.

④ 위험이 큰 장애부터 제거한다.

⑤ 장애는 주위에서 중심부로 향하여 순차적으로 제거한다.

⑥ 위에서 아래로 순차적으로 제거한다.

5. 구조 활동의 초기대응 절차(LAST)

사고현장에 출동한 구조대원은 초기대응 단계에서 지켜야 할 절차가 있다. LAST는 이러한 대응 절차를 간단히 설명하고 기억하기 쉽도록 한 것을 말한다. 현장 구조 활동과정에서 LAST 절차를 지키지 않으면 현장에서 혼란의 발생과 2차 사고로 인해 초기대응에 실패할 가능성이 높아진다.

(1) 1단계 – 상황파악(Locate)

사고가 발생하면 먼저 사고 장소와 현장의 정보를 신속히 파악해야 한다

① 사고 원인은 무엇이고 어떻게 진행되고 있는가?

② 상황에 대응하는 방법과 인력, 장비는 무엇인가?

③ 우리가 적절한 대응능력을 갖추고 있는가? 를 판단하는 것이다.

(2) 2단계 – 접근(Access)

사고현장에서 구조 활동실행 단계로 안전하고 신속하게 요구조자에게 접근하는 단계이다. 사고 장소가 바다나 강이라면 구조대원 자신이 물에 들어가지 않아도 되는 안전한 구조방법을 우선 선택하고 산악사고라면 실족이나 추락, 낙석 등의 위험성이 있는지 주의하며 접근한다.

(3) 3단계 – 상황의 안정화(Stabilization)

사고현장을 장악하여 상황이 더 이상 악화되지 않고 안전이 유지될 수 있도록 조치하는 단계이다. 요구조자를 위험상황에서 구출하고 부상이 있으면 적절한 응급처치를 한다. 이후 주변의 위험요인을 제거하여 더 이상 사고가 확대되지 않도록 조치한다.

(4) 4단계 – 후송(Transport)

사고현장에서 구조활동 중 마지막 후송단계로 요구조자를 적절한 이동수단을 활용하여 의료기관에 후송하는 것으로 초기대응이 마무리된다. 요구조자가 부상 없이 안전하게 구출되는 것이 최선의 구조활동이지만 현장상황에 따라 심각한 손상을 입은 요구조자를 구출할 수도 있다. 이 경우 현장에서 제공할 수 있는 응급처치는 상당히 제한적일 수밖에 없다. 또한 외관상 아무런 부상이 없거나 경상으로 보이는 경우에도 심각한 손상이 있거나 후유증이 발생할 수 있기 때문에 요구조자는 의료기관으로 후송하는 것을 원칙으로 한다.

6. 현장의 군중 통제

사고가 발생하면 사람들은 호기심이나 걱정 때문에 사고현장에 가까이 접근하려고 한다. 그 중에는 사고에 관련되었으나 부상을 입지 않은 사람과 요구조자의 가족이나 친지도 있다. 사고현장 주변의 구경꾼은 요구조자와 구조대원, 보조요원들의 안전을 위하여 적절히 통제할 필요가 있다. 즉, 군중통제의 목적은 사고현장의 혼잡과 혼란을 감소시키기 위함이다. 가장 중요한 것은 현장주변에서 일반 대중을 차단하는 것이다. 통제구역의 경계는 구조대원들이 작업하는 데 필요한 공간, 현장의 위험도, 지형을 고려하여 설정한다. 통제구역이 결정되면 Fire Line, 밧줄, 기타 주변의 물품을 이용하여 표시하고 사람들이 넘어오지 못하도록 통제요원을 배치한다.

7. 구조활동을 방해한자 처벌규정

누구든지 정당한 사유 없이 구조활동을 방해한자는 5년 이하의 징역 또는 5천 만원 이하의 벌금에 처한다(119구조구급에 관한 법률 제28조).

section 3 구조장비

사고현장의 인명구조 활동에 있어서 다양한 장비를 보유하고 적절히 활용할 줄 아는 것은 구조활동의 성패와 직접적으로 연관되는 매우 중요한 요인이다. 평소 다양한 구조장비의 특성과 사용법을 익혀두고, 구조활동을 전개할 때는 현장 상황을 면밀히 살펴 가장 신속하고 안전하게 작업할 수 있는 장비를 선택하도록 하여야 한다. 구조장비에는 일반구조장비, 보호 및 측정장비, 중량물작업용장비, 절단파괴용장비, 탐색구조용장비, 산악구조용장비 등으로 분류하고 있다.

1. 일반구조장비

로프총, 로프, 공기매트, 마취총, 사다리 등

1) 로프총(Line Throwing Gun)

① 로프발사총 또는 송선기(送線機)로 불린다.

② 고층건물, 해상, 계곡 등 구조대원의 접근이 불가능한 상황에서 로프, 메시지 전달 등의 수단으로 사용

③ 압축공기를 이용한 공압식과 추진탄을 이용한 화약식이 있다.

④ 현재 간편한 화약식이 주로 사용되며, 공압식은 거의 사용되지 않고 있다.

⑤ 화약식 로프총에 20GA 추진탄 사용하면 최대사거리는 200m, 유효사거리는 150m이다.
   (공압식의 경우 150kg/㎠ 압력에서 최대사거리 120m, 유효사거리 60m 내외)

⑥ 사격각도는 상황에 따라 다르지만 수평각도 65°가 이상적이다.

⑦ 장전 후에는 총구를 수평면 기준으로 45° 이상의 각도를 유지해야 격발이 된다.

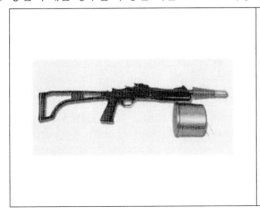
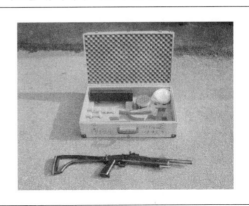

2) 공기매트(Air Mat)

높은 곳에서 뛰어 내렸을 때 공기의 탄력성을 이용하여 인체에 가해지는 충격을 완화시킴으로서 부상을 방지하는 장비이다. 공기매트의 안전사용 요령은 다음과 같다.

① 매트 중앙 부분을 착지점으로 겨냥하고 뛰어내리면서 다리를 약간 들어주면서 고개를 앞으로 숙여서 엉덩이 부분이 먼저 닿도록 하는 것이 안전하다.

② 매트 내의 압력이 지나치게 높으면 강한 반발력을 받아 부상의 위험이 있으므로 매트가 팽창 한 후에는 압력을 약간 낮춰주는 것이 좋다.

③ 낙하 훈련을 할 때에는 1단계 5m 높이에서부터 시작하여 최대 4단계 20m로 점차적으로 높인다.

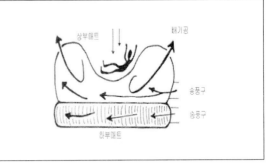

2. 보호 및 측정장비

공기호흡기, 잔류전류검지기

(1) 공기호흡기(호흡보호장비)

모든 소방공무원에게 가장 중요한 보호장비 중의 하나로 건축물 내외를 막론하고 화재 또는 유독물질이 존재하는 곳에서는 항상 호흡기를 착용해야 한다.

1) 공기호흡기의 제원 및 성능

① 종전에는 150kg/㎠ 압력으로 충전하여 30분 정도 사용가능한 8ℓ 형이 많이 보급

② 현재는 300kg/㎠으로 충전하는 6.8ℓ 형이 보급되어 작업 가능시간이 50분 정도까지 연장

2) 호흡과 산소요구량

① 사람의 호흡은 보통 분당 14~20회, 1회에 흡입하는 공기량은 약 500cc 정도(남성의 경우), 심호흡 시 약 2,000cc, 표준 폐활량은 3,500cc이다.

② 소방활동 시에는 무거운 장비를 장착하고 긴장도가 극히 높은 작업을 하기 때문에 평상시의 작업에 비해 공기소모량이 많다(평균 작업 : 30 ~ 40ℓ /분, 격한 작업 : 50 ~ 60ℓ /분, 최고의 격한 작업 : 80ℓ /분)

3) 호흡보호 장비의 성능

① 산소는 20~22 % 이내일 것.

② 이산화탄소는 1,000 ppm 이하일 것.

③ 일산화탄소는 10 ppm 이하 일 것.

④ 수분은 25 mg/㎥ 이내일 것.

⑥ 오일 미스트는 5 mg/㎥ 이내일 것.

⑦ 총 탄화수소는 25ppm 이하일 것

⑧ 총 휘발성유기화합물 500㎍/㎥ 이하일 것

⑨ 육안검사를 통하여 먼지, 오물, 금속입자 등이 관찰되지 않아야 하며, 냄새가 인지되지 않아야 한다.

4) 공기호흡기 위생검사

① 공기호흡기 용기 … 공기 충전 10회 마다 1회 또는 3년 1회 이상

② 공기호흡기 면체

  ㉠ 위생검사 : 화재현장, 기타 오염된 환경에서 사용 시 마다

  ㉡ 밀착도 검사 : 년1회 이상 또는 사용자의 검사 필요성 판단 시

5) 공기호흡기 안전관리

① 공기호흡기 면체는 먼지 등으로부터 오염되지 않도록 염화비닐로 포장하는 등 밀폐된 상태로 보관하여야 한다.

② 공기호흡기 용기는 5℃ 이상 45℃ 이하의 보관 장소에서 충격이나 낙하를 방지하기 위한 수납설비에 보관하고, 공기가 충전된 것과 충전되지 않은 것이 쉽게 구별되도록 분리하여 보관하여야 한다.

③ 공기가 충전된 용기를 90일 이상 보관하였을 때에는 공기를 배출한 후 다시 새로운 공기를 충전하여 보관하여야 한다.

6) 사용가능시간과 탈출개시 압력

① 사용가능시간(분) =

② 탈출개시압력 = + 여유압력(

(2) 잔류전류검지기

화재나 재난현장에서 누전되는 부분을 찾아 전원 차단 등의 안전조치를 취할 수 있도록 하는 장비이다.

3. 중량물작업용 장비

맨홀구조기구, 에어백, 유압엔진펌프, 유압전개기, 유압절단기, 유압램

1) 맨홀구조기구(Evacuation Tripod) 및 에어백(Lifting Air Bag)

① 맨홀구조기구는 맨홀과 같은 좁고 깊은 곳에 추락한 요구조자를 구조할 때 수직으로 로프를 내리고 올려 인명구조, 장비인양 등의 작업을 할 수 있으며 고층이나 절벽 등에서도 응용하여 활용할 수 있는 장비다. 제원은 무게 10kg, 받침대 최대높이 2.13m, 최대인양 무게 1,700kg이다.

② 에어백(Lifting Air Bag)은 중량물체를 들어 올리고자 할 때 공간이 협소해서 잭(jack)이나 유압 구조기구 등을 넣을 수 없는 경우에 압축공기로 백을 부풀려 중량물을 들어 올리는 장비이다.

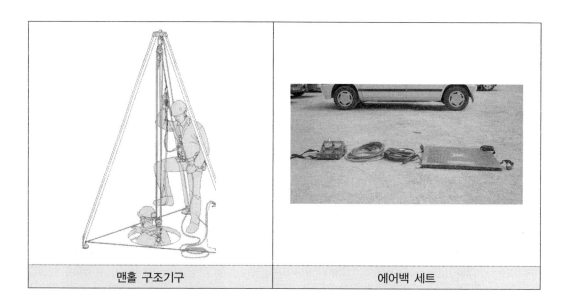

| 맨홀 구조기구 | 에어백 세트 |

2) 유압엔진펌프(Hydraulic Pump)

엔진을 이용하여 유압 전개기나 유압 절단기 등 유압장비에 필요한 압력을 발생시키는 펌프이다.

3) 유압전개기(Hydraulic Spreader) 및 유압절단기(Hydraulic Cutter)

① 유압전개기는 유압 엔진펌프에서 발생시킨 유압을 활용하여 물체의 틈을 벌리거나 압착할 수 있는
장비로 특히 차량사고 현장에서 유압절단기와 함께 매우 활용도가 높다.

② 유압절단기는 엔진펌프에서 발생시킨 유압을 활용하여 물체를 절단하는 장비다. 구조대에서 많이
사용하는 중간크기의 모델인 경우 중량은 13kg 전후이고, 절단력은 35t 내외이다.

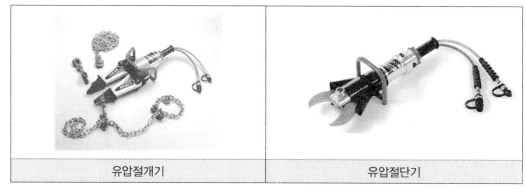

| 유압절개기 | 유압절단기 |

4) 유압램 (Extension Ram)은 일직선으로 확장되는 유압 램은 물체의 간격을 벌려 넓히거나 중량
물을 지지하는데 사용하는 일종의 확장막대이다.

4. 절단 파괴용 장비

구조현장에서 주로 사용되는 절단파괴용 장비로는 동력절단기, 체인톱, 공기톱 등이 있다.

① 동력절단기는 소형엔진을 동력으로 원형 절단날을 회전시켜 철, 콘크리트, 목재 등 장애물을 절단하여 제거하고 구조행동을 원활하게 하기 위해 사용하는 기동성이 높은 절단장비이다.

② 체인톱은 동력에 의해 구동되는 톱날로 목재를 절단하는 장비이다.

③ 공기톱은 압축공기를 동력원으로 하여 절단톱날을 작동시켜 철재나 스텐레스 등을 절단하는 장비이다.

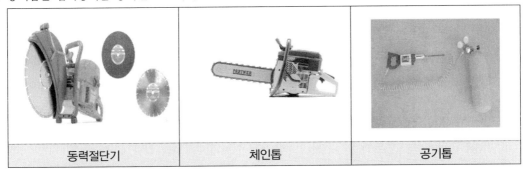

| 동력절단기 | 체인톱 | 공기톱 |

5. 탐색구조용장비

열화상카메라, 매몰자영상탐지기, 매몰자음향탐지기, 매몰자전파탐지기

① 열화상카메라는 농연 또는 야간에 시야확보가 어려운 지역에서 물체의 온도 차이를 감지하여 화면상에 표시함으로서 인명구조 등에 활용하는 장비이다.

② 매몰자영상탐지기는 지진과 건물붕괴 등 인명 피해가 큰 재난 상황에서 구조자가 생존자를 찾을 수 있도록 돕는 장비로 작은 틈새 또는 구멍으로 카메라와 마이크, 스피커가 부착된 신축봉을 투입하여 공간 내부를 확인하는데 유용한 장비이다.

③ 매몰자음향탐지기는 매몰, 고립된 사람의 고함이나 신음 등의 신호를 보낼 수 있는 생존자를 찾아내기 위한 장비이다.

④ 매몰자전파탐지기는 파괴된 건물의 잔해나 붕괴물 속에 마이크로파대의 전파를 방사하여 매몰한 생존자의 호흡에 의한 움직임을 반사파로부터 검출하는 것으로 그 생존을 탐사하는 장비이다.

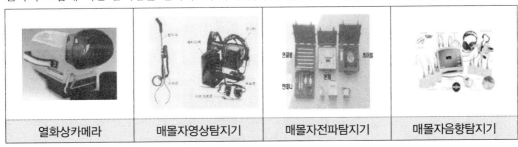

| 열화상카메라 | 매몰자영상탐지기 | 매몰자전파탐지기 | 매몰자음향탐지기 |

6. 산악구조용 장비

로프, 안전벨트, 하강기류, 카라비나, 등반기, 도르래, 퀵드로세트

1) 로프(Rope)

① 로프는 밧줄 또는 자일(SEIL)이라고 불리기도하며, 가장 기본적인 구조용 도구로서 구조대원의 진입, 탈출, 요구조자 구출은 물론 각종 장비를 끌어 올리거나 고정시키는 등 그 쓰임새가 많고 가장 이용도가 높은 장비이다.

② 로프의 성능은 인장력과 충격력으로 표시한다.

③ 로프의 재질은 합성섬유, 폴리에스터나 나일론 또는 케블러 등 여러 재료를 혼합하여 직조한 것이 대부분이다.

2) 안전벨트

① 안전벨트는 모든 구조활동에서 대원의 안전을 지켜주는 필수장비중의 하나이다.

② 안전벨트는 몸에 잘 맞는 것을 선택해야 한다.

③ 체중이 실리는 부분이 부드럽게 처리되어 충격을 고르게 분산시킬 수 있는 것을 선택한다.

④ 안전벨트의 허리 벨트 버클은 한 번 통과시킨 후 다시 거꾸로 통과시켜야 안전하며 끝을 5cm 이상 남겨야 한다.

3) 하강기류 : 8자하강기, 그리그리, 스톱하강기

① 8자하강기는 로프를 이용해서 하강해야 하는 경우 사용한다.

② 그리그리는 스토퍼와 같이 로프의 역회전을 방지할 수 있는 구조로 주로 확보용 장비이다.

③ 스톱하강기는 로프 한 가닥을 이용하여 제동을 걸어주는 장비다.

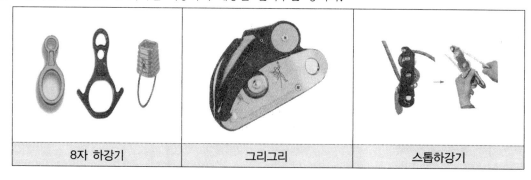

| 8자 하강기 | 그리그리 | 스톱하강기 |

4) 카라비나

① 각종 기구와 로프, 또는 기구와 기구를 연결할 사용하는 장비다.

② 재질은 알루미늄 합금이나 스테인리스 스틸이다.

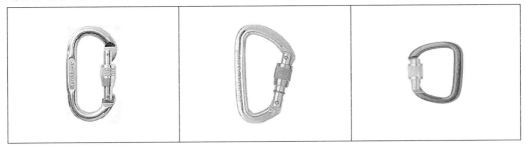

③ 심한 마모, 변형, 또는 균열이 있거나 큰 충격을 받은 것은 절대 사용하지 않는다.

5) 등반기

① 로프를 활용하여 등반할 때 보조장치로 사용된다.

② 로프에 결착하여 수직 또는 수평으로 이동할 수 있도록 고안된 기구이다.

③ 등강기나 쥬마 또는 유마르 등으로도 불린다.

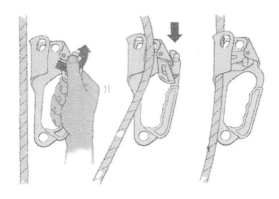

6) 도르래

계곡하천 범람으로 고립된 피서객이나 맨홀에 추락한 요구조자를 구조하는 경우 힘의 작용 방향을 바꾸거나 적은 힘으로 물체를 이동시키기 위해서 도르래를 사용한다. 특수 도르래로는 로프꼬임 방지기, 수평2단 도르래, 정지형 도르래가 있다.

① 로프꼬임 방지기는 카라비나에 도르래가 걸린상태에서 360° 회전이 가능하며, 로프로 물체를 인양하거나 하강시킬 때 로프가 꼬여 장비나 요구조자가 회전하는 것을 방지하는 장비이다.

② 수평2단 도르래는 도르래 하나에 걸리는 하중을 2개의 도르래로 분산시켜주는 역할을 하며, 외줄 선상의 로프나 케이블 상에서 수평 이동할 때 용이하다.

③ 정지형 도르래는 도르래와 쥬마를 결합한 형태의 장비이며, 도르래의 역회전을 방지할 수 있어 안전하게 작업이 가능하고 힘의 소모를 막을 수 있다

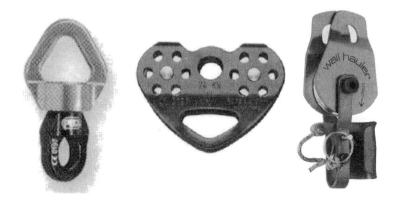

7) 퀵드로 세트

① 웨빙슬링으로 만든 고리 양쪽에 카라비나를 끼운 것이다.

② 로프를 확보물에 빨리 연결하기 위해서 사용하는 장비이다

section 4 로프매듭

로프는 소방활동 특히 구조활동이나 훈련에 있어 대원의 진입 및 탈출, 요구조자의 구조, 다양한 장비의 운반 및 고정, 장애물의 견인 제거 등 다양한 용도로 활용할 수 있어 구조장비 중에서도 가장 활용도가 높다.

1. 좋은 매듭의 전제조건

① 묶기 쉬워야 한다.

② 자연적으로 풀리지 않아야 한다.

③ 사용 후 간단하게 해체할 수 있어야 한다.

2. 로프매듭 기본원칙(대 전재)

사고현장에서 구조대원은 좋은 매듭의 조건을 100% 충족시키는 것은 불가능하므로 구조현장에서 가방 많이 쓰이는 매듭 법을 선택하고, 상황에 적용했을 때 가장 적절한 매듭을 선택하며, 해당대원이 가장 잘 할 수 있는 매듭 법을 선택하는 것이 중요하다.

① 상황에 맞는 매듭 중 자주 쓰이고 대원이 가장 잘할 수 있는 매듭법을 사용한다.

② 매듭법은 많이 아는 것보다는 정확히 하는 것이 더욱 중요하다.

③ 매듭은 정확한 형태를 만들고 단단하게 조여야 풀어지지 않는다.

④ 매듭 부분은 강도가 저하되며 매듭 후 풀리지 않도록 옭매듭 등으로 보강한다.

⑤ 매듭 끝 여유부분은 최소한 로프 직경의 10배 이상은 남아 있도록 한다.

⑥ 끊어지지 않는 로프와 풀어지지 않는 매듭은 없으므로 이상여부를 수시로 확인한다.

3. 로프 안전관리 요령

① 열이나 화학약품, 유류 등 로프를 손상시킬 수 있는 어떤 요인과도 접촉하지 않도록 한다.

② 밟거나 깔고 앉지 말 아야 한다.

③ 로프를 설치할 때 건물이나 장비의 모서리에 직접 닿지 않도록 한다.

④ 장시간 햇볕에 노출되면 변색, 강도가 저하되므로 어둡고 서늘한 곳에 보관한다.

⑤ 중성세제를 이용하여 정기적으로 세척하여 이물질을 제거한다.

4. 로프 지지점 만들기

① 수평방향으로 로프를 직접 묶어 하중을 받게 되는 곳을 지지점, 확보점이라 한다.(2개소 이상을 서로 다른 지지물에 묶어 지지물의 파손, 로프의 절단 등으로 발생할 수 있는 사고에 대비하여야 한다)

② 수직방향으로 설치하는 로프가 묶이는 곳은 현수점이라 한다.

③ 연장된 로프에 카라비나, 도르래 등을 넣어 로프의 연장 방향을 바꾸는 장소를 지점이라 한다. 지점에서는 카라비나 등의 장비와 로프의 마찰에 의해 저항력이 발생한다.

5. 기본매듭의 분류

소방에서는 용도에 따라 3가지 형태로 매듭을 분류한다.

① 마디짓기(결절) ··· 로프의 끝이나 중간에 마디나 매듭·고리를 만드는 방법.

② 이어매기(연결, 결합, 결속) ··· 한 로프를 다른 로프와 서로 연결하는 방법.

③ 움켜매기(결착) ··· 로프를 지지물 또는 특정 물건에 묶는 방법.

1) 마디짓기

① **옭매듭**(엄지매듭) ··· 로프에 마디를 만들어 도르래나 구멍으로부터 로프가 빠지는 것을 방지하거나 절단한 로프의 끝에서 꼬임이 풀어지는 것을 방지할 때 사용하는 매듭이다.

② **두겹옭매듭**(고리 옭매듭) ··· 고리를 필요로 하는 마디짓기의 가장 기본적인 매듭이다. 로프의 중간에 고리를 만들 필요가 있을 때 사용하는 매듭(힘을 받으면 고리가 계속 조여져서 풀기가 어렵다)

③ 8자매듭 … 옭매듭보다 매듭부분이 커서 다루기 편하고 풀기도 쉽다. 매듭이 8자 모양을 닮아서 8자 매듭이라 한다.

④ 두겹8자매듭 … 간편하고 튼튼하기 때문에 로프에 고리를 만들 때 가장 많이 사용된다.

⑤ 이중팔자매듭 … 로프 끝에 두 개의 고리를 만들 수 있어서 두 개의 확보물에 로프를 고정하는 경우 활용된다.

⑥ 줄사다리매듭 … 로프에 일정한 간격을 두고 수개의 옭매듭을 만들어 로프를 타고 오르거나 내릴 때 지지점으로 이용할 수 있도록 하는 매듭이다.

⑦ 고정매듭 … 어디서든 자주 사용되는 중요한 매듭이어서 매듭의 왕이라 일컬어진다. 로프의 굵기에 관계없이 묶고 풀기가 쉬우며 조여지지 않으므로 로프를 물체에 묶어 지지점을 만들거나 유도 로프를 결착할 때 사용된다.

⑧ 두겹고정매듭 … 로프의 끝에 두 개의 고리를 만들어 활용할 때 사용하는 매듭이다.

⑨ 나비매듭 : 로프 중간에 고리를 만들 필요가 있을 때 사용하며, 다른 매듭에 비하여 강한 힘을 받아도 풀기가 쉬운 장점이 있다.

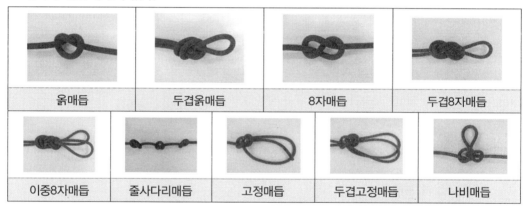

옭매듭	두겹옭매듭	8자매듭	두겹8자매듭

이중8자매듭	줄사다리매듭	고정매듭	두겹고정매듭	나비매듭

2) 이어매기

① 바른매듭 … 묶고 풀기가 쉬우며 같은 굵기의 로프를 연결할 때 사용하는 매듭이다.

② 한겹매듭 … 서로 다른 굵기 또는 재질의 로프를 연결할 때 사용하는 매듭이다.

③ 두겹매듭 … 한겹매듭과 같은 용도의 매듭으로 보다 견고한 매듭으로 연결하고자 할 때 사용하는 매듭이다.

④ 8자연결매듭 … 많은 힘을 받을 수 있고 힘이 가해진 경우에도 풀기가 쉬워 로프를 연결하거나 안전을 확보하기 위한 매듭이다.

⑤ **피셔맨매듭** … 두 개의 옭매듭이 맞물린 형태로, 두 로프가 서로 다른 로프를 묶고 당겨서 매듭부분이 맞물리도록 하는 매듭이다.

바른매듭	한겹매듭	두겹매듭	8자연결매듭	피셔맨매듭

3) 움켜매기

① **말뚝매기(까베스땅매듭)** … 움켜매기의 대표적 매듭으로 묶고 풀기가 쉽다. 로프의 한쪽 끝을 지지점에 묶는 매듭으로 구조활동을 위해 로프로 지지점을 설정하는 경우에 사용하는 매듭이다. 현장활동 중 확보지점을 설정하는 경우 주로 사용한다. 매듭 후 옭매듭 또는 절반매듭 2회 이상 처리해야 한다.

② **절반매듭** … 로프에 가장 기본이 되는 매듭으로 로프를 물체에 묶을 때 간편하게 사용하는 매듭이다. 절반매듭 단독으로 사용하지 말아야한다.

③ **감아매기(비상매듭)** … 굵은 로프나 지지물에 감아 매어 당기는 방법으로 운용하며, 화재진압 시 소방호스 지지 및 로프(산악)구조 시 주로 사용한다. 감아매기에 사용할 물체보다 로프가 더 가늘어야 한다.

④ **클램하이스트매듭** … 감아매기와 용도가 같으며 매듭이 보다 간편하다.

말뚝매듭	절반매듭	감아매기	클램하이스트매듭

05 구급이론

section 1 구급이론

(1) 구급의 개념

구급이란 응급환자에 대하여 행하는 상담, 응급처치 및 이송 등의 활동을 말한다. 우리나라의 경우 119구조·구급에 관한 법률을 두어 화재, 재난·재해 및 테러, 그 밖의 위급한 상황에서 119구조·구급의 효율적 운영에 관하여 필요한 사항을 규정함으로써 국가의 구조·구급 업무 역량을 강화하고 국민의 생명·신체 및 재산을 보호하며 삶의 질 향상에 기여 한다는 규정을 두고 있다

1) 구급대의 편성과 운영 기준

① 소방청장·소방본부장 또는 소방서장은 응급환자의 응급처치 및 의료기관에의 긴급 이송을 위하여 구급대를 편성하여 운영한다. → 의료행위 不可

② 구체적 사항은 관할 구역의 인구, 소방대상물, 재난발생 빈도 및 지역특성에 따라 정한다.

2) 구급대의 편성

① 일반 구급대 … 시·도의 규칙으로 정하는 바에 따라 소방서마다 1개 대 이상 설치하되, 소방서가 설치되지 아니한 시·군·구의 경우에는 해당 시·군·구 지역의 중심지에 소재한 119안전센터에 설치할 수 있다.

② 고속도로 구급대 … 교통사고 발생 빈도 등을 고려하여 소방청, 시·도 소방본부 또는 고속국도를 관할하는 소방서에 설치하되, 시·도 소방본부 또는 소방서에 설치하는 경우에는 시·도의 규칙으로 정하는 바에 따른다.

3) 구급대원의 자격기준

① 「의료법」제2조제1항에 따른 의료인

② 「응급의료에 관한 법률」제36조제2항에 따라 1급 응급구조사 자격을 취득한 사람

③ 「응급의료에 관한 법률」제36조제3항에 따라 2급 응급구조사 자격을 취득한 사람

④ 소방청장이 실시하는 구급업무에 관한 교육을 받은 사람

4) 구급차의 배치기준

다음 기준에 의해 배치하며, 관할인구가 10만 명을 초과할 때마다 1대를 추가로 배치할 수 있다.

① 소방서 직할의 안전센터 2대

② ①의 안전센터 외의 안전센터 1대

③ 의용소방대(안전센터가 설치되지 아니한 읍·면) 1대

5) 구급대의 운영

① 구급대가 의료기관에 이송할 수 있는 대상자

  ㉠ 화재·붕괴·폭발·교통사고 등의 재난·재해현장과 일상생활에서 발생한 응급환자

  ㉡ 응급입원대상에 해당하는 정신질환자로 추정되는 자

② 이송대상자가 법정전염병을 앓고 있는 위급한 환자라고 판단되는 경우에는 시·도·군·구 보건소의 관계공무원에게 필요한 협조를 요청할 수 있다.

6) 구급대의 출동구역

고속도로 구급대의 출동구역은 고속도로에의 진입도로 및 인근 구급대의 배치상황 등을 고려하여 소방본부장이 인근 시·도 소방본부장과 협의하여 정한다.

7) 구급대원 환자 이송 시 준수사항

① 환자의 상황을 고려하여 종합병원 또는 응급의료기관 중 치료에 알맞고 가까운 곳으로 우선적으로 이송한다.

② 환자를 구급대의 출동구역 밖으로 이송하여야 하는 경우에는 소방상황실에 이를 통보하고 이송한 후에 보고한다.

8) 구급대원의 응급처치

① 구급차 안에서 응급처치 가능한 자

  ㉠ 의료법에 의한 의료인(=의사, 간호사, 조산사 등)

  ㉡ 응급의료에 관한 법률에 의한 응급구조사

② 위의 ㉠, ㉡을 제외한 구급대원은 환자·보호자 또는 관계자의 거절의 의사표시가 없는 경우에 한하여 의료인 및 응급구조사인 구급대원으로부터 직접 또는 통신망에 의한 지도를 받아서 경미한 응급처치 가능

9) 가족 및 관계기관 등에의 연락

① 환자의 가족이나 관계자의 연락처를 알 수 없는 때에는 당해 환자가 발생한 지역의 시장, 군수, 구청장에게 그 사실을 통보

② 환자의 신원을 확인할 수 없는 경우에는 경찰관서에 신원확인을 의뢰할 수 있다

③ 생명이 위독한 경우에는 먼저 병원으로 이송한 후 경찰관서에그 사실을 통보할 수 있다.

10) 특별히 보호가 요구되는 사항

① 아동학대

② 중대한 범죄행위에 의한 손상

③ 약물 관련 사항(마약, 향정신성 약물 등)

④ 성폭행, 자살기도, 전염병 등

⑤ 범죄현장

⑥ 사망한 경우

11) 응급의료체계

응급상황이 발생했을 때 응급환자 치료를 위하여 필요한 인력, 장비 등을 효과적으로 조직하여 운영하는 것을 말한다.

① 인력 … 일반인, 최초반응자, 응급간호사, 응급구조사, 구급상황요원, 지도의사, 응급의학전문의

② 장비 … 응급의료장비, 통신장비, 구급차

(2) 구급활동 사항

1) 구급활동사항의 기록유지 등

① 의사 또는 간호사 등 병원관계자의 서명 또는 날인을 받은 후 이를 관리한다.

② 구급활동일지는 2부를 작성하여 1부는 당해 응급환자의 진료의사에게 제출하고, 1부는 구급대원의 소속소방관서에서 3년간 보관한다.

③ 소방본부장은 연 2회 소방청장에게 구급활동 상황을 보고하여야 한다.

2) 구급활동에 필요한 조사

소방서장은 구급업무의 원활한 수행을 위하여 지리 및 교통상황, 의료기관 등의 현황 기타 필요한 사항에 대하여 분기별로 1회 이상 조사를 실시하여야 한다.

3) 소독의 실시

소방서장은 주 1회 이상 구급차 및 응급처치기구 등에 대한 소독을 실시하되, 소독업자에게 위탁하여 실시할 수 있다.

4) 구급대원의 교육 및 훈련

소방본부장 또는 소방서장은 소속 구급대원에게 분기별 1회 이상 구급업무에 필요한 교육 및 훈련을 실시

5) 구급대원의 정기점진

구급대원에 대하여 연 2회 이상 정기건강검진을 실시

(3) 응급이론 일반

1) 용어정의

의료인	면허를 받은 의사, 치과의사, 한의사, 조산사 및 간호사를 말한다. (응급구조사는 의료인에 해당하지 않으나, 응급의료종사자에는 해당됨)
의료기관의 종별	종합병원 · 병원 · 치과병원 · 한방병원 · 요양병원 · 의원 · 치과의원 · 한의원 및 조산원
응급의료 종사자	응급의료를 제공하는 의료인과 응급구조사

2) 국민의 권리와 의무

① 응급의료를 받을 권리

② 응급의료에 관한 알 권리

③ 응급환자에 대한 신고 및 협조의무

3) 응급의료종사자의 권리와 의무

① 응급의료의 거부금지

② 응급환자가 아닌 자에 대한 조치

③ 응급환자에 대한 우선 응급의료

④ 응급의료에 대한 설명 및 동의

⑤ 응급의료 중단의 금지

⑥ 응급환자의 이송

⑦ 응급의료 등의 방해 금지

4) 국가 및 지방자치단체의 책임

① 응급의료를 제공하기 위한 시책을 강구·시행

② 응급의료계획의 수립·시행

③ 응급의료위원회 구성

④ 구조 및 응급처치에 관한 교육

⑤ 응급의료 통신망의 구축

⑥ 재정지원

⑦ 응급의료기관 등에 대한 평가

⑧ 다수의 환자 발생에 따른 조치

5) 응급환자의 이송 등

① 구급차 등의 운용자
   ㉠ 국가 또는 지방자치단체
   ㉡ 의료기관
   ㉢ 다른 법령에 의하여 구급차 등을 둘 수 있는 자
   ㉣ 응급환자 이송업의 허가를 받은 자
   ㉤ 응급환자의 이송을 목적사업으로 하여 보건복지부장관의 설립허가를 받은 비영리법인

② 구급차의 용도
   ㉠ 응급환자 이송
   ㉡ 응급의료를 위한 혈액, 진단용 검체 및 진료용 장비 등의 운반
   ㉢ 응급의료를 위한 응급의료종사자의 운송
   ㉣ 사고 등에 의하여 현장에서 사망하거나 진료를 받다가 사망한 자의 의료기관 등으로의 이송

③ 구급차 등의 장비

특수구급차	의료장비, 구급의약품, 통신장비
일반구급차	의료장비, 구급의약품

6) 응급처치의 중요성(목적)

① 환자의 생명을 구하고 유지한다.

② 질병 등 병세의 악화를 방지한다.

③ 환자의 고통을 경감시킨다.

④ 환자의 치료 및 입원기간을 단축시킨다.

⑤ 불필요한 의료비의 지출 등을 절감시킬 수 있다.

7) 응급처치의 일반적인 원칙

① 긴급한 상황이라도 구조자 자신의 안전에 주의를 기울인다.

② 쇼크를 예방하는 처치를 한다.

8) 응급처치활동의 일반적인 순서

① 구급대원 자신 및 요구조자의 안전을 우선적으로 확보한다.

② 요구조자의 생명 및 안전을 위협하는 요소를 제거한다.

③ 기본 인명구조술(기도확보, 호흡유지, 순환유지)을 시행한다.

④ 응급처치가 끝나면 의료기관으로 이송한다.

9) 응급의료 체계의 단계

현장단계	사고현장에서 환자를 응급처치 하는 단계
이송단계	응급환자를 사고현장에서 의료기관으로 이송하는 단계
병원단계	의료기관에 도착하여 전문적인 응급처치를 받는 단계

10) 응급처치 시 법적인 문제

① 동의의 법칙

② 유기

③ 과실

④ 의무 불이행

⑤ 선한 사마리안법(Good Samaritan Law)

section **2** 환자분류 및 응급처치

1. 응급처치와 구급활동

응급처치란 응급의료행위의 하나로서 응급환자에게 행하여지는 기도의 확보, 심장박동의 회복 기타 생명의 위험이나 증상의 현저한 악화를 방지하기 위하여 긴급히 필요로 하는 처치를 말하며, 응급환자에 대하여 행하는 상담, 응급처치 및 이송 등의 활동을 구급활동이라 한다.

2. 일반적인 응급처치 기본 원칙

① 개인의 안전을 가장 우선시 하고, 현장의 안전유무 반드시 확인

② 신속, 침착, 질서 있게 대응

③ 당사자 또는 보호자의 동의를 얻어 실시(의식불명 환자, 쇼크, 뇌손상, 보호자가 없을 경우 묵시적 동의 인정)

④ 긴급환자부터 우선조치(심정지환자 등)

⑤ 원칙적으로 의약품의 사용은 피 한다

⑥ 어떠한 경우라도 환자의 생사판정 금지

⑦ 의료기관에 연락

3. 소방대원의 정신적 스트레스

소방대원들은 직업 특성상 응급처치 중 죽음과 임종, 대형사고 경험, 동료의 사고와 죽음에 대한 슬픔과 함께 자신도 언제든지 일어날 수 있다는 점에 두려움을 느끼기도 한다. 이 밖에 직업과 관련된 장시간 작업, 빈번한 대형사고 발생, 실수에 대한 두려움, 언제 출동할지 모르는 상황 등은 소방대원의 스트레스를 한층 가중시키고 있는 것이 현실이다. 이러한 스트레스에 장시간 노출된 사람들은 다음과 같은 일반적인 증상을 나타내고 있다.

① 식욕저하

② 불면증 또는 악몽

③ 의욕상실

④ 죄책감

⑤ 집중력 저하

⑥ 판단력 저하

⑦ 설명할 수 없는 분노

⑧ 과민반응

⑨ 늘어난 혼자만의 시간

4. 응급의료 단계

① 현장단계(Pre-Hospital Phase)
    ㉠ 응급환자 신고접수 및 출동
    ㉡ 현장에서 응급처치가 시행하는 단계
    ㉢ 응급의료정보망 가동
    ㉣ 신속한 응급처치로 환자를 안정시키는 것이 핵심

② 이송단계(Transport Phase)
    ㉠ 환자를 병원까지 이송하는 단계
    ㉡ 환자 이송 중 응급처치 지속수행

③ 병원단계(Hospital Phase)
    ㉠ 응급환자 병원 도착
    ㉡ 전문적인 응급처치를 받는 단계

5. 폭력현장 출동 시 주의사항

구급대원은 때와 장소 구분 없이 수시로 출동하고 있으며, 다수의 사건(사고)현장에는 폭력이 있을 수 있기 때문에 환자 뿐 아니라 대원에게도 영향을 줄 수 있다. 특히 폭력으로 인해 환자가 발생된 현장은 안전에 절대적으로 주의를 기울여야 하고, 필요한 경우 경찰에 협조를 요청해야 한다. 만약, 경찰이 도착하지 않은 상황라면 안전한 거리를 유지하고 기다려야 한다. 특히 구급차로 이송 중 차량 내에서 폭력이 발생될 수 있으므로 경찰관을 동승하여 의료기관에 이송한다.

① 현장 안전이 확보되지 않으면 진입해서는 안 된다.

② 폭력 현장이나 가능성이 있는 현장에서는 진입 전 경찰에 도움을 요청 한다.

③ 통신수단(무전기, 휴대폰)은 항상 휴대하고 개방해야 한다.

④ 깨지는 소리, 고함 등 폭력 가능성을 나타내는 소리에 주의를 기울인다.

⑤ 처치 중 현장에 폭력 가능성이 있다면 현장 안전 평가 재실시 후 적절한 행동을 취한다

6. 환자분류 및 분류법(START)

(1) 환자분류

대량 환자 발생으로 급박한 구급현장에서 보다 나은 처치를 받을 수 있도록 신속한 평가를 통해 응급 처치와 이송순위를 중증도 정도에 따라 결정하는 것을 말한다. 다음과 같이 환자를 분류하고 있다.

환자분류	상황	색상	내용
긴급환자	긴급상황 (토끼 심볼)	적색	① 생명을 위협할 만한 심정지, 쇼크, 기도폐쇄, 대량의 출혈, 저산소증이 나타나거나 임박한 경우 ② 즉각적인 처치를 행하면 환자는 안정화될 가능성과 소생 가능성이 있을 때
응급환자	응급상황 (거북이 심볼)	황색	① 손상이 전신적인 증상이나 효과를 유발하지만, 아직까지 쇼크 또는 저산소증 상태가 아닌 경우 ② 전신적 반응이 발생하더라도 적절한 조치를 행할 경우 즉각적인 위험 없이 45-60분 정도 견딜 수 있는 상태
비응급환자	비응급상황	녹색	① 전신적인 위험 없이 손상이 국한 된 경우 ② 최소한의 조치로도 수 시간 이상 아무 문제가 없는 상태
지연환자	사망 (십자가표시)	흑색	① 대량 재난시에 임상적 및 생물학적 사망이 명확히 구분되지 않는 상태 ② 자발 순환이나 호흡이 없는 모든 무반응의 상태

(2) 환자 이송순위

① 긴급환자 → ② 응급환자 → ③ 비응급환자 → ④ 지연환자

(3) 응급환자 분류표

(긴급구조대응활동 및 현장지휘에 관한 규칙 제22조 제3항 관련)

(앞쪽)

급환자분류표	No.	
	#	

이름 : 　연령 : 　성별 :
주소 및 전화 :
발견된 장소 :

부상부위도	주요손상명

구급대 · 대원명	
이송의료기관	
이송시간	
사망(흑색)	
긴급(적색)	
응급(황색)	
비응급 (녹색)	

(4) 중증도 분류법(START, Simple Triage and Rapid Treatment)

가장 많이 이용되고 있는 환자분류법인 START법은 대규모 사고현장에서 많은 환자가 발생했을 경우 판정기준을 객관적이고 간소화시킴으로서 신속한 분류 및 처치가 가능하며, 환자평가 시 RPM을 기본으로 사용한다(Respiration : 호흡, Pulse : 맥박, Mental Statue : 의식수준). 중증도분류(START)법의 핵심내용은 다음과 같다.

① 보행이 가능여부 판단 … 걸을 수 있는 환자는 지정된 장소로 이동하도록 고지(이동환자 비응급환자 분류)

② 보행이 불가능 환자(호흡, 의식, 맥박 확인 후 긴급, 응급, 지연환자로 분류)

　분류기준

　　㉠ 긴급환자 : 호흡수 30회/분당이상, 의식장애, 노동맥(노뼈동맥)촉진 불가능

　　㉡ 응급환자 : 호흡수 30회/분당 이하, 의식명료, 노동맥(노뼈동맥)촉진 가능

　　㉢ 지연환자(사망) : 기도개방 후에도 무호흡, 무맥

　　　*노동맥 : 위팔동맥이 팔꿈치 안쪽부위에서 엄지손가락쪽으로 뻗는 동맥. 보통 맥을 짚을 때 이 동맥을 짚는다.

③ 보행이 불가능하여 남아 있는 환자는 다음의 중증도분류(START)법에 의해 신속히 분류

　　㉠ 기도개방 또는 입인두 기도기 삽관

　　㉡ 직접 압박

　　㉢ 팔다리 거상

7. 환자 평가

환자평가 단계는 ① 현장 안전상태 확인 → ② 1차(즉각적인) 평가 → ③ 신체검진 및 주요병력 → ④ 세부신체 검진 → ⑤ 재평가 순으로 실행한다.

(1) 현장 확인

환자가 발생한 현장의 안전여부 확인하고 위험물을 평가하거나 통제해 한다.

(2) 1차 평가

현장에서 환자의 치명적인 상태를 발견하고 즉시 응급처치를 실시하기 위한 목적이다.

① 환자의 전반적인 상태 확인

② 의식, 기도, 호흡, 순환 등 평가

　의식상태 평가 분류

　　㉠ Alert : 정상(의식명료)

　　㉡ Verbal stimuli : 언어적 지시반응

　　㉢ Pain stimuli : 통증자극 반응(언어적 지시 무반응)

　　㉣ Unresponse : 무반응

③ 치명적인 상태일 경우 즉각적인 응급처치 실시(기도유지, 산소공급, 지혈 등)

④ 응급의료기관 이송여부 결정

(3) 신체검진 및 주요병력 확인

1차 평가 시 발견되지 않은 치명적인 손상이나 질환이 있는지를 확인하기 위함이며, 과거 주요병력 여부 확인 위해 SAMPLE병력(과거병력)이 사용된다.

구분	병력(내용)
Signs/Symptoms	증상 및 징후
Allergies	약물이나 음식물 등에 대한 알레르기
Medications	현재 복용 중인 약물
Pertinent past medical history	과거병력
Last oral intake	마지막 음식물 섭취
Events	질병이나 손상을 일으킨 사건

(4) 세부 신체검진

현장에 출동한 구급대원은 환자의 치명적인 상황을 먼저 처치한 후에 상부(머리)에서부터 신체검진을 시작하고 검진 범위는 환자의 질병과 손상에 따라 다르다. 비 외상환자보다 외상환자 평가에 의미가 있으며, 환자가 단순한 손상을 입은 경우에는 세부 신체검진이 불 필요한 경우도 많이 있다.

(5) 재평가

환자의 상태가 악화 또는 호전될 수 있으며 평가는 계속 바뀔 수 있으므로 환자에 대한 재평가는 반드시 필요하다.

① 재평가 전 단계에서 획득한 정보를 기본으로 한다.

② 전 단계의 수치와 재평가 수치를 비교함으로서 호전되었는지 악화되었는지를 알 수 있다.

③ 환자에게 구급대원이 실시한 응급처치가 어떤 영향을 미쳤는지 평가할 수 있다.

④ 보통 15분마다 평가 한다.

⑤ 위급 환자는 5분마다 평가 한다.

(6) 의식이 있는 환자의 병력 확인(OPQRST)

환자가 의식이 있는 경우에 환자로부터 많은 정보를 얻을 수 있다. SAMPLE병력과 신체검진을 실시하고 OPQRST를 질문하며, 이는 환자가 호흡이 가쁘거나 가슴통증을 호소할 때 중요하다. OPQRST는 환자의 주 호소를 기술하는 병력조사 방법이다.

구분	핵심 내용
Onset of the event	증상발명 당시 상황
Provocation or Palliation	주 호소 유발요인
Quality of the pain	발병한 통증의 특성
Region and Radiation	통증의 전이
Severity	통증의 강도
Time(history)	통증의 발현시간

06 구조 및 구급(119구조 · 구급에 관한 법률)

1. 목적 [119구조 · 구급에 관한 법률 제1조(목적)]

119구조 · 구급에 관한 법률은 화재, 재난 · 재해 및 테러, 그 밖의 위급한 상황에서 119구조 · 구급의 효율적 운영에 관하여 필요한 사항을 규정함으로써 국가의 구조 · 구급 업무 역량을 강화하고 국민의 생명 · 신체 및 재산을 보호하며 삶의 질 향상에 이바지함을 목적으로 한다.

2. 용어의 정의 [119구조 · 구급에 관한 법률 제2조(정의)]

(1) 이 법에서 사용하는 용어의 뜻은 다음과 같다

① 구조란 화재, 재난 · 재해 및 테러, 그 밖의 위급한 상황에서 외부의 도움을 필요로 하는 사람의 생명, 신체 및 재산을 보호하기 위하여 수행하는 모든 활동을 말한다.

② 119구조대란 탐색 및 구조활동에 필요한 장비를 갖추고 소방공무원으로 편성된 단위조직을 말한다.

③ 구급이란 응급환자에 대하여 행하는 상담, 응급처치 및 이송 등의 활동을 말한다.

④ 119구급대란 구급활동에 필요한 장비를 갖추고 소방공무원으로 편성된 단위조직을 말한다.

⑤ 응급환자란 「응급의료에 관한 법률」의 응급환자를 말한다.

⑥ 응급처치란 「응급의료에 관한 법률」의 응급처치를 말한다.

⑦ 구급차등이란 「응급의료에 관한 법률」의 구급차등을 말한다.

⑧ 지도의사란 「응급의료에 관한 법률」의 지도의사를 말한다.

(2) 119구급대의 편성운영(119구조 · 구급에 관한 법률 시행령 제10조)

① 일반구급대 … 시 · 도의 규칙으로 정하는 바에 따라 소방서마다 1개 대 이상 설치하되, 소방서가 설치되지 아니한 시 · 군 · 구의 경우에는 해당 시 · 군 · 구 지역의 중심지에 소재한 119안전센터에 설치할 수 있다.

② 고속국도구급대 … 교통사고 발생 빈도 등을 고려하여 소방청, 소방본부 또는 고속국도를 관할하는 소방서에 설치하되, 소방본부 또는 소방서에 설치하는 경우에는 시 · 도의 규칙으로 정하는 바에 따른다.

(3) 구급대원의 자격 기준(119구조 · 구급에 관한 법률 시행령 제11조)

① 의료인

② 1급 응급구조사 자격을 취득한 사람

③ 2급 응급구조사 자격을 취득한 사람

④ 소방청장이 실시하는 구급업무에 관한 교육을 받은 사람

(4) 구급대의 자격기준(119구조 · 구급에 관한 법률 시행령 제4조)

① 소방청장이 실시하는 인명구조사 교육을 받았거나 인명구조사 시험에 합격한 사람

② 국가 · 지방자치단체 및 「공공기관의 운영에 관한 법률」에 따른 공공기관의 구조 관련 분야에서 근무한 경력이 2년 이상인 사람

③ 「응급의료에 관한 법률」에 따른 응급구조사 자격을 가진 사람으로서 소방청장이 실시하는 구조업무에 관한 교육을 받은 사람

3. 국가의 책무 [제3조(국가 등의 책무)]

① 국가와 지방자치단체는 119구조 · 구급과 관련된 새로운 기술의 연구 · 개발 및 구조 · 구급서비스의 질을 향상시키기 위한 시책을 강구하고 추진하여야 한다.

② 국가와 지방자치단체는 구조 · 구급업무를 효과적으로 수행하기 위한 체계의 구축 및 구조 · 구급장비의 구비, 그 밖에 구조 · 구급활동에 필요한 기반을 마련하여야 한다.

③ 국가와 지방자치단체는 국민이 위급상황에서 자신의 생명과 신체를 보호할 수 있는 대응능력을 향상시키기 위한 교육과 홍보에 적극 노력하여야 한다.

4. 국민의 권리와 의무 [제4조(국민의 권리와 의무)]

① 누구든지 위급상황에 처한 경우에는 국가와 지방자치단체로부터 신속한 구조와 구급을 통하여 생활의 안전을 영위할 권리를 가진다.

② 누구든지 119구조대원 · 119구급대원이 위급상황에서 구조 · 구급활동을 위하여 필요한 협조를 요청하는 경우에는 특별한 사유가 없으면 이에 협조하여야 한다.

③ 누구든지 위급상황에 처한 요구조자를 발견한 때에는 이를 지체 없이 소방기관 또는 관계 행정기관에 알려야 하며, 119 구조 · 구급대가 도착할 때까지 요구조자를 구출하거나 부상 등이 악화되지 아니하도록 노력하여야 한다.

5. 다른 법률과의 관계 [제5조(다른 법률과의 관계)]

구조 · 구급활동에 관하여 다른 법률에 특별한 규정이 있는 경우를 제외하고는 이 법에서 정하는 바에 따른다.

6. 구조 · 구급 기본계획 등의 수립 · 시행 [제6조(구조 · 구급 기본계획 등의 수립 · 시행)]

① 소방청장은 업무를 수행하기 위하여 관계 중앙행정기관의 장과 협의하여 대통령령으로 정하는 바에 따라 구조 · 구급 기본계획을 수립 · 시행하여야 한다.

② 기본계획에는 다음의 사항이 포함되어야 한다.

  ㉠ 구조 · 구급서비스의 질 향상을 위한 정책의 기본방향에 관한 사항

  ㉡ 구조 · 구급에 필요한 체계의 구축, 기술의 연구개발 및 보급에 관한 사항

  ㉢ 구조 · 구급에 필요한 장비의 구비에 관한 사항

  ㉣ 구조 · 구급 전문인력 양성에 관한 사항

  ㉤ 구조 · 구급활동에 필요한 기반조성에 관한 사항

  ㉥ 구조 · 구급의 교육과 홍보에 관한 사항

  ㉦ 그 밖에 구조 · 구급업무의 효율적 수행을 위하여 필요한 사항

③ 소방청장은 기본계획에 따라 매년 연도별 구조 · 구급 집행계획을 수립 · 시행하여야 한다.

④ 소방청장은 수립된 기본계획 및 집행계획을 관계 중앙행정기관의 장, 특별시장 · 광역시장 · 특별자치시장 · 도지사 · 특별자치도지사에게 통보하고 국회 소관 상임위원회에 제출하여야 한다.

⑤ 소방청장은 기본계획 및 집행계획을 수립하기 위하여 필요한 경우에는 관계 중앙행정기관의 장 또는 시 · 도지사에게 관련 자료의 제출을 요청할 수 있다. 이 경우 자료제출을 요청 받은 관계 중앙행정기관의 장 또는 시 · 도지사는 특별한 사유가 없으면 이에 따라야 한다.

7. 시 · 도 구조 · 구급집행계획의 수립 · 시행 [제7조(시 · 도 구조 · 구급집행계획의 수립 · 시행)]

① 소방본부장은 기본계획 및 집행계획에 따라 관할 지역에서 신속하고 원활한 구조 · 구급활동을 위하여 매년 특별시 · 광역시 · 특별자치시 · 도 · 특별자치도 구조 · 구급 집행계획을 수립하여 소방청장에게 제출하여야 한다.

② 소방본부장은 시 · 도 집행계획을 수립하기 위하여 필요한 경우에는 해당 특별자치도지사 · 시장 · 군수 · 구청장에게 관련 자료의 제출을 요청할 수 있다. 이 경우 자료제출을 요청받은 해당 특별자치도지사 · 시장 · 군수 · 구청장은 특별한 사유가 없으면 이에 따라야 한다.

③ 시 · 도 집행계획의 수립시기 · 내용, 그 밖에 필요한 사항은 대통령령으로 정한다.

8. 119구조대의 편성과 운영 [제8조(119구조대의 편성과 운영)]

① 소방청장 · 소방본부장 또는 소방서장은 위급상황에서 요구조자의 생명 등을 신속하고 안전하게 구조하는 업무를 수행하기 위하여 대통령령으로 정하는 바에 따라 119구조대를 편성하여 운영하여야 한다.

② 구조대의 종류, 구조대원의 자격기준, 그 밖에 필요한 사항은 대통령령으로 정한다.

③ 구조대는 행정안전부령으로 정하는 장비를 구비하여야 한다.

9. 국제구조대의 편성과 운영 [제9조(국제구조대의 편성과 운영)]

① 소방청장은 국외에서 대형재난 등이 발생한 경우 재외국민의 보호 또는 재난발생국의 국민에 대한 인도주의적 구조 활동을 위하여 국제구조대를 편성하여 운영할 수 있다.

② 소방청장은 외교부장관과 협의를 거쳐 국제구조대를 재난발생국에 파견할 수 있다.

③ 소방청장은 국제구조대를 국외에 파견할 것에 대비하여 구조대원에 대한 교육훈련 등을 실시할 수 있다.

④ 소방청장은 국제구조대의 국외재난대응능력을 향상시키기 위하여 국제연합 등 관련 국제기구와의 협력체계 구축, 해외재난정보의 수집 및 기술연구 등을 위한 시책을 추진할 수 있다.

⑤ 소방청장은 국제구조대를 재난발생국에 파견하기 위하여 필요한 경우 관계 중앙행정기관의 장 또는 시ㆍ도지사에게 직원의 파견 및 장비의 지원을 요청할 수 있다. 이 경우 관계 중앙행정기관의 장 또는 시ㆍ도지사는 특별한 사유가 없으면 요청에 따라야 한다.

⑥ 국제구조대의 편성, 파견, 교육훈련 및 국제구조대원의 귀국 후 건강관리와 그 밖에 필요한 사항은 대통령령으로 정한다.

⑦ 국제구조대는 행정안전부령으로 정하는 장비를 구비하여야 한다.

10. 119구급대의 편성과 운영 [제10조(119구급대의 편성과 운영)]

① 소방청장, 소방본부장, 소방서장은 위급상황에서 발생한 응급환자를 응급처치하거나 의료기관에 긴급히 이송하는 등의 구급업무를 수행하기 위하여 대통령령으로 정하는 바에 따라 119구급대를 편성하여 운영하여야 한다.

② 구급대의 종류, 구급대원의 자격기준, 이송대상자, 그 밖에 필요한 사항은 대통령령으로 정한다.

③ 구급대는 행정안전부령으로 정하는 장비를 구비하여야 한다.

11. 119구급상황관리센터의 설치ㆍ운영 등 [제10조의2(119구급상황관리센터의 설치ㆍ운영 등)]

① 소방청장은 119구급대원 등에게 응급환자 이송에 관한 정보를 효율적으로 제공하기 위하여 소방청과 시ㆍ도 소방본부에 119구급상황관리센터를 설치ㆍ운영하여야 한다.

② 구급상황센터에서는 다음 각 호의 업무를 수행한다.
　㉠ 응급환자에 대한 안내ㆍ상담 및 지도
　㉡ 응급환자를 이송 중인 사람에 대한 응급처치의 지도 및 이송병원 안내
　㉢ 정보의 활용 및 제공
　㉣ 119구급이송 관련 정보망의 설치 및 관리ㆍ운영

③ 구급상황센터의 설치ㆍ운영, 그 밖에 필요한 사항은 대통령령으로 정한다.

④ 보건복지부장관은 구급상황센터 업무 중 ②의 ㉠~㉣를 평가할 수 있으며, 소방청장은 그 평가와 관련한 자료의 수집을 위하여 보건복지부장관이 요청하는 경우 기록 등 필요한 자료를 제공하여야 한다.

⑤ 소방청장은 응급환자의 이송정보가 「응급의료에 관한 법률」의 응급의료 전산망과 연계될 수 있도록 하여야 한다.

12. 119구급차의 운용 [제10조의3(119구급차의 운용)]

(1) 119구급차의 운용

① 소방청장, 소방본부장, 소방서장은 응급환자를 의료기관에 긴급히 이송하기 위하여 구급차를 운용하여야 한다.

② 119구급차의 배치기준, 장비(의료장비 및 구급의약품은 제외) 등 119구급차의 운용에 관하여 응급의료 관계 법령에 규정되어 있지 아니하거나 응급의료 관계 법령에 규정된 내용을 초과하여 규정할 필요가 있는 사항은 행정안전부령으로 정한다.

③ 소방청장, 소방본부장, 소방서장은 주 1회 이상 구급차 및 응급처치기구 등을 소독하여야 한다. [시행규칙 제23조]

④ 구급차등에 갖추어야 하는 의료장비 · 구급의약품 및 통신장비의 기준(응급의료에 관한 법률시행규칙 제38조)]

특수구급차

구분	장비분류	장비
환자평가용 의료장비	신체검진	① 환자감시장치(환자의 심전도, 혈중산소포화도, 혈압, 맥박, 호흡 등의 측정이 가능하고 모니터로 그 상태를 볼 수 있는 장치) ② 혈당측정기 ③ 체온계(쉽게 깨질 수 있는 유리 등의 재질로 되지 않은 것) ④ 청진기 ⑤ 휴대용 혈압계 ⑥ 휴대용 산소포화농도 측정기
응급처치용 의료장비	기도 확보 유지	① 후두경 등 기도삽관장치(기도삽관튜브 등 포함) ② 기도확보장치(구인두기도기, 비인두기도기 등)
	호흡유지	① 의료용 분무기(기관제 확장제 투여용) ② 휴대용 간이인공호흡기(자동식) ③ 성인용 · 소아용 산소 마스크(안면용 · 비재호흡 · 백밸브) ④ 의료용 산소발생기 및 산소공급장치 ⑤ 전동식 의료용 흡인기(흡인튜브 등 포함)
	심장 박동 회복	자동제세동기(자동심장충격기, Automated External Defibrillator)
	순환유지	정맥주사세트
	외상처치	① 부목(철부목, 공기 또는 진공부목 등) 및 기타 고정장치(경추 · 척추 보호대 등) ② 외상처치에 필요한 기본 장비(압박붕대, 일반거즈, 반창고, 지혈대, 라텍스장갑, 비닐장갑, 가위 등)

구급의약품	의약품	① 비닐 팩에 포장된 수액제제(생리식염수, 5%포도당용액, 하트만용액 등) ② 에피네프린(심폐소생술 사용용도로 한정한다) ③ 아미오다론(심폐소생술 사용용도로 한정한다) ④ 주사용 비마약성진통제 ⑤ 주사용 항히스타민제 ⑥ 니트로글리세린(설하용) ⑦ 흡입용 기관지 확장제
	소독제	① 생리식염수(상처세척용) ② 알콜(에탄올) 또는 과산화수소수 ③ 포비돈액
통신장비		다음의 어느 하나의 장비를 갖추어야 한다. 다만, 「119구조·구급에 관한 법률」에 따른 119구조대 및 119구급대의 구급차에 대해서는 소방관계 법령에서 따로 정할 수 있다. ① 응급의료정보통신망 ② 「전파법」에 따라 할당 받은 주파수를 사용하는 기간통신서비스의 이용에 필요한 무선단말기기

일반구급차

구분	장비분류	장비
환자평가용 의료장비	신체검진	① 체온계(쉽게 깨질 수 있는 유리 등의 재질로 되지 않은 것) ② 청진기 ③ 휴대용 혈압계 ④ 휴대용 산소포화농도 측정기
응급처치용 의료장비	기도 확보 유지	기도확보장치(구인두기도기, 비인두기도기 등)
	호흡 유지	① 성인용·소아용 산소 마스크(안면용·비재호흡·백밸브) ② 의료용 산소발생기 및 산소공급장치 ③ 전동식 의료용 흡인기(흡인튜브 등 포함)
	순환유지	정맥주사세트
	외상처치	외상처치에 필요한 기본 장비(압박붕대, 일반거즈, 반창고, 지혈대, 라텍스장갑, 비닐장갑, 가위 등)
구급의약품	의약품	① 비닐 팩에 포장된 수액제제(생리식염수, 5%포도당용액, 하트만용액 등) ② 에피네프린(심폐소생술 사용용도로 한정한다) ③ 아미오다론(심폐소생술 사용용도로 한정한다)
	소독제	① 생리식염수(상처세척용) ② 알콜(에탄올) 또는 과산화수소수 ③ 포비돈액

(2) 응급구조사의 업무범위(응급의료에 관한 법률 시행규칙 제33조)

① 1급응급구조사의 업무 범위

    ㉠ 심폐소생술의 시행을 위한 기도유지(기도기(airway)의 삽입, 기도삽관(intubation), 후두마스크 삽관 등포함)

    ㉡ 정맥로의 확보

    ㉢ 인공호흡기를 이용한 호흡의 유지

    ㉣ **약물투여** : 저혈당성 혼수시 포도당의 주입, 흉통시 니트로글리세린의 혀아래(설하) 투여,   쇼크시 일정량의 수액투여, 천식발작시 기관지확장제 흡입

    ㉤ 2급 응급구조사의 업무

② 2급 응급구조사의 업무범위

    ㉠ 구강내 이물질의 제거

    ㉡ 기도기(airway)를 이용한 기도유지

    ㉢ 기본 심폐소생술

    ㉣ 산소투여

    ㉤ 부목 · 척추고정기 · 공기 등을 이용한 사지 및 척추 등의 고정

    ㉥ 외부출혈의 지혈 및 창상의 응급처치

    ㉦ 심박 · 체온 및 혈압 등의 측정

    ㉧ 쇼크방지용 하의 등을 이용한 혈압의 유지

    ㉨ 자동제세동기를 이용한 규칙적 심박동의 유도

    ㉩ 흉통시 니트로글리세린의 혀아래(설하) 투여 및 천식발작시 기관지확장제 흡입(환자가 해당약물을 휴대하고 있는 경우에 한함)

(3) 응급구조사의 준수사항(응급의료에 관한 법률 시행규칙 제32조)

① 구급차내의 장비는 항상 사용할 수 있도록 점검하여야 하며, 장비에 이상이 있을 때에는 지체 없이 정비하거나 교체하여야 한다.

② 환자의 응급처치에 사용한 의료용 소모품이나 비품은 소속기관으로 귀환하는 즉시 보충하여야 하며, 유효기간이 지난 의약품 등이 보관되지 아니하도록 하여야 한다.

③ 구급차의 무선장비는 매일 점검하여 통화가 가능한 상태로 유지하여야 하며, 출동할 때부터 귀환할 때까지 무선을 개방하여야 한다.

④ 응급환자를 구급차에 탑승시킨 이후에는 가급적 경보기를 울리지 아니하고 이동하여야 한다.

⑤ 응급구조사는 구급차 탑승시 응급구조사의 신분을 알 수 있도록 소속, 성명, 해당자격 등을 기재한 표식을 상의 가슴에 부착하여야 한다.

13. 구조·구급대의 통합 편성과 운영 [제11조(구조·구급대의 통합 편성과 운영)]

소방청장, 소방본부장, 소방서장은 구조·구급대를 통합하여 편성·운영할 수 있다.

119구급대의 출동구역(119구조구급에 관한 법률 시행규칙 제8조)

① 일반구급대 및 소방서에 설치하는 고속국도구급대 … 구급대가 설치되어 있는 지역 관할 시·도

② 소방청 또는 소방본부에 설치하는 고속국도구급대 … 고속국도로 진입하는 도로 및 인근 구급대의 배치 상황 등을 고려하여 소방청장 또는 소방본부장이 관련 시·도의 소방본부장 및 한국도로공사와 협의하여 정한 구역

③ 다음에 해당하는 경우에는 소방청장 등의 요청이나 지시에 따라 출동구역 밖으로 출동할 수 있다.
　㉠ 지리적·지형적 여건상 신속한 출동이 가능한 경우
　㉡ 대형재난이 발생한 경우
　㉢ 그 밖에 소방청장이나 소방본부장이 필요하다고 인정하는 경우

14. 항공구조구급대의 편성과 운영 [제12조(항공구조구급대의 편성과 운영)]

① 소방청장 또는 소방본부장은 초고층 건축물 등에서 요구조자의 생명을 안전하게 구조하거나 도서·벽지에서 발생한 응급환자를 의료기관에 긴급히 이송하기 위하여 항공구조·구급대를 편성하여 운영한다.

② 항공구조구급대의 편성과 운영 및 업무, 그 밖에 필요한 사항은 대통령령으로 정한다.

③ 항공구조·구급대는 행정안전부령으로 정하는 장비를 구비하여야 한다.

15. 구조·구급활동 [제13조(구조·구급활동)]

(1) 구조구급활동

① 소방청장, 소방본부장, 소방서장은 위급상황이 발생한 때에는 구조·구급대를 현장에 신속하게 출동시켜 인명구조 및 응급처치, 그 밖에 필요한 활동을 하게 하여야 한다.

② 누구든지 구조·구급활동을 방해하여서는 아니 된다.

③ 소방청장, 소방본부장, 소방서장은 대통령령으로 정하는 위급하지 아니한 경우에는 구조·구급대를 출동시키지 아니할 수 있다.

(2) 구급요청의 거절(119구조구급에 관한 법률 시행령 제20조)

구급대원은 구급대상자가 다음에 해당하는 비 응급환자인 경우에는 구급출동 요청을 거절할 수 있다. 이 경우 구급대원은 구급대상자의 병력·증상 및 주변 상황을 종합적으로 평가하여 구급대상자의 응급 여부를 판단하여야 한다.

① 단순 치통환자

② 단순 감기환자(섭씨 38도 이상의 고열 또는 호흡곤란이 있는 경우는 제외)

③ 혈압 등 생체징후가 안정된 타박상 환자

④ 술에 취한 사람(강한 자극에도 의식이 회복되지 아니하거나 외상이 있는 경우는 제외)

⑤ 만성질환자로서 검진 또는 입원 목적의 이송 요청자

⑥ 단순 열상(裂傷) 또는 찰과상(擦過傷)으로 지속적인 출혈이 없는 외상환자

⑦ 병원 간 이송 또는 자택으로의 이송 요청자(의사가 동승한 응급환자의 병원 간 이송은 제외)

⑧ 구조·구급대원은 요구조자 또는 응급환자가 구조·구급대원에게 폭력을 행사하는 등 구조·구급활동을 방해하는 경우에는 구조·구급활동을 거절할 수 있다.

(3) 환자 등의 이송거부(119구조구급에 관한 법률 시행령 제21조, 시행규칙 제12조)

구급대원은 응급환자 또는 그 보호자[응급환자의 의사(意思)를 확인할 수 없는 경우만 해당한다]가 의료기관으로의 이송을 거부하는 경우에는 이송하지 아니할 수 있다. 다만, 응급환자의 병력·증상 및 주변 상황을 종합적으로 평가하여 즉시 필요한 응급처치를 받지 아니하면 생명을 보존할 수 없거나 심신상의 중대한 위해를 입을 가능성이 있다고 인정할 만한 상당한 이유가 있는 경우에는 환자의 이송을 위하여 최대한 노력하여야 한다.

① 구급대원은 응급환자를 이송하지 아니하는 경우 구급 거절·거부 확인서를 작성하여 이송을 거부한 응급환자 또는 그 보호자(이하 "이송거부자"라 한다)에게 서명을 받아야 한다(이송거부자가 2회에 걸쳐 서명을 거부한 경우에는 구급 거절·거부 확인서에 그 사실을 표시하여야 한다)

② 구급대원은 이송거부자가 서명을 거부한 경우에는 이를 목격한 사람에게 관련 내용을 알리고 구급 거절·거부 확인서에 목격자의 성명과 연락처를 기재한 후 목격자에게 서명을 받아야 한다.

③ 구급 거절·거부 확인서를 작성한 구급대원은 소속 소방관서장에게 보고하고, 구급 거절·거부 확인서를 소속 소방관서에 3년간 보관하여야 한다.

16. 유관기관과의 협력 [제14조(유관기관과의 협력)]

① 소방 소방청장, 소방본부장, 소방서장은 구조·구급활동을 함에 있어서 필요한 경우에는 시·도지사 또는 시장·군수·구청장에게 협력을 요청할 수 있다.

② 시·도지사 또는 시장·군수·구청장은 특별한 사유가 없으면 구조·구급활동의 협력요청을 따라야 한다.

17. 구조 · 구급활동을 위한 긴급조치 [제15조(구조 · 구급활동을 위한 긴급조치)]

(1) 긴급조치 사항

① 소방청장, 소방본부장, 소방서장은 구조 · 구급활동을 위하여 필요하다고 인정하는 때에는 다른 사람의 토지 · 건물 또는 그 밖의 물건을 일시사용, 사용의 제한 또는 처분을 하거나 토지 · 건물에 출입할 수 있다.

② 소방청장, 소방본부장, 소방서장은 조치로 인하여 손실을 입은 자가 있는 경우에는 대통령령으로 정하는 바에 따라 그 손실을 보상하여야 한다.

(2) 구급활동을 위한 긴급조치(119구조구급에 관한 법률 제15조, 시행령 제22조)

① 소방청장, 소방본부장, 소방서장은 구조 · 구급활동을 위하여 필요하다고 인정하는 때에는 다른 사람의 토지 · 건물 또는 그 밖의 물건을 일시사용, 사용의 제한 또는 처분을 하거나 토지 · 건물에 출입할 수 있다.

② 소방청장, 소방본부장, 소방서장은 ①항에 따른 조치로 인하여 손실을 입은 자가 있는 경우에는 60일 이내에 그 손실을 보상하여야 한다.

③ 정당한 사유 없이 토지 물건 등의 일시 사용, 사용의 제한, 처분 또는 토지 건물에 출입을 거부 또는 방해한 자는 300만 원 이하의 벌금에 처한다.

18. 구조된 사람과 물건의 인도 · 인계 [제16조(구조된 사람과 물건의 인도 · 인계)]

① 소방청장, 소방본부장, 소방서장은 구조활동으로 구조된 사람 또는 신원이 확인된 사망자를 그 보호자 또는 유족에게 지체 없이 인도하여야 한다.

② 소방청장, 소방본부장, 소방서장은 구조 · 구급활동과 관련하여 회수된 물건의 소유자가 있는 경우에는 소유자에게 그 물건을 인계하여야 한다.

③ 소방청장, 소방본부장, 소방서장은 다음의 어느 하나에 해당하는 때에는 구조된 사람, 사망자 또는 구조된 물건을 특별자치도지사 · 시장 · 군수 · 구청장(「재난 및 안전관리 기본법」에 따른 재난안전대책본부가 구성된 경우 해당 재난안전대책본부장을 말한다)에게 인도하거나 인계하여야 한다.
　㉠ 구조된 사람이나 사망자의 신원이 확인되지 아니한 때
　㉡ 구조된 사람이나 사망자를 인도받을 보호자 또는 유족이 없는 때
　㉢ 구조된 물건의 소유자를 알 수 없는 때

19. 구조된 사람의 보호 [제17조(구조된 사람의 보호)]

구조된 사람을 인도받은 특별자치도지사 · 시장 · 군수 · 구청장은 구조된 사람에게 숙소 · 급식 · 의류의 제공과 치료 등 필요한 보호조치를 취하여야 하며, 사망자에 대하여는 영안실에 안치하는 등 적절한 조치를 취하여야 한다.

20. 구조된 물건의 처리 [제18조(구조된 물건의 처리)]

① 구조된 물건을 인계 받은 특별자치도지사·시장·군수·구청장은 이를 안전하게 보관하여야 한다.

② 인계받은 물건의 처리절차와 그 밖에 필요한 사항은 대통령령으로 정한다.

21. 가족 및 유관기관의 연락 [제19조(가족 및 유관기관의 연락)]

① 구조·구급대원은 구조·구급활동을 함에 있어 현장에 보호자가 없는 요구조자 또는 응급환자를 구조하거나 응급처치를 한 후에는 그 가족이나 관계자에게 구조경위, 요구조자 또는 응급환자의 상태 등을 즉시 알려야 한다.

② 구조·구급대원은 요구조자와 응급환자의 가족이나 관계자의 연락처를 알 수 없는 때에는 위급상황이 발생한 해당 지역의 특별자치도지사·시장·군수·구청장에게 그 사실을 통보하여야 한다.

③ 구조·구급대원은 요구조자와 응급환자의 신원을 확인할 수 없는 경우에는 경찰관서에 신원의 확인을 의뢰할 수 있다.

22. 구조 · 구급활동을 위한 지원요청 [제20조(구조 · 구급활동을 위한 지원요청)]

① 소방청장, 소방본부장, 소방서장은 구조·구급활동을 함에 있어서 인력과 장비가 부족한 경우에는 대통령령으로 정하는 바에 따라 관할구역 안의 의료기관, 「응급의료에 관한 법률」에 따른 구급차등의 운용자 및 구조·구급과 관련된 기관 또는 단체에 대하여 구조·구급에 필요한 인력 및 장비의 지원을 요청할 수 있다. 이 경우 요청을 받은 의료기관등은 정당한 사유가 없으면 이에 따라야 한다.

② 지원요청에 따라 구조·구급활동에 참여하는 사람은 소방청장, 소방본부장, 소방서장의 조치에 따라야 한다.

③ 지원활동에 참여한 구급차등의 운용자는 소방청장, 소방본부장, 소방서장이 지정하는 의료기관으로 응급환자를 이송하여야 한다.

④ 소방청장, 소방본부장, 소방서장은 행정안전부령으로 정하는 바에 따라 지원요청대상 의료기관등의 현황을 관리하여야 한다.

⑤ 소방청장, 소방본부장, 소방서장은 구조·구급활동에 참여한 의료기관등에 대하여는 그 비용을 보상할 수 있다.

23. 구조 · 구급대원과 경찰공무원의 협력 [제21조(구조 · 구급대원과 경찰공무원의 협력)]

① 구조·구급대원은 범죄사건과 관련된 위급상황 등에서 구조·구급활동을 하는 경우에는 경찰공무원과 상호 협력하여야 한다.

② 구조·구급대원은 요구조자나 응급환자가 범죄사건과 관련이 있다고 의심할만한 정황이 있는 경우에는 즉시 경찰관서에 그 사실을 통보하고 현장의 증거보존에 유의하면서 구조·구급활동을 하여야 한다. 다만, 생명이 위독한 경우에는 먼저 구조하거나 의료기관으로 이송하고 경찰관서에 그 사실을 통보할 수 있다.

24. 구조·구급활동의 기록관리 [제22조(구조·구급활동의 기록관리)]

① 소방청장, 소방본부장, 소방서장은 구조·구급활동상황 등을 기록하고 이를 보관하여야 한다.

② 구조·구급활동상황일지의 작성·보관 및 관리, 그 밖에 필요한 사항은 행정안전부령으로 정한다.

③ 구급대원이 응급환자를 의사에게 인계하는 경우에는 구급활동일지(이동단말기로 작성하는 경우를 포함한다)에 환자를 인계 받은 의사의 서명을 받고, 구급활동일지(이동단말기에 작성한 경우에는 전자적 파일이나 인쇄물을 말한다) 1부를 그 의사에게 제출하여야 한다. [시행규칙 제18조]

④ 구급대원은 구급활동 중 심폐정지환자에게 심폐소생술이나 제세동기(除細動器)를 이용한 응급처치를 한 경우에는 심폐정지환자 응급처치 세부 상황표를 작성하여 소속 소방관서에 3년간 보관하여야 한다.

⑤ 소방본부장은 구급활동상황을 종합하여 연 2회 소방청장에게 보고하여야 한다.

25. 이송환자에 대한 정보 수집 [제22조의2(이송환자에 대한 정보 수집)]

소방청장, 소방본부장, 소방서장은 구급대가 응급환자를 의료기관으로 이송한 경우 이송환자의 수 및 증상을 파악하고 응급처치의 적절성을 자체적으로 평가하기 위하여 필요한 범위에서 해당 의료기관에 주된 증상, 사망여부 및 상해의 경중 등 응급환자의 진단 및 상태에 관한 정보를 요청할 수 있다. 이 경우 요청을 받은 의료기관은 정당한 사유가 없으면 이에 따라야 한다.

구급증명서 발급(119구조구급에 관한 법률 시행규칙 제19조)

다음에 해당하는 자가 구급대에 의한 구급활동을 증명하는 서류를 요구하는 경우에는 구급증명 신청서(전자문서로 된 신청서를 포함한다)를 작성하여 소방청장 등에게 신청하여야 한다.
① 인명구조, 응급처치 등을 받은 사람(이하 구급자라 한다)
② 구급자의 보호자
③ 공공단체 또는 보험회사 등 환자이송과 관련된 기관이나 단체
④ 제1호부터 제3호까지에 해당하는 자의 위임을 받은 자

---

26. 구조 · 구급대원에 대한 안전사고방지대책 [제23조(구조 · 구급대원에 대한 안전사고방지대책등 수립 · 시행)]

① 소방청장은 구조 · 구급대원의 안전사고방지대책, 감염방지대책, 건강관리대책 등을 수립 · 시행하여야 한다.

② 안전사고방지대책등의 수립에 관하여 필요한 사항은 대통령령으로 정한다.

27. 감염병환자의 통보 [제23조의2(감염병환자등의 통보 등)]

① 의료기관의 장은 구급대가 이송한 응급환자가 「감염병의 예방 및 관리에 관한 법률」의 감염병환자, 감염병의사환자 또는 병원체보유자로 진단된 경우에는 그 사실을 소방청장, 소방본부장, 소방서장에게 즉시 통보하여야 한다.

② 소방청장, 소방본부장, 소방서장은 감염병환자등과 접촉한 구조 · 구급대원이 적절한 치료를 받을 수 있도록 조치하여야 한다.

③ 감염병환자등의 통보 방법 및 절차, 조치 방법 등에 필요한 사항은 대통령령으로 정한다.

28. 구조 · 구급활동으로 인한 형의 감면 [제24조(구조 · 구급활동으로 인한 형의 감면)]

다음의 어느 하나에 해당하는 자가 구조 · 구급활동으로 인하여 요구조자를 사상에 이르게 한 경우 그 구조 · 구급활동 등이 불가피하고 구조 · 구급대원 등에게 중대한 과실이 없는 때에는 그 정상을 참작하여 「형법」 제266조(과실치상), 제267조(과실치사), 제268조(업무상과실 · 중과실 치사상)의 형을 감경하거나 면제할 수 있다.

① 위급상황에 처한 요구조자를 구출하거나 필요한 조치를 한 자

② 구조 · 구급활동을 한 자

29. 구급대원의 전문성 강화 [제25조(구조 · 구급대원의 전문성 강화 등)]

① 소방청장은 국민에게 질 높은 구조와 구급서비스를 제공하기 위하여 전문 구조 · 구급대원의 양성과 기술향상을 위하여 필요한 교육훈련 프로그램을 운영하여야 한다.

② 구조 · 구급대원은 업무와 관련된 새로운 지식과 전문기술의 습득 등을 위하여 행정안전부령으로 정하는 바에 따라 소방청장이 실시하는 교육훈련을 받아야 한다

③ 소방청장은 구조 · 구급대원의 전문성을 향상시키기 위하여 필요한 경우 교육훈련을 국내외 교육기관 등에 위탁하여 실시할 수 있다.

④ 교육훈련의 방법 · 시간 및 내용, 그 밖에 필요한 사항은 행정안전부령으로 정한다.

30. 구급지도의사 [제25조의2(구급지도의사)]

(1) 구급지도의사

① 소방청장, 소방본부장, 소방서장은 구급대원에 대한 교육·훈련과 구급활동에 대한 지도·평가 등을 수행하기 위하여 구급지도의사를 선임하거나 위촉하여야 한다.

② 구급지도의사의 배치기준, 업무, 선임방법 등 구급지도의사의 선임·위촉에 관하여 응급의료 관계 법령에 규정되어 있지 아니하거나 응급의료 관계 법령에 규정된 내용을 초과하여 규정할 필요가 있는 사항은 대통령령으로 정한다.

(2) 구급지도의사 선임(119구조구급에 관한 법률 시행령 제13조)

소방청장, 소방본부장, 소방서장은 구급대별로 1명 이상의 구급지도의사를 선임하거나 위촉할 수 있으며, 구급지도의사의 임무는 다음과 같다.

① 구급대원 교육·훈련

② 구급대원의 현장 및 이송 중 처치에 대한 평가

③ 구급대원에 대한 현장 및 이송 중 의료지도

④ 응급처치 방법·절차의 개발

⑤ 재난 등으로 인한 현장출동 요청 시 현장 지원

31. 구조·구급활동의 평가 [제26조(구조·구급활동의 평가)]

① 소방청장은 매년 시·도 소방본부의 구조·구급활동에 대하여 종합평가를 실시하고 그 결과를 시·도 소방본부장에게 통보하여야 한다.

② 소방청장은 종합평가결과에 따라 시·도 소방본부에 대하여 행정적·재정적 지원을 할 수 있다.

③ 평가방법 및 항목, 그 밖에 필요한 사항은 대통령령으로 정한다.

32. 구조·구급정책협의회 [제27조(구조·구급정책협의회)]

① 구조·구급관련 새로운 기술의 연구·개발 등과 기본계획 및 집행계획에 관하여 필요한 사항을 관계 중앙행정기관 등과 협의하기 위하여 소방청에 중앙 구조·구급정책협의회를 둔다.

② 시·도 집행계획의 수립·시행에 필요한 사항을 해당 시·도의 구조·구급관련기관 등과 협의하기 위하여 시·도 소방본부에 시·도 구조·구급정책협의회를 둔다.

③ 구조·구급정책협의회의 구성·기능 및 운영, 그 밖에 필요한 사항은 대통령령으로 정한다.

33. 응급처치에 관한 교육 [제27조의2(응급처치에 관한 교육)]

① 소방청장, 소방본부장, 소방서장은 국민의 응급처치 능력 향상을 위하여 심폐소생술 등 응급처치에 관한 교육 및 홍보를 실시할 수 있다.

② 응급처치의 교육 내용 · 방법, 홍보 및 그 밖에 필요한 사항은 대통령령으로 정한다.

34. 벌칙 [제28조, 제29조, 제29조의 2 (벌칙)]

(1) 정당한 사유 없이 구조 · 구급활동을 방해한 자는 5년 이하의 징역 또는 5천만 원 이하의 벌금에 처한다.

(2) 정당한 사유 없이 토지 · 물건 등의 일시사용, 사용의 제한, 처분 또는 토지 · 건물에 출입을 거부 또는 방해한 자는 300만 원 이하의 벌금에 처한다.

(3) 감염병환자의 통보를 위반하여 통보를 하지 아니하거나 거짓으로 통보한 자는 200만 원 이하의 벌금에 처한다.

35. 과태료 [제30조(과태료)]

① 구급상황 요구자의 구조나 부상악화 방지 등을 위반하여 위급상황을 소방기관 또는 관계 행정기관에 거짓으로 알린 자에게는 200만원 이하의 과태료를 부과한다.

② 과태료는 대통령령으로 정하는 바에 따라 소방청장, 소방본부장, 소방서장 또는 관계 행정기관의 장이 부과 · 징수한다.

긴급구조대응활동 및 현장지휘에 관한 규칙

총칙

1. 목적 [제1조(목적)]

이 규칙은 각종 재난이 발생하는 경우 현장지휘체계를 확립하고 긴급구조대응활동을 신속하고 효율적으로 수행하기 위하여 재난 및 안전관리기본법 및 동법시행령에서 위임된 사항 및 그 시행에 관하여 필요한 사항을 규정함을 목적으로 한다.

2. 용어의 정의 [제2조(정의)]

⑴ "긴급구조관련기관"이란 다음에 해당하는 기관을 말한다.

　1)「재난 및 안전관리 기본법」에 따른 긴급구조기관

　2)「재난 및 안전관리 기본법」 및 「재난 및 안전관리 기본법 시행령」에 따른 긴급구조지원기관

　3) 현장에 참여하는 자원봉사기관 및 단체

⑵ "기관별지휘소"란 재난현장에 출동하는 해당 기관 소속 직원을 지휘·조정·통제하는 장소 또는 지휘차량을 말한다.

⑶ "현장지휘소"란 「재난 및 안전관리 기본법」에 따른 중앙긴급구조통제단장(중앙통제단장) 또는 「재난 및 안전관리 기본법」에 따른 지역긴급구조통제단장(지역통제단장)이 「재난 및 안전관리 기본법」에 따라 재난현장에서 기관별지휘소를 총괄하여 지휘·조정 또는 통제하는 등의 재난현장지휘를 효과적으로 수행하기 위하여 설치·운영하는 장소 또는 지휘차량을 말한다.

⑷ "현장지휘관"이란 긴급구조의 업무를 지휘하는 다음에 해당하는 사람을 말한다.

　1) 중앙통제단장

　2) 지역통제단장

3) 통제단장(중앙통제단장 및 지역통제단장을 말한다. 이하 같다)의 사전명령이나 위임에 따라 현장 지휘를 하는 소방관서의 지휘대장 또는 선착대(재난현장에 가장 먼저 도착한 긴급구조관련기관의 출동대)에 따른 선착대의 장

(5) "재난대응구역"이란 법 및 영에 따른 대규모 재난이 발생하여 특별시·광역시·특별자치시·도·특별자치도(이하 "시·도"라 한다)긴급구조통제단장의 지휘통제가 마비된 경우에 시(「제주특별자치도 설치 및 국제자유도시 조성을 위한 특별법」에 따른 행정시를 포함한다. 이하 같다)·군·구(자치구를 말한다. 이하 같다)긴급구조통제단장이 관할구역 안에서 자체적으로 재난에 대응하기 위하여 설정하는 구역을 말한다.

section 2 긴급구조 대비체제의 구축

1. 재난의 최초접수자의 임무 [제3조]

종합상황실에 근무하는 상황근무자로서 재난을 최초로 접수한 자는 즉시 긴급구조기관에 긴급구조 활동에 필요한 출동을 지령하고, 즉시 재난발생상황을 통제단장에게 보고함과 동시에 긴급구조관련기관에 통보하여야 한다. 다만, 재난의 규모 등을 판단하여 종합상황실을 설치한 기관에서 자체대응이 가능하거나 소규모 재난인 경우에는 긴급구조관련기관에의 통보를 늦추거나 하지 아니할 수 있다.

2. 현장지휘관 등의 임무 [제4조(현장지휘관 등의 임무)]

(1) 현장지휘관은 재난이 발생한 경우에 재난의 종류·규모 등을 통제단장에게 보고하여야 한다. 이 경우 보고를 받은 통제단장은 통제단의 설치·운영과 지원출동여부를 결정하여야 한다.

(2) 현장지휘관은 재난현장 조치상황과 재난현장지원에 필요한 사항 등을 수시로 통제단장에게 보고하여야 한다.

(3) 시·군·구 긴급구조통제단장 또는 시·도 긴급구조통제단장은 보고 규정에 의하여 보고를 받은 경우에는 상급기관의 지원이 필요한 때에는 시·군·구 긴급구조통제단장은 시·도 긴급구조통제단장에게, 시·도 긴급구조통제단장은 중앙통제단장에게 각각 보고하여 시·도 또는 중앙의 긴급구조지원활동이 신속히 이루어질 수 있도록 하여야 한다.

3. 관련지휘관의 통제권한 행사 [제5조]

통제단장은 재난현장에 도착이 지연되어 초기에 적정한 조치를 취할 수 없는 때에는 먼저 도착한 현장지휘관으로 하여금 통제단장의 권한 중 일부 또는 전부를 행사하도록 할 수 있다.

4. 긴급구조체제의 구축 [제6조]

긴급구조기관의 장이 구축하여야 하는 긴급구조체제에는 다음 사항이 모두 포함되어야 한다.

(1) 종합상황실과 재난 관련 방송요청을 받은 방송국 간의 긴급방송체제

(2) 중앙대책본부장, 지역대책본부장, 통제단장 및 긴급구조지원기관의 장과의 비상연락통신체제

(3) 아마추어무선통신(HAM) 등 긴급구조 보조통신체제

(4) 비상경고체제

(5) 긴급구조관련기관에 대한 제7조에 따른 통합지휘조정통제센터

(6) 자원관리체제

(7) 자원지원수용체제. 다만, 긴급구조대응계획(긴급구조대응계획)에 자원지원수용체제에 관한 사항이 포함되어 있는 경우 또는 자원관리체제가 구축되어 있는 경우에는 자원지원수용체제를 생략할 수 있다.

(8) 표준현장지휘체계

(9) 종합상황실과 해양경찰관서 상황실 간의 연계체제

5. 통합지휘조정통제센터의 구성 및 기능 [제7조]

(1) 통합지휘조정통제센터(통제센터)는 상시 운영체제를 갖추어야 한다.

(2) 통제센터의 운영요원은 연락관중 통신업무를 담당하는 연락관으로 구성·운영한다.

(3) 통제센터의 기능은 다음과 같다.

1) 재난신고 접수에 따라 긴급구조관련기관 소속 자원의 출동지시

2) 긴급구조관련기관간의 상호연락 및 협조체제의 유지

3) 긴급구조대응계획에 의한 비상지원임무

4) 긴급구조관련기관의 지휘본부 상호간 통합대응을 위한 통신연락 등에 관한 사항

(4) 그 밖에 통제센터의 구성 및 운영에 관한 세부사항은 긴급구조대응계획이 정하는 바에 의한다.

6. 자원지원수용체제의 수립 [제8조]

(1) 긴급구조기관의 장은 긴급구조관련기관과 협의하여 자원지원수용체제를 재난의 유형별로 수립하되, 다음의 모든 내용을 포함하여야 한다.

1) 긴급구조관련기관의 명칭·위치와 기관장 또는 대표자의 성명

2) 협조 담당부서 및 담당자의 긴급연락망

3) 전문인력과 장비의 배치계획 및 담당업무

4) 전문인력에 대한 국가기술자격 그 밖에 이에 준하는 자격보유현황의 파악 및 관리

5) 현장지휘자 및 연락관의 지정

(2) 긴급구조기관의 장은 자원지원수용체제의 원활한 운영을 위하여 재난이 발생하는 경우 필요한 전문지식과 기술에 대한 자문을 얻거나 중장비 운전원 및 용접공 등 특수기능인력을 민간으로부터 지원받기 위한 응원협정을 체결하고 그 협정의 내용을 수시로 점검하여야 한다.

section 3 | 표준현장지휘체계

1. 표준현장지휘체계 [제9조]

(1) 연락관을 파견하는 긴급구조지원기관을 예시하면 다음과 같다.

1) 국방부

2) 경찰청

3) 산림청

4) 「재해구호법」에 의한 전국재해구호협회

5) 기관 및 단체 중 긴급구조기관의 장이 지정하는 기관 및 단체

(2) "행정안전부령으로 정하는 표준현장지휘체계"란 긴급구조기관 및 긴급구조지원기관이 체계적인 현장대응과 상호협조체제를 유지하기 위하여 공통으로 사용하는 표준지휘조직구조, 표준용어 및 재난현장 표준작전절차를 말한다.

(3) **표준지휘조직구조**

표준지휘조직구조(제9조제3항 관련)

1) 표준지휘조직구조

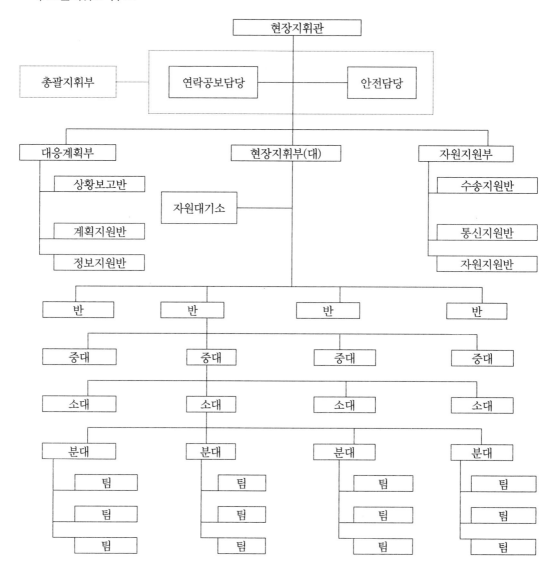

2) 부서별 기능

부서별		임무
총괄지휘부	연락공보담당	1. 대중정보 및 대중매체 홍보에 관한 사항 2. 유관기관과 연락 및 보고에 관한 사항
	안전담당	1. 소속기관 임무수행지역의 현장 안전진단 및 안전조치 2. 소속기관 현장활동 요원들의 안전수칙의 수립 및 교육
대응계획부		1. 재난상황정보의 수집·분석 및 상황예측 2. 현장활동계획의 수립 및 배포
자원지원부		1. 대응자원 현황을 대응계획부에 제공하고 대응계획부의 현장활동계획에 따라 자원의 배분 및 배치 2. 현장활동에 필요한 자원의 동원 및 관리
현장지휘부(대)		1. 대응계획부의 현장활동계획의 이행 2. 자원대기소 운영 및 교대조 관리

(4) 표준용어 및 그 의미는 다음과 같다.

1) 자원집결지

현장지휘관이 긴급구조활동에 필요한 자원을 특정장소에 집결 및 분류하여 자원대기소와 재난현장에 수송·배치하기 위하여 설치·운영하는 자원의 임시집결지

2) 자원대기소

현장지휘관이 자원의 신속한 추가배치와 교대조의 휴식 및 대기 등을 위하여 현장지휘소 인근에 설치·운영하는 특정한 장소 및 시설

3) 수송대기지역

자원집결지에서 자원수송을 위하여 구급차 외의 교통수단이 대기하는 장소

4) 구급차대기소

현장응급의료소에서 사상자의 이송을 위하여 구급차의 도착순서 및 기능에 따라 임시 대기하는 장소

5) 선착대

재난현장에 가장 먼저 도착한 긴급구조관련기관의 출동대

6) 단위지휘관

표준지휘조직구조의 팀·분대·소대·중대 및 반의 현장활동을 지휘·조정 및 통제하는 자

7) 지휘참모

통제단장의 임무수행을 보좌하거나 통제단장의 특정임무를 위임 받아 수행하는 통제단의 각 부장과 표준지휘조직구조의 안전담당 및 연락공보담당

8) 비상헬기장

현장지휘소 인근에서 응급환자의 이송, 자원 수송 등의 활동을 위하여 현장지휘관이 지정·운영하는 헬기 이·착륙장소

2. 재난현장 표준작전절차 [제10조]

(1) 재난현장 표준작전절차는 소방청장이 다음의 구분에 따라 작성

1) 지휘통제절차

표준작전절차(SOP) 101부터 199까지의 일련번호를 부여하여 작성한다.

2) 화재유형별 표준작전절차

표준작전절차(SOP) 201부터 299까지의 일련번호를 부여하여 작성

3) 사고유형별 표준작전절차

표준작전절차(SOP) 301부터 399까지의 일련번호를 부여하여 작성

4) 구급단계별 표준작전절차

표준작전절차(SOP) 401부터 499까지의 일련번호를 부여하여 작성

5) 대응단계별 표준작전절차

표준작전절차(SOP) 501부터 599까지의 일련번호를 부여하여 작성

6) 현장 안전관리 표준지침

표준지침(SSG) 1-1부터 99까지의 일련번호를 부여하여 작성

(2) 긴급구조기관의 장은 재난현장 표준작전절차를 사용하되 지역특성에 따라 이를 변경하여 적용할 수 있다.

(3) 그 밖에 재난현장 표준작전절차에 관한 사항은 소방청장이 정하는 바에 의한다.

section 4 통제단 등의 설치 · 운영

1. 긴급구조지원기관 등의 역할 [제11조]

구조기관과 긴급구조지원기관은 다음의 구분에 따라 책임기관 또는 지원기관으로서의 역할을 수행한다.

(1) 긴급구조기관(소방청 · 소방본부 및 소방서)과 긴급구조지원기관(정부부처 및 대한적십자사)의 역할

(2) 긴급구조지원기관(긴급구조지원을 위하여 국방부장관이 지정하는 군부대, 종합병원, 행정안전부령으로 정하는 기관 및 단체)

긴급구조대응계획이 정하는 역할

2. 중앙통제단의 구성 [제12조]

(1) 중앙통제단은 중앙통제단 구성의 규정에 따라 구성하여야 한다.

(2) 긴급구조지원기관의 장은 중앙통제단의 파견요청이 있는 경우에는 중앙통제단 비상지원팀에 상시 연락관을 파견하여야 한다.

(3) 그 밖에 중앙통제단의 구성에 관한 세부사항은 긴급구조대응계획이 정하는 바에 의한다.

3. 지역통제단의 구성 [제13조(지역통제단의 구성)]

(1) 시 · 도 긴급구조통제단 및 시 · 군 · 구 긴급구조통제단(이하 "지역통제단"이라 한다)은 규정에 따라 구성하되, 시 · 군 · 구 긴급구조통제단은 지역실정에 따라 구성 · 운영을 달리할 수 있다.

(2) 다음의 기관 및 단체는 지역통제단장의 파견요청이 있는 경우에는 지역통제단의 통합지휘팀에 연락관을 파견하여야 한다.

1) 군부대

2) 지방경찰청 및 경찰서(해양경찰서를 포함한다)

3) 보건소, 응급의료에관한법률에 의한 권역응급의료센터, 동법의 규정에 의한 응급의료정보센터 및 동법에 의한 지역응급의료센터 중 지역통제단장이 지정하는 기관 또는 센터

4) 그 밖에 지역통제단장이 지정하는 기관 및 단체

(3) 그 밖에 지역통제단의 구성 및 운영에 관한 세부사항은 긴급구조대응계획이 정하는 바에 의한다.

4. 현장지휘소의 시설 및 장비 [제14조]

(1) **각급통제단장은 법에 따라 현장지휘소를 설치하는 경우에는 각 호의 시설 및 장비를 모두 갖추어야 한다.**

1) 조명기구 및 발전장비

2) 확성기 및 방송장비

3) 재난대응구역지도 및 작전상황판

4) 개인용컴퓨터·프린터·복사기·팩스·휴대전화·카메라(스냅 및 동영상 촬영용을 말한다)·녹음기·간이책상 및 걸상 등

5) 지휘용 무전기 및 자원봉사자관리용 무전기

6) 종합상황실의 자원관리시스템과 연계되는 무선데이터 통신장비

7) 통제단 보고서양식 및 각종 상황처리대장

(2) 현장지휘소의 설치에 필요한 세부사항은 긴급구조대응계획이 정하는 바에 따른다.

5. 통제단의 운영기준 [제15조]

(1) 통제단은 다음과 같이 구분하여 운영되어야 한다.

1) 대비단계

재난이 발생하지 아니한 상황에서 긴급구조대응계획의 운용연습과 재난대비훈련을 실시하는 단계로서 긴급구조지휘대만 상시 운영한다.

2) 대응1단계

일상적으로 발생되는 소규모 사고가 발생한 상황에서 긴급구조지휘대가 현장지휘기능을 수행한다. 다만, 시·군·구 긴급구조통제단은 필요에 따라 부분적으로 운영할 수 있다.

3) 대응2단계

2 이상의 시·군·구에 걸쳐 재난이 발생한 상황이나 하나의 시·군·구에 재난이 발생하였으나 당해 지역의 시·군·구 긴급구조통제단의 대응능력을 초과한 상황에서 해당 시·군·구 긴급구조통제단을 전면적으로 운영하고 시·도 긴급구조통제단을 필요에 따라 부분 또는 전면적으로 운영한다.

4) 대응3단계

2 이상의 시·도에 걸쳐 재난이 발생한 상황이나 하나의 시·군·구 또는 시·도에서 재난이 발생하였으나 시·도 통제단이 대응할 수 없는 상황에서 해당 시·도 긴급구조통제단을 전면적으로 운영하고 중앙통제단은 필요에 따라 부분 또는 전면적으로 운영한다.

6. 긴급구조지휘대의 구성 및 기능 [제16조]

(1) 긴급구조지휘대는 규정에 따라 구성·운영하되, 소방본부 및 소방서의 긴급구조지휘대는 상시 구성·운영하여야 한다.

(2) 긴급구조지휘대는 다음의 기능을 수행한다.

1) 통제단이 가동되기 전 재난초기 시 현장지휘

2) 주요 긴급구조지원기관과의 합동으로 현장지휘의 조정·통제

3) 광범위한 지역에 걸친 재난발생시 전진지휘

4) 화재 등 일상적 사고의 발생시 현장지휘

(3) 긴급구조지휘대를 구성하는 다음에 해당하는 자는 통제단이 설치·운영되는 경우에는 다음의 구분에 따라 통제단의 해당부서에 배치된다.

1) 상황분석요원 : 대응계획부

2) 자원지원요원 : 자원지원부

3) 통신지휘요원 : 구조진압반

4) 안전담당요원 : 연락공보담당 또는 안전담당

5) 경찰파견 연락관 : 현장통제반

6) 응급의료파견 연락관 : 응급의료반

7. 통제선의 설치 [제17조]

(1) 통제단장 및 지방경찰청장 또는 경찰서장은 재난현장 주위의 주민보호와 원활한 구조활동에 필요한 최소한의 통제규모를 설정하여 통제선을 설치할 수 있다.

(2) 통제선은 제1통제선과 제2통제선으로 구분하되, 제1통제선은 통제단장이 구조활동에 직접 참여하는 인력 및 장비만을 출입할 수 있도록 설치하고, 제2통제선은 지방경찰청장 또는 경찰서장(이하 "경찰관서장"이라 한다)이 구조·구급차량 등의 출동주행에 지장이 없도록 긴급구조활동에 직접 참여하거나 긴급구조활동을 지원하는 인력 및 장비만을 출입할 수 있도록 설치·운영한다.

(3) 통제단장은 (2)항에도 불구하고 다음에 해당하는 사람에게 따른 출입증을 부착하도록 하여 제1통제선 안으로 출입하도록 할 수 있다.

1) 제1통제선 구역 내 소방대상물 관계자 및 근무자

2) 전기·가스·수도·토목·건축·통신 및 교통분야 등의 구조업무 지원자

3) 의사·간호사 등 응급의료요원

4) 취재인력 등 보도업무 종사자

5) 그 밖에 통제단장이 긴급구조활동에 필요하다고 인정하는 사람

(4) 경찰관서장은 제2항에도 불구하고 제4항에 따라 통제단장이 발급한 출입증을 가진 사람에 대하여는 제2통제선 안으로 출입하도록 하여야 하며, 구조활동에 필요하다고 인정하는 사람에 대하여는 제2통제선 안으로 출입하도록 할 수 있다.

(5) 통제단장은 출입증을 발급하는 경우에는 출입증 배포관리대장에 이를 기록하고 관리하여야 한다.

8. 자원집결지의 설치 · 운영 [제18조]

(1) 현장지휘관은 다음 의 장소를 자원집결지로 설치 · 운영하여야 한다.

　1) 버스터미널 및 기차역

　2) 선박터미널 및 공항

　3) 체육관 및 운동장

　4) 대형 주차장

　5) 그 밖에 교통수단의 접근 및 활용이 편리한 장소

(2) 현장지휘관은 자원집결지를 설치하고자 하는 경우에는 지역통제단별로 1개소 이상을 미리 지정하고 유사시 즉시 운용 가능하도록 관리 및 운용계획을 수립 · 시행하여야 한다.

(3) 현장지휘관은 자원집결지에 모인 자원을 분류하고 다음 각호에 규정된 순서에 따라 자원대기소에 자원을 수송 및 배치하여야 한다.

　1) 인명구조와 관련되어 긴급히 필요한 자원

　2) 안전, 보건위생 및 응급의료와 관련된 자원

　3) 긴급구조 작전수행에 반드시 필요한 자원

　4) 긴급구조 및 긴급복구에 일반적으로 필요한 자원

(4) 그 밖에 자원집결지의 설치 · 운영에 필요한 세부사항은 긴급구조대응계획이 정하는 바에 의한다.

9. 자원대기소의 설치 · 운영 [제19조]

(1) 현장지휘관은 재난현장에서의 체계적인 자원관리를 위하여 자원대기소를 설치 · 운영할 수 있다.

(2) 자원대기소는 현장지휘소 인근에 위치하여 재난현장에 자원을 효율적으로 배치 · 대기하기 용이한 장소이어야 한다.

(3) 긴급구조지원기관 및 자원봉사단체는 자원집결지를 거치지 아니하고 재난현장에 도착한 경우에는 자원대기소의 장에게 그 사실을 통보 또는 보고하고 자원대기소의 장의 배치지시가 있을 때까지 자원대기소에 대기하여야 한다.

(4) 자원대기소는 붕괴사고 · 대형화재 등 좁은 지역에서 발생하는 재난의 경우에는 자원집결지의 기능을 동시에 수행할 수 있다.

(5) 현장지휘관은 자원대기소에 모인 인적자원을 배치 · 대기 · 교대조로 분류하여 관리하여야 한다.

(6) 그 밖에 자원대기소의 설치 · 운영에 필요한 세부사항은 긴급구조대응계획이 정하는 바에 의한다.

---

section 5 현장응급의료소의 설치 · 운영

1. 현장응급의료소의 설치 등 [제20조]

(1) 통제단장은 재난현장에 출동한 응급의료관련자원을 총괄 · 지휘 · 조정 · 통제하고, 사상자를 분류 · 처치 또는 이송하기 위하여 사상자의 수에 따라 재난현장에 적정한 현장 응급의료소(이하 "의료소"라 한다)를 설치 · 운영하여야 한다.

(2) 통제단장은 법에 따라 「의료법」에 따른 종합병원과 「응급의료에 관한 법률」에 따른 응급의료기관에 응급의료기구의 지원과 의료인 등의 파견을 요청할 수 있다.

(3) 통제단장은 법에 따른 지역대책본부장으로부터 의료소의 설치에 필요한 인력 · 시설 · 물품 및 장비 등을 지원받아 구급차의 접근이 용이하고 유독가스 등으로부터 안전한 장소에 의료소를 설치하여야 한다.

(4) 의료소에는 소장 1명과 분류반 · 응급처치반 및 이송반을 둔다.

(5) 의료소의 소장(이하 "의료소장"이라 한다)은 의료소가 설치된 지역을 관할하는 보건소장이 된다. 다만, 관할 보건소장이 재난현장에 도착하기 전에는 다음에 해당하는 사람 중에서 긴급구조대응계획이 정하는 사람이 의료소장의 업무를 대행할 수 있다.

1) 「응급의료에 관한 법률」에 따른 권역응급의료센터의 장

2) 「응급의료에 관한 법률」에 따른 응급의료정보센터의 장

3) 「응급의료에 관한 법률」에 따른 지역응급의료센터의 장

4) 소방관서에 소속된 공중보건의

(6) 의료소장은 통제단장의 지휘를 받아 의료소의 운영 전반에 관하여 지휘·감독한다.

(7) 분류반·응급처치반 및 이송반에는 반장을 두되, 반장은 의료소 요원 중에서 의료소장이 임명한다.

(8) 의료소장 및 각 반의 반원은 규정의 복장을 착용하여야 한다.

(9) 의료소에는 응급의학 전문의를 포함한 의사 3명, 간호사 4명 및 지원요원 1명 이상으로 편성한다. 다만, 통제단장은 필요한 의료인 등의 수를 조정하여 편성하도록 요청할 수 있다

(10) 규정한 사항 외에 의료소의 설치 등에 관한 세부사항은 재난현장 표준작전절차 및 긴급구조대응계획이 정하는 바에 따른다.

2. 지역통제단장 및 보건소장의 사전대비 업무 [제21조]

(1) 지역통제단장은 응급처치·이송·안치 등 재난현장활동의 방법에 관한 지침을 수립하고, 재난발생 시 의료소설치에 필요한 물품을 확보·관리하여야 한다.

(2) 보건소장은 항상 의료소 조직을 편성·관리하여야 하며, 관할 소방서장의 요구가 있는 때에는 이를 통보하여야 한다.

(3) 보건소장은 관할지역에 소재한 「의료법」에 따른 병원급 이상의 의료기관에 대하여 다음 각 호의 사항을 모두 파악·관리하여야 하며, 관할 소방서장의 요구가 있는 경우에는 이를 통보하여야 한다.

1) 병원별 전문과목 및 전문의사, 간호사, 응급구조사, 간호조무사 확보현황

2) 구급차 및 응급의료장비의 확보현황

3) 일반·응급실 병상, 중환자 병상, 예비병상 및 수술실의 확보현황

4) 당직의사 및 응급실 근무 의료인(간호조무사를 포함한다)의 현황

5) 일반외과, 정형외과 등 응급의료관련 전문의사와 일반의사의 비상연락망

6) 특수의료장비의 보유현황

7) 영안실 현황

8) 병원별 수용능력표

3. 분류반의 임무 [제22조]

(1) 분류반은 재난현장에서 발생한 사상자를 검진하여 응급처치표를 작성하고 사상자의 상태에 따라 사망 · 긴급 · 응급 및 비응급의 4단계로 분류한다.

(2) 분류반에는 사상자에 대한 검진 및 분류를 위하여 의사를 배치하여야 한다.

(3) 분류된 사상자에게는 응급환자분류표를 총 3장 가슴부위에 부착하여 긴급 · 응급환자는 응급처치반으로 인계하고, 사망자와 비응급환자는 이송반으로 인계한다.

4. 응급임무 [제23조]

(1) 응급처치반은 분류반이 인계한 긴급 · 응급환자에 대한 응급처치를 담당한다. 이 경우 긴급 · 응급환자를 이동시키지 아니하고 응급처치반 요원이 이동하면서 응급처치를 할 수 있다.

(2) 응급처치반장은 우선순위를 정하여 긴급 · 응급환자에 대한 응급처치를 실시하고 현장에서의 수술 등을 위하여 의료인 등이 추가로 요구되는 경우에는 의료소장에게 지원을 요청한다.

(3) 응급처치반은 응급처치에 필요한 기구 및 장비를 갖추어야 한다. 다만, 응급처치에 필요한 기구 및 장비를 탑재한 구급차를 배치한 경우에는 응급처치기구의 일부를 비치하지 아니할 수 있다.

(4) 응급처치반은 긴급 · 응급환자의 응급처치사항을 응급환자분류표에 기록하고 긴급 · 응급환자를 응급환자분류표와 함께 신속히 이송반에게 인계한다.

5. 이송임무 [제24조]

(1) 이송반은 사상자를 이송할 수 있도록 구급차 및 영구차를 확보 또는 통제하고, 각 의료기관과 긴밀한 연락체계를 유지하면서 분류반 및 응급처치반이 인계한 사상자를 이송조치 한다.

(2) 사상자의 이송 우선순위는 긴급환자, 응급환자, 비응급환자 및 사망자 순으로 한다.

(3) 응급환자를 이송한 구급대원과 그 밖의 구급차 등의 운전자는 사상자 이송현황을 지체 없이 이송 반에 제출하여야 하며 응급환자분류표 및 구급일지를 기록·보관한다. 이 경우 응급환자를 이송한 구급대원은 응급환자분류표 중 1부는 보관하고, 나머지 2부는 이송반장과 이송의료기관이 보관할 수 있도록 각각 1부씩 인계하여야 한다.

(4) 이송반장은 다수 사상자가 발생한 재난이 발생한 경우에는 병원별 수용능력표에 따라 사상자를 분 산하여 이송배치하고, 병원별 수용능력표를 재난이 발생한 경우 실시간으로 조사하여 작성하여야 한다.

(5) 이송반장이 재난현장에의 도착이 지연되어 임무를 수행할 수 없는 때에는 긴급구조지휘대에 파견 된 응급의료 연락관이 이송반장의 임무를 대행한다.

6. 의료소에 대한 지원 [제25조]

(1) 통제단장은 재난이 발생하는 경우 의료소의 원활한 업무수행이 가능하도록 구급차 대기소 및 통행 로를 지정·확보하고 의료소 설치구역의 질서를 유지하여야 한다. 이 경우 경찰공무원으로 하여금 지원하게 할 수 있다.

(2) 통제단장은 재난이 발생하는 경우 의료소장으로부터 의료소의 운영에 필요한 인력·시설 및 장비 등의 요구가 있는 때는 지체 없이 지원하여야 한다.

(3) 지역통제단장은 다수의 사상자가 발생하는 재난에 대비하여 연 1회 이상 응급의료관련 기관 또는 단체가 참여하는 의료소의 설치운영 및 지역별 응급의료체계의 가동연습 또는 훈련을 실시하여야 한다.

---

section **6** 구조활동상황의 보도안내 등

1. 공동취재단의 구성 [제26조]

(1) 통제단장은 언론기관에 대하여 효율적인 재난현장 취재를 위하여 공동취재단을 구성·운영하도록 할 수 있다.

(2) 공동취재단은 신문·방송(유선방송 및 인터넷매체를 포함한다) 및 통신사가 서로 협의하여 구성하 되, 재난현장에 출입할 수 있는 공동취재단의 규모 및 취재장소 등은 통제단장이 정한다.

(3) 공동취재단원은 공동취재단 표지를 가슴에 부착하여야 한다.

2. 재난방송을 위한 취재구역등의 설정 [제27조]

통제단장은 법에 의하여 방송법에 의한 방송사업자의 재난방송이 원활하게 될 수 있도록 재난상황 및 현장여건 등을 감안하여 취재구역·촬영구역·취재시간 및 취재안내자를 정할 수 있다.

3. 재난방송사업자에 대한 협조요청 [제28조]

통제단장은 재난방송을 하는 방송사업자에 대하여 다음의 조치를 요청할 수 있다.

1) 재난관련 모든 정보의 최우선 제공

2) 그 밖에 재난방송에 필요한 시설물, 전력의 공급 및 교통통제에 관한 정보 등의 제공

section 7 긴급구조대응계획의 작성 및 운용 등

1. 심의위원회의 구성 및 운영 [제29조]

(1) 긴급구조기관의 장은 긴급구조대응계획을 수립하는 경우에는 긴급구조기관에 긴급구조대응계획심의위원회(이하 "위원회"라 한다)를 구성하여 위원회의 심의를 거쳐 확정하여야 한다.

(2) 위원회의 위원장은 긴급구조기관의 장이 되고, 위원은 긴급구조지원기관의 장으로 구성하되 위원장을 포함하여 7인 이상 11인 이하로 한다.

(3) 그 밖에 위원회의 구성 및 운영에 관한 사항은 각 긴급구조기관의 장이 정한다.

2. 긴급구조대응계획의 작성책임 [제30조]

(1) 긴급구조기관의 장은 긴급구조대응계획 중 기능별 긴급구조대응계획을 작성하는 경우 책임기관과 공동으로 작성하여야 한다.

(2) 기능별 긴급구조대응계획을 작성한 긴급구조지원기관의 장은 시행령에 의한 긴급구조세부대응계획을 작성하지 아니할 수 있다.

3. 긴급구조대응계획의 배포·관리 [제31조]

(1) 긴급구조기관의 장은 긴급구조대응계획을 작성하거나 변경하는 경우에는 이를 긴급구조지원기관 등 관련기관 및 단체와 통제단의 반장급 이상의 지휘관에게 2부 이상을 배포하고 긴급구조대응계획 배포관리대장에 기록·관리하여야 한다.

(2) **긴급구조대응계획을 변경하는 경우에는 다음의 관리대장 및 일지를 기록·관리하여야 한다.**

　1) 긴급구조대응계획 수정일지

　2) 긴급구조대응계획 수정배포 관리대장

(3) 그 밖에 긴급구조대응계획의 배포·관리에 관한 세부사항은 소방청장이 정한다.

4. 기본계획의 작성체계 [제32조]

기본계획은 다음 각호의 모든 사항을 포함하여 작성하되, 긴급구조기관의 여건을 감안하여 다르게 작성할 수 있다.

(1) 긴급구조지원기관의 임무와 긴급구조대응계획에 따라 대응활동에 참여하는 자원봉사자의 기본임무에 관한 사항

(2) 기능별 긴급구조대응계획의 운영책임 및 주요임무에 관한 사항

(3) 통제단의 반별 책임자의 지정 및 단계별 운영기준 등 긴급구조체제에 관한 사항

(4) 긴급구조의 통신체계와 대체상황실 운영기준 등 종합상황실운영에 관한 사항

(5) 재난대응구역 운영의 방법 및 절차에 관한 사항

5. 기능별 긴급구조대응체제의 구축 [제34조]

(1) 통제단장이 기능별 긴급구조대응계획을 이행하는데 필요한 기능별 재난대응체제

(2) 통제단장 및 기능별책임기관의 장은 기능별 긴급구조대응계획을 이행하는데 필요한 사전대비체제를 구축하여야 한다.

(3) 그 밖에 세부대응체계 및 절차는 긴급구조대응계획이 정하는 바에 의한다.

6. 재난유형별 긴급구조대응계획의 작성체계 [제35조]

재난유형별 긴급구조대응계획은 다음의 재난유형별로 재난의 진행단계에 따라 조치하여야 하는 주요사항과 주민보호를 위한 대민 정보사항을 포함하여 작성하여야 한다.

(1) 홍수

(2) 태풍

(3) 폭설

(4) 지진

(5) 시설물 등의 붕괴

(6) 가스 등의 붕괴

(7) 다중이용시설의 대형화재

(8) 유해화학물질(방사능을 포함한다)의 누출 및 확산

7. 긴급구조세부대응계획의 작성체계 [제36조]

⑴ 긴급구조세부대응계획을 작성하여야 하는 긴급구조지원기관의 장은 다음의 모든 사항을 포함하여 작성하되, 긴급구조지원기관의 여건에 맞게 다르게 작성할 수 있다.

1) 계획의 목적

2) 지휘체계와 부서별 책임자의 지정(현장지휘소 파견 연락관의 지정을 포함한다)

3) 단계별 지휘체계의 운영기준

4) 부서별 임무수행의 절차 및 지침

5) 현장지휘소와의 통신체계 및 협조절차

6) 긴급구조 출동자원의 현황

7) 주요 지휘관 및 구성원의 비상연락체계

(2) 긴급구조 세부대응계획을 작성하는 경우에는 제9조제4항 각호의 표준용어를 사용하여야 한다.

8. 긴급구조 세부대응계획의 작성절차 [제37조]

(1) 긴급구조기관의 장은 긴급구조 세부대응계획의 수립·운용지침을 매년 작성하여 각급 긴급구조지원기관의 장에게 통보하여야 한다.

(2) 긴급구조지원기관의 장은 제1항의 규정에 의한 지침에 따라 긴급구조 세부대응계획을 작성하여 긴급구조기관의 장에게 통보하고 소속 각 부서 책임자에게 배포하여야 한다.

(3) 그 밖에 긴급구조 세부대응계획의 작성에 관한 세부사항은 소방청장이 정한다.

section 8 긴급구조활동에 대한 평가

1. 긴급구조활동 평가항목 [제38조]

(1) 통제단장은 다음의 모든 사항을 포함하여 긴급구조활동을 평가하여야 한다.

1) 긴급구조활동에 참여한 인력 및 장비 운용

가. 자원 동원현황

나. 필요한 대응자원의 확보·관리 및 배분

2) 긴급구조대응계획서의 이행실태

가. 지휘통제 및 비상경고체계

① 작전 전략과 전술

② 현장지휘소 운영

③ 현장통제대책

④ 긴급구조관련기관·단체간 상호협조

⑤ 통제·조정의 이행

⑥ 사전 경보전파 및 대피유도활동

나. 대중정보 및 상황분석 체계

① 대중매체와 주민들에 대한 재난정보 제공

② 재난정보 제공에 따른 주민들의 대응행동

③ 통합작전계획의 수립을 위한 정보의 수집 및 분석

④ 긴급구조관련기관·단체의 정보 공유

⑤ 잘못 전달된 정보 및 유언비어의 시정

⑥ 대중매체와 주민의 불평

다. 대피 및 대피소 운영체계

① 대피를 위한 수송체계

② 주민대피유도

③ 대피소 시설의 규모 및 편의성

④ 임시거주시설의 규모 및 편의성

⑤ 대피소 수용자들에 대한 음식·담요·전기공급 등 지원사항

라. 현장통제 및 구조진압체계

① 재난지역에 대한 경찰통제선 선정과 교통통제

② 범죄발생 예방활동

③ 진압작전수행

④ 소방용수 등 자원공급

⑤ 탐색 및 구조활동

⑥ 「소방기본법」에 따른 자위소방대, 「의용소방대 설치 및 운영에 관한 법률」에 따른 의용소방대 및 「민방위기본법」에 따른 민방위대 등의 임무 수행

⑦ 긴급구조관련기관간 협조체제

마. 응급의료체계

① 환자분류체계

② 현장응급처치

③ 환자 분산이송 및 병원선택

④ 의료자원 공급 및 의료기관간 협조체제

⑤ 현장 임시영안소의 설치·운영

⑥ 사상자 명단 관리 및 발표

바. 긴급복구 및 긴급구조체계

① 잔해물 제거 및 긴급구조활동 지원

② 피해평가작업의 지원활동

③ 2차 피해방지 및 보호작업

④ 응급복구 및 피해조사의 시기

⑤ 구호기관의 지원활동

⑥ 상황 및 시기에 적합한 구호물자 제공

3) 긴급구조요원의 전문성

가. 경보접수 후 긴급조치

나. 긴급구조관련기관·단체가 제공한 재난상황정보의 정확성

다. 자원집결지와 자원대기소의 운영 및 자원통제

라. 상황정보 및 자원정보와 작전계획의 연계

마. 단위책임자들의 작전계획서 활용

바. 대피명령의 시기

사. 위험물질 누출 및 확산 통제

4) 통합 현장대응을 위한 통신의 적절성

가. 통신 시설·장비의 성능 및 작동

나. 비상소집활동 및 책임자 등의 응소

다. 대체 통신수단 확보

5) 긴급구조교육수료자의 교육실적

가. 긴급구조 업무담당자 및 관리자의 교육 이수율

나. 긴급구조 현장활동요원의 긴급구조교육과정 및 교육 이수율

다. 긴급구조관련기관별 자체교육 및 훈련 실적

6) 그 밖에 긴급구조대응상의 개선을 요하는 사항

가. 예방 가능하였던 사상자의 존재

나. 수송수단의 확보

다. 수송장비의 유지 및 수리작업

라. 비상 및 임시수송로 확보

마. 대응요원들의 불필요한 사상

바. 대응자원의 분실

사. 전문적 지식 · 기술 · 의학 · 법률 등에 관한 자문체계 운영

아. 대응 및 긴급복구작업에 소요된 비용 근거자료 기록관리

자. 통제단 운영에 대한 기록유지

(2) 그 밖에 평가기준에 관한 사항은 소방청장이 정한다.

2. 긴급구조활동평가단의 구성 [제39조]

(1) 통제단장은 재난상황이 종료된 후 긴급구조활동의 평가를 위하여 긴급구조기관에 긴급구조활동평가단(이하 "평가단"이라 한다)을 구성하여야 한다.

(2) 평가단의 단장은 통제단장으로 하고, 단원은 다음에 해당하는 자와 민간전문가 2인 이상을 포함하여 5인 이상 7인 이하로 구성한다.

1) 통제단장

2) 통제단의 대응계획부장 또는 소속 반장

3) 자원지원부장 또는 소속 반장

4) 긴급구조지휘대장

5) 긴급복구부장 또는 소속 반장

6) 긴급구조활동에 참가한 기관 · 단체의 요원 또는 평가에 관한 전문지식과 경험이 풍부한 자중에서 통제단장이 필요하다고 인정하는 자

3. 재난활동보고서등의 제출요청 등 [제40조]

(1) 통제단장은 긴급구조활동의 평가를 위하여 긴급구조활동에 참여한 긴급구조지원기관의 장에게 일정한 기간을 정하여 긴급구조대응계획이 정하는 바에 따라 재난활동보고서와 관련자료의 제출을 요청하여야 한다.

(2) 평가단의 단장은 평가와 관련된 업무를 수행함에 있어서 긴급구조지원기관의 장과 관계인의 출석·의견진술 및 자료제출 등을 요구할 수 있다.

4. 평가실시 [제41조]

(1) 평가단의 단장은 재난활동보고서 및 관련자료와 대응 기간 동안 통제단에서 작성한 각종 서류, 동영상 및 사진, 긴급구조활동에 참여한 기관·단체 책임자들과의 면담 자료 등을 근거로 긴급구조활동에 대한 평가를 실시한다.

(2) 긴급구조지원기관에 대한 평가는 평가항목을 기준으로 소방청장이 정하는 평가표에 의하여 실시한다. 다만, 긴급구조세부대응계획을 작성한 긴급구조지원기관에 대한 긴급구조활동의 평가는 긴급구조세부대응계획을 기준으로 실시한다

(3) 평가항목별 평가수준은 0부터 5까지로 한다.

5. 긴급구조대응계획의 수립 [시행령 제63조(긴급구조대응계획의 수립)]

(1) 긴급구조기관의 장이 수립하는 긴급구조대응계획은 기본계획, 기능별 긴급구조대응계획, 재난유형별 긴급구조대응계획으로 구분하되, 구분된 계획에 포함되어야 하는 사항은 다음과 같다.

1) 기본계획

가. 긴급구조대응계획의 목적 및 적용범위

나. 긴급구조대응계획의 기본방침과 절차

다. 긴급구조대응계획의 운영책임에 관한 사항

2) 기능별 긴급구조대응계획

가. **지휘통제** : 긴급구조체제 및 중앙통제단과 지역통제단의 운영체계 등에 관한 사항

나. **비상경고** : 긴급대피, 상황 전파, 비상연락 등에 관한 사항

다. **대중정보** : 주민보호를 위한 비상방송시스템 가동 등 긴급 공공정보 제공에 관한 사항 및 재난상황 등에 관한 정보 통제에 관한 사항

라. **피해상황분석** : 재난현장상황 및 피해정보의 수집·분석·보고에 관한 사항

마. **구조·진압** : 인명 수색 및 구조, 화재진압 등에 관한 사항

바. **응급의료** : 대량 사상자 발생 시 응급의료서비스 제공에 관한 사항

사. **긴급오염통제** : 오염 노출 통제, 긴급 감염병 방제 등 재난현장 공중보건에 관한 사항

아. **현장통제** : 재난현장 접근 통제 및 치안 유지 등에 관한 사항

자. **긴급복구** : 긴급구조활동을 원활하게 하기 위한 긴급구조차량 접근 도로 복구 등에 관한 사항

차. **긴급구호** : 긴급구조요원 및 긴급대피 수용주민에 대한 위기 상담, 임시 의식주 제공 등에 관한 사항

카. **재난통신** : 긴급구조기관 및 긴급구조지원기관 간 정보통신체계 운영 등에 관한 사항

3) 재난유형별 긴급구조대응계획

가. 재난 발생 단계별 주요 긴급구조 대응활동 사항

나. 주요 재난유형별 대응 매뉴얼에 관한 사항

다. 비상경고 방송메시지 작성 등에 관한 사항

(2) 긴급구조기관의 장은 긴급구조대응계획을 수립하기 위하여 필요한 경우에는 긴급구조지원기관의 장에게 소관별 긴급구조세부대응계획을 수립하여 제출하도록 요청할 수 있다. 이 경우 긴급구조기관의 장은 긴급구조세부대응계획의 작성에 필요한 긴급구조세부대응계획의 수립에 관한 지침을 작성하여 배포하여야 한다.

1 재해의 분류에서 자연재해에서는 기후성 재해, 지진성 재해로 분류하며 인위 재해는 사고성 재난과 계획성 재난으로 분류되는 것으로서 현재 세계 각국에서 이와 같이 사용하는 재해분류는 무엇을 근거로 하는가?

① 존슨의 분류

② 아네스의 분류

③ 소방법

④ 재난 및 안전관리기본법

> **TIPS!**
>
> **아네스(Anesth)의 재난분류**
>
> 아네스(Anesth)는 재난을 자연재난과 인위재난으로 대분류 한 후, 자연재난을 기후성재난과 지진성 재난으로 인위재난을 사고성 재난과 계획적 재난으로 세분류 하였다. 아네스(Anesth)의 재난분류는 미국의 지역재난계획에 주로 이용되고 있다.
>
> | 대분류 | 세 분류 | 재난 종류 |
> |---|---|---|
> | 자연재난 | 기후성 재난 | ■태풍 |
> | | 지진성 재난 | ■지진 ■화산폭발 ■해일 |
> | 인위재난 | 사고성 재난 | ■생물학적 사고(바이러스·박테리아·독혈증 등
■화학적 사고(유독물질 등)
■화재사고
■교통사고(차량·항공·선박·철도)
■산업사고(건축물 붕괴)
■폭발사고(가스 갱도 화학 폭발물)
■방사능 재해 |
> | | 계획적 재난 | ■테러 ■폭동 ■전쟁 |

Answer 1.②

2 하인리히의 도미노 이론 중 2단계, 1단계의 원인 내용 순서를 바르게 배열한 것은?

① 개인적 결함 – 유전적요인 및 사회적 환경
② 유전적요인 및 사회적 환경 – 개인적 결함
③ 개인적 결함 – 불안전한 행동 및 불안전 상태
④ 불안전한 행동 및 불안전 상태 – 개인적 결함

TIPS!

하인리히의 도미노 5단계 이론
㉠ 제1단계 유전적요인 및 사회적 환경
　–무모 · 완고 · 탐욕 등 바람직하지 못한 성격은 유전적 일 가능성이 높다고 평가
　–부적절한 환경은 성격 이상을 불러오고, 교육방해는 인적 결함의 원인이 된다.
㉡ 제2단계 개인적 결함
　–무모함 · 신경질적 · 흥분 등 선천적 · 후천적인 인격 결함은 불안전한 행동을 유발한다.
　–기계적 · 물리적인 위험성의 존재에 따른 인적 결함도 포함
㉢ 제3단계 불안전한 행동 및 불안전 상태
　–안전장치 기능을 제거하거나 위험한 기계설비에 접근하는 불안전한 행동
　–부적당한 방호상태, 불충분한 조명 등 불안전 상태는 직접적 사고의 원인이 된다.
㉣ 제4단계 사고 : 제3단계가 진행되어 작업능률 저하, 직접 · 간접적인 인명피해와 재산손실을 가져온다.
㉤ 제5단계 상해 : 직접적인 사고로 인한 재해로 사고발생의 최종결과 인적 · 물적 손실을 가져온다.

3 다음 중 재난 및 안전관리 기본법상의 재난의 분류 방법으로 바르지 않은 것은?

① 생물학적 재해　　　　　　　　② 자연재난
③ 해외재난　　　　　　　　　　　④ 사회재난

TIPS!

–생물학적 재해는 존스에 의한 분류이며 자연재난에 포함된다.
※ **법 제3조**(정의) … 제1항 "재난"이란 국민의 생명 · 신체 · 재산과 국가에 피해를 주거나 줄 수 있는 것으로 서 다음의 것을 말한다.
　㉮ **자연재난** : 태풍, 홍수, 호우(豪雨), 강풍, 풍랑, 해일(海溢), 대설, 낙뢰, 가뭄, 폭염, 지진, 황사(黃砂), 조류(藻類) 대발생, 조수(潮水), 화산활동, 소행성 · 유성체 등 자연우주물체의 추락 · 충돌, 그 밖에 이 에 준하는 자연현상으로 인하여 발생하는 재해
　㉯ **사회재난** : 화재 · 붕괴 · 폭발 · 교통사고(항공사고 및 해상사고를 포함한다) · 화생방사고 · 환경오염사고 등으로 인하여 발생하는 대통령령으로 정하는 규모 이상의 피해와 에너지 · 통신 · 교통 · 금융 · 의료 · 수도 등 국가기반체계의 마비, 「감염병의 예방 및 관리에 관한 법률」에 따른 감염병 또는 「가축전염 병예방법」에 따른 가축전염병의 확산, 「미세먼지 저감 및 관리에 관한 특별법」에 따른 미세먼지 등으 로 인한 피해

Answer　2.① 3.①

4 재난이 발생하여 현장을 통제해야 할 경우 긴급구조기관으로 바르지 않은 것은?

① 소방청   ② 해양경찰청

③ 경찰청   ④ 소방서

 TIPS!

재난 및 안전관리 기본법 제3조 제9항
"긴급구조기관"이란 소방청·소방본부 및 소방서를 말한다. 다만, 해양에서 발생한 재난의 경우에는 해양경찰청·지방해양경찰청 및 해양경찰서를 말한다.

5 다음 중 긴급구조통제단을 구성 및 운영할 수 있는 자로 바른 것은?

① 소방서장, 소방본부장. 소방청장

② 소방서장, 소방본부장, 중앙소방본부장

③ 시·군·구청장, 시·도지사, 소방청장

④ 시·군·구청장, 시·도지사, 행정안부장관

TIPS!

법 제49조
중앙통제단의 단장은 소방청장이 된다.
※ **법 제50조** … 시·도긴급구조통제단과 시·군·구긴급구조통제단(이하 "지역통제단"이라 한다)에는 각각 단장 1명을 두되, 시·도긴급구조통제단의 단장은 소방본부장이 되고 시·군·구긴급구조통제단의 단장은 소방서장이 된다.

6 재난으로 인한 피해를 최소화하기 위하여 재해의 예방, 대비, 대응, 복구에 관한 정책의 개발과 집행과정을 총칭하는 것은 무엇인가?

① 재난관리   ② 위험관리

③ 안전관리   ④ 재난관리정보

TIPS!

법 제3조(정의)
제3항 "재난관리"란 재난의 예방·대비·대응 및 복구를 위하여 하는 모든 활동을 말한다.

Answer   4.③ 5.① 6.①

7 다음 중 재난에 관한 내용으로 바르지 않은 것은?

① 매월 4일은 안전점검의 날이다.
② 중앙통제단장은 소방청 소방사무를 담당하는 본부장이다.
③ 국가안전관리기본계획은 대통령이 5년마다 수립한다.
④ 긴급구조기관은 소방청, 소방본부, 소방서를 말한다.

TIPS!

시행령 제26조(국가안전관리기본계획 수립)
㉮ 국무총리는 국가안전관리기본계획(이하 "국가안전관리기본계획"이라 한다)을 5년마다 수립하여야 한다.
㉯ 국가안전관리기본계획은 총칙과 다음 각 호의 대책으로 구성한다.
 ㉠ 재난에 관한 대책
 ㉡ 생활안전, 교통안전, 산업안전, 시설안전, 범죄안전, 식품안전, 그 밖에 이에 준하는 안전관리에 관한 대책
 ㉰ 관계 중앙행정기관의 장은 국가안전관리기본계획을 이행하기 위하여 필요한 예산을 반영하는 등의 조치를 하여야 한다.

8 재난 및 안전관리기본법에서 정의하는 사회재난으로 바른 것은?

① 붕괴, 에너지, 교통, 수도, 화생방사고, 미세먼지피해
② 태풍, 붕괴, 에너지, 교통, 수도, 황사, 미세먼지피해
③ 붕괴, 에너지, 교통, 수도, 황사, 화생방, 풍랑
④ 에너지, 교통, 수도, 황사, 화생방, 풍랑, 조수

TIPS!

법 제3조 제1항 2호
사회재난 : 화재·붕괴·폭발·교통사고(항공사고 및 해상사고를 포함한다)·화생방사고·환경오염사고 등으로 인하여 발생하는 대통령령으로 정하는 규모 이상의 피해와 에너지·통신·교통·금융·의료·수도 등 국가기반체계의 마비, 「감염병의 예방 및 관리에 관한 법률」에 따른 감염병 또는 「가축전염병예방법」에 따른 가축전염병의 확산, 「미세먼지 저감 및 관리에 관한 특별법」에 따른 미세먼지 등으로 인한 피해

Answer 7.③ 8.①

9 다음 중 재난 및 안전관리기본법에서 다루는 재난의 단계로 바르지 않은 것은?

① 예방단계   ② 사고단계

③ 대응단계   ④ 복구단계

 TIPS!

우리나라는 재난 및 안전관리기본법에서 재난관리단계를 예방·대비·대응·복구단계의 4단계로 구분하고 있다

10 다음 중 긴급구조활동을 할 수 있는 긴급구조기관이 아닌 곳은?

① 소방청   ② 소방본부

③ 해양경찰청   ④ 경찰청

TIPS!

법 제3조 제9항
긴급구조기관이란 소방청·소방본부 및 소방서를 말한다. 다만, 해양에서 발생한 재난의 경우에는 해양경찰청·지방해양경찰청 및 해양경찰서를 말한다.

11 재난발생을 예방하기 위해서 긴급안전조치를 할 수 있는 사항으로 틀린 것은?

① 재난 발생 위험이 높은 시설물을 정밀하게 안전진단 한다.

② 시설물을 보수하거나 보강 등 정비한다.

③ 재난을 발생시킬 위험요인의 제거한다.

④ 재난 발생 위험이 높은 위험구역에서의 퇴거 또는 대피한다.

TIPS!

법 제31조
행정안전부장관 또는 재난관리책임기관(행정기관만을 말한다.)의 장은 긴급안전점검 결과 재난 발생의 위험이 높다고 인정되는 시설 또는 지역에 대하여는 대통령령으로 정하는 바에 따라 그 소유자·관리자 또는 점유자에게 다음의 안전조치를 할 것을 명할 수 있다.
① 정밀안전진단(시설만 해당한다).
② 보수(補修) 또는 보강 등 정비
③ 재난을 발생시킬 위험요인의 제거

Answer   9.②   10.④   11.④

12 다음 중 재난사태 대상지역 선포는 누가 하는가?

① 소방본부장이 중앙위원회의 심의를 거쳐 직접 선포

② 행정안전부장관이 중앙위원회의 심의를 거쳐 직접 선포

③ 중앙대책본부장이 대통령에게 선포 건의

④ 중앙대책본부장이 소방청장에게 선포 건의

> **TIPS!**
>
> **재난사태 선포** [법 제36조]
> 행정안전부장관은 대통령령으로 정하는 재난이 발생하거나 발생할 우려가 있는 경우 사람의 생명·신체 및 재산에 미치는 중대한 영향이나 피해를 줄이기 위하여 긴급한 조치가 필요하다고 인정하면 중앙위원회의 심의를 거쳐 재난사태를 선포할 수 있다. 다만, 행정안전부장관은 재난상황이 긴급하여 중앙위원회의 심의를 거칠 시간적 여유가 없다고 인정하는 경우에는 중앙위원회의 심의를 거치지 아니하고 재난사태를 선포할 수 있다.
>
> ※ **특별재난지역의 선포** [법 제60조]
> 중앙대책본부장은 대통령령으로 정하는 규모의 재난이 발생하여 국가의 안녕 및 사회질서의 유지에 중대한 영향을 미치거나 피해를 효과적으로 수습하기 위하여 특별한 조치가 필요하다고 인정하거나 지역대책본부장의 요청이 타당하다고 인정하는 경우에는 중앙위원회의 심의를 거쳐 해당 지역을 특별재난지역으로 선포할 것을 대통령에게 건의할 수 있다.

13 다음 중 지역통제단장 및 중앙통제단장을 운영할 때 구성할 수 있는 부서로 바르지 않은 것은?

① 대응계획부

② 자원지원부

③ 긴급복구부

④ 총괄완화부

> **TIPS!**
>
> **시행령 제55조**
> ㉠ 중앙통제단장은 중앙통제단을 대표하고, 그 업무를 총괄한다.
> ㉡ 중앙통제단에는 부단장을 두고 부단장은 중앙통제단장을 보좌하며 중앙통제단장이 부득이한 사유로 직무를 수행할 수 없을 경우에는 그 직무를 대행한다.
> ㉢ 부단장은 소방청 차장이 되며, 중앙통제단에는 총괄지휘부·대응계획부·자원지원부·긴급복구부 및 현장지휘대를 둔다.

Answer 12.② 13.④

14 다음 중 현행법령상 긴급구조관련기관의 범위에 들지 않는 것은?

① 긴급구조기관
② 긴급구조지원기관
③ 재난관리책임기관
④ 현장에 참여하는 자원봉사기관

> **TIPS!**
>
> **제2조(정의)**
> 긴급구조관련기관이란 다음에 해당하는 기관을 말한다.
> ㉠ 「재난 및 안전관리 기본법」에 따른 긴급구조기관
> ㉡ 「재난 및 안전관리 기본법」 및 「재난 및 안전관리 기본법 시행령」에 따른 긴급구조지원기관
> ㉢ 현장에 참여하는 자원봉사기관 및 단체

15 긴급구조 대응활동 및 현장지휘에 관한 규칙의 내용으로 바르지 않은 것은?

① 통제단장은 재난현장에 응급의료소를 설치·운영하여야 한다.
② 의료소에는 소장 1명과 분류반·응급처치반 및 이송반을 둔다.
③ 의료소의 소장은 의료소가 설치된 지역을 관할하는 지역본부장이 된다.
④ 의료소에는 응급의학 전문의를 포함한 의사 3명, 간호사 4명 및 지원요원 1명 이상으로 편성한다.

> **TIPS!**
>
> **긴급구조대응활동 및 현장지휘에 관한 규칙 제 20조 제5항**
> 의료소의 소장은 의료소가 설치된 지역을 관할하는 보건소장이 된다.
> 다만, 관할 보건소장이 재난현장에 도착하기 전에는 다음에 해당하는 사람 중에서 긴급구조대응계획이 정하는 사람이 의료소장의 업무를 대행할 수 있다.
> ㉠ 「응급의료에 관한 법률」에 따른 권역응급의료센터의 장
> ㉡ 「응급의료에 관한 법률」에 따른 응급의료정보센터의 장
> ㉢ 「응급의료에 관한 법률」에 따른 지역응급의료센터의 장
> ㉣ 소방관서에 소속된 공중보건의

Answer 14.③ 15.③

16 다음 중 현행법령상 긴급구조관련기관의 범위에 들지 않는 것은?

① 긴급구조기관　　　　　　　　　　　② 긴급구조지원기관
③ 재난관리책임기관　　　　　　　　　④ 현장에 참여하는 자원봉사기관

 TIPS!

제2조(정의)
긴급구조관련기관이란 다음에 해당하는 기관을 말한다.
㉠ 「재난 및 안전관리 기본법」에 따른 긴급구조기관
㉡ 「재난 및 안전관리 기본법」 및 「재난 및 안전관리 기본법 시행령」에 따른 긴급구조지원기관
㉢ 현장에 참여하는 자원봉사기관 및 단체

17 긴급구조 대응활동 및 현장지휘에 관한 규칙에서 현장응급의료소의 설치권자는?

① 의료소장　　　　　　　　　　　　　② 통제단장
③ 시·도지사　　　　　　　　　　　　④ 보건소장

TIPS!

현장응급의료소의 설치 등[긴급구조대응활동 및 현장지휘에 관한 규칙 제20조]
통제단장은 재난현장에 출동한 응급의료관련자원을 총괄·지휘·조정·통제하고, 사상자를 분류·처치 또는 이송하기 위하여 사상자의 수에 따라 재난현장에 적정한 현장 응급의료소(이하 "의료소"라 한다)를 설치·운영하여야 한다.

18 다음 중 구조 활동의 우선순위가 바르게 배열된 것은?

> ㉠ 요구조자의 구명에 필요한 조치를 한다.
> ㉡ 위험현장에서 격리하여 재산을 보전한다.
> ㉢ 요구자의 상태 악화 방지에 필요한 조치를 한다.
> ㉣ 안전구역으로 구출활동을 침착하게 개시한다.

① ㉠ - ㉢ - ㉣ - ㉡　　　　　　　　② ㉠ - ㉡ - ㉢ - ㉣
③ ㉢ - ㉠ - ㉣ - ㉡　　　　　　　　④ ㉠ - ㉣ - ㉢ - ㉡

TIPS!

구조활동의 우선순위 … 구명 → 신체 구출 → 고통경감 → 재산보호

Answer 16.③ 17.② 18.④

19 119구조 · 구급에 관한 법률에서 특수구조대에 해당하지 않는 것은?

① 산악구조대   ② 화학구조대

③ 수난구조대   ④ 항공구조대

> 💡 **TIPS!**
>
> 항공구조대는 각 지방소방본부 소속의 편제이다. 119구조 · 구급에 관한 법률에 의한 특수구조대는 아니다

20 다음 중 국제구조대의 임무로서 가장 바른 것은?

① 응급의료, 시설관리, 통역, 안전평가, 탐색, 구조
② 시설관리, 안전평가, 탐색, 구조, 공보연락, 통역
③ 응급의료, 시설관리, 통역, 탐색, 구조, 공보연락
④ 공보연락, 안전평가, 시설관리, 응급의료, 인명탐색 및 구조

> 💡 **TIPS!**
>
> **시행령 제7조**(국제구조대의 편성과 운영)
> 소방청장은 국제구조대를 편성 · 운영하는 경우 ㉠ 인명 탐색 및 구조, ㉡ 응급의료, ㉢ 안전평가, ㉣ 시설관리, ㉤ 공보연락 등의 임무를 수행할 수 있도록 구성하여야 한다.

21 다음은 구조에서 매듭에 관한 설명이다. 가장 적절하지 않은 것은?

① 여러 가지를 습득하기보다는 잘 아는 매듭 하나를 확실하게 사용한다.
② 기계나 장치의 좁은 곳 등 통과를 원활하게 하기 위하여 매듭을 작게 한다.
③ 로프의 강도가 약한 곳, 힘을 많이 받는 매듭쪽을 임무수행 중에 수시로 확인한다.
④ 매듭의 뒷처리를 깔끔히 하여 줄이 길게 늘어지지 않도록 한다.

> 💡 **TIPS!**
>
> 여러 가지 잘 쓰이는 매듭을 정확하게 숙지하는 것이 중요하다.
> ※ **로프매듭 기본원칙** … 사고현장에서 구조대원은 좋은 매듭의 조건을 100% 충족시키는 것은 불가능하므로 구조현장에서 가방 많이 쓰이는 매듭 법을 선택하고, 상황에 적용했을 때 가장 적절한 매듭을 선택하며, 해당대원이 가장 잘 할 수 있는 매듭 법을 선택하는 것이 중요하다.
> ㉠ 상황에 맞는 매듭 중 자주 쓰이고 대원이 가장 잘 할 수 있는 매듭법을 사용한다.
> ㉡ 매듭법은 많이 아는 것보다는 정확히 하는 것이 더욱 중요하다.
> ㉢ 매듭은 정확한 형태를 만들고 단단하게 조여야 풀어지지 않는다.
> ㉣ 매듭 부분은 강도가 저하되며 매듭 후 풀리지 않도록 옭매듭 등으로 보강한다.
> ㉤ 매듭 끝 여유부분은 최소한 로프 직경의 10배 이상은 남아 있도록 한다.
> ㉥ 끊어지지 않는 로프와 풀어지지 않는 매듭은 없으므로 이상여부를 수시로 확인한다.

Answer   19.④   20.④   21.①

22 로프에 수 개의 엄지매듭을 일정한 간격으로 만들어 로프를 타고 오르거나 내릴 때에 지점으로 이용할 수 있도록 하는 매듭은?

① 감아매기

② 나비매듭

③ 줄사다리매듭

④ 고정매듭

> **TIPS!**
>
> 마디짓기
> ㉠ **옭매듭**(엄지매듭) : 로프에 마디를 만들어 도르래나 구멍으로부터 로프가 빠지는 것을 방지하거나 절단한 로프의 끝에서 꼬임이 풀어지는 것을 방지할 때 사용하는 매듭이다.
> ㉡ **두겹옭매듭**(고리 옭매듭) : 고리를 필요로 하는 마디짓기의 가장 기본적인 매듭이다. 로프의 중간에 고리를 만들 필요가 있을 때 사용하는 매듭(힘을 받으면 고리가 계속 조여져서 풀기가 어렵다)
> ㉢ **8자매듭** : 옭매듭보다 매듭부분이 커서 다루기 편하고 풀기도 쉽다. 매듭이 8자 모양을 닮아서 8자매듭이라 한다.
> ㉣ **두겹8자매듭** : 간편하고 튼튼하기 때문에 로프에 고리를 만들 때 가장 많이 사용된다.
> ㉤ **이중팔자매듭** : 로프 끝에 두 개의 고리를 만들 수 있어서 두 개의 확보물에 로프를 고정하는 경우 활용된다.
> ㉥ **줄사다리매듭** : 로프에 일정한 간격을 두고 수개의 옭매듭을 만들어 로프를 타고 오르거나 내릴 때 지지점으로 이용할 수 있도록 하는 매듭이다.

23 다음 중 응급처치에 대한 일반원칙이 아닌 것은?

① 환자의 쇼크를 예방한다.

② 피가 나는 상처부위이 지혈을 처리한다.

③ 신속하고 침착하게 그리고 질서있게 대처한다.

④ 어떠한 경우라도 본인보다 환자보호를 우선한다.

> **TIPS!**
>
> 어떠한 경우라도 구조자는 환자를 무리하게 구조하지 않는다. 또한 자신의 안전을 최우선으로 해야 한다.

Answer 22.③ 23.④

24 구급대원이 구급요청 시 거절사유에 해당하지 않는 것은?

① 38도 이상의 고열이 있거나 호흡곤란이 동반된 경우

② 술에 취한 사람으로서 만취자

③ 만성질환자로서 검진 또는 입원 목적의 이송요청자

④ 병원 간 이송 또는 자택으로의 이송 요청자

 TIPS!

단순 감기환자의 경우는 거절 사유에 해당되나 38도 이상의 고열을 동반하거나 호흡곤란이 동반 된 경우에는 이송요청 거절 사유에서 제외 된다

25 다음 중 쇼크환자의 상태로 바르지 않은 것은?

① 혈류가 감소한다.

② 피부가 촉촉하다.

③ 안면에 홍조를 띤다.

④ 구토를 한다.

TIPS!

쇼크의 증상

㉠ 혈류가 감소한다.

㉡ 피부가 촉촉하다.

㉢ 안면 및 피부가 창백해지고 청색증이 나타난다.

㉣ 구토를 한다.

※ 쇼크의 징후

㉠ **불안감과 두려움** : 다른 쇼크의 증상이나 징후보다 가장 먼저 나타나는 증상이다.

㉡ **약하고 빠른 맥박** : 촉진상 맥박이 빠르며 매우 약하다.

㉢ **차가운 피부** : 말초혈관이 수축으로 인하여 피부가 차갑게 느껴진다.

26 다중이용업소에서 설치되어 있는 자동제세동기는 어느 장비에 해당되는가?

① 기도유지장비
② 호흡보조당비
③ 순환보조장비
④ 척추고정장비

 TIPS!

순환보조장비 … 심장의 기능 정지, 호흡이 멈춘 경우 하는 응급의료 처치기

27 환자의 아래턱을 전방으로 올린 뒤 앞으로 당겨주는 일반적인 기도 유지 방법은?

① 하임리히법
② 하악거상법
③ 하악견인법
④ 하임거상법

TIPS!

㉠ 하임리히법(Heimlich maneuver 또는 abdominal thrusts)이란 기도가 이물질로 인해 폐쇄되었을 때, 즉, 기도이물이 있을 때 응급처치법이다
㉡ 하악거상법 손을 사용해서 하는 기도 확보법의 하나. 하악골의 양각에 손가락을 걸고 하악골을 앞쪽으로 밀어 내듯이 한다.
㉢ 하악견인법은 척추나 경부에 부상이 있는 경우 기도 확보법으로 하악골의 양각에 손가락을 걸고 하악을 당겨 올리는 방법이다

28 병원으로 이송을 위한 환자의 중증도 분류가 바르지 않은 것은?

① 사망 또는 생존의 가능성이 없는 환자 – 지연환자 – 흰색
② 수시간 이내 응급처치를 요하는 환자 – 응급환자 – 황색
③ 수시간, 수일 후 치료해도 생명에 지장이 없는 환자 – 비응급환자 – 녹색
④ 수분, 수시간 이내 응급처치를 요구하는 단계 – 긴급환자 – 적색

TIPS!

지연환자 … 사망 또는 생존의 가능성이 없는 환자-흑색

Answer 26.③ 27.② 28.①

29 2급 응급구조사의 업무범위에 해당하지 않는 것은?

① 산소의 투여

② 기본심폐소생술

③ 구강내 이물질 제거

④ 인공호흡기를 이용한 호흡유지

> **TIPS!**
>
> 2급 응급구조사의 업무범위
> ㉠ 구강내 이물질의 제거
> ㉡ 기도기(airway)를 이용한 기도유지
> ㉢ 기본 심폐소생술
> ㉣ 산소투여
> ㉤ 부목·척추고정기·공기 등을 이용한 사지 및 척추 등의 고정
> ㉥ 외부출혈의 지혈 및 창상의 응급처치
> ㉦ 심박·체온 및 혈압 등의 측정
> ㉧ 쇼크방지용 하의 등을 이용한 혈압의 유지
> ㉨ 자동제세동기를 이용한 규칙적 심박동의 유도
> ㉩ 흉통시 니트로글리세린의 혀아래(설하) 투여 및 천식발작 시 기관지확장제 흡입(환자가 해당약물을 휴대하고 있는 경우에 한함)

30 구급대원의 자격 조건으로 틀린 것은?

① 간호조무사

② 1급 응급구조사

③ 2급 응급구조사

③ 소방청장이 시행하는 교육을 이수한자

> **TIPS!**
>
> 구조대원의 자격 조건
> ㉠ 의료인
> ㉡ 1급 응급구조사 자격을 취득한 사람
> ㉢ 2급 응급구조사 자격을 취득한 사람
> ㉣ 소방청장이 실시하는 구급업무에 관한 교육을 받은 사람

Answer 29.④ 30.①

MEMO

MEMO

봉투모의고사 **찐!5회** 횟수로 플렉스해 버렸지 뭐야 ~

서울시설공단 봉투모의고사(일반직)

광주도시철도공사 봉투모의고사(업무직)

합격을 위한 준비
서원각 온라인강의

요점만 담은
알짜이론

믿고보는
교수진

www.sojungedu.co.kr

공무원	자격증	취업	부사관/장교
9급공무원	건강운동관리사	NCS코레일	육군부사관
9급기술직	관광통역안내사	공사공단 전기일반	육해공군 국사(근현대사)
사회복지직	사회복지사 1급		공군장교 필기시험
운전직	사회조사분석사		
계리직	임상심리사 2급		
	텔레마케팅관리사		
	소방설비기사		